数据科学对社会科学转型的重大影响研究

米加宁 著

科学出版社

内 容 简 介

本书从数据科学发展引致的科研范式转换视角，研究数据科学驱动社会科学转型的问题，重点研究数据科学驱动下的社会科学将具有何种全新的特征，探索社会科学研究在数据科学驱动下的转型路径。本书主要研究内容包括：数据科学的知识体系与方法工具、社会科学研究范式演化与数据科学在社会科学中的应用、社会科学研究的现实环境变迁与突出问题、数据科学驱动的社会科学认知体系重构、数据科学作用下的社会科学研究特征、数据驱动的社会科学转型的条件与保障等。

本书适合社会科学领域研究人员、计算社会科学等交叉学科研究人员，以及哲学社会科学规划、社会科学政策研究等领域的管理人员参考阅读，也可供上述研究领域的研究生阅读。

图书在版编目（CIP）数据

数据科学对社会科学转型的重大影响研究 / 米加宁著 .—北京：科学出版社，2023.6
　（国家哲学社会科学成果文库）
　ISBN 978-7-03-074973-4

Ⅰ．①数… Ⅱ．①米… Ⅲ．①数据管理-影响-社会科学-研究 Ⅳ．① C ② TP274

中国国家版本馆 CIP 数据核字（2023）第 035975 号

责任编辑：王京苏 / 责任校对：贾娜娜
责任印制：赵　博 / 封面设计：有道设计

科学出版社 出版
北京东黄城根北街 16 号
邮政编码：100717
http://www.sciencep.com
北京华宇信诺印刷有限公司印刷
科学出版社发行　各地新华书店经销
*
2023 年 6 月第　一　版　开本：720×1000 1/16
2024 年 10 月第二次印刷　印张：49 1/2　插页：2
字数：702 000
定价：298.00 元
（如有印装质量问题，我社负责调换）

《国家哲学社会科学成果文库》
出版说明

为充分发挥哲学社会科学优秀成果和优秀人才的示范引领作用，促进我国哲学社会科学繁荣发展，自 2010 年始设立《国家哲学社会科学成果文库》。入选成果经同行专家严格评审，反映新时代中国特色社会主义理论和实践创新，代表当前相关学科领域前沿水平。按照"统一标识、统一风格、统一版式、统一标准"的总体要求组织出版。

全国哲学社会科学工作办公室

2023 年 3 月

前　言

一、研究的缘起

随着人工智能、大数据、5G、物联网、行为互联网技术的发展，数据科学对社会科学转型的重大影响已经显现。数据科学为社会科学全景式认识社会经济系统提供了可能性，促进了社会科学预测目标的回归和预测、解释、说明能力的融合。本书从数据科学发展引致的科研范式转换视角出发，研究数据科学驱动社会科学转型的问题，重点研究数据科学驱动下的社会科学将具有何种全新的特征，诸如在本体论、认识论、方法论上的全面影响，探索社会科学研究在数据科学驱动下的转型路径。

1. 数据科学基础理论及其在社会科学中的应用

本书以数据科学的知识体系与方法工具为研究起点，关注数据科学对社会科学量化研究的影响，以及以大数据研究为代表的数据科学研究对社会科学研究的方法论基础的重构。本书关注数据科学推动社会科学宏观理论研究的发展，促进社会科学内外部学科之间的融合，形成社会科学知识体系的多元化集成和拓展，特别考察了社会科学方法论的革命和认识论的跃迁。同时，通过聚焦大数据、人工智能技术的发展和应用，探讨其引致的政府服务方式的剧烈变革，即传统的物理空间的政府服务供给方式的转变，以及数据科学在数字空间政府创新方面引起的中国特色社会主义伟大实践。

2. 社会科学研究的现实环境与突出问题

在快速全面进入数字社会，社会科学研究面临全新的研究对象、研究问题、理论图景和研究方法的背景下，本书为探索社会科学研究范式演化及环境变化带来的影响，在历史研究、现状调查的基础上对社会科学研究内部研究范式演化和外部环境要素驱动两大维度进行归纳和总结，并对社会科学研究现状进行评价，研判内外部要素驱动下社会科学存在的突出问题和发展趋势，为研究数据科学对社会科学研究转型作用机制奠定基础，解决社会科学研究转型的内部驱动力与外部驱动力的结合判断问题。

3. 数据科学改变社会科学认知方式的学术机理

从哲学的层面来讲，数据科学的出现正在促进社会科学研究范式的转变，更在认识论、方法论、伦理学等层面深刻地改变着科学哲学和技术哲学。课题聚焦社会科学的"小数据辅助"研究传统向"大数据发现"研究范式的转换，总结这种范式转换产生"理解个体、群体、社会如何思考和行为"新的研究方法的形成过程与机理，进而分析数据科学的应用在"认识论层面如何影响社会科学"研究的范式转变。

4. 数据科学作用下的社会科学研究特征及转型路径

本书重新探讨在数据科学影响下社会科学的研究对象和研究边界，重构社会科学的研究目标，探索全新的"数据探索型"研究范式；探讨社会科学研究范式的发展阶段及演进模式，在此基础上分析社会科学研究相比于自然科学、人文学科，以及自身以往研究范式的基本特征、方法特征和结构特征。

5. 数据驱动的社会科学转型的条件与保障

本书从大数据技术保障、大数据政策保障、数据驱动的社会科学范式转换、社会应用与学术共同体这四个模块出发，探究数据科学背景下社会科学转型的条件与保障。通过对社会科学转型的保障条件问题的分析，明确社会科学转型保障的必要性，提出社会科学转型保障体系的构建路径，以此为基准进一步提出数据科学驱动社会科学转型的政策措施，为建立以数据科学为基础的社会科学研究保障体系提供理论分析支撑。

数据科学为我国社会科学发展提供了加速超越西方和形成中国特色、中国气派的重要机遇。当代中国正经历着历史上最为广泛而深刻的社会变革，也正在进行着人类历史上最为宏大而独特的社会治理实践创新。这种前无古人的伟大实践，必将为社会科学理论创造、社会科学学术繁荣提供强大动力和广阔空间。本书研究将促进我国数据科学影响下的社会科学研究转型，为实现社会科学研究的三大融合——定量研究与定性研究的融合、自然科学与社会科学的融合、真实世界与理论世界的融合提供理论、方法体系和对策及建议，促进我国社会科学研究更符合中国的当前现实发展场景和发展需求。本书研究对促进我国社会科学研究问题的发现和解析、研究理论的归纳和创新、研究方案与方法的创新和应用具有十分重要的意义。

二、我们研究了什么

1. 数据科学的知识体系与方法工具

数据科学是一门新兴学科，可划分为理论数据科学、工程数据科学和应用数据科学。其中，理论数据科学主要探讨数据生命周期规律及数据科学研究中的基本假设、基础理论和方法体系；工程数据科学则倾向于将数据作为资源并将数据科学作为方法与工具的处理过程，包括数据获取、分析、感知的具体技术与工具研发等；应用数据科学则是数据科学根据其应用对象所涉猎的具体学科或应用领域而产生的专门领域。作为典型的横断学科，数据科学具有明显的跨学科、交叉学科特点，加上数据科学刚刚迈入成长期的发展现状和信息技术发展不断加速的背景，人工智能、机器学习以及数据科学与各领域交叉、融合程度不断加深，应用不断扩展的发展趋势，无论是从数据科学学科体系建设还是从其在各领域应用的发展来看，数据科学都有其特有的知识体系的结构和演化过程。

2. 数据科学催生了社会科学研究范式的演化

社会科学是在向自然科学学习的基础上产生的，技术革命和技术的广泛应用带来的快速而复杂的变化在社会科学家面前迅速展开，并要求其"去发挥新的想象力，提出新的概念，发展新的理论，提出解决社会问题的新方案"。社会科学开始集中于研究和解释社会现实的特点、性质、功能与变化，重点很快就"由方向转到了方法，由抬头看目标变成了埋头找出路"，并导致了社会科学快速膨胀和多元分化，在学科体系、研究范式、研究方法上争论不休，在不断分化的过程中形成了学科、学派之间的对立，丧失了对社会科学研究"究竟要建构一个怎样的社会，这个社会最终将走向何处等涉及学科根本方向问题"这一目标的探究，对社会科学失去了整体认识，慢慢走进了学科细分和方法错综的密林深处，在条分缕析中走向细枝末节，层层分解又层层否定。

本书对社会科学研究范式演化的研究突破了对历史阶段划分或内容范式的演化，转向认识论、方法论层面的范式演化，并分析不同研究范式下社会科学研究的认识论、方法论、研究方式、主要研究技术和工具的联系与区别，寻找社会科学不同研究范式下存在问题的具体表现及其在社会科学哲学层面的深层次原因。本书认为社会科学研究范式的演化与 Jim Gray（吉姆·格雷）总结的自然科学研究范式演化有所不同。社会科学四个研究范式之间并非相互替代的关系，它们都是我们进行社会科学研究的有效工具，但第四研究范式将为已有社会科学研究提供更高的数据起点和更广阔的方法论视角。本书将从社会科学研究对象的特殊性、哲学价值取向、认识论、方法论、研究方式和基本过程、研究工具等维度分析以往社会科学研究范式演化的内容。

3. 数据科学驱动的社会科学认知体系重构

传统的社会科学共同体的结构特点是高度分化和学科化、垂直的分层和权威结构、高度自治——同行评议。数据科学驱动的研究范式变革的作用下，社会科学共同体出现了异质性重构，社会科学认知主体、认知对象发生了改变，认知工具发生了更新，认知逻辑发生了嬗变，共同体内外的学科壁垒被打破，数据科学驱动的社会科学研究日益成为一个跨学科、跨领域的广泛的合作网络。

4. 数据科学作用下社会科学研究特征

数据科学作用下的社会科学研究主要具有三个方面的特征。①基本特征：一是颠覆随机样本的全量样本；二是允许数据误差的容错性；三是捕捉研究客体的关联性。②方法特征：一是多源的数据抓取与存储；二是高效的数据分析与挖掘；三是量化分析与多元技术的融合。③结构特征：一是以数据为研究起点；二是淡化学科边界；三是面向整个社会。数据科学为社会科学研究拓宽了方向，提供了新的研究思路，带来了新的研究方法，使学者能结合不同学科的学科特点，以数据为基础进行社会科学研究。

5. 数据科学的技术保障与政策保障

数据驱动的社会科学转型，本质上讲，就是要利用新的技术手段获取、处理和持续分析海量、动态和异构的社会活动信息。在数据采集的研究方面，社会科学需要正视这种特定的技术需求问题，如数据隐私安全问题、数据集成问题、数据分析与挖掘问题（包括数据的使用、数据与硬件的不协调等方面的问题）、数据政策法规方面的问题、数据面临的具体技术问题（如高速网络支持问题、现代网络结构和技术问题、并行分布式计算技术与大规模处理技术的协同问题、云计算的扩展需求与大数据融合问题、机器学习方法和更有效的智能算法问题、移动环境下的数据处理技术效率问题等）等。

因此在数据技术保障层面，本书在三个方面展开了研究：一是通过建立数据诚信合约管理机制，解决数据盗用与隐私泄露的问题；二是增强个人数据思维与理念，解决搭建共济价值平台的问题；三是依法维护数据安全，解决实现数据价值与行为的一致性的问题。在数据政策保障层面，本书从四个方面展开了研究：一是数据政策分析的理论基础是技术推动与需求拉动，研究方法要兼顾政策目标与政策工具，分析框架要以构建政策"目标－工具"的匹配度模型为基础。二是大数据政策的发展需加强战略规划和理念指引，丰富政策工具选择与应用，重视政策及政策工具协同；加强对大数据发展需求和问题的调研，以及政策工具及其有效性研究，设计需求驱动和问题导向的政策工具选择结构；创新设计与应用关键政策工具，发挥数据科学在推动制造业转型和升级中的作用。三是健全大数据法律保障机制，坚持数据主权原则、数据保护原则、数据自由原则和数据安全原则。四是规范数据交易法律制度，完善交易双方权利义务，明确合同违约界定；构建数据所有权法律制度和完善数据安全法律制度。

三、形成了哪些重要观点

1. 数据科学驱动科学研究转型的作用机制

数据科学主要有两个内涵：①研究数据本身的状态、属性及变化规律；②数据科学为科学研究提供全新的研究方法。而数据科学与自然科学、社会科学各学科的结合，则产生了科学研究范式的变革。本书归纳了数据科学对科学研究产生影响的路径和维度，即"技术驱动—数据学科—科研环境变革—科研范式"转化的路径；维度则表现为科研环境（智慧化、计量化）、科研对象（数据化）、科研路径（人脑—电脑—仪器—对象）、科研活动（新的评价体系和共同体、基础设施和合作方式）、学科关系（交叉、融合）等，以及各维度的具体影响要素及要素之间的关系，构建了数据科学对科学研究转型的作用机制和实证分析。

2. 社会科学研究面临人类社会前所未遇的全新的现实环境

随着新一代信息技术的发展，"万物智能、万物联网、万物皆数"趋势不断加快。人类社会正在快速、全面地进入信息（知识）社会。这使得社会科学研究面临一个全新的现实环境：第一，在物理世界、人类社会和精神世界之外形成了一个全新的虚拟世界、缺场空间；第二，信息技术驱动下的社会结构快速变化，新的社会组织形态不断出现，社会经济系统在"比特"世界中延伸，全球各种类型社会形态得以快速连接和交流；第三，新一代信息技术的融合和发展促使大数据时代的基础建设进入了实质加速发展阶段，随着移动互联网和物联网的发展，人类面临一个与数据和信息更加亲密接触的时代，数字化生存、数据化消费将成为常态；第四，通过对用户属性的标签化处理，用户的行为能够被更加全面和深入地分析，基于数据对用户进行个性化描述与画像成为现实，导致基于特定人群的个性化精准服务或定制程度不断加深，人类社会去中心化和多元化发展趋势不断加剧；第五，人类社会在进入后工业化时代后，全球问题的出现使得人们意识到人类开始从对外在自然的依赖发展到对人的依赖，人类对社会内部危机的不安远胜于对自然现象的恐惧，人类对"及时认识社会的社会科学"需求更加迫切。

本书认为社会科学研究面临全新的现实环境，是人类社会前所未遇的。同时，人类社会产生的数据正在快速增长和积累，形成了海量的数据，使我们生活在一个充满"数据"的时代。这导致原本在工业化时代建立起来的社会科学及其各分支的研究方法不再适应新的现实研究环境。

3. 数据科学驱动社会科学研究组织方式发生了转变

随着数据科学驱动的社会科学研究实践的深入，社会科学研究支持性基础设施的结构形态也发生了变化，出现了以数据云为代表的电子基础设施，电子基础设施的发展越来越取决于监管框架和数据政策，最佳技术解决方案可能是通过规则下的智能算法，以控制对敏感数据的访问。同时，社会科学研究的组织方式也发生了转变，数据分析和解释社会问题依赖于研究人员之间的合作来实现，需要将创新方法和数据收集与对研究问题的既定知识及理解联系起来。数据科学驱动的社会科学研究正在促进高效的合作，充分发挥领域专家优势和数据的挖掘潜力。数据科学的挑战促使我们反思现有社会科学研究组织方式的问题：①数据并不能"为自己说话"，需要高效率地组织协调；②多方法研究是必要的；③数据要尽可能公开；④要对从数据中学习新知识持开放态度；⑤社会科学家和政策制定者可能不需要成为计算机科学家，但确实需要掌握计算技能和资源，以便了解数据可实现的功能范围和做决策时对数据利用的依赖程度。

4. 数据科学影响下社会科学研究转型的路径

从宏观路径层面看，社会科学研究正在由经验发现转变为数据发现。在数据科学范式中，逻辑起点为数据，通过对数据进行收集、处理、分析产生新的知识、思考、结论。这种转变主要体现在三个方面：一是由小数据向整体数据转型。二是由经验到因果性向由相关到因果性转变。数据科学分析所表现出的相关性被广泛认可，数据整体性、系统性、实时性、关联性等特征能够充分反映相关性背后的因果性机制，这种因果性机制能够从重复性的验证以及实时动态的数据反映中体现。三是由多学科交叉向多学科融合转型。由于社会问题的复杂性、动态性和多变性，在传统社会科学研究中，学者就致力于多学科交叉研究，以期突破数据和理论限制，从而提高研究结论的稳定性。

从微观路径层面看，社会科学研究正在由小数据验证逻辑向大数据发现逻辑转变，由基于单一事件研究向基于知识库研究转变。由小数据验证逻辑向大数据发现逻辑转变路径主要包含两部分内容：第一，由单一结构化数据向多元异构数据转变；第二，由解释现象向预测结果转变。由基于单一事件研究向基于知识库研究转变路径主要包含三部分内容：第一，充分挖掘知识成果；第二，拓展理论对话边界；第三，研究者自身素质提高。进入数据科学时代，研究者需要从数据洪流中探寻相关关系，明晰因果机制，不仅要善于使用研究方法，更需要注重研究方法与研究问题之间的联系。

5. 数据科学催生社会科学应用学术共同体的建立与成长

在数据科学影响下的新型社会科学领域，学术组织与学术共同体成为必要的社会建制，其作用在于：酝酿和构建社会学术活动的权威规范和评价标准；聚合社会科学学术资源，搭建社会科学学术活动平台，如专业期刊、学术组织等，这些平台也将是社会支持学术活动的资源输入通道；组织学术定期的或不定期的专题性活动，进行深度学术思想交流，提出或组织关键性、综合性的学术项目；组织普及型的学术活动，引发社会关注，培养后续人才；组织国内外学术活动，立足于该领域学术前沿，推进学术活动的国际化。例如，中国人工智能学会社会计算与社会智能专业委员会、中国计算社会科学联盟的成立就是数据科学社会学术共同体形成的标志。另外就是建设类似清华大学计算社会科学平台的高等院校集数据接口、数据技术培训、跨学科研究交流、大数据项目支持等多种功能为一体的通用技术平台，为高校开展新型社会科学研究提供持续的有力支持。此外，除了推进业内高水平学术交流以外，也可借鉴中国人工智能学会社会计算和社会智能专业委员会的 B 站传播学术活动，此类活动的关注者达数万人之多；也可参考集智俱乐部、人机交互与认知工程实验室通过公众号积极推广社会计算和社会认知理念的学术行动，此类行动对广大学生了解新型社会科学活动、社会计算和社会智能的基础原理益处良多。可见，近些年来，相关的学术共同体建制已经成型，学术分工与学术交流的规范得到了学术界的认同，以专业化的学术期刊为基地的学术共同体资源逐渐形成汇聚之势。

四、我们的研究有什么价值

1. 学术价值

通过本书课题研究，学术界已经开始关注社会科学长远发展，并探讨数据科学对社会科学研究转型的影响、作用机制以及转型和创新方向。从近年来的学术研究产出可见，虽然社会科学界对是否接受数据科学带来的挑战还在犹豫不决，存在社会科学家被逐渐边缘化的担忧，但数据科学在社会科学研究中的应用已经逐渐拓展和深入，改变已经悄然来临。

（1）商业大数据研究是领域数据科学研究的重要组成部分，正引领社会科学研究与发现的主流。商业大数据研究内容涵盖商业智能、供应链管理、商业决策、招聘信息文本挖掘、可持续制造等多个领域，并且表现出了比其他主题更趋紧密的关系。此外，数据科学在基础设施相关研究中也涵盖了公共医学、城市治理和智能情报等社会科学研究内容；在数据处理方法研究中，股票市场波动与搜索行为关系的研究应用尤多；在工具平台方面，数据科学驱动了学界对社交网络通信效率的关注；在研究范式转型方面，也有研究论述了X-Information 范式在市场、公共政策和社会问题等领域的转变。

（2）可计算社会科学、商业智能、社交网络、健康管理等社会科学研究领域正在成为研究热点。数据科学不仅大量应用于这些社会科学热点领域之中，在统计学、复杂性系统、伦理学等其他社会科学代表理论的研究中，与数据分析、信息可视化、算法、数据挖掘、机器学习等数据科学代表性技术的应用相结合，为社会科学研究多学科交叉与融合发挥了关键作用，数据科学的社会科学领域润滑剂的作用十分明显。

（3）在社会科学研究者合作网络的组建与演化方面，数据科学研究已经开始打破各自为政的局面，呈现出合作的广泛性和国际性。以数据科学研究为媒介，来自多个国家的机构在共同关注的社会问题方面产生了较为紧密的连接，同时，除了研究型大学外，政府机构、研究所、企业也参与其中。本书研究发现，数据科学已经使社会科学研究从"村舍"式的区块分割活动逐渐过渡到了大规模的"跨学科、跨地域"的行业联动行为。

（4）数据科学促进了社会科学研究方法的创新和研究成果的取得。由数据科学驱动，社会科学研究方法的创新主要包括：复杂性科学与计算机技术相结合，使用仿真方法对社会科学领域问题进行研究，在虚拟环境中模拟现实世界可能发生的现象，从而进行预测或优化；使用计算实验方法，通过人工个体代替现实系统的人，把现实社会系统转化成智能主体构成的演化系统，从而揭示社会系统中个体微观行为和系统宏观行为之间的动力学机制；通过社会科学和数据科学的交叉融合，实现计算社会科学、社会网络分析、基于主体的数据挖掘等，从而达到以人和社会为表征的建模、实验与分析评估等目的。这些研究方法在全球问题、危机管理、消费决策、技术创新、土地覆被变化、生态系统服务等领域的建模仿真，在社会安全、社交网络、决策行为、军事工程等领域的数据挖掘、分析与人机交互，在公共管理领域的精准治理和国家治理技术平台、情报学领域的知识图谱研究、科学学领域的技术创新等方面均取得了丰硕的学术应用成果。

（5）数据科学中的数据集成与联结、数据挖掘与分析技术在社会科学学术研究中发挥着日益重要的作用。随着海量数据存储、传递、挖掘和整理技术的不断进步，数据科学利用大数据挖掘相对于传统数据分析的优势更加明显，无论是算法还是工具都优于传统数据挖掘，更能应对大体量、多样性和复杂性数据的处理。可处理对象来源除了管理信息系统、Web 信息系统外，还包括感知信息系统等传感设备自动产生的数据，数据体量呈指数级增长，数据类型转变为多种数据类型大量并存的状态，数据结构复杂化程度加深。在此背景下，数据科学时代的到来和数据科学的发展，为新时期社会科学研究方法突破困境创造了条件，以计算机技术、互联网、物联网和行为互联网为基础，具有无限可能性的新计算社会科学将蓬勃发展，这给社会科学研究带来了革命性的变革和创新，并将深刻影响社会科学研究范式的转型。

2. 应用价值

从数据科学对社会科学研究已经发生的影响来看，数据科学将对社会科学研究转型产生以下六个方面的应用价值。

（1）为解决目前社会科学研究存在的遗留问题提供可能。大数据中的行为数据彰显社会科学研究的人本特性，数据科学将重构社会科学研究视域，并从理论范式上重绘学术图景、延伸经典学说，从学科范式上丰富学科目标、促进学科融合、提升学科应用，在研究实践上疏解传统方法分歧、优化变量测量、提供高质量数据支撑、增加展示形式等，这无疑将有助于深耕社会科学研究的遗留地，拓展社会科学研究的未知疆域。

（2）数据科学将对社会科学认知体系产生结构性的影响。这种影响意味着无论是个体的认知体系还是社会性的认知功能体系都正在发生质性的转变。在社会科学研究层面形成新的研究范式，形成新的认识论、方法论、方法和工具，在认知的操作结果上则会发现新的相关关系，产生超越传统认知方式的洞见，使经典理论取得新的发展和更加切近真实的检验。新的认知方式正在将社会科学研究导向开放的基于数据的分析模式，分析基于数据科学的社会科学认知体系的内部结构、逻辑过程及其结果的结构变化有利于我们把握数据科学条件下社会科学认知发生的有效机制，并对其做出发展和改进。

（3）数据科学将改变传统社会科学用"小数据"来验证逻辑的研究路径，实现用"大数据"来发现逻辑的研究路径。数据科学时代的社会科学研究可能不再需要我们做出理论预设，而是在大数据分析得到的奇点相关的引导下建构因果和结构关系，进而发现其中蕴藏着的知识或规律。数据即现象和经验，"科学始于数据"而非直接观察和传统测量。大数据更高的精确度和整体性延展了知识发现的新途径和新方法。

（4）数据科学将引领传统社会科学以学科为导向的问题构建转向大数据时代的以跨学科为导向的事件构建。基于可计算社会科学的发展正在淡化甚至彻底消除学科边界，将还原论下的专业性社会认知和建构升级为社会整体系统认知和建构过程。数据科学正在整合和连通孤立的数据流，在科学家、决策者、专业工作人员和普罗大众之间建立集中共享的新的社会和环境图式，催生一体化、有机的、速度更快、关联更紧密、响应更敏捷的可计算科学体系。

（5）数据科学可以实现对真实世界的多路径"涌现"。真实世界的进化路径的偶然性非常大，但在大数据支持下，通过一体化建模与计算实验平台，对真实世界的多路径"涌现"仿真就成为可能。数据科学、复杂性科学（特别是对复杂性系统建模仿真方面）、社会计算的综合发展，使得现实世界和理论（仿真）世界融合并建立平行系统成为可能，这也意味着提供了社会科学全景式认识社会经济系统的可能性，促进社会科学预测目标的回归和预测、解释、说明能力的融合。

（6）数据科学为我国社会科学的发展提供了加速超越西方和形成中国特色、中国气派的重要机遇。当代中国正经历着历史上最为广泛而深刻的社会转型，需要构建宏大的新理论、新方法予以解决。本书课题推动的数据科学驱动社会科学研究转型的逐步深入，将促进我国社会科学研究更符合中国的现实发展场景，实现由学习到创新，从跟随到引领的中国特色社会科学研究的勃兴。

同时，本书研究认为，在社会科学研究转型过程需要注意处理好以下几个方面的问题：一是需要鼓励交叉学科研究。大数据每一种具体形式都仅能呈现事物本身的一个侧面而并非全貌，如何加工处理并转化成智能知识，仍然需要通过多学科交叉来研究和讨论。二是需要辩证看待大数据。准确把握大数据的生成背景，研判大数据对社会科学研究的可能性与适应性，辩证认识大数据对于重构社会科学研究范式的作用。三是要意识到风险的存在。大数据分析可能失灵，要理性认识大数据的优势与劣势。四是处理好大数据与小数据之间的关系。五是大数据需要新的研究技能与团队合作。六是需要构筑适应大数据环境的基础设施，促进政府数据开放等。

目　录

第三篇　大数据改变社会科学认知方式

第五篇 大数据背景下社会科学转型的条件与保障

CONTENTS

PART IV BIG DATA AND PARADIGM CHANGE IN SOCIAL SCIENCE RESEARCH

CHAPTER 15 CONNECTIONS BETWEEN TRADITIONAL SOCIAL SCIENCE RESEARCH PARADIGMS AND BIG DATA RESEARCH PARADIGMS

CHAPTER 16 CHARACTERISTICS OF SOCIAL SCIENCE RESEARCH IN THE ROLE OF DATA SCIENCE

CHAPTER 17 CHALLENGES OF SOCIAL SCIENCE RESEARCH IN THE ROLE OF DATA SCIENCE

PART V   CONDITIONS AND GUARANTEES FOR SOCIAL SCIENCE TRANSFORMATION IN THE CONTEXT OF BIG DATA

第一篇 数据科学基础理论
及其在社会科学中的应用

第1章
数据科学的知识体系与方法工具

　　信息化将现实世界中的事物、现象及其相互关系以海量数据的形式存储在赛博空间中，人类行为成为一个生产数据的过程。借助专门的思想和手段，从大量看似杂乱、繁复的数据中，收集、整理和分析事物或人类在赛博空间留下的"数据足迹"，通过探索数据的规律和现象，寻找自然世界、人类行为或社会发展的规律，成为对自然和社会进行研究、预测和规划的一种重要手段。数据科学为科学研究提供了全新的研究视角、思维方式和工具方法，成为除实验、理论和仿真计算之外的第四种科学研究范式，并在空间、环境、健康、医学、运动、金融等诸多领域获得应用，对更有效地实现预测、优化方法和决策、实现新的科学发现和突破研究瓶颈等具有良好的效用。

　　经过半个多世纪的发展，数据科学已经形成了一定的基础理论、专用的研究方法和技术手段，并与各科研领域结合开发专门的理论、有针对性的技术和方法，形成了专门领域的数据科学。近年来，随着数据科学应用不断深入和大数据的发展，数据科学与社会科学的结合也受到学者的重视，社会网络分析、社会控制论、社会计算、计算社会科学等研究理论相继提出，并积累了一定数量的应用案例。由于数据科学与社会科学的结合具有极强的跨学科和多学科特性，亟待从多视角、多学科、多理论融合的角度出发梳理数据科学研究的理论框架和知识体系，分析数据科学的内在要求和基本特征，揭示其理论基础、研究方法、技术工具及操作规范与流程,分析数据科学对科学研究方法(范式)转型的作用机制,收集和分析数据科学与社会科学结合形成的专门领域数据科学或应用案例。

1.1 数据科学研究的进展

1.1.1 数据科学学术史梳理

数据科学起源于 20 世纪 60 年代对数据分析未来的预测(Tukey,1962)和计算机科学即"数据处理的科学"根本理念与原则的研究(Naur,1968;Press,2013),后经国际分类协会联盟(International Federation of Classification Societies,IFCS)、国际科技数据委员会(Committee on Data for Science and Technology,CODATA)等国际组织及众多学者的推动,在 20 世纪 90 年代随着关系型数据库技术不断成熟、数据挖掘迅速发展和机器学习应用于各项具体业务,流程自动化程度不断提升,数据科学获得较大发展(Dhar,2013)。数据科学(data science)的术语和过程被正式提出(Hayashi et al.,1998),并强调要用"数据"分析和理解实际现象,不同于传统的视角和思维方式(刘磊,2016)。2012 年以后,随着大数据的崛起,数据科学也迎来了爆发式的发展,快速成为多个领域的研究热点。

总体而言,数据科学研究大致可以分为三个发展阶段:①1960~2001 年为酝酿阶段,这一阶段主要是计算机科学、统计学与数学等领域对数据科学的概念、方法与工具等方面进行研究,并在生物学、地球科学等领域开展科学数据采集、挖掘与分析的应用,在商业领域利用交易和行为数据进行预测和决策优化。②2002~2011 年为全面渗透阶段,这一阶段数据科学开始快速渗透到多个领域,数据科学与人类行为、科学研究等关系越来越密切,原本分散的应用随着互联网的普及逐渐走向融合,数据科学开始影响人们的生活,并在社会科学领域获得越来越广泛的应用。③2012 年至今为爆发阶段,数据科学在大数据的驱动下,与人工智能、机器学习、数据挖掘等逐渐融合,在各领域的研究、技术开发和应用不断增多,开始形成领域数据科学,并在应用基础上对大数据驱动的数据科学可能带来的思维、社会经济系统和科研范式变革进行了思考,数据科学家的术语也开始使用(Mayer-Schönberger and Cukier,2013;Inmon and Linstedt,2015;Baker,2015;王曰芬等,2016;赵蓉英和魏明坤,2017)。

从各阶段主要内容和关键文献以及它们之间的演化关系我们可以看出,数据科学主要研究内容包含基础理论、数据处理、平台工具、基础设施、人才培养和领域数据科学(如材料数据科学、光伏数据科学等)等。其中,基础理论的关键文献出现较早,主要是从统计学、计算机科学视角对数据科学进行分析;商业领域数据科学关键文献最多,这与近年来数据科学和大数据结合越来越紧密有关系;而对大数据环境下科学研究范式转化的思考则体现了数据科学研究纵深层次的不断加深,从技术驱动的应用实践开始走向更为抽象的理论总结。从关键文献的引用关系来看,基础理论研究为领域数据科学应用提供了理论基础,而领域数据科学内部相互引用的关系比与外部的关系更紧密,说明数据科学在各领域的应用并未完全打破学科之间的藩篱。部分研究内容内部的关键文献缺少引用关系,说明内部研究较为分散,没有形成较为固定的合作网络。从关键文献出现的时间来看,大部分文献发表在2013 年以后,且与大数据相关的文献数量较多,体现了数据科学在与大数据融合前后的差异性。

这种差异性体现在各领域大数据的兴起促进了数据科学的快速发展。可以说数据科学研究伴随着大数据的热潮而兴盛(王曰芬等,2016),大数据驱动的数据科学研究成果逐步涵盖知识发现和提取的各个过程,如数据采样、挖掘、建模和算法等（Dhar，2013；van der Aalst and Ddmiani，2015；Li et al.，2015；Marungo et al.，2015），开发了多种分布式存储、数据分析工具（杨京等，2015）。大数据在科学领域的表现是数据科学的兴起，数据科学将成为科研体系中的重要组成部分，并逐渐达到与物理、化学、生命科学等自然科学分庭抗礼的地位（赵国栋等，2013）。随着大数据的发展，数据科学不再局限于数据的收集和处理，还包括数据管理、知识获取以及信息可视化等内容，数据科学注重数据的操作、转换、分析和处理复杂数据的能力（Mcleod and Childs，2013）。在大数据之前，数据科学发展较为缓慢，主要以数据获取和存储为主，注重数据获取的完整性，而随着大数据的快速发展，数据科学逐渐深入到人类社会各个方面，研究者开始从数据存储转向侧重数据的分析处理，挖掘数据蕴含的真正价值（赵蓉英和魏明坤，2017）。

1.1.2　数据科学研究的主题分布

数据科学研究具有典型的交叉学科特点（Li et al.，2015；Baumer，2015；张云泉等，2015；周傲英等，2015），与数学、统计学、计算机科学、自然科学和社会科学各领域交叉渗透，形成不同的研究主题和应用。主要研究分布如图 1-1 所示。

1. 数据科学基本内涵的研究

关于数据科学学科性质的讨论，主要包括：数据科学是统计学的延伸或交叉学科，前者认为无论数据量大还是小，都在统计学数据处理的范围内（Donoho，2017；张程，2016），后者认为数据科学更多地呈现跨学科或交叉学科的特点（Baumer，2015；张云泉等，2015）。在数据科学概念和内涵的界定上，基本沿着两条核心路径进行概括：一是将其视为研究数据的科学；二是将其视为利用数据开展研究的科学，为自然科学和社会科学提供新的范

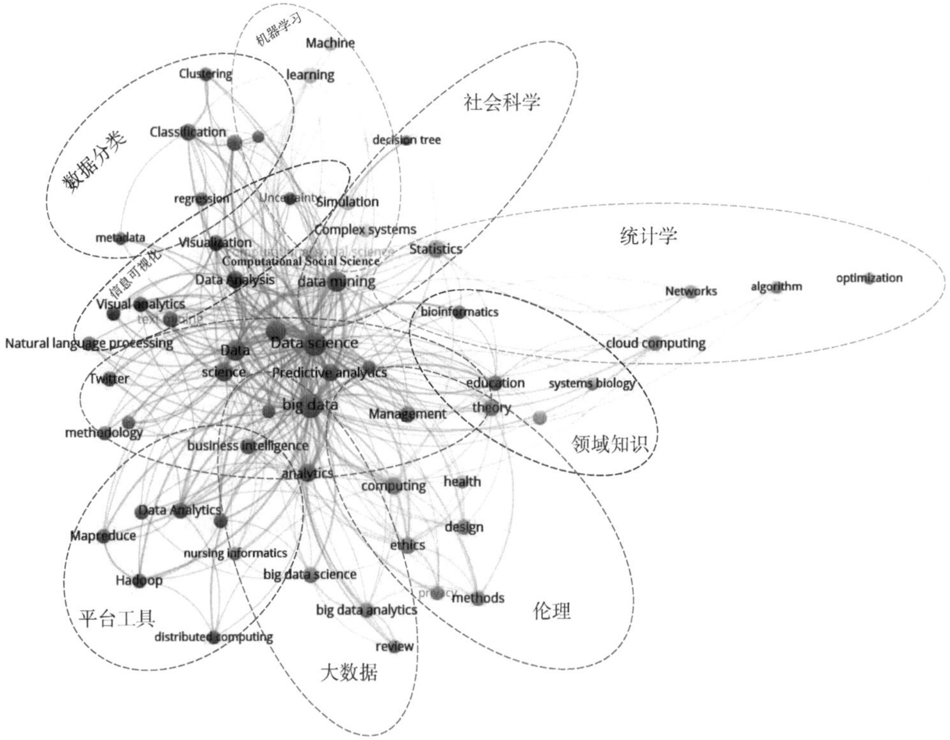

图 1-1　数据科学主题分布及相互关系

根据 Web of Knowledge 主题＝"data Science"检索题录数据绘制，图中英文为该研究领域

式和方法（朱扬勇和熊赟，2009）。前者认为数据科学是处理几乎所有与数据生命周期有关的事务，包括对与各种科学的、可转化的、跨学科的应用相关联的大量异构数据的收集、管理、处理、分析、可视化和解读（Press，2013；Donoho，2017），其目的是提取以前无法获得的、潜在有用的信息（Li et al.，2015），并能实现预测和决策优化（van der Aalst and Ddmiani，2015）。后者则从数据科学所涉及的技术方法和学科领域对其进行界定，如将其视为统计学中一个新的领域延伸，主要关注重点为数据分析，涉及方法包括跨学科研究、数据建模与方法、数据处理、工具学习、理论学习等（Myers and Wiel，2014）；从计算机科学的视角出发，Li 等（2015）认为数据科学已经发展成

为包含机器学习、数据挖掘、人工智能、社会网络、算法、信息可视化等内容的研究方法；从数学的角度出发，de Moraes 和 Martínez（2015）则认为数据科学包含信号处理、概率模型、机器学习、数据工程、模式识别和不确定性建模等。van der Aalst 和 Ddmiani（2015）甚至将行为社会科学、伦理学等学科范围也纳入其中。在数据科学的构成方面也遵循了这一路径，学者将其按数据处理流程划分为数据探索与准备、数据表示与转换、数据计算、数据建模、数据可视化和演示、数据科学相关科学（Donoho，2017），或按统计学活动（Cleveland，2001）、计算机相关技术（刘潇和杨建梅，2015）、数学或信息科学相结合（叶鹰和马费成，2015）的要点进行论述。综合各方观点，其中对数据的管理、统计、机器学习和可视化被认为是数据科学发展的核心内容（Inmon and Linstedt，2015）。

2. 数据科学方法、技术与平台

关于数据科学方法、技术与平台的研究内容较为丰富，主要可以分为以下几类：一是对数据科学方法和技术的系统介绍，如按照数据生命周期介绍数据采集、数据预处理、相关数据审计、数据清洗、数据变换、数据集成、数据脱敏、数据规约和数据标注技术，数据统计与基本分析方法，机器学习系统与算法，数据管理的关系型数据库、NoSQL[①]技术和关系云技术，信息可视化技术等（朝乐门，2016）；按照数据科学方法或技术主题，如机器学习与数据挖掘、统计模型和方法、预测与描述、探索性数据分析、沟通和可视化、数据处理、编程等介绍相关技术（O'Neil，2013；EMC Education Services，2015）。二是对某一方法、技术在数据科学中的应用进行深入介绍，例如，利用 R 语言、Python 语言进行数据科学分析方法的研究（Mckinney，2013），

---

① 泛指非关系型的数据库，英文全称为 not only SQL，SQL 是 structure query language 的简称，中文为结构查询语言。

利用 MapReduce、PageRank、K-means 进行数据计算的研究等。三是特定领域内专用数据分析工具的开发与应用研究，如在医疗领域利用机器学习建立全新综合数据模型以避免通过观测传统、单一医疗数据，诊断非心源性适应证风险大的问题（Lorberbaum et al.，2016）。四是对不同环境或所处理的数据变化带来的技术挑战与应对进行研究，如针对 TB 和 PB 级数据处理、管理及应用的对策和技术方案进行研究。五是对各领域大型数据科学平台建设的研究，如美国政府发起的生物大数据倡议（Big Data to Knowledge Initiative，BD2K）、中国科学院科学数据共享工程等。数据科学的核心方法与技术如图 1-2 所示。

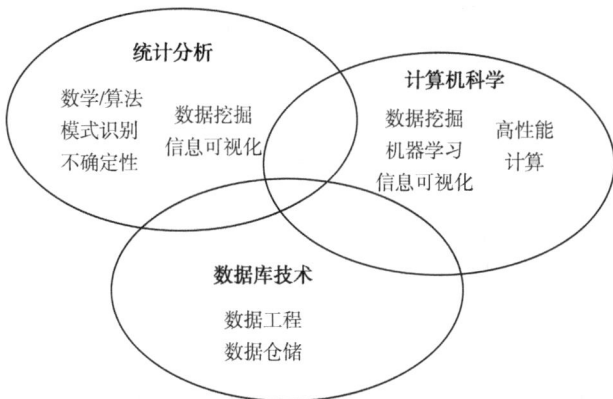

图 1-2　数据科学的核心方法与技术

3. 领域数据科学研究

当今已没有无数据的科学，也没有无科学的数据（赵鹏大，2014）。Gray（2009）在其所做的《e-Science 科学方法的一次革命》的演讲中认为与"计算思维"（Wing，2006）类似，"我们正在见证每个学科演变为两个分支"：收集分析信息的 X-Info 和计算、仿真的 Comp-X（图 1-3）。数据科学理论和方法应用于各个领域或学科，从而形成专门领域的数据学或数据科学。微软研究院在 Gray 演讲的基础上出版了《第四范式：数据密集型科学发现》一书，展示了环境应用科学、生态学、海洋科学、天文学、医学、生物学等学科领域数据驱动的科学研究案例（Hey et al.，2009）。此外，数据科学在空间、环境、健康、医学、运动、金融等诸多领域均有丰富的应用案例（Gold et al.，2013；Curme et al.，2014；陈迪等，2015；诸云强等，2015）。

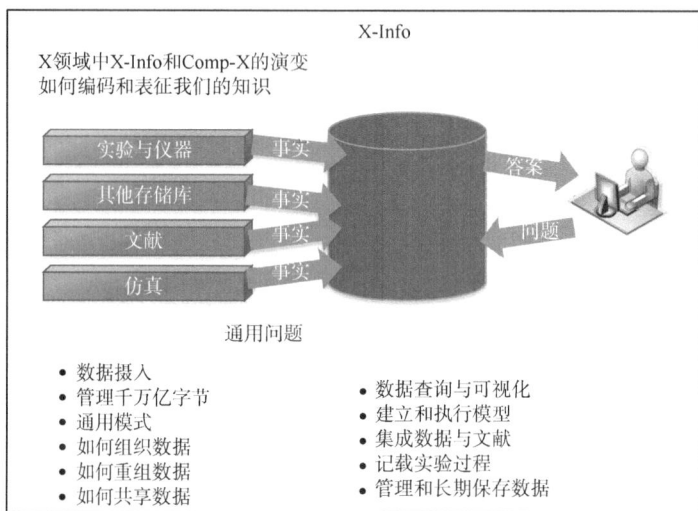

图 1-3 X-Info 与 Comp-X 演化

可以说，材料科学、生物学、商业、管理学等领域与数据科学的结合比较紧密。王曰芬等（2016）在知识图谱分析的基础上总结认为数据科学与各领域的应用主要体现在面向优化和面向创新两个方面，前者包括使用数据科学更有效地实现预测、优化方法和决策（Gold et al.，2013；Curme et al.，2014；Janke et al.，2016），后者主要是实现新的科学发现（van Horn and Toga，2014；Margolis et al.，2014）和突破研究瓶颈（Langston et al.，2014；Bedenkov et al.，2016）。

4. 数据科学的发展趋势

数据科学作为一门年轻的学科，基于大数据思维揭示数据的价值和运动规律，实现从数据到信息、从数据到知识的转变，获取数据隐含的信息、知识来推动人类社会的进步。可见，研究数据科学的发展具有重要作用，在各学科领域的应用将不断深化，相关内容将成为未来研究的主要增长点（赵蓉英和魏明坤，2017）。Donoho（2017）在其《数据科学 50 年》的演讲中认为，数据科学的下一个 50 年发展趋势将体现在三个方面：①开放科学接管；②把科学本身作为数据和科学的数据分析；③可被实证检验。而要实现最后一点，Donoho 也指出，数据科学的科学性必须有一个不断发展、基于事实的方法：科学范围的元分析、交叉研究分析和跨工作流程分析。

1.2　科学研究的第四范式

大数据正在通过对海量数据的交换、整合和分析，发现新的知识，创造新的价值，带来"大知识""大科技""大发展"（徐子沛，2012）。计算技术及其通过互联网的泛在连接已经为几乎所有的科学研究提供了支撑，我们也正在以数字形式积聚着从前不可想象的海量数据——这些数据将有助于推动科学研究与洞察力的深刻转型（Mundie，2009）。数据科学已成为除实验、理论和仿真计算之外的第四种科学研究范式（Gray，2009；Donoho，2017）。这一范式的特点表现为：不在意数据的杂乱，而强调数据的量；不要求数据精确，但要求数据具有代表性；不刻意追求因果关系，但重视规律总结（Hey et al.，2009）。与 Gray 的观点类似，许多科学家也认为第四研究范式已经出现，对现有的科学研究范式构成挑战，科学研究正在进入基于大数据发现的新的研究实践（Prensky，2009；Goodchild et al.，2012；Steadman，2013；Kitchin，2014）。有所不同的是，有些学者认同大数据的出现为科学研究范式的转换提供了可能，但与 Gray 等观点相异的是，他们认为科学研究范式的转向是可计算社会科学而不是探索性科学（Chang et al.，2014；King，2014）。

数据密集型科学研究范式的兴起引起了诸多科研机构的重视，美国国家科学基金会（National Science Foundation，NSF）、美国国立卫生研究院（National Institutes of Health，NIH）、瑞士国家科学基金会（The Swiss National Science Foundation，SNSF）、中国科学院等均推出旨在提升从大量复杂数据中获取知识和洞见能力的大数据计划或科研专项。

科学研究经历了实验、理论、仿真和数据密集型计算科学研究四种范式（图1-4），但各范式之间并非替代关系，实验科学是理论科学的实践基础，理论科学是实验科学的指导，两者是相互联系、相互补充、相互推进的。仿真科学是对实验科学和理论科学中的科学方法的补充和优化，而数据密集型计算科学是处理实验科学和仿真科学中出现的大数据处理问题，并将前三种范式统一了起来（Gray，2009；邓仲华和李志芳，2013a）。

第四研究范式具有全新的特点：①信息技术促进存储、计算资源的商品化和科学研究的个性化，使得第四研究范式下的科学研究体制出现一些新特征，如服务网络的松散化、快速的边缘创新，以及知识生产和使用者更加紧密的伙伴关系等（Hey et al.，2009）；②高性能的、数据密集型的计算正在成为科学发展中的基本因素，数据驱动过程将进入诸多科学领域（邹自明等，2018；安培浚等，2021）；③云计算及其固有的利用多层次并行计算的能力已经成为一种新的重要使能技术，正在促进人类知识向前发展（邓仲华和李志芳，2013b）；④以数据为中心的科学工作流提供全面的数据生产过程，数据取代学术论文或文献成为首要特征（Hey et al.，2009），科学记录将会变成包含不断变化和进化的数据、出版物及大规模支撑资料的集合（袁曦临等，2014）；⑤科学研究的地理分布性和跨学科性不断加剧，使其需要通过应用语义技术，在数据即服务的层次上建立多学科语义网，为跨学科、跨文化研究提供重要支撑，科学从"村舍"活动逐渐过渡到大规模"行业化"努力（马雨萌等，2015），利用全球信息进行知识推理成为可能（如OpenCyc、Freebase

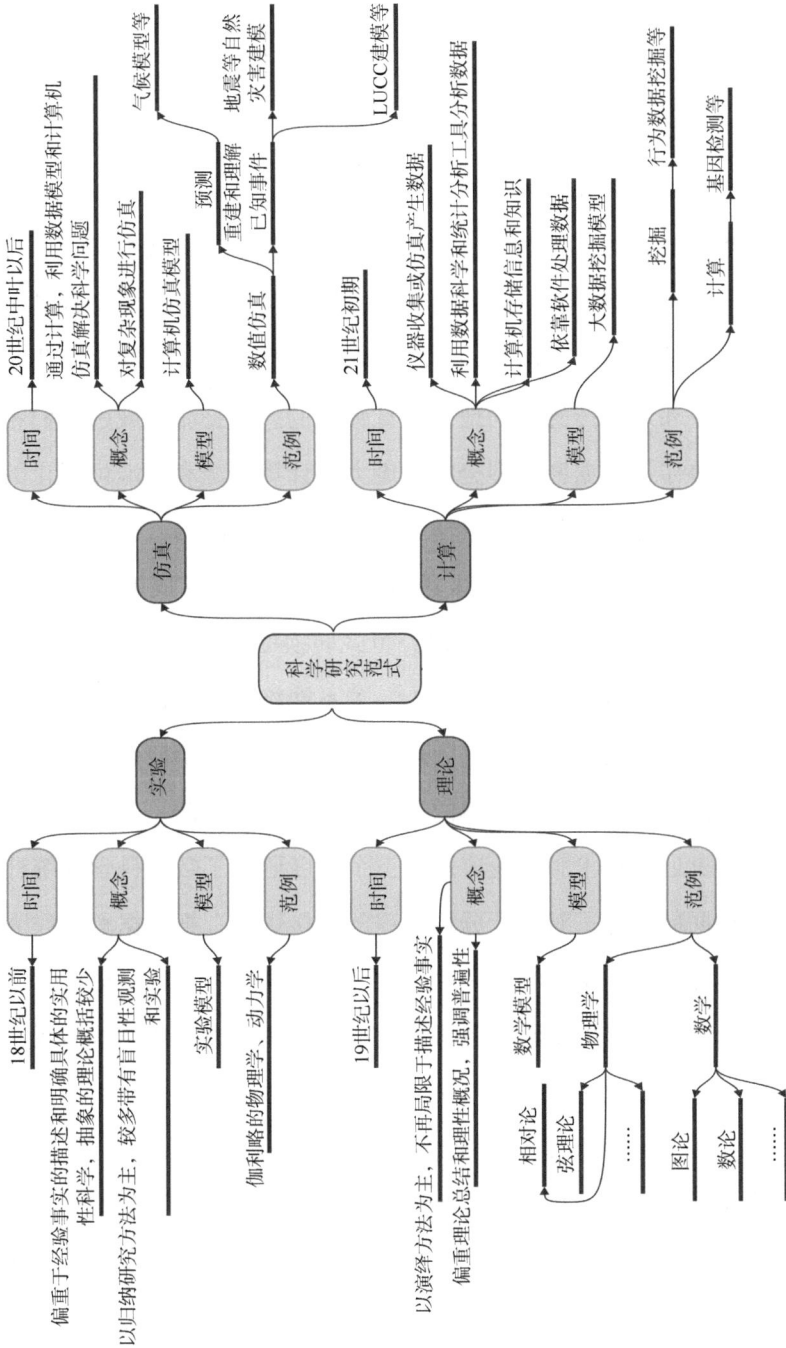

图 1-4　科学研究四种范式

等）；⑥科研人员正变得越来越依赖于利用 Web 满足其数据需求（Long and Schonfeld，2010）。这种转变给数据的汇总、工作流、备份、归档、质量和保留带来了重大挑战，使我们必须考虑大规模的知识管理和基于机器理解所带来的挑战，建设面向知识的研究基础设施（陈明奇等，2016）。

从第四研究范式的基本内涵及特征我们可以看出其与数据科学和大数据高度相关，"大数据""数据科学""第四范式"是关于大数据的学理基础研究不可或缺的三个基本关键词组合（刘磊，2016）。学者认为大数据时代的到来和来自基于卫星和地面传感器的地理信息数据的急速膨胀，鼓励我们相信一个着重于国际协作、数据密集型分析、庞大的计算资源和高端可视化的新的第四种研究范式或称"大数据"科学范式（Goodchild et al.，2012）。从目前的研究成果来看，将三者联合起来进行考量的主要研究成果如下。李国杰（2012）从大数据、数据科学和科学研究范式转换的现状和科学思考出发，对数据科学研究对象、数据的共性问题——关系网络、大数据的相关性与因果关系、社会科学中的大数据及数据处理的复杂性研究、第四研究范式的思维方式大变化这几个方面提出了审慎的思考。魏瑾瑞和蒋萍（2014）从科学理论基础、计算机处理技术和商业应用等三个维度研究了数据科学的统计学内涵，探讨了数据科学范式对统计分析过程的直接影响，把数据科学作为一种范式，研究重心落脚于统计学的一项研究。诸云强等（2015）分析了地球数据科学的内涵特征，提出了地球数据科学的基础理论方法和技术体系，重点研究了大数据时代面向地球数据科学的地学数据共享新发展。刘磊（2016）在 2011 年大数据相关技术成熟度曲线分析的基础上，认为大数据开始降温，数据科学快速升温，公民科学意识和数据意识的增强开始带动细分学科——公民数据科学的发展，大数据的科学基础研究迎来了重要的发展机遇期。大数据驱动下的数据科学对科学研究范式转型的作用将更加紧密。

1.3 数据科学的知识体系

数据科学是一门新兴学科,其理论来源和知识构成仍处在动态发展过程。本书基于数据科学的主要理论和知识来源——数学和统计学、计算机科学、行业知识(科学研究意义上的学科划分或社会实践中的行业划分),以及交叉衍生的理论、方法和应用,将数据科学划分为理论数据科学、工程数据科学和应用数据科学。其中,理论数据科学主要探讨数据生命周期规律及数据科学研究中的基本假设、基础理论和方法体系;工程数据科学则倾向于数据作为资源和数据科学作为方法与工具的处理过程,包括数据获取、分析、感知的具体技术与工具研发等;应用数据科学则是数据科学根据其应用对象所涉猎的具体学科或应用领域而产生的专门领域。三者所含内容和关系如图 1-5 所示。

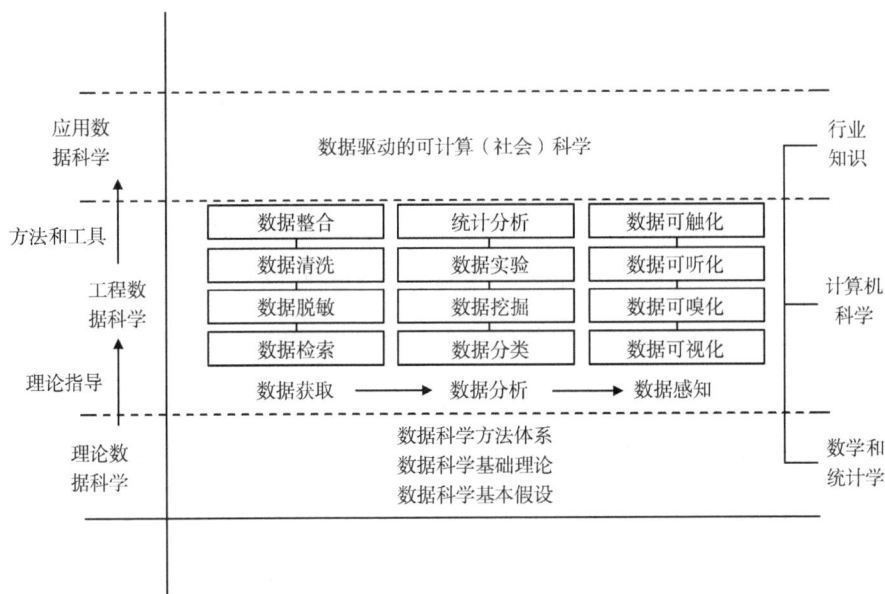

图 1-5 数据科学学科体系

作为典型的横断学科，数据科学具有明显的跨学科、交叉学科特点，加上数据科学刚刚迈入成长期的发展现状和信息技术发展不断加速的背景，人工智能、机器学习以及数据科学与各领域交叉、融合程度不断加深，应用不断扩展，无论从数据科学学科体系建设还是其在各领域应用的发展来看，都需要对数据科学知识体系和方法工具进行梳理与总结。本书拟从知识演化的外部信息和文本内容出发，利用知识图谱和文本分析相结合、定性分析和定量分析相结合的方法，对数据科学知识体系的结构和演化过程进行探索，并在此基础上，明确数据科学的定义和边界，建立数据科学学科体系框架，给出数据科学的核心特征，探明数据科学与其他学科交叉、渗透、延伸的相互关系及其在其中发挥的作用，了解数据科学涉及的关键技术和主流工具，掌握数据科学不同历史阶段的发展特征、演化规律和未来发展趋势。

1.4　面向社会科学的社会计算

20 世纪 90 年代，个人计算开始向社会计算转型，并逐渐发展为两个方向：①面向社会科学，即社会知识在计算机和信息技术中的嵌入和使用，以提高社会活动的效益和水平；②面向技术，即侧重信息技术在社会活动中的应用（孟小峰等，2013）。近年来，信息技术和互联网的不断普及，特别是大数据的兴起，深刻地改变了人与人、人与社会之间的交互方式，更使当代许多社会问题显著地呈现动态性、快速性、开放性、交互性和数据海量化的特点，与此相关的社会管理和政策制定问题也越来越复杂。面向社会科学的社会计算成为社会科学和数据科学交叉融合的新兴领域，其核心是以人和社会为表征的建模、实验与分析评估，其主要方法是社会科学、计算科学、管理科学等多学科的交叉融合（毛文吉，2011）。面向社会科学的社会计算研究内容主要包括计算社会科学、社会网络分析、基于主体的数据挖掘等（Halpin，

1999；王飞跃等，2010，2015），应用领域广泛，涵盖社会安全、经济、工程和军事等（牛文元，2008；王飞跃，2008）。大数据时代的到来为社会科学研究方法突破困境创造了条件，一个以计算机技术、互联网为基础，具有无限可能性的新计算社会科学成为现实（Lazer et al.，2009；罗玮和罗教讲，2015），并深刻改变着社会科学的研究范式（张清俐，2014）。

社会计算研究范围涵盖主体性、条件性和交互性三条主线：一是研究人，从点到面，从对个人兴趣的分析到对社会关系的分析，直至对社会网络的分析。例如，对 Web2.0 环境下社交媒体的研究，就是利用数据挖掘技术分析 Facebook、Twitter 等在线社交媒体带来的个人大数据从而展开研究，并利用社会标签系统进行数据提取及社交媒体的社会网络分析等。二是研究信息，从对信息内容的解析到话题发现和话题传播。例如，通过计算社会抉择研究分析决策行为（投票规则、战略行为、集体决策），包括社会网络意见模式，网络舆论生成和传播机制、引导和管理对策研究等。三是研究人和信息的属性，其中包括倾向性、可信度和影响力（王国成，2015），以及用户协作方式和行为动机研究等，如社会网络中的著者合作分析（彭希羡等，2013），出现比较多的研究案例有维基百科（朱庆华等，2012），此外还有在舆情分析、危机管理领域的研究与探讨（杜海峰等，2014；邱晓刚等，2014）。

三条主线实现的基础是数据挖掘，方法领域包括自动信息抽取、社会网络分析、社会地理信息系统、复杂系统建模以及社会仿真模型等（王飞跃，2004；王飞跃等，2015；盛昭瀚等，2009；王琳琳等，2012；陈浩等，2013；Cioffi-Revilla，2010）。孟小峰等（2013）认为在大数据条件下，传统的以计算为中心的理念要逐渐转向以数据为中心，形成数据思维。

第2章
数据科学对社会科学量化研究的影响

社会科学从诞生至今始终没有作为一门严格的科学而得到大家的公认，其中最主要的原因就是社会科学缺少精确的量化描述（陶远华，1989）。当然，现有的社会科学实证量化研究在数学表达上日趋精审，但与真实世界的契合度有限。"一门科学只有在成功地运用数学时，才算达到了真正完善的地步"（拉法格和李卜克内西，1941），照此标准，社会科学运用数学进行量化研究的程度远远没有达到完善的地步。社会科学学术思想和研究的演变过程受到特定历史条件下研究方法和分析手段的深刻影响（克鲁格曼，2000），社会科学量化方法整体上还处在"相当初期和极其混乱的发展阶段"和"描写性、会诊性和学术性状态"（奇曼，1985；贝尔纳，2003）。近年来，随着混合研究方法以及信息化带来的社会测量水平的不断提升，社会科学研究的这种状况似乎迎来了改变的契机。美国哈佛大学定量社会科学研究院教授 King（2014）认为在 21 世纪开始十年间，社会科学量化研究对世界产生了史无前例的影响，主要原因在于社会科学对与人相关的大数据的拥抱，社会科学正"处于一个历史性变革"之中，"从用少量数据集的辅助研究，转向对数量不断扩大的各种高信息含量数据进行研究"是其重要表现之一，这将促使"大部分人文社会科学走向具有自然科学的特征"（Hey et al., 2009），这是继 Gray（2009）在自然科学研究领域提出基于数据密集型科学研究范式之后，在社会科学研究领域对大数据将会带来革命性变革的预言。随着信息化不断深入发展，社会各领域将源源不断地产生信息，这不仅会造成数据量的激增，也会产生"理解个体、群体、社会如何思考和行为的方法上的显著进步"（King，2014）。国内外学者都认为大数据的到来必然会对传统社会科学的研究方式产生巨大冲击（刘林平等，2016），大数据研究不仅能够改变长期以来人们对社会科学产出不足的诟病，而且还将推进自 17 世纪社会科学诞生以来人们对社会科学孜孜以求地探索，这无疑使社会科学研究迎来前所未有的机遇。

2.1　社会科学量化研究的三个解决方案

社会科学量化研究发展最早可以追溯到古希腊哲学家柏拉图基于"二值原则"区分知识真假性问题的"类型逻辑思维"，以及亚里士多德"四因说"中"质料因""动力因"等有关量化研究方法论及因果关系的哲学思想，这些原初思想是社会科学量化研究的哲学启蒙，在希腊哲学的多种多样的形式中，几乎可以发现以后的所有看法的胚胎、萌芽（中共中央马克思、恩格斯、列宁、斯大林著作编译局，1972）。17 世纪下半叶开始，研究者为改善社会管理水平开始转向对社会现象的量化研究，统计学创立并应用到古典政治经济学研究中。从此以后的 300 余年，量化研究在社会科学创立和发展过程中发挥了巨大的作用。通过量化研究，政治学、经济学等诸多传统社会科学学科获得了新的发展空间，特别是社会学得以创立并不断深化，社会科学学科分支逐步细化和延伸，学科理论不断深化，与社会实践的结合也更为紧密。直到近 50 年以来，包括社会学、经济学、政治学、管理学、教育学、人口学在内的社会科学总体向更为严格的科学主义取向、更为专业的方向发展，这在相当程度上是以统计学的广泛运用和量化研究为基础的。通过对社会科学量化研究方法的梳理，我们按照历史发展序列将其总结为三个解决方案：实证主义的因果关系解决方案、非线性问题线性化解决方案和基于主体的复杂系统建模解决方案，详见图 2-1。

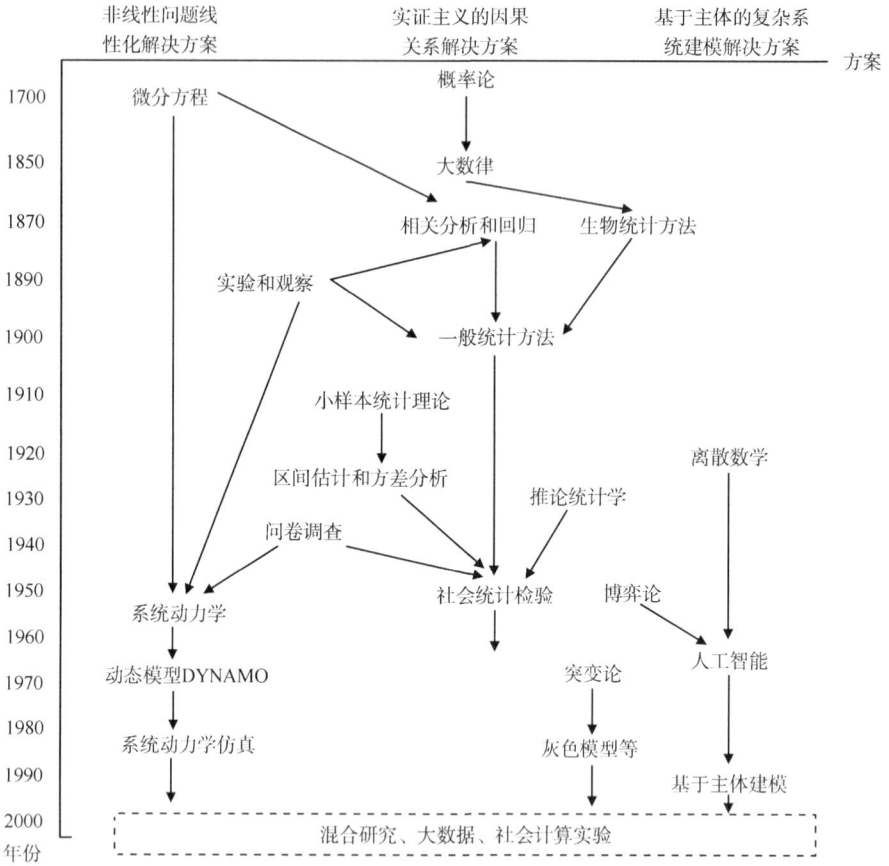

图 2-1 社会科学量化研究的三个解决方案

2.1.1 实证主义的因果关系解决方案

实证主义的因果关系解决方案的哲学基础是实证主义、逻辑实证主义和操作实证主义。基本脉络分为三个部分：一是假设检验成为主要量化研究方法论，在哲学基础上建立了以孔德、维特根斯坦为代表的经典实证主义与逻辑实证主义，进化论补充总体逻辑思维；二是在方法上，概率论引入社会科学研究，并与高尔顿提出的生物统计学相关分析和回归方法结合，进一步发展成为一般统计方法，t 检验、区间估值、方差分析等小样本统计理论和推论统计学得到了应用，如迪尔凯姆的《自杀论》展现了一个具有正确性和精确性特征的经验性实证科学（郭大水，2007）；三是操作上，与实用主义相结合，提出了操作主义测量理论、实验设计原理，特别是统计技术和工具的不断改善促进了社会调查的革命。这些进展使该解决方案在 20 世纪四五十年代推出一系列教科书和重要研究成果后，达到了鼎盛时期，成为社会科学量化研究的主流取向。

孔德及其追随者认为，社会科学与自然科学研究类似，都是寻找和建立普遍规律（刘放桐，2000），主张以科学的经验研究排斥形而上学的思辨和臆测（吴晓刚，2014）。在研究中坚持归纳主义和价值中立，主张方法论的个体主义（认为社会现象均可还原为个人行为的合力），对经验的检验不依赖于主观的感觉，而是逻辑的检验（沃野，2005）。其基本研究路径是"提出假设—验证假设"，遵循"观察社会现象—发现研究问题—收集有关个体的个性资料和数据—进行统计和分析—发现共性的、普遍的规律"的研究理路。

20 世纪 20 年代以来，随着自然科学研究的不断发展，机械决定论产生了动摇，经典自然科学中自然定律时间反演对称和"世界处于封闭的、唯一确定的因果链条中"被物理学、化学和生命科学的一系列新发现打破了。对系统的综合研究重新开始重视集群效应和相互作用、整体结构和功能，在还原论指导下的学科划分重新走向综合，边缘学科、交叉学科纷纷出现。第二次世界大战（简称二战）以后在数学和计算机科学上的突破也对社会科学量化研究的第一方案产生了冲击。再加上基于科学实证主义的哲学基础开始动摇，这一方案在 20 世纪 60 年代以后逐渐受到质疑，随着定性研究方法和混合方法的兴起,实证主义因果分析研究不再是社会科学量化研究的唯一取向。

2.1.2　非线性问题线性化解决方案

非线性问题线性化解决方案以系统动力学为代表，其是在系统论、控制论、信息论、决策理论和计算机模拟技术基础上（李旭，2009），对复杂巨系统开展"定性到定量综合集成"研究的方法（钱学森，2005）。这一解决方案的方法论基础来自微分方程的数学原理，但其广泛应用则依赖计算机技术在数学建模中的普及。在社会科学研究中，由于社会经济系统的非线性因素作用，高阶次复杂时变系统往往表现出反直观的、千姿百态的动态特征。系统动力学运用系统结构决定系统功能的原理，从系统的整体出发研究系统内部要素之间的因果关系及反馈环的动态行为特征，应用计算机模拟技术求得系统的宏观行为，建立各要素及其相互作用的流图与模拟模型，实施不同的政策调控，从而寻求解决问题的途径，实现系统的优化控制（张波和袁永根，2010）。其基本思路主要是将复杂的非线性问题转化成为大型差分方程系统（多阶微分方程），以趋势外推为研究方法，模拟变量随时间变化的轨迹，从而达到预测的目标。1972 年，罗马俱乐部利用系统动力学方法建立的世界 3 模型，研究了世界范围内的人口、资源、工业、农业和污染等诸多因素的相互联系、制约和作用以及产生的各种可能的后果，提交了著名的《增长的极限》报告，对人类社会指数式增长的势头提出了悲观的结论，并提出达到世界平衡和稳定发展的决定性条件（Meadows et al.，1972）。虽然该模型引发了激烈争论，但也证明了系统动力学在社会经济系统领域研究的可行性，罗马俱乐部把系统动力学模型推向了一个高峰，但模型预测的状况未能在真实世界出现，这也暴露出了系统动力学模型的内在缺陷，即模型不能随环境的变化而进化。20 世纪 90 年代后，系统动力学方法被用于社会经济复杂系统研究，国家系统动力学、城市系统动力学、社会系统动力学得到不断发展和推广，为我们分析和研究这些复杂巨系统提供了一种结构化的思考方法、有效的交流工具和"政策实验室"。

2.1.3　基于主体的复杂系统建模解决方案

基于主体的复杂系统建模解决方案主要基于复杂适应性系统（complex adaptive systems，CAS）理论，该理论由美国圣塔菲研究所（Santa Fe Institute，SFI）的约翰·霍兰提出，同时他也提出了研究 CAS 的建模技术，即采用基于主体建模（agent-based modeling，ABM）方法对社会经济系统进行仿真。CAS 理论中最基本的组成元素是具有自主适应能力的个体，简称主体，这种主体在与环境的交互作用中遵循一般的刺激–反应模型，其适应能力表现在它能够根据行为的效果修改自己的行为规则，以便更好地在客观环境中生存。由这样的主体组成的系统将在主体之间以及主体与环境的相互作用中发展，表现出宏观系统中的分化、涌现等种种复杂的演化过程。ABM 方法采用多主体建模和非中心化思想，借鉴非线性动力学和人工智能领域的技术，从社会科学研究的个体对象出发，采取自下而上的建模策略，通过对主体行为的刻画实现自下而上的宏观涌现。与系统动力学相比，ABM 无法定义系统的整体行为，建模人员对各层级主体的行为进行单独界定，全局状态是个体与个体之间、个体与环境之间互动作用的涌现结果，实现了从微观层次的主体行为到宏观涌现现象的过程。

2.2　社会科学量化研究的层次

2.2.1　社会科学认识论的连续统

有文献在论述早期社会科学认识论的连续统时认为社会科学关于社会知识的获取途径一直存在理性主义和经验主义之争。理性主义的观点源于柏拉图，他在形式和理念中寻求确定性，并倡导确定性知识，主张通过先验推理来获得真理知识。而与柏拉图不同的是，亚里士多德虽然也强调确定性，却把感官所触及的世界作为一种实在，并且不赞同柏拉图通过演绎性论证来获得知识。这种差异影响了文艺复兴时期科学的哲学思想及以后的社会科学研究。培根在建立实验科学时批判经验哲学，认为知识来自感性世界，感觉经验是一切知识的源泉。而笛卡儿则推崇演绎和先验推理，是唯理论者。此后，休谟提倡科学自然主义（彻底经验主义），认为世界的复杂程度远超个人有限的经验能力，因此超越个人实践水平的任何陈述都不确定。波普尔提出证伪主义，认为经验科学无法归纳验证，但演绎可以通过基本观测进行反驳，即可以证伪。19 世纪，孔德和涂尔干认为，社会科学应抛弃所有形而上的思辨观念，遵循自然科学的实证主义，探寻社会领域的规律。马克斯·韦伯认为社会科学是社会行动的科学，价值存在于个案、经验细节和历史知识当中。在经济学领域，施穆勒和门格尔的历史学派与理论经济学的历史实践科学和理论科学之争也体现了这一分歧。

以定律、数学为基础的自然科学与历史学之间的差异也引起了康德和文德尔班的兴趣。康德不满于休谟的怀疑主义，在其《纯粹理性批判》中试图重新树立确定性知识的权威，他认为不是物在影响人，而是人在影响物，人在构造现实世界。康德认为人具有通过时空和因果性感知获得普遍知识的能力，但人类理性无法获得物自体的知识。他试图在两种对立的立场中寻求整合解决方案。他对自然科学知识和历史知识的看法也反映了这一思想，认为理性主义方法可以发现用以解释现象的必然和普遍有效的法则，但历史主义则因缺乏科学知识客体的必要性和一般有效性而不符合科学知识的标准。文德尔班和李凯尔特则建立了通则论和个体论术语。前者指自然科学知识，是寻找普遍规律和制定法则的；后者指历史知识，是个体主义的和描述性的。同时，文德尔班还认识到通则论和个体论的差异并非产生于客体的不同，而是认知目的和科学兴趣。至此，根据韦伯理想类型的概念形成方法，可将社会科学的认识论方法在连续统中表示，如图 2-2 所示。

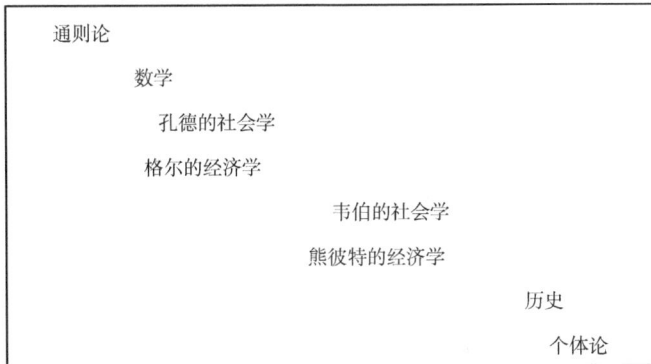

图 2-2　早期社会科学认识论方法的连续统

　　从这个角度来讲，以统计回归方法为主的实证主义的因果关系解决方案通过简单因果链条解释和理解社会效果，并且倾向于从整体上解释社会，是对现实世界趋于通则化的解释和理解；以系统动力学方法为代表的非线性问题线性化解决方案则在对社会结构进行划分的基础上，用函数关系组成的反馈回路、流等来模拟社会结果，实现社会作用机理的宏观模拟；以基于主体复杂系统建模的仿真方法为代表的第三方案，则是通过封装主体规则仿真主体行为，通过多主体的内生互动，实现了自下而上的社会现象的宏观涌现。这三种社会系统仿真方法处于社会科学研究方法连续统的内部，其立场体现了由通则论向个体论的过渡（从整体解释到结构划分再到基于主体仿真，从系统的定性或定量分析一般规律到社会计算实验或对个体、个案的观察），如图 2-3 所示。

定性或定量

统计回归方法

因果链条解释和理解社会效果

系统动力学方法

用函数关系组成的反馈回路模拟系统功能

基于主体复杂系统建模仿真方法

通过主体活动涌现系统结果

社会计算实验或平行世界

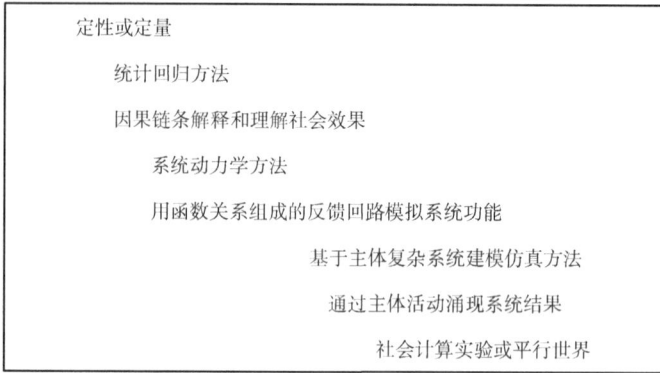

图 2-3　社会科学量化研究方案的连续统

2.2.2　社会科学量化研究的层次

在社会科学研究领域，按照因变量（Y）和自变量（X）所在的社会结构层次，可以将社会科学量化研究划分为四层：①自变量和因变量都处于宏观群体层次，从群体行为到群体结果的观察 $Y_d=f(X_a)$；②自变量和因变量都处于微观个体层次，从微观个体行为到微观个体结果 $Y_c=f(X_b)$；③自变量处于宏观群体层次，因变量处在微观个体层次，可以称之为社会化过程 $Y_b=f(X_a)$；④自变量处于微观个体层次，因变量处于宏观群体层次，可以称之为涌现过程 $Z_d=f(X_b，Y_c)$（陈云松等，2016）。

这种社会科学量化研究的层次划分实际上来源于科尔曼从 20 世纪 70 年代开始建立的社会行动理论模型（Coleman，1986）。科尔曼的社会行动理论模型（图 2-4）重点在于解析宏观现象 D 的形成过程，解析的重点是个体的行为取向 B（包括愿望、信念和机遇等）以及由行为取向引致的个体行为 C，因此要分析宏观现象 A 与个体行为取向 B 之间的因果链条；然后解析个体的这些行为取向与其他个体和宏观环境之间的作用机制，即个体行为 C 的生成机制，明晰个体的行为规则，这些规则将表现为基于主体的模型中的主体行为，进而涌现出政策结果 D（图 2-4 箭头 CD）。科尔曼的社会行动理论模型是宏观现象 A 和 D 间的微观分析,是对从宏观现象到微观行为再到宏观现象的"影响—作用—涌现"机制的解析,在方法论上主张个人主义,排斥整体主义,是社会行动理论的来源之一。

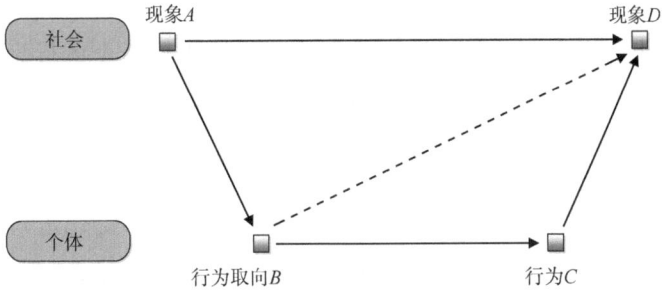

图 2-4　社会科学量化研究的层次——基于科尔曼的社会行动理论模型

我们将上面社会科学量化研究的四种层次划分放到科尔曼的社会行动理论模型中,可以看出其与社会科学量化研究连续统的层次划分是对应的: $Y_b=f(X_a)$ 和 $Y_c=f(X_b)$ 对应的是追寻宏观群体或微观个人层次规律性的认识,属于连续统中靠近通则论的方法,可以使用第一套量化方案,利用统计回归就能较好地解决这一问题,这也是目前社会科学量化研究的主流研究范式(如经济学),已有较为成熟的模型; $Y_d=f(X_a)$ 则需要观察宏观群体行为到宏观群体的结果,类似于结构与功能的关系,需要采用系统动力学的方法,但并非在所有社会科学领域中都是如此,在经济学研究中,可以使用统计回归等宏观经济计量模型研究该类问题; $Z_d=f(X_b,Y_c)$ 实现的是主体行为取向和主体行为对宏观系统的涌现结果,在社会科学中一直属于量化研究的难点,CAS 和 ABM 方法是目前的主要解决方案,此外也可以通过社会计算实验或平行系统数据测算解决该类问题。

2.2.3 社会科学量化研究存在的问题

在目前的三个社会科学量化研究方案中，主要存在的问题如下。

1. 生态谬误

社会科学量化研究中群体层次的数据不能用于推断个体行为，这导致了在量化研究，特别是第一量化研究解决方案进入操作化阶段后，往往开展微观数据的调查，而在宏观层面的定量分析停滞不前，导致一些重大、经典理论问题难以得到实证检验。这也是对量化研究科学主义泛化进行批判的主要依据，认为一味推崇量化研究而忽视了总体经验或者个人感受的总结，量化研究往往在现有理论的基础上提出假设，收集数据进行验证，而无法对理论的发展做出贡献。同时，对量化研究的过度推崇，为追求学术的新颖性，而随意"借用"数学或统计学模型，对模型的使用条件不做具体分析，变量之间的关系也不做判断，结果就会出现经过复杂的数据分析仅仅证明了一个定性研究的基本常识，或者把两个没有关系的变量强制扯上关系的"拉郎配"现象，导致量化研究与社会现实之间常有脱节。美国社会科学家邓肯曾批评这一现象："我们常常会看到一种我称之为'统计学主义'的病症：即认为统计计算就是做研究的同义词，认为统计学是科学方法论的基础，迷信统计公式可以帮我们评估各种不同理论的优缺点或者找出事件发生的主要原因。显然，这些想法都是天真的。"更深层次的原因在于，由于社会科学的统计单元（即作为自适应主体的个人）不具有同质性，信息条件的制约也使统计场景的设定不能做到穷尽所有重要的不确定性，这就在某种意义上导致社会科学"统计学主义"基础的脆弱性。

2. 量化研究第一解决方案中的内生性问题

由于社会系统的复杂性，变量之间的关系也往往十分复杂，这反映在变量层次难以划分，同一层次变量之间相互关联，以及从底层到顶层变量的涌现，这导致统计回归的方法十分不可靠，让人质疑是在用简单的数量关系来解决复杂的社会问题。邓肯认为解决这一问题有两条可能的途径：一是提高社会测量的水平；二是强调对社会过程的概念化，以及在研究设计中体现出这种概念化的社会过程。也有学者认为更高级的计量模型可以解决这一问题。但就目前来看，并没有取得足够的突破，加上社会系统描述的模糊性和社会关系的测不准问题，更使得"对于一些基本上是模糊的量，如果给以任何意味着准确的数值的内容，那是既无用处，也是不可靠的，而任何想把精确的公式应用于这些不精确定义的量的企图，都只是胡闹和浪费时间"（周林等，1984）。同时，邓肯所说的第一条途径，如果不改变抽样调查方法的话，社会复杂程度不断加深，定量研究的成本也是难以承受的。

3. 后两个量化解决方案的问题

系统动力学排除了偶然性因素的影响，这种排除过程是不可控的、在操作之前的，如果一旦出现排除的偶然性因素是对系统功能做出重要贡献的要素（或是随着时间的推移，其作用会越来越大或发生作用性质的改变），则仿真的效果就会出现偏差。这也是罗马俱乐部世界 3 模型引起争议，与真实世界产生偏差的原因。20 世纪 90 年代，罗马俱乐部重新调整了世界模型，并重新发布报告《超越增长的极限》，对其量化过程进行修正。而 ABM 仿真方法则受到个体行为取向与环境数据短板的影响，这种数据短板表现在两个方面，一是主体行为数据往往来源于主动采集，所以存在回答数据与真实主体行为取向的偏误；二是仿真环境数据往往来源于二次统计加工数据，无法保证数据质量。这两个方面的数据短板直接导致封装在模型中数据的有效性问题，这也是 ABM 仿真方法有效性受到诟病的根源所在。

2.3　数据科学与社会科学量化研究方法

2.3.1　大数据的方法论含义

事实上，以孔德实证主义和马克思唯物主义为分界，西方现代哲学已经很少关心本体等形而上学问题，而是转而专注于对现象的分析，用胡塞尔及其后继者的话来说，"现象即本质"。随着科学和技术的发展，在科学哲学领域，这种观念得到了压倒性的发展和继承。

但大数据时代社会科学研究能否像实证主义脱离形而上学那样再一次摆脱因果关系的束缚，取决于若干可能性。

（1）大数据能否让我们看到社会物自体的全貌，至少是像韦伯所认为的那样，能够让我们完整地看到与研究者的研究目的相对应的社会物自体的全貌（这一点我们深表怀疑，网络大数据是否能担此重任不仅与大数据技术有关，更重要的是社会相关的网络大数据对应的显示偏好类型的完整性及其话语体系的可用性）。萨缪尔森处理经济人行为的方式给我们的启示是用从网络大数据中提取社会人的显示社会偏好来替代社会行为，这些数据的可处理性以及能否完整呈现对象社会物自体首先决定了大数据能否在社会科学领域中超越因果关系。

（2）因果关系相当于对象结构判定的一部分，如果我们能够获得与研究目的相对应的完整的对象社会数据，我们能否在不使用先验的因果判断或结构判定的情况下实现社会建构。

（3）传统的社会科学都离不开基于因果关系的行为解析，这些行为的深度和广度都差异巨大，网络社会大数据能否替代对现实社会人或社会集团行为的深度和广度的观察。

（4）技术上如何解决网络大数据中社会数据的复杂性，包括异构性、数据格式、语义或行为解析、不确定性和涌现等。

尽管实证哲学从孔德开始与形而上学和神学分道扬镳，但后继研究者逐渐让我们看到，沿着实证主义道路的研究、社会实践和由此引发的人类社会发展遇到了前所未有的问题，这不仅没有使我们更加远离形而上学，反而让我们不断重新认识并更加靠近古典形而上学，特别是在经济学、政治学、社会学、法学等社会学科当中。20 世纪和 21 世纪天体物理和粒子物理的新发现所提供的科学证明和对不确定性的反证，也不断地提醒我们回到古典形而上学，回到休谟、康德、黑格尔，回到老子以及犹太教的古老教义。现在看来，迪尔凯姆和韦伯都没有错，世界和社会都遵循着一些基本的法则，而世界和社会也都处于运动发展的过程中。正如奥斯特罗姆所指出的，我们对成功实践的每一次深入剖析都将我们引向某些自然的决定力量。由此可见，大数据之前基于结构模型和因果的社会科学研究已经能够帮助我们开展相当深入而广泛的社会研究和社会建构，大数据能够在多大程度上突破上述若干限制和约束决定了大数据能够在多大程度上影响与颠覆社会科学研究的方法论范式。

当下，如果抛开上述普世的、宏大的社会科学研究和社会建构目的，抛开数据低效和对数据精度及充分性的过高要求，将社会建构和社会实践的范围缩小，如有目的的社会群体行为的研究和监控、舆情的社会影响等。网络社会大数据已经越来越多、越来越深入地用于改进某些社会公共项目或社会公共过程。

我们认为以大数据为基础的数据科学的发展将重构社会科学研究的方法论基础，对社会科学研究的未来发展形成重大影响，并将因此重构国家间社会科学研究的竞争格局和国家间社会建构的能力格局。如果我们将大数据看作一项工程技术，在某些公共事务管理和商业运营的实践领域中，大数据技术为我们提供了管理和预测行为的工具，而不必理解社会现象背后的因果关系。

2.3.2　本体论的延展

这里使用胡塞尔现象学对本体的概念性定义，现象即世界的本质，世界本体由无限延展的现象构成，而现象包括我、我思对象，以及从我到我思对象的过程"我思"。世界的本质在于现象的无限延展和运动变化过程。无论是在前方法论阶段还是在大数据和数据科学所开启的新方法论阶段，"我"因为无法经由"我思"直接抵达表象之后，就必须经由抽象结构对世界本质进行概念性判断并借由抽象的概念性世界结构进行建构操作（胡塞尔，1992）。

以科学与技术发展为依托的大数据和数据科学的特征在于通过直接抵达更多现象，从两个方向实现对世界的更广更深的认识，一个方向是以不断超越现有的方式直接抵达世界本质的直观显现，另一个方向是通过超大量级的数据反映出来的超维度现象奇点的相关性，反推世界直观背后的复杂结构，帮助人们不断修正抽象的结构模型，使其更加接近世界的自在本原或不确定本原。

大数据和数据科学让世界变得更加透明，让我们更加接近世界的本质，大数据的本质依然是数据，但我思对象已不再是前方法论下的世界，因此世界不再是原来的世界。在新方法论的世界中，我与我思对象日益融合。在新的本体维度下，世界正在开启难以估量的本质多样性，使我和我思在广阔的维度上不断超越本我，重塑本我和我思，重塑我和我思相互交融的世界，即所谓的对象社会。

从上述意义来说，大数据将在一个更为基本的层面改变我们的认识能够抵达的对象本体和本体深度，能够以大密度的数据将我们的对象从大粒度的抽象本体重新表述为更加精细直观而又不缺乏整体审视的对象本体，帮助我们建立一种能够同时从微观和宏观两个视角同时观察对象本体的能力，是对从我到我思对象的双重加深。

大数据不仅是科学和社会科学研究的基础性工具，更为重要的是数据科学整合和连通了孤立的数据流，在科学家、决策者、专业工作人员和普罗大众之间建立集中共享的新的对象社会本体和环境图式，催生一个可供计算的对象社会本体（Thacker et al.，2012；Hesse et al.，2015），它对创建一个一体化、有机的、速度更快、关联更紧密、响应更敏捷的可计算的社会体系提出了强烈的要求。

2.3.3　方法论和认识论的转变

大数据和数据科学给社会科学研究将会带来深远的影响，这种影响深入方法论和认识论层面。首先，社会科学研究将从传统的"先验—经验—逻辑—理论—模型—数据—算法"单向度、单核心（迪尔凯姆、韦伯、邓肯）的研究方法论和认识论发展出新的研究方法论和认识论形态。大数据研究前方法论阶段，人们通过建立结构模型和检验模型来达到对象社会或群体行为的认识，而大数据最重要的贡献就是能够发现传统的人类评估所不能分析的数据集之间的相关关系，这些相关性能够引导我们分析数据集之间、与他人有关的个体之间、人类群体之间的关系，以及信息自身的结构。相关关系虽然并不意味着因果，建立在统计显著性检验基础上的判断虽然不能告诉我们相关关系背后的意义，但它至少为我们对原因的探索提供了有用的启示，此时大数据的作用是一个更加有效的计算工具，所以我们不必用严格的科学标准对其加以衡量（Lin，2015）。大数据在社会科学研究中的应用相当于在方法论的篮子里增加一个新的重要工具，它之所以重要是因为它指明了学术界和产业界正在上演的一种分析现象，它既是方法论的方法，也是分析的现象（Boyd and Crawford，2012）。

大数据分析的相关结果还可以用于与传统的数据进行对比，以便对新发现给出更好的解释，以加强对现有数据、理论和方法的解释，传统方法论阶段的定量研究将因此获得突破性发展，使有争议的重大结构性问题和经典理论因为使用更加充分和趋于整体化的数据得以精细化再检验从而发展得更加精密。早在 2009 年，哈佛大学的加里·金就预言，随着大数据的出现和使用，整个社会科学研究的实证基础将会出现重大变化，甚至会加速定性研究与定量研究的大融合。计算社会科学的发展以及整合来自不同学科的洞见和方法将成为社会科学研究方法论的关键议题。社交网络平台文本形式的数据将成为社会科学大数据研究的主要数据来源，意味着社会科学研究的数据获取的核心方式的变迁。例如，在一些算法的支持下，通过跟踪数据流和运用最新的算法，将源于 Facebook、Twitter、LinkedIn 及其他来源的社交媒体数据作为分析对象，在来自社交媒体的私人交互数据或数据源之间建立联系能够有效地增进我们对社会群体整体、个体行为及其关系的认知，尽管这会带来有关隐私的伦理问题（Bizer et al.，2011）。这些对象数据主要由非结构化和半结构化信息构成，对于传统的方法来说，使用这样的数据开展因果关系的检验是不可能的。

　　数据科学将加强各学科间的沟通与联系，淡化甚至彻底消除学科边界，将局部的还原论下的专业性社会建构升级为广域的社会整体系统建构。大数据和数据科学可预期的社会价值仍在于驱动基于结构判断（或复杂因果关系）的经济社会决策。人们对整体性涌现规律的渴求从来就没有得到过有效的社会科学研究的回应，虽然 ABM 仿真方法在解释复杂系统理论阶段初露端倪，但人们仍然无法在因果的框架下找到揭示涌现的有效方法。而基于更大范围大数据的跨学科研究拥有巨大的未来潜力（其约束在于数据的可及性，如关于维基百科的编者和使用者的数据），但跨学科研究必须懂得大数据资产如何产生、获得、分享以及用于跨学科知识的进化。

　　大数据使社会或政策演进的过程实现实时计算和可视化，社会研究和社会建构的时效性和精确程度将取得前所未有的进步，基于大数据的社会计算能够有效处理人们在网上的交流和互动并彻底变革人们对人类群体行为的理解。社会计算致力于研究大数据环境下个人、组织和社会的交往方式与相互关系，以及其对人类社会不同文化群体和社会结构所造成的影响。大数据驱动的决策导向技术可以理解为基于计算和设计的高时效政策工具，这种动态数据格式的算法分析能够以高度个性化的方式算出目标个体的选择环境。大数据的数字导向技术被证明是个体所难以抗拒的，因为它通过微妙的说服而不是胁迫得以让个体改变其行为方式。当然，这同时带来大量伦理问题和社会秩序问题。新自由主义意识形态推进了大数据产业的快速增长，这些应用展示出诱人的魅力，提供无数的现代便利设施，提供定制、高度个人化的服务，旨在通过算法快速、动态、高效、尽可能无缝地对需求做出反应。因此，在大数据时代，数据所有权有可能成为焦点问题。各种社会和经济行为将以大数据的形态被采集和分析，社会成员正在变得愈加透明。

应用大数据研究社会科学，并不是要抛弃社会科学原有的研究方法，相反，社会科学的概念、理论和方法不可或缺，而且我们必须清楚，数据并不是自然发生的和无中介的，大数据是社会技术性建构的结果，产生于为特定平台设计的媒介物，这些数据的意义并不是自明的，必须通过使用者的采用、适配和至少来自社会科学的强大的方法论和理论框架彰显其意义所在。社会科学研究的此种进化要求研究人员必须在数据密集和科学网络化的时代重返方法论与认识论的基础，必须在方法论与认识论的若干方面达成一致，包括可靠、有效的数据类型描述的构成，获取、处理结构化数据的必要的工具等。社会科学研究的组织方式已不可避免地需要进行重新组织，以满足社会科学研究人员与计算机科学家及工程师之间开展合作的需要。另外，大数据分析还有一个自然特征，那就是随着数据体量的快速增加，选取的变量之间会普遍呈现为统计显著，因此，将大数据分析与基于结构的量化方法相结合有其必要性。将大数据与小数据结合，并与各个独立领域的专业知识结合，就能够探索出更科学的大数据分析方法。

2.4　数据科学对社会科学量化研究影响展望

2.4.1　定量研究和定性研究的融合

定量研究和定性研究是目前社会科学研究中的两大主流研究路径。大数据研究发展之前，研究者一般会选择其中一种作为社会科学研究方法。定量研究就是基于统计或调查数据，运用线性回归或非线性建模（如离散事件建模）等相关技术进行因果关系推断与解释的研究方法。规范的社会科学定量研究以研究问题为基础，基于已有理论做出学理上的因果假设，即对已有理论进行演绎假设，再通过选择样本及收集数据，最终对理论假设进行因果性验证。通常意义上的社会科学定量研究是指大样本研究，而定性研究则多指基于小样本或个案的扎根研究和对素材的深度分析；同时，定量研究背后的分析逻辑是以变量为导向的，即要从大量样本收集的数据中抽象出能够指代已有理论与理论假设内容的诸多自变量和因变量，继而用实证主义的统计方法来检测自变量和因变量之间可能的因果关系，而统计分析和检验流程至今已经发展成为程式化的易于重复的过程，且具有统计意义上的科学性。对于一般社会科学问题，为了对理论假设的因果关系的普遍性进行检验，就要把研究议题放入大样本中来考察，否则无法保证统计有效性的要求。尽管定量分析在理想状态下对理论的一般性检验具有逻辑上的科学性，但在定量分析的过程中，从把构念概念化为变量，在大样本中进行统计计算，到找出变量间的相关性，进而推断出因果结论，每个环节都可能出现诸多问题，特别是根据相关性做因果性的判断是容易为人诟病的。而小样本的定性研究可以弥补大样本研究的诸多缺陷，尤其是在因果关系的阐释与理论的建构方面。定性研究者认为，案例以及比较分析能够更为深入地对现象进行描述性解释，进而阐释或发现新的理论；更为重要的是，研究者对仅有的一个或几个案例数据能够更加容易地做到深入细致的分析,并找到其中真实的因果关系机制，真实因果关系机制的发现对新理论的创建和研究构念的拓展具有重要意义。这样，小样本的定性研究对于大样本定量研究中概念过度延伸、统计模型中因果机制展示相对缺失的问题都可以起到一定程度的弥补与克服作用。

大数据研究引入量化社会科学研究之后，理论上融合了上述定量研究和定性研究过程：对个案的大数据深度挖掘突破了小样本定性研究对个案独特性的理论局限性，通过个案的大数据研究缓解了小样本个案定性研究的结论普适性问题；同时，具有"全样本"意味的大数据研究也突破了传统定量研究中关于从构念框架到因变量、自变量设置的信度和效度的问题，因为大数据分析是直接面向研究对象的个体化数据的，不存在变量代理问题，而且大数据挖掘得出的数据相关性呈现的就是理论的本身表象，在直接面向应用的情况下，也不需要用定量分析方法对理论进行假设检验。因此，大数据研究通过直接从个体化数据中挖掘有用的相关性,打破了已有社会科学研究定量、定性的界限，突破了定量、定性研究的样本量和变量有效性的限制，在一定意义上对定量和定性研究进行了融合。

2.4.2 数据科学对已有社会科学量化方法的影响

大数据研究将为已有社会科学量化研究提供精准的数据支撑。大数据资源池来源于对独立研究客体的个体原始数据采集，而且大量数据不是像传统社会科学量化研究那样，针对理论假设和研究模型设计的变量数据需求，经由对研究客体进行统计抽样并通过"提问—思考—回答"路径产生的，而是直接由研究客体的行为生成并经由各类数据采集技术聚集的，因此大数据与传统社会科学量化研究所使用的数据相比具有"全样本""自提供"的特性，这就能够避免传统社会科学量化研究中自变量数据的统计偏误，显然，大数据的这种特性能够为已有社会科学量化研究方法提供更精准的数据支撑。

大数据研究将为已有社会科学量化研究提供全新的视角。由于大数据是行为个体在网络环境中的产物，同时大量数据本身也构成了行为个体社会网络的节点，因此，大数据研究本质上依托于对复杂网络的挖掘和分析。凭借网络分析和数据可视化技术，大数据研究能够发现已有社会科学量化研究所忽视的及受技术方法制约无法完成的大量网络特征及相关性，这些网络特征及相关性将为已有社会科学理论提供全新的研究视角。

相较已有社会科学量化研究，大数据研究对跨学科合作网络有更高的要求。通过对大数据知识源的研究，社会科学与自然科学在大数据研究过程中实现了大学科交叉。对领域大数据的挖掘和分析，不仅需要本领域学者就领域内现有理论及分析框架进行问题导入和研究需求设置，还需要与计算机、心理学等不同专业领域学者组成合作研究网络，对领域大数据进行跨学科联合研究。

第 3 章

数据科学驱动的社会科学转型

数据科学主要有两个内涵：研究数据本身的状态、属性及变化规律和为科学研究提供全新的研究方法。而数据科学与自然科学、社会科学各学科的结合，则产生了科学研究范式的变革。数据科学对科学研究的作用机制和影响已经逐步开始显现，第四研究范式、e-Science、智慧科研、Science 2.0 数据探索型科研等理念诞生并得以发展。

本书在数据科学理论梳理和研究与实践数据库建设的基础上，结合科研机构和科研人员行为特征与需求调查，归纳数据科学对科学研究产生影响的路径和维度，拟沿着"技术驱动—数据学科—科研环境变革—科研范式"转化的路径，从科研环境（智慧化、计量化）、科研对象（数据化）、科研路径（人脑—电脑—仪器—对象）、科研活动（新的评价体系和共同体、基础设施和合作方式）等维度分析数据科学对科学研究范式转型的影响，并分析各维度的具体影响要素及要素之间的关系，构建数据科学对科学研究转型的作用机制和实证分析（图 3-1）。

随着互联网、云计算和物联网技术的发展，社会信息化和智能化程度不断加深，数据充斥着整个世界并渗透到每一个行业和业务职能领域，逐渐成为重要的生产因素（Manyika et al.，2011）。由此大数据发展得到全球性的广泛关注，并深刻地变革我们的生活、工作和思维（Mayer-Schönberger and

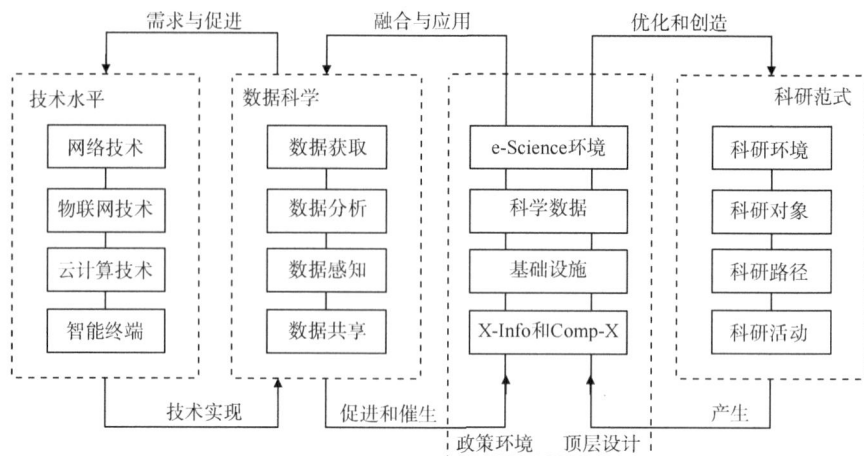

图 3-1 数据科学对科学研究转型的作用机制

Cukier，2013）。作为新的流行语，大数据存续时间并不久远，也没有形成统一、明确的概念，但从近些年出现的大量文献来看，大数据已经成为当前哲学、自然科学和社会科学领域关注的重要问题。目前，对大数据的研究主要集中在技术、资源、应用三个方面：①从技术上分析大数据获取、存储、分析、处理、管理和应用等技术手段；②从资源上分析国家或企业战略、商业利益、产业发展、产权和法律问题；③从应用上分析其在商业、金融、医疗、社交、科研等领域的集约型、智慧型转变和创造新的价值。

在大数据时代，人们需要借助专门的思想和手段，从大量看似杂乱、繁复的数据中，收集、整理和分析"数据足迹"，以支撑对社会的预测和规划，以及进行商业决策等。"大数据"之"大"，并不仅仅指"容量大"，更大的意义在于通过对海量数据的交换、整合和分析，发现新的知识，创造新的价值，带来"大知识""大科技""大利润""大发展"（徐子沛，2012）。其中科学研究领域的应用既是大数据的重要来源，也是大数据发展的主要方向，更在认识论、方法论、伦理学等层面深刻地改变着科学哲学和技术哲学。

从科学哲学的层面来讲，大数据的出现正在促进科学研究范式的转变。

Gray（2009）总结认为，人类科学研究经历了实验、理论和仿真三种范式，目前正在进入"数据密集型科学发现"的第四研究范式。在今后的科学发展中，基于"数据探索"的研究范式不仅能够模拟仿真，还能分析总结并得到理论。与 Gray 的立场相似，美国 NSF 等六个部门联合推出的大数据计划也旨在提升从大量复杂数据中获取知识和洞见的能力。国内外多名学者也认为第四研究范式已经出现，科学研究正在进入基于大数据发现的新的研究实践。Chang 等（2014）则认为大数据的出现为科学研究范式的转换提供了可能，与 Gray 等观点相异的是，他们认为科学范式的转向是可计算社会科学而不是探索性科学。

在社会科学研究领域，推动变革的重要因素同样是每一个研究领域拥有大量信息化的数据，这将促使大部分人文社会科学具有自然科学的特征（King，2014）。这是在社会科学研究领域对大数据将会带来革命性变革的重要预言，必然会对传统社会科学的研究产生巨大冲击。尽管大数据能够弥补社会科学产出不足的诟病，推进其"科学性""计量性"的发展，但社会科学界对是否接受这项挑战似乎还在犹豫不决。从社会科学的"小数据辅助"研究传统向对"大数据发现"研究范式的转换，是否提供了一种新的研究框架？是否将产生理解个体、群体、社会如何思考和行为的新的研究方法？大数据在认识论层面如何影响社会科学，能否重塑社会科学？这些问题目前还没有得到系统和深入的回答。

3.1 社会科学研究的四种范式

Gray（2009）提出的四种研究范式包括用来描述自然现象的实验科学，使用模型或归纳法进行研究的理论科学，通过计算机模拟复杂现象的仿真科学，以及基于数据探索实现实验、理论、仿真融合的数据科学。但 Gray 的四种研究范式主要是基于自然科学的发展历史而言的，对于社会科学来讲，人类对社会领域的认知要更为久远和复杂，大致经历了：①与自然科学浑然一体的自然哲学阶段；②向自然科学学习却又不断分化的阶段；③对第二阶段进行反思与批判的阶段；④基于复杂性科学的重新融合阶段。这样看来，各阶段的社会科学研究范式与 Gray 的自然科学发展范式存在差异，其中第二阶段和第三阶段基于实证主义与诠释主义的定量及定性研究方法，甚至形成了社会科学研究范式的对立，这在自然科学研究中是没有出现的。因此，根据社会科学四个研究阶段的主要方法论，可将第一阶段和第三阶段的哲学思辨和定性研究称为社会科学研究第一范式，将第二阶段基于实证主义传统形成的定量研究称为第二范式，将第四阶段重新走向融合后的自然科学和社会科学研究范式统一，划分为基于仿真研究的第三范式和基于数据科学的大数据研究第四范式。故此，在社会科学领域，研究范式的演化与 Gray 总结的自然科学研究范式演化有所不同，参见图 3-2。

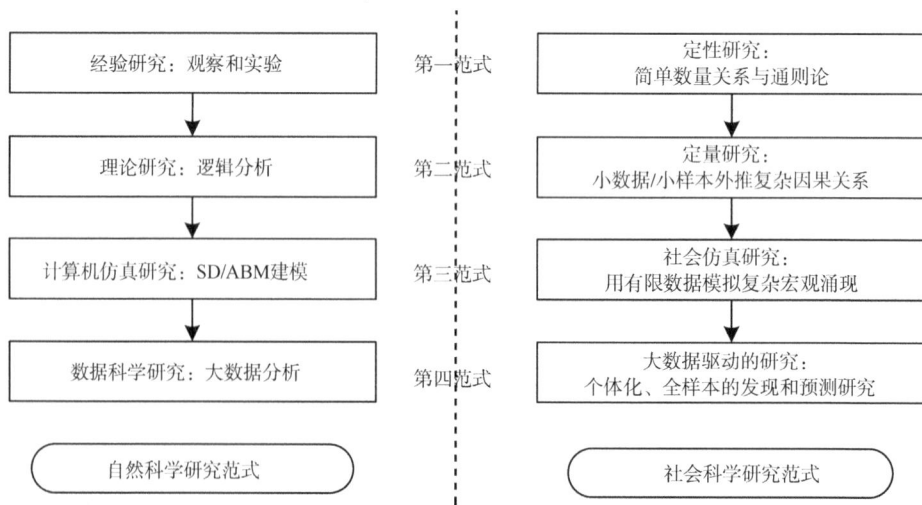

图 3-2　自然科学与社会科学研究范式的演化比较

SD 即 system dynamics，系统动力学

3.1.1　第一研究范式：社会科学的定性研究

人类对社会的定性研究分为两个阶段：17 世纪以前社会科学思想萌芽和综合累积阶段，以及 20 世纪 60 年代以来对实证主义和定量研究程序的反抗阶段。

第一阶段，在人类脱离动物界进入共同体文明时期，有关社会认识的思想萌芽就开始诞生。原始人类用宗教和神话的感性形象（有灵论）凝缩关于自然和社会的情绪联想（陈波等，1989）。对人类社会的自我认识和理解以"集体表象""互渗律"的思维特征和"身体参与""讲故事"的形式传播。进入奴隶社会后哲学从神话中分化出来，通过思辨建立理性概念，在强调逻辑严谨性和崇尚理性思维的前提下，对人与自然和社会的关系、社会现象以及人类社会发展美好图景的想象加以描述，建立了诸如"礼""仁""法""正义""民主"等社会科学范畴，形成了政治、伦理、军事、法律等社会科学思想。这一阶段的研究不区分自然科学与社会科学，对社会现象的观察也是笼统的，把所有知识大一统于"自然哲学"的体系之内，为自然和社会现象提供同一套解释系统。封建社会时期，早期的西方社会科学经历了漫长的停滞，导致狂热的宗教崇拜和盲目的虚无主义，经院哲学只负责对基督教信仰进行辩证，成为宗教神学的附庸。古代中国对社会的认知经历了汉、唐、宋三次发展高潮，以"文史哲浑然一体"的形态发展繁荣，并形成了"有机自然观"（李约瑟，1975）。

这一阶段社会领域的研究方法主要是类比和推理，以个人情感外推法、经院哲学论证法和经学注释法为主流。对社会的认识往往夹杂着学者的个人感受、经验、猜测、思辨或愿景，具有一厢情愿式的片面性、非客观性和前科学性，在经院哲学和经学注释中，甚至推崇抽象、空洞的推理和无限重复的正名考据与注解。这一阶段我们可以称为对社会认知的哲学思辨，建立了朴素的唯物主义和唯心主义理念论、早期辩证法、演绎法、三段论与归纳证明、有机论的自然观和经验论等。这种早期的形而上学的探讨对推动后来的科学发展起到了巨大的作用，许多知识至今仍然是我们认识社会的出发点和基本准则，被誉为"在希腊哲学的多种多样的形式中，几乎可以发现以后的所有看法的胚胎、萌芽"（中共中央马克思、恩格斯、列宁、斯大林著作编译局，1972），"希腊人对各门社会科学首先做出了分析性和逻辑性的贡献"（贝尔纳，1959）。

第二阶段，即现代社会科学的定性分析。通常涉及观察和记录事实，分析、比较和分类，归纳概括事实间的关系，接受进一步检验四个步骤，是"自下而上"的研究路径。定性分析起源于 19 世纪，随着人类学、民族学和心理学等学科的发展而建立起来。其渊源也可追溯到古希腊时期的诡辩论者，其在实在、真理和知识等问题上持相对主义立场，并认为真理取决于情境、语境和目的。后在吸收维科"想象科学"和法国浪漫主义对现代理性科学的批判、狄尔泰"生命哲学"与"理解"方法论和社会科学领域对"社会行为""社会交往形式"的研究等内容的基础上，在 20 世纪 20 年代与符号互动理论相结合，产生了定性研究方法。早期的定性研究主要凭主观经验和理论思辨进行，一度因社会调查运动而引人注目。但由于缺乏统一的方法论原则和规范性操作，随意性较大，在实证主义和定量研究占主导地位的社会科学研究领域中处于边缘地位。

20 世纪中期以后，随着证伪主义、科学范式、精致证伪主义和知识无政府主义对定量研究哲学根基提出挑战，自然科学研究不断发展产生的系统论、信息论、控制论、耗散结构、协同论、突变论、模糊数学、混沌理论和复杂性科学对传统机械决定论的动摇，以及人类社会发生的巨大变革，挑战了实证主义在社会科学研究领域至高无上的地位。科学意义上的定性研究在对定量研究的批判中逐渐发展起来。此后，在经历"语言转向"和"定性与定量方法论范式战"后,在计算机科学和信息技术的推动下,定性研究在 20 世纪 80 年代逐步成熟,形成了独特的概念体系、具体方法和理论,开发了规范化的操作程序和研究工具,个案研究、扎根理论和叙事探究等定性研究设计类型也得以开发,并出现了"参与"和"倡导"实践。该范式认为并不存在所谓的真实外部世界,现实世界就在"我们之中",它由多重事实构成,是一种社会建构或话语建构,研究者和被研究者之间的关系是主观的,不可能进行客观分析,也不存在客观真理。要求研究者"移情式理解"行为的意义,用文字阐释社会环境,而不是简单地接受环境。研究者重视实践和行动取向,强调将意义赋予经验或现实并做出不同的诠释,在持续互动中建构社会生活。

3.1.2　第二研究范式:社会科学的定量研究

定量研究方法凝聚了人类对科学理念的长期探索。提倡数量方法通常是由于数学是一种精确的、不含糊的语言,这种语言能够更进一步拓展我们的演绎推理能力并使其具有超越完全口头方法的能力(Sayer,1992)。这种对于确定性的追求起源于古希腊唯理论、理念论和因果关系的哲学理念。在 17 世纪后半叶,自然科学摆脱了神学和经院哲学的羁绊,现代唯理论和经验主义的实验科学获得发展,并基于"观察—假设—实验"的归纳法提出了现代意义上的定量研究。同时,在社会追求更加精确的知识作为决策依据的需求下,研究者也开始转向对社会现象的定量研究。自然主义的社会科学诞生,社会科学试图通过模仿自然科学的方法和语言,用自然规律解释人类社会。在这样的背景下,孔德模仿自然科学,提倡以人类社会生活的整体为研究对象,采取"观察+实验+比较+历史"的研究方法创立了社会学并形成了经典实证主义(陈健远和施伟志,1988)。涂尔干提出了"社会事实"研究,迪尔凯姆的《自杀论》展现了"一个具有正确性和精确性特征的经验性实证科学"

（郭大水，2007）。此后，概率论被引入社会科学研究，统计学（包括生物统计学、一般统计学和小样本统计理论）和心理学实验室创立，操作方法和实验设计原理、推论统计学发展起来，定量方法逐渐主导社会科学研究。20世纪初，在逻辑实证主义和操作实证主义共同推动下，基于实证主义传统的定量研究在社会科学研究领域占据了主导地位。

　　数学方法应用在社会科学的方法论之中，对社会科学研究方法的思想和研究过程的逻辑、步骤产生了重要的影响（Popper，2005），在社会科学创立和发展过程中发挥了巨大的作用。通过定量研究，政治学、经济学等诸多传统社会科学学科获得了新的发展空间，特别是社会学得以创立并不断深化，社会科学学科分支呈扇形逐步细化和延伸，学科理论不断深化，与社会实践的结合也更为紧密。在当代社会科学研究中，其他哲学倾向的研究范式并不构成对实证研究的彻底否定（杨达，2009）。近50年来，包括社会学、经济学、政治学、管理学、教育学、人口学在内的社会科学总体向更为严格的科学主义取向、更为专业的方向发展，这在相当程度上是以统计学的广泛运用和定量研究为基础的。

　　孔德及其追随者认为，社会科学与自然科学研究类似，人们都是寻找和建立普遍规律，主张以科学的经验研究排斥形而上学的思辨和臆测。在研究中坚持归纳主义和价值中立，主张方法论的个体主义，对经验的检验不依赖于主观的感觉，而是逻辑的检验。其基本研究路径是"提出假设—验证假设"，遵循"观察社会现象—发现研究问题—收集有关个体的个性资料和数据—进行统计和分析—发现共性的、普遍的规律"的研究理路。但是由于社会科学研究对象的构成要素复杂多元、因果关系动态多变，研究对象和研究过程不可控性强；特别是社会科学研究对象——主要为人及其行为——的特殊性，使其在研究过程中并不能像自然科学一样进行重复性的实验；另外，社会科学研究数据采集和分析困难，所使用的历史统计数据从统计学的基本假设来看，也是不同质化的统计单元，这使得社会科学在统计和数据采集的绩效上就大打折扣。这三个缺陷极大地影响了社会科学定量研究的成效，造成了社会科学研究在模仿自然科学进行假设和假设检验时，更多地依靠研究人员进行主观建构，并且在研究过程中，社会科学研究往往同时采用真实世界的统计数据进行逻辑关系的建构和验证，以证明主观建构逻辑关系的正确性和科学性，定量模型与真实世界之间的随意切换，导致社会科学的回归检验常常十分脆弱，定量研究的逻辑关系往往不能真实反映社会系统的真实场景。

3.1.3　第三研究范式：社会科学计算实验的仿真研究

以生命哲学和实证主义为基础的两大研究传统的形成，为社会科学的发展做出了重大的贡献，但同时也存在明显的缺陷。实证主义对客观规律科学性的追求陷入了还原论的陷阱，容易产生偏执的分析方法，热衷于穷枝末节，以牺牲全景式认识换取条分缕析（拉兹洛，1986）。生命哲学试图摆脱实证主义的客观片面性，但却陷入了历史主义的泥沼，坚持历史事件的个别性，用特殊性和个别性取代普遍性的追求，陷入更烦琐的细节（巴勒克拉夫，1987）。由于科技革命和资本主义生产方式的快速发展，社会变化的速度日益加快，社会科学在这两个方面的缺陷更加明显，往往陷入学科细分和方法错综的密林，导致"只缘身在此山中"，从而快速失去对"庐山真面目"的整体性认识。由于不是以适合人类社会复杂的和自由发展出来的特性的方法进行研究，社会科学受到很大的损害，若企图直接采用自然科学的研究方法，则会得出过于简单化的、谬误的和危险的结论。统计的采用往往给社会的事实加上一种貌似正确的虚伪幌子（贝尔纳，1959）。同时，社会科学对精确化和形式化的追求也导致了另一个问题："当系统的复杂性日益增长时，对系统特征的精确而有意义的描述能力将相应降低，直至达到一个阈值，一旦超过，精确性和意义性就变成两个相互排斥的特性"（Zadeh，1965）。随着复杂性科学的兴起，人们对复杂性思维和复杂性的探索，不断加深了人们对"社会现象从本质上来讲更主要体现模糊性"的认识。

在此背景下，系统论和模糊性理论及其方法的发展，给社会科学研究带来了新的希望。马克思的社会冲突理论、贝塔朗菲的一般系统论和帕森斯等建立的结构功能主义为社会科学的系统论奠定了基础。20世纪中叶以来，全球化的极大发展在快速改变人类社会物质生产、精神生活、思维方式、价值观念的同时，也产生了一系列全球性社会问题，引发了广大学者和思想家的关注。复杂性科学的发展与人类对全球问题应对的需求，以及新技术的发展，特别是计算机技术的不断成熟，极大地促进了仿真方法研究在社会科学领域的推广应用。仿真研究以数学方法、计算机技术、统计科学、信息科学和控制技术等为基础，运用计算机编程模拟的方式，在虚拟环境中模拟现实世界可能发生的现象、发展的状态，甚至是对未来变化趋势的预测。在社会科学领域，计算实验方法的出现，不仅仅是简单的研究技巧和具体方法的改进，更为重要的方法论意义是把现实社会系统转化成由智能主体构成的演化系统（盛昭瀚等，2009）。这个演化系统通过"人工个体"代替现实系统中的"人"，揭示社会系统中"个体微观行为和系统宏观行为之间的动力学机制"（盛昭瀚等，2009）。

社会科学计算实验已经在多个领域实现，其中采用较多的复杂系统模型有元胞自动机、离散事件模型、系统动力学和基于主体的计算机建模等。在解决全球性问题上，罗马俱乐部利用系统动力学建立了世界模型，为推动可持续理论发展做出了巨大的贡献。随着约翰·霍兰提出CAS理论，ABM思想因其具有微观、宏观一体化特征迅速兴起和广泛应用，成为社会科学计算实验的有力工具。在考古研究、宏观经济、文化传播、性别与继承、商业管理和土地政策等领域获得了令人惊叹的成果（梁玉成，2013）。ABM方法采用"多主体建模"和"非中心化思想"，借鉴非线性动力学和人工智能领域的技术，从社会科学研究的个体对象出发，采取自下而上的建模策略，通过对主体行为的刻画实现自下而上的宏观涌现。与系统动力学相比，ABM 不是从定义系统的整体行为出发，建模人员对各层级主体的行为进行单独界定，全局状态是个体与个体之间、个体与环境之间互动作用的涌现结果，实现了从微观层次的主体行为到宏观涌现结果的过程。

此外在物流管理、企业技术战略选择、危机管理和消费决策等领域也积极开展了模型构建和仿真模拟，在土地利用与土地覆被变化（land use and land cover change，LUCC）、生态系统服务等交叉学科领域，建模仿真工作更是普遍。2017 年，美国国防高级研究计划局（Defense Advanced Research Projects Agency，DARPA）更是推出了雄心勃勃的"地面真相"计划，旨在使用基于计算机的人造社会系统仿真，内置"地面真相"因果规则作为测试平台，以验证各种社会科学建模方法的准确性。第三范式的产生突破了社会科学研究对象无法实验或无法重复实验的限制，实现了现实世界中成本巨大或者根本不可能获得的研究和实施环境，为了解和掌握社会经济系统的结构和功能提供了有效的思考方法和实验工具；打破了自然科学研究和社会科学研究的隔阂，促进了社会科学研究中的多学科融合；ABM 方法更是解决了第二范式研究中由还原论导致的问题，为深入理解社会经济系统中从微观到宏观的涌现机制提供了可靠的研究工具。

3.1.4　第四研究范式：基于数据科学的大数据研究

人类社会进入后工业化时代后，全球问题的出现使得人们意识到人类开始从对外在自然的依赖发展到对人的依赖。人类对社会内部危机的不安远胜于对自然现象的恐惧。人类对及时认识社会的社会科学需求更加迫切。全球化和科技的快速发展并没有使社会关系简单明朗化，而是让其更加复杂化、含混化，其结构和层次比以往更加错综复杂，变化也比以往更加瞬息不定。社会发展要求社会科学及时认识社会的同时，社会的快速发展又为人们认识它增加了新的困难。同时，由新技术革命导致的"第四要素难题"，使得计算机虽然能够对自然系统进行精确的仿真，但对人类社会的模拟却显得不尽如人意。随着每一部机器的设计，人的精神（不是绝对精神）都把自己的一小部分外化为（技术的）自然，电子计算机把人的整个精神结构外化为自然，同时也使人的精神能用自己的这种外化的技术行为方式来研究自己（克劳斯，1981）。因此，社会科学家希望人工智能能够提供一种关于思维和社会的模型方法，使我们对复杂的精神认识过程和复杂的社会现象进行精确的理解。但是由于计算机软硬件设计的困难和社会本身的复杂性，仿真模拟方法得出的结果显得苍白，远离主流社会科学的方法，因此这种方法总是不被社会科学家所欣赏（Halpin，1999）。

但是近些年来，随着互联网的兴起和实时在线数据的易得，这种状况正在改变（孟小峰等，2013）。传感器网络、社会化网络、射频识别、通话记录、科学研究共享数据和复制性研究以及其他开放数据为社会科学提供了新的研究范式。与仿真研究相比，大数据驱动的社会科学研究具有以下六个特点：①在研究对象上，大数据方法面向海量数据，计算机仿真面向根据系统建立的数学模型；②在推理逻辑上，大数据依据数据归纳得出数学模型，仿真依据模型演绎得出计算结果；③在自动化程度上，大数据从数据获取、建模到分析预测，都是计算机自动进行的，而仿真研究只有仿真实验这一步是自动完成，仅占科学研究过程的一小部分；④在解释力度上，计算机仿真模型基于假设的建模为理论解释奠定了坚实的基础，而大数据建模基于算法的自动化过程缺乏这样一个基础，解释力较低；⑤在角色地位上，仿真主要承担实验的角色，通过不断实验确定模型参数，而大数据则在科学研究中无论是建模还是分析预测都占主体地位；⑥在基础设施上，计算机仿真可能涉及一台或多台计算机，而大数据则涉及更多基础设施，包括自动获取数据的各类传感器，连接用户、物联网与电脑的网络设施等。

在第四研究范式中，研究者不仅直接以真实世界为研究对象，更加依赖工具获取或模拟产生的科学数据，运用数据挖掘工具进行统计和计算，进而对内容进行分析。在社会科学研究领域，"万物皆智能""万物皆联网"引发了"万物皆数据"，出现了"计量一切"的趋势。社会科学研究的对象也从传统的人参与的社会系统和社会过程转变为现实世界与虚拟世界平行系统互动形成的数据网络。大数据成为社会科学研究与真实世界之间的拟态环境。随着在线人群越来越多、线上活动越来越普及，大数据将成为现实世界镜式反射。属性数据、行为数据和时空数据在大数据环境中得到融合，从这个角度来看，自然科学与社会科学研究对象将在大数据驱动下走向融合。在第四研究范式中，由于大数据记录了人们日常活动的行为记录甚至情感偏好，其在很大程度上解决了社会科学研究中数据采集的"观察渗透"问题，并可通过"数据清洗"和"数据脱敏"解决数据质量和伦理问题。此外，大数据驱动的第四研究范式将改变传统的假设驱动的研究方法，转向基于科学的数据挖掘的研究方法，这将会在预先占有大量数据的基础上，通过计算得出之前未知的理论。

3.1.5 四种研究范式的联系与区别

本书所说的社会科学研究范式不等同于科学知识范式，上述四种研究范式并非从一到四逐渐替代的关系，它们都是我们认识世界、进行社会科学研究的有效工具，它们是人类在社会科学研究中的历史演化过程。四种研究范式从对立逐渐走向融合，逐步弥补各自缺陷，并在认识论、方法论上逐渐形成"通宏洞微"的连续谱。

由于社会科学在向自然科学研究方法借鉴和移植的过程中，对所研究对象本体论上存在"客观现实""社会现实""意义现实""符号现实"的认识差异性，导致了第一研究范式、第二研究范式在认识论上的客观主义和主观主义，方法论上的实证主义和诠释主义，以及还原论导致的方法论个体主义与整体主义的对立。两者在实施过程中对解释与理解、定量与定性、工具取向与实践取向的对立产生了一系列在连续谱上处于两个极端的现象。在具体的研究中，很少有研究者坚持这种极端的立场，往往根据研究对象和目的的不同，采用连续谱两端之间渐变的立场。但这种做法并未消弭两者的对立。批判实证主义和混合研究方法试图解决这个问题，并开展了有益的尝试，到目前来看最有效的做法即"从定性到定量综合集成"的系统方法，在具体应用中就形成了第三研究范式。

此外，第二研究范式框架下的社会科学的定量研究的本质性的缺陷就是用小数据来证明逻辑，即用简单的数量关系来应对复杂的社会问题，用小数据、小样本来外推大数据、大样本的复杂非线性社会问题，由于统计回归内生性问题从而数据上无法匹配，逻辑上无法自恰；而大数据的优势就在于用数据来发现逻辑。在第三研究范式中，无论自上而下还是自下而上的建模路径都面临两大问题：一是计算机仿真模型的第二位角色，二是数据匮乏和有限的数据质量。这些问题导致了系统功能结构划分的前科学性或智能主体行为刻画的缺陷。第四研究范式中数据归纳和发现逻辑（理论）并进行建模的过程在一定程度上弥补了第三研究范式的这一缺陷。大数据分析技术的进步，更是促进了第一研究范式、第二研究范式走向融合，海量数据的规模效应与全新特征使得定性研究和定量研究在资料获取及分析方法上逐步走向趋同。近年来在情报学领域的知识图谱研究、技术创新领域的萃智（Teoriya Resheniya Izobreatatelskikh Zadatch，TRIZ）理论以及通过大数据挖掘进行精细化仿真等进一步证明了这种融合的可行性和带来的惊人效果（龙瀛等，2014）。

3.2　第四研究范式正在重构社会科学研究

3.2.1　以往社会科学研究的局限

1. 社会科学的目标弱化

现代意义上的社会科学是在 18 世纪欧洲出现大变革的时代产生的，其最初的愿望是希望在一个牢固的基础上组织社会秩序，或帮助经历了社会解体或正面临类似威胁的国家重建社会一体性。因此，社会科学诞生的初衷就是希望"考察研究人类社会事象之运行，是否有其客观的原理原则，寻出原理原则后，即应依照之以重建社会，使其由破坏衰弊再回复到繁荣康泰"（杨懋春，1983），即追寻社会现象客观原理、原则及普遍规律，并在此基础上实现建设理想社会的目标。尽管历史学不可能预告未来的事件，只能解释过去，但是人类生活乃是一个有机体，在它之中所有的成分都是互相包含、互相解释的，因此，对过去的新理解同时能给予我们对未来的新展望，而这种展望反过来成为推动我们的理智生活和社会生活的一种动力……认识是为了能够预见，预见是为了指导行为。

但是，当社会科学正雄心勃勃试图发现社会运行普遍规律的时候，工业革命和资本主义扩张带来的快速而复杂的变化在社会科学家面前迅速展开，并要求其去发挥新的想象力，提出新的概念，发展新的理论，提出解决社会问题的新方案（汪天德，2010）。社会科学开始集中于研究和解释社会现实的特点、性质、功能与变化，社会科学的重点很快就由方向转到了方法，由抬头看目标变成了埋头找出路，就如同暴风雨来临前需要预测变化，来临时只需全力应对变化一样（夏国美，2016）。同时，社会科学研究对象的特殊性，以及研究方法的限制导致：①宏大理论产生的同时，往往缺乏实证经验进行证明，从而引发长期的争议，直到新证据的出现；②无法像自然科学一样实现纯粹的空间和完全受控的实验，在实验上无法实现时间的超前性；③社会运行具有不完全重复性，预测会产生俄狄浦斯效应（波普尔，2009），因此，在社会科学发展的历史中一直存在对社会科学倡导者所做的概括工作（即建立社会普通法则的工作）的怀疑甚至敌视的态度。"我们现在生活在一个不平常的世界里，不论我们观察哪一方面，在精神文明和物质文明的任何领域内，我们都觉得是处在一个极严重的危机之中，这种严重的危机，在我们全部私人生活和社会生活上影响巨大"。

2. 社会科学内外部形成对立

正是由于社会科学的这一转向，此后又为了在高等教育发展的学术争端中获取权利（康德，2005），社会科学快速扩展和多元分化，并在此过程中形成了学科、学派之间的对立。"在今天，人们提出与昨天所说的话完全相反的主张，在这样的时期，已经没有什么真理的标准，也不知道科学是什么了，我很悔恨我没有在这些矛盾出现的五年前死去"（坂田昌一和张质贤，1965）。分支和派别的日益庞大，在社会科学的发展过程中导致了其内外部的对立，包括社会科学与自然科学、人文学科的对立，社会科学内部各分支的对立，实证研究、诠释研究和批判研究范式的对立，方法论个体主义和整体主义的对立，定性研究和定量研究的对立，甚至造成了两种文化的对立（赫胥黎，1990；斯诺，1995；萨顿，1989），出现了"单向度的人"（马尔库塞，1989）、"半个人"的资本主义技术理性对人类生存的异化现象。学科分割和内外部的对立导致的碎片化，使得社会科学无法把握学科方法和社会整体。直到第三研究范式的出现，罗马俱乐部对全球系统仿真所做的尝试，以及复杂性科学的兴起,经过交叉学科和边缘学科的不断发展,社会科学才出现了学科综合的趋势。

3. 有限数据的质量问题

社会科学还面临着另外一个严峻的问题:数据匮乏和有限数据的质量问题。这其实包含了多个分支的子问题:①描述的模糊性问题,也就是社会科学概念的"可操作化"和"可操作性"问题。由于社会科学很多概念没有结构或结构不完整,存在着"模型化"和"数量化"的困难(汪丁丁,2010)。即使是经济学,其衡量的精度企图达到物理的精确度,也存在众多比较模糊的集,如价值、劳动、社会必要劳动时间等,既没有严格的外延,也无法找到最小单位量值,从而不能精确测量。更遑论如"幸福""获得感""正义""伦理"等宗教性、信仰性、道德性或感觉性的意义问题。②社会科学的测不准或观察不够渗透问题。测不准在物理学中也同样存在,在社会科学中表现得更加突出,人与人之间的交互、情感信息干扰、坐标原点和利益的认识效应等都会加重这一问题。③小数据、小样本的问题。由于社会现象的复杂性,不可能穷尽各种因素和可能性,对其研究多采用抽样方法进行,并用简单的数量关系对应复杂的现实世界。数据收集受到抽样技术、分析方法、调查成本和接触范围的限制较大。④数据质量控制的问题。社会科学的资料和数据不能直接表现为经验证据,是根据人的解释建构而来的,因此无论定量研究的调查数据还是定性研究的资料,都受到研究对象表述时的"偏好""记忆""语言"以及研究者"理解"的影响。⑤生态谬误的问题。不能从整体层次或生态数据研究中得出个体层次的结论(Selvin,1958)。

3.2.2　大数据重塑社会科学的目标

1. 重建社会科学预测的可能性

解释和预测是科学研究的两大目标,但在社会科学发展的过程中,预测由于学科过度分化和不完全重复性、俄狄浦斯效应而受到摒弃，甚至不少人认为人类行为都是随机的，都是小概率事件，都无法预测（塔勒布，2011）。社会科学也因为没有形成较好的演绎体系，以及在必然性、心理习惯和因果关系解析上的弱势，一直处于"弱解释力"和"低说明力"的状态（Dhar，2013），这是因为我们"收集、分析、储备、再使用数据成本非常高昂而耗费时间"，以及我们理解世界的方式和方法仍处在小数据的环境下。"学术思想和研究的演变过程受到特定历史条件下研究方法和分析手段的深刻影响"（克鲁格曼，2000），我们不能因为以前未具备相应的研究方法和分析手段而不能达到预测的目标而将其抛弃。马克思也认为"哲学家们只是用不同的方式解释世界，而问题在于改变世界"。社会科学应该具备"回顾与展望的双重的世界观"。

在大数据时代，建立在相关关系分析法基础上的预测才是大数据的核心（Mayer-Schönberger and Cukier，2013）。大数据概念从首次提出确定的两大目标时就与社会科学不谋而合：通过描述刻画海量数据的潜在模式进行预测，发现数据中有价值的模型和规律（Fayyad and Uthurusamy，1995）。大数据在社会科学研究多个领域进行预测并获得成功也说明了这一目标是可实现的。因此，许多学者对人类行为的可预测性表达了乐观的看法，认为人类行为"遵循这一套简单并可重复的模型，这些模型则受制于更加广泛的规律"（巴拉巴西，2012），人类行为的可预测性比任何人想象中的都要强（塔克尔，2014）。当然，真实地描述未来细节，精确预测其进程和发生时间是不可能的，这也将从根本上违背科学研究的极简主义法则。但对未来进行"趋势性""概率性"的把握则是完全可能的。大数据将会引导社会科学研究从定性研究重视人的关系的"事本"、定量研究把人看作"物"的"物本"、仿真模拟研究把人看作实验对象的"样本"，真正转化到"以人为中心"的"人本"时代。大数据正在形成的系统犹如社会的大脑，充当了"社会性记忆合成"的主角，原本被悬置的社会学研究目标和方向，有可能在大数据的驱动下，以全新的、实际的形式重新展现出来。

2. 推动宏观理论研究发展

社会科学发展至今，虽然分支众多，学派林立，但大多数研究均可以追溯到少数立足宏观层面描绘和理解社会结构与变迁的典范性学说，以及启发性和诠释意义的概念、假说和理论（米尔斯，2005）。20 世纪 60 年代以来，由于生态谬误的存在，在实证主义传统与"调查革命"结合后，微观数据收集和模型分析逐渐增多，社会科学在宏观层面研究相对不足。一方面宏大理论提出相对减少，另一方面经典理论难以得到实证检验，社会科学进入了"后大理论时代"。信息技术的兴起和大数据的发展扩展了人类的经验范畴，在宏大理论和实证经验之间架起了桥梁，使得社会科学家以全新的相关性数据，在超大数据规模和时空跨度上为经典理论提供实证证据。同时，大数据因其全样本、高容错、数据挖掘等优势，为社会科学宏大理论发展提供了全景式认识世界、发现和提炼新的重要理论的可能性。

3.2.3　大数据消除社会科学内外对立

1. 促进内外部学科之间的融合

自然科学、社会科学和人文学科知识是学术建制和教学科研管理制度上的区分，但不应该抹杀它们之间的密切联系。"科学，不应该是支离破碎的，所以，我们需要跨学科的努力"（汪丁丁，2010）。从 20 世纪中叶开始，由于复杂性科学和模糊数学、信息技术的发展，科学研究在经历了长时间的不断分化后，又开始了在分化基础上的综合，出现了交叉学科和边缘学科。第三研究范式的出现已经打破了自然科学和社会科学之间的隔阂。美国圣塔菲研究所、谷歌研究院等跨学科研究机构和各国高等院校开始用复杂性科学来描述社会经济系统中的复杂现象，提出了 CAS、社会网络分析、可计算社会科学、社会控制论等一系列新理论。在众多计算机仿真研究模型中，同时考虑了自然、社会及两者的交互。但是，由于自然系统和社会经济系统在数据上的异质性，以及社会经济系统多变量的复杂性和社会科学量化、数据采集的困难，两者的融合在当时依然需要更深层次的支持。

大数据研究的兴起一方面建立了全新的基于传感器、智能设备和网络大数据的科学研究基础设施，大数据"随处可见"和"难以理解"的特征使得对其获取具有非学科性的特点，对其收集、存储和搜索本身存在较低的"学科定制性"。这使得不同学科之间的研究对象有了同质性的基础，打破了小数据时代学科差异下数据收集和使用"各自为政"的状态，促进学科交流与融合。另一方面，大数据不断广泛和深入地应用，推进了相关分析技术的普及。来自政治学、经济学、语言学、传播学、人类学等社会科学的研究者联手计算机、物理、数学、控制等大数据技术界的专家和生物、地理、环境、水文、气候等自然科学的学者共同采用大数据分析技术开启了规模更大、参与更广的跨学科合作研究。这也为在计算机、人工智能、数学以及其他自然科学领域具有专长的学者联合或直接转型成为社会科学家提供了机会，也为社会科学不同学科领域内的专家开展交叉研究与转型提供了基础。

2. 定性与定量研究方法的综合集成

虽然从 20 世纪 60 年代开始，社会科学就试图通过混合研究弥合定性研究和定量研究两大范式之间的对立，但并未取得良好的效果。从某种意义上而言，大数据的使用促进了定性研究与定量研究的综合集成。第一，大数据使得定性和定量两大阵营之间出现了一个混合地带。大数据的非学科定制性促进了定性研究和定量研究在资料获取、分析和分享方法上走向趋同。第二，大数据重新定义了两者的关系，使得两者既可以相互转化又可以相互合作。

大数据分析方法使得原来的定性研究资料可以采用定量研究的方法进行研究，并对定性研究结果进行修正或补充；定量研究重新审视"描述""叙事""话语"等在定量分析中的地位，收集的数据也得以使用定性研究的分析方法。第三，大数据提供了新的定性、定量结合的方法，即在原来混合研究或仿真研究"定性是定量的基础，定量是定性的精确化"的基础上，通过对大数据的描述（定性）和可视化、抽取变量进行回归（定量）相结合的方式，达到"从定性到定量综合集成"；同时，大数据在特定领域内的高端技术运用，正以"块数据"的形式呈现出质的研究功能。大数据研究将同时出现在定量和定性两大阵营之中，并进一步缩小了定性和定量分析方法的鸿沟。第四，拓展了定性研究和定量研究成果分享的渠道，"开放存取"和"复制性研究"的兴起为定性研究和定量研究在相互共享成果（研究思想）上提供了便利和基础，同时信息可视化也可以帮助定性研究和定量研究以更直观、多样化的方式展示各自的研究成果，以方便不同领域或研究方法取向的学者更好地理解。

3.2.4　大数据提升社会科学研究的科学性

1. 提升数据质量

大数据将大大改变传统社会科学以抽样调查为基础的数据获取和分析方式，从数据支撑层面提升社会科学研究的科学性。①大数据改善变量的测量。在大数据环境中，个人和环境将会"不自觉""不自知"地加入数据收集的过程中，数据获取从观测上升为感知记录，优化了变量的"测量"。大数据技术通过智能终端、物联网、云计算等技术手段来"量化世界"，各种延伸和拓展人类感官感知能力的技术设备层出不穷，乃至于完全或接近完全取代人类对外部世界的直接感知，通过把数据呈现给人类，成为人类认识的来源。我们所知的世界将会全部是数据表达的。②全样本的整体性分析,即田野研究与实验研究的统一。大数据时代可以分析与研究相关的更多数据,甚至是多源异构数据,而不再依赖于单纯的采样。大数据可以通过海量规模的全样本直接呈现或发现社会现象或规律,既不需要控制变量来检验关联,又能避免选择方面的样本偏差。③大数据提供了多源数据的容错性。虽然大数据不能解决反事实问题和遗漏变量误差的问题,但由于数据的海量性甚至全样本的性质,一旦把基于大数据的简单关联分析或时间序列分析结果与文献中的传统回归分析进行比对,就能形成非常具有说服力的证据链。④大数据提供现象的相关性涌现。当拥有海量数据时,绝对精准不再是追求的目标,适当忽略微观层面的精确度,将提升社会科学在宏观方面的洞察力。科学家不再必须做出受过良好训练的那种猜想,或者构想假设和模型,通过基于数据的实验和例子来验证它们。相反,它们能够为显示效果的模型采集完整的数据集,来产生科学结论,而无须进行更进一步的实验。⑤大数据的核心技术是数据挖掘,使用人工智能的机器学习从海量数据集中发现模式和知识。在数据驱动下,使用统计学、机器学习、模式识别、数学模型等方法进行探索式的知识发现和数据挖掘,海量数据的全样本性质使得数据挖掘能够分析数据质量、聚焦社会过程和关系、处理非线性的有噪声的或概念模糊的数据等,与依赖简单数量关系的定量研究和传统计算机仿真研究范式相比,依赖海量和实时在线数据的挖掘和学科广泛参与的大数据分析更能够客观反映社会发展的历史、现状和规律。

2. 提供社会科学计算实验平台

孔德认为,社会科学研究应以"观察+实验+比较+历史"方法的综合形式开展(陈健远和施伟志,1988)。但由于社会经济系统存在要素不同质、系统具有开放性、关联结构的复杂动态非线性作用、系统层次间相互作用和涌现现象存在以及演化等多种可能性（张军，2009），对社会开展实验研究存在非受控性、历时周期长、时间上难具有超前性、不具有严格的重复性等问题。社会科学研究通过开展严格的实验获得可靠证据并非易事。20 世纪 80 年代以来，这种状况正在发生改变，人工科学、ABM 仿真、实验经济学、人工生命和人工社会、平行系统理论、可计算社会科学、综合集成研讨厅决策分析及并行分布式计算平台等理论和实验技术的发展，促进了社会科学的实验研究，正在改变孤立、静止、还原的社会科学研究思维。

如果说计算机模拟的程序语言是人类认识自身的第 3 种"符号系统"（Ostrom，1988），那么数据则是其可以利用的第 4 种"符号系统"。随着大数据时代的到来，物理环境和人类社会活动从未像现在这样被充分地数字化和网络化。无处不在的智能终端自动采集的海量数据被存储于云端，并通过人工智能处理、存储和分析。研究对象相关的属性数据、时空数据和行为数据全面反映了社会经济系统的各个要素、环节、时态的真实、全面状态。人类主体参与的实验和计算机虚拟主体的实验得以结合（王国成，2015）。这为社会科学研究将其研究对象置身于真实环境并刻画其复杂行为提供了可能，能够实现事理学中物熵和信熵的测量，实现"每一个事件发生和最后结果都有记录"，"所有事件都包含里边，从物熵和信熵出发，可以确定人的心熵，进而可以给出社会熵的算式"（秦世引，2008），从而实现利用人工社会对复杂社会经济系统进行等价描述，并通过计算实验和平行管理与控制，解决复杂经济社会系统所面对的无法还原、没有解析模型，以及难以实验、分析和评估系统行为的问题（王飞跃，2004）。"想象一个人工经济（社会）作为一个实验的环境，在当中，使用者能够较容易地适应为他们设计的，适合自己特殊研究需要的模型。面向对象的程序设计技术能够被用于建立这样的一个环境，其由一系列不同的模型架构和主体类型所构成，有了这样一个界面，可让用户轻易地从数据库中去结合不同的模块，来进行特定的经济（社会）

实验"（Tesfatsion，2002）。现在，大数据环境正促进这一"实验室"与现实世界通过网络和智能技术实现空前程度的交互，来自真实世界和网络世界的海量数据源源不断地输入其中，不断提高"人工实验社会系统"仿真的能力。在众多领域（如危机管理、工业模拟、供应链管理、智慧电网、社交网络等）基于复杂系统建模方法和大数据结合的"社会计算实验"正在实现，并向着"社会–自然–技术"复合系统模拟的方向快速发展。

3. 促进社会科学知识体系的多元化

首先，大数据环境中普遍性知识和地方性知识同样重要，适度坚持社会科学知识的地方性，并将强调地方性和重视普遍性结合起来。"在社会科学中，普遍与特殊之间的张力向来是一个争论得十分激烈的问题"（华勒斯坦，1997），"普遍主义和历史特殊主义之间的方法之争"一直存在（叶舒宪，2001）。20世纪中叶以来，随着人类学和科学实践哲学的发展及对其进行的批判，人们逐渐认识到对普遍性知识和地方性知识各执一端的做法都是一种片面的科学观。"现代科学不是唯一的知识，应在这种知识与其他知识体系和途径之间建立更密切的联系，以使它们相得益彰"（Caines，2012），并把地方性知识看作一种新型的知识观念和价值取向，两者双向的转化都是知识的进步，具有同等重要的意义。

大数据可以兼顾普遍性知识与地方性知识的多元性，并在更大程度上促进两者互相转化。一方面，大数据具有整体性，由分散的、具体的全部数据集合构成，能够全面、真实和完整地把握社会现象的整体与局部要素的系统行为，既能观察宏观关联，又不会忽略具体而微的细节（在小数据中被忽略的少量极端值在大数据中成为可以分析的个案或变量）；另一方面，大数据容错性更强，承认多样化、个性化，能够融合地方性、实践性知识。这两方面的特征既利于我们更宏观地越过地方性这一界限后"再回首"看待地方性知识，促进社会科学研究从地方性知识中通过抽象提升、视角或语境转换、自我演进和成熟、交流对话等路径交叉并进成为普遍性知识；也促进普遍性知识在"解谜"过程中快速发现更多的"特例"，从而产生新的"科学革命"；同时，也避免普遍性知识"万能药"的陷阱，接受社会经济系统的复杂性，建立跨学科、多层级的分析框架，将普遍性知识更好地与"情境"结合。

其次，大数据促进默会知识和明示知识的转化，并要求本地知识与云端知识高度互动。①大数据进一步提升默会知识的重要性。随着互联网的泛在化发展，明示知识的编码、存储和共享的成本越来越小，使其更为廉价。这导致了简单重复认识任务与创造性认识任务的分离。这使创造过程和情境高度依赖的默会知识的地位更加重要，成为个人和组织在知识经济时代获取核心竞争力的根本来源。在这种情况下，学习能力将从记忆能力向数据检索能力转变。②大数据促进默会知识的传递与共享。大数据提供了默会知识及其依赖的"个人""情境""经验""文化"整体性数据化的优势，大大降低了原本高度依赖个人实践的默会知识的信息黏滞度和知识模糊性（von Hipple，1994；Simonin，1999），更加方便默会知识转移。默会知识传递与共享程度的提高，促进了知识活动中认识的意向方和实施方、价值判断和实施过程的分离。知识创造活动更依赖于合作网络，并以数据分享的方式实现价值（价值拥有方和创造方也发生分离）。③大数据促进默会知识与明示知识的转化。在大数据环境中，两类知识转化的四类情境支持发生融合，启动场、对话场、实践场和系统场统一到大数据网络平台，两类知识的社会化、外化、内化和组合化过程也越来越呈现基于数据挖掘和探索的方式进行（如结构化网络行为数据与非结构化文本数据分析的结合形成认识的知行合一，使得原本只可意会不可言传的默会知识得以结构化和显性化）。知识从碎片化的记忆向结构化的数据形态转变，和情境结合的程度更深。④大数据促进了默会知识的技术性支持和社会性支持。终端和网络延伸了人的认识，知识创造更趋于社会化建构。海量数据已经远远超出个人甚至共同体的分析能力，知识从个体的记忆向云端的存储转变。上述知识体系的四个转变，改变了知识存储的位置、知识的状态、知识的获取和知识之间的联系，这种转变的本质实际上是知识数据化、数据结构化和结构智能化。随着互联网和大数据的发展，最终进入了在知识体系中的人找知识（搜索引擎）、人找人（社会网络）、知识找知识（数据挖掘）和知识找人（个性化定制与推送）统一的时代。

3.3　第四研究范式驱动的社会科学研究需注意的问题

3.3.1　数据可及性的需求

随着对大数据研究价值及知识外溢效应的认识，国家层面的旨在提高大数据可及性的行动越来越受到重视。2009 年 1 月，时任美国总统的奥巴马签署了《开放和透明政府备忘录》，提出要创建透明、参与和协作的开放政府，并要求提高政府信息开放程度，联邦政府所拥有的信息要向公众快速公开。同年 12 月，美国行政管理和预算管理局发布了《开放政府指令》，指示联邦各机构为美国公众提供政府数据，该指令标志着美国开放政府数据走向政策层面。与此同时，全球许多国家也纷纷发起了开放政府数据的行动，通过颁布政策促进政府数据的开放。2015 年国务院印发《促进大数据发展行动纲要》，明确提出，"加快法规制度建设。修订政府信息公开条例。积极研究数据开放、保护等方面制度，实现对数据资源采集、传输、存储、利用、开放的规范管理，促进政府数据在风险可控原则下最大程度开放""2018 年底前建成国家政府数据统一开放平台"①。这是我国第一个关于开放政府数据的宏观政策，标志着我国的开放政府数据也正式走向政策层面。

---

① 《促进大数据发展行动纲要》，http://www.gov.cn/zhengce/content/2015–09/05/content_10137.htm[2022–01–04].

我们之所以希望我国政府部门在促进优化大数据可及性的进程中起主导作用，是因为我国政府与部分其他国家政府相比，对大数据采集者和拥有者（如互联网企业、通信运营商等）有较强的数据请求权，更有能力使这些散布于不同大数据产生和汇聚节点中的不同类型、不同领域的大数据有机聚合起来，将这些大数据作为社会科学研究和知识进步的必要资源，有计划、分层次地构建有中国特色的大数据开放服务产业。

相信在《促进大数据发展行动纲要》颁布之后，我国政府应"有计划"地主导"大数据知识源集成网络"的构建，全面集成互联网、物联网和社交网络等不同生产方式的知识源，同时整合政府部门及事业单位的统计数据、社会民众的舆论以及企业的产销大数据，为不同用户"分层次"地提供数据支持服务，如可按数据需求的合法性及迫切性，分层次地对刑侦、公共决策、学术研究、商贸应用等不同需求主体提供大数据开放服务，各层次的服务构建要点包括：第一层次，大数据整合与知识网络的缔结。国家对该层次的大数据使用要严格监控，并在法律层面因应大数据的技术伦理问题。国家在该层次主要发挥数据整合和平台搭建作用，并大力推进基于大数据的知识推理和人工智能领域创新。第二层次，大数据采集与知识挖掘。该层次由各大数据生产和采集部门或组织自发构建并实现其利益，政府应在制度层面制定基于大数据知识源集成网络的数据采集、知识共享及合作网络融入的法律法规，推动基于大数据共享的知识挖掘和云端人工智能服务产业发展。第三层次，常规研究的全新技能与合作方式。大数据应用开启了社会科学研究范式的变革，社会科学研究将比以往更加注重对大数据的检索与挖掘，而且这种直接面向数据的研究不仅将全面提升社会科学研究的数据基础和方法论视角，而且社会科学研究也将越来越依赖于跨学科合作网络。

3.3.2 大数据的技术伦理问题

虽然我们主张对大数据进行"分层次"开发共享，但由于大数据知识源集成网络聚集了多源异构的底层个体数据，而数据挖掘和知识推理技术的应用，不可避免地将触碰到个体的隐私问题。隐私是个体不受打扰的权利，是不愿他人干涉与侵入的私人领域。对大数据可及性的管理将涉及数据使用的伦理思考，如对个体数据的采集应该到哪个层面，各层次研究主体可以使用哪个层面的数据，对数据的挖掘和预判应该到什么程度以及分析结果应该怎样使用等，甚至更进一步地，作为数据源的个体在不经意行动中所表现出来的行为或显示偏好数据，是不是其主观同意公开的，对这些数据在各开发层次的分析和使用，会不会违反数据源个体的意愿，如需求方平台（demand-side platform，DSP）广告是为消费者带来了便利，还是会泄露其偏好隐私，甚至会造成社会个体在各种场合隐藏或误导对其偏好数据的采集，进而在长远上造成社会上"思行不一"的人格"异化"。此外，与数据可及性相关的数据垄断、数据安全性、数字鸿沟等一系列大数据技术理论问题也需引起重视。我们必须尽快对大数据的共享、利用、开发制定趋于保守的技术制度、标准、法规，或利用区块链等新技术对之进行规范和约束。

3.3.3 以往社会科学研究传统价值的再挖掘

第四研究范式的应用将为已有社会科学研究提供更高的数据起点。大数据资源池来源于对独立研究客体的个体原始数据采集，而且大量数据不是像传统社会科学研究范式那样，针对理论假设和研究模型设计的变量数据需求，经由对研究客体进行统计抽样并通过"提问—思考—回答"路径产生的，而是直接由研究客体的行为生成并经由各类数据采集技术聚合起来的，因此大数据与以往社会科学研究传统所使用的数据相比具有"全样本""自提供"的特性,这就能够避免传统社会科学研究范式中自变量数据的统计偏误,显然,大数据的这种特性能够为已有社会科学研究范式提供更高的数据起点。

第四研究范式将为已有社会科学研究提供全新的理论视角。由于大数据是行为个体在网络环境中的产物,同时大量数据本身也构成了行为个体社会网络的节点,因此,大数据研究本质上依托于对复杂网络的挖掘和分析。凭借网络分析和数据可视化技术,大数据研究能够发现已有社会科学研究中所忽视的及受技术方法制约无法完成的大量网络特征及相关性,这些网络特征及相关性将为已有社会科学提供全新的理论视角。

通过第四研究范式的应用与拓展,社会科学与自然科学在大数据研究过程中实现了大学科交汇共融。对领域大数据的挖掘和分析,不仅需要本领域学者就领域内现有理论及分析框架进行问题导入和研究需求设置,还需要与计算机、心理学等不同专业领域学者组成合作研究网络,对领域大数据进行跨学科联合研究;同时,通过大数据发现的新理论也将通过大数据知识网络迅速外溢到学科外部,这样,新理论将更有可能在科学综观视域中体现其更高的价值。相较以往社会科学研究传统,第四研究范式对跨学科合作网络有更高的要求,因此将极大促进自然科学与社会科学的交叉融合,不同学科的界限将在数据驱动的研究中变得模糊,不同领域的研究者将缔结基于数据研究的科学共同体。

3.3.4　社会科学研究范式转型保障体系的构建

社会科学研究范式转型的保障体系可以构建为三个层次:规则保障、基础设施保障和科学共同体保障。

1. 规则保障

(1)法律规则。数据的收集、处理和使用,不但涉及当事人的隐私及对社会的控制限度问题，也涉及与数据相关的权益与责任界定问题、法律约束的法理机制问题以及法律执行和监控等操作性问题。没有这些规则基础，基于大数据运行的社会系统就不可能是有序的系统。这些法律法规构成了大数据交流与利用的法律规则保障。

（2）交易规则。社会大数据产生于各种社会生产生活系统，在当今的技术环境中，它存储于与上述系统对应的云空间之中。处理和使用这些数据，既有公有云的授权规则问题，也有私有云之间的数据交换交易规则的问题，这些数据应用的外部效应，也会要求有数据责任与权益的契约体系，这是大数据交流与利用的交易规则保障。

与此同时，不同系统的数据对接和传输，也需要自动协调的技术性协议：异构数据的表征、聚类、传输、处理及其应用，需要可以相互识别的执行标准，需要评价数据价值的指标，需要自配置、自适应的系统接口和对应人类解读的人机界面设计与自协同模式，这是大数据交流与利用的系统协议保障。

2. 基础设施保障

不同层面的保障条件不是孤立存在的，它们彼此作用构成新型社会科学发展的基础设施平台，包括如下层次：社会资源与规则层，涉及各类社会环境与条件；物理层，涉及数据传感器、穿戴计算设备、数据传输网络等物理环境，以及数据存储、调配等初级数据处理设施；计算仿真层，涉及可共享的计算与仿真系统；社会应用层，涉及接入或反馈社会问题的操作界面。通过基础设施平台，大数据的研究与利用才能够以较低成本顺畅地进行，大数据的知识外溢才能够在更广泛的层面惠及大众。

3. 科学共同体保障

新研究范式的科学共同体保障将包括新型社会科学的理论体系、研究方法、操作准则、学术成果评价与交流规范。新型社会科学的哲学基础包括科学问题与研究对象的界定准则、认知限度与认知检验、学科融合与学术规范、交叉学科的语境和逻辑等。正如托马斯·塞缪尔·库恩（Thomas Samuel Kuhn）所指出的，新的研究范式的确立必须以新的学术共同体的出现为最终标准。

坦率地讲，本章还未形成一个成熟的学术研究结果，只是对大数据驱动的社会科学转型的一些趋势性的表述。本章更多的是对国外社会科学发展趋势和大数据重大影响的洞察，试图提醒我国社会科学界对这一发展趋势要重视，希望通过对大数据技术、理论和方法的学习，以及政府、产业和学术各界的共同努力，我国能够在新的历史时期，在大数据驱动的社会科学研究领域与其他国家处于同一起跑线上，甚至实现我国社会科学发展的弯道超车。

必须承认，我国社会科学和自然科学的研究长期处于分离和分割的状态，这导致一些从事社会科学研究的学者对于科学技术领域的发展不够敏感，缺少对当代技术的响应能力，这无疑构成了社会科学发展的思想障碍；同时，自然科学和社会科学的二元分割也导致了社会科学学者对大数据和数据科学这些当代前沿的科学技术进展充满了无力感，甚至从小学术共同体内部对新思想、新技术、新方法进行抵触和排斥，从而形成了社会科学转型的行动障碍。希望通过我们抛砖引玉的工作，开启这场远未结束的对大数据驱动的社会科学转型的讨论。

第 4 章
数据科学在公共治理研究中的应用

4.1 数据科学与政府形态变革

4.1.1 数据科学的发展与数字空间政府的出现

近年来,第四次工业革命以前所未有的态势席卷而来,人类社会面临"百年未有之大变局",在社会经济运行过程中出现的诸多现象和问题都是当代人类社会前所未遇的。信息技术和智能技术的发展,正在推动新的空间——数字空间的形成,而社会治理与服务在数字世界的探索,即"数字政府"建设的实践也在逐渐展开。尤其是中国地方政府运用大数据、人工智能开展政务服务创新的大胆探索,为我们构建了一个政府治理的未来前景。第四次工业革命将引致人类社会政府的新形态出现。

呼吁数字空间政府研究的根据在于:从技术推动社会变革的视角来看,以智能化、数字化为核心的大数据、物联网、移动互联网、云计算(边缘计算)、人工智能和社交媒体等新一代信息技术的不断发展,正在促进人类社会快速、全面地进入信息社会 5.0 阶段,"万物联网、万物智能、万物皆数"的趋势不断加快。第四次工业革命不仅改变了生产方式、管理体系,同时更深刻地改变了社会资源的配置方式和社会组织的运行模式,这种改变正在渗透到人类生活的方方面面,形成了全新的技术环境和人类社会经济系统的运行状态。在以人类生活的"物理世界""人类社会"为主的二元空间之外产生了一个全新的虚拟世界、缺场空间，形成了物理空间-社会空间-数字空间构成的三元空间世界（潘云鹤，2019）。这一革命性的变革，将从速度、深度、广度上对各行各业产生重大影响，也将深刻地改变政治、经济、科技和文化，影响公众、企业、民间组织、政府部门等各个主体行为方式（施瓦布，2016）。这不仅是技术革命或经济革命，也是一场深刻的社会治理的革命，将改变市场、组织机构，以及政府与公民关系的治理方式（Mayer-Schönberger and Cukier，2013），在公共治理和公共服务领域将带来革命性的变化。

数字空间的不断扩展、社会形态的高度互联和人类社会去中心化，使得政府面临全新的治理和服务空间。原本在工业化时代建立起来的以科层控制和信息逐级传递为主要特征的政府组织形态和运行模式，将不再适应这种全新的环境。公共治理和公共服务比以往任何时候都要快速适应不断变化的新技术、新环境，加深对治理对象的了解以及丰富治理的想象力。

从文明融合的视角来看,现代化是 20 世纪以来世界各国共同关注的重要话题，各国人民都在历史变迁中探寻和经历经济、政治、文化、社会、生态等领域的现代化转型。从历史经验和横向对比来看，世界上不存在统一的现代化模板，不存在一模一样的现代化模式。正反两方面的经验和教训都表明，现代化需要把一般理论体系与本国的实际发展情况紧密结合在一起，才能形成契合自身需求、体现自身特点的现代化道路。在"推进国家治理体系和治理能力现代化"的道路上亦是如此。从自工业革命以来推动的全球化发展来看，其实是把世界几大文明越来越高度地连接在一起，各种文明和民族国家之间都应该取长补短，互通有无。即使是在早期"西方文明中心"主义思想盛行的时代，官僚科层制的建立也是"东学西渐"与欧洲工业革命对政府的实际需要相结合的产物。在今天的网络化高度发达的数字文明时代，这种连接将越来越紧密。但是连接的紧密并不一定是单一标准或一元化的社会，随着对"地方性知识""知识弥散性""集体记忆"认识的逐步加深，在治理体系现代化的价值取向上，也应该打破单一中心主义的思维方式，即治理体系和治理能力现代化不是西方世界（强势）向非西方国家（弱势）的单向输入，以及非西方国家的被动接受，而是一个受特定的社会、文化、价值观念以及历史传统等多种因素影响下的自我再建构过程。即使是西方主流学者也认为"在越来越多的国家共同生活着出身各不相同的人们"，应该追求在"多样性的施政中提供合理的解决方案"（福山，2017）。

正是沿着如上的思路，我们的观察发现，在第四次工业革命的历程中，在政府对信息技术的采用和适应性改革方面，中国的一些地方政府的实践已经走在了世界的前列。这些实践需要我们从现实的真实世界出发，进行理论的提炼，汲取中西方社会治理理论与实践的有效营养，最终推动数字文明时代政府形态的构建，并探索新形态政府的治理模式。这种基于现实实践的对于我国公共管理的理论总结也许是一次构建话语体系、引领理论研究的机遇，而这一切需要超越西方的"物理空间"的政府治理理论，在中国化或本土化的思维模式上进行，这也是对中国实践经验的总结，从而推动新的研究范式产生。尤其是在中国改革开放40多年取得的举世瞩目的成就面前，"治理有效"已经成为国内外有识之士的共识。

1. 推进国家治理体系和治理能力现代化的需要

从十八届三中全会到十九届四中全会，贯穿的一个主题就是"推进国家治理体系和治理能力现代化"，有人将其称为我国继实现农业、工业、国防和科技四个现代化后的"第五个现代化"。党的二十大报告更是把"国家治理体系和治理能力现代化深入推进"作为未来五年我国发展的主要目标任务之一。不可否认，由于历史的原因，我国失去了前三次工业革命的发展机遇，因此，

前四个现代化中我们处在一个追赶的过程。今天，当"第五个现代化"成为
一个核心命题的时候，我们所遇到的发展机遇是当下的第四次工业革命。在
这场激动人心的伟大变革中，中国的站位与以往有所不同，我们和发达国家
不仅站在了同一起跑线上，而且在某些领域具有领跑的可能性。正是在这一
背景下，政府治理能力和政府形态转型上的可能性构成了本项研究的理论价
值与政策价值。

改革开放以来，我国一直在探索有效治理的方式，十八届三中全会首次
在中央文件中提出"推进国家治理体系和治理能力现代化"，第一次以正式文
件的形式提出"社会治理"的概念，明确提出"推进国家治理体系和治理能
力现代化"为全面深化改革的总目标。2017 年 10 月，党的十九大开启了国
家现代化治理体系和治理能力建设新时代，提出"打造共建共治共享的社会
治理格局"，首次明确提出了国家治理现代化的时间表和路线图①。2018 年 2
月，十九届三中全会提出了"深化党和国家机构改革"的要求②，2019 年 10
月，十九届四中全会阐述了中国特色社会主义制度和国家治理体系发展的历
史性成就、显著优势，提出新时代坚持和完善中国特色社会主义制度、推进
国家治理体系和治理能力现代化的重大意义，并作出工作部署，对坚持和完
善中国特色社会主义制度、推进国家治理体系和治理能力现代化的各级领导
提出要求③。2022 年 10 月，党的二十大提出，为达到 2035 年基本实现国家
治理体系和治理能力现代化，全过程人民民主制度更加健全，基本建成法治

---

① 《习近平：决胜全面建成小康社会 夺取新时代中国特色社会主义伟大胜利——在中国共产党第
十九次全国代表大会上的报告》，http://www.gov.cn/zhuanti/2017-10/27/content_5234876.htm[2017-
10-27].

② 《中共中央关于深化党和国家机构改革的决定》，http://www.gov.cn/zhengce/2018-03/04/
content_5270704.htm[2018-03-04].

③《中共中央关于坚持和完善中国特色社会主义制度 推进国家治理体系和治理能力现代化若干重
大问题的决定》，http://www.gov.cn/zhengce/2019-11/05/content_5449023.htm?ivk_sa=1024320u
[2019-11-05].

国家、法治政府、法治社会的发展总体目标，在未来五年全面建设社会主义现代化国家开局起步的关键时期，主要目标任务之一是改革开放迈出新步伐，国家治理体系和治理能力现代化深入推进，社会主义市场经济体制更加完善，更高水平开放型经济新体制基本形成①。

为适应新技术和新信息环境的变化，近年来我国政府展开了一系列的行动。从政策的推进上看，紧跟第四次工业革命的技术发展，从国家战略和顶层设计层面制订和实施了"互联网+"行动计划，推动移动互联网、云计算、大数据、物联网等与现代制造业结合，促进电子商务、工业互联网和互联网金融健康发展。在新兴技术、新兴产业领域制定一系列行动纲要，如《促进大数据发展行动纲要》《新一代人工智能发展规划》以及各类新兴产业发展规划。党的十九大报告提出了"推动互联网、大数据、人工智能和实体经济深度融合"的要求②，并在十九届四中全会上将"科技支撑"纳入加强和创新社会治理的重要内容③。在"放管服"和优化营商环境改革中，"联网+政务"和数字政府建设是其中重要的内容。习近平总书记在全国网络安全和信息化工作会议中强调"要运用信息化手段推进政务公开、党务公开，加快推进电子政务，构建全流程一体化在线服务平台，更好解决企业和群众反映强烈的办事难、办事慢、办事繁的问题"④。党的十九届三中全会做出了深化党和国家机构改革的决定，提出"强化经济监测预测预警能力，综合运用大数据、

---

① 《习近平：高举中国特色社会主义伟大旗帜 为全面建设社会主义现代化国家而团结奋斗——在中国共产党第二十次全国代表大会上的报告》，https://www.gov.cn/xinwen/2022-10/25/content_5721685.htm[2022-10-25].

② 《习近平：决胜全面建成小康社会 夺取新时代中国特色社会主义伟大胜利——在中国共产党第十九次全国代表大会上的报告》，http://www.gov.cn/zhuanti/2017-10/27/content_5234876.htm[2017-10-27].

③ 《中国共产党第十九届中央委员会第四次全体会议公报》，https://www.12371.cn/2019/10/31/ARTI1572515554956816.shtml[2019-10-31].

④ 《习近平出席全国网络安全和信息化工作会议并发表重要讲话》，http://www.gov.cn/xinwen/2018-04/21/content_5284783.htm [2018-04-21].

云计算等技术手段，增强宏观调控前瞻性、针对性、协同性"①。国务院要求推进政务服务"一网通办"和企业群众办事"只进一扇门""最多跑一次"，加快推进"互联网+政务服务"、政务信息系统整合共享、审批服务便民化和建设一体化在线政务服务平台等工作。2020 年 3 月 31 日，习近平在视察杭州城市大脑运营指挥中心时指出，"运用大数据、云计算、区块链、人工智能等前沿技术推动政府治理手段、模式和理念创新，建设数字政府，是推进政府治理体系和治理能力现代化的必由之路"②，我国数字政府建设正面临难得历史机遇，处于关键历史节点，"数字政府作为数字中国的有机组成部分，不仅是推动数字中国建设、实现经济高质量发展的重要支撑，更是推动政府治理现代化的重要动能"②。2020 年 9 月 8 日，习近平在全国抗击新冠肺炎疫情表彰大会上讲话时指出，"无论是开展大规模核酸检测、大数据追踪溯源和健康码识别，还是分区分级差异化防控、有序推进复工复产，都是对科学精神的尊崇和弘扬，都为战胜疫情提供了强大科技支撑"③。2022 年 6 月，国务院印发的《关于加强数字政府建设的指导意见》提出，"加强数字政府建设是适应新一轮科技革命和产业变革趋势、引领驱动数字经济发展和数字社会建设、营造良好数字生态、加快数字化发展的必然要求，是建设网络强国、数字中国的基础性和先导性工程，是创新政府治理理念和方式、形成数字治理新格局、推进国家治理体系和治理能力现代化的重要举措"④。2022 年 10 月，党的二十大提出，深入推进改革创新，坚定不移扩大开放，着力破解深

---

①　《中共中央关于深化党和国家机构改革的决定》，http://www.gov.cn/zhengce/2018-03/04/content_5270704.htm[2018-03-04].

②　《充分发挥数字政府作用　着力提升治理现代化水平》，http://www.xinhuanet.com//politics/2020-04/13/c_1125847286.htm[2022-10-10].

③　《习近平：在全国抗击新冠肺炎疫情表彰大会上的讲话》，https://www.ccps.gov.cn/xxsxk/zyls/202009/t20200911_143334.shtml[2023-02-02].

④　《国务院关于加强数字政府建设的指导意见》，https://www.gov.cn/zhengce/zhengceku/2022-06/23/content_5697299.htm[2023-02-02].

层次体制机制障碍，不断彰显中国特色社会主义制度优势，不断增强社会主义现代化建设的动力和活力，把我国制度优势更好转化为国家治理效能；推进多层次多领域依法治理，提升社会治理法治化水平；健全共建共治共享的社会治理制度，提升社会治理效能，完善网格化管理、精细化服务、信息化支撑的基层治理平台，健全城乡社区治理体系；加快推进市域社会治理现代化，提高市域社会治理能力①。2022 年 10 月 28 日，国务院办公厅印发了《全国一体化政务大数据体系建设指南》，要求"整合构建标准统一、布局合理、管理协同、安全可靠的全国一体化政务大数据体系，加强数据汇聚融合、共享开放和开发利用，促进数据依法有序流动，充分发挥政务数据在提升政府履职能力、支撑数字政府建设以及推进国家治理体系和治理能力现代化中的重要作用"②。2023 年 2 月，中共中央、国务院印发的《数字中国建设整体布局规划》指出，"建设数字中国是数字时代推进中国式现代化的重要引擎，是构筑国家竞争新优势的有力支撑。加快数字中国建设，对全面建设社会主义现代化国家、全面推进中华民族伟大复兴具有重要意义和深远影响"③。

2. 推进政府治理现代化在中国地方政府实践的经验总结

从 1982 年开始，中国政府开始了多次政府机构改革，以适应中国特色社会主义市场经济发展的需要。在 2018 年政府机构改革中，地方政府的一些做法和表现颇为抢眼。从 2018 年下半年开始，各省级地方政府机构改革方案陆续获批并向社会公布，除了与中央政府统一配置国家机关职能相对应的机构外，多个省份为推进"互联网+政务服务"、政务服务"一网通办"和"数字

---

① 《习近平：高举中国特色社会主义伟大旗帜 为全面建设社会主义现代化国家而团结奋斗——在中国共产党第二十次全国代表大会上的报告》，https://www.gov.cn/xinwen/2022-10/25/content_5721685.htm[2022-10-25].

② 《国务院办公厅关于印发全国一体化政务大数据体系建设指南的通知》，https://www.gov.cn/zhengce/content/2022-10/28/content_5722322.htm[2023-03-02].

③ 《中共中央 国务院印发〈数字中国建设整体布局规划〉》，https://www.gov.cn/xinwen/2023-02/27/ content_5743484.htm[2023-03-02].

社会"建设,根据各自实际情况设置了大数据局或相关管理机构。截止到 2019年 10 月底,已经有山东、重庆、福建、浙江、吉林、广东、广西、贵州等22 个省级地方政府成立了大数据管理局或相关数据治理机构。在省级地方政府层面,大部分成立大数据治理机构的省份都将大数据局置于重要的行政序列,例如,广东成立政务服务数据管理局后,将其从前身所属的省经济和信息化委员会调整到省人民政府办公厅。另有多个省区市(如贵州、内蒙古、重庆、广西、山东、安徽、吉林、海南、四川)将大数据治理机构直接升格为省级人民政府直属机构,成为省级地方政府直属的正厅级行业管理部门。在市县一级地方政府中,早在 2015 年就有广州市、沈阳市、成都市、黄石市、保山市等成立了大数据管理局。

就大数据管理机构的成立而言,很多地方政府不再简单地将其视为信息化的手段,而往往与"放管服""一网通办""营商环境"等联系在一起,成为更加有效地提供公共服务的技术支撑和应用抓手,甚至与知识经济发展相联系,视其为数字社会中数据资产的管理主体和智慧社会的建设主体。江苏的"不见面审批"模式、浙江的"最多跑一次"改革和广东的"数字政府"建设是其中的典型代表。城市大脑、智慧城市建设在全国各地纷纷展开,杭州、哈尔滨、重庆、广州等地都取得了一定的效果。大数据局的成立为智慧城市的转型提供了有力抓手,也标志着"数字政府"改革建设迈出实质性、关键性的一步。

以广东为例,政务服务正在实现"指尖可达",从 2017 年开始,广东省开启了"数字政府"的改革,率先上线全国集成民生服务微信小程序、App(application,应用程序)及民生服务公众号,以提升一体化办事效率为目标,打造了广东政府的"指尖"办事利器。截至 2019 年 12 月,其开发的微信小程序"粤省事"已经上线 912 项高频便民政务服务,其中 663 个事项实现了"零跑动",92 个事项"最多跑一次",累计业务量超 4 亿,累计访问超 34 亿次，实名用户数达到 2372 万，即每 5 位广东省居民中就有 1 位通过"指尖"享受政府的公共服务。

通过"粤省事"集成民生服务微信小程序，民众可办理包括出生证、身份证、居住证等在内的 67 种电子证照，电子证照与纸质证照具有同等使用效力，全省通行，实现了只要"一机在手"就带齐了所有证照，形成了随时随地可以"指尖"办理的全新政务服务形态。这种"指尖上的服务"包括便捷办理和享受税务、就医、人才与就业等专项服务；教育服务、法律服务、智慧出行服务、大湾区等专题服务；残疾人、老年人、境外人士等特殊群体事项服务。例如，办理在广东的居住证，通过"粤省事"平台，只需简单填写一个表单，一键提交即可完成办理，而过去至少需要 10 个工作日，用户需要平均跑腿 3~5 次。

"粤省事"小程序是广东省"数字政府"改革中政务服务"指尖可达"的典型应用，也是一体化办事程度最高、覆盖范围最广的政务服务界面。通过微信端入口无须任何下载及重复注册，只需一键实名登录，即可进行高频服务事项全网通办。"粤省事"程序虽"小"，却体现了第四次工业革命的"大"趋势，可谓一叶知秋。

3. 中国地方政府的数字化实践具有第四次工业革命的意义

我国地方政府推进的数字化政府建设，正在重新定义传统的政府与社会的关系、政府与企业的关系，甚至重新定义政府的形态，可以说，这是第四次工业革命的一个重要组成部分。其原理就是通过数据共享打破了工业文明政府中的条块分割的科层制，当数据以零成本的状态交互作用的时候，公共服务的提供也出现了近乎零成本状态。这种大数据带来的政府公共服务的新形态虽然在中国率先发生，但其意义绝不是中国所特有的，可以说这是第四次工业革命在政府组织架构变革中的初步结果，我们可以想象这将预示着数字文明时代的政府变革，其意义将是世界性的。

首先，新一代信息技术在政府内部管理、社会治理和公共服务领域已经开展了一定程度的应用，这部分应用对新技术环境下数据的全域化、泛在化、增值性、留痕性、可分析性、可整合性，特别是万物联网的技术逻辑给予了高度的重视，并在积极地推动政府政务处理、社会治理和公共服务的智能化、协同化、赋能化、精准治理和动态调整，实现技术逻辑向治理逻辑的转变。这种转变亟须开展实践经验的总结和理论的抽象，为下一步更大范围进行技术采纳和制度更新奠定良好的基础。

其次，在本轮机构改革中，地方政府利用新技术开展的一系列改革实践使政府公共服务及其业务数据在大数据中心或平台上汇聚，智能政务和智慧城市建设的"中台"正在形成，海量数据的汇集在改变"信息孤岛"和"应用烟囱"，在实现"横向融通"等方面起到了积极的推动作用，但与此同时也带来了数据分析、智能决策、主动服务和有效信任的压力，仅仅只是数据的汇集是无法实现智慧政务目标的。政府公共服务无论是在数据处理层面，还是在业务再造和协同层面都对人工智能提出了更高的需求。

再次，从科学研究来看，在经历了实验、理论和仿真三种范式后，目前正在进入"数据密集型科学发现"的第四研究范式，这一范式不仅能够模拟仿真，还能分析总结并得到理论。大数据和人工智能的广泛应用正在将科学研究四种范式推向融合发展的阶段。在社会科学研究领域，计算实验方法、计算社会科学的发展不仅仅是简单的研究技巧和具体方法的改进，更为重要的方法论意义是把现实社会系统转化成由智能主体构成的演化系统。因此，建立政府公共服务的人工智能实验平台研究，有利于将物理空间、社会空间和数字空间的三元空间中各个主体的属性数据、行为数据及时空数据进行有效融合，通过建立"人工个体"代替现实系统中的"人"，揭示社会系统中个体微观行为和系统宏观行为之间的动力学机制，这样既能够实现对现实系统的模拟，达到精准分析和智能预测的目标，更能够利用大数据在像素、粒度上的优势，实现个体微观到系统宏观之间知识产出的连续谱，实现政府公共服务"生计"和"生境"的双重仿真，真正实现公共管理研究"通宏洞微"的理想之境。

4.1.2　从物理空间的政府到数字空间的政府

1. 第三空间：人类社会从二元空间到三元空间

从 20 世纪中叶开始，随着第三次工业革命的到来，人类社会迎来了发展历史上的第三次浪潮（托夫勒，1983），其中以信息与通信技术（information and communications technology，ICT）为代表的信息化对人类社会发展的影响最为深远，至今我们的世界"依然活在托夫勒的预言里"（朱达志，2016）。在对信息化元问题的研究中，学者认为第一次、第二次浪潮都有自己独立的基本范式，即农业社会的客体一元论和工业社会的"心–物"二元论（姜奇平，2005）。尤其是"心–物"二元论对于"人本–自然"二元对立的哲学化，更是奠定了科学技术发展和工业化的基础，带来了人类基本范式的转变。而在信息化的浪潮中，波普尔的世界 3 理论被认为是"为第三次浪潮、信息或知识社会、后工业或后现代社会确立基本范式"（吕乃基，2007）。其主要贡献是将人类精神活动产品构成的世界（世界 3）从物理世界（世界 1）和人类的精神世界（世界 2）中区分出来，并认为世界 2 是其他两个世界相互作用的中介。在波普尔的理论中，世界 3 主要由客观知识、思想成果、艺术作品和科学理论等组成。但是，随着信息技术发展带来的表达革命，赛博空间的出现改变了一切（格雷克，2013）。从 20 世纪 90 年代开始，学者对世界 3 理论进行了修正，并提出了世界 4 和世界 5 的概念（金吾伦，2003），共同关注新的技术革命，尤其是信息技术给人类社会带来的影响。虽然上述研究是从科学哲学的层面进行探讨，并且存在一定的争议，但 ICT 的迅速发展给人类社会带来的影响确实真真切切地存在。我们可以将物理空间、社会空间之外的第三空间称为数字空间，描述其现象的是一系列概念簇，包括信息空间、网络空间和虚拟空间等。这些概念之间存在相互取代和混用的情况，成为重叠交叉的领域（包冬梅，2017）。早期对数字空间的关注主要分成五个层次：①技术性视角强调计算机和信息系统通过网络联结而形成虚拟空间（Slouka，1996；Heim，1993）；②观念性视角强调信息活动的综合空间和领域形成的信息环境（Jeffrey，1997）；③社会性视角强调数字化生存形成新型社会形态（尼葛洛庞帝，1996）；④文化性视角探讨互联网亚文化基础上自行组织的共同体（巴雷特，1998）；⑤空间性视角则将其视为一个虚拟空间、精神生活空间和文化空间相结合的新型的生活空间（曾国屏等，2002）。

目前对于数字空间的概念仍未形成统一的界定，而是随着信息技术的进步不断修正和发展（王晋，2016）。近年来，随着第四次工业革命的快速发展，信息技术的应用领域日益宽广，上述定义已经不再能够描述现实中的第三空间。一是 ICT 和 Web 快速革新，已经进入 Web3.0（连接知识）向 Web4.0（连接智慧）过渡的阶段，大互联促使社会结构快速变化，新的社会组织形态不断出现，社会经济系统在"比特"世界中延伸，全球各种类型社会形态得以快速连接和交流（鲍捷，2017），成为"超连接的世界"。二是在此基础上，数字空间的接入主体日益复杂，网络联结的不再只是人、计算机和信息系统，而是更多的智能设备，"万物联网"的大互联趋势进一步加强（Veljković et al.，2012）。三是数字化程度越来越高，随着智能终端和传感器的普及与无线互联网的泛在化发展，大数据时代的基础建设进入了实质加速发展阶段，具备主动采集数据和人工智能产生数据的"自我生产能力"，"万物皆数"逐渐成为现实。四是线上线下互动越发紧密，人类面临一个与数据和信息更加亲密接触的时代，数字化生存、数据化消费已经成为常态，产生了全新的社会组织形态和无数个体与机构的复杂交易行为；在场空间和缺场空间并存，媒介在场与身体在场双层化纠缠，线上线下的交互与融合进一步加深，相互影响，相互渗透（刘少杰，2015），数字空间出现泛在化。五是智能化进一步提升，通过对属性数据、时空数据和行为数据的融合与学习，人工智能具备了一定的决策能力，即将进入"万物智能"的"算法时代"（多梅尔，2016）。

在第四次工业革命刷新的数字空间，不仅创造了人类数字化生存的全新模式，而且是物理、社会和数字因素跨界融合的第三空间，它凝聚了人类的物质力量、精神力量和文化力量，三元空间的互动将催生人类生存和演进的全新模式。数字空间日益成为物理空间和社会空间的中介系统，以数据的形态内嵌于其他两个空间之中，既是某种映射，又是重塑，展现了虚拟现实中不可能的可能性。数字空间提高了人类思维能力，表现出了高度的目的性和主体性，同时也表现出自适应、自学习的智能性，既能通过物理空间和社会共建的互动产生新的物质产品，也能产生新的知识（董子峰，2004）。人类正从与技术共存的阶段迈进与技术共同进化的时代，技术将有自己的代理与人类对等交流，这对于个人、社区、社会乃至国家，都将是彻彻底底的改变。三元空间的交互过程如图 4-1 所示。

2. 公共管理学界的回应：对工业化政府形态的修修补补

政府的角色和职能随着时代变化而变化，从 19 世纪"守夜人"政府向行政国家化转变后，有关政府的理论经历了韦伯时代（20 世纪 80 年代以前）、新公共管理时代（20 世纪 80 年代至 2005 年）和后新公共管理时代（2005 年以后）三个阶段的演变。20 世纪以来，科学管理、合法性的权威结构、科层制、文件形式工作方法，以及专业性、专职性为政府的主要特征，建立在工

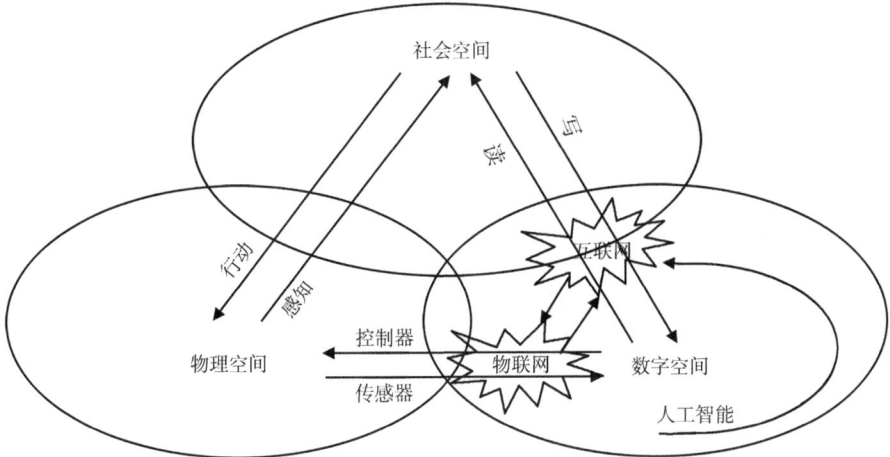

图 4-1 物理、社会、数字三元空间

业化大生产和社会分工基础之上的政府形态被作为标准模式在全球推广，成为现代社会不可避免的"理性化过程"和"命运"。这一模式强调节约和效率，为提高组织效率和生产性做出了较大的贡献，但却在一系列社会危机后引发了由现象学行动理论和批判的公共组织发起的对它的批评（Harmon and Mayer，1986）。20 世纪 80 年代开始，受到能源危机、政府失灵、信息社会和后现代转向的影响，为解决政府机构臃肿、效率低下、公众参与不足以及公共部门合理性弱化等问题，英国政府开始向企业学习，开展了新公共管理运动。新公共管理的理念主要是重视经济规则和价值，把市场竞争、投入产出、契约、绩效等制度引入公共领域，核心要素为分权化、竞争和激励机制。其中，利用"信息化手段，推进电子政务，再造政务流程"成为新公共管理的重要手段和内容，在世界主要国家推广实践，并被写进各类公共管理的教科书之中。

自 1993 年美国政府首次提出电子政务概念以来，电子政务研究涵盖了从政府公文的电子化、政府办公自动化到公共服务网络供给、提高政府执政能力，甚至引领社会信息化、推进电子民主等宽广领域。电子政务技术、系统与政务流程、电子政务用户、政府透明等是近年来研究的主要问题（颜海等，2015）。政界和学术界对电子政务的理解也出现较大的差异，对电子政务发展形成了三至六阶段说等多种划分方法，覆盖了从信息单向提供到交互，再到业务在线处理和政府职能整合等发展阶段。总的发展方向是沿着政府在数字空间"露面"开始逐步深化，直到政府"消失"为止，让政府变得越来越无形（王崧，2014）。近年来，随着第四次工业革命的持续推进，ICT 在电子政务中的应用也在不断发展。世界各国对电子政务发展的愿景进行了一定程度的修正，联合国就在其报告中将电子政务发展最高阶段称为"无缝隙""网络型"阶段，强调"整体性政府"，推动国家层面的协同治理，建设跨部门、跨组织、跨地域的电子政务体系，为公民参与公共事务提供更加富有价值的公共服务等被列入电子政务发展的内涵。

治理、协同、参与等理念也在对新公共管理的批评中逐渐建立起来。随着人类面临的全球难题程度加深和第四次工业革命的兴起，政府需要面对的治理事务越来越复杂，世界各国普遍扩大了国家决策范围，从而导致了政策增生现象，西方发达国家的公共部门变得碎片化、部门化与过度分权化，公共管理"中心缺失"的问题逐渐显现（Marin and Mayntz，1991），出现了"国家空洞化"（Rhodes，1996）。同时，新公共管理的多种弊端也开始受到理论界的批判，新公共管理的一些基本原理受到"学术性、现实性的质疑"（Dion，2014），甚至认为新公共管理"让人非常失望"，其中"没有按计划开发的电子政务"即是表现之一（Lapsley，2008）。21 世纪以来，后新公共管理改革和理论研究在西方国家开展，产生了号称替代新公共管理的四大模式：新韦伯主义国家、公共价值管理、新公共治理和数字时代治理（Greve，2010）。政策网络、整体性治理、无缝隙政府、协作治理、元治理、新公共服务、软治理等新概念层出不穷，呈现百花齐放的局面。后新公共管理更加注重治理、网络化、全球化、协同、伙伴关系、整体、透明、参与和公共价值等理念（Ryan，

2011；Pollitt and Bouckaert，2011），以对新公共管理碎片化、过度分权、缺乏协作、过分强调市场和短期结果等进行修正（Greve，2010）。有些学者甚至宣称新公共管理已经"死亡"（Dunleavy et al.，2006）。也有学者认为"后"不一定意味着否定、摧毁和超越，目前还没有一种理论能够真正取代新公共管理，政府改革也呈现钟摆式演进规律，在各种矛盾的理念之间，如效率与公平、自由与平等、集权与分权、放松与管制等之间反复摆动（孙珠峰和胡伟，2013），后新公共管理时代更像是一个没有主导范式，理论多样化、多元化的时期（孙珠峰和胡伟，2015）。

虽然关于公共领域是否出现了新的、具体的管理范式的发展或革新，管理学界还未取得一致意见（Ryan，2011），但上述理论研究为数字空间的治理奠定了良好的理论基础。特别是数字时代的治理理论认为数字时代治理应集中在公共管理的重新整合、以需求为基础的整体主义和数字化等方面，以探索网络和数字化解决方式（Greve，2010；Dunleavy et al.，2006）。

从我国的实践来看，地方政府在推动数字政府建设的过程中，已经开始脱离传统电子政务作为政府信息化工具的束缚，积极探索通过"政企合作"建设模式，打破条块分割，通过数据技术汇聚融通，打通"数据烟囱"和"信息孤岛"，从而打造"整体政府"（逯峰，2019）。也有学者呼吁数字政府建设应该从电子政务技术"单轮驱动"向技术和制度"双轮驱动"转变，突破技术优化的实践意义，实现牵引治理转型的制度意义，推动"互联网+政务"数字治理，发挥数字政府多元主体、利于创新、高质服务的特征（吴楠，2019）。

3. 三元空间的治理：第四次工业革命下的时代命题

我们正处在一个巨变的时代，一个知识经济与 VUCA［乌卡：variety（多变）、uncertain（不确定）、complex（复杂）、ambiguous（模糊）］叠加的时代（尤里奇等，2019），新的社会形态必然要求新的政府治理形态（余芳和刘绍君，2014）。针对政府信息化、电子政务的研究的本质是将工业化的政府转变为以知识经济为基础，适应社会不断发展变化的政府形态，人们对于这种转变会受到来自管理时空复杂性、组织结构变革、业务和服务流程优化、安全性等方面的挑战已经基本达成了共识（张净，2014）。三元空间的形成至少给社会形态带来了以下变化。

（1）超连接世界和数字空间的泛在化，改变了人类交往和交易的形态。数字空间扩展了社会行为的时空跨度，使得在场和缺场纠缠在一起，远距离事件和社会关系与地方性场景交织在一起（吉登斯，1998）；流动的空间和无时间的实践造成了交往和交易活动物质基础的改变，形成了无地点的实践场景。

（2）数字空间不断扩展，带来了全新的公共治理和服务空间。数字空间中产生了许多陌生的新人群、新组织、新社会力量。这就导致了无数个微观个体获得了行动能力，无数个或建立在共同利益、或建立在情感认同、或建立在集体记忆基础上的"社群"、"部落"或"组织"在运行，无数个小型空间和气泡在分割大型的公共空间。这导致了"大世界"的公共空间由无数个具有相对独立性的"小世界"分割，这些"小世界"是具有自身运行逻辑和必然性的客观关系空间（李松林，2015）。

（3）国家与社会关系变得极端复杂。政府需要治理和服务的对象不再是简单的传统大工业经济形式基础上形成的公民个人，或者经由民族国家、工业企业组织起来的市场和社会，海量的微观交易行为的产生使公共治理和公共服务面临的碎片化挑战进一步加强。

（4）"万物联网、万物皆数、万物智能"带来治理超载。人工智能进入了2.0 发展阶段，突破简单地模仿人类智能的发展目标，从而可能发展出硅片智能。目前数字空间通过与物理空间、社会空间的互嵌，已经在人工智能的加持下实现了部分"自我生产"能力。海量的数据与交易、海量"人的群体"和"物的集合"正在对人类的认知荷载形成挑战，形成了治理超载的问题。一方面，如何降低知识弥散性中利用其他成员（组织）掌握的知识达到自身目标的交易成本（哈耶克，1999）；另一方面，如何促进机器智能与人脑智能的有机融合，发挥两种智能各自的长处，构成一个比人和机器更聪明的智能体成为数字空间治理的现实需求（潘云鹤，2019）。

从历史的角度来看，每一次技术革命最终都会引起政府治理的变化。数字空间的政府具有与现实政府完全不同的运行特征，包括有限的时空复杂性、依赖各层次文件系统垂直化决策、专门化和规则化严密、非人格化等。早在1996年，约翰·P. 巴洛在其《赛博空间独立宣言》中就曾对工业社会建立的政府喊话"工业世界的政府们……劳烦你们这些明日黄花，别来打扰我们"（Barlow，1996）。在互联网热潮褪去以后，数字空间中想象的更加人性、更加自由的世界并未实现，工业社会的老东家依然是数字化社会的新东家，政府成为数字化过程中的最大受益者（库克里克，2018）。

必须指出，第四次工业革命中信息技术的融合和发展必将带来政府形态的变化。布瓦索（2000）就曾利用信息的编码、抽象和扩散建立起三维的信息空间，并以此为基础探讨了不同类型制度结构的交易方式。我国学者也从不同社会形态中生产关系和运行方式的演化角度分析了农业社会、工业社会和信息社会的不同社会治理模式，并认为数字政府治理是响应信息革命下社会发展内在需求和全球治理体制变革的治理模式（戴长征和鲍静，2017）。关于国内外大数据对政府治理模式的影响（数据战略重点实验室加快推进大数据政府建设课题组，2016）、数字政府（逯峰，2018）、政府 3.0（金允权和陈潭，2019；谭海波和孟庆国，2018）的研究中，也对数字空间政府形态的转变进行了初步的探索，提出了数据治理、共享政府、协同政府、智慧政务、开放政府、整体政府等设想。

4. 从资源到工具，再到能力："数字空间"政府的价值取向

通过文献与中国地方政府实践的回顾与分析，我们认为目前中国地方政府的改造催生了数字政府产生的曙光和苗头，处于向数字文明中政府形态过渡的状态。但是目前我们对数字政府的讨论更多地将信息技术视为一种改良手段，用以弥补工业文明基础上建立起来的政府形态的缺陷，而没有从第四次工业革命带来的文明形态的演变以及社会整体形态带来改变的视角来考虑这个问题。主要存在的不足如下。

（1）从器物层面来看，政府的信息化从初期的业务系统建设、办公自动化，到电子政务系统和政府门户网站建设，甚至到现在通过数据汇聚融合，通过中台实现数据共享、互联互通，实质上一直在做加法。早期的电子政务和虚拟政府建设试图通过信息技术的应用将现实的政府映射到数字空间；之后期望通过信息化手段实现公共服务的时空延伸和政府的透明开放；最近的数字政府建设，也只是通过数据汇聚及共享增加了与外部的互动和促进内部的协同，而没有将信息技术与数字空间的政府和三元空间治理进行很好的融合，电子政务、数字政府建设大多数时间都是在工业化政府形态上的修正，并没有触动政府形态的刚性和政府组织的内核。此外，随着第四次工业革命和数字空间泛在化、超连接世界的形成，以及"万物联网、万物皆数、万物智能"趋势的进一步加强，数字空间政府需要处理的数据和政务将会越来越复杂，对"人的群体"和"物的集合"（行动者网络）的智能化运行要求越来越高。复杂问题的处理往往需要建立在海量信息分析和跨领域综合处置的基础之上，传统人工与经验判断方式根本无法胜任。这将远远超出人脑能够处理业务的认知荷载，甚至政府电子政务系统的算力荷载，从而产生治理超载的问题。这就从器物层面对数字空间政府形态提出了更高的要求，政府治理的主体和对象将从物理空间、社会空间的基础上向三元空间互嵌

的多种智能体跨空间连接和交易的活动转移。需要促进机器智能与人脑智能的有机融合，发挥两种智能各自的长处，构成一个比人和机器更聪明的智能体。

（2）从制度层面来看，目前，数字化时代的政府建设强调要从分散走向集中，从部分走向整体，从破碎走向整合，核心在于服务的重组、整体性政府建设和协同的决策方式。但是，从实践上来看，数字政府建设的还只是纳入对新公共管理造成政府碎片化的修正，政府中台的建设也只是打通了数据共享的途径和通道，而政务服务的前台和后台的条块分割并没有变化。以后新公共管理中代表性理论"整体政府"为例，其还是强调以官僚组织为基础，在垂直权威模式和平行协商模式交叉情况下达成。如《网络化治理：公共部门的新形态》一书认为其主要的洞见就是按照传统的自上而下的层级结构建立纵向权力线并利用新兴的多种网络建立横向行动线。从更深层次的变革来讲，制度的惯性对数字空间政府形态的转变也存在较强的制约。例如，传统政府的部门设置和职责规定背后都有各自法律所赋予的权利和义务，数字政府改革受到的社会规制制度建设滞后的制约非常强，尤其是在越来越强调依法治国、依法行政的背景下，数字政府需要触动政府部门设置、权责划分以及业务重组，就必须在法律体系、信任制度、权责认定等方面进行改革或建立更加具有弹性的规制制度，为改革提供合理创新空间。在制度层面，电子政务与数字政府建设强调得最多的就是政务流程重组和协同，但是随着数字空间泛在化的发展，因知识弥散性而获取他人知识的交易成本大幅降低，传统依靠单个（或少数几个）部门掌握全部知识实现管理职能的必要性已经不复存在。因此，数字空间政府的变革完全可以突破对流程的依赖，变传统政府业务需求驱动为数据驱动，在数据的统合下实现业务流、信息流和责任链合一。

（3）从思想层面来看，数字空间的出现和不断发展催生了三元空间治理的现实需求，也在一定程度上推进着公共管理理论研究。在第四次工业革命的驱动下，有关后新公共管理的诸多理论都对数字空间的治理以及政府形态进行了一定的回应，也有多种理论号称替代新公共管理，成为公共管理的新范式。但是，从目前来看，由于公共选择理论和新企业型管理两者在理论上的不相容，新公共管理这一标签只能是一种大杂烩的描述，而不能成为自成体系的理论（Hood，1991），其在各国实践的侧重点虽各有不同，但在作为国家管理的理论前景方面难有作为（蓝志勇，2003）。后新公共管理也呈现出百花齐放的局面，诸多令人眼花缭乱的时髦新词不断涌现，但是缺乏主导范式的钟摆式演进规律使得我们对三元空间的治理无所适从。从严格意义上来讲，目前数据、信息以及信息技术更多的是从经济属性的资源走向工具属性的器具，大多时候只是将 ICT 视为政府改革的手段，而并未能真正将其视为推动制度和思想改革的动力与主要因素。新公共管理理论与实践固然强化了工业时代的政府设置，导致碎片化和空洞化，后新公共管理理论对政府也只是在利用信息技术和数据促进协同、合作方面做一定的修正，并未能在理论硬核层面予以突破。人类社会的变革是从农业社会的"畜力"到工业社会的"机械力"，再到信息社会的"算力"。当前的政府形态变革正处于工业化时代和数字化时代所代表的各自不同的两种思想体系的冲突、转变与过渡时期，对数字形态的政府思想体系的认同和理解程度存在的差异，会导致实践和思想上的混乱。施瓦布也认为目前正处于第四次工业革命初期，但本次革命是"极具颠覆性"的，我们必须专注于整个系统而不是孤立的技术（施瓦布，2016）。在此我们建议，应当将我们的思想从工业时代政府形态的思维定式的禁锢中解放出来，最终实现"对内使能政务，对外赋能用户"的目标；将研究集中到第四次工业革命引致的政府形态变革上来，统一到数字空间的政府和三元空间的治理上来，从而实现从器物到制度再到思想的全面转变。

4.1.3　中国数据科学应用背景与"数字空间"政府形态的变化

正是基于以上分析，我们认为对数字空间政府形态的观察和研究，并推动三元空间治理理论的创新不但是必要的，也是可行的。一方面，从历史演化的过程来看，不同的文明样式对应了不同的社会形态，而不同的社会形态又决定着政府形态的变化；另一方面，正在中国发生的治理实践为第四次工业革命推动社会形态和政府形态的转变提供了"社会实验场"。

1.　文明样式、社会形态与政府类型

从大的历史发展的尺度来看，三元空间的划分表征了人类从自然界走出来的历史进程，基于合作并逐渐拓展的社会生活和社会关系，使人类脱离了仅仅局限于自然界的动物状态，开始建立并进入社会空间生活，从最初简单的部落制的形态到游牧民族，再到农业社会。直到第一次工业革命的完成，人类进入了工业社会的形态，社会的功能划分更为复杂。但是，所谓的社会空间始终是内嵌于人类社会的物理空间之中的，从而形成了工业文明的政府形态。随着互联网的出现，以及虚拟社会的到来，人类开始构建不同于物理空间和社会空间的第三空间，即数字空间。这种三元空间并存的状态是技术驱动社会变迁的一般规律的使然。数字空间的出现使人类出现了新的社会形态，所谓社会形态，就是人类的生产方式和生活方式的总和，是交往方式和行为方式的总体表现。如图 4-2 所示。

不同的经济基础决定不同的上层建筑，不同的生产关系及其运行方式会产生不同的政府形态和治理模式（戴长征和鲍静，2017）。从农业文明到工业文明，再到数字文明，驱动力由畜力到机械力，再到算力，每一次文明的变迁都是在不同的技术驱动力下进行，导致生产力的提高发生了指数级的改善，同时也在驱动生产关系和经济基础的变革，最终形成不同文明样式下的社会

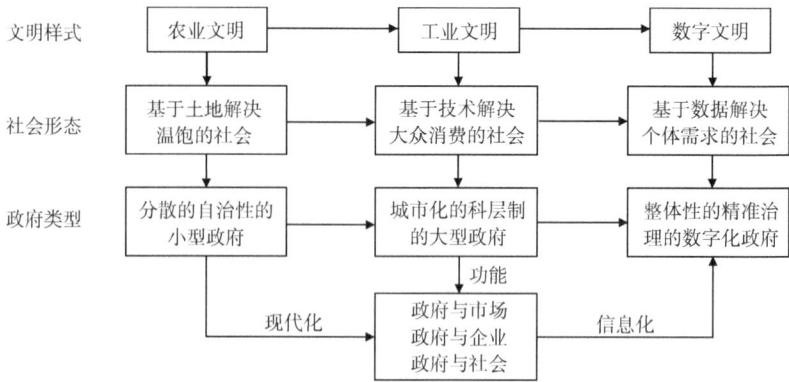

图 4-2　文明样式、社会形态转变与政府类型

形态和对应的政府类型。遵循技术（工具）发展—社会分工越来越复杂—社会复杂性增加—治理超载严重（知识和能力弥散化）—新技术的应用—新的治理理念的演化路径。

（1）第一次工业革命的"社会实验场"奠定了工业文明的政府形态。欧洲文艺复兴运动以后，随着宗教改革运动和资产阶级革命，在新教伦理的基础上，资本主义精神建立起来，市场机制开始发挥作用。在英国，由于贸易的增长，在纺织业出现了一系列的技术创新，水力和蒸汽动力的利用带来了纺织生产领域的工业化，从而带动了采矿业和铁路的出现，由此引发第一次工业革命。工业革命及其带来的经济高速增长对英国的社会结构产生了重大影响。货物和工人的运输变得更容易、更快、更便宜；通过使用电报和电话进行通信，企业得以在地理上进行扩张，并与前工业化时期无法到达的地区进行贸易；全国城市人口激增，城市人口比例在 1881 年超过 2/3。引入时间表和创建格林尼治标准时间规制经济活动和社会生活。生产方式的巨变和城市人口的激增，引起了英国社会结构的巨大变化，贵族地主阶层为保障既有利益，与迅速崛起的工业资本和金融资本结合，形成了工业资产阶级占统治地位，无产者大量出现的新社会结构，贫富差距加大，对社会福利和政府治理提出了新的要求。

在工业化之前，政府对周边地区的中央控制不力，严重依赖当地精英（以乡土为中心的乡党政治场景）维持秩序，实施公共政策的范围有限。19 世纪以前，政府实际上只负责税收、法律、军队和外交政策，承担着"守夜人"的角色。工业化及其带来的社会问题出现之后，政府才被迫提供一系列工厂法案及公共健康等社会福利和集中控制措施。由于议会掌握着真正的政治权力，政党、共和、官僚成为政府的新议题。为了有效应对以城市为中心的市民政治带来的挑战，对社会和工商业进行有效管理，官僚制产生了。韦伯指出，在 19 世纪以前，商业依赖于宗教和家庭的忠诚，在现代理性化和资本主义经济发展之前，必须克服这一点（Weber，1904）。根据人口普查报告，1841年，公共行政部门只占劳动力的 0.79%，而到了 1911 年，这一数字增加到了 2.1%（Mitchell and Dean，1962）。

第一次工业革命开始之后，英国成为工业革命引发的生产方式变革的"社会实验场"。与此同时，由于工业化社会新的结构功能的建立，工业革命所依据的工具理性成为政府管理社会的基本理念，专业化分工原理成为政府组织的依据，从而形成了与工业社会相适应的韦伯所说的科层组织，我们现在的部门化的政府组织就是工业化社会的产物。它既是工业化的社会空间的治理主体，也是基于物理空间的政府系统，也就是物理空间的政府形态。

（2）第二次工业革命加强了工业时代政府形态。19 世纪末 20 世纪初，电力（美国）和内燃机（德国）的发明与使用带来了新的动力系统，科学知识成为推动生产力发展的重要因素。这不仅体现在产生新机器和新产业，更体现在产生了新的生产方式。第二次工业革命在机器工业内部的一系列渐进式变革，推动资本主义从自由竞争阶段过渡到垄断阶段。特别是"科学组织劳动"的泰罗制管理方法和流水线等新的生产方式的发展，使得真正的机械化大规模生产成为可能，社会分工进一步分化。新兴的工业部门由于生产技术或产品结构的复杂性规模日益扩大，股份公司得到广泛应用，产生了更为复杂的经济自组织。第二次工业革命带来的标准化和规模化生产极大地推动了生产能力的提升，也使得生产组织和社会管理更为复杂。由于第二次工业革命扩大了社会生产互动互联以及政府管理的范围，同时也因为资本主义内部存在阶级对立和社会危机，还需要应对来自国际竞争的压力和冲突，政府管理的事项不断增加，科层组织功能越来越强化，组织分工日趋细化，科层制政府在组织机构设置、人员编制、职责权限和组织运作上建立了更为严格的成文规章制度，这些制度详尽设定了政府各层级结构中各个职能部门的业务和权责范围，规范了相应的工作流程。这种强化在新公共管理分权化、市场化、解制式的管理理念下走到了巅峰。伴随着的全球性扩张，工业国家将社会交换关系裹挟至全球各个角落、各个领域，科层制成为全球政府组织的主流形式，英国"社会实验场"的成果迅速被全球各国政府奉为圭臬。

（3）第三次工业革命对工业时代政府形态进行了修正。20 世纪中叶以后，以计算机及 ICT 为标志的第三次工业革命在美国兴起，社会生产重点逐步从商品向服务及服务商品（servgoods）转移。借助互联网的快速发展，基于规模化定制的服务商品越来越为大众所喜爱，生产组织开始能够便利地利用全球资源，经济贸易全球化迅速成为经济增长的驱动力。以计算机为载体的信息技术和社交网络的勃兴促进了新业态的产生，但同时也对传统政府治理提出了挑战。面对信息社会的全新生产方式和服务型经济的兴起，各国政府在部门化的架构下，通过以 ICT 为基础的电子政务建设，局部实现了纸质文本电子化、公文的网络传递和信息的网络公开，部分被线下各部门分割的政府功能也实现了线上提供，公共服务的送达具备了初步的信息化功能。同时，政策网络、无间隙政府、整体政府和回应性政府又在理论上对科层制进行了修正，但从本质上讲，这些都是传统的科层制政府为适应信息社会的自我调试，其依然在权力重组、公平与效率、集权与分权、机构裂化与协同整合之间摇摆不定，目前最大的障碍仍然是政府的组织、管理和人事制度是为等级制政府模式设计的（戈德史密斯和埃格斯，2008）。目前解决矛盾的方式还是政府部门内进行协调，是旧有的工业化逻辑和组织框架与数字化创新流程之间的磨合。

2. 第四次工业革命将颠覆性地改变社会形态

以大数据和人工智能技术为代表的第四次工业革命来临，以 Web3.0 万物互联和数据融合为契机，社会组织和社会形态正悄然发生革命性的变化。正如前文所言，我们正在进入一个超连接世界，一个"万物联网、万物皆数、万物智能"的世界，数字空间的泛在化不断加强。截至 2019 年底，全球互联网渗透率已经超过 50%，其中有一半用户使用智能手机上网；超过 30 亿人使用社交媒体彼此联系，每天人均花费在互联网上的时间超过 6 小时（中国互联网络信息中心，2022）；到 2025 年，年产生数据量将达到 175 ZB。移动互联网、智能传感器、纳米技术、脑科学研究、3D（3-dimension，三维）打印技术、材料科学、计算机信息处理等领域相互作用和辅助效用产生的组合态势将在本次工业革命中产生强大的力量，促使整个系统的创新。正如施瓦布所认为的那样，当今世界正处于第四次工业革命的初期，本次革命极具颠覆性。

施瓦布认为对于过去的科技革命，称之为科技进步更合适，速度相对较慢，像是海洋里的长波。这次变革则具有互联性，它不再局限于某一特定领域，科技、安全、经济增长、可持续发展环环相扣，高度互联。这将使得生产系统、工作的定义，甚至是"人"的概念在物质世界、数字世界与人类自身相融合的驱动下发生根本性转变。对于第四次工业革命，最贴切的比喻是一种心理模型，它将会帮助企业、政府和社会在技术带来的激变中做出适应与改变，它和它所伴随的系统性变化，将会比以往任何时候都更加强调合作参与。

我们可以总结一下，第一次工业革命铸造了工业社会形态的政府，它以工业文明的结构–功能重塑了人类社会的物理空间和社会空间，其结构–功能的重塑取决于新的基础设施的建立，而以后每一次工业革命都是在基础设施上出现了革命性的改变。例如，第二次工业革命是在电力和机械力上强化了工业社会的基础设施。第三次工业革命则是用信息化的赋能作用来强化工业化的基础设施，进而形成更加高效的工业文明的社会形态。第四次工业革命则完全不一样，数字空间的出现正在颠覆工业化的社会形态，从而也将颠覆工业文明的政府形态。广东省开展的"数字政府"改革建设，推动公共服务"指尖可达"，可以说是顺应第四次工业革命的一种主动变革，是一个解构物理空间政府的苗头。通过数字政府的改革与建设，利用数据重建地方政府架构，进而重建政府与企业、政府与社会的关系，首创了"政企合作、管运分离"模式，推动省市县三级政府成立数字政府；通过大数据、网络化手段监管地方政府行为，进而不断规范政府职能；利用大数据驱动业务流程优化，进而不断优化政府机构政务流程；利用"粤省事""粤商通""粤政易"的建设和运营打通各部门数据共享的壁垒，实现数据汇聚融合，建设数字政府的中台，促进政府公共服务打通"最后一公里"，为民众提供"指尖可达"的公共服务，让广东省各级政府成为"有温度的政府"，真正体现了"以人民为中心"的服务理念。政务服务指尖办，不仅大大压缩了老百姓办事的时间和空间，也大大压缩了政府服务的时间和空间，在广东被称为让老百姓"腾出时间，去生活"。更为深远的是，这种对政府服务时间和空间的压缩，意味着对物理空间政府岗位和机构的压缩。但变革只是刚刚开始，其内在的机理也只是在物理空间政府中实现了后台的信息打通，更进一步的改革将突破传统政府科层制的条块分割的旧有的组织形态。"粤省事""粤商通"的建设实现了数据驱动的政务服务模式的变革，"粤政易"正在实行政府管理模式的变革，而数字空间政府组织形式的创新尚未开始。尽管如此，广东也为全国其他地区进行类似政府治理变革积累了大量的实践经验。因此，广东的这场政务服务变革的潜在意义十分重大，不仅会提出包含新的政府形态及其标准的广东智慧和中国方案，也将会把这场第四次工业革命引发的政府变革实践推向全世界。

3. 中国的实践提供了第四次工业革命的"社会实验场"

1）中国具备推动政府形态变革的内生驱动力

目前，我国正是面临公共管理和社会治理新任务、新挑战和新使命的时刻。各级政府有强烈的改革愿望，特别是十九届四中全会再次强调了"推进国家治理体系和治理能力现代化"[①]，这种"第五个现代化"的顶层设计以及地方政府的"锦标赛效应"，形成了各级地方政府改革的内生驱动力。随着中国特色社会主义进入新时代，国内社会主要矛盾发生了转变，中国地方政府"竞争锦标赛"将进入第二阶段，GDP 已经不再是政府竞争的唯一目标。《中共中央关于全面深化改革若干重大问题的决定》把以人为本和改善民生放在了改革的首要位置，中共中央组织部印发的《关于改进地方党政领导班子和领导干部政绩考核工作的通知》明确规定了对地方党政领导班子和领导干部的各类考核不能仅仅把地区生产总值及增长率作为考核评价政绩的主要指标。因此，社会建设、社会发展受到国家的普遍关注，社会管理体制更成为地方政府创新的主要领域。在这种竞争锦标赛的氛围下，地方政府提供公共服务的创新正在成为一个新的竞技场。随着"放管服"改革、优化营商环境和"互联网+"战略的实施，国务院要求推进政务服务"一网通办"和企业群众办事"只进一扇门""最多跑一次"，加快推进"互联网+政务服务"、政务信息系统整合共享、审批服务便民化和建设一体化在线政务服务平台等工作。推动"互联网+政务服务"和数字政府建设成为许多地方政府的改

---

① 《中共中央关于坚持和完善中国特色社会主义制度 推进国家治理体系和治理能力现代化若干重大问题的决定》，http://www.gov.cn/zhengce/2019-11/05/content_5449023.htm?ivk_sa=1024320u [2019-11-05].

革新动向。

2）中国具备形成"社会实验场"的丰富治理场景

我国幅员辽阔，人口众多，各地区经济、社会发展差距较大，工业化、城镇化、信息化处于不同的发展阶段。改革开放在各地实施进度不一致，社会治理体系内部发展也存在一定的不平衡，在政府治理理念和能力方面存在较明显的差异，实际治理中前现代化和现代化并存，对治理既有现代化又有后现代化需求的局面。我国现行体制经历了一系列的变革过程，既积累了经验也有一定的教训，在此基础上形成的治理实践十分丰富，各地历年开展了多样化公共治理实验。我们依然处于剧烈的历史转型期，既有经济快速发展的奇迹，以及快速工业化、城镇化的社会剧烈变革，也伴生有多种历史遗留的社会矛盾的集中爆发。新技术的应用在我国十分快速而多样，高速铁路、移动支付、社交媒体、智能终端、移动互联网以及各种新材料和新工艺在产业中发展普及，如区块链技术的落地应用在中国最多，场景也最丰富，形成了丰富的业态，新业态、新的社会生产组织方式与新治理问题共生。治理问题千头万绪，各种社会民生议题复杂多变，各种不同的利益与矛盾共存。可以说，技术为政府带来了治理手段和工具的提升与改进，同时中国上述丰富的治理场景也为技术在治理中的应用提供了"社会实验场"的条件。

3）中国具备"社会实验场"的实践积累与探索

我国积极有序地适应这场伟大的变革，具备了良好的实践积累。从技术层面上来看，不期而至的第四次工业革命中，中国不但没有缺位，而且在部分技术领域已经走在了世界前列。特别是在新技术的应用方面，中国具有强大的技术产业化能力，这是我们具有的技术优势。例如，无线通信领域的5G（5th generation mobile communication technology，第五代移动通信技术）开发及其应用，以及人工智能技术的发展。根据全国工业和信息化工作会议的披露，我国已正式启动5G商用。5G发展将极大重塑医疗、工业、娱乐、安全、物联网等领域的发展，推动消费市场供给端的升级，提高居民生活质量和效率。另据《中国新一代人工智能发展报告 2019》，我国人工智能发展已在部分方面具有优势：在全球人工智能领域论文产出量全球领先，高被引论文居世界第二；人工智能企业数量仅次于美国；智能终端已经加快人工智能技术布局，深化场景能力，对人工智能技术的应用已较为成熟；城市大脑、智慧城市、智能制造等建设有序推进。从数字空间层面来看，我国拥有世界上最大规模的网民群体，中国在数字空间的应用十分广泛，移动支付、社交网络、共享经济、在线旅游、无人驾驶等用户数量十分庞大。截至 2019 年 6 月，我国网民规模达 8.54 亿，互联网渗透率达 61.2%，手机网民规模达 8.47 亿，使用手机上网的比例达 99.1%；手机即时通信用户规模达 8.21 亿，手机网络支付用户规模达 6.21 亿，数字原住民规模进一步扩大。从经济层面来看，中国拥有世界上最大的人口规模和消费市场，产生了最大的在线数据规模，为数字技术及人工智能提供了巨大的"社会-技术"实验场，为算法和平台的建立，储备了强大的训练集。从三元空间治理和数字政府建设的实践来看，目前已经产生了以广东省"数字政府"、浙江省"最多跑一次"、江苏省"不见面审批"等一批地方政府为代表的政务实践。截至 2019 年 6 月，我国在线政务服务用户规模达 5.09 亿，占网民整体的 59.6%。

4）中国具备乐于接受"技术红利"的文化氛围

改革开放以来，我国用几十年的时间就走过了西方发达国家几百年走过的现代化历程，实现了从落后到跟跑、并跑，甚至在某些领域领跑的转变。这既得益于政治、经济领域改革释放的发展活力，也得益于科技及其应用带来的"技术红利"。在过去的近百年中，我国人民已经习惯了科学技术日新月异的进步与发展，在文化层面上喜欢接纳新技术，也具备进行技术创新的愿望和动力，对数字技术怀有包容性和亲和性。我国数字化进程举世瞩目，数字空间嵌入经济和社会生活各个领域，从各种传感系统到大数据、云计算应用，从移动支付到物流网服务，数字化生存已经成为人们生活的新常态，这是我们社会接受数字空间政府的环境条件，也是推进数字空间政府变革的持续动力。可以预期，随着互联网新生代渐渐成为社会主流人群，包括"数字空间"政府在内的数字文明将呈现更高效率、更人性化、更丰富多样的性质。此外，政府被认为是我国改革开放成功的关键因素，在促进经济社会发展和推动治理有效的过程中积累了公众对新改革的基本信任。因此，在推进国家治理体系和治理能力现代化的背景下，利用新兴技术将我国的制度优势转化为治理能力的过程中将得到公众最大程度的理解和支持，使我国集体主义传统的使命感得到更好的发挥。

4.1.4　数字空间政府的研究纲领

1. 构建研究纲领的理论依据

综上所述，在中国地方政府实践的基础上，我们正在构建数字空间的新的政府形态，它是技术变革推动社会形态变化的结果，会形成数字文明在器物、制度、观念三个层面不一致、不同步进化的理论问题。同时，政府的变革具有不同于其他社会领域变革的特殊性，有着深刻的内部协同与外部因素的关联性与复杂性。必须指出，中国地方政府的这场变革具有时代原创性的意义，将触动政府乃至文明结构的"格式塔"式的变化①，其内在逻辑是技术变革将触动文明的变迁，在理论上会形成统一的逻辑基础，对基于中国实践的解释框架将具有更强的可推演性。因此，我们有必要构建类似拉卡托斯

---

① 格式塔（gestalt）最初是心理学概念，强调经验与行为的整体性和系统关联性。本书"格式塔"式变化的寓意如下。一般含义：局部的变化会逐步扩展引发整体变化。在社会或文化领域中的特定含义：器物（或技术）、制度或观念的变化彼此关联、彼此制约，在局部层面变化，最终会导致社会或文化的整体转型。

式的"科学研究纲领"①，尽管这是一种在科学哲学的框架下对自然科学进化的方法论的总结。

数字空间政府的治理，无疑涉及许多理论和实践的问题，为了使其从概念分析到案例研究具有清晰的逻辑结构和层次划分，我们对比拉卡托斯"科学研究纲领"的模式，大致将研究工作划分为理论硬核、实践假设以及方法与案例等三个层面，虽然社会科学理论很难呈现像自然科学那样精确的结构，但是这种梳理使我们的研究思路有了内在的逻辑架构。

（1）在理论硬核层面有以下两点需要注意：①文明是由器物、制度和观念构成的整体结构，近代以来器物或技术往往率先实现创新，进而推动制度和观念的变革，信息技术或数字技术更是具有引发文明结构性变革的内在禀赋；②不同社会在制度、观念方面已有的特性，会对技术推动的文明变迁产生制约作用，从而不同社会的文明变迁形态会出现不同的节奏和效果。构建数字空间政府研究的理论硬核意味着完成对传统的工业文明的物理空间政府解释框架的范式转换。

（2）在实践假设层面，我们的基本预设是：①横向波及假设。中国在数字经济和数字技术领域已经有了广泛深入的原创性实践基础，尤其是互联网、物联网、数字金融的技术已经嵌入社会生活须臾不可分离的基础设施里，数字服务乃至更广泛的数字文明已经被我国社会民众所普遍接受，这是推进数字政府建设的基本动力之一。②纵向推进假设。中央政府决心利用数字技术推进治理效率的改革，特别是推进国家治理体系和治理能力现代化，地方性

---

① 本章旨在提出数字空间政府治理的分析框架，以解释其与二元空间政府治理的不同，故本章没有使用库恩的范式转变，而是在拉卡托斯"科学研究纲领"的含义下——即把一个理论看作一个特定的结构，从而把一个复杂的理论看作一个结构化的整体，科学的进化是以特定的结构形式进行的——为数字空间政府治理研究构建研究领域与研究场景的分析框架。

的探索与实践不存在根本性的制度障碍。③创新扩展假设。目前，现有法律和政策框架与不断创新的数字政务实践之间的确存在一些矛盾，由于环境和创新主导者的特征不同，各地的创新路径各具特色，在既定框架内扩展创新范围是一个由易及难渐进嬗变的过程。④反馈探索假设。数字政务的实践没有完备预案，它是在现有框架与创新实践的磨合中，在数字政务实施和管理的过程中，通过意见反馈机制完成探索和修正的程序，通过完成数字处理程序不断固化和积累现实的工作程序，由此实现数字政务的进化升级。

（3）在方法与案例层面，如"试客"案例、"政数局"案例、"粤政通"案例、"最多跑一次"案例等，提供了原理设计、工作程序、服务反馈、系统升级等大量的推进、建设和优化数字空间政府的启示信息，这些案例是支撑基本理论和基本假设的实践基础。

2. 研究纲领的体系与内容

在这种理论硬核—实践假设（保护带）—方法与案例（启发力）三个层面构筑的数字空间政府的"研究纲领"下，我们尝试提出部分研究问题，构建如下研究领域与研究场景。

1）构建三元空间治理的硬核

将物理空间、社会空间和数字空间共同纳入公共治理的观察中来，不仅仅关心信息技术与政府政务的结合，而且要把观察对象扩展到更宽泛的自然、社会和数据互嵌集成的三元空间中。数字空间不再是物理空间和社会空间的补充和在线延伸，而是以不同的人机交互系统为界面，通过多种互动方式实现虚拟世界和现实世界政务的融合。在此过程中，我们需要回答以下问题。

（1）数据的本质是什么？数字空间的本质是什么？数字空间政府形态的建立是否意味着将数据视为从工具论向方法论，再到认识论的转变？

（2）新的政府形态和治理模式需要从工业文明的思维转向数字文明的思

维，进行方法论的创新，实现与数据密集型科学发现和多学科集成化研究模式下的知识产出相适应的治理逻辑。在新的技术环境驱动下，技术逻辑如何改变治理逻辑，如何实现政府在数据逻辑、业务逻辑、服务逻辑、责任逻辑四大逻辑上的协同演化？

（3）如何构建数字空间的政府形态，实现从工业文明下的政府形态向数字文明下的政府形态转变？这一转变能否适应政府服务的驱动力从基于业务驱动的职能导向，到基于需求驱动的协同整合导向，再到基于数据驱动的问题解决导向的变化，能否适应政府服务从政府有什么提供什么到公众需要什么提供什么，再到解决问题需要什么提供什么的变化？在此过程中，政府和社会、市场的关系将如何变化？

2）形成辅助性假说组成的保护带

虽然与数字技术变革推进社会组织与社会行为变革的方向是一致的，但政府部门数字化变革的约束条件、动力机制和进化路径与企业数字化变革模式有着本质区别。企业可以实行颠覆性创新，政府部门则只能有序稳健地推进变革。因此，要完成上述理论硬核的转变，不能静态地切换幻灯片式地实现跃迁，而应该让经验直接接触保护带，通过不断修正保护带，从而实现研究纲领的进步。

（1）政府作为输出和维持社会秩序的权威机构，它在技术引导的社会转型中，是不是总会按时出现，或为什么出现与技术和社会变化节奏不同格的情况？这个问题涉及对数字空间政府形态核心职能、关键资源以及基本架构的理解，也涉及既有秩序框架与不断变化的社会形态之间的矛盾与张力。在我们的研究中，如何让理论更具有前瞻性将是构成保护带的重大挑战。

（2）从横向波及来看，工业化形态的传统政府的部门设置和职责规定背后都有规制各部门的法律法规所赋予的权利和义务，数字空间政府改革受到社会规制制度和信任机制建设滞后的制约，在越来越强调依法治国、依法行政的背景下，数字空间政府在需要触动政府部门设置、权责划分以及业务重组的时候，如何在法律体系、信任制度、权责认定等方面进行改革或建立更加具有弹性的规制制度，为改革提供合理创新空间？

（3）从纵向推进来看，数字空间数据流动在打通省级政府层面的壁垒后，将必然涉及不同层级政府之间的互联互通，但目前在国家层面、省级层面、市级层面的联动还存在不足。未来纵向等级划分是否仍会像现在这样森严？数字空间政府形态如何才能实现从国家层面到市县基层政府的纵向信息贯通与横向共享融合？不同层级、不同区域的政府政务在裁量权上的差异性如何规范？这将影响数字政府建设经验的推广和推进变革的下沉力度。

（4）从创新扩展来看，是否所有的政务都能实现向数字空间政府的转移？如果不能，如何确定需要转移的政务或服务内容？现有的经验是专业化壁垒相对较低、业务流程比较明确的部门，很有可能率先根据业务导向形成更具综合流变特征的柔性组织，在地方政府创新成果的溢出过程中，是否能够通过政务分类和相同类型政务在近似的业务逻辑基础上制定数字政府标准，通过不断推进数字政府的标准化建设，稳定加快政务重组和协同的进度，实现由实验场向其他地区政府推广，全面提升中国数字政府的成熟度？

（5）从反馈探索来看，数字空间政府治理的变化涉及各种复杂的社会关系，目前所做的假设更多的是可能有方向性设想，很难有完备的预案。如何在开放的环境中引入意见反馈和修正机制，不断完善数字政务的服务模式？

3）总结中国场景实践经验的启发力

伟大的社会实践必然产生伟大的理论。今天，第四次工业革命在中国的推进进程中产生的"社会实验场"效应逐渐显现，我们遇到了一个基于中国场景的构建治理理论的窗口期，这是一个构建中国话语体系的千载难逢的机遇。对中国场景中各类实践经验的总结将是数字空间政府形态和三元空间治理理论硬核的启发力，也是推动研究纲领动态发展的核心。

（1）从案例的层次来看，需要从宏观、中观和微观层面构建立体的、多层次的实证经验，对保护带的基本假设进行验证或修正。宏观的案例主要来自中央政府几个部委的实践，中观的案例则来自地方政府和各领域。前者在本章中给予了重点关注，后者在公共安全、精准扶贫、环境保护与检测等领域的应用也十分丰富，需要进一步分析和总结。微观层面则主要关注公务员、公众和具体的技术，需要对涉及的"人的群体"进行数据需求和数据行为分析，并对核心能力适应性转变进行嗅探和判断，需要进行案例的观察、跟踪，分析其对理论的启发。

（2）从研究纲领的发展过程来看，需要正反面两个启发力围绕内核发生作用，并且要经历从正面启发发挥主导作用到反面启发发挥主导地位的变化过程。从目前我国推进国家治理体系和治理能力现代化的窗口期以及数字空间政府硬核理论构建的初始期来看，更多的是需要从正面启发收集案例与反馈，更多地探讨在新技术环境下，如何将我国的制度优势转变为治理能力。采用数字空间的思维方式进行观察也不失为一个好的选择，如广东"数字政府"改革引入"试客"机制，其原理就是在开放的环境中引入意见反馈机制，不断修正和完善"数字政府"的服务模式。

4）形成数字空间政府形态研究体系

数字空间政府形态和三元空间治理的研究是一项系统工程，涉及各个方面和各个层次，单靠一个学科、少数研究群体单方面的力量是远远不够的，需要政界、学术界和公众共同参与。随着数字空间的不断发展和数字政府改革的不断深入，三元空间治理体系的现代化和精细化程度不断加深，需要越来越多的专业性知识或技术提供支撑。变革必须面对日趋加强的复杂性，三元空间的本质是 VUCA 和 O2O（online to offline，线上线下一体化）的叠加，对数字化变革的认知与想象力、部门利益与变革前景预期、各种业务复杂的特殊性都会影响部门面对数字化变革的态度，以及适应或推动变革的能力。

推进数字化需要权威的力量，更需要协调内外复杂情况的策略，数据积累和人工智能学习本身也能够辅助或赋能相关工作进程。因此，加强数字空间政府形态和三元空间治理的科学研究，也需要建立三元空间的科研思维，利用数字空间对目前分散的、不成系统的科研成果、机构和人员等进行有效整合，形成合力，为该领域提供智力支持。如图 4-3 所示。

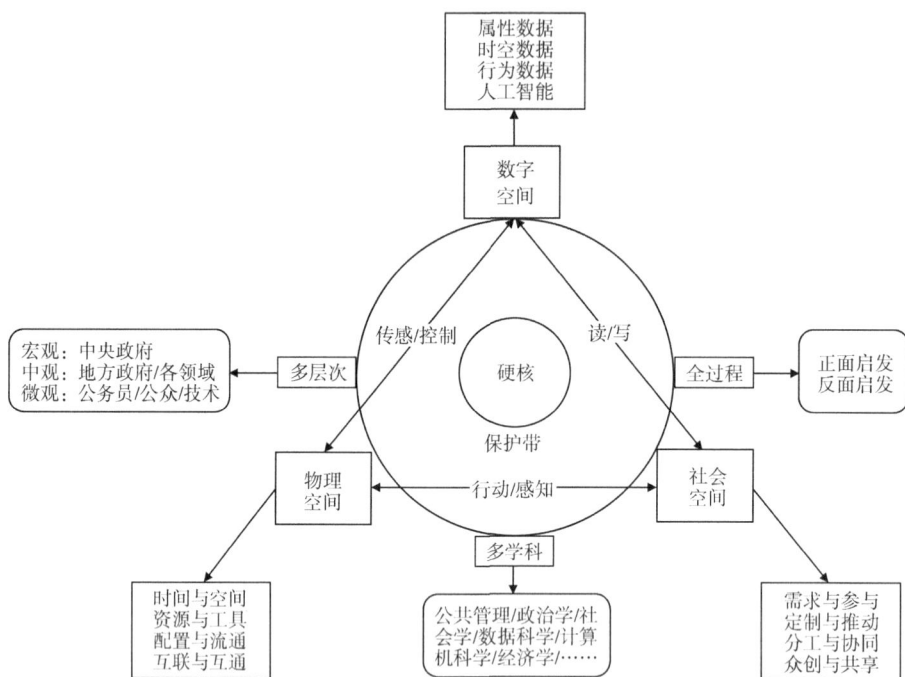

图 4-3　数字空间政府形态和三元空间治理的研究体系

现代化的标准不是既定的，需要不断地探索。可以说，这场在广东、浙江肇端，继而在全国兴起的政府形态的变革才刚刚开始，因为第四次工业革命的大幕也才徐徐拉开。令人欣慰的是，与近代以来的历次工业革命不同，在这次人类社会的伟大变革中，中国不但没有缺席，而且在某些技术领域处于领跑状态，特别是在新技术的应用上，中国的工业体系具有无可比拟的优势。

当然，在数字政府前进的道路上仍然充满了挑战，一个最大的挑战就是从工业文明的政府形态向数字文明的政府形态的转变是一场根本性的变革，变革的真正深水区是要触动和重建以物理空间为主要特征的政府规则或法律体系，因为技术驱动的政府边界拓展将触及这些原有制度安排的核心地带，从某种意义上说，只有打破旧有政府的形态刚性才能构建研究数字空间政府的理论硬核。

新的政府形态的建立是一个并不遥远的未来之问。几十年来，中国改革的历史经验一再表明，尽管创新最终是对现有框架的突破，但是在依法治国的背景下，创新者的策略将在现有框架下最大限度地拓展创新的空间，发挥创新的积极示范效应，增强政府的治理能力，提高民众对政府服务的满意度，进而有序稳定地催生和触动旧有框架的最终变革。这就是中国地方政府作为第四次工业革命"社会实验场"的创新理路，也是我们向世界呈现一个崭新的政府形态的历史责任。

必须指出的是，尽管现实和理论都在指向中国作为第四次工业革命的"社会实验场"，遇到了前所未有的发展机遇和发展优势，但是我们必须在发展的道路上保持谨慎。数字空间是全人类的，文明的进化是学习和继承的过程，我们今天的现代化是西方文艺复兴的结果。今天，面对第四次工业革命，面对新的政府形态的出现，我们无论是在政府实践的创新上还是在理论创新上，都应该具有文明的方向感。

4.2　数据驱动的公共物品供给创新

4.2.1　数据科学时代的公共物品供给创新

根据世界公共物品供给实践可知，公共物品服务主要有政府供给、市场供给及志愿供给三种模式，同时，从博弈论等视角看，公共物品由政府与私人合作提供具有可能性，然而，仍然需要政府公共部门的有效运作才能保证公共物品供给的充分实现。

当前，公共部门面临与日益增长的需求以及严峻的资源限制相关的复杂社会挑战，政府机构和交付组织对公共服务创新和社会创新的兴趣日益浓厚，人们非常关注利用创新潜力来应对这些挑战，公共、私营和民间社会部门的提供者越来越多。作为公共服务的提供者，政府部门还占用了大量的数据资源，树立大数据的概念并引入政府大数据管理和公共服务的手段和方法，可以改变传统的命令导向的公共管理和以供应为导向的公共服务模式，同时，应用这些数据资源，可以创造出新的产品，产生新的社会价值。

Kalcheva 等（2018）研究了供需双方因素之间的相互作用及其对创新的影响，发现需求的变化对创新有影响，而这种影响是在有利于供应方环境的条件下产生的。这表明，时代背景催生了新的需求，即新的公众需求，形成了需求方冲击，并在与供应方环境，即新的政府环境的相互作用下，激发了大数据时代的创新现象。

在大数据背景下，提供公共服务的政府具有以下特点：一是需求更加精确，这就使得政府在提供公共服务的过程中能够更有针对性、更有效率地运作；二是反应更加快速，有效提升政府应急管理能力和公众对公共服务的满意度；三是公众参与的社会治理格局正在形成。通过数据链，正在形成多中心政府与民间力量共同供给公共物品的格局，即公共服务供给结构由单一中心向多中心过渡。

基于对政府与市场的关系理论、公共物品供给理论的梳理，尤其是大数据时代，政府与市场的关系的新的变化在现阶段呈现出政府与市场高度结合的共赢关系。在中国，尤其是市场开始发挥决定性作用、服务型政府建设以来，形成了企业作为起资源配置决定性作用的创新主体，政府为市场服务的良性关系，为经济发展增添了活力。公共物品在消费上具有非竞争性和非排他性,其生产与提供是可以分离的。传统意义上,公共物品的供给是政府的一项职能,政府的目标是社会福利最大化;企业一般提供私人物品,企业的目标是经营利润最大化。政府与市场的合作体现在诸多方面,近年来,出现了政府与企业进行合作,共同提供公共物品的创新现象,这些创新是在大数据的驱动下出现的,大数据驱动了企业的创新需求和拓展市场的需求,更驱动了政府的数字化变革需求。政府、企业这两个主体及其之间的关系,和两者在大数据时代共同供给公共物品的行为,共同构筑了数据驱动的公共物品供给创新的分析框架。

大数据时代出现了各式各样的公共物品供给创新,大大提升了公共物品供给的数量与质量,而这些创新的基础是公共部门数据的逐渐打通、共享、互动、整合。与此同时,一些企业也投身其中,帮助公共部门实现一些难以实现的目标,比如,依托移动互联网而建立的虚拟化供给平台,多是由企业来实现技术部分的建设和维护。本章将对世界主要发达国家的公共物品供给创新情况进行汇总,并选取取得重大成功的广东省公共物品供给创新作为典型案例,对数据驱动的公共物品供给创新进行解析。

信息化发展进入全新的阶段后便产生了大数据。大数据不仅是一项科学技术,同时也是一种生产要素、一项科技产业,可以为国家和人们提供新的公共物品和生活方式。数据时代的到来推动了世界主要发达国家在公共物品供给侧的创新,表 4-1 展示了世界主要发达国家在公共物品供给创新上的成果。

表 4-1　世界主要发达国家的代表性公共物品供给创新

国家	代表性创新内容
美国	公共安全服务
	丹佛图书馆服务递送
	华盛顿特区应用程序商店

国家	代表性创新内容
英国	政府健康医疗服务
	网上开放国家美术馆
德国	"工业4.0"背景下的公共物品智能化升级
韩国	午夜公共巴士服务
	城市智能交通服务
	预约教育文体设施和医疗等公共服务（首尔）
新加坡	OneMap地理空间数据共享平台
	劳动力市场官方统计网站

在美国，出现了基于大数据的公共安全服务、图书馆服务、应用程序商店等创新；在英国，出现了医疗服务、健康服务、美术馆服务等创新；在德国，出现了公共物品智能化升级；在韩国，出现了午夜公共巴士服务、城市智能交通服务、预约服务等创新；在新加坡，出现了基于地理空间数据的共享平台和劳动力市场官方统计网站，为出行和就业带来便利。这些公共服务是由政府提供、在消费上具有非竞争性和非排他性的公共物品。

由此可见，公共物品供给创新中大数据扮演了非常重要的角色。大数据的到来并不意味着传统方式在公共物品供给领域的退出和责任的让渡，而是公共物品供给创新手段发生了变化，通过政府部门协助企业供给物品，可实现大数据对信息资源的高效整合，如此公共物品供给便可得到足够的技术支持，继而向更加精准化的方向转变。大数据在公共物品提供的服务领域上的主要职责为便捷和普及，大数据发挥的作用应该是"全能型"，如此才能利用好大数据在公共物品创新上发挥的作用。

关于公共服务的供给，当供给量与需求量不一致时就无法实现资源的有效整合，以至于产生供给不足或供给过剩等问题。由此，政府不能盲目提供公共服务或产品，而是在提供之前全面了解服务对象现阶段的实际需求，使供给与需求能互相对应。大数据可以在政府与群众之间或是各个部门之间建立起信息互联关系，继而实现信息共享。同时在互联网、云计算等科技平台的辅助下，政府与市民可实现双向互动，政府可及时了解市民的实际需求，继而为市民提供更加有针对性、更加多样化的公共服务。

政府在出台每项公共服务决策之前都要开展对应的成本核算工作，对现阶段以及未来的人口规模与人口结构、服务成本受到的影响等进行系统测算。传统成本核算办法操作简单，几个独立的业务部门无法掌握所有的相关信息，且对信息的处理方式也比较随意。但大数据技术是针对比较全面的信息进行测算，得出的成本核算结论也比较贴合实际，这与以往单个部门的碎片化操作完全不同，有效增强了信息共享效率以及业务处理能力，同时还能保障预算的准确性。大数据成功实现了信息数据的共享，可对优质资源进行高效整合，可完善公共服务流程，减少供给不足、重复供给等问题的出现，同时还能减少服务成本，逐步提升公共服务供给的实际效率。

大数据技术作为互联网时代最具影响力的技术之一，具有强大的数据分析能力。例如，可以人口、物质条件、政府水平、居民收入等数据为基础，判断以上资源在不同地区的分布情况，为做出行政决策提供参考，促进政务服务水平的提升。通过大数据分析，可以避免公共服务资源配置的"均摊"，做到按需分配，因地制宜，更好地服务落后地区和低收入人口。大数据分析技术在行政上的应用能够为政府部门提供方向，明确重点服务地区和对象，查找行政服务体系中存在的漏洞和实际工作中存在的问题，并加以完善和修改，实现公共服务资源的最合理配置，有效解决过去公共服务资源分配不公平、不合理的问题。在中国，数据驱动的创新公共物品已经在各个应用领域出现，如表 4-2 所示。在政务服务领域，出现了线上集成政务应用、临时身份证自助办理设施、第三方平台政务集成系统等；在交通领域，出现了交通

流量分析系统、数据优化交通灯、"城市大脑"等；在文化领域，出现了诸如
"多彩贵州文化云"的文化信息资源共享平台；在教育领域，出现了云教育、
云培训等；在环保领域，出现了辅助垃圾分类系统、智慧预警系统等；在公
安领域，出现了辅助案件侦查的"天眼工程"等，为人民生命安全又添加了
一道防线。

表 4-2 我国数据驱动的创新公共物品

应用类别	公共物品
政务服务	线上集成政务应用
	临时身份证自助办理设施
	第三方平台政务集成系统
交通	交通流量分析系统
	数据优化交通灯
	"城市大脑"
文化	多彩贵州文化云
教育	云教育、云培训
环保	辅助垃圾分类系统
	智慧预警系统
公安	"天眼工程"

这些新生公共物品的提供，不仅有政府的参与，还有企业的参与。比如，
浙江与阿里巴巴公司合作建成"城市大脑"，通过对车流量、信号灯位置、路
网状况等信息数据进行分析，实时显示当前或者预测交通状况，预测稳定率
达到 98%以上，浙江政府网站上还接通了支付宝，能够实现在线支付。此外，
江苏、云南、深圳等地积极推进与腾讯公司的合作，青岛与海信集团在城市
交通、工业领域及商业领域展开合作。除了政府主导的项目外，一些企业通
过内部整改和外部并购，拓展政府建设相关业务，如久其软件通过并购司法

信息化领域龙头企业华夏电通，业务延伸至基于视频的数字法院领域；飞利信息面向政府提供大数据分析及应用服务，并承接政府大数据类信息化建设项目。

这些案例表明，地方政府开始从企业获得技术解决方案，提高公共物品供给的质量和效率，同时，一些企业通过主动提供技术解决方案和产品服务，参与到政府建设和职能作用当中。大数据既是基于互联网的一种新兴技术，同时也是一个解决问题的创新思想和模式，在创新思想和创新技术的驱动下，会深刻改变公共物品的供给结构，同时将社会治理水平推上一个新的台阶。

4.2.2　数据科学驱动的广东省公共物品供给创新

1. 广东省的创新实践

（1）创新实践一："粤省事"小程序。2018 年 5 月，广东省上线了一款名为"粤省事"的政务服务小程序，这是我国第一个基于微信平台建成的"一站式"民生服务小程序。

在"粤省事"小程序上，通过简单的注册和实名认证，就可以动一动手指，不与政府见面，即办理一系列的政务服务，比如，社保缴纳、公积金查询和领取、电子税票服务、结婚登记预约、一键移车、交通违章处罚、出生证领取、居住证登记、灵活就业人员公积金自愿缴存等常用的民生服务项目。截至 2019 年 11 月初，累计上线服务 871 项，其中，666 项服务实现了"零跑动"，累计服务 2086 万实名用户，查询事项、办理事项的总量达到 3.6 亿笔。每 6 位广东人就有 1 位在用"粤省事"小程序，这样一个"随手可用"的"镶嵌"在微信中的政务服务平台，已成为广东居民日常生活重要的工具。

公民可以点击"我的证照"，查询自己所办理的各种电子证照，电子证照与实物一样具有合法性，已上线出生证、身份证、居住证、社保卡、残疾人证、完税证明、住房公积金、出入境证件、驾驶证、行驶证等 67 种电子证照。公民在相关场合出具对应的电子证照，即可行使相关权利。目前，广东全省的酒店均承认"粤省事"中身份证的认证作用，消费者通过出示电子身份证，即可办理广东全域内的酒店入住，免去了忘记携带身份证和身份证丢失等原因造成的麻烦。储存在手机中的电子证照不仅不易丢失，而且安全可靠、使用便捷，随时随地可直接办理相关的服务事项。

"粤省事"还同步开通了同名公众号，公众号累计粉丝 514 万，该公众号与小程序联动，用户通过在微信里关注"粤省事"公众号，便可以实现一般通知提醒，进行政务咨询、投诉建议，还可以实时享受公众号政策解读，这种联动服务为政府与民众的沟通提供了极大的便捷。

（2）创新实践二：政务服务自助设备。除了在微信上推出"粤省事"小程序，将政务服务集成在手机上，广东还将政务服务集成在机器上，推出了政务服务一体机、"市民之窗"政务自助终端、出入境自助办证一体机、不动产自助查档机等一体化服务机器设备。

政务服务一体机的服务内容覆盖了公安、司法、人社、民政、住建、农业、卫生健康等十几种服务事项，实现政务、警务高频事项一机通办，纳入缴费、资讯、增值服务、中介等方面服务内容，全面推广各类便民服务应用，打通服务市民"最后一公里"，实现政务服务"就近办"。

在地理分布上，这些政务服务自助设备被放置于传统政务服务场所，以及各种各样的便民地点。政务服务一体机、"市民之窗"政务自助终端等设备被置于各个层级的行政服务中心自助区域，用于乡镇、社区基层、大型企业政务服务的延伸，提供 24 小时不间断的自助服务。在广州，港澳台签注自助办理设备不仅分布在行政服务中心这样的传统服务点，还被放置在市内的各大商场当中，让民众能在逛街的时候"顺便"办理港澳台签注服务，真正享受随时随地的政府服务。

2. 数据科学驱动的公共物品供给"广东模式"

消费者对政府提供的数字化公共服务的消费是具有非竞争性和非排他性的，一个人对其需求产品的消费不影响另一个人对其的消费，每一个人都可以在"粤省事"、政务服务一体机等终端进行对个人需求产品的消费。

"粤省事"和政务服务一体机等设施的出现，意味着公共物品的供给者以机器或平台的方式出现，而在这样的平台背后，既有传统的供给者——政府，也有新的参与者——企业，它们在机器或平台的背后，形成了某种合作供给的方式，而呈现在公众面前的机器或平台，就是政企合作的界面的物理形态。

广东省的新型政务服务供给模式如图 4-4 所示。广东省政务服务数据管理局是广东省机构改革后成立的新机构，在广东省省长的推动下，通过腾讯公司与三大运营商、华为公司的合作，私人企业与国有企业成立起数字广东网络建设有限公司（简称数字广东）。广东省政务服务数据管理局作为连接政府与数字广东的中介，对接广东省省直部门的服务采购需求，并对数字广东提出建设要求，由数字广东完成需求对接，利用广东省政务服务数据管理局的数据、认证等方面的授权，以及大数据、云计算等新兴技术，搭建政务开放平台的基础资源，并进行具体应用开发，搭建起广东"数字政府"的生态圈，

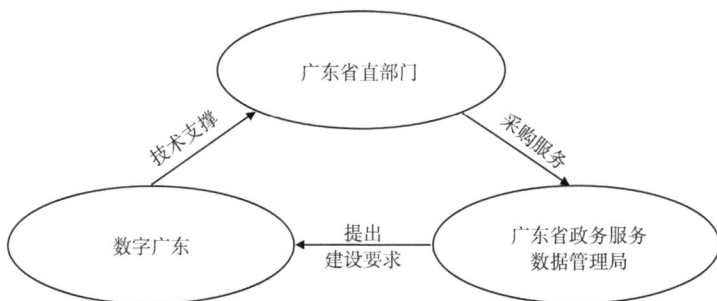

图 4-4　广东省数据驱动的公共物品供给创新模式

完成数字化的需求建设，利用数字化手段辅助政府数字化转型。在这种模式中，政府与企业以一种"管运分离"的模式合作供给公共物品/服务。

广东省政务服务数据管理局是广东省机构改革新组建的单位，是广东省政府办公厅的部门管理机构，内设八个正处级单位，包括行政事务类部门（办公室、规划财务处）、协调统筹类部门（审批协调服务处、业务统筹处）、政务服务建设类部门（数据要素处、基础设施处）、安全监督类部门（安全管理处、政策法规与指导监督处）。表 4-3 展示了广东省政务服务数据管理局的主要职责。

表 4-3　广东省政务服务数据管理局的主要职责

主要职责
（1）组织起草全省政务服务、政务外网和公共数据管理相关政策和地方性法规、规章草案并组织实施。
（2）统筹推进数字政府改革建设，拟订建设规划和年度建设计划并组织实施。
（3）负责省级数字政府改革建设预算编制有关工作。组织对省级政务外网项目建设实施集约化管理。指导各级政务外网项目管理。
（4）负责全省行政审批制度改革、政务服务事项管理和标准化建设相关工作。统筹推进全省政务服务体系建设。
（5）组织数字政府平台型应用建设和管理，统筹协调省级部门政务服务应用系统建设。统筹推进数字机关建设。
（6）统筹数据要素市场化配置改革，统筹全省公共数据资源管理。
（7）组织推动全省数字政府基础设施建设。
（8）统筹协调全省数字政府网络和数据安全管理。统筹协调商用密码和新一代信息技术在数字政府的推广应用工作。
（9）组织拟订全省数字政府标准，制定数字政府相关技术规范。
（10）负责公共资源交易平台管理相关工作。指导各级政务服务中心建设，指导全省 12345 政务服务便民热线建设。
（11）完成省委、省政府和国家主管部门交办的其他任务。
（12）职能转变。坚持整体谋划，充分发挥数字政府改革建设对数字经济、数字社会、数字生态的引领带动作用，推动全面数字化改革发展。坚持创新引领，稳步推进数据要素市场化配置改革。坚持统筹优化，强化省市联动和部门协同，提升协同管理和服务水平。坚持指导监督，提高数字政府建设运营水平。坚持安全可控，构建数字政府网络和数据安全体系

数字广东充分发挥互联网技术优势，利用基础的人口库、法人库、地理空间库、权力事项库、电子证照库、第三方数据库，以及政府各部门梳理的与群众生活密切相关的政务服务事项库等数据库，帮助政府进行平台搭建和应用开发。广东省积极与互联网公司合作，统筹推进"数字化政府"建设，并持续进行互联网应用的开发与创新。

三大基础资源平台包括政务云平台、政务大数据中心和公共支撑平台，这三个平台将政府的大数据优势和认证权威与企业的互联网技术能力充分结合在了一起。

政务云平台服务系统由省级平台统筹协调，多个地市平台组成，同时还涉及多个行业，形成"全省一片云"的总体架构，通过集约化建设模式，整合资源、全面覆盖、管运分离，减少政务信息化投入，降低财政投资成本，实现"用钱少""用人少"。

省级政务云平台充分利用互联网厂商及三大运营商在云平台方面的运营优势，以广州、汕头两个城市为中心，建设云服务器三千余台，提高了政务服务的硬件水平，该平台承载自下而上的各类政府服务系统达 749 个，服务能力全国第一。平台建设的目标是将全省 57 个省直部门与 21 个地市通过云系统紧密结合起来，构建一体化云系统网络。

政务大数据中心（图 4-5）依托省级政务服务系统，可以与国家级系统和地市县级系统形成联动，将数据在中心内部实现全省一体化。利用政府大数据，现在已经初步建成人口库、法人库、社会信用库、自然资源和地理空间库四大基础库，以及电子证照库。其中，包含 1.2 亿常住人口数据，1200万市场主体数据，5.8 亿条社会信用数据，4.2 亿张电子证照，3 万 GB 地理数据。

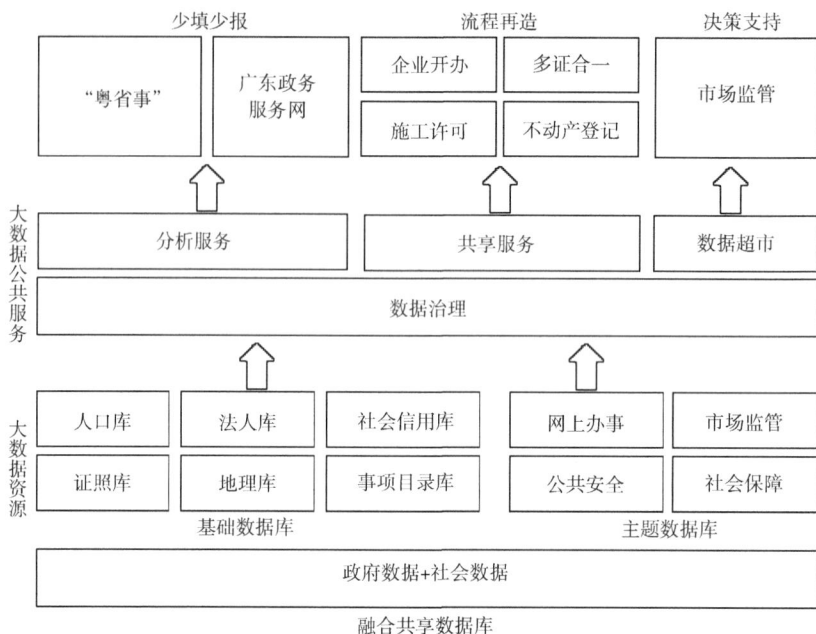

图 4-5 数字广东政务大数据中心

公共支撑平台（图 4-6）主要用来解决应用系统建设中的共性问题，统一规范标准，使数据便于融合。其提供的服务内容包括统一身份认证中心、统一线上支付、统一服务事项办理及查询等，为相关大数据应用提供功能完整、性能优良、可靠性高的技术公共组件。该平台已经建成或部分建成的服务组件有统一身份认证、统一物流服务、统一申办、统一待办、统一电子印章、电子签名、API（application programming interface，应用程序接口）和准入网关等服务组件。

基于广东省"数字政府"改革的框架，数字广东与浪潮集团、东软集团、信佰咨询、国脉互联、软通动力、东华软件、南方网、华为、北明软件、广东省电信规划设计院有限公司等超过 1600 家合作企业进行合作，在互联网应用开发与创新方面持续发力，形成了以"开放、合作、供应"为理念的生态圈。

图 4-6　数字广东公共支撑平台

在广东模式中，企业成为公共物品的联合供给者；在政务服务平台中，企业成为新平台的搭建者；在新的互联网公共产品中，企业参与到产品设计中，并成为产品的运营者。

4.2.3　数据驱动公共物品供给创新的逻辑

企业在创新活动中越来越多地从外部资源中获取知识，而利用公共知识资源是其中的一种方式。拥有更开放的知识搜索策略的公司，能够访问大量可以提供思想和资源的信息源，往往更具创新性。

在大数据时代到来之前，政府提供公共服务的任何一个环节都是紧密相连的，相关部门需要根据最后阶段来确定下一阶段公共服务的类型和数量。其中一个重大缺陷是，政府公共服务供给始终赶不上公共服务需求，导致公共服务对社会需求的满足滞后。在数据驱动的政企合作中，存在着一种双重的供需关系，正是这种双重供需关系，促成了公共物品的创新。如表 4-4 所示，第一重供需关系是在政府与企业之间产生的，企业有新产品开发和政务服务市场拓展的需求，而政府具备充分的政务大数据资源，是重要的有公信力的高质量数据来源，在政府的供给和企业的需求互动之间，形成了公共物品创新供给的第一重供需关系；第二重供需关系是政府、企业以及广大民众之间的关系，随着新时代的来临，民众有日益增长的美好生活需要，企业在发展过程中有承担社会责任和提高社会声誉的需要，而政府与企业共同供给政务服务互联网产品和自助设备，恰恰满足了企业和民众的需求。

表 4-4　数据驱动公共物品供给创新中的双重供需关系

项目	供给侧		需求侧	
	供给主体	供给内容	需求主体	需求内容
供需关系 1	政府	政务大数据	企业	新产品开发
				政务服务市场拓展
供需关系 2	政府	政务服务互联网产品、政务服务自助设备	民众	美好生活需要
	企业	生产政务服务互联网企业	企业	承担社会责任
				提高社会声誉

　　传统的公共物品供给是由政府承担的，政府的主要职能就是提供公共物品和公共政策。由于纯公共物品具有公有产权性质，且供给内容具有个体隐私性的特点，每个社会成员对纯公共物品都具有重合权利，因而政府成为其生产组织者和供给者，通过公共财政支出组织产品的生产，并提供给特定产品的消费公众。而在大数据时代，在数字政府改革和互联网产品发展的浪潮中，在公共物品的供给上，企业承担了技术支持和基于社会责任感的资金支持，政府、企业与民众之间产生了双重供需关系，从而驱动了公共物品的供给创新。

从数据驱动到形成平台的过程，实际上是大数据驱动下，互联网新技术与政务服务创新的结合。如图 4-7 所示，在大数据驱动下，具有大量数据资源的政府也具有了进行数字政府建设的需要，而企业则具备数据处理能力、产品开发能力等信息技术储备。公共物品供给平台在政府为企业提供政务大数据、企业为政府提供技术支持的互动关系上建立起来，满足了新时代公众对于随时随地、方便快捷地享有公共服务的需求，不仅如此，借助大数据系统，政府可以更加便捷地获取服务反馈信息，而企业能够获得公众的实时使用数据及需求反馈，并与政府对接，推进服务改进，增进社会福利。

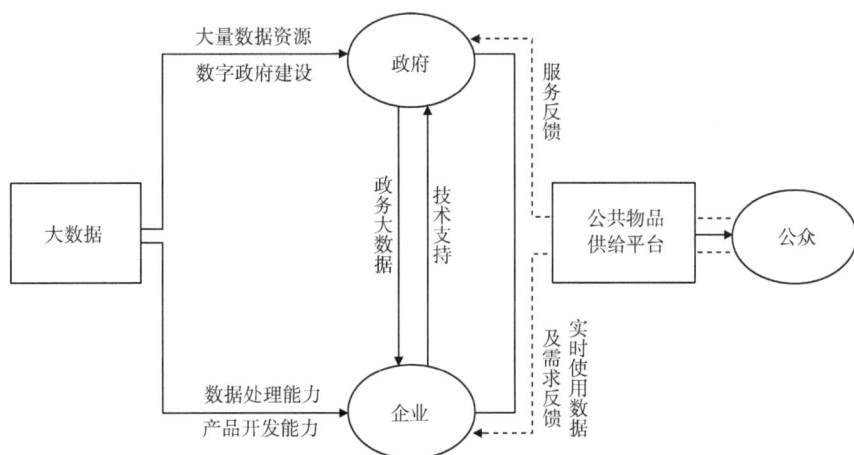

图 4-7　数据驱动下公共物品供给创新的过程示意图

在广东省，"粤省事"平台直接与相关政府部门对接，用户必须通过身份证进行实名注册，然后还需要本人进行人脸识别核验，核验通过后才能够登录，然后在平台上进行业务办理，也可以查阅业务办理记录以及处理结果。如果仅用密码登录"粤省事"平台，没有通过实人认证，那么就只能查询一些基础性信息。

将个人分布在各个业务部门的民生服务通过电子证照应用和数据共享等

措施进行流程优化再造，然后通过微信小程序挂接到"粤省事"平台，真正实现服务个性化、精准化和一站式"指尖办理"，办理结束后的"好差评"功能为服务改进提供了窗口。同时，用户通过"粤省事"公众号还能够进行政务服务反馈、政策咨询、事项办理进度查询等操作。

由于企业参与到了提供公共物品的新形式中，供给者不再只是政府，那么提供了技术和产品支持的企业是否为产品的使用定价呢？

通过对"粤省事"的亲身使用和调查访谈，发现消费端是免费使用这些产品的，即公共服务仍然延续了对消费者的供给费用，甚至相比传统的纸质证明、繁杂的认证程序和较长的处理时效，消费者的使用成本反而降低，效率反而提高了。然而，在平台数字化的过程中，伴随的是整体建设投入的增加，政府和企业都在这场革命式建设中发挥了巨大作用。

消费界面之所以能够免费使用，一方面是由于政府的财政投入，另一方面是由于企业基于承担社会责任的一种让渡。两方各自作用的发挥，以及良好的合作，为公众带来了生活的数字化和便捷化。通过实地调研了解到，广东省为"数字政府"建设投入了大量财政资金。2019年，广东省正式将"数字政府"建设列入财政支出项目，争取到财政资金逾10亿元，其中有超过6亿元的财政资金专项用于"数字政府"改革，目的就是搭建大数据政府服务系统，推进全省政府服务系统一体化建设，提高政府服务效率和水平。这笔财政支出相当于公共物品的建设成本，形成免费背后的潜在价格。

数据驱动下的公共物品供给创新与传统的公共物品供给相比，主要存在以下三个方面的变化。

（1）构建了多元化的公共服务供给结构。传统供给是由政府承担的，而在大数据时代，出现了企业参与到政府公共物品供给中的现象。在世界范围内的公共物品供给创新中，都不同程度地出现了类似的现象。在广东省的公共物品供给创新中，既有国有企业的参与，也有私人企业的参与，国有企业以 51%的股权对合资公司进行控股，保证了政府对合资公司的控制权。

（2）供给模式的灵活化。传统的公共物品供给模式包括政府主导的权威型供给模式、由企业生产并以营利为目的的商业型供给模式、社会团体自愿贡献的志愿型供给模式，而近年来出现了政府与企业基于大数据，共建平台（如浙江政务服务网）、共建合资公司（如数字广东）以提供公共物品，并且不以营利为目的的新的供给模式。

（3）产品形式的多样化。传统的公共物品供给，以政府为供给主体，产品形式单一，多为实体，同时服务流程受科层制影响，较为冗余，速度较为缓慢；而创新供给由于企业的参与，在拓展"物理空间"供给（如政务服务一体机）的同时，发掘数字空间的公共物品供给（如手机里的电子证照、掌上提供的各式各样的政务服务）。

以"粤省事"上的电子证照为例，用户可以在 App 中点击"我的证照"，就可以查询到自己所有电子版的证件，而通过手机领取的出生证、身份证、居住证、社保卡、残疾人证、完税证明、住房公积金、出入境证件、驾驶证、行驶证等电子证照和电子凭证等数十种电子证照，都可以得到相关部门的认可，可以行使对应的权利，且随时随地可以在指尖上进行办理。

在数字政府改革相关建设基础之上，广东省升级了省政务服务网，将服务模块场景化、流程细致化。截至 2019 年 11 月初，广东政务服务网全省事项进驻数总计 199 万项，可在线申办事项数为 70 万项，便民利企专题服务 25 个。在广东政务服务网统一认证系统注册的用户数为 2034 万，其中企业用户 641 万个，总访问量约 1.96 亿次。这些数字政府改革的举措，有效地解决了群众办事"来回跑"的问题，也极大地缩短了企业办理相关手续的周期。

"让数据多跑路，群众少跑腿"的理念落地，是将一些流程繁杂，尤其是牵扯到多部门的政务服务，在大数据后台整合下，以业务流程再造、业务协同和数据共享的实现，来压缩办理时限，优化办事体验，最终突破传统科层制阻碍，实现"以部门为中心"向"以用户为中心"的服务模式转变，办事"省事"。

在第四次工业革命的背景下，通过政府和企业的协同，实现政务服务数字化和创新供给，事实上实现了数字空间政府的公共物品供给。这是人类历史上的又一伟大的创新，这种公共物品供给模式彰显着人类对物质、精神以及文化等资源的处理能力，必将推动人类文明发展至一个新的台阶。实地调研中，我们发现在公共物品的供给上，虚拟空间的供给行为并未完成对"政务大厅"的替代，而是形成了一种人类享受政府实体与虚拟的服务，并在其中生存与演进的新模式。

4.2.4　中国场景下公共物品供给创新的启示

上文中，我们对数据驱动的公共物品供给案例进行了比较分析，并针对广东省的典型案例进行了深度解析。本部分将结合之前的案例，讨论新时代背景下，应当如何正确认识公共物品供给创新中的挑战，特别是在第四次工业革命到来之际，在中国场景中如何把握住新的发展机遇。

1. 大数据时代背景下两对关系的再认识

基于数据公共物品供给创新的事实，在大数据时代背景下，需要对政府与市场的关系、人工智能大数据技术与传统公务员的关系进行正确认识。

首先，应该认识到，政府与企业"握手"提供公共物品的行为，实际上模糊了两个主体之间的边界，而这种边界的模糊对于政府来说是巨大的挑战。一方面，体现在企业涉足领域的扩张上；另一方面，体现在政府职能的被迫共享上。

传统的社会治理中，权力归政府所有。20 世纪中叶，经济利益集团的博弈在一定程度上动摇了政府的绝对性统治地位，到 20 世纪末期，社会组织在医疗卫生服务、突发事件应对等公共领域的参与度越来越高，多元化的社会治理模式初步形成。大数据时代，过去由政府所垄断的一些公共服务职能，现在可以由社会组织或私营企业来承担，即多元主体不仅具有参与社会公共事务的需求，企业还在实践中参与到公共物品的供给中，帮助政府实现治理能力现代化的需要，分割了政府的职能。而在技术性约束下，政府部门的转型，需要市场组织利用包括大数据、云计算等信息技术在内的自身优势，破解其门槛，并实现突破和创新。因此，随着大数据的发展，公共服务逐渐演变为多中心体制，即政府与社会公共组织，多中心体制的出现不是剥夺政府提供公共服务的权利，而是改变政府过去直接提供公共服务的方式，采取"政府+社会"的模式来不断提高社会公共服务水平，打破传统单一的服务模式。维护公共利益是政府的主要责任，政府各部门要统筹好公共服务资源，管好、用好每一笔公共资源，通过制定科学合理的公共物品决策机制，来确保公共资源的合理分配，让每一位公民都能够享受到平等的公共服务。按照公共治理理论的相关要求，传统政府的权限范围过于广泛，导致行政服务效率低下，因此这一范围应该适当地缩小。当前，我国公共治理主体是政府，几乎所有的工作都是由政府来完成，治理结构单一化特征明显，政府的统筹协调功能还未显现。由此可见，政府要深刻认识到自身肩负着公共物品统筹协调、分配供给的责任，需要平衡好公共物品的供需关系，既要加强对公共物品的管理，也要行使好监督监管的职能。另外，在公共服务提供方式上要加强创新，充分发挥社会组织参与社会管理的基础作用。一方面，应当在完善居民对公共物品需求的民主表达机制基础上，建立由社会组织需求决定的公共物品供给机制，鼓励社会组织参与到公共物品决策的制定与执行过程中，实现供给决策程序由自上而下向自下而上的转变。另一方面，政府作为公共经济决策主体，要准确掌握不同地区、不同经济发展阶段人们对公共物品的需求，加强对供给决策可行性分析，提高决策的科学化程度。如此，逐步构建起政府与社会组织双向互动的公共经济决策机制。

另外，大数据技术提高了政务服务的智能化水平，在一定程度上威胁到了传统公务员的日常工作。"数据跑路"替代"民众跑腿"的背后，实际是替代了政府当中重复性高、规范性强的流程化的工作，以前这些工作由特定的公务人员负责，然而，这些工作被网络和机器取代后，相应职位上的公务人员便不再负责这些工作。在广东省的案例中，机构改革和公共服务的数字化改革，让原本负责重复性高、规范性强的流程化的工作的公务人员，不再忙于曾经的工作；相反，广东省政务服务数据管理局的公务人员却越来越忙，有大量的统筹协调、公共服务建设以及安全监督维护等工作需要完成。也就是说，人工智能大数据技术在替代一些工作的同时，创造出了大量的新的工作，这些新的工作与以往的工作相比，具有适应时代和技术的不同的内容，这也对公务员队伍的建设提出了更高的要求。正确认识到这一点尤为重要。结合当今中国的国情，考取公务员的方式也应有所改变，不再只是原来的模式和内容固定的考试，应该适当地改变内容，做到与时俱进。要注重对当代公务员大数据应用能力的培养，提高其服务意识和水平。同时，应该适当地扩大大学生队伍，增加公务员专业背景的多样性。在人工智能大数据技术的普及下，需要有为的大学生加入到公务员行列中，以此为基础，建设一批政治立场坚定、互联网技术水平高、信息化能力突出的新时代公务员队伍，逐渐改变公务员的日常工作的内容。

在大数据时代背景下，对于掌握主动权的政府和公务员来说，正确认识并处理好这两对关系，是促进治理体系和治理能力现代化的重要基础。

2. 把握大数据时代新的机遇

在中国，广东模式、浙江模式都取得了巨大成功。在广东模式中，政府与企业通过"管运分离"的模式进行公共物品供给，这是在中国本土上成功的公共物品供给创新案例，证明了在中国场景下，可以通过鼓励企业参与提供基于政府大数据的公共物品，实现技术与数据的整合，提高公共物品供给的数量和质量，实现政府治理能力的现代化。

大数据时代，数据已成为一种战略性的资源。政府是公共事务运行的主体，日常工作中必然会有大量数据的生产、传输、存储和分析。这些数据往往能够反映出许多重要的社会问题，具有极高的价值。然而实际上，与政府公共事务相关的信息数据在应用上仅仅局限于政府部门，不能够共享到其他社会组织，导致这些信息数据的价值没有得到充分的挖掘。与商业数据不同，政府部门所掌握的数据资源主要包括公共服务数据和城市管理数据，基于政府部门的服务职能和管理职能，很多数据资源其实是可以通过平台共享的，如美国政府建立的联邦政府数据公开平台 data.gov 门户网站。正如前文所述，政府应该扮演好领导者的角色，在可行的范围内开放数据库，积极地引导企业对大数据再利用。如此，企业能够为公民提供更加高效、便捷的服务。值得效仿的成功案例有"人脸识别"技术在各个领域的应用。政府通过收集信息，使人脸识别为公民提供了便捷的公共服务，如高铁不再使用纸质票，刷脸即可通过闸门进入候车室，而这些收集好的信息数据开放给了企业，企业可以应用在其他服务领域，如支付领域，无须拿出手机，刷脸即可支付，极大地方便了公民的生活。因此，在鼓励企业参与供给基于政府大数据的公共物品时，政府应当推进数据开放。政府的数据开放能够促进市场的基于数据的产品创新，为公民提供更多更好的产品和服务。

政府和企业在平台界面上"管运分离"的合作创新模式，已经在广东省取得了成功。其要旨是政府"管"，企业"运"；政府提供数据，企业提供技术；政府提出要求，企业进行建设。在这过程中，政府要充分认识到自身在大数据上的规划引导责任，要加强监管力度和提升管理成效，最大限度地激发企业的技术优势，政企携手共促"数字政府"建设大发展。广东省政务服务数据管理局在"数字政府"改革建设中的角色定位应该是"管运分离"中的"管",作为"数字政府"改革建设工作的行政主管机构,需要认真贯彻执行国家关于电子政务工作的方针、政策,制订电子政务发展政策规划,健全与地市和部门的工作统筹协调机制,指导各地、各部门制订具体工作方案和相关规划,形成"数字政府"统筹建设管理体制和企业协同联动机制。"运"则需要企业提供核心技术,精准地满足政府的需求,在政府的帮助下进行发展,形成政企合作模式。这些举措在贵州省也取得了一定的成效,贵州省针对大数据政务服务专门设立了一个行政管理机构,即贵州省大数据发展管理局,随后统筹相关资源组建了一家省直国企"云上贵州大数据产业发展有限公司",专门负责与大数据相关的具体工作,由此便形成了行政单位与国有企业之间的"管运分离"。"管运分离"重在坚持和持续,确保管理与运作两项工作独立运行、齐头并进。要结合实际,建立科学合理的大数据管理制度,要梳理好相关部门单位或组织之间的权责归属关系。要建立行之有效的大数据工作考核机制,充分发挥奖惩的作用,提高相关部门单位及组织的工作积极性。"管运分离"可以充分调动政府、居民、企业、社会团体等多方面资源和力量,形成多方共同治理的模式。同时可以探索引入灵活的商业模式,如政府以数据为资产吸引商业投入,形成清晰的可持续的营利模式以支持政企合作的可持续性发展。

这种合作创新模式是政府在职能上的一种分权,也是服务型政府转型在公共物品提供方面的表现,激发了市场的创造活力,发挥了市场的创新能力,企业借此机会参与到公共服务供给当中,提高了社会声誉和品牌影响力。

3. 配套适应时代的公务员技术和能力培训

为公务员队伍配套适应时代的技术和能力培训是政府在物理空间和数字空间进行改革和转型的必要要求。

　　大数据不仅会改变公务员的工作内容，还会转变公务员的行政思维。前面提到，大数据和人工智能技术的应用替代了传统重复性的简单工作，未来公务员的工作将是更加富有创造性和挑战性的。怎样利用科技手段辅助办公、辅助决策，怎样想出更好的点子、提出更好的项目，都是未来公务员需要掌握的技能。同时，大数据技术会促进行政人员的思想的转变和服务意识的提升，行政人员通过大数据来收集、整理及分析信息，然后找出问题并制定对应的措施，这有利于其系统解决问题能力的提升。另外，大数据可以充分提高内部监督控制的效率，规范约束行政人员的思想和行为。

　　一项研究显示，目前积极运用大数据技术的公务员认为大数据与其平时的工作有关联的达到了 60.5%，但是在大数据相关知识的学习上仍然缺乏系统性，没有将大数据作为自身工作的一项必要性知识或技能来进行学习，同时，教育程度不同的公务员对新技术的认知并未呈现出显著差异。

　　因此，应当不断强化人才队伍建设，加大力度培养适应时代需求的，既懂行政管理，又具有软件操作、机器操作等实践能力，并且能够利用上述能力进行创造性活动的公务人员。

4. 完善相关法律法规建设

　　与大数据应用有关的法律法规涉及个人信息保护、数据保护、网络基础设施保护、侵权法、知识产权法等各个领域，但我国大数据发展存在顶层设计和统筹规划、法律法规建设滞后等诸多问题。在大数据的法治建设中，个人信息保护应当是重要的一个环节，进一步讲，建立个人信息保护的完善法律体系，在大数据应用和个人信息保护间寻找恰当的平衡点，是大数据产业健康发展的关键。建立健全大数据法律制度并不是一蹴而就的，而且需要结合大数据技术的发展规律以及公共服务现状不断地修订。在大数据技术高速发展的背景下，受益的不仅是国家以及企业，还有每一位社会公民。建立健全大数据法律制度意义重大，法律制度不仅要包含大数据的使用方面，还要涉及大数据的安全问题和共享问题。

政府和企业基于大数据进行的公共物品供给创新，除了涉及大量政府办公信息外，还涉及人民群众的个人隐私数据。如前所述，大数据资源是非竞争性的生产要素，要最大化地发挥大数据的价值，需要尽可能地实现数据资源的开放共享。对于掌握大数据的互联网公司而言，大数据本身就意味着价值，而且这些互联网公司或多或少地承担了收集和存储成本，因此数据资源的共享有待于建立完善的利益分配机制。对于政府数据共享，首先要解决的问题是数据的脱敏性，政府数据的公开不能以牺牲个人的隐私权为条件。随着信息技术的发展，我国的个人信息滥用问题日益突出，与此同时，却没有完善的配套法律加以规范。这里所说的大数据是以人为信息源的数据。在基于互联网的大数据技术的分析下，信息的敏感性不会像以前那么清晰，一些表面不存在联系的信息可能能够反映出某一群体现象，因此企业和政府的脱敏性工程也应当与时俱进。企业利用技术将数据包装成库、将事件包装成产品，成为数据运营的主体，打破了曾经仅由政府对公民数据负责的传统。为避免政府和企业"勾肩搭背""背对背"等不良关系，保障公民权利，需要完善并健全相关法律法规，尤其是规范政府与市场的合作行为，构建政府与企业的"亲""清"新型关系，并保障公民隐私安全。

第一篇参考文献

安培浚，刘细文，李佳蕾，等. 2021. 趋势观察：国际地球大数据领域研究态势与热点趋势[J]. 中国科学院院刊，36（8）：989-992.

巴拉巴西 A. 2012. 爆发大数据时代预见未来的新思维[M]. 马慧，译. 北京：中国人民大学出版社.

巴勒克拉夫 J. 1987. 当代史学主要趋势[M]. 杨豫，译. 上海：上海译文出版社.

巴雷特. 1998. 赛伯族状态：因特网的文化、政治和经济[M]. 李新玲，译. 保定：河北大学出版社.

坂田昌一，张质贤. 1965. 理论物理学和自然辩证法[J]. 自然辩证法研究通讯，（1）：40-47，31.

包冬梅. 2017. 开放数字环境下的个性化科研信息空间研究学术图书馆的视角[M]. 广州：华南理工大学出版社.

鲍捷. 2017. WEB 的 50 年：从 Tim Berners-Lee 的图灵奖说起[EB/OL]. http://www.sohu.com/a/132944238_114778[2020-10-11].

贝尔纳 J D. 1959. 历史上的科学[M]. 伍况甫，等译. 北京：科学出版社.

贝尔纳 J D. 2003. 科学的社会功能[M]. 陈体芳，译. 桂林：广西师范大学出版社.

波普尔 K. 2009. 历史决定论的贫困[M]. 杜汝楫，邱仁宗，译. 上海：上海人民出版社.

布瓦索 M H. 2000. 信息空间——认识组织、制度和文化的一种框架[M]. 王寅通，译. 上海：上海译文出版社.

朝乐门. 2016. 数据科学[M]. 北京：清华大学出版社.

陈波，何文华，谢旭，等. 1989. 社会科学方法论[M]. 北京：中国人民大学出版社.

陈迪，唐仕欢，卢朋，等. 2015. 基于数据科学的脑心同治机制研究[J]. 中国中药杂志，40（21）：4288-4296.

陈浩，乐国安，李萌，等. 2013. 计算社会科学：社会科学与信息科学的共同机遇[J]. 西南大学学报（社会科学版），39（3）：87-93.

陈健远，施伟志. 1988. 现代西方社会学[M]. 天津：天津人民出版社.

陈明奇，褚大伟，洪学海，等. 2016. 科研信息化发展态势和思考[J]. 中国科学院院刊，31（6）：608-613.

陈云松，张亮亮，闵尊涛，等. 2016. 大数据机遇与宏观定量社会学的重启[J]. 贵州师范大学学报（社会科学版），（6）：35-39.

戴长征，鲍静. 2017. 数字政府治理——基于社会形态演变进程的考察[J]. 中国行政管理，（9）：21-27.

邓仲华，李志芳. 2013a. 科学研究范式的演化——大数据时代的科学研究第四范式[J]. 情报资料工作，（4）：19-23.

邓仲华，李志芳. 2013b. 云计算对信息交流的影响研究[J]. 信息资源管理学报，3（3）：15-21.

董子峰. 2004. 信息化战争形态论[M]. 北京：解放军出版社.

杜海峰，张楠，牛静坤，等. 2014. 群体性事件中的集群行为——一个基于社会计算的研究框架[J]. 中国人民公安大学学报（社会科学版），30（6）：81-90.

多梅尔 L. 2016. 算法时代[M]. 胡小锐，钟毅，译. 北京：中信出版社.

福山. 2017-03-23. 历史的终结推迟了？——瑞士《新苏黎世报》专访弗兰西斯·福山[N]. 参考消息,（20）.

戈德史密斯 S，埃格斯 W D. 2008. 网络化治理公共部门的新形态[M]. 孙迎春，译. 北京：北京大学出版社.

格雷克 J. 2013. 信息简史[M]. 高博，译. 北京：人民邮电出版社.

郭大水. 2007. 社会学的三种经典研究模式概论：涂尔干、韦伯、托马斯的社会学方法论[M]. 天津：天津人民出版社.

哈耶克 T A V. 1999. 自由宪章[M]. 杨玉生，冯兴元，陈茅等译. 北京：中国社会科学出版社.

赫胥黎 T H. 1990. 科学与教育[M]. 单中惠，平波，译. 北京：人民教育出版社.

胡塞尔. 1992. 纯粹现象学通论[M]. 李幼蒸，译. 北京：商务印书馆.

华勒斯坦. 1997. 开放社会科学：重建社会科学报告书[M]. 刘锋，译. 北京：生活·读书·新知三联书店.

吉登斯 A. 1998. 现代性与自我认同现代晚期的自我与社会[M]. 赵旭东，方文，译. 北京：生活·读书·新知三联书店.

姜奇平. 2005. 回到意义本身——波普尔、黑格尔与信息化元理论上[J]. 互联网周刊,（16）：56-57.

金吾伦. 2003. 波普尔知识论在中国[C]//孙小礼. 现代科学的哲学争论. 北京：北京大学出版社，452-453.

金允权，陈潭. 2019. 政府 3.0：后 NPM 时代的政府再造[M]. 北京：中国社会科学出版社.

卡斯特 M. 2006a. 网络社会的崛起[M]. 夏铸九，王志弘，译. 北京：社会科学文献出版社.

卡斯特 M. 2006b. 认同的力量[M]. 2 版. 曹荣湘，译. 北京：社会科学文献出版社.

康德 I. 2005. 论教育学[M]. 赵鹏, 何兆武, 译. 上海: 上海人民出版社.

克劳斯 G. 1981. 从哲学看控制论[M]. 北京: 中国社会科学出版社.

克鲁格曼 P. 2000. 发展、地理学与经济理论[M]. 北京: 北京大学出版社.

库克里克 K. 2018. 微粒社会: 数字化时代的社会模式[M]. 黄昆, 夏柯, 译. 北京: 中信出版社.

拉法格 L, 李卜克内西 W. 1941. 忆马克思[M]. 赵冬垠, 译. 北京: 学术出版社.

拉兹洛 E. 1986. 用系统论的观点看世界[M]. 闵家胤, 译. 北京: 中国社会科学出版社.

蓝志勇. 2003. 行政官僚与现代社会[M]. 广州: 中山大学出版社.

李国杰. 2012. 大数据研究的科学价值[J]. 中国计算机学会通讯, 8(9): 8-15.

李松林. 2015. 政策场域: 一个分析政策行动者关系及行动的概念[J]. 西南大学学报(社会科学版), 41(5): 40-46, 205.

李旭. 2009. 社会系统动力学: 政策研究的原理、方法和应用[M]. 上海: 复旦大学出版社.

李约瑟. 1975. 中国科学技术史: 第 1 卷(第 1 分册)[M]. 中国科学技术史翻译小组, 译. 北京: 科学出版社.

梁玉成. 2013-06-30. 人工社会研究为社会决策提供参考[N]. 中国社会科学报, (A08).

刘放桐. 2000. 新编现代西方哲学[M]. 北京: 人民出版社.

刘磊. 2016. 从数据科学到第四范式: 大数据研究的科学渊源[J]. 广告大观(理论版), (2): 44-52.

刘林平, 蒋和超, 李潇晓. 2016. 规律与因果: 大数据对社会科学研究冲击之反思——以社会学为例[J]. 社会科学, (9): 67-80.

刘少杰. 2015. 网络化的缺场空间与社会学研究方法的调整[J]. 中国社会科学评价, (1): 57-64, 128-129.

刘挺. 2019. 哈工大刘挺教授: 浅析三元空间, 兼谈信息技术的重要性[EB/OL]. https://www.leiphone.com/news/201911/l6AEfUy6Fk5ne28w.html [2019-12-12].

刘潇, 杨建梅. 2015. 基于数据科学的复杂元网络方法及应用[M]. 北京: 科学出版社.

龙瀛, 茅明睿, 毛其智, 等. 2014. 大数据时代的精细化城市模拟方法、数据和案例[J]. 人文地理, 29 (3): 7-13.

逯峰. 2018. 广东"数字政府"的实践与探索[J]. 行政管理改革, (11): 55-58.

逯峰. 2019. 整体政府理念下的"数字政府"[J]. 中国领导科学, (6): 56-59.

罗玮, 罗教讲. 2015. 新计算社会学: 大数据时代的社会学研究[J]. 社会学研究, 30 (3): 222-241, 246.

吕乃基. 2007. 走进世界3——纪念波普尔提出"世界3"理论40周年[J]. 东北大学学报 (社会科学版), 9 (6): 471-477.

马尔库塞 H. 1989. 单向度的人: 发达工业社会意识形态研究[M]. 张峰, 吕世平, 译. 上海: 上海译文出版社.

马雨萌, 郭进京, 王昉. 2015. e-Science 环境下科学数据语义组织模型框架研究[J]. 现代图书情报技术, Z1: 48-57.

毛文吉. 2011. 社会计算发展研究[C] //2010-2011 控制科学与工程学科发展报告. 北京: 中国科学技术出版社: 161-165.

孟小峰, 李勇, 祝建华. 2013. 社会计算: 大数据时代的机遇与挑战[J]. 计算机研究与发展, 50 (12): 2483-2491.

米尔斯 C W. 2005. 社会学的想象力[M]. 陈强, 张永强, 译. 北京: 生活·读书·新知三联书店.

尼葛洛庞帝 N. 1996. 数字化生存[M]. 胡永，范海燕，译. 海口：海南出版社.

牛文元. 2008. 社会计算的多元化[R]. 中国科协第二十期新观点新学说学术沙龙.

潘云鹤. 2019. 潘云鹤院士：人工智能走向 2.0 的本质原因——人类世界正由二元空间变成三元空间[EB/OL]. http://www.senlt.cn/article/844815854. html[2023-03-12].

彭希羡，朱庆华，沈超. 2013. 基于社会网络分析的社会计算领域的作者合作分析[J]. 情报杂志，32（3）：93-100.

奇曼 J. 1985. 知识的力量：科学的社会范畴[M]. 许立达，李令遏，许立功，等译. 上海：上海科学技术出版社.

钱学森. 2005. 一个科学新领域——开放的复杂巨系统及其方法论[J]. 城市发展研究，12（5）：1-8.

秦世引. 2008. 从事理分析谈社会计算[R]. 中国科协第二十期新观点新学说学术沙龙.

邱晓刚，张鹏，陈彬，等. 2014. 面向非常规突发事件应急管理的人工社会计算实验平台研究[J]. 中国应急管理，（2）：7-14.

萨顿 G. 1989. 科学史和新人文主义[M]. 陈恒六，刘兵，仲维光，译. 北京：华夏出版社.

盛昭瀚，张军，杜建国，等. 2009. 社会科学计算实验理论与应用[M]. 上海：上海三联书店.

施瓦布 K. 2016. 第四次工业革命：转型的力量[M]. 李菁，译. 北京：中信出版社.

数据战略重点实验室加快推进大数据政府建设课题组. 2016. 数据治理与大数据政府范式革命[C]//连玉明，武建忠. 大参考 1604. 北京. 团结出版社：24-32.

斯诺 C P. 1995. 两种文化[M]. 纪树立，译. 北京：生活·读书·新知三联书店.

孙珠峰，胡伟. 2013. 后新公共管理时代钟摆现象[J]. 南京社会科学，（9）：68-75.

孙珠峰，胡伟. 2015. 后新公共管理主要特征研究[J]. 理论月刊，（6）：140-145.

塔克尔 P. 2014. 赤裸裸的未来大数据时代如何预见未来的生活和自己[M]. 钱峰，译. 南京：江苏文艺出版社.

塔勒布 N N. 2011. 黑天鹅：如何应对不可预知的未来[M]. 万丹，刘宁，译. 北京：中信出版社.

谭海波，孟庆国. 2018. 政府 3.0：大数据时代的政府治理创新[J]. 学术研究，（12）：57-61.

陶远华. 1989. 理智的困惑：当代社会科学的哲学困境及其认识论研究[M]. 北京：东方出版社.

托夫勒 A. 1983. 第三次浪潮[M]. 黄明坚，译. 汕头：三联出版社.

汪丁丁. 2010. 社会科学定量分析方法基础探讨[J]. 社会科学战线，（1）：40-46.

汪天德. 2010. 美国社会学研究及主要理论的发展[J]. 江苏社会科学，（1）：105-113.

王飞跃. 2004. 人工社会、计算实验、平行系统——关于复杂社会经济系统计算研究的讨论[J]. 复杂系统与复杂性科学，1（4）：25-35.

王飞跃. 2008. 社会计算的定义与应用[R]. 中国科协第二十期新观点新学说学术沙龙.

王飞跃，王晓，袁勇，等. 2015. 社会计算与计算社会智慧社会的基础与必然[J]. 科学通报，60（Z1）：460-469.

王飞跃，曾大军，毛文吉. 2010. 社会计算的意义、发展与研究状况[J]. 科研信息化技术与应用，1（2）：3-14.

王国成. 2015. 行为大数据，通宏洞微与人类决策——计算社会科学的兴起与发展[J]. 科研信息化技术与应用，6（6）：3-11.

王晋. 2016. 网络服务提供者著作权侵权责任研究[M]. 北京：知识产权出版社.

王琳琳，陈云芳，耿路. 2012. 社会计算：计算的新应用方向[J]. 淮海工学院学报（自然科学版），21（2）：19-22.

王崧. 2014. 电子政务[M]. 重庆：西南师范大学出版社.

王曰芬，谢清楠，宋小康. 2016. 国外数据科学研究的回顾与展望[J]. 图书情报工作，60（14）：5-14.

魏瑾瑞，蒋萍. 2014. 数据科学的统计学内涵[J]. 统计研究，31（5）：3-9.

沃野. 2005. 关于社会科学定量、定性研究的三个相关问题[J]. 学术研究，（4）：41-47.

吴楠. 2019. "互联网+"对电子政务的推动[J]. 江西师范大学学报（哲学社会科学版），52（5）：31-36.

吴晓刚. 2014. 定量研究方法与现代社会科学[J]. 社会学家茶座，（1）：31-33.

夏国美. 2016. 大数据时代的社会学审视[J]. 新疆师范大学学报（哲学社会科学版），37（1）：2，105-111.

徐崇温. 1986. 全球问题和"人类的困境"[M]. 沈阳：辽宁人民出版社.

徐子沛. 2012. 大数据：正在到来的数据革命[M]. 桂林：广西师范大学出版社.

颜海，李有仙，赵跃. 2015. 国际电子政务研究进展——基于三种外文期刊近五年刊文的统计分析[J]. 电子政务，（8）：105-112.

杨达. 2009. 社会学定量研究方法的学理脉络及优劣判断[J]. 江西社会科学，29（11）：168-180.

杨京，王效岳，白如江，等.2015.大数据背景下数据科学分析工具现状及发展趋势[J].情报理论与实践，38（3）：134-137，144.

杨懋春.1983.社会学[M].3版.台北：台湾商务印书馆.

叶舒宪.2001.地方性知识[J].读书，（5）：121-125.

叶鹰，马费成.2015.数据科学兴起及其与信息科学的关联[J].情报学报，34（6）：575-580.

尤里奇 D，克雷先斯基 D，布鲁克班克 W，等.2019.赢在组织从人才争夺到组织发展[M].孙冰，范海鸥，译.北京：机械工业出版社.

余芳，刘绍君.2014.公共管理学[M].长春：吉林大学出版社.

袁曦临，陆美，刘利.2014.基于机构知识库的国际学术论文管理模式探讨[J].情报资料工作，（2）：87-91.

曾国屏，李正凤，段伟文，等.2002.赛博空间的哲学探索[M].北京：清华大学出版社.

张波，袁永根.2010.系统思考和系统动力学的理论与实践：科学决策的思想、方法和工具[M].北京：中国环境科学出版社.

张程.2016.数据科学的统计学内涵探究[J].电大理工，（4）：41-42.

张军.2009.计算实验在社会科学研究中的作用[J].实验室研究与探索，28（6）：75-78，90.

张清俐.2014-04-16.计算社会科学：计算思维与人文灵魂相融合[N].中国社会科学报，（A01）.

张云泉，徐葳，龙桂鲁.2015.数据科学：问题导向的交叉学科创新[J].科学通报，60（Z1）：425-426.

张诤.2014.信息时代的组织管理变革[M].兰州：甘肃人民出版社.

赵国栋，易欢欢，糜万军，等.2013.大数据时代的历史机遇——产业变革与数据科学[M].北京：清华大学出版社.

赵鹏大. 2014. 大数据时代呼唤各科学领域的数据科学[J]. 中国科技奖励，（9）：29-30.

赵蓉英，魏明坤. 2017. 国际数据科学演进研究：基于时间维度的分析[J]. 图书情报知识，（4）：71-79.

中共中央马克思、恩格斯、列宁、斯大林著作编译局. 1972. 马克思恩格斯选集：第三卷[M]. 北京：人民出版社.

中国互联网络信息中心. 2022. 第 49 次中国互联网络发展状况统计报告[EB/OL]. http://www.cnnic.net.cn/NMediaFile/old_attach/P0202207214042 63787858.pdf[2022-05-06].

周傲英，钱卫宁，王长波. 2015. 数据科学与工程：大数据时代的新兴交叉学科[J]. 大数据，1（2）：90-99.

周林，殷登祥，张永谦. 1984. 科学家论方法（第一辑）[M]. 呼和浩特：内蒙古人民出版社.

朱达志. 2016-07-06. 托夫勒走了，世界依然活在他的预言里[N]. 中国青年报，（2）.

朱庆华，彭希羡，刘璇. 2012. 基于共词分析的社会计算领域的研究主题[J]. 情报理论与实践，35（12）：6，7-11.

朱扬勇，熊赟. 2009. 数据学[M]. 上海：复旦大学出版社.

诸云强，孙九林，王卷乐，等. 2015. 论地球数据科学与共享[J]. 国土资源信息化，（1）：3-9.

邹自明，胡晓彦，熊森林. 2018. 空间科学大数据的机遇与挑战[J]. 中国科学院院刊，33（8）：877-883.

Baker M. 2015. Data science industry allure[J]. Nature，520（7546）：253-255.

Barlow J P. 1996. A Declaration of the Independence of Cyberspace[EB/OL]. https://www.eff.org/cyberspace-independence[2019-12-10].

Baumer B. 2015. A data science course for undergraduates: thinking with data[J]. The American Statistician, 69（4）: 334-342.

Bedenkov A, Shpinev V, Suvorov N, et al. 2016. Consolidating Russia and Eurasia antibiotic resistance data for 1992-2014 using search engine[J]. Frontiers in Microbiology, 7: 294.

Bizer C, Heath T, Berners-Lee T. 2011. Linked data: the story so far[C]//Sheth A. Semantic Services, Interoperability and Web Applications: Emerging Concepts. Hershey: IGI Publishing: 205-227.

Boyd D, Crawford K. 2012. Critical questions for big data[J]. Information Communication & Society, 15（5）: 662-679.

Caines V. 2012. On being a scientist: a guide to the responsible conduct of research third edition[J]. Journal of Research Administration, 40（1）: 141-143.

Chang R M, Kauffman R J, Kwon Y. 2014. Understanding the paradigm shift to computational social science in the presence of big data[J]. Decision Support Systems, 63: 67-80.

Cioffi-Revilla C. 2010. Computational social science[J]. Wiley Interdisciplinary Reviews: Computational Statistics, 2（3）: 259-271.

Cleveland W S. 2001. Data science: an action plan for expanding the technical areas of the field of statistics[J]. International Statistical Review, 69（1）: 21-26.

Coleman J S. 1986. Social theory, social research, and a theory of action[J]. American Journal of Sociology, 91（6）: 1309-1335.

Curme C, Preis T, Stanley H E, et al. 2014. Quantifying the semantics of search behavior before stock market moves[J]. Proceedings of the National

Academy of Sciences of the United States of America，111（32）：11600-11605.

de Moraes R M，Martínez L. 2015. Computational intelligence applications for data science[J]. Knowledge-Based Systems，87：1-2.

Denhardt R B. 2014. Theories of Public Organization[M]. 5th ed. Stamford：Thomson Learning.

Dhar V. 2013. Data science and prediction[J]. Communications of the ACM，56（12）：64-73.

Dion C. 2014. Trends for the future of public sector reform：a critical review of future-looking research in public administration[EB/OL]. https://cronfa.swan.ac.uk/Record/cronfa22027[2021-03-16].

Donoho D. 2017. 50 years of data science[J]. Journal of Computational & Graphical Statistics，26（4）：745-766.

Dunleavy P，Margetts H，Bastow S，et al. 2006. New public management is dead—Long live digital-era governance[J]. Journal of Public Administration Research & Theory，16（3）：467-494.

EMC Education Services. 2015. Data Science and Big Data Analytics：Discovering，Analyzing，Visualizing and Presenting Data[M]. Indianapolis：John Wiley & Sons，Inc.

Fayyad U M，Uthurusamy R. 1995. KDD-95：Proceedings[M]. San Francisco：AAAI Press.

Gold M，McClarren R，Gaughan C. 2013. The lessons Oscar taught us：data science and media & entertainment[J]. Big Data，1（2）：105-109.

Goodchild M F，Guo H D，Annoni A，et al. 2012. Next-generation digital earth[J]. Proceedings of the National Academy of Sciences of the United States of

America, 109（28）: 11088-11094.

Gray J. 2009. On eScience: a transformed scientific method[C]//Hey T, Tansley S, Tolle K. The Fouth Paradigm: Data-Intensive Scientific Discovery. Redmond: Microsoft Research: xvii-xxxi.

Greve C. 2010. Whatever happened to new public management?[R]. Danish Political Science Association Meeting.

Halpin B. 1999. Simulation in sociology[J]. American Behavioral Scientist, 42（10）: 1488-1508.

Harmon M, Mayer R. 1986. Organization Theory for Public Administration[M]. Boston: Little, Brown, and Company.

Hayashi C, Yajima K, Bock H H, et al.1996. Data science, classification, and related methods[R]. Fifth Conference of the International Federation of Classification Societies（IFCS-96）.

Heim M. 1993. The Metaphysics of Virtual Reality[M]. New York: Oxford University Press.

Hesse B W, Moser R P, Riley W T. 2015. From big data to knowledge in the social sciences[J]. The Annals of the American Academy of Political and Social Science, 659（1）: 16-32.

Hey T, Tansley S, Tolle K M. 2009. The Fourth Paradigm: Data-Intensive Scientific Discovery[M]. 11th ed. Redmond: Microsoft Research.

Hood C. 1991. A public management for all seasons?[J]. Public Administration, 69（1）: 3-19.

Inmon W H, Linstedt D. 2015. Parallel processing[M]//Inmon W H H, Linstedt D, Levins M. Data Architecture: A Primer for the Data Scientist. New York: Academic Press: 57-62.

Janke A T，Overbeek D L，Kocher K E，et al. 2016. Exploring the potential of predictive analytics and big data in emergency care[J]. Annals of Emergency Medicine，67（2）：227-236.

Jeffrey C. 1997. Entering the Infosphere：Some Thought on Implication of the Information Revolution[M]. Melean Va：Center for Information Strategy and Policy，Science Applications International Corporation.

Kalcheva I，McLemore P，Pant S. 2018. Innovation：the interplay between demand-side shock and supply-side environment[J]. Research Policy，47（2）：440-461.

King G. 2014. Restructuring the social sciences reflections from Harvard's institute for quantitative social science[J]. PS：Political Science & Politics，47（1）：165-172.

Kitchin R. 2014. Big data，new epistemologies and paradigm shifts[J]. Big Data & Society，1（1）：1-12.

Langston M A，Levine R S，Kilbourne B J，et al. 2014. Scalable combinatorial tools for health disparities research[J]. International Journal of Environmental Research and Public Health，11（10）：10419-10443.

Lapsley I. 2008. The NPM agenda：back to the future[J]. Financial Accountability & Management，24（1）：77-96.

Lazer D，Pentland A，Adamic L，et al. 2009. Computational social science[J]. Science，323（5915）：721-723.

Li T R，Lu J，López L M. 2015. Preface：intelligent techniques for data science[J]. International Journal of Intelligent Systems，30（8）：851-853.

Lin J. 2015. On building better mousetraps and understanding the human condition：reflections on big data in the social sciences[J]. The Annals of the

American Academy of Political and Social Science，659（1）：33-47.

Long M P，Schonfeld R C. 2010. Ithaka S+R library survey 2010：insights from U.S. academic library directors[EB/OL]. https://sr.ithaka.org/wp-content/uploads/2015/08/insights-from-us-academic-library-directors.pdf [2020-02-01].

Lorberbaum T，Sampson K J，Chang J B，et al. 2016. Coupling data mining and laboratory experiments to discover drug interactions causing QT prolongation [J]. Journal of the American College of Cardiology，68（16）：1756-1764.

Manyika J，Chui M，Brown B，et al. 2011. Big Data：the Next Frontier for Innovation Competition And Productivity[M]. Washington：McKinsey Global Institute.

Margolis R，Derr L，Dunn M，et al. 2014. The national institutes of health's big data to knowledge（BD2K）initiative：capitalizing on biomedical big data[J]. Journal of the American Medical Informatics Association：JAMIA，21（6）：957-958.

Marin B，Mayntz R. 1991. Policy Networks：Empirical Evidence and Theoretical Considerations[M]. Frankfurt am. Main：Campus Verlag.

Marungo F，Robertson S，Quon H，et al. 2015. Creating a data science platform for developing complication risk models for personalized treatment planning in radiation oncology[R]. Hawaii International Conference on System Sciences：IEEE.

Mayer-Schönberger V，Cukier K. 2013. Big Data a Revolution that Will Transform How We Live，Work and Think[M]. Boston：Houghton Mifflin Harcourt.

McKinney W. 2013. Python for Data Analysis[M]. Cambridge：O'Reilly Media.

McLeod J，Childs S. 2013. The Cynefin framework：a tool for analyzing qualitative data in information science?[J]. Library & Information Science Research，35（4）：299-309.

Meadows D H，Goldsmith E，Meadow P. 1972. The Limits to Growth[M]. New York：Universe Books.

Mitchell B R，Deane P. 1962. Abstract of British Historical Statistics[M]. Cambridge：Cambridge University Press.

Mundie C. 2009. Rethinking computing[R]. The 40th ACM Technical Symposium on Computer Science Education.

Myers K，Wiel S V. 2014. Discussion of data science：an action plan for expanding the technical areas of the field of statistics[J]. Statistical Analysis and Data Mining：The ASA Data Science Journal，7（6）：420-422.

Naur P. 1968. "Datalogy"，the science of data and data processes[R]. IFIP Congress.

O'Neil C. 2013. Doing Data Science：Straight Talk from the Frontline[M]. Cambridge：O'Reilly Media.

Ostrom T M. 1988. Computer simulation：the third symbol system[J]. Journal of Experimental Social Psychology，24（5）：381-392.

Pollitt C，Bouckaert G. 2011. Public Management Reform：a Comparative Analysis—New Public Management，Governance，and the Neo-Weberian State[M]. 3rd ed. Oxford：Oxford University Press.

Popper K. 2005. The Logic of Scientific Discovery[M]. London：Routledge.

Prensky M H. 2009. Sapiens digital：from digital immigrants and digital natives to digital wisdom[J]. Innovate：Journal of Online Education，5（3）：9.

Press G. 2013. A very short history of data science[EB/OL]. https://classes.dbmi. pitt.edu/sites/default/files/a-very-short-history.pdf[2018-01-06].

Rhodes R A W. 1996. The new governance: governing without government[J]. Political Studies, 44（4）: 652-667.

Ryan B. 2011. The signs are already there? Public management futures in Aotearoa/New Zealand[EB/OL]. https://www.researchgate.net/publication/268002182_The_signs_are_already_there_Public_management_futures_in_AotearoaNew_Zealand[2022-10-02].

Sayer R A. 1992. Method in Social Science[M]. 2nd ed. London: Routledge.

Selvin H C. 1958. Durkheim's suicide and problems of empirical research[J]. American Journal of Sociology, 63（6）: 607-619.

Simonin B L. 1999. Ambiguity and the process of knowledge transfer in strategic alliances[J]. Strategic Management Journal, 20（7）: 595-623.

Slouka M. 1996. War of the worlds: cyberspace and the high-tech assault on reality[J]. New Statesman and Society, 9386: 35-36.

Steadman I. 2013. Big data and the death of the theorist[EB/OL]. http://www.wired.co.uk/article/big-data-end-of-theory[2021-08-03].

Tesfatsion L. 2002. Agent-based computational economics: growing economies from the bottom up[J]. Artificial Life, 8（1）: 55-82.

Thacker S B, Qualters J R, Lee L M, et al. 2012. Public health surveillance in the United States: evolution and challenges[J]. MMWR Supplements, 61（3）: 3-9.

Tukey J W. 1962. The future of data analysis[J]. The Annals of Mathematical Statistics, 33（1）: 1-67.

van der Aalst W, Damiani E. 2015. Processes meet big data: connecting data science with process science[J]. IEEE Transactions on Services Computing, 8（6）: 810-819.

van Horn J D, Toga A W. 2014. Human neuroimaging as a "big data" science[J].
    Brain Imaging and Behavior, 8（2）: 323-331.

Veljković N, Bogdanović-Dinić S, Stoimenov L. 2012. Building E-Government
    2.0-A Step Forward in Bringing Government Closer to Citizens[J]. Journal
    of E- Government Studies and Best Practices, （18）: 1-18.

von Hipple E. 1994. "Sticky information" and the locus of problem solving:
    implications for innovation[J]. Management Science, 40: 429-439.

Weber M. 1904. The Protestant Ethic and the Spirit of Capitalism（translated by
    Parsons, T.）[M]. London: Unwin University Books.

Wing J M. 2006. Computational thinking[J]. Communications of the ACM, 49
    （3）: 33-35.

Zadeh L A. 1965. Fuzzy sets[J]. Information and Control, 8（3）: 338-353.

第二篇　社会科学转型的现实环境
与突出问题

概　述

我们将本篇研究提出的背景概括为人类社会正在快速全面地进入数字社会。在这个背景之下，信息技术发展与应用带来的社会场景日新月异，海量全新的数字化应用推陈出新，新的业态不断涌现，新的社会组织不断出现，社会结构在数字技术的驱动下快速变化；社会经济系统在"比特"世界、赛博空间中延伸与创新，世界比以往任何时候都联系得更加紧密，各类型的社会形态得以快速连接和交流；随着移动互联网和物联网的进一步发展，人类面临一个与数据和信息更加亲密接触的时代，数字化生存和消费成为常态……无论从社会成员与群体的微观行为还是整体社会的宏观现象来看都出现了新局面、新形势。现在的社会科学研究就像其诞生之初面对工业革命在欧洲引发的社会变革一样。

现代意义的社会科学自其诞生之初就希望"考察研究人类社会事象之运行，是否有其客观的原理原则，寻出原理原则后，即应依照之以重建社会，使其由破坏衰弊再回复到繁荣康泰"（杨懋春，1983）。其目标为追寻社会现象客观原理、原则及普遍规律，并在此基础上建设理想社会。为此目标，社会科学家开展了 300 余年的不懈探索。但是由于社会科学研究对象的构成要素复杂多元、因果关系动态多变，研究对象和研究过程不可控性强，特别是社会科学研究对象——主要为人及其行为——的特殊性，在研究过程中并不能像自然科学一样进行重复性的实验；另外，社会科学研究数据采集和分析困难，所使用的历史统计数据从统计学的基本假设来看，也是不同质化的统计单元，这使得社会科学在统计和数据采集的绩效上大打折扣。因此，在社会科学发展的历史中一直存在对社会科学倡导者所做的概括工作（即建立社会普通法则的工作）持怀疑甚至敌视的态度。大数据的出现既为我们全景式认识世界提供了可能，也为社会科学研究提供了全新的环境和场域。"每一个研究领域拥有大量信息化的数据"正在推动社会科学研究领域的变革，这将促使"大部分人文社会科学走向具有自然科学的特征"。这是在社会科学研究领域对大数据将会带来革命性变革的重要预言，必然会对传统社会科学的研究产生巨大冲击。但从目前来看，尽管大数据能够改变社会科学产出不足的诟病，推进其"科学性""计量性"的发展，但社会科学界对是否接受这项挑战似乎还在犹豫不决。

与此同时，我国社会主义事业进入新阶段对哲学社会科学的发展也提出了全新的要求。党的十八届五中全会"实施'互联网+'行动计划"和"国家大数据战略"①，中共中央《关于加快构建中国特色哲学社会科学的意见》和习近平同志有关"要坚持古为今用、洋为中用，融通各种资源，不断推进知识创新、理论创新、方法创新""加快发展具有重要现实意义的新兴学科和交叉学科，使这些学科研究成为我国哲学社会科学的重要突破点"②的重要指示精神，《中华人民共和国国民经济和社会发展第十三个五年规划纲要》中提出"实施哲学社会科学创新工程，构建哲学社会科学创新体系"和国务院《促进大数据发展行动纲要》中提出"围绕数据科学理论体系……等重大基础研究进行前瞻布局，开展数据科学研究""融合数理科学、计算机科学、社会科学及其他应用学科，以研究相关性和复杂网络为主，探讨建立数据科学的学科体系"等都对社会科学的发展以及大数据在科学研究中的应用提出了具

---

① 《中国共产党第十八届中央委员会第五次全体会议公报》，http://www.scio.gov.cn/ztk/dtzt/2015/33681/33684/Document/1453571/1453571.htm[2021-02-03].

② 《〈论党的宣传思想工作〉⑮：在哲学社会科学工作座谈会上的讲话》，https://www.mnr.gov.cn/zt/xx/ddxcsxgz/202102/t20210201_2609437.html[2021-02-03].

体要求。

　　但是我们的社会科学家做好准备了吗？数字化社会与工业化社会具有本质的不同，我们是否还是更多地运用工业化社会建立起来的研究方法、理论来解释数字化社会发生的变革？因此，本篇研究拟对以下问题进行分析：①揭示社会科学研究环境的构成要素；②掌握社会科学研究外部环境的变化状况；③评价社会科学研究的现状；④研判社会科学研究存在的突出问题和发展趋势。

第 5 章
核心概念与分析框架：社会科学研究环境的
构成因素与相互关系

5.1 核 心 概 念

5.1.1 社会科学

社会科学是科学的组成部分，要界定社会科学的概念，首先要搞清楚什么是科学。科学是一个内涵十分丰富的概念，也是一个历史概念，一个发展中的概念，目前仍无法提供一个充分的本质主义的定义。对科学的定义经历了"科学是一种知识"到"科学是系统化的知识体系"，再到"科学是一种方法"和"科学还包含产生知识的社会活动，是一种科学生产"等界定的演化过程。这些定义都从多个方面反映科学的本质，也使得对科学概念的界定呈现出多维性的特征。因此，科学学的创始人贝尔纳认为"科学可作为：一种建制、一种方法、一种积累的知识系统；一种维持或发展生产的主要因素；构成我们的诸信仰和对宇宙和人类的诸态度的最强大势力之一"。从中可以看出，科学的含义至少应该包含以下四个方面：科学的知识体系、科学是一套方法、科学的探究过程和科学的社会建制。

1. 科学应该是一种可确证的知识体系

这一知识体系与普通的常识和经验不同，是系统化的、有条理的、经过逻辑推理的知识，尚未纳入系统的零星的知识也不能算是科学。同时，科学知识体系是在当时历史情境和技术条件下得到验证的可确证的知识。这包含两层含义：①科学知识解决客观现实的问题，是可以通过一定方法予以观察和检验的；②科学知识还包含历史上曾经被认为是正确的后又被证明是错误的知识，更包括尚在酝酿中、正在实践检验过程中的知识。目前较多的科学概念界定都是从这一视角出发的，如《哲学百科全书》将科学定义为"以范畴、定理、定律形式反映现实客观世界多种现象的本质和运动规律的知识体系"（哲学百科全书编辑委员会，1995）。

2. 科学包含导致科学发现的具体方法

诺贝尔物理学奖得主 Feynman（2005）认为科学是导致科学发现的具体方法、源于科学发现的具体知识和技术三个方面之一或者混合体。在此，Feynman 首先强调了科学是一种方法。科学是实证的、理性的方法，要用实验观察来证实，用归纳逻辑或演绎逻辑进行推理。

3. 科学的本质是不断探究的过程

无论是波普尔的证伪理论还是库恩的范式理论，建构主义认为科学知识是一个不断被推翻和修正的过程，新的科学知识获得是科学家根据现有理论（原有知识）来建构科学知识的过程。波普尔认为"一切定律和理论本质上都是试探性、猜测性或假说性的"，库恩的范式理论也认为科学是"肯定—否定—再肯定—再否定"的周期性过程。这个概念的界定视角强调了科学的本质不在于已经认识的真理，而在于探索真理的科学探究过程。

4. 科学是一种特色的社会文化活动

T. H. 伏尔科夫和贝尔纳都认为科学是一种社会建制。伏尔科夫认为科学本身不是知识,而是产生知识的社会活动,是一种科学生产(刘大椿,1985)。这一观点得到了科学哲学历史主义学派的认同,其提出的广义科学观认为科学实际上是一种特殊的社会文化探究活动,既是探索过程,也是一种特殊的社会文化现象。科学知识生产是由一系列复杂的社会努力完成的,从而形成了一定的社会体制、社会系统。

根据贝尔纳的观点,他认为 20 世纪以来科学发展已经从单纯地追求知识向知识与应用转变,由以基础研究为主向由基础研究、应用研究和开发研究三种科学活动(科学技术一体化)组成转变,由以个人自由研究为主向国家规模和国际规模转变,已经成为一种大科学。基于此,学者将科学视为一个动态系统,如图 5-1 所示,此系统由人类对认识客体的知识体系、产生知识的活动、科学方法、科学的社会建制和科学精神等按一定层次、一定方式所构成(钱时惕,2007)。

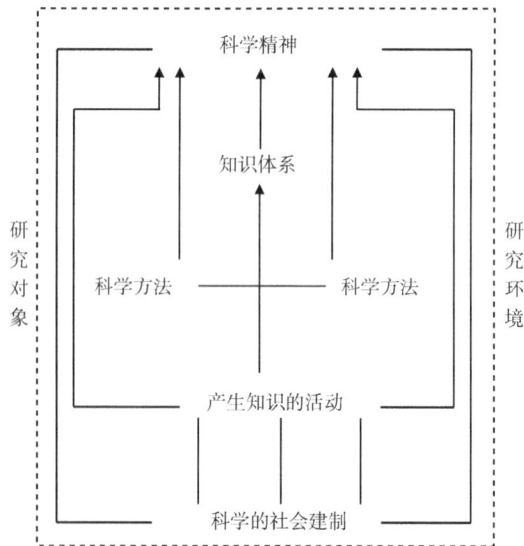

图 5-1 科学作为动态系统的结构

除了上述层次结构之外,科学还可以按照研究对象的差异划分为不同的领域与学科。人们对人类自身和社会的认识并不是一直以科学的方式进行的。社会科学概念的提出正是现代化过程，尤其是从 17 世纪英国资产阶级革命开始，工业化和资本主义生产方式不断发展以及自然科学的突飞猛进，引发了学者开始研究自然科学，开始探索对人类本身、对社会的认识，从而不断分化而取得独立的科学地位的过程。在此过程中，不同的学者采取了不同的命名方式，也使得我们现在对自然科学、人文学科、社会科学之间的概念的认识出现了一定程度的混淆。例如，意大利学者维柯在 1725 年出版的《新科学》（即《关于各民族的共同性的新科学的一些原则》）中将科学分为自然科学和人类科学，并认为人类科学应该建立自己的方法，采用诗的逻辑或想象的逻辑（即诗性智慧或诗性逻辑）。狄尔泰则将对人类精神及其产物做系统性研究的学问统称为精神科学，以区别于自然科学对自然界的系统研究。胡塞尔则认为科学面对两个不同的世界，即"死"的客观世界和"活"的精神世界，因此将科学划分为自然科学和人文科学。而现代知识一般采用自然科学、社会科学、人文学科三大门类的划分方式。

　　社会科学也是一个历史的概念。社会科学自诞生之日起就在本体论、认识论、方法论和价值论上呈现出多元化的特征，这使得社会科学在概念和学科划定上一直存在不确定性和变动性，被不同的视野加以分割，陷入"划界"的困境。戴维·希尔斯（《国际社会科学百科全书》编辑）就认为社会科学的界定至今没有最终的答案，因为其视界从一个时代到另一个时代是有所不同的（肖峰，2011）。即使是同一时代，不同国家和地区、不同学者对科学的划分也出现较大的差异。如中国将社会科学、自然科学与人文科学之间进行较为明确的划分，英国则将人文科学视为社会科学的一部分，德国则以精神科学或人文科学统摄所有社会科学学科。

　　因此，社会科学也是一个复杂的概念。这涉及社会科学的学科划分以及其与其他科学之间的关系（主要是和人文科学、人文学科相关概念的关系）。

在人文学科与人文科学的关系上，学者形成了三种观点：一是人文科学与社会科学共同构成人文社会科学；二是认为以人类信仰、情感、道德、美德为研究对象的人文学科与以人类的精神世界及其沉淀的精神文化为研究对象的人文科学在研究对象上无本质不同；三是两者有不同的指称，前者就是人类精神文化活动所形成的知识体系，后者则是人类精神文化现象的本质、规律等认识的系统化。对于社会科学与人文科学的联系与差异，学者也认为两者一方面在研究对象上有所差异，另一方面两者又是不能截然分开的，两者具有理论的连续性和统一性（曹志平和陈喜乐，2017）。此外，相关概念的辨析还体现在"哲学社会科学"与"人文社会科学"这两个概念上。这两个概念在大部分场景下都不加区分地被广泛使用。实际上，前者是学术管理部门使用的概念，是20世纪50年代新中国成立后向苏联学习而形成的管理体制化的概念。后者是现代科学共同体使用的学术概念，是科学共同体内部学科分类意识的体现（徐南铁，2017）。

基于此，本书认为当代学科体系呈现出了既高度综合，又以特殊方式持续深度分化，既有学科的不断细化和层次划分，又有交叉、渗透、借鉴、移植从而产生了诸多交叉学科、边缘学科和横断学科的特点。因此，本书中所涉及的社会科学是指通过科学研究方法，以人类和社会为研究对象，对其发展规律进行研究的认识活动及其成果的总和。这是一个广义的社会科学定义，既包含了科学作为动态系统的层次结构，也包含了科学作为知识体系的学科划分。在层次结构上，社会科学研究环境的观察更加注重社会科学知识生产活动和科学方法的层面，在人才培养与研究结果的展示上涉及科学的社会建制及知识体系的构成变化。在学科构成上，则不仅将狭义的社会科学构成学科如经济学、社会学、法学、民族学等纳入观察范畴，也把文艺学、文学、历史学等人文科学纳入其中，将心理学、考古学、人类学等与自然科学有交叉的学科也作为观察对象，更把部分横断学科与传统人文社会科学的交叉、渗透形成的新学科纳入研究视野。

5.1.2　研究环境

世界上任何事物的生存和发展都离不开一定的环境。系统论研究要素、系统和环境三者的相互关系和变动的规律性，系统除具备整体性、相关性之外还具备环境适应性的特征。系统与环境之间相互联系和相互作用，是相互依赖、相互制约和共同发展的。系统对环境具有适应性，环境的变化又通过输入使系统发生变化。环境具有开放性，系统通过本身的活动促使环境状态发生变化。这一过程在系统和环境之间通过输入、输出和反馈过程完成，发生着系统与环境之间物质、能量和信息的交换。

社会科学的发展也一样离不开一定的环境，其是在与环境的输入、输出与反馈过程中不断发生变化的。这是因为：第一，从系统结构与功能、系统的环境适应性来看，从上文对社会科学概念的界定中我们可以看出，社会科学研究可以被看作一个动态系统，那么其一定符合系统的特征，存在与之相互依赖、相互制约和共同发展的环境。第二，从科学研究的变化来看，20 世纪以来科学研究的社会运行机制发生了巨大的变化，科学研究从基于少数人对兴趣的自由探索逐渐走向社会建制化的研究和开发，科学从"个体""村舍"逐渐走向"行业化"，从小科学和学院科学向大科学和后学院科学演变，围绕科学共同体形成了丰富的利益相关者群体和行动者网络,对科学研究的内容、方式和方向等产生决定性的影响。第三，从对科学研究的观察和认识来看，科学哲学理论的发展使得人们不仅关注科学的意义、逻辑、科学方法、发展模式等科学内部问题，也开始关心科学产生的社会历史领域（刘大椿，2017）。这一方面导致了语境学、语用学等在科学哲学中的引入，促进了科学研究形式、经验和要素与历史、社会要素在语境基础上的整合，形成了系统性的、横断的研究纲领与范式，使得对科学知识的理解、解释和应用具有不可或缺的情境依赖性，科学共同体被视为嵌入更大社会之中的局部社会，科学是人类整体知识的一个子系统，科学与政治、经济、文化等因素之间的关联和互动组成一个整体系统（殷杰，2017）；另一方面，也将理论与实验、对象与工具视为不可分割的一部分，成为具有整体性的技术化科学（technoscience）。第四，从科学共同体的构成来看，对科学的认识从一种知识体系演化为一种社会活动的过程大致经历了两次转向，即科学的文化转向和科学的社会转向，后者越来越强调公众对科学的理解和参与，最终促成其成为科学共同体的一部分，成为一种社会共同体。此外，对科学认识的不断深入也促进了对社会科学认识的逐渐深化，并逐渐将社会科学研究的特殊性与自然科学研究区分开来。一方面，在反身性等概念的引领下，社会科学研究实践与社会科学本身的社会属性缠绕在一起，因此对社会科学研究的观察和批判更多地向知识社会学转向，其主要观点中即有"知识具有历史嵌入性"和"知识的社会情境化"这样的认识（Delanty and Strydom，2003）。另一方面，随着科学技术的一体化，社会科学已经不能再被简单地视作一种知识体系，而更多的是社会活动、社会建制的融合体。科技已经深入到社会生活的各个领域和层面，抛开科技来讨论社会、文化、世界就会变得很单薄。因此，基于对社会科学与技术、社会、历史、文化等环境之间的相互作用、相互影响的互动关系的理解，从社会科学研究内、外部变化来观察社会科学研究范式的变化就显得十分必要。

在一般系统论的界定中，环境是指存在于系统之外的物质、经济、信息和人际相关因素的总称，通常可以分为三类：①物理和技术相关因素的集合，即事物属性产生联系而构成的因素以及处理问题中的方法性因素；②经济和经营管理因素的集合，即影响事物发展的经济过程相关因素；③社会或人际相关因素的集合，即人或组织关系的因素。在系统论思想渗透于各领域的应用中我们可以发现，对系统环境因素的分析应当注意有所取舍、分清主次、动态分析、重视隐性因素等原则。从环境的属性和特征来看，环境具有既得性、发展性、层次性的特征。既得性是指环境的客观存在，其虽然与人的活动紧密联系，但却不以人的意志为转移。发展性也指动态性，表明环境是前人活动的物化，也为后人活动奠定新的基础（袁兆亿，2014）。层次性则是从系统的结构来理解，当系统划分为更小的子系统时，原来系统内部的要素在子系统看来则构成了它的环境因素，环境是相对的、有层次的。

基于以上分析，我们认为社会科学研究范式的转型受到自身发展的内部要素变化的影响，也受到外部环境的影响，是在两者相互依赖、相互制约和共同发展的互动中共同促成的。社会科学的研究环境是社会科学研究动态系统之外的物质、经济、信息和人际相关因素的总称。对于社会科学研究环境构成的划分，不同的切入点和分类依据将会导致划分结果有所差异。从社会科学知识体系的维度来看，社会科学研究对象构成了社会科学研究的主要环境因素。从社会科学研究活动来看，对研究活动进行组织和管理的相关因素构成了主要环境因素。而从研究活动的层次性来看，社会科学各具体学科又成为相互之间的环境因素的构成部分，为其他学科提供理论、方法等环境因素的输入、输出与反馈。因此，本章将社会科学研究环境划分为研究对象性因素（人类与社会活动）、研究方法性因素（科学技术发展与研究方法）、研究的社会建制性因素（社会科学研究的管理环境、人才环境、科研环境）等。其中，研究的社会建制性因素中的管理环境主要指对社会科学研究活动和动态过程进行的顶层设计、资助政策、激励与科研评价导向、管理流程与组织制度等；人才环境则是指对社会科学研究人才培养与评价的开放和包容、培养与吸引、激励与保障等因素；科研环境则指学术交流与合作、学术风气与科研心态、科研价值观等。这些因素之间又相互影响、相互作用，共同形成了社会科学研究的发展环境。

5.2 理 论 基 础

5.2.1 范式理论

范式（paradigm）在日常用语的使用中主要是指遵从一定模式或范例，或者指行为的现成体系或固定方式。20 世纪 60 年代由美国科学哲学中历史主义创始人库恩引入科学哲学。库恩在《科学革命的结构》等著作中界定了科学范式这一理论，从历史的维度进行研究，批判式地继承了波普尔的证伪主义，揭示了科学发展的结构性和过程性。库恩认为科学共同体所共有的观念及思维模式框架即可称为范式。其中所提到的科学共同体，是一个领域的科学工作者所组成的团体，他们普遍拥有大致相同的教育与知识背景，都对相似或相近的问题感兴趣。科学范式理论认为科学的进步并非像传统科学史中科学变革理论所认为的那样是一个不断吸纳新知识、不断进步的线性过程或者局部变革，库恩提出了整体变革的观点，认为科学进步不仅仅是知识的积累，而且是科学范式的革命，是看待世界视角的根本转换，是世界观的改变。基于此，库恩将科学革命的结构界定为"前范式—常规科学—范式—反常（危机）—科学革命—新范式—新科学"的周期性过程，并认为科学共同体所共有的观念、思维模式框架统称为范式。范式通常是指那些公认的科学成就，它们在一段时间里为实践共同体提供典型的问题和解答，是常规科学所依赖并得以运作的理论基础和实践规范，是学术共同体所共同遵从的世界观和行为方式（库恩，1980）。而范式的进步性和合理性，则需要从真实的历史进程中予以评价，依据则是看其是否更容易做出准确的预测、更系统地解释现象或拥有更宽的适用范围等。

范式是开展科学活动的基础。库恩在《科学革命的结构》的序言部分提出，范式是指某一科学成就在某一特定历史时期为某个科学共同体的成员提供了模型问题和解决方案，这是库恩第一次对"范式"这个概念界定出一个较为清晰的定义，也是"范式"最被认同的一个定义。在这一部分库恩讨论了常规科学的形成和本质，且将常规科学与范式联系在一起，并总结了范式两个方面的特征。库恩在探讨常规科学的本质时，对范式又做了进一步说明：范式是一种被接受的模型或模式，就是科学共同体普遍承认的科学成就，并且是一定时期内进一步开展活动的基础。

范式可以指一种工具仪器或方式方法。库恩论述了常规科学就是解谜的过程，从某种意义上扩展了范式作为实用工具的意义：范式可以被看作范例，它为解决问题提供了具体方法，把抽象的精神工具转化为实际行动。范式作为实用工具支撑着产生它的那门科学，是成熟的科学界在特定时间能接受的方法和解决方案的来源，从某种意义上可以定义为一种标准。范式的发展归根到底是新范式替代旧范式。

范式是一种信念、信仰，而这种信念恰恰是共同体的成员都具备的素质，并且科学研究者根据这个信念进行科学研究与实践，同时这种信念支撑科学共同体的理论认同。但是这种范式也会向人们展示出它自身存在的弊端，一旦范式存在理论结构上的缺失，会导致整个科学研究领域的实践偏离正确的轨道，与真理背道而驰。

在后续的研究中，既有学者将范式限定于某一科学问题的特定例子（重要科学成就的公认实例），即科学共同体认可、赞赏和效仿的典范。也有学者将其限定在某一学科范围内最广的共识单位，包括概念、样本、理论和方法。也有学者认为应该从更广泛、更基础的范围来理解范式，如派顿认为范式是世界观、一般性观点和一种分析世界的方式（Patton，1975）。英国学者玛斯特曼对库恩的范式观做了系统的考察，她认为范式在不同层次的表现是有差异的，当其作为一种信念或一种形而上学思辨时，它是哲学范式或元范式；当其作为一种科学习惯或一种学术传统和一个具体的科学成就时，它是社会学范式；当其作为一种本身成功示范的工具或一个解疑难的方法、一个用来类比的图像时，它是人工范式或构造范式（Masterman，1970）。总之，有关科学范式的研究催生了众多的后续研究，并受到来自科学哲学、科学史学以及其他多学科学者的关注，对范式的界定也呈现多样化和宽泛化的状态。即使是库恩本人在《科学革命的结构》出版七年后的补充说明中也承认自己对范式一词也许有多达 22 种不同意义的使用（卢恩斯，2018）。

5.2.2 场景理论

"场景"一词最初源于戏剧表演的概念，指的是影视、戏剧和文学艺术作品中的场面，其要素为演员、演员表演的空间范围及空间范围中的构成要素三个紧密相连、相互影响和作用的方面。1956 年，社会学家欧文·戈夫曼（Erving Goffman）在其著作《日常生活中的自我呈现》中将其引入社会学研究之中，使用戏剧透视法的符号互动论研究，提出了"拟剧理论"，将社会比作舞台，人们在其中扮演各种角色。戈夫曼使用"situation"一词定义场景，其场景主要限定在物理空间的维度，是"在建筑物或房舍的有形界限内有组织的社会生活"和"受某种程度的知觉障碍限制的地方"（戈夫曼，2008）。戈夫曼创建了场景理论中"恰当行为""前台行为""后台行为"等概念，将抽象、宏大的社会理论引入独特的分析路径，使场景成为社会生活研究的基本分析单元。

20 世纪中叶以来，随着第三次信息技术革命的发展，广播、电视等电子媒介逐渐普及，其所带来的信息流动新模式对社会行为产生了重大影响，创造了新的社会环境。在此背景下，约书亚·梅罗维茨（Joshua Meyrowitz）在1985 年出版的《消失的地域——电子媒介对社会行为的影响》一书中提出了媒介场景理论。将场景的概念延伸至传播学领域，提出了将社会场景结构作为面对面的交往研究与媒介研究的联结，即将对媒介的探讨同与地点有关的场景的探讨联系起来。媒介场景理论建立了"新媒介—新场景—新行为"的关系模型，突破了"前台""后台"的划分，而进入新场景"中区"的新行为研究，也突破了场景对时空的依赖，转向对信息获取模式（也就是媒介信息所营造的行为与心理环境氛围）的关注（蔡斐，2017）。梅罗维茨（2002）将场景界定为"地点和媒介共同为人类构筑了交往模式，以及社会信息传播模式"，其中地点创造的是一种"现场交往的信息系统"，而其他传播渠道创造出了更多其他类型的场景。

场景理论自提出以后受到了多个学科的关注，成为一个外延相当广泛的概念，戏剧学、传播学、社会学、城市研究以及商业研究等领域都对其进行了应用和发展。但其广义的外延性以及英文语境中 situation、scene、context等术语的混用，导致了场景概念在不同的语境下，在内容上有着巨大的差异，其概念也尚处于不断发展过程中，构成要素也没有得到统一的界定（王永杰等，2021）。虽然如此，夏蜀（2019）认为近年来场景理论可以基本概括为两条演进路径：基于信息技术的 stuation→context 进路和基于后工业社会消费主义的 stuation→scene 进路。前者关注信息技术，尤其是互联网、大数据、移动智能终端、传感器等新一代信息技术融入社会生活与工作方式中产生的变革，代表性学者有罗伯特·斯考伯（Robert Scoble）、谢尔·伊斯雷尔（Shel Israel）、玛丽贝尔·洛佩兹（Maribel Lopez）等。后者则关注后工业社会由生产中心向消费中心转变中新芝加哥学派提出的场景理论，从时空场景向文化场景转型，提出站在消费者视角对城市和社区进行审视，认为场景是各种消费实践所形成的具有符号意义的社会空间，代表性学者有特里·尼科尔斯·克拉克（Terry Nichols Clark）、丹尼尔·亚伦·西尔（Daniel Aaron Silver）等。

严格来讲，上述第一条进路并未像第二条进路的新芝加哥学派一样提出严肃的学术理论和研究方法，更多的是关注新一代信息技术带来的挑战与应用模式的探讨。如斯考伯和伊斯雷尔（2014）在其《即将到来的场景时代》一书中主要关注了"场景五力"，即移动设备、社交媒体、大数据、传感器和定位系统给人们生活带来的影响和改变，并在此基础上探讨新技术带来的商业模式、竞争挑战、企业运营与管理等领域的变化。洛佩兹（2016）的著作《指尖上的场景革命》也采用类似的思路，只是将场景的要素扩展为空间与网络双重要素，包含位置、设备类型、行为状态、天气状况、环境条件、社会角色与社会关系、时间、移动状态和目前的处理状态等九个方面。国内的研究大多延续了上述思路，主要集中在移动互联网商业领域，只是在对场景要素的构成框架、场景驱动因素和对策、面对的困境等的分析上大同小异。本书拟将两条进路进行整合，主要参考夏蜀建立的数字化时代的场景理论的再定义和超越现象层面的特征概括，以及框架体系。夏蜀认为在新的数字环境中，场景的概念也需要重新定义，场景被认为是物质空间与信息空间通过数字技术进行相互连接、切换与融合，进而实现人–机–物互动交流的场域，该场域中，构成要素为人、物品、时空环境、文化与情感、数字生态（夏蜀，2019）。

首先，新一代信息技术的发展，尤其是"大物移云智"等新技术的广泛应用，使得"身体缺场"与"智能感官在场"成为现实，移动互联网构造出了"时空一体化"的场景，线上线下融合与自由切换成为可能，个体与群体、现实世界与虚拟世界、线上与线下随时可以"无缝"连接。夏蜀（2019）认为正是这种连接重构了场景（situation）的时空与环境。其次，互联网不仅构成了数字信息空间，也是一个社会文化空间，各类社交媒体与个性化推荐功能的应用，使得数字空间具备回音壁与信息茧房的功能，人们在其中基于利益耦合、情感认同、爱好互证等目的进行自我呈现与身份塑造，在彼此交流互动过程中逐渐催生了新的社会组织形态——社群，并为新的消费文化生成（文化需求）与流行（归属感）提供"协同管道"。社群从消费的视角不断丰富场景（scene）的文化与情感。最后，数字化生存的泛在化发展，导致了"万物联网、万物皆数、万物智能"逐渐成为现实，在这样的背景下，场景的泛在将变成数据的泛在，海量人群聚集、海量微观交易、海量时空属性、海量行为轨迹被数字技术所识别、存储、传输和计算，形成"通宏洞微"的真实社会现场精准表征，场景中的互动变成了数据的流动。通过数字化技术，数据不断通过人机交互拓展场景（context）的宽度和深度。数字化环境下场景概念的框架如图 5-2 所示。

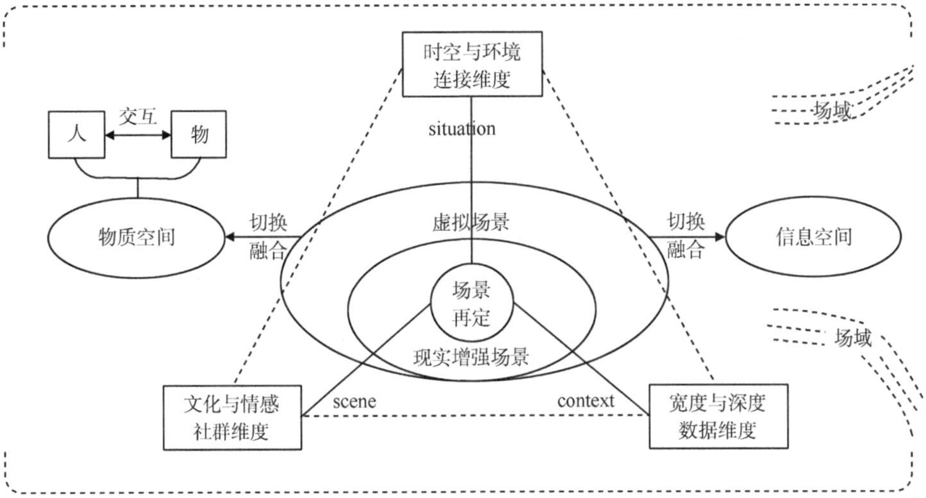

图 5-2　数字化环境下场景概念的框架

资料来源：夏蜀（2019）

5.2.3　社会科学研究信息化

社会科学研究信息化（e-Social Science，eSS）是在科学研究信息化（e-Science，eS）的基础上发展起来的。最早提出 eS 概念的是英国研究理事会科技办公室主任——约翰·泰勒博士。2000 年，约翰·泰勒指出，eS 是指全球性合作在重点的科学研究领域展开，并且这种合作将会带来下一代基础设施的革新。之后，英国学者马尔科姆·艾特金森教授提出了一个更加清晰明确的定义："e-Science 即利用先进计算思想的研究方式的系统发展"（科技部国际合作司，2002）。之所以提出 eS 这个概念，其目的是，在信息技术快速发展的时代背景下，使得全球跨学科的、大规模的科研合作，以及跨时空、超越物理障碍的资源共享成为一种可能（李进华和王伟军，2007）。

目前我们所说的 eS，即科学研究信息化，将理论、实践和计算仿真统一起来，其主要包括信息化基础设施和信息化科研活动两部分（桂文庄，2008）。其中信息化基础设施主要由三个部分组成，它们分别是信息化基本条件、数字化科研仪器设备以及 eS 的软环境。网络设施、高性能计算设施、数字图书馆、科研数据资源等均属于信息化基础设施的范畴。数字化科研仪器设备包括各种传感器、观测设备、软件等。eS 软环境包括各种法律、政策、法规或培养人才的环境等。

eSS 则是一个比 eS 相对更加前沿的研究领域，是在 eS 在自然科学领域的研究取得良好的进展及成绩的前提下进行的，是 eS 在人文社科领域的延伸和拓展。目前，国际社会对 eSS 认知并未统一，总结起来主要涵盖以下三种：第一，有部分学者认为，eSS 的研究是 eS 的一个分支。第二，另一部分学者认为 eSS 是一种限定在社会科学领域中使用网络技术进行研究的研究方法。第三，英国社会科学研究理事会数据存储中心提出 eSS 是一种社会科学专家与计算机专家合作开发的研究工具，用来解决社会科学领域所遇到的问题，eSS 涵盖了社会科学的技术方法和工具的开发。

eSS 在国内的研究观点主要体现为以下两种。褚鸣（2010）认为 eSS 的内容主要体现为：第一，用社会科学研究的网格中间件及研究工具的开发；第二，语义网络；第三，科研信息化技术的形成；第四，数据收集、整合、共享、修复和管理；第五，虚拟协同研究环境的构建。褚鸣（2010）认为缺乏资金和人才、高成本是阻碍 eSS 发展的主要原因，种子基金、协作、研究兴趣和学术带头人是推动 eSS 发展的重要影响因素。雷枫（2010）则将 eSS

体系构成等同于 eS，认为其包括信息化基础设施和信息化科研活动两个方面，前者主要指基础资料的获取、存储、处理等基本手段信息化，后者是对研究对象的计算机模拟与仿真。eSS 体系建设需要重视社会科学定量化研究、社会复杂系统的综合集成研究、社会科学数据中心建设和 eSS 体系的实现四个方面的问题，从而搭建人工社会系统实验室，实现对社会科学研究对象的模拟实验。

近年来，随着新一代信息技术的不断发展，eS 中信息化基础设施的三个组成部分数字化、自动化、智能化、宽带化、无线化的趋势不断加强，信息化科研活动则产生了全新的变化，越来越依赖数据驱动与信息化技术。在此基础上，Gray（2009）提出了全新的科学研究范式：数据密集型科学研究。在这一研究范式中，数据将由仪器收集或仿真产生，而不再由科学家操作仪器进行直接的观察和记录；数据的处理过程（采集、整理、分析及可视化）由软件进行处理，其规模和速率都远远超出了人脑的存储和计算能力；由计算机存储信息和知识，形成人脑+外挂知识系统；科学家通过数据管理和统计方法分析数据和文档，科学家在整个工作流中相当靠后的步骤才开始审视数据（Hey et al.，2009）。这种影响在 eSS 中也正在显现，由于大数据、物联网、移动互联网和智能终端技术的发展，eSS 中信息化基础设施正在不断实现"万物智能""万物联网"，从而将社会科学研究对象的属性数据、时空数据、行为数据在大数据环境中得到融合，引发了"万物皆数据"和"计量一切"的趋势。第四研究范式下的社会科学研究活动也将呈现更加依赖数据驱动和信息化的特征，社会科学研究的对象也从传统的人参与的社会系统和社会过程转变为现实世界与虚拟世界平行系统互动形成的数据网络（米加宁等，2018），并不断促进社会科学与自然科学在数据驱动研究过程的学科交融。

在大数据的驱动下，社会科学研究活动生命周期开端不再一定从理论假设开始，也可以是在数据分析得到的奇点相关的引导下构建因果和结构关系。

同时，参考数据文档倡议（data documentation initiative，DDI）组合生命周期模型、弗吉尼亚大学图书馆科研生命周期、校际政治和社会研究联盟数据档案（Inter-university Consortium for Political and Social Research，ICPSR），社会科学数据存档生命周期管理模型提出 eSS 环境下社会科学科研与数据组合生命周期模型，如图 5-3 所示。该模型体现了社会科学第四研究范式的研究活动生命周期与 eSS 数据管理生命周期的双向嵌入。在数据的生命周期内，该模型必须保证数据的安全性和访问控制，并能够实现数据的获取（含过滤、清洗与整合）、数据分析（分类、挖掘、实验、分析）、数据感知（可触、可听、可嗅、可视）、数据存储与再利用、数据共享与出版等，整个过程都要求数据的存储、保护与重用。同时，数据管理的生命周期能够嵌入社会科学研究生命周期，为 eSS 提供对研究的起点（理论假设或模型、数据发现的相关性）、研究过程、研究结果（展示和再利用）。而数据管理计划与研究设计则是实现这一嵌入的关键环节（章昌平等，2019）。

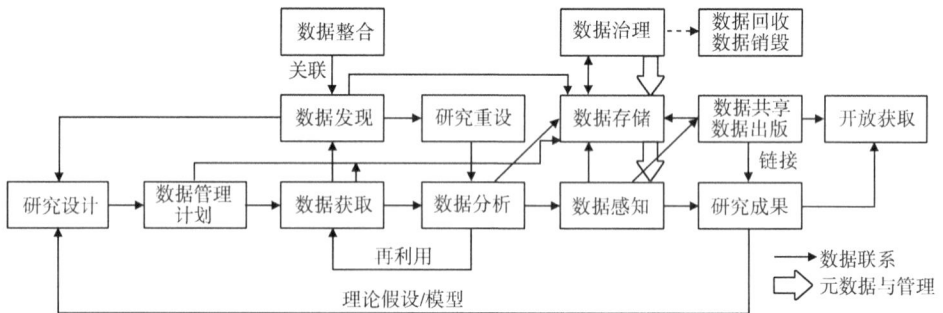

图 5-3 基于 eSS 的科研与数据组合生命周期模型

5.3 分 析 框 架

从核心概念和基础理论角度分析，我们认为社会科学研究环境由三大部分构成：研究对象性因素、研究方法性因素和研究的社会建制因素。大数据与数据科学为社会科学研究对象带来了系统性的变革，其中包括第四次工业革命引致的文明样式和社会形态变化，以及在这一宏观背景下社会科学研究主要研究对象——人的关系与人的行为——产生的变化趋势，并在此基础上提出研究对象性因素的基本假设。数据科学发展至今，正在沿着数学与统计学、计算机科学两条路径不断完善，数据科学的发展形成了一定的方法与工具体系，本篇观察这些方法和工具是否能够为社会科学研究提供支撑，是否能够覆盖社会科学研究数据处理的全生命周期、科研过程的全生命周期、社会科学研究者学术生涯的全生命周期。

　　研究的社会建制因素则考察数据科学对社会科学研究影响的制度成熟度，覆盖从顶层设计到具体管理体系的多层次分析。根据上述设想，本篇分析框架如图 5-4 所示。

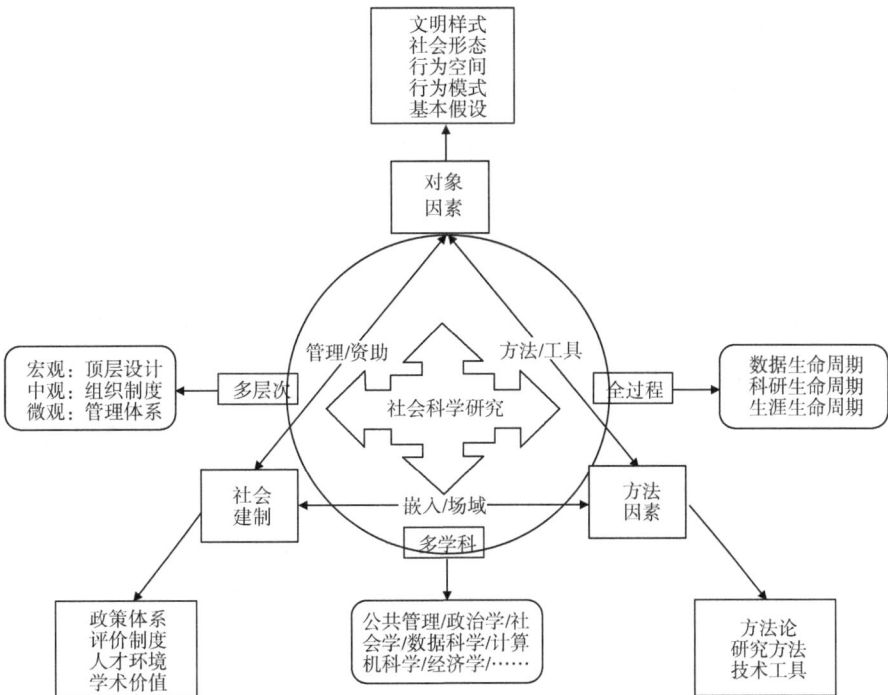

图 5-4　分析框架

第6章

研究对象性因素：数字文明时代的"数据人"假设与数字化生存

6.1 数字化与数字空间的兴起

6.1.1 第四次工业革命的核心：数字化与智能化

目前对工业革命的界定还没有统一的认识，《不列颠百科全书》（1998年版）认为工业革命"是一个现代历史变迁的过程，是工业和机器制造业开始取代农业、手工业经济而占统治地位的过程"，将工业革命几乎等同于工业化。而《科利尔百科全书》（1997年版）的定义则更简单，认为工业革命是由工具的时代进入机器的时代，其关键是机器制造取代手工。我国《辞海》（2019年版）中则有两种界定，其一将其定义为"以手工技术为基础的资本主义工场手工业过渡到采用机器的资本主义工厂制度的过程"，其二为"国民经济各部门广泛采用新技术，以及由此引起的经济发展和产业结构的根本改变"。从中可以看出，对工业革命的理解覆盖了从机器取代手工的生产方式，到国民经济结构的改变，再到资本主义制度的确立等多个维度。狭义的工业革命主要指18世纪中叶发生在英国的第一次工业革命，即"资本主义生产从工场手工业向大机器工业阶段的过渡"这一历史阶段。而最新的研究则更多地将工业革命与科技革命联系在一起，将工业革命视为以"新的科学发现"为基础，通过科技革命爆发，以新技术广泛应用为标志，引发产业结构变革、经济增长和社会分工细化、全球政治和经济格局变化并以深刻影响社会文化价值观、心理状态为结果的过程（姜江，2013）。

正是由于对工业革命内涵界定的多样性，学者对历史上爆发工业革命次数的划分依据也产生了差异，形成了多种划分方式。英国《经济学家》杂志负责创新与科技报道栏目的编辑保罗·麦基里（Paul Marlillie）认为 "一些人认为我们正处在第四次或第五次工业革命当中；也有一些人认为，目前所发生的一切，不过是第一次工业革命的延续"（王龙云和侯云龙，2012）。而麦基里本人则认为我们目前正处在第三次工业革命之中，其在 2012 年 4 月撰稿了系列报道《第三次工业革命》，将 18 世纪晚期英国的纺织业迈向机械化划定为第一次工业革命的开始，20 世纪初流水作业的生产线视为第二次工业革命的开端，制造业的数字化发展则是第三次工业革命的核心。历史学家斯塔夫里阿诺斯则认为工业革命共有两次，其起始的时间分别为 18 世纪 80 年代和第二次世界大战之后。主要学者对工业革命发生次数及其划分依据的观点详见表 6-1。

表 6-1　工业革命发生的次数及其划分依据

序号	发生次数	划分依据	分布阶段	代表性学者
1	两次	生产力有了一个 "进入自驱动的发展的起飞"；科学开始主导工业化进程	1780~1914 年，第一次工业革命；1945 年以后，第二次工业革命	斯塔夫里阿诺斯（1999）
2	三次	新型通信技术与新能源系统交汇之际就会引发新一轮工业革命	19 世纪，蒸汽动力与印刷术结合代替手工印刷为第一次工业革命；20 世纪前十年，电视、电话、广播技术出现与石油、电力等新能源应用开启第二次工业革命；20 世纪 90 年代，互联网和可再生能源的出现催生第三次工业革命	里夫金（2012）

续表

序号	发生次数	划分依据	分布阶段	代表性学者
3	三次	制造业的生产方式	第一次工业革命于18世纪晚期开始，纺织业迈向机械化； 第二次工业革命于20世纪初开始，流水线生产方式； 第三次工业革命于20世纪后叶开始，制造业的数字化发展	邢鸿飞和麦基里（2012）
4	四次	每次工业革命就是一次技术创新活动的高潮及其消化和吸收的过程	1783~1842年：工业革命时期，机械大量应用； 1842~1897年：铁路化时代，蒸汽机与铁路得到推广； 1897~1953年：电气、化学和汽车时代； 1953年开始：核技术、电子学与石油化学长足发展	熊彼特（1990）
5	四次	人类生产方式和产业结构的巨大变化	18世纪中后期蒸汽机和机械发明为代表的第一次工业革命； 19世纪中后期电力和运输革命推动的第二次工业革命； 20世纪中期电子技术和自动化推动的第三次工业革命； 20世纪中后期信息技术和网络化推动的第四次工业革命	何传启（2011）
6	四次	科技基础决定经济发展模式	第一次工业革命始于18世纪晚期，基础是煤炭冶铁术和棉纺业机械化； 第二次工业革命始于19世纪40年代，基础是轮船、铁路和酸性转炉钢； 第三次工业革命始于19世纪与20世纪之交，基础是电力、化学和汽车工业； 第四次工业革命始于20世纪中叶，基础是微处理机及各类安装微机的设备、遗传工程、新结构材料和能源	玛丽·古德，引自科图拉克和廖吉甫（1984）
7	五次	技术创新和经济变革的周期性特征。每一次"长波"都是由技术、科学、经济、政治和文化五个子系统组成的有机整体，每隔一定时期出现的新技术集群是社会演化和经济增长的根本动力，而其他各个子系统则为各个新技术集群提供完善的支撑结构	第一次康德拉季耶夫长波（1842~1845年）：蒸汽技术驱动的纺织工业进步； 第二次康德拉季耶夫长波（1845~1892年）：以钢铁生产为核心的铁路发展； 第三次康德拉季耶夫长波（1892~1948年）：电气化和重化工业发展； 第四次康德拉季耶夫长波（1948~1991年）：汽车和计算机发展； 第五次康德拉季耶夫长波（1991年至今）：以信息技术为标志性技术创新	弗里曼和卢桑（2007）

序号	发生次数	划分依据	分布阶段	代表性学者
8	六次	生产力发展引起的生产体系和经济结构的飞跃	第一次产业革命：公元前七八千年，农牧业的出现和兴起； 第二次产业革命：公元前一千多年，商品生产的出现； 第三次产业革命：18 世纪末 19 世纪初，大工厂生产出现； 第四次产业革命：19 世纪末 20 世纪初，跨国大生产体系出现； 第五次产业革命：20 世纪初至 20 世纪末，电子计算机和信息化生产体系出现； 第六次产业革命：21 世纪，高度知识和技术密集的大农业、农工商综合生产体系出现	钱学森（1994）

注：①斯塔夫里阿诺斯的《全球通史》首版于 1970 年，其观察到的工业革命现象也停留在这之前。②熊彼特在 1950 年去世前预测第四长波将从 1953 年开始。③钱学森把工业革命扩展到产业革命来论述这一问题，产业革命不等同于工业革命，而且产业革命的巨大变革既包含生产力也包括生产关系，必然影响社会结构和社会上层建筑的变化

　　从表 6-1 中我们可以看出，由于学者所观察的历史阶段和划分依据的不同，对工业革命次数和阶段的划分产生了较大的差异性。甚至有学者完全否认"工业革命"这一术语，认为将准备几百年、持续很长时间的历史现象用"革命"来界定不能令人满意，认为经济发展是一个渐进、缓慢的累积过程，而革命更强调变化的突然性，甚至以亚当·斯密、大卫·李嘉图和马尔萨斯等当时生活于工业革命时期的著名经济学家都没有在其著作中关注当时出现的工业革命作为佐证（舒小昀，2006）。在这里我们认为没有必要陷入术语之争。一方面，"工业革命"这一术语自建构以来，已经成为学术界和实践界约定俗成的一个概念，没有必要再另外创造一个新的术语来描述这一现象。另一方面，虽然工业革命所描述的经济现象是一个缓慢的发展过程，但是在每一次工业革命过程中，总是和技术革命相结合。在爆发的初期，有大量的技术簇突然涌现，并在之后几十年甚至上百年的时间中得到应用并影响经济发

展过程，这在实际上形成了革命和演化两种现象并存的局面。例如，经济历史学家乔尔·莫吉尔（Joel Mokyr）就认为工业革命的诞生归功于"灵感的链条"，也就是一个创意的出现导致另一个创意的萌生，并以瓦特蒸汽机为例，认为其实际上也是许多人共同努力的结果。工业革命的出现使得"灵感的链条"虽然在空间上的长度非常长，但在时间上的长度却非常短（赖特，2019）。而身处变革之中的人之所以无法感受到"革命"的存在，是因为技术簇（或称之为"灵感的链条"）从产生到大规模应用，再到经济发展方式的变革是一个需要推广演化的过程，工业革命的影响也不仅仅停留在工业领域，其往往带动科技和产业的高速发展，并促使人类的生活方式发生巨大的变化，而这个变化过程则会是一个比"灵感的链条"更漫长的演化过程。正如陈彩虹在《在无知中迎来第四次工业革命》中所言"人们惊讶、感叹并享受技术进步和功能扩展时，却真不知道，如此'颠覆'的，只是从桌子上拿起话机，改变成从口袋里掏出那个精巧玩意儿，还是人类的生存方式将出现断崖式变化"（陈彩虹，2016）。

对于工业革命阶段和次数的划分，我们主张遵循克劳斯·施瓦布的方法，将工业革命划分为四个阶段，并认为目前我们正在快速全面地进入第四次工业革命。对于第四次工业革命的形成，施瓦布认为有三个理由证明这不是第三次工业革命的延伸，分别是这场革命在范围、规模和系统影响方面都有自己显著的特征，而且认为这次工业革命的主要特征是技术融合，技术融合导致了物理、数字和生物三大领域的界限逐渐模糊（施瓦布，2016）。对于工业革命阶段划分来说，这样的依据显得过于模糊和笼统。另外两位学者的研究则给我们提供了新的参考，布莱恩约弗森和麦卡菲（2014）在其著作《第二次机器革命》中提出了"通用目的技术"才是工业革命最本质的变化，并且认为"通用目的技术是指对经济体系的很多部门都有着潜在而重要影响的深刻的思想和技术，是服务所有技术目的的技术"。因此，在第一次工业革命过程中产生重要影响的不是珍妮纺纱机，而是蒸汽机，第二次工业革命则是电力诞生后在此基础上产生的"灵感的链条"，第三次工业革命则是以计算机技术与互联网为基础的系统性变化。

目前，对于正处在第四次工业革命初期的判断已经得到学术界和实践领域大范围的认可。但对于第四次工业革命的核心技术构成则存在较大的争议。施瓦布从物理、生物和数字三个领域列举了他所认为的技术驱动力的名单。也有学者认为新一轮产业革命包括五个方向：机器人、个性化医疗、数字货币、网络战争、大数据（罗斯，2016）。德国工业4.0中，则将信息物理系统（cyber-physical system，CPS）居于核心位置。CPS是一个包含计算、网络和物理实体的复杂系统，通过计算机技术、通信技术和控制技术（computing、communication、control，3C）的有机融合与深度协作，利用人机交互接口实现和物理进程的交互，使赛博空间以远程、可靠、实时、安全、智能化、协作的方式操控一个物理实体（中国工控网，2016）。也有学者从这些技术背后更深层次的驱动力来思考，认为无论是什么技术，背后的推动力量都来自对世界范围内海量数据的采集和分析工作。施瓦布本人也在其新作中更新了第四次工业革命核心驱动力的技术名单，并尝试分析每一个技术簇背后更深层次的要点。从上面的分析来看，对第四次工业革命核心的认识要么从商业前景的视角来看，把技术和技术的应用前景混为一谈，要么只从产业发展的视角来看，即限定在工业领域探讨核心技术的发展。而从通用目的的技术的视角来看，前三次工业革命分别是通用目的技术及其为推进该技术应用而建立的基础设施网络所形成的庞大应用体系，并深刻改变了人类生活方式。比如，蒸汽机及铁路、公路网络，电力与电力网络，计算机与互联网等。从这个视角来看，第四次工业革命可以被看作实现CPS互联的核心技术及其基础设施的组合。这里需要指出的是，新的工业革命并非一定会取代上一次工业革命的框架，比如电力及其电力网络中前者替代了蒸汽机，但后者则无法替代公路、铁路网络，反而是以新的能源、联结方式赋能和加强了第一次工业革命产生的基础设施，公路、铁路网也为电力网络的铺设提供了基本的框架（线路）。计算机与互联网更呈现出上述特征，对上两次工业革命的成果既有替代，也有赋能加强，还有依赖。第四次工业革命也是如此，所以在核心技术上存在对第三次工业革命计算机及互联网基础结构的依赖与加强。综合这三点来看，我们可以将第四次工业革命的核心概括为数字化和智能化，其背后的基础设施则包含互联网与物联网。当然，现在所处的阶段，核心技术的具体路径尚处于竞争发展的过程中，比如工业互联网中要实现物与物互联，则分别有 M2M（machine to machine，机器对机器）、物联网、CPS 等相互交叉又有所区分的技术框架。总而言之，这一次工业革命有着史无前例的规模、影响范围和复杂性。技术不仅会嵌入整个社会，甚至还会嵌入人类身体之中。这包括基因组编辑、新形式的机器智能、具有突破性的新材料的出现，以及依赖于加密技术的治理路径，如对区块链的管理。正如《国外社会科学文摘》编辑部（2018）摘录威廉·吉布森所言，"未来已经到来——只是分布不太均匀（The future is already here—it's just not very evenly distributed）"。图 6-1 描述了四次工业革命的特征。

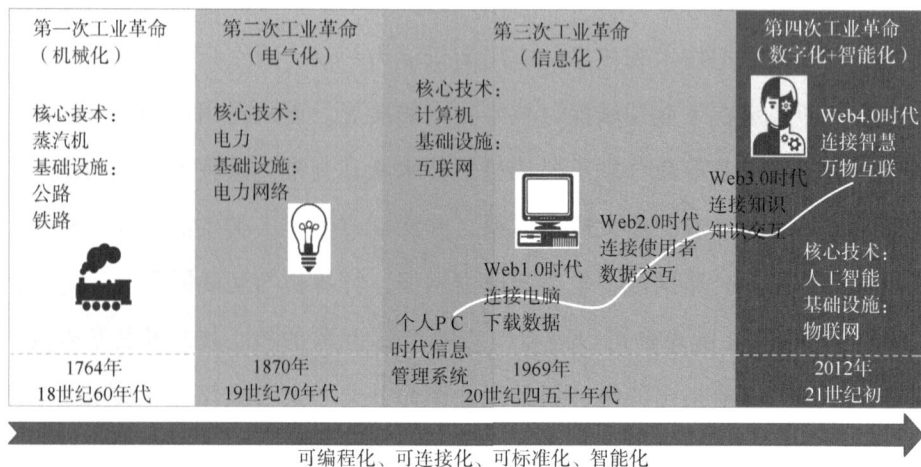

图 6-1　四次工业革命的特征

6.1.2 数字空间的兴起：从二元空间到三元空间

第四次工业革命以前所未有的态势席卷而来，可以说人类社会面临"千年未有之大变局"，在社会经济运行过程中出现的诸多新现象和新问题都是以前人类社会前所未遇的。信息技术和智能技术的发展，正在推动新的空间——数字空间的形成。早在 20 世纪 80 年代初，以威廉·吉布森为代表的科幻小说家在其作品中就构建了信息化的虚拟世界，并创造了赛博空间的概念，开创"人脑与计算机合一，形成了一个崭新的奇幻领域"，用科幻小说的"电子时代"向人们展示"电脑屏幕之中另有一个真实世界"，这个幻想世界不仅可以包含人的思想，也包含人类制造的各种系统，并对网络与人工智能产生的影响展开了丰富的想象和批判（Lloyd-Smith，2004）。如今，40 多年过去了，世界并未像小说描绘的那样出现"人工智能奴役人类"和"技术控制社会"的"后现代危机"场景（刘晓华，2016），但小说中描绘的"第三空间"却正在兴起。甚至吉布森本人也承认互联网的重要性（甚至是首要），就像"必须依赖城市一样成为人类某种基础性依赖"，为"我们探索未来提供了一个良好的空间"（鞠海彦，2009）。

而要理解数字空间的形成与特征，还得从信息化元问题的研究出发。20 世纪 60 年代，波普尔在《没有知识主体的认识论》一文中提出了世界 3 理论（图 6-2）。波普尔认为，宇宙中存在三个世界，即世界 1 是物理世界，包括物质和能量，是由物质客体、地球和天体、植物和动物、辐射或其他能量形式等构成的客观世界。世界 2 是人的精神世界，是由人的意识、心理、智慧和情感等构成的主观世界。世界 3 则是人在认识世界 1 的过程中产生的客观知识世界，是由人类精神产物，如艺术、语言、文字、科学知识、技术、宗教以及机器、建筑等物化知识构成的客观知识世界。三个世界是相互作用的（Popper，1980）。世界 3 理论将人类精神活动产品构成的世界从物理世界和精神世界中分离出来,并将其视为其他两个世界的中介,具有十分重要的意义。甚至有学者认为该理论是信息化为主的"第三次浪潮"驱动的知识社会的"基本范式"(吕乃基,2007)。

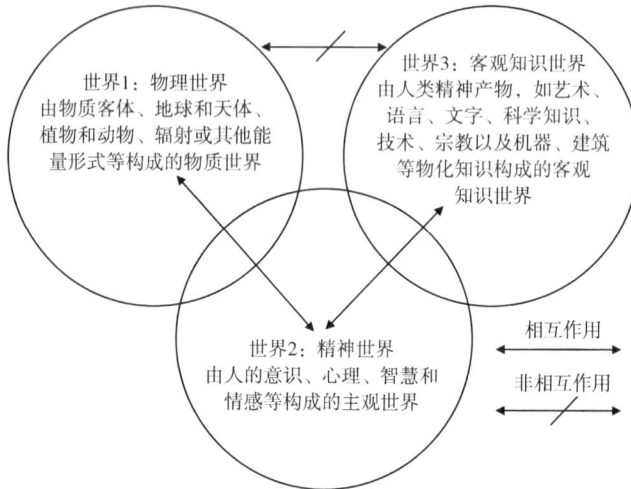

图 6-2　世界 3 理论

在信息技术革命爆发之前,三个世界存在于物理世界构成的物理空间和人类社会构成的社会空间之中[图 6-3(a)],世界 1 和世界 3 之间无法直接互动,必须通过世界 2 作为中介。随着信息技术的发展,互联网诞生以后,产生了物理空间和社会空间之外的第三空间——初期这个空间被称为"信息空间""网络空间""虚拟空间"等系列概念簇。三个世界的关系与互动如图 6-3(b)所示,世界 3 的内容被大大扩展,产生了更多类型的人类精神产物,如计算机、网络、软件、程序等,这些知识与传统世界 3 中的书籍、报刊、建筑等不同,它们在互联网的作用下产生了互联,形成了网络空间。同时,世界 2 中的部分精神活动、世界 3 的部分书籍和报刊等也被转移到网络空间中进行,产生了 Web1.0 至 Web3.0 的应用。随着数字化技术和智能技术的发展,网络空间进一步发展成为数字空间,三个世界的关系与互动如图 6-3(c)

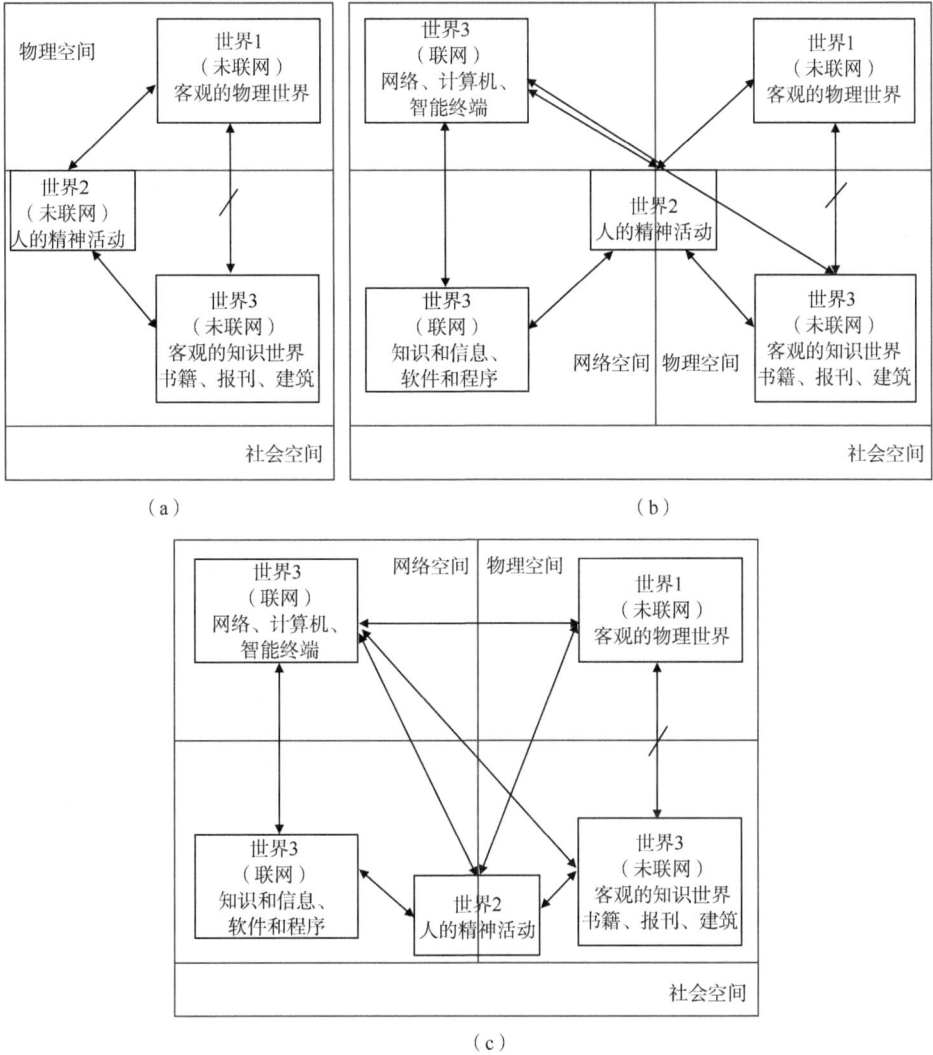

（a）

（b）

（c）

图 6-3　信息技术发展对 3 个世界理论的改良

所示。一方面，世界 3 延续上一阶段的发展趋势，不断产生新的数字化设备，尤其是智能感知与智能终端设备，这引发了这一阶段出现的新趋势，即世界 1 和世界 3 产生了互动，通过大量的智能感知设备、人工智能技术，世界 3 将大量的世界 1 数字化，存储于世界 3 中，并被人工智能技术直接处理，世界 3 开始直接认识世界 1。另一方面，世界 2 中的各项活动也开始大量数字化，以行为数据、属性数据的方式存储，进入世界 3，世界 3 中的人工智能开始智能化处理世界 2 的数据，对世界 2 的反作用越来越强（如算法推送、个性化定制等），线上（online）的网络空间与线下（offline）现实社会加强融合（online to offline，O2O）。

至此，从空间性视角来看，数字空间不仅仅作为一个虚拟空间、精神生活空间和文化空间相结合的新型的生活空间，更是世界 1、世界 2 在世界 3 中的深度延伸。因此，我们认为第四次工业革命刷新的数字空间，不仅创造了人类数字化生存的全新模式，而且是物理、社会和数字因素跨界融合的第三空间，日益成为"物理–社会"空间的中介系统。我们对物理空间、社会空间和数字空间三者之间的关系进行进一步抽象，得出三者关系的模型如图 4-1 所示。在三元空间中，数据成为三大空间实现互嵌的基础，这种互嵌既有映射又有重塑功能。社会空间通过互联网的连接和读写、物理空间通过物联网的感知和控制与数字空间产生交互，形成了线上线下交互与融合的场景。社会空间和物理空间的感知、行为越来越受数字空间的影响（刘挺，2019）。数字空间增强了人类思维方式和过程的外化，逐渐形成高度目的性和自主性（董子峰，2004），在人工智能技术的支持下，表现出自适应、自学习的智能性，"技术将有自己的代理"与"人类对等交流"。

6.2 数字文明时代的到来

6.2.1 工业革命与信息技术革命的叠加

除了文明样式和社会形态的变化之外，第四次工业革命还有一个显著的特征，就是工业革命和信息技术革命出现了高度的叠加。在人类发展的历史进程中，大致经历了五次信息技术革命。第一次信息技术革命的主要标志是语言的诞生和使用。人类自直立行走后不仅学会了制造工具，而且会说话，使用语言是人类区别于其他生物的重要特征之一。人类使用大脑存储信息，使用语言交流和传播信息。这使得信息的传播摆脱了对个体的局限，可以在有限群体内共享。第二次信息技术革命的主要标志是文字的发明和使用。人类大约在公元前 3500 年发明了文字。文字的出现使人类在信息的存储和传播方面取得了重大突破，信息的使用和传播超越了时间、地域和代际的局限。第三次信息技术革命的主要标志是雕版印刷术的应用。印刷术大约发明于公元 7 世纪，11 世纪我国开始使用活字印刷术。印刷术的广泛使用使书籍和报刊成为信息存储和传播的重要媒介，有力地推动了人类文明的进步。印刷术使得信息的批量复制与共享成为现实。第四次信息技术革命的主要标志是电报、电话、广播、电视的发明与普及。这场革命开始于 19 世纪，使得信息的远距离、快速传播成为可能，并且使用和传播的信息逐渐多媒体化。目前，我们正在经历第五次信息技术革命，主要的标志是计算机的普及应用及计算机与现代通信技术的结合。这场革命开始于 20 世纪中叶，使得即时通信与万物互联成为可能。

从中我们可以看出，第一次和第二次信息技术革命完全发生在前工业革命时期，和工业革命没有出现叠加状态，甚至和采集、狩猎与农业革命两次产业革命都没有太大的交叠。但是从第三次信息技术革命开始，信息技术革命和工业革命之间的关系越来越紧密。从一定程度上来讲，第三次信息技术革命尤其是古登堡改进活字印刷术，在一定程度上促进了欧洲的启蒙运动和文艺复兴，为第一次工业革命奠定了基础。而在第一次工业革命以后，蒸汽机的广泛使用又使得蒸汽动力印刷机成为重要的信息技术，让信息的批量复制与传播能力快速增长，两者呈现相互促进的关系。而第四次信息技术革命则是和第二次工业革命紧密相关，电力的发明和使用促进电报、电话、广播、电视的发明与普及。第五次信息技术革命与第三次、第四次信息技术革命相比呈现出新的特征，第五次信息技术革命成为第三次、第四次工业革命的核心，两者高度重叠。计算机与互联网的诞生成为第五次信息技术革命和第三次工业革命开始的重要标志，智能传感器与物联网的广泛使用则成为第五次信息技术革命进入新的发展阶段和第四次工业革命开端的重要标志。

6.2.2　技术与产业共同驱动新的文明样式与社会形态

第四次工业革命和三元空间的形成对人类社会和社会科学研究到底意味着什么？会产生什么样的影响？我们先从人类发展的大的历史尺度来看，三元空间的划分表征了人类从自然状态走出来后不断发展进步，最后形成了新的社会形态和文明样式的过程。人类从树冠走入草原，学会直立行走和使用工具后，在前两个发展阶段先后经历了旧石器时代以采集、狩猎为基础的攫取性经济和以农业、畜牧业为基础的生产性经济。在这个过程中，人类逐渐基于交流、合作需要而聚居生活，不断拓展社会生活与社会关系，摆脱了自然界动物状态，开始建立并进入社会空间生活，并从简单的部落制形态演化到游牧民族，再到农业社会。社会空间的形成使得世界由原来单一的物理空间演化成为"物理-社会"构成的二元空间，两者相互作用、相互影响。第一次工业革命完成后，人类进入工业社会形态，社会功能划分日趋复杂，但"物理-社会"构成的二元空间始终没有打破，社会空间内嵌于物理空间之中，成为工业文明形态。随着计算机和互联网的出现，正如上文所讲，信息技术驱动人类开始构建不同于"物理-社会"空间的第三空间，即形成了数字空间，形成了"物理-社会-数字"三元空间形态。数字空间的出现，使人类出现了新的社会形态和文明样式（图6-4）。从中我们可以看出，这种三元空间并存的状态是技术驱动社会变迁的一般规律的使然。农业革命、工业革命和第四次工业革命使得社会发展和进步的驱动力经历了从人力向畜力，再到机械力，现在则向算力演进的过程。每一次文明样式的变迁都是在不同的技术驱动力下进行的，这导致生产力的指数级提高，同时也在驱动生产关系和经济基础的变革，最终形成不同文明样式下的社会形态。从上文的分析中我们可以看出第四次工业革命与信息技术革命高度重叠，这种高度重叠导致的直接后果是人类社会发展的核心驱动力的变化，即由工业文明时代的机械力逐渐转化为数字文明时代的算力。第三次工业革命作为过渡阶段，计算机和互联网所起到的仍然是赋能作用，核心和基础的技术驱动力量仍然为机械力。而在第四次工业革命阶段，由于信息技术革命成为其核心技术，算力将全面进入生产技术、科学研究和社会生活的各个领域，彻底改变着整个人类文明的进程。

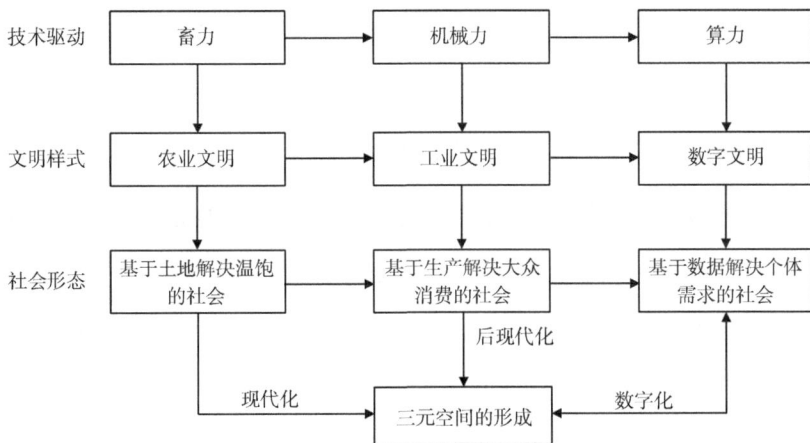

图 6-4 技术驱动、文明样式与社会形态转变

6.2.3 数字文明时代的基本特征

从前面的分析可以看到，目前我们仍处于第四次工业革命的开端，数字化和智能化技术尚处于起步阶段，存续时间还较短，以此为基础形成的数字空间、数字文明时代也只刚刚起步。此外，我们正处在一个巨变的时代，一

个知识经济与 VUCA 叠加的时代（尤里奇等，2019）。因此，要全面概括数字文明时代基本特征是比较困难的，但三元空间的形成至少对社会形态产生了以下变化。

1. 形成了"超连接的世界"

当互联网发展到智慧互联的 Web4.0 阶段，世界 1 和世界 2 中各类主体不断在"比特"世界中延伸，全球各类物理实体与社会形态得以快速连接和交流。数字技术和数字空间扩展了社会行为的时空跨度，使得在场和缺场纠缠在一起，远距离事件和社会关系与地方性场景交织在一起（吉登斯，1998），流动的空间和无时间的实践造成了交往和交易活动物质基础的改变，形成了无地点的实践场景（卡斯特，2006）。我们可以从互联网的渗透率来看世界互联的普遍性，截至 2021 年 1 月，全球互联网用户数达到了 46.6 亿，互联网普及率已经接近 60%，手机用户 52.2 亿，手机普及率达到了 66.6%。

2. "万物互联"的趋势进一步加强

在"超连接的世界"中，数字空间接入主体越来越复杂，网络连接的各端不再只有计算机、人和信息系统，而是出现了更多的智能设备。由于传感器尺寸的迅速减小和微机电系统（micro-electro-mechanical system，MEMS）技术的大量采用，各种智能设备在交通运输、医疗保健、基础设施和消费类产品中得到广泛应用，大量设备被部署在汽车、手机、无人机、可穿戴设备、监控系统和机器人中。这些设备大都通过互联网、无线互联网或物联网相互连接。仅以蜂窝物联网用户为例，截至 2021 年 12 月我国三大基础电信企业发展的蜂窝物联网终端用户数就达到了 13.99 亿，比上年增长 2.64 亿，在智慧公共事业、智能制造和智慧交通领域分别占比 22.4%、18.1%和 15.6%。

3. "万物皆数"逐渐成为现实

随着无线传感器网络、人本感知网络、物联网群智感知网络的不断发展和普及，世界 1 和世界 2 的数字化程度越来越高，大数据时代的基础设施建设进入了实质性发展阶段，世界 3 在数字空间中具备了主动采集数据和人工智能产生数据的"自我生产能力"。根据国际数据公司（International Data Corporation，IDC）的报告，2006 年全球数字信息总量约为 1610 亿 GB，而到了 2016 年数据用户每天生产的数据量就超过 440 亿 GB，预计到 2025 年这一数字将超过 4600 亿 GB，而全球当年产生的数据总量将达到 160ZB（1600 万亿 GB）。

4. 线上线下互动越发紧密

人类社会和个体都面临一个与数据更加亲密接触的时代，以数为生、以数为媒、以数为治已经成为常态，产生出了全新的社会组织形态和无数个体与组织的复杂微观交易行为；在场空间和缺场空间并存，媒介在场与身体在场双层化纠缠，线上线下的交互与融合进一步加深，相互影响，相互渗透，数字空间出现泛在化。

5. 万物智能将成为现实

算力资源进一步提升，智能化发展随之进步，人工智能具备了一定的决策和预算能力。人工智能进入了 2.0 发展阶段，不再简单模仿人类智能，开始重视人工智能系统自主智能的研发与应用。目前数字空间通过与物理空间、社会空间的"互嵌"，已经在人工智能的加持下实现了部分"自我生产"能力。海量的数据与交易、海量"人的群体"和"物的集合"正在对人类的认知荷载形成挑战，形成了治理超载的问题。

6. 数字空间生产空前活跃

"大物移云智"等新一代信息技术不断发展，促使信息技术应用领域日益宽广，新的应用场景、新的业态不断发展，数字空间的生产越来越快、越来越多元化。数字空间中产生许多陌生的"新人群""新组织""新社会力量"，构成了三元空间中具有自适应性的组织单元，这就导致了无数个微观个体获得了行动能力，无数个或建立在共同利益、或建立在情感认同、或建立在集体记忆基础上的"社群"、"部落"或"组织"在运行，无数个小型空间和气泡在分割大型的公共空间。这导致了"大世界"的公共空间由无数个具有相对独立性的"小世界"分割，这些"小世界"是具有自身运行逻辑和必然性的客观关系空间，形成了气泡型的空间结构。

6.3 数字文明时代研究对象的变化

正是由于数字空间的兴起和数字文明时代的到来，社会科学研究对象因素发生了极大的变化，数字化和智能化已经渗透到我们生产生活的方方面面。在数字文明时代，社会科学研究对象的行为将发生以下三个方面的变化。

6.3.1 以数为生

1. 基本状况

全球数字经济总体规模不断增长，在国民经济中的地位持续上升。2019年全球数字经济增加值规模已经达到了 31.8 万亿美元，占全球 GDP 的比例为 41.5%（47 个测算国家，2020 年受新冠疫情的冲击，被测国家数字经济规模达 32.6 万亿美元，仍实现了 3.0%的增长，占 GDP 的比重达到了 43.7%)，发达国家的数字经济在国民经济中的占比已经超过 50%（德国、英国、美国数字经济在 2019 年占 GDP 的比重已经分别达到 63.4%、62.3%和 61%，2020年发达国家数字经济占 GDP 总量已经达到 54.3%），2019 年数字经济增长速度比同期 GDP 增长速度高出 3.1 个百分点，而 2020 年在全球 GDP 增速大幅下滑的情况下数字经济仍实现了同比名义增长 3.0% 的成绩（中国信息通信研究院，2020，2021）。可以说，数字经济对全球经济增长贡献持续增强，成为经济发展的新动能。从结构上来看，随着全球各主要国家一系列促进产业数字化战略和政策的出台（如工业 4.0、2035 年耕作战略等），产业数字化在数字经济内部结构中的占比进一步提高，截至 2020 年底全球占比已经达到了 84.3%（前瞻产业研究院，2020）。数字经济在传统产业中的渗透率有所提高，2019 年底数据显示全球数字经济在服务业、工业和农业的渗透率达到 39.4%、23.5% 和 7.5%（发达国家的数字经济渗透率则相对较高，分别为 46.7%、33.0% 和 13.3%）（中国信息通信研究院，2021）。

数字空间的用户数量越来越多，数字空间的渗透率逐年提高，尤其是无线互联网的普及率进一步提升，庞大的数字社会用户群体正在形成。根据 We Are Social 和 Hootsuite（2022）发布的数据，截至 2022 年 1 月底全球互联网用户 49.5 亿，较上年增加 1.92 亿，互联网普及率达 62.5%；全球手机用户 53.1 亿，较上年增加 9500 万，手机普及率 67.1%；社交媒体用户 46.2 亿，较上年增加 4.24 亿，占全球人口比例的 58.4%。国内也呈现类似发展情况，中国互联网络信息中心（2022）统计数据显示，截至 2021 年 12 月，中国网民的规模达到了 10.32 亿，较 2020 年 12 月增长 4296 万，互联网普及率达 73%，其中农村互联网普及率达到 57.6%，城镇地区互联网普及率为 81.3%；中国手机网民的规模达到了 10.29 亿，网民中使用手机上网的比例为 99.7%。

用户在数字空间停留的时间越来越长，数字空间的黏性越来越强，数字空间服务日趋多元。全球互联网用户每天使用网络的时间长达 6 小时 58 分钟，主要行为按占用时间排序为看视频、社交媒体、阅读、听音乐、收音机、游戏、收看播客。南非、菲律宾、巴西、哥伦比亚等国用户使用网络时长每天超过了 10 小时，位居前四。16~34 岁的用户（Z 世代）每天使用互联网的时长都超过 7 小时，使用手机上网时长达到了 3 小时 43 分钟，菲律宾、泰国、巴西、哥伦比亚、南非、阿根廷和尼日利亚用户使用手机上网时长超过 5 小时。我国网民人均每周上网时长为 28.5 小时。

大规模的信息基础设施建设促使社会生活各方面的数字化、智能化程度不断加深。以 5G 为例，根据全球移动供应商协会（Global Mobile Suppliers Association，GSA）统计数据，截至 2020 年底已经有 131 个国家或地区 412 家运营商投资 5G 建设。得益于信息基础设施建设的发展，接入互联网的设备数大幅增长，互联网应用场景也得以大幅扩张。数字政府、智慧城市、互联网（数字）医疗、互联网教育、第四研究范式等数字化应用场景在社会经济系统的各个领域快速扩张。以数字医疗为例，远程医疗、可穿戴（植入）医疗健康设备、虚拟康复、智能医疗材料等在近十年都得到了快速发展。数字空间接入设备越来越多元化。在 16~64 岁的用户中使用智能手机接入互联网的用户比例为 96.2%，笔记本电脑 63.1%，台式电脑 34.8%，游戏设备 20.3%，智能手表 27.4%，流媒体电视设备 15.5%，智能家居设备 14.1%，VR（virtual reality，虚拟现实）设备 4.8%。2021 年可穿戴设备、VR 设备、智能家居设备所占比例上涨幅度较大。手机接入在网络流量中所占的份额逐年增大，目前已达到了 54%。

数字空间应用覆盖日常生活的方方面面，数字空间和数字化生存泛在化越发明显。根据《数字经济蓝皮书：中国数字经济前沿（2021）》的统计，与我们日常生活息息相关的衣食住行玩等主流场景中，数字化渗透率全面普及，消费行为呈现高度数字化。从全球来看，服务业数字经济渗透率达到了 39.4%。而我国的数据显示，生活领域消费侧的数字渗透率已经超过 50%，其中网络购物、餐饮、文化娱乐等领域的数字化渗透率位居前列，分别达到 85.2%、78.6% 和 66.7%，旅游、居住和交通出行领域的数字消费渗透率也达到了 50%~60%（李海舰和蔡跃洲，2021）。数字经济、数字社会的快速发展，正在促使个人生活、消费、工作等行为快速向数字空间融合。数据显示近年来我国各类涉及个人日常生活的网络应用规模呈普遍增长态势。从表 6-2 中可以看出我国 2021 年互联网各类应用情况和用户规模。而在线医疗、在线办公用户规模增长率分别达到了 38.7%和 35.7%。2021 年网上零售额达到了13.1%，实物商品网上零售额占社会消费品零售总额的比重达到了 24.5%；网上支付业务在前三个季度共发生了 745.56 亿笔，金额 1745.9 万亿元，数字人民币试点测试规模有序扩大，网上支付互联互通进一步加强。因此泰普斯科特（2009）在《数字化成长 3.0》中惊叹 N 世代已经到来，认为在网络搭建的扁平世界中，电脑与高科技像氧气和阳光一样，已经成了人们生命中不可或缺的养料。

表 6-2　2021 年中国互联网各类应用用户规模和网民使用率

序号	应用	用户规模/万人	网民使用率	序号	应用	用户规模/万人	网民使用率
1	即时通信	100 666	97.4%	10	网络游戏	55 354	53.6%
2	网络视频（含短视频）	97 471	94.5%	11	网络文学	50 159	48.6%
3	短视频	93 415	90.5%	12	网上外卖	54 416	52.7%
4	网络支付	90 363	87.6%	13	网约车	45 261	43.9%
5	网络购物	84 210	81.6%	14	在线办公	46 884	45.4%
6	搜索引擎	82 884	80.3%	15	在线旅行预约	39 710	38.5%
7	网络新闻	77 109	74.7%	16	在线医疗	29 788	28.9%
8	网络音乐	72 946	70.7%	17	互联网理财	19 427	18.8%
9	网络直播	70 337	68.2%				

　　数字空间生产能力进一步加强，新的应用与内容不断扩展。近年来，网络新应用不断增多，并且向生产生活的各个方面渗透。区块链、Web 3.0、元宇宙等新技术、新概念不断诞生，丰富了数字空间的应用。尤其是在社交媒体领域，社交营销目前已经成为仅次于搜索引擎的在线品牌营销首要渠道，

并广泛应用于购物的整个过程。社交营销成为增进了解 Z 世代客户的有效手段。Z 世代是全球最大人口群体，平均每天花费 3 小时在社交媒体上。社交是他们的主要生存之道，这些数字原生代正在推动社交朝下一个方向发展。例如，近年来爆火的新型电子商务，以直播带货为例，2020 年底我国直播电商用户规模达 3.88 亿人，占网民规模的近 25%，有近 1000 个销售额过亿元的直播间，市场规模接近 20 000 亿元。此外，在互联网内容生产上，也已经形成了 UGC（user generated content，用户生成内容）、OGC（occupationally-generated content，职业生产内容）、PGC（professional generated content，专业生产内容）和 MGC（machine-generated content，机器生产内容）共存的局面。尤其是 MGC 在近年来迅速发展，在 Twitter、Facebook、微博等主流社交媒体上得到越来越多的应用，在经济、政治、社会各领域发挥越来越大的影响。

2. "人以 App 分"

卡斯特（2009）认为网络社会不是技术革命的结果，更恰当地说，是在特殊的时间和空间中经济、社会、政治以及文化因素引起的偶然的巧合，这些因素导致了社会组织的新形式的出现，一旦它们具备运用信息的能力，有了历史机遇，它们就会膨胀。因此，从上述数据我们可以看出，数字空间的渗透和扩张，给人类社会带来的变迁不仅仅停留在技术层面，而更应该关注的是社会科学研究的对象对社会发展和社会结构的重大影响。中国人民大学刘少杰教授认为数字时代的社会结构变迁主要表现在四个大的方面，分别是缺场交往的快速扩展、传递经验的地位提升、社会认同的力量彰显、社会结构的再次转型，并且引用卡斯特的立场，认为数字空间的崛起对社会结构转型的影响不亚于工业化引起的从农业社会进入工业社会的社会结构转型（刘少杰，2012）。卡斯特（2006）认为，信息技术革命和资本主义的重构，已经诱发了一种新的社会形式——网络社会，这个新的社会组织形式迅速扩散到了全世界，正像工业资本主义及其孪生敌人——工业国家主义在 20 世纪所做的那样，它撼动了各种制度，转变了各种文化，创造了财富又引发了贫穷，激发贪婪、创新和希望，同时又输入了绝望。不管你是否有勇气面对，它的确是一个新世界。上述学者从宏观和抽象的维度对数字时代的社会结构变迁做出了概括。接下来我们从中观和微观的视角对此予以描述。

首先，数字经济的发展推动了经济结构的变化。数字成为继土地、资本和劳动力之后的第四市场要素，成为数字时代和物质、能量并重的重要资源。数智技术的发展将从多个维度促进经济结构的变化。一是数字产业化形成的数字经济核心产业，2020 年在我国国民经济中所占比值为 7.8%，在"十四五"规划中 2025 年的目标是达到 10%。二是产业数字化，也就是通过数字技术与实体经济深度融合，促进传统产业转型升级，延伸和拓展产业链、价值链的部分，这部分在 2020 年的 GDP 占比是 31.7%，到 2025 年的发展目标是 40.4%。数字经济成为经济增长的新动能，尤其是在新冠疫情的影响下，数字经济成为世界各国经济复苏的重要动力。为此，我国"十四五"规划十分重视数字经济的发展，除了在《中华人民共和国国民经济和社会发展第十四个五年规划和 2035 年远景目标纲要》中专设一章进行部署外，2021 年更是出台各产业数字化和数字产业化的专项规划共计 12 项，涉及农业、机器人、医疗、贸易、交通、软件和信息技术、大数据、工业等诸多领域。

其次，数字技术改变了数字时代的政治权力结构。一方面，信息技术扩大了公众的政治参与，能够为社会治理提供"技术政治"的支持，实现"权力下放"的效果，如数字政府的建设能够更好地为公众提供便捷的公共服务，提供更全面、实时、动态的"互联网+监督"等。另一方面，信息技术改变了权力主体的构成，普通网民成为数字权力的核心。但同时我们也应该看到，数字权力冲击传统国家政治权力的结构。数字空间中形成的海量微观组织、气泡分割着大型公共空间,海量微观交易使得国家政治权力的执行力被削弱。数字权力过于集中在意见领袖手中,容易受到算法型媒介的引导,形成社会分裂和对立。数字空间中,新的个人权利在形成,但同时缺乏有效的治理手段,传统隐私权和新兴的数字权利极容易受到侵犯。

再次,数字空间形成的缺场、脱域一方面促进交往的时空跨度不断延伸,另一方面也使公众面临的"拟态环境"更加复杂,公众与世界之间的"数字镜像"影响其对社会的理解和参与。这种倾向导致了社会文化结构的深度变迁。尤其是随着 Web 2.0 的出现和社交媒体的发展,人们的交往更为紧密、多元,公众可以在私密空间和公共空间随意切换,进行不同侧面的表达。这使得社会文化变迁越来越剧烈。

最后,从微观来看社会结构和人的身份标签越来越复杂。工业社会是一个大分工的社会,但是人的身份与属性十分有限,只需要少量几个标签就可以描述个人的状况。但是在数字空间中,个人的身份越来越多元,"分身乏术"在数字空间被打破,"斜杠""跨界""出圈""破圈"等现象日益普遍。数字空间中,个人可以在多个身份中自由切换,大大增加了社会结构的复杂性。同时,个人身份标签的界定,又受到"媒介"的限制,产生"人以 App 分"的现象。以抖音和快手为例,虽然同为短视频平台,但其用户结构却存在较大差异,从地域上来看抖音更偏向于一二线城市(占比 41.3%),快手则更下沉至四五线城市(五线以下城市快手用户数要比抖音高出 5.2%)。北方省份中,快手的渗透率要比抖音更高(部分省份高出 20%,甚至 40%)。在教育程度上,本科以上学历用户中抖音用户数比快手高 10%,高中以下学历用户中抖音用户数比快手少 14%(欧阳叶童,2021)。此外,在内容创作社区存在差异化现象,如知乎突出"专业",豆瓣强调"文艺",天涯充满"八卦",贴吧"杂草丛生",形成了不同标签的气泡。更为复杂的是,虽然在用户构成中形成了一定的区分度,但却并非传统工业社会中一样泾渭分明,大部分用户的使用习惯是跨越多个 App，这使得数字空间中的社会结构呈现空前复杂的态势。

3. 那个年轻人点了个赞

从社会结构的视角来看，数字时代面临重大变迁，事实上从个人行为的角度来看，也面临同样巨大的变化。著名学者泰普斯科特在其专著《数字经济：网络智能时代的前景与风险》中预言了数字经济时代的到来，描述了互联网将如何改变世界各类事务的运行模式并引发若干新的经济形式和活动。随后他在 1997 年出版的另一本著作《数字化成长》中描述了互联网对青少年的影响，并预言 N 世代的到来。2009 年，《数字化成长》（3.0 版）则是真真正正地向全世界宣告：N 世代已经到来。泰普斯科特所观察的 N 世代主要是20 世纪 80 年代以后出生的年轻一代，在其他学者或机构的划分方式中这一人群又可以划分为两个代际，即 Y 世代（也称为千禧一代）和 Z 世代，详见图 6-5。N 世代与之前的 X 世代、婴儿潮世代伴随着电话和电视长大所不同的是，他们出生在信息化环境之中，从小摸着鼠标长大，充斥着视频游戏、网络、电子邮件、即时通信、在线社区，以及从电脑上下载下来的视频和音乐。Z 世代与 Y 世代又有所不同，后者经历了整个信息化发展步入互联网时

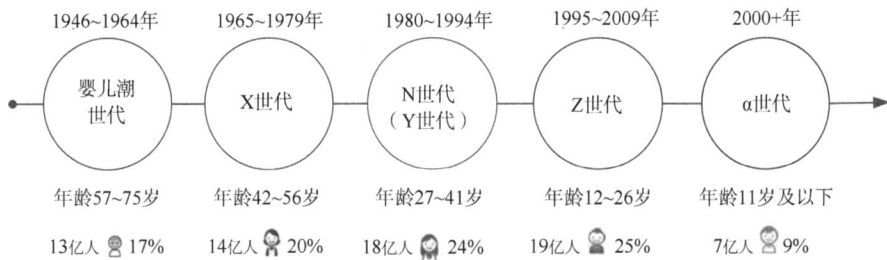

图 6-5　B-Z 世代

资料来源：根据联合国报告"World population prospects: the 2017 revision"数据自绘

图中百分比数据为该世代人口占全球人口的比重

代后的全过程，而 Z 世代自出生就置身于高度数字化的世界，其接触计算机和网络时更加低龄化。

当然，现在即使是 55 岁以上的婴儿潮世代人群，其每天上网时长也达到了 5 个小时以上，因此数字空间对所有人的行为都会产生影响，但是 Y 世代和 Z 世代（占全部人口的 50% 左右）作为"数字原住民"当之无愧是其中的主力。这也为社会科学研究对象的代际转移带来了极大的差异。针对这一人群的数字空间行为研究（尤其是消费行为）已经有非常多的成果，在此就不再赘述，但其在数字空间中的"点赞""种草""遮盖""炫耀""分享"等行为，"炫耀式消遣""算法劳动""数字化爱情"（从私密到官宣、秀恩爱、撒狗粮）、"点赞或评论式种草""高度依赖弥散性知识决策"等行为方式，以及在此基础上形成的"趣缘""社群""情感部落"等行为结构真真切切地影响着社会科学研究的对象和内容。

4. 僧人贤二是个机器人

数字空间不仅仅影响人的外在行为方式，同时也在深度影响人的精神世界。这里以宗教为例，宗教在数字空间的存在方式也呈现越来越多元的复杂局面，出现多种终端、多种人机交互、多种存储方式和多种传播方式共同发展的状况。部分数字化宗教思想和活动不再限于互联网传播，而逐渐采用人工智能、物联网技术实现线上线下的交互，各类数字宗教活动分类如表 6-3 所示。

表 6-3　数字宗教活动分类一览表

类别	构成	主要功能
搜索引擎	百度、搜狗等	信息检索
网站	宗教团体或个人网站、门户网站的宗教频道	信息展示、交互与宗教活动
手机 App	学习资料或宗教组织 App	信息提供与交互

续表

类别	构成	主要功能
网络邮箱和即时通信	QQ、微信、电子邮件	信息交互、宗教活动
博客/个人空间	博客、QQ 空间、微信朋友圈、微信公众号	信息展示与传播
微博	个人微博、微博公众号	信息传播与互动
社交网络与虚拟社区	社交网站、SNS 社区、在线小组	宗教社群（共同体）
网络音频/视频	视频公开课、讲经布道录音、视频布道等	宗教信息传播

注：SNS 即 social networking service，社交网络服务

5. 车间仓库里没有人

数字空间对社会科学研究对象的影响还表现在经济活动的组织过程，即生产、交易、流通、融资等各个环节的数字化、智能化。1926 年，美国发明家尼古拉·特斯拉（Nikola Tesla）就对未来智能制造进行了展望和畅想："当无线被完美应用时，我们的地球将会变成一个大脑，事实上就是通过仪器，我们能实现一些惊人的事情，就如同现在我们使用电话一样，比如一个人可以将任何东西放进他的口袋里。"（李翔宇和刘涛，2020）这是对远程自动化控制系统和工业生产场景的早期设想。而如今，随着工业 4.0 和智能制造的持续推进，这一场景已经成为工业领域的现实。根据工业和信息化部、国家发展和改革委员会等八部门印发的《"十四五"智能制造发展规划》，到 2025年我国规模以上制造业企业大部分实现数字化网络化，重点行业骨干企业初步应用智能化。

随着云计算、大数据、人工智能等数字技术在金融、制造、教育、医疗、零售、文娱、物流等传统产业从生产到销售等各个环节中的应用越来越广泛，产业互联网在近年来获得了极大的发展。产业互联网是指通过互联网、移动互联网、物联网等信息技术建立覆盖企业生产经营各部门、各环节的广泛连接，并利用大数据、人工智能等新信息技术改善企业经营活动的精准性、敏

捷性，提高运行效率和经济效益。与消费互联网使衣食住行用更方便、更快捷不同，产业互联网将使生产、交易、流通、融资等各个环节更智能、更高效。目前我国服务业、工业、农业的数字经济渗透率分别达到了 37.8%、19.5% 和 8.2%，从中可以看出在工业和农业领域我国产业数字化还处在初级水平，产业互联网将成为数字化下一阶段的主战场。2020 年 4 月，国家发展和改革委员会、中共中央网络安全和信息化委员会办公室联合印发《关于推进"上云用数赋智"行动 培育新经济发展实施方案》，首次在国家层面部署了"构建多层联动的产业互联网平台"的要求，加快完善数字基础设施，为企业数字化转型赋能将成为"十四五"期间的重要任务。智能制造和产业互联网的发展，对市场主体的组织结构、生产组织方式、管理体制和流程、融资方式等各环节均会产生深刻影响，也为社会科学研究提供了新的场景和研究内容。

6.3.2　以数为媒

1. 媒介传播数字化

自印刷术诞生以来，纸质媒介在信息传播的过程中一直发挥着重要的作用。但是近年来该领域受到数字化的冲击日益明显，数字化传播逐渐取代纸质媒介，主要有三个方面的表现。

第一，数字出版日益发展，规模不断增长。从信息源来看，数字化媒介传播呈现出多样化的信息源模式：从早期的博客到后来的"两微一端"，再到公众号、小程序、短视频、直播等，体现了从互联网 Web2.0 普及到移动互联网应用的泛在化发展。除此之外，数字出版也开始崭露头角，逐渐占据传统出版业的空间。一方面，传统纸质出版物逐渐宣布停刊转战数字期刊，如美国著名老牌杂志《新闻周刊》在 2012 年就宣布停出印刷版，《美国新闻与世界报道》2010 年已经停止印刷版，《纽约时报》也宣布将停止印刷纸质版，此外，《纽约太阳报》在 2008 年停刊，2021 年推出网络版。在国内，2021 年元旦有《松原日报·晨讯》《拉萨晚报》《东方卫报》等将近 30 家纸媒扎堆停刊。另一方面，数字出版日益发展，规模不断增大。据统计，美国 80%以上的出版企业都开展了电子书业务，2019 年 1~11 月电子图书实现了 9.13 亿美元的收入。图 6-6 显示了全球数字出版的主要三种产品在 2017~2021 年的增长情况以及到 2025 年的发展预计。表 6-4 显示了 2011~2020 年我国主要电子出版物产值变化情况。从两个市场可以看出数字出版物作为新兴传媒的地位越来越重要。

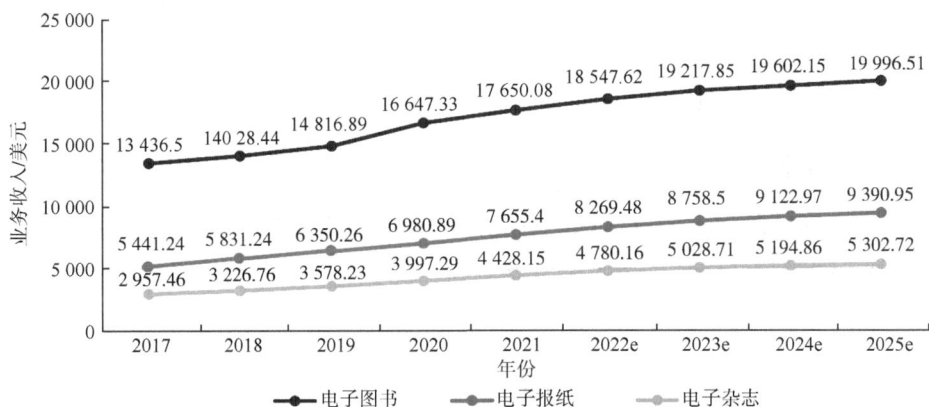

图 6-6　全球数字出版规模

资料来源：根据艾媒数据中心提供数据整理绘制

图中 e 表示 2022~2025 年的数据是 2021 年建模预测的结果

表 6-4　数字出版产业规模（单位：亿元）

数字出版类型	2011 年	2012 年	2013 年	2014 年	2015 年	2016 年	2017 年	2018 年	2019 年	2020 年
互联网期刊	9.34	10.83	12.15	14.3	15.85	17.5	20.1	21.38	23.08	24.53
电子书	16.5	31	38	45	49	52	54	56	58	62
数字报纸	12	15.9	11.6	10.5	9.6	9	8.6	8.3	8	7.5
博客类应用	24	40	15	33.2	11.8	45.3	77.13	115.3	117.7	111.6

续表

数字出版类型	2011 年	2012 年	2013 年	2014 年	2015 年	2016 年	2017 年	2018 年	2019 年	2020 年
在线音乐	3.8	18.2	43.6	52.4	55	61	85	103.5	124	—
移动出版	367.34	472.21	579.6	784.9	1055.9	1399.5	1796.3	2007.4	2314.82	2448.36
网络游戏	428.5	569.6	718.4	869.4	888.8	827.85	884.9	791.1	713.83	635.28
网络动漫	3.5	5	22	38	44.2	155	178.9	180.8	171	238.7
在线教育	—	—	—	—	180	251	1010	1330	2010	2573
互联网广告	505	769	1096	1507	1897	2295	2957	3717	4341	4966
数字音乐	—	—	—	—	—	—	—	—	—	710
其他	7.9	3.75	7	33	196.7	607.7	0	0		4.7
合计	1377.88	1935.49	2540.35	3387.7	4403.85	5720.85	7071.93	8330.78	9881.43	11781.67

资料来源：根据中国新闻出版研究院在第十一届中国数字出版博览会公布的数据整理

注：电子书包含电子图书和电子阅读器，数字报纸不含手机报，移动出版不含手机动漫

　　第二，数字传媒的覆盖面越来越广，媒体融合程度不断提高。从传播渠道来看，数字化媒介的覆盖面越来越广。人民网研究院发布的《2020 媒体融合传播指数总报告》显示，在统计范围内的 275 份中央、省级、省会城市及计划单列市主要报纸，287 个中央及省级广播频率，34 家中央及省级电视台，在 2020 年通过建立融合传播矩阵，进一步扩大了其传播覆盖率。调查显示，2020 年上述媒体共计开设网站 340 个，微博账号 900 个，微信公众号 800 个，聚合新闻客户端账号 1202 个，聚合视频客户端账号 841 个，自建安卓客户端 337 个，覆盖的用户总数比 2019 年整体增长 123%。在数字化环境中，统计范围内的报纸平均用户总数为 1619.6 万，广播平均用户总数为 327.2 万，电视台平均用户总数达到了 2.48 亿（人民网研究院，2021）。数字化传播渠道逐渐丰富，渠道多元化和媒体融合程度日益提高，用户触达和覆盖率更加广泛。

　　第三，用户对数字化媒介的接受程度越来越高。《第十八次全国国民阅读调查报告》显示，2020 年我国成年国民包括书报刊和数字出版物在内的各种媒介的综合阅读率为 81.3%，其中人均电子书阅读量为 3.29 本，有 8.5% 的国

民年均阅读 10 本及以上电子书。在数字化阅读的用户中，有 76.7% 的成年国民进行过手机阅读，71.5% 的成年国民进行过网络在线阅读，27.2% 的成年国民在电子阅读器上阅读，21.8% 的成年国民使用 Pad（平板电脑）进行数字化阅读。从年龄来看，数字化阅读方式的主力为 18~49 岁的中青年群体，但越来越多的 50 岁及以上的中老年群体正在加入数字化阅读大军，数字化阅读人群越来越广。与此同时，有声阅读的规模持续增长，有 31.6% 的成年国民形成了听书习惯（未成年人中的比例为 32.5%，主要为 Z 世代人群），有 6.7% 的国民会将听书作为阅读方式的优先选择，人均有声书阅读量达到了 6.3 本。在听书介质的选择方面，移动有声 App 平台、微信公众号或小程序、智能音箱、广播和有声阅读器或语音读书所占比例分别为 17.5%、10.8%、10.4%、8.8% 和 5.5%。有声读物在全民阅读工作中发挥了更大作用。此外，长音频市场规模逐渐扩大，长音频节目的营收达到了 272.4 亿元，增速为 54.9%（中国新闻出版研究院，2021）。

2. 认知媒介数字化

与对自然的认知相比，人类对社会的认知更为不易。社会过程较难以实验方式重现和获得发现，主体（个人、组织等）行为相机抉择，社会决策过程复杂。随着全球化的发展和科技进步，我们的世界变化得越来越快，人们接触到的现实世界也越来越广。面对巨大而复杂的现代社会，人类实际活动范围、时间、精力和注意力却是有限的，已经不可能对整个外部世界和众多事务都保持"经验性接触"。因此，人们对超越自身感知以外的世界和事务需要借助媒介去了解和认知，但是媒介对外部世界的呈现是有选择性的。这一现象在 20 世纪初到 20 世纪中叶就已经被学者观察到："由于真正的环境总体上太大、太复杂、变化太快而无法直接去了解。我们没有条件去对付那么多难以捉摸、那么多种类、那么多的变换的综合体。然而，我们必须在那种环境中行动，就必须先以一个简单得多的模式来重构真正的环境，然后才能掌控它。"（Lippmann，1956）也就是随着大众媒体的普及，通过对客观世界中象征性事件或信息进行选择、加工和重新结构化之后便营造了一个"摹写或者符号的复制"的"拷贝世界和象征性世界"。人们开始通过插在现实世界和认知之间的镜像获得非经验性接触来感知世界，同时又根据对这个镜像的认知采取决策和行动，并反作用于现实世界。这样就形成了客观现实、媒介环境中的象征性现实和人们认知中的主观现实三个现实，李普曼等将这种现象称为拟态环境（图 6-7），将通过媒介的非经验性接触认知称为涵化，将反作用于现实世界的过程称为环境化。

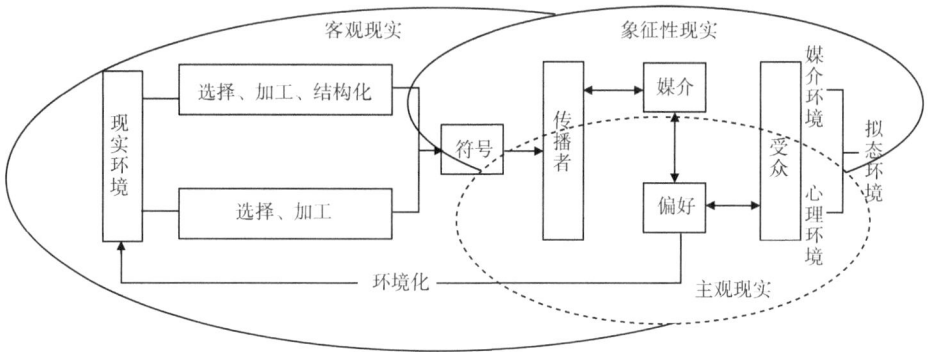

图 6-7　拟态环境示意图

在图 6-7 中，人们要客观认知现实世界中的客观现实，最理想的状态是要么没有媒介环境和心理环境的影响，要么媒介所描述的"镜像世界"中的象征性现实与实际世界的客观现实差异越小越好，前者只能认识有限的、简单的世界，而后者在传统媒介环境中是无法完成的，因为李普曼等采用了传播者精英假定和受众非理性人假定，认为传播者通过媒介技术为受众编织外部世界图景的逻辑，但事实并非如此，传统大众媒介对公众心理和消费行为的影响并未遵循上述路径。随着信息技术的发展，数智技术将越来越多的事、物、人及其相互关系数字化，映射到数字空间之中，数字化的媒介环境有了这样的可能，所以才有 "平行系统" "人工社会" "数字孪生" 等概念的提出。但是，随着数字技术的发展，数字化的认知媒介并没有完全达成上述理想状态。第一，由于 Web2.0 和社交媒体、人本感知网络的不断发展，普通人参与传播的技术和成本门槛不断降低，数据（信息）的传播者和受众之间不再是截然分开的二元关系，两者可以随时、频繁地进行切换，这就形成了中介性媒介和具身性媒介混合的媒介环境。第二，随着数字化媒介的发展，数字空间中的数据越来越多，人们发现面对的象征性现实已经不再像传统媒介一样可以处理，反而呈现更为纷繁复杂的镜像，超出个人的处理能力。第三，数字空间增加了人与人、人与媒介之间的多维互动，数字化打破了媒介传播的界限和范围，象征性现实和客观现实之间的界限越来越模糊，拟态环境 "仿真" 性质、非结构化和媒介的人格化趋势日趋明显。正是由于上述变化的产生，数字化认知媒介与现实客观世界相互纠缠，形成了极为复杂的网络结构。数字化的认知媒介对受众的涵化影响不再是线性、单向、整体的，而是呈现动态、多元和分化。这就产生了以数为媒的负面效应，"过滤气泡" "后真相" "信息茧房" "回音壁" "算法歧视" "知沟" 等屡见报端和学者的研究之中。

以数为媒对传播和认知的影响，对于社会科学研究的环境来说是结构性、颠覆性的。现代信息技术的惊人发展正在改变这种状况，分布式网络、海量数据、大规模存贮、日益先进的算法、在线社会行为的低成本数据化等基于数据科学的大数据分析技术正在将更多的社会性行为主体及其复杂的社会行为卷入操作上可行的数据分析系统，行为数据的获取、存储、计算（以及相关数据的自体生成、大规模存储和分布式计算）正在深刻影响社会科学研究者的传统认知方式和社会决策的方式。无论是个体的认知体系还是社会性的认知功能体系都正在发生质性的转变：在社会科学研究层面形成新的研究范式，形成新的认识论、方法论、方法和工具，在认知的操作结果上则会发现新的相关关系，产生超越传统认知方式的洞见，使经典理论取得新的发展和更加接近真实的检验。新的认知方式正在将社会科学研究导向开放的基于数据的分析模式，分析基于数据科学的社会科学认知体系的内部结构、逻辑过程及其结果的结构变化，有利于我们把握数据科学条件下社会科学认知发生的有效机制，并对其做出发展和改进。

6.3.3　以数为治

数字技术对人类行为及其关系影响的第三个方面是社会治理，这也是社会科学研究的重要内容之一。治理行为与模式的改变也将极大地影响社会科学研究的环境。从历史的角度来看，每一次技术革命最终都会引起政府治理的变化。正如罗伯茨（2019）提出的思考，到底是人类驯化了小麦，还是小麦驯化了人类？大致上来讲，社会治理范式是遵循着"技术（工具）发展—社会分工越来越复杂—社会复杂性增加—治理超载严重（知识和能力弥散化）—新技术的应用—新的治理理念"这一路径进行演化的（米加宁等，2020）。那么新一轮的信息技术发展和数字空间的产生而增加的复杂性，必然会带来治理的新需求，产生以数为治的新环境、新模式。

近年来，数字化治理领域的实践蓬勃发展，电子政务向数字政府转型也在社会治理和公共服务领域不断推动数字化程度，数字政府转型和在线公共服务成为重中之重，《2020 联合国电子政务调查报告》显示在被调查的 20 种在线事务服务中，平均提供 14 种服务，162 个国家至少提供一种服务，全球有 66%的成员国提供事务的在线服务（United Nations，2020）。而在欧盟，数字政府的在线公共服务和数字商事服务的得分值达到了 90 和 89，政府数据开放率达 66%，数字政府的用户数已经超过了 67%（Commission，2021）。我国数字化治理领域的实践也是蓬勃发展，"互联网+政务服务"应用不断深入，数字政府建设日益发展，在国内形成了广东"数字政府"、浙江"最多跑一次"、江苏"不见面审批"、北京接诉即办等多种实践模式。"智慧+治理"不断渗透到社会发展各个层面，产生了智慧城市、智慧乡村、智慧社区、智慧警务、智慧政务、智慧税务、智慧水务等多层次、多区域、多领域的应用方式，并在理论上探讨数字治理、整体性治理、共享政府、协同政府、无缝隙政府、开放政府等设想。在应对新冠疫情带来的冲击中，"健康码""五色图"等一系列数字化抗疫措施得以采用，使得精准抗疫、动态防控、"平战结合"得以实现。与此同时，在线教育、在线会议、在线工作等成为疫情期间的常态，人们对数字技术助力于解决世界最紧迫挑战的信心也大幅增强，由2018 年的 42%上升为 2020 年的 54%，其中中国认同比例最高，为 78%，高于平均数的国家有墨西哥、巴西、波兰、南非、意大利、西班牙、新加坡和丹麦（电通安吉斯集团，2020）。

从数字治理发展阶段来看（图 6-8），目前正由第四阶段向第五阶段迈进。世界各国和地区都十分重视数字化治理，纷纷出台相应的规划或法案对数字环境中的政府建设或治理能力进行部署、改革。表 6-5 列出了世界主要发达国家和地区的相关规划内容，从中我们可以看出对数字经济和数字治理的重视已经得到世界主要发达国家和地区的公认，在 2009 年以后频繁推出各类法案、规划、战略以推进数字政府的建设，涵盖了数字治理的技术框架、技术开发、数据共享、公共服务、数据安全、数字政府建设以及数字社会建设等多方位、多层次的内容。其中，建立通用数字空间促进数据共建共享和建立统一平台成为数字治理的两个重要方向。我国也十分重视数字政府建设，2015年国务院提出"互联网+"行动计划以来，在涉及数字化的多个领域颁布了相关的行动纲要和发展规划，包括大数据、人工智能、数字乡村等。同时，在公共治理领域提出"放管服"改革和优化营商环境，将数字政府建设和"一网通办"视为其中重要内容和手段予以推进。党的十九大提出了"推动互联

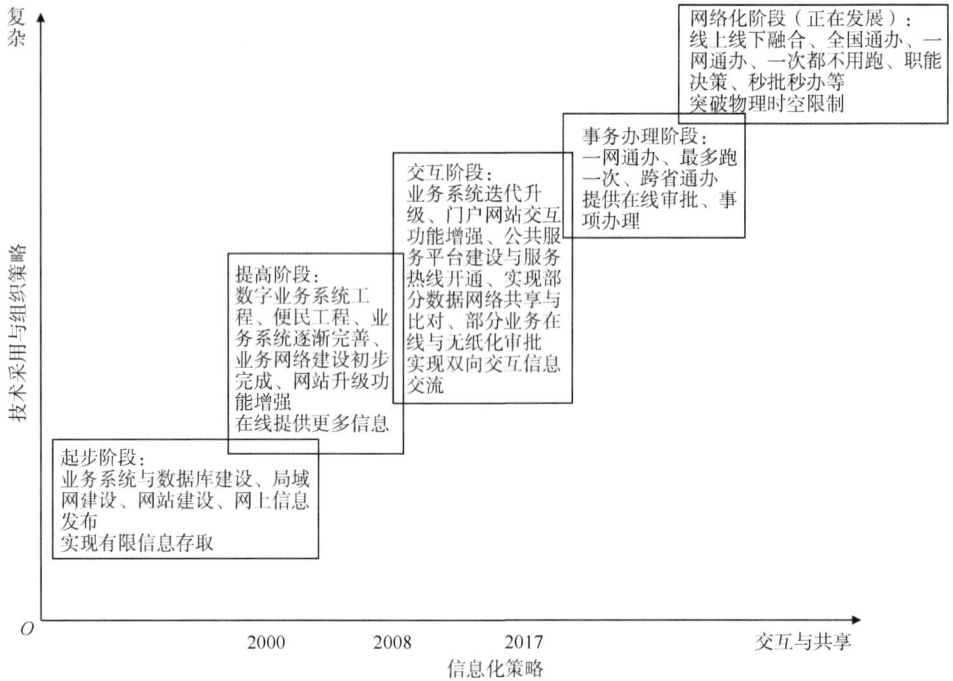

图 6-8　数字治理的发展阶段及主要特征

表 6-5　世界主要发达国家和地区的数字治理战略

年份	国家和地区	战略名称	主要内容
2000	瑞典	人人享有信息社会	建立了 4 小时公共行政战略，公共信息和服务实现每周 7 天，每天 24 小时，以电子方式提供
2008		《数字治理行动计划》	该行动计划的主要目标是让瑞典在 2010 年之前，获得数字治理领域的领先地位，让公民在享受公共服务的同时履行义务
2012		《政府管理协作数字化服务战略》	旨在加强政府机构共同提供数字服务的能力，进一步简化公民和企业日常生活中更常见的数字服务，通过以用户为中心的方式开发，保证操作的简单安全，每个人都可以轻松访问，可通过其他系统或接口查找和使用公共信息和数字服务
2017		《数字战略：瑞典可持续数字转型》	该战略概述了政府数字政策的重点，表达了瑞典实现可持续的数字变革的愿景。瑞典数字政府建设的总体目标是使瑞典在利用数字变革的机会方面成为世界的领先者；为实现这一总体目标，瑞典确定了五个分目标，包括数字技能、数字安全、数字创新、数字领导力、数字基础设施

续表

年份	国家和地区	战略名称	主要内容
2016	丹麦	《数字战略 2016—2020》	规定了丹麦公共部门数字化工作的过程及其与企业和行业的互动，旨在为建立强大而安全的数字丹麦奠定基础
2015	法国	《推动数字国家建设的行动计划》	提出了十四项行动；通过创建普遍利益数据的概念来促进数据经济发展
2017		《2022 年公共行动：公共服务转型项目》	旨在通过深入了解目前正在重塑社会的数字革命所涉及的专业和公共行动模式，重新思考公共行动模式。主要目标是精简行政流程，推动数字化发展
2018		《数字化区域管理协调发展计划》	以期建立一个应用程序、仓库和共享框架的共同基础，加快和扩大数字化转型
2016	新西兰	《数字经济工作计划》	确保各单位能共同关注所需领域的适当举措
2003	欧盟	《公共部门信息再利用指令》	确立了关于在整个欧盟范围内开放数据的可得性（availability）、可获取性（accessibility）和透明度（transparency）的框架规则，鼓励成员国将尽可能多的信息公开再利用
2016		《欧盟数字政府行动计划 2016—2020》	旨在扫清现有的数字障碍和预防公共部门现代化发展导致的分化割裂，加速政府的数字化转型，这是确保欧盟单一市场取得成功的关键要素。该行动计划中的优先政策包括采用"关键数字推进手段"促进公共行政现代化发展；通过跨境操作能力促进公民和企业流动；促进政府与公民、企业之间的数字互动
2018		《迈向通用的欧洲数据空间》	提出了一系列关键措施，以在欧盟打造通用的数据空间——一个无缝的数字化区域，从而实现基于数据的新产品与新服务开发
2021		《2030 数字罗盘：欧盟数字十年战略》	为欧盟数字化发展提供战略建议。报告指出，欧盟的数字化发展落后于美国和中国，欧盟应该通过加强人员的数字化技能培训、加强数字化基础设施投资、鼓励企业进行数字化转型、实现公共服务的数字化等方法实现数字化转型
2011	澳大利亚	数字转型战略	成立数字化转型局
2018		《2025 政府数字转型战略》	其愿景是在 2025 年将澳大利亚建设成为全球三大领先数字政府之一。其主要职责是通过作为开放式政府数据的中央数据库改善公共服务的交付，该平台为用户和整个社会创造新的价值
2009	美国	数字政府治理进程加速	美国数字政府治理的目标自 2009 年开始由"电子政府"转向"开放政府"

续表

年份	国家和地区	战略名称	主要内容
2010	美国	《联邦信息技术管理改革实施计划》	推进联邦数据中心整合
2012		《信息技术共享服务战略》	其最重要的目标是延续开放政府计划，实施计划和主要内容；执行组织框架和保障措施，以"共享第一"为根本理念，其切入点为"整合商业化 IT 服务"
2012		《数字政府：建立一个更好地为美国人民服务的 21 世纪平台》	用更少的成本进行更多的创新，并使政治企业家能够更好地利用政府数据提高对美国人民的服务质量
2009	英国	《数字英国》	指出将实现数字化管理、全国联网、有机统一的政府管理模式
2017		《政府转型战略（2017—2020）》	进一步推动政府数字化转型进程
2009	日本	《数字日本创新计划》	将打造全国性服务平台，为建立数字日本政府奠定基础
2012	韩国	韩国政府 3.0	全面推进政府管理模式变革，建设透明型政府、效能型政府、服务型政府，其中构建网上协作平台和扩大公民网络参与是重要内容
2015	新加坡	《电子政府 2015 总体规划》	打造以电子政务为核心的政府服务和管理平台

网、大数据、人工智能和实体经济深度融合"的要求[1]。十九届四中全会将"科技支撑"纳入加强和创新社会治理重要内容[2]。"十四五"规划专设一篇对数字社会、数字经济和数字政府进行部署[3]。国务院出台多项政策推动政务数据共建共享，推动"互联网+政务服务"，建设全国一体化政务服务平台，推动"跨省通办"。各级地方政府纷纷制订数字政府建设总体规划、实施方案

---

① 《习近平：决胜全面建成小康社会 夺取新时代中国特色社会主义伟大胜利——在中国共产党第十九次全国代表大会上的报告》，http://www.gov.cn/zhuanti/2017-10/27/content_5234876.htm [2017-10-27].

② 《中共中央关于坚持和完善中国特色社会主义制度 推进国家治理体系和治理能力现代化若干重大问题的决定》，http://www.gov.cn/zhengce/2019-11/05/content_5449023.htm?ivk_sa=1024320u [2019-11-05].

③ 《中华人民共和国国民经济和社会发展第十四个五年规划和 2035 年远景目标纲要》，http://www.gov.cn/xinwen/2021-03/13/content_5592681.htm[2021-03-13].

和行动计划，推动政务服务改革，推进 "一网通办、一窗通办、一事联办、全城（跨城、跨省、跨境）通办" 等。积极推动大数据、人工智能在公共治理领域的应用，如深圳等推出 "秒批秒办" "政务机器人或政务 RPA"（robotic process automation，机器人流程自动化）等。新冠疫情期间，得益于数字空间数据共享、整合和比对，我国创新性地开发 "健康码"，并快速从承担信息采集填报与自查、亮码通行与精准防控向一码集成或一码通办多项事务演变，实现了数字治理的大创新。党的二十大更是提出了关于加快建设网络强国、数字中国的新发展格局：加快发展数字经济，促进数字经济和实体经济深度融合，打造具有国际竞争力的数字产业集群；创新服务贸易发展机制，发展数字贸易，加快建设贸易强国；推进教育数字化，建设全民终身学习的学习型社会、学习型大国；实施国家文化数字化战略，健全现代公共文化服务体系[①]。

6.4　"数据人" 假设

至此，我们已经基本清楚社会科学研究环境中的第一个维度：对象性因素所面临的新变化。数智技术的发展使得第四次工业革命在某些技术和应用领域延续了第三次工业革命的框架，但从 "灵感的链条" 的表现、通用目的技术以及相对应的基础设施上来看，却不是第三次工业革命的延伸，而有其独有的显著特征。第四次工业革命的核心是数字化和智能化，这两者形成的技术簇及其关联的基础设施共同开发和拓展了第三空间的形成——数字空间，使得人类社会进入 "物理–社会–数字" 三元空间融合发展的时代——数

---

① 《习近平：高举中国特色社会主义伟大旗帜 为全面建设社会主义现代化国家而团结奋斗——在中国共产党第二十次全国代表大会上的报告》，https://www.gov.cn/xinwen/2022–10/25/content_5721685.htm[2022–10–25].

字文明时代。在数字文明时代，社会科学的研究对象人及人类社会发生了深刻的变化，表现在三个方面：以数为生、以数为媒和以数为治。其对应社会科学研究从微观个体到宏观结构的各个层面，包含数字化生存的微观个体行为，数字经济的生产、交易、流通各个环节，数字治理的各个领域。快速全面地进入数字时代，就是社会科学研究最大的现实环境。根据上述变化情况，本书对数字时代中社会科学研究的可能方向做了一定的设想，图 6-9 列举了部分议题。

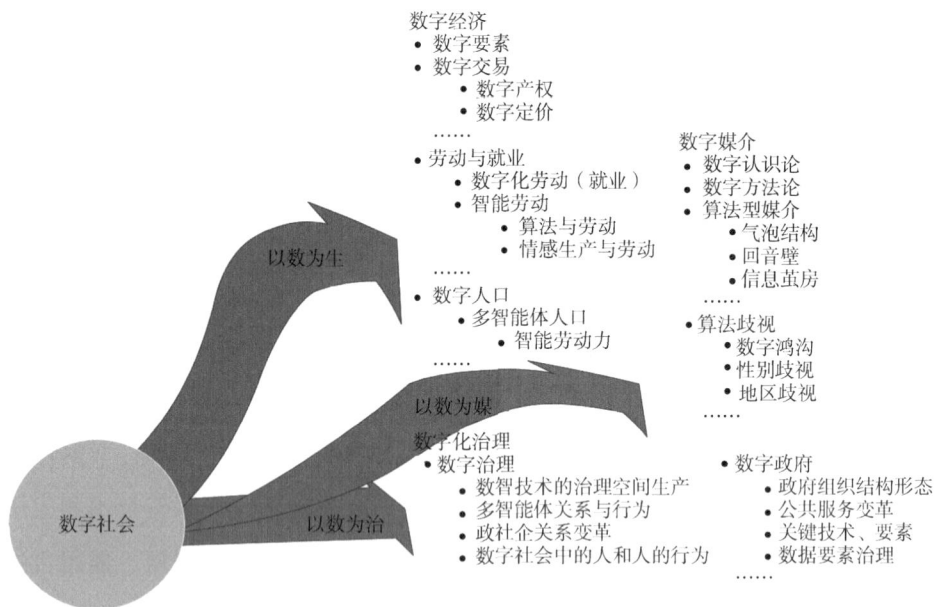

图 6-9 数字时代的社会科学研究假设

随着社会科学研究对象性因素的变化，若要上述研究假想问题得以顺利开展，则需要探讨社会科学研究中的基本假设。作为以人为根本研究对象的社会科学，在以往研究中往往以人的某一特定属性（人性的某一侧面）为假设，产生了"生物人""精神人""经济人""社会人""文化人""进化人"等多种人性假设。贵州师范大学古洪能（2013）认为这些假设之间形成了一个有趣的现象，那就是大体上都是围绕"经济人"和"文化人"两大假设形成相对峙的端点，而其他假设则分别依附它们。两个端点的对峙分享了社会科学研究最大的"市场份额"，同时也形成了不断争论、相互排斥甚至相互攻击的局面。造成这种局面的主要原因在于，社会科学的研究对象是活生生的人和人的关系，其属性和行为具有非常复杂的特性，不是单一或几个维度就能够描述清楚的。而在人的关系的集合基础上形成的社会，则呈现出更为复杂的特征，是开放的复杂巨系统。在技术进步的作用下，社会经济系统与技术工程系统相互嵌套，在此叠加形成更复杂的系统。因此，以某一侧面的人性假设作为研究基础，往往得出片面的结论，无法完成社会科学研究所需要达成的目标：预测、描述、说明等。因为不具备对象数据化的条件，传统的社会科学研究对象实际上并非物自体的社会自在，而是一组基于现象学的局部抽象的对象表意结构，即便有小规模数据和质性的外部观察，社会科学研究者仍然难以从整体上把握社会对象。这就需要从更多维的视角对人的研究提出整合性的假设，而数智技术带来人的"全面数字化"，为"人的研究数字化"提供了可能。在各类传感器、智能终端的作用下，与人性和行为相关的各个维度都被数字化并存储、传播，在数字空间形成了孪生的"人工个体"，我们可以将其称之为"数据人"。

在"数据人"的研究中，我们认为一方面，现代数智技术为人和人的行为数字化提供了基础，如剑桥信息与通信专家 David Cleevely（大卫·克里夫利）表示 2020 年至 2030 年间，每个人可能拥有 100 个通信设备。再加上生产、生活空间中密布的传感器，这些设备源源不断地将人的方方面面数字化，形成大数据。例如，手机通过 2 亿多个晶体管，将性别、血压、脉搏、热量等内部数据，位置、地域、爱好等外部数据源源不断地采集和存储，并通过网络传输、共享。但是数字空间的数据并不完全由大数据构成，在我们以数为治、以数为生的过程中，总有一部分数据是孤立存在的（如公安业务系统中的数据，一般不会与外界共享、整合），也有一部分数据是通过传统收集方式采集的，所反映的只是人的单个或少量维度，我们称之为小数据。此外，当我们采用访谈、观察等方法对某个人或群体进行深入的研究时，深度挖掘的单一或少量维度的行为数据可以称为厚数据。当上述数据因为某个具体研究问题或者某个研究对象的分析的需要，而通过技术手段将与问题或对象相关的数据聚集在一起时，就构成了它们的块数据。最后，人和人的行为在社会经济系统中需要遵循一定的规制，这种规制来自法律法规、制度、伦理等多种维度，这些规制数据则可以称为界数据。"数据人"假设的构成维度如表 6-6 所示。

表 6-6 "数据人"假设的构成维度

数据构成	来源与特征
大数据	通过多种途径和方式采集的数据，包括传统方法的被动采集和数智技术的自动采集，其特点是具有 5V1O 的特征，能够整合、比对、共享，数据反映人的属性、行为、时空等全方位特征，采集过程无特定目的
小数据	一般通过传统方法，如登记、访谈、问卷方式收集，数据量较小、孤立存储，不在线运行，反映人的单一维度或少量维度信息
厚数据	一般通过访谈或观察产生的数据，是对人的单一维度或少量维度信息深度挖掘与描述
界数据	规制数据，需要特定渠道或社会文化环境生成，非个人数据
块数据	一般非单独生产的数据，是围绕特定目的将上述类型数据进行整合、共享后形成的数据块

注：5V 指大数据具有以下 5 个特征：①volume，大体量；②variety，多样性；③velocity，时效性；④veracity，准确性；⑤value，大价值。1O 指数据是在线的（online）

"数据人"为社会科学突破单一人性假设开展研究提供了基础和研究路径，但目前仍需探索刻画人类异质性行为的数据处理路径。人们对整体性涌现规律的渴求甚少得到传统社会科学研究的有效回应。

第 7 章

研究方法性因素：知识生产模式的变化
与方法工具体系

7.1 知识生产模式的转换

7.1.1 知识生产模式

20 世纪中后期，西方学者开始反思科学技术对知识生产产生的影响，将分散的科学知识生产与科学技术社会学范畴融合，关注知识生产模式的转换。在此过程中，形成了以普赖斯为代表的小科学向大科学转型、以齐曼为代表的学院科学向后学院科学转型、以吉本斯（Gibbons）为代表的知识生产模式 1 向知识生产模式 2 转变的三种知识生产模式转型假说（蒋平，2018）。

1. 从小科学到大科学

从小科学到大科学转型过程中，具有代表性的事件是二战时期美国的曼哈顿计划（美国陆军部研制原子弹计划）。该计划开始于 1942 年 6 月，几乎集中了当时除纳粹德国之外西方国家最优秀的科学家，先后有 1000 多名顶级科学家，超过 10 万名各类技术人员和军人、工人参与其中。此后，在航空航天、天文学、生物学等领域，如哈勃望远镜、国际空间站、人类基因组测序等越来越多的大科学项目得以开展。美国科学家温伯格最早观察到这一现象，并提出了科学正从小科学变成大科学的论断。普赖斯则通过科学计量学的研究，在其著作《小科学，大科学》中系统论述了这一转型的各种表现。普赖斯认为，这两者的转变并非革命式的跳跃和非此即彼的替代关系，而是渐进式的演变过程和两者价值共存的方式。在小科学向大科学转变的过程中，科学研究的投入与研究人员的动机是最主要的标志，前者在大科学时代更加依赖国家和政府的投入，并且在投资、产出和人力组织层面呈现更大的规模效应，后者则由小科学时代科研人员的个人社会义务转变为社会职能，科学研究越来越成为以大型科研项目和大量的经费支持为依托的大规模集体组织行为。大科学突破了小科学新知识传播范围、传播渠道、受益对象相对单一的局面。此外，大科学知识生产机制发生了相应的改变，由"村舍"走向"大生产"，更加强调团队及团队之间的合作，以高频率的学术交流保持"不间断的紧密接触"，集体合作的研究成果增多，跨学科、跨区域、跨国别署名的研究成果增多。例如，在脑科学研究、人类基因组学、全球气候变化等领域的研究中，需要科学家之间、学术团体之间、国内外科学家之间的合作才能完成，相应的成果署名也会更多。近年来，在 Nature（《自然》）、PRL（Physical Review Letters，《物理评论快报》）等期刊上都出现过超过千人署名的论文，其中 PRL 有关欧洲核子研究组织（Conseil Européen pour la Recherche Nucléaire，CERN）大型强子对撞机的研究论文中，署名人员达到了 5154 人（9 页正文，24 页署名），Nature 刊发的一项关于多人联机游戏预测蛋白质结构的研究中署名人员为 5700 余人。在此过程中，学术共同体（普赖斯称之为"无形学院"）将发挥重要作用，其不仅促进研究的合作和评价，同时也在科研人员的行为动机、情感态度转变上予以支持，提升知识生产的力量和效率。此外，由于科学研究组织方式和动机的差异，大科学的知识生产必须考虑社会需求，研究目标由利益相关方共同制定。

2. 从学院科学到后学院科学

科学、技术和社会关系的变化也是知识生产模式转变的重要驱动力量，科学研究突破分散个体和小规模集体之后，无论研究本身还是研究者的关系就必将越来越社会化，形成一定的社会关系结构。在齐曼的观察中，这促使知识生产模式从理想化的学院科学转向现实中的后学院科学。齐曼（2002）在其著作《真科学——它是什么，它指什么》一书中采用前后对比的方式，对学院科学和后学院科学知识生产模式的五个属性的转变进行阐述，即从"CUDOS"转变为"PLACE"。前者强调知识生产的公有主义（communalism，公共知识，普遍公开）、普遍主义（universalism，普遍适用，不预设立场）、祛私利性（disinterested，客观中立，非功利性）、独创性（originality，创新贡献，个体成果）和怀疑主义（skepticism，批判性争论，同行评议），后者则突出知识生产的归属性（proprietary，所有者归属，形成垄断）、局域性（local，服务于局部，解决局部问题）、权威性（authoritarian，权威所统辖，合同规约）、定向性（commissioned，任务来定向，功利色彩）和专门性（expert，专门性人才，集体合作）。齐曼将科学研究视为一种特殊的社会建制，学院科学知识生产更多地指向某一特定学科，而后学院科学则需适应社会情境和时代变迁，因此具有集体化、稳态化、效用化、政策化、产业化和官僚化等六个方面的特征。

3. 从知识生产模式 1 到知识生产模式 2

除了科研人员和科研组织方式，科学、技术和社会关系之外，知识本身也是知识生产模式的重要影响因素之一。Gibbons 等（1994）即从知识和知识生产本身来探讨知识生产模式的转型，提出了从知识生产模式 1 到知识生产模式 2 的转换（以下简称模式 1 和模式 2）。模式 1 主要限制在单一学科框架范围内，更多的是在认知语境中讨论，而模式 2 则突破单一学科和认知语境的限制，在跨学科领域和面向社会经济应用情境中生产知识。模式2在知识生产组织方式上也突破了模式1特定共同体研究机制，呈现跨学科、跨机构的合作，以及组织方式上的"非等级""异质性"的灵活性、临时性。吉本斯总结了模式2的五大特征，分别为应用情境中的知识生产、跨学科、异质性与组织多样性、社会问责与反思性、质量控制。吉本斯等还指出快速运输和信息技术在模式2中的重要作用，认为其为知识生产节点的互动创造了便捷的条件，使获得弥散性知识的成本不断下降，并强调编码知识和默会知识的意义，知识生产是两种知识的混合，必须要清楚不同性质知识的存放之处。两种知识生产模式的对比如表7-1所示。

表7-1 两种知识生产模式

项目	模式1	模式2
学科	以单一学科为基础的知识生产	涉及多个专业领域的跨学科的知识生产
背景	在大的学术背景中形成和解决问题	在以应用为基础的背景中确立和解决问题
创新	创新被视为新的知识生产	创新也被视为现存知识针对新情境的改造
应用	知识生产与应用相分离	知识生产与应用相整合
过程	标准化、以规则为基础、科学的知识生产	交互作用的、不断协商的知识生产
动态	由精确科学所界定的稳定的研究实践	由问题解决所刻画的动态的研究实践
团队	半永久性的、以建制为基础的团队	松散的、问题取向的、非建制的团队
规范	研究实践遵循学科的科学规范	研究实践承担社会责任，具有反身性

资料来源：根据 Gibbons等（1994）专著整理

4. 我们正在进入知识生产模式3

在后续的研究中，我国学者王晓玲和张德祥（2020）将吉本斯等的模式1和模式2视为传统学科知识生产模式、跨学科知识生产模式，并在此基础上提出了模式3：超学科（trans-disciplinarily）知识生产模式。超学科最终目标被视为解决社会实践问题，而非实现学科理论的创新。其基本概念为：通

过将不同知识整合为一个整体来提高识别和解决公共问题的能力。超学科具
有三个方面的特征：超越传统知识生产主体，引进多元社会主体参与知识生
产；推动科学知识与社会实践的多元整合，实现知识的全面整合与创新；通
过全面整合作用下的知识创新解决复杂系统的问题。但从目前的表述来看，
王晓玲和张德祥（2020）的超学科是否真正突破吉本斯的模式 2，能否形成
知识生产的模式 3 还有待进一步的研究（详细对比参见表 7-2）。但这意味着
已经开始有学者关注新的知识生产模式，我们认为从社会科学研究的视角来
看，超学科只是模式 3 中的一个视角，更为重要的是基于数据挖掘与深度学
习的人工智能的知识生产模式 3。目前，我们已经开始这一阶段的旅程，但
由于大数据和人工智能、数字化和智能化、数字空间与数据人存续时间较短，
这一模式 3 的基本概念和总体特征还需要进一步观察。可以预期的是，我们
正在步入知识生产模式 3。

表 7-2　科学知识生产的三种模式比较

三种模式 比较项目	传统学科知识生产模式	跨学科知识生产模式	超学科知识生产模式
哲学释义	解释学科理论体系问题，关于"为什么"的问题	解释学科和社会问题，关于"为什么"的问题	解决学科和社会问题，关于"怎么办"的问题
目标	创新本学科理论体系，创建新的分支学科	创新本学科理论体系，创建新兴交叉学科	知识全面整合和再创新，解决经济社会发展问题
知识传播范围	学科内部交流	不同学科之间交流	不同学科之间、不同组织之间、不同个体之间的广泛交流
遵循的范式	严格遵循学科范式	借鉴或融合多个学科范式	没有统一的范式
知识成果类型	学科基础理论	学科或交叉学科基础理论	学科、交叉学科理论，社会实践知识，个体认知知识
知识成果的形态	静态理论知识	静态理论知识	动态应用知识
知识的复杂程度	简单一元化	横向多元化	立体复杂化
知识的发展趋势	学科知识纵向分化	学科知识纵向分化，学科知识横向融合	知识整体化：学科知识与社会实践，知识以及个体认知实践的全面融合

续表

三种模式 比较项目	传统学科知识生产模式	跨学科知识生产模式	超学科知识生产模式
团队成员	学科内部学者	不同学科的学者	学者、工程师、科学家、管理人员及其他参与者
团队的稳定性	强稳定性	弱稳定性	松散性
知识生产场域	学科组织内部	学科或跨学科组织内部	不同组织和不同个体之间
开放程度	全封闭	半封闭	高度开放
评价方式	学科内部同行评价	学科或交叉学科同行评价	多方利益主体评价
组织模式	学科组织	跨学科组织	政府、企业、高校、社会公众共同参与的协同创新生态系统

资料来源：引自土晓玲和张德祥（2020）

7.1.2 横断学科的方法纵横

横断学科的兴起被认为是现代科学十大趋势之一。横断学科与其他学科不同，不以客观世界的某种物质结构或运动形式为研究对象，而是以许多物质结构及运动形式中某一特定的共同方面为研究对象，研究对象是横着伸展到客观世界一切领域之中去的（武广华等，2001）。横断学科具有以下特点：①普适性。横断学科在不同横断面上揭示事物运行的规律，概括出的科学原理具有普遍适用性。②数学化。横断学科是科学数学化的重要桥梁与中介，尤其是针对难以量化的学科或研究问题。③工具性。横断学科从新视角、新侧面揭示事物的新属性、新规律，并提供揭示这些规律和属性的工具（葛志敏，1989）。横断学科的出现消除了学科之间的严格分界，加强了综合化的趋势。在方法论层面，诞生于 20 世纪中叶的系统论、信息论、控制论和后续出现的耗散结构理论、协同学、突变论等都是典型的横断学科。此外，数学、统计学等学科也具备横断学科的特征。从中我们可以看出，与数字时代社会科学研究高度相关的数据科学、人工智能、大数据挖掘、网络科学等都是在上述理论基础之上发展起来的，因此具备横断学科的基本特征。

我们以网络科学为例进行说明。美国国家科研委员会将网络科学定义为"研究物理、生物和社会现象的网络化表达，创建针对这些现象具有预测效果的模型的科学"。其具有非常典型的横断学科特征。一方面，它具有普适性，是从网络结构和网络关系视角对跨越物理、生物、社会、互联网等多领域的事物进行观察和研究的理论，研究方法和结论具有良好的普适性。另一方面，网络科学具有非常良好的工具性和数学化的特征，尤其是在社会科学领域对传统无法量化处理的社会关系及其结构、演化等可以使用数学化的工具进行表达和分析，可以提供数字化的工具进行分析和可视化展示。在百余年的发展历程中，网络科学可以横跨微秒到长年的时间跨度，纵越从神经网络的突触到社会经济系统、自然社会系统的观察。在数字空间中，多源数据源网络的集成联结与数据挖掘、深度学习等大数据、人工智能方法相结合，网络科学将会发挥更强大的作用。

7.2　社会科学研究范式演化特征

在范式理论的发展过程中，一方面，由于库恩等在使用"范式"这一术语时出现了较大的弹性，对科学范式的讨论缺乏清晰统一的界定，更不可能提出明确的、具备可操作性的划分标准与操作方法。概念上的模糊性和操作上的随意性导致范式分析作为一种研究方法也存在一定的局限性，在应用过程中存在大量套用、滥用现象，存在缺乏严谨的结构界定和转换临界条件分析等弊端（泽熙，2001），甚至在后现代派的观点中走向反科学的另一个极端。另一方面，由于库恩等更多地以自然科学（库恩以物理学为主要观察对象）为研究对象，社会科学与自然科学相比有诸多的不同之处，更具复杂性、民族性、多元性、目的性等。甚至在自然科学领域，库恩也没有让历史学家完全信服，在某些学科领域无法清晰地进行常规科学和科学革命相互交替的阶段划分。

正因如此，在社会科学发展过程中虽然对其存在的波峰、波谷起伏交替现象已经有诸多观察，但对于其是否存在与自然科学一样的科学革命和清晰的范式转换则存在两种截然相反的观点。一种观点认为范式分析方法适用于解释社会科学发展的内在矛盾运动和周期繁荣现象（贝利，1986）。社会科学具备整体性、工具性和相对稳定性或韧性，存在相对稳定期、反常与危机，同时也存在由青年人完成"格式塔转换"过程来实现新旧范式的更迭和转换（王峰和殷正坤，1996；崔璐，2018）。另一种观点则认为虽然自然科学与社会科学在历史中均处于不断演化过程，但与自然科学基本沿着"肯定—否定—肯定"的路线螺旋式上升的路径不同，社会科学演化过程更多地呈现"局部修正"的特征，其理论范式的演化更多的是受欢迎程度的变化，而非新旧范式的相互替代（谢彦君，2018）。由于范式分析本身的模糊性、社会科学的复杂性和对范式转换的争议，社会科学范式的划分呈现繁多的分类方法。目前比较常见的划分方式是根据学科研究主题的基本意向和潜在假定划分，如从方法论的视角划分为实证主义、解释主义、后实证主义、批判理论和建构主义五种典型范式，或者将宏观—微观、自然主义—人文主义视为两对既有一定的区隔同时又互为过渡的连续统，将其划分为社会事实、社会行为、社会批判和社会释义四类范式（周晓虹，2002）。无论划分依据如何，范式转换或者科学革命并非易事，相比于自然科学，社会科学的研究周期更长，其范式转化更不可能非常频繁。任何领域的范式转换都需要思维的突破、技术的更新作为基础，"例外"导致现有框架的危机，应运而生的新思想又往往是导致范式转换的契机，而不是倒置过来（泽熙，2001）。

正是在这样的背景下，本书认为对社会科学研究范式演化的研究应当突破对历史阶段划分或内容范式的演化，转向认识论、方法论层面的范式演化，并分析不同研究范式下社会科学研究的认识论、方法论、研究方式、主要研究技术和工具的联系与区别，寻找社会科学不同研究范式下存在问题的具体表现及其在社会科学哲学层面的深层次原因。吉姆·格雷提出了四种科学的研究范式用以描述科学研究。他依据自然科学研究的演变过程，提出了四种科学研究范式。参考这一划分方式，本书提出了社会科学研究范式的演化过程。第一个阶段是与自然科学研究相辅相成的自然哲学研究阶段；第二个阶段是向自然科学研究不断汲取所需的成分，进而不断分化至不同领域的阶段；第三个阶段是在第二个阶段的基础之上进行辩证的批判过程，并在此过程中不断上升的阶段；第四个阶段是对错综复杂的科学进行重新融合的阶段（参见图 3-2 所示）。社会科学四个研究范式之间并非相互替代的关系，它们都是我们进行社会科学研究的有效工具，而第四研究范式将为已有社会科学研究提供更高的数据起点和更广阔的方法论视角。

7.2.1　第一研究范式——定性研究

人类自进入文明社会以来，便善于通过"讲故事"的方式对社会现象进行记录传递。进入奴隶社会时期，哲学便从神话传说中分离出去，在强调思维逻辑的严谨性的前提下，对美好的生活愿景加以描述。该时期的研究对象并不区分自然科学与人文社会科学，只是简单地对社会现象进行笼统的把握，把所有的经验知识归结于一个比较泛泛的"自然哲学"的框架内。在西方的封建社会时期，科学的停滞不前，以及对宗教的崇拜导致哲学成为神学的附庸。在我国的古代，对于社会科学的认知经历了几千年的发展已然具备了"有机自然观"（米加宁等，2018）。这便是人类第一阶段的研究范式探索，该时期内的研究方法集中表现在推理以及类比，对于社会的认识通常夹杂着一些个人的、主观性、片面性的判断。故在这一阶段我们建立了朴素唯物主义以及唯心主义理念、演绎法、三段论、经验法等（李约瑟，1975）。正是这种早期形而上学的讨论对未来的科学发展起到了巨大的促进作用。时过境迁，但许多知识仍旧可以被我们用以观察社会，了解社会的逻辑起点，正因如此，希腊人对各领域的人文社会科学率先进行了具有逻辑性的分析（贝尔纳，1959）。第二阶段为现代社会科学研究的定性分析，主要包括观察与记录、分析比较、归纳概括、检验这四个步骤。定性研究可以追溯到 19 世纪，其伴随着其他人文社会学科的发展而逐渐完善起来。在 20 世纪 20 年代逐步形成了这种研究方法。但是这种研究方法过于凭借主观经验，难免会受不规范性的影响，因此定性研究方法在以定量研究为主导的实证研究中一直处于相对被忽略的地位。

7.2.2　第二研究范式——定量研究

定量研究主要强调的是世界是可以被观察到的以及可进行量化研究的。定量研究凝聚了人类对科学的不断探索，最早源自古希腊理念论等含有因果关系等的哲学思想。在 17 世纪后半叶，自然科学研究脱离了神学的束缚而得到了快速的发展，基于从观察、假设、实验到归纳、检验等一系列研究方法的探索和积累，形成了定量研究。与此同时，社会对决策精确性的需求促进了定量研究的发展。孔德率先提出，社会科学研究同自然科学研究一样都是在寻求规律性的认识，并且排斥那些形而上学的思辨，主张人文社会科学同自然社会科学那样，均在寻求具有普遍性的规律认识。定量研究坚持归纳推理以及客观中立的态度，认为任何实验假设均是根据对数据的逻辑检验提出，并不夹杂研究者的主观感受。其研究的逻辑过程是“提出假设—验证假设”，即通过观察社会的问题，提出针对性的假设，收集有关的数据，然后对假设进行统计检验，最后通过接受或拒绝假设，达到对现有理论的继承和发展。但是定量研究也存在一定的问题。首先，鉴于社会现象的复杂多样性，在实验过程中不能像自然科学那样进行反复的验证；其次，定量研究使用的数据具有一定的滞后性；最后，为了研究的方便经常对研究对象进行简单的操作化，忽略了个体的异质性。这三个方面的问题导致定量研究不能充分反映社会的真实性。

7.2.3　第三研究范式——仿真研究

第三研究范式是在实证研究和生命哲学的基础上产生的，对社会科学影响重大，但也有明显缺陷：①生命哲学桎梏于历史的泥沼中，强调历史事件的特殊性，用特殊性取代普遍性；②实证主义陷入还原论陷阱，偏执的分析方法只关注到细枝末节，忽视了全局。随着社会和科技的发展，这两个缺陷越发显现出来。整体性认识的缺失，精确性和意义性的互斥，让研究人员逐步加深了对系统性和模糊性的认识，这也给社会科学研究带来了新的希望。20 世纪中叶，全球化的发展产生了全球性的社会问题，也引发了社会科学学界的关注。仿真研究方法在复杂性科学发展、应对全球问题需求、计算机技术成熟几股合力的作用下得到了推广应用。

仿真研究方法是在数学方法、计算机科学、统计学、信息科学等的基础上，运用计算机编程模拟的方式，在虚拟环境中模拟现实世界可能发生的现象、发展的趋势，以预测未来的变化（王天思，2016）。这种方法是把"现实社会系统转化成由智能主体构成的演化系统"（Shawn，2014）。目前已在许多领域实现了社会科学计算实验，采用较多的复杂系统模型有元胞自动机、离散事件模型、系统动力学和基于主体的计算机建模等，在考古、文化传播、商业管理方面取得了丰硕的成果。除此之外，在危机管理、消费决策、物流管理等领域也开展了模型构建和仿真模拟。

第三研究范式解决了第二研究范式中研究对象无法实验或无法重复实验的问题，创造了现实世界无法获得的实施环境，提供了研究社会科学的有效方法和实验工具，打破了学科间的隔阂，实现了多学科融合。

7.2.4　第四研究范式——大数据研究

在我们步入后工业化后，一些全球性的社会问题的产生，让我们慢慢认识到我们对于外在自然的依赖程度越来越高。我们利用软件技术进行数据挖掘，在人文社会科学当中产生了"万物皆可智能"的理念。在该研究范式下，大数据记录着我们的行为的方方面面，有效地解决了传统人文社会科学研究当中存在的数据匮乏、采集困难等一系列的问题。而且，大数据驱动的第四研究范式把我们以往以假设为逻辑起点的研究方法转变为以大数据挖掘为研究方式的方法，可以利用智能软件发现以往未曾关注的相关性，进而发现新的理论。随着互联网的发展，传感器网络、社会化网络、射频识别、开放数据等为社会科学提供了新的研究范式。第三研究范式与第四研究范式特征对比如表 7-3 所示。

表 7-3　第三研究范式与第四研究范式特征对比

角度	第三研究范式	第四研究范式
研究对象	依据系统建立的数学模型	海量数据
推理逻辑	根据模型得到计算结果	根据数据构建数学模型
自动化程度	仅有仿真实验自动完成	从数据获取到预测结果均自动完成
解释力度	有坚实的基础	缺乏基础，解释力低
角色地位	仅扮演实验角色	占主导地位
基础设施	主要涉及计算机	涉及计算机、网络设备、传感器等更多基础设施

7.2.5　四大研究范式的基本关系

综上所述，大致可以把自然科学研究范式的演化过程归纳为：从以经验研究为基础的观察和实验，走向理论研究的逻辑分析，再到计算机仿真研究的各种建模，最终走向数据科学研究的大数据分析范式。人文社会科学的研究范式演化过程可以归纳为：从定性研究的简单数量关系到以小数据、小样本外推复杂因果关系的定量研究，再到用有限数据模拟复杂的宏观涌现，最后到以大数据为驱动的全样本、个性化发现和预测研究范式。

四大科学研究范式都是认识客观世界、研究社会科学的工具，它们诠释了社会科学研究范式的逐步演化过程，它们之间绝非简单的替代关系。它们在历史演变过程中相互吸收、相互借鉴，从互斥转向互融。

社会科学研究方法主要借鉴自然科学研究方法，由于认识和理解偏差，第一研究范式和第二研究范式分别出现了两种极端，批判实证主义和混合研究方法在尝试中形成了最有效的解决方案——"从定性到定量综合集成"的系统方法，在实践中产生了第三研究范式。

第二研究范式定量研究用小样本、简单的数量关系推导复杂的社会问题，时常无法自圆其说。第三研究范式的建模方式带来了系统功能结构划分偏差或主体行为难以刻画等问题。第四研究范式在一定程度上加速了第一研究范式、第二研究范式的融合，弥补了第二研究范式、第三研究范式的缺陷。海量数据的规模效应和特征使定性研究和定量研究在数据获取与分析上实现了一致，大数据的数量和质量填补了第二研究范式、第三研究范式的不足。

7.3 大数据驱动的科学研究第四范式

7.3.1 第四研究范式的基本内涵

数据密集型科学主要包括以下三个基本活动：数据的采集、数据的分析和数据的管理。大量广泛的数据来自不同的行业领域，如大型国际实验、单一或个人的观察实验及个人的日常生活。不同种类的实验涉及广泛的学科以及大规模的数据，给数据的采集分析以及管理带来了巨大的挑战。在第四研究范式中，科研人员不再单单以直接接触的真实客观世界为研究主体，科研人员更加需要通过模拟计算工具生产和获得数据，并运用大数据挖掘工具对所需要的数据进行层次分析。面对"万物皆智能"的科研趋势，人文社会科学的研究客体也由以往人参与的过程及系统慢慢变为虚拟世界、现实世界互动所形成的网络。第四研究范式的基本内涵体现在以下五个方面。

（1）大数据的优势也不单单局限于数据，更重要的是具有先进的分析方法。部分学者指出，大数据的使用将会大大促进定量研究同定性研究相互融合发展。因此，数据自身并非大数据研究的产物，真正的关键点在于如何运用科学的方法在大量的数据中发现有用的价值。我们可以采用大数据的研究思维对先前的一些发现予以完善，并且对既有方法、数据及理论予以补充。在大数据的不断驱动下，前三个研究范式也不断完善。

（2）大数据研究是通过对抽象化数据的发掘来实现对世界本质特点的判别。大数据科学正在不断克服传统研究范式所面临的巨大困境。大数据只能发现社会现象间的相关性，在很多情景下大数据对于现象间因果关系的解释能力较弱。目前以大数据为依托的科学研究，以大量的数据为基础从广度、深度两个角度探寻对世界的认识，这帮助我们不断地去理解现实世界错综复杂的框架结构，让我们不断靠近真实世界的面目。大数据对于人文社会科学研究来说无异于增加了一种新型的切实有效的方法。

（3）在第四研究范式中，在数据接近现实世界的同时，可以兼顾现实世界的宏观结构，也正因如此，我们进行科学研究的主观性在不断弱化，这就意味着我们可以在分析研究对象不同类别的数据的同时，兼顾研究对象的整体性分析。

（4）大数据虽然并不会改变近代科学认识论的基础，却不断延伸了我们对于认识论的认识。大量的证据也表明大数据可以很好地完善我们对于预测性研究的发展。所以说，大数据并非一种单一的技术，它是一种技术的组合。

我们通过一定的方法在一定的时间范围内完成分析。数据的算法、质量在大数据驱动的预测中具有重要作用，故变量的定义、数据的相关度越高，预测结果越准确。

（5）大数据的价值主要在于能够推动具有错综复杂因果关系的社会决策的科学化。面对信息孤岛的阻滞，大数据的引入无异于为我们展现了一种全新的科学社会决策的方法论。第四研究范式不单单是一种人文社会科学研究的规范和方法，更重要的是，它也可以把传统的认知手段同大数据分析相结合，进而推动对复杂决策过程及决策效果的研究。

7.3.2　第四研究范式的基本特征

近年来伴随着科技的进步发展，社会化网络、传感器网络和射频识别等不断兴起，为社会科学的研究提供了新的范式，与传统的第三研究范式仿真研究相比，大数据驱动的科学研究范式具备如下的特征。

（1）在角色定位上，仿真研究主要是以实验为主要技术特征，在实验的过程中利用大量的实验确定模型的具体参数，但大数据驱动的第四研究范式则无论是在分析还是预测方面都占有领先的地位。

（2）在逻辑推理上，大数据驱动的研究主要是通过数据的归纳进而得出数学模型，但仿真科学研究则是通过演绎程序得到模型结果。

（3）在自动化的程度上，大数据驱动的科学研究路径，从数据的获得、分析到预测，这一系列过程都是利用人工智能科技自动完成的，但仿真科学的研究只在仿真研究这一环节是利用人工智能自动完成的，只占据了研究过程的一个阶段。

（4）大数据驱动的第四研究范式在研究对象选取上面向大量的数据，但仿真科学研究则是以系统创建的数学模型为研究对象。

（5）在模型的解释程度上，以计算机为主体的仿真科学研究模型的构建基础是对研究问题相关理论的诠释，但大数据的模型构建源自算法的自动化过程，仿真科学由于不具备这样的算法自动化过程，从而解释力度较低。

（6）在基础设施建设方面，大数据研究具有数量上的绝对优势，如各类连接的用户群体、传感器、网络设施，而仿真科学研究可能只使用多台甚至是一台设备。

7.4 数据科学提供的方法工具体系

7.4.1 数字技术的发展

数字技术在对象性因素、方法性因素和社会建制性因素三个层次上都会发生影响。第 6 章我们已经探讨了第四次工业革命对社会科学研究对象性因素产生的影响，本节我们主要来看看数字技术的发展能够为社会科学研究提供什么样的方法和工具。首先，我们使用 Gartner 的新兴技术成熟度曲线来分析这一问题。这一曲线是指新技术、新概念在媒体上的曝光度随时间推移变化的情况，共分为技术萌芽期、期望膨胀期、泡沫破裂低价期、稳步爬升复苏期和生产成熟期等五个阶段（图 7-1 为 2022 年示例）。通过该曲线，我们可以分析哪些有关数据处理、分析的技术进入炒作期，可能被用于社会科学研究。通过对 2008~2021 年新兴技术成熟度曲线的分析，排除硬件及与科学研究应用不相关的内容，在该曲线上出现的可能用于社会科学研究的技术包括大数据、云计算、社会性软件、行为经济、社会网络分析、射频识别技术、社会分析、内容分析、机器学习、自然语言处理、情感运算、数据中心、公民数据科学、智能决策、区块链、智能数据挖掘、通用人工智能、边缘计算、（个人）数字孪生、认知计算、深度增强学习、增强数据发现、深度学习、知识图谱、转移学习、数字运算、生成对抗网络、自适应机器学习、无监督学习、差异化隐私、数字人类等。

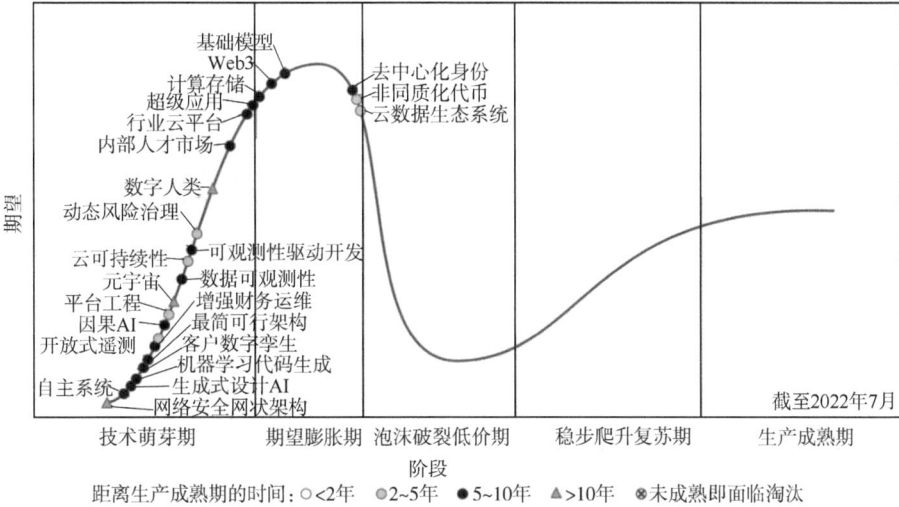

图 7-1 2022 年新兴技术成熟度曲线

资料来源：中关村网金院（2022）

7.4.2 数据科学在社会科学中的应用方法

在第 1 章中我们梳理了数据科学的学术史，展示了数据科学引文图谱形成的纵向演化和横向聚类。其中，数据处理、领域数据科学和数据科学方法、技术与平台各主题已经对在社会科学中得到应用的数据科学研究方法有所展示。在此我们再引用该部分内容进行归纳，展示数据科学已经在社会科学中得到应用的技术方法。从图 1-2 中我们可以看出大部分核心方法和技术在上文的新兴技术成熟度曲线中已经得到展示，除此之外，信息可视化、数据仓储等都能够为社会科学研究提供支持。在本书课题组另一项针对数据科学研究的分析中，发现数据科学是一个不断发展的知识体系与方法工具，而在其研究领域重点关键词中，还能发现更多的研究方法，如知识发现、数据挖掘、聚类分析、视觉分析、预测分析、决策树、元数据等。

第8章
研究的社会建制性因素：从基础设施到基础素养

8.1　社会科学研究的基础设施

8.1.1　科学研究信息化

eS 是在信息技术推动科研信息化的背景下产生的，其目的是推动"大科学"在全球或跨区域的跨学科、大规模科研合作，以及实现跨时空、物理障碍的资源共享（李进华和王伟军，2007）。美国 NSF 和欧盟都提出了类似的计划：网络基础设施（Cyberinfrastructure）和电子基础设施（e-Infrastructure）。随着 eS 实践的不断扩大，目前主要从广义上来理解其定义，主要包含信息化基础设施和信息化科研活动两个核心内容（桂文庄，2008）。信息化基础设施包含信息化基本条件、数字化科研仪器和设备、eS 的软环境三个部分。信息化科研活动则主要为科研人员在网络化条件下进行资源共享和工作协同提供信息化的新技术、新方法，以及科研活动与数据管理生命周期的协同管理等。

8.1.2　社会科学研究信息化

近年来，随着以"大物移云智"为代表的新一代信息技术的不断发展，信息化基础设施的三个组成部分出现了数字化、网络化、智能化的发展趋势，信息化科研活动也越来越依赖于数据驱动与网络基础设施。在第四研究范式中，数据不再由科学家操作仪器进行直接的观察和记录，数据的产生、采集、整理、分析及可视化等过程将由计算机控制智能仪器或软件进行，规模和速率都大大超出了人脑的存储和计算能力，形成"人脑+计算机+仪器+外挂知识系统+软件"的研究方式。这种影响在社会科学研究中也正在显现，由于"万物皆数据"和"计量一切"的趋势，社会科学研究的对象也从传统的人参与的社会系统和社会过程转变为现实世界和虚拟世界平行系统互动形成的数据网络（Gray，2009），更加依赖数据驱动和信息化，数据同时也在驱动社会科学与自然科学的学科交融。

在此背景下，社会科学研究信息化也引起了大家的关注，被称为 eSS。eSS 是一个前沿的研究领域，是信息技术给社会科学研究带来冲击和虚拟合作环境给社会科学带来挑战下的产物，也是人文社会科学领域对 eS 的引进和发展。对于 eSS 的概念，有学者认为其是 eS 的分支，也有学者认为应该将其限定在使用网格技术的社会科学这一更狭窄的范围，而英国社会科学研究理事会数据存储中心则将其定义为社会科学研究人员与计算机专家合作设计和开发研究工具，解决社会科学研究中遇到的问题，探索新的研究领域或加快社会科学研究（陈文娟和肖峰，2010）。eSS 主要由五个方面构成：网格中间件和研究工具、语义网络、数据处理、社会形成和虚拟协同研究环境（褚鸣，2010）。也有学者将 eSS 的构成等同于 eS，只是在信息化基础设施和信息化科研活动的具体内容上有所差异，eSS 的信息化基础设施主要指数据等基础资料处理的信息化，信息化科研活动则更强调计算机仿真与模拟，其最终目的是搭建人工社会系统实验室，实现社会科学研究的模拟实验（雷枫，2010）。

8.1.3　社会科学研究数据基础设施

从中我们可以看出，无论是自然科学还是社会科学，都越来越依赖科研信息环境的搭建和如何有效处理数据，这使得当今已没有无数据的科学，也没有无科学的数据（赵鹏大，2014）。因此，在第四研究范式下，各学科如何有效收集和分析数据的 X-info 分支已经对我们发出了构建新的研究基础设施的挑战。科研数据基础设施（research data infrastructure，RDI）成为科学研究中基础设施的基础设施，在数据处理、科研合作、数据流动、基础设施开放与共享、减少资源浪费、促进学科融合等多方面发挥着重要作用。科研数据基础设施受到了全球的普遍重视，被纳入国家、区域科技发展战略或国际合作框架之中。部分重要科研数据基础设施建设相关战略如表 8-1 所示。

表 8-1　全球科研数据基础设施战略（部分）

年份	标志性事件	覆盖范围	主要内容
1957	WDC（World Data Center，世界数据中心）	全球	国际科学联合会（International Council of Science Unions，ICSU）的世界数据中心与 CODATA 共同服务，分属四个数据中心群：WDC-A 美国、WDC-B 苏联、WDC-C 欧洲和日本、WDC-D 中国。世界数据中心开展地球科学、地球环境和空间科学领域数据的收集、整理、系统化、标准化及交流服务等活动，其服务宗旨是：收集和存储国内外的数据，保证有效服务；保障数据的收集、交换和有关文件的质量可靠；对接受的数据承担同化、编辑、编目、存档、检索和散发任务；负责探索数据存储并在数据格式标准化方面开展国际合作
1966	CODATA	全球	其宗旨是推动科技数据应用，发展数据科学，促进科学研究，造福人类社会
1993	DANTE（Delivery of Advanced Network Technology to Europe，欧洲先进网络技术计划）	欧洲	DANTE 为欧洲研究群体建立一个集成的管理主干网络。主要活动是部署先进的电信技术、设计、建构和管理跨欧洲的网络，为网络互联创造一个研究和开发平台，支持欧洲大学的研究活动。由欧洲国家教育科研网络共同管理，并与欧盟委员会合作，为欧洲研究活动提供通信基础设施
1993	信息高速公路	美国	20 世纪 90 年代早期，开始了千兆网和元计算的实验；90 年代中后期，开始了 I-WAY、Globus、Legion 等学术性研究

续表

年份	标志性事件	覆盖范围	主要内容
2000	GÉANT（欧洲教育网）	欧洲	改善欧洲研究和教育网络基础设施
2002	ESFRI（European Strategy Forum on Research Infrastructures，欧洲科研基础设施战略论坛）	欧洲	科研基础设施的可持续性发展、对创新的影响、开放式科学的构建以及开放式数据管理等问题是其关注的重要内容。ESFRI 路线图中所有基础设施的总体目标是向欧洲科学家开放获取科学资源和服务
2004	GÉANT 2（欧洲教育网 2）	欧洲	该研究网络使许多以往无法实现的科研活动成为可能，并大大提高科研活动的效率，一直服务至今，已经连接了 40 个欧洲国家的国家研究和教育网络（national research and education networks，NRENs），3500 多所主要的大学和科研机构，用户数超过 4000 万，主干网速率 10G，包括 25 个 POP（网点）节点，实现与欧洲以外的 50 个国家的网络互联
2006	NCRIS（National Collaborative Research Infrastructure Strategy，国家协作科研基础设施战略）	澳大利亚	相继发布了三次战略报告，详细论述为促进科学创新而应优先发展的科研基础设施项目
2007	NSF	美国	NSF 在其 2007 年发布的报告中关注科研基础设施的发展，倡导构建一个世界一流的，支持高性能计算、数据分析与可视化以及虚拟工作间的科研基础设施
2008	GSO（Group of Senior Officials on Global Research Infrastructures，全球研究基础设施高级官员小组）	八国集团	八国集团科学部长会议决定成立 GSO 以推动和加强全球研究基础设施的国际合作，"明确措施，确保妥善处理、存储和访问科学数据"是其主要目的和内容
2009	科研数据高水平专家组	欧洲	探讨了如何从科研数据浪潮中获益，指出构建科研基础设施的益处、所面临的挑战，并提出了相关建议
2010	MERIL（Mapping of the European Research Infrastructure Landscape，绘制欧洲科研基础设施蓝图）	欧洲	绘制欧洲科研基础设施蓝图
2010	GRDI 2020（Global Research Data Infrastructures，全球研究数据基础设施）	欧洲	指出了科研数据基础设施面临的挑战和问题，并提出 10 项建议和未来发展愿景，用以指导全球科研数据基础设施生态系统的建设。呼吁构建一个可以支持数据共享与科研合作的全球化科研数据基础设施
2011	EUDAT	欧洲	泛欧洲协作数据基础设施

续表

年份	标志性事件	覆盖范围	主要内容
2012	KE（knowledge communication，知识交流）	欧洲	从丹麦、德国、新西兰以及英国四个国家科研数据基础设施的研究现状出发，提供构建科研数据基础设施的可行性行动计划，归纳构建科研数据基础设施的四个驱动因素
2012	NRENs	欧洲	欧洲国家教科网
2012	RDIC（Research Data Infrastructure Committee，科研数据基础设施委员会）	澳大利亚	专门负责规划国家科研数据基础设施的发展并为科研数据基础设施的建设与优化提供建议，同时发布澳大利亚科研数据基础设施战略报告，把科研数据基础设施的发展提到了前所未有的战略高度
2013	RDA（Research Data Alliance，科研数据联盟）	欧盟、美国和澳大利亚	致力于减少数据分享与交换障碍，为科研数据相关服务提供建议，科研数据基础设施是其核心议题之一
2014	Horizon 2020（地平线 2020）	欧盟	将 e-基础设施作为其中重要的组成部分
2017	ISC（International Science Council，国际科学理事会）	全球	国际科学联合会和国际社会科学联合会合并成为 ISC，致力于通过国际交流与合作提升各个领域研究数据的可获取性，以及提升此类数据的互操作性和可用性。支持在可查找、可访问，可互操作和可重用的原则下（FAIR 数据原则），采取适当措施促进开放数据和开放科学

进入 21 世纪以来，我国也开始重视科研基础设施建设和科学数据的开发、共享工作。2004 年，科技部等部门发布了《2004—2010 年国家科技基础条件平台建设纲要》，指出要打破条块分割，对相关部门和行业长期持续积累的数据资源，以及国家科技计划项目的数据进行整理、汇交和建库，要以政府资助获取与积累的科学数据资源为重点，整合相关的主体数据库，构建集中与分布相结合的国家科学数据中心群。2015 年，"发展科学大数据""构建科学大数据国家重大基础设施""建立国家知识服务平台与知识资源服务中心"等被列入《促进大数据发展行动纲要》。2016 年，《国家信息化发展战略纲要》提出要加快科研信息化，对"加快科研手段数字化进程，构建网络协同的科研模式，推动科研资源共享与跨地区合作，促进科技创新方式转变"

进行部署。科研数据基础设施建设在国家信息化、创新体系建设中的地位不断上升，配套措施也不断完善。国家科技基础条件平台、科学数据共享中心、国家科技图书文献中心、高速科研专用网络等科研数据基础设施建设稳步推进，并逐步实现对社会开放。

对于科研数据基础设施的构成，各国及地区也没有统一的界定。澳大利亚和欧盟 GRDI 2020 项目专家组都采用了较为宽泛的界定，认为主要包含三个方面的内容：数据生产和应用两个生命周期的相关设施、科研数据操作的所有软硬件构成的数据生态系统、不同学科之间科研数据有效共享与科研活动协同。社会科学科研数据基础设施（social research data infrastructure，SRDI）的构成应该是一个以大数据（时空大数据、行为大数据与属性大数据）为中心，包含服务与工具的管理网络环境及 HS（human subject，人类主体）+CA（certification authority，计算机虚拟主体）一体化建模与计算实验平台，支持：①研究生命周期和数据管理生命周期的互嵌；②不同学科数据的流动与语义理解；③连接不同学科数据集和情境数据，创建开放关联的数据空间；④管理科学工作流；⑤数据与文献之间的互操作；⑥一个集成的科学政策框架。

8.1.4　研究数据基础设施现状

要全面掌握全国社会科学研究数据基础设施现状目前还不太可能，表 8-2 中列举了全国最有影响力的社会科学研究数据库。同时为掌握科研数据基础设施建设的基本状况，本书选择了广西作为研究案例开展了调查，具体情况如下。

表 8-2 社会科学研究数据库

数据库	机构	链接
中国家庭追踪调查(China Family Panel Studies, CFPS)	北京大学中国社会科学调查中心	http://www.isss.pku.edu.cn/cfps/
中国健康与养老追踪调查(China Health and Retirement Longitudinal Study, CHARLS)	北京大学中国社会科学调查中心与北京大学团委	https://charls.pku.edu.cn/
中国综合社会调查(Chinese General Social Survey, CGSS)	中国人民大学中国调查与数据中心	http://cgss.ruc.edu.cn/
中国学术调查数据库(Chinese National Survey Data Archive, CNSDA)	中国人民大学中国调查与数据中心	http://cnsda.ruc.edu.cn/
中国教育追踪调查(China Education Panel Survey, CEPS)	中国人民大学中国调查与数据中心	http://ceps.ruc.edu.cn/
中国宗教调查(China Religion Survey, CRS)	中国人民大学中国调查与数据中心	http://crs.ruc.edu.cn/
中国老年社会追踪调查(China Longitudinal Aging Social Survey, CLASS)	中国社会调查网络	http://class.ruc.edu.cn/
中国发展指数(RUC China Development Index, RCDI)	中国人民大学中国调查与数据中心	http://nsrc.ruc.edu.cn/rcdiintro
中国劳动力动态调查(China Labor-force Dynamics Survey, CLDS)	中山大学社会科学调查中心	
中国家庭金融调查(China Household Finance Survey, CHFS)	西南财经大学中国家庭金融调查与研究中心	https://chfs.swufe.edu.cn/dczx.htm
中国家庭收入调查(Chinese Household Income Project, CHIP)	北京师范大学	
中国健康与营养调查(China Health and Nutrition Survey, CHNS)	北卡罗来纳大学人口研究中心等	https://www.cpc.unc.edu/projects/china/
世界价值观调查(中国卷)(WVS-China)	世界价值观调查协会	http://www.worldvaluessurvey.org/wvs.jsp
当代中国生活史与社会变革(Life Histories and Social Change in Contemporary China, LHSCCC)	加利福尼亚大学等	https://datascience.shanghai.nyu.edu/datasets/life-histories-and-social-change-contemporary-china-1996
中国老年健康影响因素跟踪调查(Chinese Longitudinal Healthy Longevity Survey, CLHIS)	北京大学和中国疾病预防控制中心	http://web5.pku.edu.cn/ageing/html/datadownload.html
清华大学中国经济社会数据研究中心(Tsinghua China Date Center, TCDC)	国家统计局和清华大学	http://www.tcdc.sem.tsinghua.edu.cn/

续表

数据库	机构	链接
中国流动人口动态监测调查数据（China Migrants Dynamic Survey，CMDS）	国家卫生健康委员会	http://www.chinaldrk.org.cn/wjw/#/home
中国社会状况综合调查（Chinese Social Survey，CSS）	中国社会科学院社会学研究所	http://css.cssn.cn/css_sy/
国际社会调查项目（International Social Survey Programme，ISSP）	跨国合作项目，西安交通大学实证社会科学研究所 2010 年加入	https://issp.org/
中国城镇住户调查（Urban Household Survey，UHS）	国家统计局	不开放
中国城市居民调查（China National Resident Survey，CNRS-TGI）	TGI	
全国农村固定观察点调查数据	农业农村部	
中国乡城人口流动调查（Rural- Urban Migration in China，RUMiC）	暨南大学社会调查中心	https://sdc-iesr.jnu.edu.cn/wome_16220/main.htm
中国工业企业数据库（China Industry Business Performance Data，CBPD）	国家统计局	http://www.allmyinfo.com/yewu/shuju/223.htm
海关数据	中国海关	
中国私营企业调查（Chinese Private Enterprise Survey，CPES）	"中国私营企业研究"课题组	http://finance.sina.com.cn/nz/pr/
世界银行中国企业调查数据（Enterprise Surveys Data，ESD）	世界银行	https://www.enterprisesurveys.org/en/data/exploreeconomies/2012/china
21 世纪初中国少数民族地区经济社会发展综合调查	中国社会科学院	
中国社会调查开放数据库（Chinese Social Survey Open Database，CSSOD）	中国人民大学社会学系和香港科技大学社会调查中心	http://www.cssod.org/index.php
中国小微企业调查数据库（China Micro and Small Enterprise Survey，CMES）	中国家庭金融调查与研究中心	https://chfs.swufe.edu.cn/dczx.htm
中国基层治理调查（China Grassroots Governance Survey，CGGS）	中国家庭金融调查与研究中心	https://chfs.swufe.edu.cn/
中国城乡家庭抽样调查（China's Rural Urban Household Survey，CRUK）	中国家庭金融调查与研究中心	https://chfs.swufe.edu.cn/

1. 广西科研基础设施建设管理计划现状

近年来，海量科学数据的"井喷式"增长，对我国各个学科领域的科研活动产生了冲击性影响，再加上科学研究范式转型产生的重大变革，促使科学发展与科技创新更依赖于高信度、高效度的科研数据。此时，对科研活动与科研数据管理的加强和规范，有利于强化我国的科技创新能力建设和保障国家安全。但是，当前广西科研数据管理与应用仍然无法满足科技创新的需求，科研活动的发展较为滞后，科研数据管理在发展阶段仍然存在很大的改进空间。为贯彻落实党的十九大精神以及习近平总书记的指导思想，准确把握大数据驱动下科研范式转型背景的科研数据发展趋势，广西针对科研数据管理计划发布了《广西壮族自治区科技文献信息专项经费管理暂行办法》《广西科技文献信息共享服务绩效考核办法（试行）》等通知，提出"规范和加强广西科技文献信息专项经费的财务管理，推动广西科技文献信息共享平台及服务体系建设"，并通过绩效考核起强化激励作用，实现提升全区资源利用率与开放共享的积极性的建设目标。广西针对科研数据基础设施建设管理计划发布了《广西壮族自治区人民政府办公厅关于印发进一步加强基础科学研究实施方案的通知》（桂政办发〔2019〕2号）、《广西壮族自治区人民政府办公厅关于印发广西科学数据管理实施办法的通知》（桂政办发〔2018〕157号），提出"培养造就一批优秀的基础研究工作者和科研团队，在科学前沿取得一批重要原创性成果，显著提升创新驱动发展的源头供给能力"的建设目标，并实施了创新驱动发展战略、大数据数字建设战略、科技创新支撑的"云长制"战略等，还借鉴国内外先进案例与经验，提出了将数据安全放首位，加强和规范科研数据管理的指导思想，以此制定了广西科研数据管理计划。制定的计划主要面向各责任主体与法人单位，内容涉及开放共享、文献服务、应用推广、高端服务、特色资源建设等方面。特别是为响应党的二十大提出的"加快发展数字经济，促进数字经济和实体经济深度融合，打造具有国际竞争力的数字产业集群。优化基础设施布局、结构、功能和系统集成，构建现代化基础设施体系"[①]，广西发布了《广西壮族自治区人民政府关于以智赋能以数提效推动我区数字经济高质量发展情况报告审议意见研究处理情况的报告》(桂政函〔2023〕11号)，提出将进一步加快数字基础设施建设，加快布局云边协同的存算基础设施，积极融入全国算力一体化网络和国家"东数西算"工程；扩大 5G 网络建设规模，推动面向智能制造、数字治理、智慧医疗、智慧交通等领域的 5G 专网建设；继续推进智慧城市和数字乡村建设。基于此，本章提出 eSS 环境下科研数据共享机制模型，如图 8-1 所示。该模型体现了科研平台在 eSS 环境下数据管理、数据获取、数据分析、数据共享，以及对用户服务群众实现开放获取的过程。

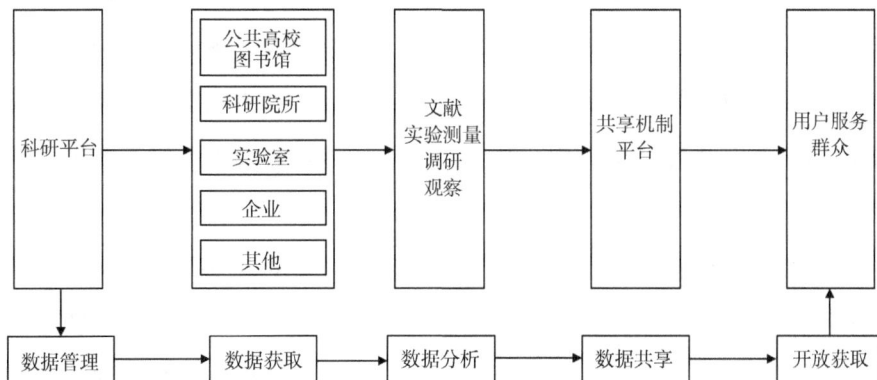

图 8-1　基于 eSS 的科研数据共享机制模型

（1）加强各责任主体与法人单位的职责定位计划。参与数据管理的责任主体主要为广西科学数据管理委员会（自治区科技厅与各有关部门共同组成）、全区各级科学数据中心、广西科学数据管理专家委员会、各设区市人民

①《习近平：高举中国特色社会主义伟大旗帜 为全面建设社会主义现代化国家而团结奋斗——在中国共产党第二十次全国代表大会上的报告》，https://www.gov.cn/xinwen/2022-10/25/content_5721685.htm[2022-10-25].

政府、科研院所、高等院校、企业等法人单位。由责任主体制定、编制科学数据管理政策与规章制度，宣传贯彻落实科学数据管理政策和标准规范，以此达到加强和规范数据管理，促进科学开放与共享，实现全区数据中心数据交汇的互联互通，建立健全一体化的数据管理与服务体系的目的。其具体的职责定位表现为：①职责相符性，即通过制定科学与合理的职责定位，确保开展的科技创新活动与职责定位的相符性；②需求一致性，即所开展的科技创新活动与国家及广西行业发展重大需求的一致性，科技创新活动与同领域国家科技创新发展趋势的符合性；③管理规范性，即国家及广西科技创新法规政策的有效落实、管理制度健全性、制度执行有效性、资金使用合规性。

（2）实施科研数据的科技产出计划。科技产出主要分为绩效完成情况与绩效完成效率。绩效完成情况主要分为科研创新成果与水平、承担行业领域科研任务情况、人才团队与条件平台建设、科技服务或科研成果转化推广应用情况、科研组织方式与管理机制创新；而绩效完成效率主要表现在科技创新组织实施的有效性、资源与条件优化配置的效率、不确定因素对绩效目标完成的影响等。从发展个人用户数、发展单位用户数、扩大组织和推广活动培训人员数量、开展宣传推广活动或宣传报道次数可判断其应用推广的情况。

（3）实现科研数据共享与利用计划。科研数据的共享与利用，在广西政府支持下形成了"开放为常态、不开放为例外"的原则。广西实现数据录入共享交换的平台要面向社会和相关部门开放共享，并畅通科学数据的共享渠道，但是法律法规特殊规定除外。还可以实现科学数据的各类服务方式的共享与利用，如数据平台浏览、文献查询、文献下载、代查代检文献量、原文传递文献量和复制服务；数据调用、分析服务；数据定制服务；等等。广西的科研平台通过对科学数据进行分析与挖掘，在形成有价值的科学数据产品的基础上，通过共享交换平台的数据来实现数据共享服务机制，进一步向社会提供可公开的科学数据的开发应用接口。

（4）促进广西科研数据创新效益计划。创新科研数据的发展与建设主要表现在科研活动的应用推广、高端服务与特色资源建等方面。对科研数据的宣传推广应关注发展用户数、扩大组织和推广活动培训人员数量与开展宣传报道等；针对地方产业实施专利信息分析、发展战略研究或决策咨询等深层次研究项目。在高端服务方面，可开展创新创业研发服务、竞争情报服务、科技文献信息分析、专利信息分析、科技查新、知识产权战略咨询、科技信息咨询等服务。通过强调特色文献信息数据采集、加工、上传的数量及更新频率等来建设特色资源，如供文献平台开发共享的特色数据库数量、数据库的年度更新数据量。而创新能力、创新环境与创新贡献也是此环节的重要组成部分。创新能力主要体现在基础前沿研究能力或对领域、行业、产业发展的支撑服务能力，以及创新的投入产出情况、国家和广西重点研发任务完成情况；创新环境主要体现在创新文化与环境建设的完善；创新贡献主要体现在科研诚信建设、科研人员对组织管理的满意度评价。

2. 广西科研数据基础设施资源建设现状

1）总体情况

数据库系统是构成计算机信息系统的基础，为使科研数据资源得到充分的开发利用与共享，联合数据库的建立显得尤为重要，而一个好的联合数据库应具备可形成大规模的数据量、数据的标准化程度高与准确可靠、检索功能强与使用方便等特征。联合数据库的建立目的在于对数据资源的收集、整理、加工、开发利用与传递等，是多个科研平台的联合共建共享开放的过程。对广西科研平台进行调查分析的发现如表 8-3 所示。现有的联合数据库主要分为国外联合数据库、国内联合数据库、省内联合数据库、省外联合数据库、特色资源联合数据库等。联合数据库的分布主要集中在国内和省内的联合。联合的资源内容主要为各大高校图书馆与国外高校图书馆联合，各大高校图书馆与国内公共图书馆联合，科研所与国内、省内的科研所联合。总的来说，广西公共、高校图书馆和科研所的数据库联合具备了共建共享的性状，可实现数据资源收集、整理、加工、检索与传递的过程。

表 8-3　广西科研平台联合数据库的统计分析

平台	国外联合数据库	国内联合数据库	公共图书馆联合平台	高校图书馆联合平台	省内联合数据库	省外联合数据库	特色资源联合数据库
广西壮族自治区图书馆	1	62	53	7	9	52	2
桂林图书馆	○	51	43	8	51	✓	22
广西大学图书馆	✓	✓	✓	✓	✓	✓	7
广西民族大学图书馆	✓	✓	✓	✓	✓	✓	4
广西科技情报研究所文献馆	○	✓	○	○	○	✓	3

注：✓代表联合全国、全省同类型的数据库；○代表无

为掌握数据库拥有量的具体情况，本章再选取 17 所有代表性的广西高校进行调查分析，以了解广西高校图书馆数据资源建设的情况。如表 8-4 所示，高校图书馆的数据资源主要分为中文数据库、外文数据库、自建特色数据库等多种类型，部分高校图书馆还具有 Dialog 国际联机检索功能，包括图书、报纸、期刊、学位论文、会议论文、视频、图片、音乐、专利、数值事实及考试、工具类，种类齐全，内容丰富，覆盖面广，能够提供数据平台的浏览、查询、下载及传递服务。

表 8-4　广西数据资源建设情况

图书馆名称	中文数据库/个	外文数据库/个	自建特色数据库/个	Dialog 国际联机检索
广西大学图书馆	共 206		2	有
广西师范大学图书馆	32	37	8	无
广西医科大学图书馆	共 95		0	有
广西民族大学图书馆	33	27	5	无
桂林电子科技大学图书馆	49	41	0	无

续表

图书馆名称	中文数据库/个	外文数据库/个	自建特色数据库/个	Dialog 国际联机检索
桂林理工大学图书馆	19	18	2	无
广西中医药大学图书馆	共 22		1	无
南宁师范大学图书馆	共 49		2	无
广西艺术学院图书馆	17	0	7	无
广西科技大学图书馆	31	27	2	无
桂林医学院图书馆	共 42		6	无
广西财经学院图书馆	35	11	3	无
玉林师范学院图书馆	20	1	2	无
贺州学院图书馆	12	20	2	无
北部湾大学图书馆	21	10	0	无
梧州学院图书馆	10	2	1	无
南宁学院图书馆	16	5	0	无

2）自建数据库的统计数量与分布情况

自建数据库是由各高校图书馆依托馆藏资源，针对读者信息需求，自主收集、分析、评价、处理、存储，并按一定标准和规范将其数字化，以满足读者个性化需求的数字资源库，已成为科研平台数字资源的重要组成部分。近年来，广西部分高校图书馆发挥区位优势和文化优势，逐步建成了一批具有地方特色的专题数据库。如表 8-5 所示，调查范围内的 17 所高校图书馆中有 15 所拥有自建数据库，主要包括以下几种类型：①院校、学科专题资源数据库，如桂林医学院的教学图片数据库、广西中医药大学的抗病毒中药数据库；②学科导航数据库，如广西大学的重点学科导航数据库、广西医科大学的互联网资源整合系统；③地方特色资源数据库，如广西师范大学的广西民族民俗资料库，广西民族大学的东盟文献、壮侗语族文献、壮学文献、亚非语言文献全文资源库，玉林师范学院的桂东南地方文献特色数据库；④教学、科研成果数据库，如广西中医药大学的教师论文库、广西民族大学的广西作家库；⑤馆藏特色资源数据库，如各高校图书馆的学位论文全文数据库和随书光盘系统，广西艺术学院的馆藏乐谱全文数据库，馆藏美术、书法作品库，馆藏 CD 音乐数据库、外语磁带数据库等。这些自建数据库不仅能为用户提供独有、专业、系统的科研数据资源，还能体现各个高校专业特点和资源建设实力。但现有的自建数据库仍然较少，部分学校甚至没有自建数据库。

表 8-5　广西部分高校图书馆自建数据库情况

图书馆名称	自建数据库数量/个	自建数据库名称
广西大学图书馆	6	课程参考书书目数据库；学位论文全文数据库；学位论文摘要数据库；优秀本科毕业论文（设计）数据库；重点学科导航；随书光盘发布系统
广西师范大学图书馆	8	学位论文全文数据库；广西民族民俗资料库；馆藏民国广西图书；教学参考书全文库-韩国语；馆藏古籍善本；教学参考书全文库；广西语言资料库；馆藏广西旧地方志
广西医科大学图书馆	2	外文检索全文传递系统；互联网资源整合系统
广西民族大学图书馆	5	课程参考书书目数据库；学位论文全文数据库；广西作家库；东盟文献、壮侗语族文献、壮学文献、亚非语言文献全文资源库；中学语文教学法数据库
桂林电子科技大学图书馆	4	免费资源推荐；会议信息；学位论文数据库；随书光盘
桂林理工大学图书馆	2	随书光盘管理系统、学位论文提交系统
广西中医药大学图书馆	4	教师论文库、抗病毒中药数据库、壮医壮药数据库、中华古籍图书库
南宁师范大学图书馆	2	师生作品库、本校学位论文库
广西艺术学院图书馆	7	馆藏乐谱全文数据库；馆藏美术、书法作品库；外语磁带数据库；曲名数据库；馆藏录音带曲名数据库；馆藏 CD 音乐数据库、学位论文数据库；随书光盘
广西科技大学图书馆	2	信息素养教育网络平台；最新科技、会议信息发布系统
桂林医学院图书馆	6	文献检索教研室；学科信息门户网站；教学图片数据库；查新数据库管理系统；随书光盘下载；精品课程
广西财经学院图书馆	3	优秀毕业论文库；教职工科研论文库；院报库；专题信息库

续表

图书馆名称	自建数据库 数量/个	自建数据库名称
玉林师范学院图书馆	2	桂东南地方文献特色数据库；桂东南特色文化资源专题网站
贺州学院图书馆	2	随书光盘数据库、贺州学院学位论文数据库
北部湾大学图书馆	0	
梧州学院图书馆	1	随书光盘数据库
南宁学院图书馆	0	

3）共享数据库的统计数量与分布情况

共享数据库是为了实现信息的联通、共享、交换而提供给公众使用的科研数据平台。如表 8-6 所示，高校图书馆主要提供国内外科研、学习、培训的开放获取文献共享和服务平台，方便用户进行数据检索和采集。据调查，所有高校图书馆都建设了共享数据库，为信息数据的传递和共享提供了条件。

表 8-6 广西部分高校图书馆共享数据库情况

图书馆名称	共享数据/个	共享数据库名称
广西大学图书馆		国内高校图书馆共享、国外高校图书馆共享
广西师范大学图书馆	13	大学数字图书馆国际合作计划（China Academic Digital Associative Library, CADAL）、Open library（开放图书馆）、国家科技报告服务系统、国家哲学社会科学学术期刊数据库、GoOA 开放获取论文一站式发现平台
广西医科大学图书馆		国内高校图书馆共享、国外高校图书馆共享
广西民族大学图书馆	2	GoOA 期刊论文共享平台、国外著名大学化工类开放资源
桂林电子科技大学图书馆		国内高校图书馆共享、国外高校图书馆共享
桂林理工大学图书馆	28	知领特色数据库、皮影数字博物馆、美国科研出版社期刊、美国专利全文数据库、加拿大知识产权局网上专利检索等
广西中医药大学图书馆	1	TMRDE 数据库（传统医学研究数据库扩展集）
南宁师范大学图书馆	53	CCF（China Computer Federation，中国计算机学会）数字图书馆、AlChE- The Global Home of Chemical、中国科学院数据云、国家科技图书文献 NSTL 等

图书馆名称	共享数据/个	共享数据库名称
广西艺术学院图书馆		国内高校图书馆共享、国外高校图书馆共享
广西科技大学图书馆	21	国家哲学社会科学文献中心、国家标准文献共享服务平台、美国国家学术出版社、香港机构知识库等
桂林医学院图书馆		国内高校图书馆共享、国外高校图书馆共享
广西财经学院图书馆		国内高校图书馆共享、国外高校图书馆共享
玉林师范学院图书馆		国内高校图书馆共享、国外高校图书馆共享
贺州学院图书馆		国内高校图书馆共享、国外高校图书馆共享
北部湾大学图书馆	8	国家知识产权局专利查询系统、网易公开课、汉斯国际中文开源期刊等
梧州学院图书馆	12	中国学术会议在线、中国科技论文在线精品论文（自然科学领域的论文成果）、汉斯出版社中文学术期刊等
南宁学院图书馆	8	GoOA 期刊和论文一站式发现平台、CALIS（China Academic Library & Information System，中国高等教育文献保障系统）外文期刊网、国家哲学社会科学文献中心等

3. 广西科研数据采集能力现状

科研数据采集能力主要体现在数据的获取和储存能力方面。本书通过对北部湾科学大数据集成共享平台、广西大型科研仪器共享网络管理及服务平台、广西林业科技信息服务共享平台、广西海洋研究院科学数据共享平台的更新频次、数据量、数据类型等文本数据的统计，建立矩阵结构，以达到分析目前广西科研数据采集能力现状的目的。

1）北部湾科学大数据集成共享平台科研数据采集能力现状

北部湾科学大数据集成共享平台的数据采集仅收录了 2020 年及 2019 年各类别的基础科研数据，其中 2020 年新闻资讯尚未更新。总体观察，北部湾科学大数据集成共享平台建立以来，收录的大数据种类分类较为清晰，但各分类下的基础数据采集极为有限，数据采集更新能力亟待增强（表 8-7）。

表 8-7　北部湾科学大数据集成共享平台科研数据采集能力现状

数据类型	2020 年更新频次/条	2019 年更新频次/条	数据总量/条
新闻资讯	0	26	26
基础地理数据	7	12	19
海洋科学数据	4	0	4
水文气象数据	6	11	17
自然资源数据	7	22	29
生态环境数据	4	0	4
交通运输数据	3	0	3
农业农村数据	2	7	9
社会经济数据	4	1	5
对地观测数据	0	1	1

2）广西大型科研仪器共享网络管理及服务平台科研数据采集能力现状

广西大型科研仪器共享网络管理及服务平台成立之初，其目的是促进广西区内大型科学仪器设备共享，减少重复购置，1998 年，由自治区科技厅牵头，组建了广西大型仪器协作共用管理委员会，其常设机构办公室，挂靠广西分析测试研究中心；同时建立了协作共用专项资金，对需要用到大型仪器的科研活动进行支持。1998 年至今，广西大型仪器协作共用网已经发展至成员单位 104 家，分布于广西南宁、桂林、柳州、梧州、河池、北海、玉林、百色等市；拥有入网仪器 1046 台/套，仪器总价值 8.3 亿元，涉及农产品食品、医药卫生、生物医学、地质矿产、材料、海洋、水文气象、机械工程等十几个研究领域。广西大型科研仪器共享网络管理及服务平台科研数据采集能力现状参见表 8-8。

表 8-8 广西大型科研仪器共享网络管理及服务平台科研数据采集能力现状

数据类型	2020 年更新频次/条	2019 年更新频次/条	2018 年更新频次/条	2017 年更新频次/条	2016 年更新频次/条	2015 年更新频次/条	2000 年更新频次/条	数据总量/条
新闻动态	14	29	33	22	3	27	2	130
通知公告	2	3	1	27	1	5	0	39

相较于北部湾科学大数据集成共享平台，广西大型科研仪器共享网络管理及服务平台运营较为成熟，数据较为完善，从 2000 年至 2020 年均有数据收录，但 2000 年至 2015 年存在数据断层情况，其优势在于新闻数据更新频率较为稳定，其不足之处在于数据收录分类情况不够明晰。

3）广西林业科技信息服务共享平台科研数据采集能力现状

广西林业科技信息服务共享平台成立于 2011 年 11 月，主营服务运行工作，其林业科学数据支撑及技术服务为我国科技创新及林业发展做出了卓越贡献。该网站向社会各界提供林业科学数据共享服务。截至 2014 年，整合建立了 164 个数据库（组），数据总量超过 1100GB。数据库系统已成为当前国内最庞大、最系统的林业科学数据库体系。

广西林业科技信息服务共享平台数据收录分类清晰，2018 年及 2019 年数据收录情况最佳且较为稳定，但 2020 年数据收录情况非常不乐观，至今并未更新 2020 年任何子目录下的数据条目。广西林业科技信息服务共享平台科研数据采集能力现状参见表 8-9。

表 8-9 广西林业科技信息服务共享平台科研数据采集能力现状

数据类型	2020 年更新频次/条	2019 年更新频次/条	2018 年更新频次/条	2017 年更新频次/条	2016 年更新频次/条	数据总量/条
林业动态	0	140	108	16	0	264
平台动态	0	0	6	6	1	13
林业科技动态	0	47	40	7	2	96
广西林业动态	0	124	63	13	0	200

续表

数据类型	2020年更新频次/条	2019年更新频次/条	2018年更新频次/条	2017年更新频次/条	2016年更新频次/条	数据总量/条
林业政策	0	14	8	0	0	22
广西林业政策	0	3	0	0	0	3

4）广西海洋研究院科学数据共享平台科研数据采集能力现状

广西海洋研究院于 2012 年 11 月成立，瞄准国家和自治区海洋事业发展的重大需求，开展海洋科技与战略研究，致力打造"海洋科技发展平台、海洋决策支撑平台、海洋智库平台"三大平台，为广西海洋事业的发展贡献力量。广西海洋研究院数据分类明晰，前期研究院成立之初至 2017 年数据更新及收录情况都较为可观，但从 2017 年至 2020 年，数据收录情况不太乐观，甚至 2020 年至今仅更新了院内新闻情况，其余数据均未被收录。广西海洋研究院科学数据共享平台科研数据采集能力状况参见表 8-10。

表 8-10　广西海洋研究院科学数据共享平台科研数据采集能力状况

数据类型	2020年更新频次/条	2019年更新频次/条	2018年更新频次/条	2017年更新频次/条	2016年更新频次/条	2015年更新频次/条	2014年更新频次/条	数据总量/条
院内新闻	22	70	34	30	67	18	9	250
热点问题	0	4	5	22	22	3	10	66
科研动态	0	2	4	4	4	4	2	20
研究成果	0	0	0	14	17	0	0	31
科学数据共享平台	0	0	0	0	2	3	0	5

4. 广西科研基础设施知识服务发展现状

高校图书馆知识服务是以图书馆馆员的图书馆学、情报学等专业知识为基础，利用大数据的相关技术，对读者的知识和信息需要进行分析、统计和分类，再对相关知识和信息进行整理、分析、组织和存储后，利用信息传播手段，有针对性地为读者传输知识信息的一种服务。其具体内容包括知识挖掘、知识分析、知识处理、知识传送、知识应用与营销和知识评价等。"知识服务"这一概念最早出现在图书情报领域是 1999 年，之后便进入了飞速发展阶段，发展至今已取得丰富的理论研究成果，然而在实践方面还显得相对薄弱。调查结果表明，广西高校图书馆目前普遍采用的是问答式知识服务模式，即用户提出问题后由馆员或专家回答问题，并将所有问题归类整理后放入知识库，提供分享。广西高校图书馆提供的问答服务包括个人问题、常见问题解答和知识库问答。

由图 8-2 看出，用户向参考馆员或专家提出的问题经过回答后，馆员或专家会通过问题整理、确定主题、知识组织及知识共享等操作，将用户提出的问题以问题知识库的形式共享给所有用户。一些知识库还能提供分类浏览或检索。问答式知识服务模式能针对个人用户的具体问题做咨询，针对性和有效性较强。广西部分高校图书馆开通了在线实时咨询服务，响应迅速，时效性有保证。

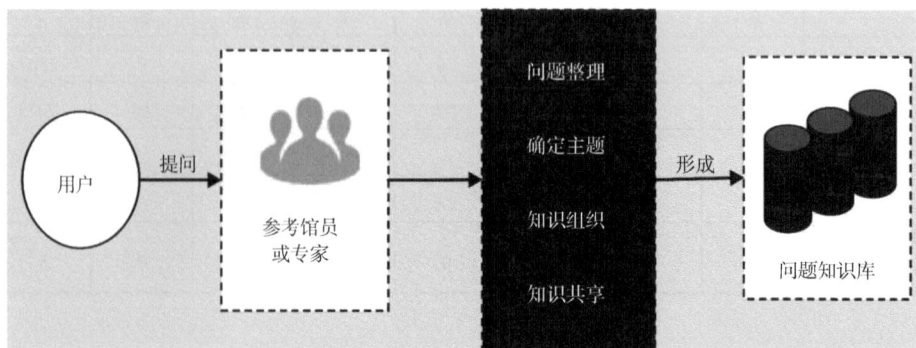

图 8-2　问答式知识服务模式

据调查，广西高校图书馆知识服务内容仍停留在文献服务、参考咨询、查收查引、科技查新、书籍检索等浅层次服务阶段。通过查看广西 17 所高校图书馆的官方网站，我们发现开展较多的知识服务依次为文献传递（15 所）、教学培训（15 所）、馆际互借（12 所）、学科服务（12 所）、科技查新（12 所）、查收查引（8 所）、论文查重（7 所）及课题服务（6 所），见表 8-11。一些图书馆开展了特色知识服务，如广西大学图书馆的知识产权信息服务、桂林电子科技大学图书馆的专利服务及桂林医学院图书馆的数字资源个性化服务。

表 8-11 广西部分高校图书馆知识服务内容明细表

图书馆名称	知识服务内容
广西大学图书馆	文献传递、馆际互借、科技查新、查收查引、论文查重、教学培训、学科服务、上网服务、知识产权信息服务
广西师范大学图书馆	学科服务、科技查新、教学培训、查收查引、文献传递、课题服务、科研评估、论文查重
广西医科大学图书馆	馆际互借、教学培训、文献传递、科技查新、论文查重、学科服务
广西民族大学图书馆	文献传递、馆际互借、科技查新、教学培训、查收查引、学科服务、课题服务
桂林电子科技大学图书馆	查收查引、文献传递、科技查新、教学培训、专利服务、科研支持
桂林理工大学图书馆	文献传递、馆际互借、教学培训、学科服务、上网服务
广西中医药大学图书馆	文献传递、学科服务、科技查新、论文查重、查收查引、教学培训
南宁师范大学图书馆	馆际互借、文献传递、教学培训、学科服务、科技查新
广西艺术学院图书馆	无
广西科技大学图书馆	馆际互借、学科服务、科技查新、查收查引、课题服务、信息推送、文献传递、教学培训、上网服务、论文查重
桂林医学院图书馆	课题服务、教学培训、文献传递、馆际互借、科技查新、数字资源个性化服务
广西财经学院图书馆	学科服务、馆际互借、文献传递、课题服务、查收查引、教学培训、科技查新
玉林师范学院图书馆	馆际互借、教学培训、文献传递
贺州学院图书馆	馆际互借、教学培训、学科服务、文献传递、科技查新、论文查重

图书馆名称	知识服务内容
北部湾大学图书馆	馆际互借、文献传递、学科服务、科技查新、教学培训、论文查重、查收查引
梧州学院图书馆	馆际互借
南宁学院图书馆	文献传递、课题服务、教学培训、学科服务

一直以来，参考咨询服务是图书馆知识服务的重要组成部分，因此我们对各高校图书馆开展参考咨询服务的情况作了专门调查。调查发现，把参考咨询服务栏目设置在网站一级链接的有 5 所高校图书馆（占调查总数的29.4%），不少图书馆用咨询台、读者向导、读者指南、在线咨询、联系我们等代替"参考咨询"栏目。尽管栏目设置位置不统一，名称也不规范，但也反映了各馆对参考咨询服务工作的重视。

参考咨询服务分为传统参考咨询和虚拟参考咨询两种。传统参考咨询是指以到馆当面咨询、电话咨询这些方式开展的参考咨询服务。在所调查的 17 所高校图书馆中，所有图书馆都可以当面咨询，16 所图书馆可以电话咨询。虚拟参考咨询是指利用计算机、互联网等现代化工具和手段，收集、整理和加工馆藏资源和网络资源，通过常见问题解答（frequently asked questions，FAQ）、Email、实时问答等方式开展的参考咨询服务，这样的方式突破了时空的限制，近十年逐步发展起来，成为现代图书馆参考咨询服务的主要方式。虚拟参考咨询方式主要包括常见问题解答、Email 咨询、BBS（bulletin board system，电子公告板）、QQ 实时在线咨询等非实时咨询和实时咨询两种服务方式。调查结果显示，所有的图书馆都提供了非实时的参考咨询服务，其中有 11 所图书馆提供了"常见问题解答"，15 所提供了 Email 咨询，3 所提供了 BBS 咨询，1 所提供了网上表单咨询；在 10 所提供了实时参考咨询服务的图书馆中，绝大多数（9 所）开通了 QQ 实时在线咨询服务，有 4 所使用了专业的实时咨询软件 CALIS 虚拟参考咨询系统（广西大学、广西科技大学、桂林医学院、贺州学院），见表 8-12。

表 8-12　广西部分高校图书馆参考咨询服务发展情况

图书馆名称	传统参考咨询方式	虚拟参考咨询方式
广西大学图书馆	当面咨询、电话咨询	常见问题解答、Email 咨询、BBS、CALIS 虚拟参考咨询
广西师范大学图书馆	当面咨询、电话咨询	常见问题解答、QQ 咨询、Email 咨询
广西医科大学图书馆	当面咨询、电话咨询	Email 咨询、BBS
广西民族大学图书馆	当面咨询、电话咨询	常见问题解答、QQ 咨询、Email 咨询、BBS
桂林电子科技大学图书馆	当面咨询、电话咨询	常见问题解答、Email 咨询
桂林理工大学图书馆	当面咨询、电话咨询	Email 咨询
广西中医药大学图书馆	当面咨询、电话咨询	Email 咨询
南宁师范大学图书馆	当面咨询、电话咨询	常见问题解答、QQ 咨询、Email 咨询、微信咨询
广西艺术学院图书馆	当面咨询	Email 咨询
广西科技大学图书馆	当面咨询、电话咨询	常见问题解答、CALIS 虚拟参考咨询、QQ 咨询、Email 咨询
桂林医学院图书馆	当面咨询、电话咨询	常见问题解答、QQ 咨询、CALIS 虚拟参考咨询
广西财经学院图书馆	当面咨询、电话咨询	常见问题解答、Email 咨询、网上表单咨询、QQ 群咨询
玉林师范学院图书馆	当面咨询、电话咨询	常见问题解答、QQ 在线咨询、QQ 群咨询
贺州学院图书馆	当面咨询、电话咨询	常见问题解答、Email 咨询、CALIS 虚拟参考咨询
北部湾大学图书馆	当面咨询、电话咨询	QQ 在线咨询、Email 咨询
梧州学院图书馆	当面咨询、电话咨询	Email 咨询
南宁学院图书馆	当面咨询、电话咨询	常见问题解答、QQ 在线咨询、Email 咨询

　　除此之外，课题跟踪服务是近年来出现的一种嵌入式学科服务的新形式。据课题组调查，广西师范大学、广西民族大学、广西科技大学、桂林医学院等一批高校都开设了这一服务。它们以课题研究人员的需求为中心，整合馆

藏资源和网络文献资源为课题研究提供个性化综合服务。这对图书馆工作人员的能力有了更高的要求,促使他们具有全局观,成为课题研究的向导,利用自身专业知识和文献信息获取能力为课题研究人员提供知识化服务。高校图书馆也由过去的"文献信息中心"转变为"网络文献资源与馆藏文献资源的综合检索服务平台",衍生出多元化服务,满足不同课题组不同用户的需求。但现阶段广西高校图书馆的课题跟踪服务水平还有待提高,其服务便捷性和反应速度还有待加强,对课题的跟踪还不够密切,准确率也需进一步提升。

5. 广西科研信息化技术发展现状

当前广西各高校和科研机构的科研数据基础设施建设变得日益成熟和全面,以广西科技文献共享与服务平台为代表的科技基础平台和科学数据共享中心等也在按计划稳步推进。

广西科技文献共享与服务平台 2008 年由广西科技情报研究所牵头,依托广西多个高校图书馆建设而成,至今仍在广西科技创新活动中发挥着巨大的优势和作用。该平台由政府启动,以基础性、公益性、共享性为主要特征,其建设管理具有长期性、稳定性和连续性的优势。管理机制上,平台在不改变各机构的行政隶属关系基础上,充分整合了广西高校、科研机构、图书情报机构的资源,专门成立跨部门、跨系统的管理机构对平台进行管理。运行模式上,平台有整体规划,并执行统一的技术标准和规范,通过共建共享机制和网络技术盘活各部门的优势资源。服务方式上,平台采取有偿服务和无偿服务相结合的方法,向社会推出信息服务。截至 2021 年底,平台拥有科技文献信息资源 1.3 亿条,科技文献全文数据超过 6000 万篇,可提供服务的电子文献资源数据库超过 50 个,开发了广西科技文献联合目录数据库、广西科学实验数据与科技报告数据库、中国—东盟科技经济合作数据库等具有广西特色的多个专题数据库，累计访问量超过 76 万人次。平台通过对广西各高校图书馆资源的整合，形成了有广西地方特色的文献保障体系。例如，依托广西大学图书馆建设新材料、计算机、电子信息、机械、新能源、环保、汽车等学科的文献资源；依托广西医科大学图书馆建设药学文献资源等。

但是，高校图书馆的科研数据基础设施还有很多的不足之处，如主要局限在基础资料的数字化获取上，主要集中于数据采集、检索和管理等阶段，尚未覆盖科研数据整个生命周期，也未形成"一体化"的数据和计算平台。

6. 广西科研基础设施人才队伍建设状况

经调查，截至 2021 年 3 月，广西高校图书馆人才队伍数量不均衡，各馆根据馆舍面积的大小和业务的多少设置了不同数量的岗位，馆员人数最多的是广西大学图书馆（40 人），人数最少的是桂林医学院图书馆（仅 20 人）。

馆员性别方面，女性居多，男女比例明显失衡。例如，桂林医学院图书馆馆员总数 20 人，男性馆员仅 5 人；桂林理工大学图书馆馆员总数 65 人，男性馆员仅 14 人。

馆员学历方面，少数高校馆拥有具有博士研究生学历的馆员，如广西中医药大学图书馆、广西民族大学图书馆，近年来硕士研究生学历馆员比例逐渐增加，但本科及以下学历馆员仍占比最高，如广西艺术学院本科和大专学历馆员占全馆总人数的 88%，广西科技大学图书馆本科及以下学历的馆员人数也超过总人数的 70%。

馆员职称方面，高级职称占比较大的是广西大学图书馆、广西民族大学图书馆和广西医科大学图书馆，其占比均达到或超过了 25%；从各馆中级职称人数看，中级职称是比重最大的职级，比例均超过 40%，如广西民族大学图书馆总人数为 64 人，中级职称 29 人；桂林理工大学图书馆总人数 65 人，中级职称 31 人。

7. 广西科研数据资源开放共享情况

高校机构知识库的建设情况反映了广西高校图书馆数字资源开放共享情况。高校机构知识库是由高校建立的，汇集本校用户的学术成果和智力资源的知识库。它不仅为本校用户提供服务，还通过互联网对校外用户提供开放获取服务，以扩大高校学术成果影响力和传播力，增加学术成果的使用价值。作为高校学术成果资源开放共享的重要平台，高校机构知识库的建设已达成共识。广西民族大学机构知识库是广西高校第一家开放性机构知识库。作为综合性地方文献资源的重要机构知识库，该机构知识库创建于 2014 年 4月，能为用户提供 7904 篇全文文献资源，包括图书专著、博硕论文、期刊论文、会议论文、学术报告、音视频文件等多种类型，提供在线阅读和下载获取两种利用方式。总体而言，广西高校机构知识库数量较少，处于建设起步阶段，目前只有广西民族大学、桂林电子科技大学、广西建设职业技术学院的图书馆建有机构知识库，广西大学、广西科技大学等正在筹备之中。已建有的机构知识库没有涵盖科研数据，缺少对科研数据的收集和保存。

8.2 研究人员的数据素养

8.2.1 从信息素养到数据素养

在大数据时代，信息素养依然是个体基本素养的重要组成部分。学界通常将数据素养与信息素养概念进行差异分析（李霞等，2020）。2015 年美国大学与研究图书馆协会认为信息素养是以下几种能力的综合：对信息进行反思从而发现新的问题、了解信息的产生及加工过程、了解信息的价值所在、能够利用信息创造新的理论知识并将其运用到社区的学习中。数据素养在信息素养的基础上有一个内涵和外延的拓展。它是信息素养的关键要素之一，数据素养的研究对象——数据，其内容结构在某些情况下较信息而言更加复杂（贾璞和宋乃庆，2020）。近年来随着数据密集型科研范式（第四研究范式）的兴起、eS 和 eSS 的深入发展以及大数据的持续影响，越来越多的科学研究建立在对已有数据的重新认识、组织、解析、分析和利用的基础上。数据在科学研究中的作用日益增强。《不断生长的知识：英国图书馆 2015—2023 战略》指出："我们正处于数据创造、分析、开发的大数据时代"。因此，在新的信息生态环境下，人们需要具备一定的以数据组织、数据分析、数据转化能力为主要表征的数据素养以进一步适应社会环境的发展。过去的信息素养的内涵和外延也应该在大数据的环境下随之改变，即以数据管理为核心的数据素养应当成为当前信息素养的重要内容之一（林书兵等，2021）。

从目前的研究来看，数据素养与信息素养的关系存在于以下几个方面：第一，数据素养是信息素养概念的延伸内容和组成部分。随着大数据时代的到来，信息素养的概念内涵需要进行拓展，而数据素养就产生于这样的背景下，是信息素养的新分支和重要组成部分，也是信息素养的发展，是一种能够辩证科学认识数据价值的能力（杨晓菲，2015），在一定程度上，数据素养可被视作信息素养的子集部分。第二，数据素养与信息素养的概念互有交叉但又彼此独立。数据素养与信息素养的概念不同，信息素养强调信息的可找寻性和可利用性，而数据素养则侧重于数据生产、保存和管理等内容，且数据素养的外延要广于信息素养（黄如花和林焱，2016；高妍方和胡艳雪，2020）。第三，数据素养与信息素养的基本特征具有相似性。这主要表现在内容和周期上，信息素养和数据素养都包括数据意识、数据管理知识和数据管理技术等。

8.2.2 社会科学研究人员数据素养的构成

1. 社会科学工作者数据意识

在大数据时代，数据意识是个体利用数据解决问题和进行决策的前提和内在动因。数据意识主要是指个体在实践中获得的一系列个人经验、感受与行为倾向。在日常工作、学习和生活中个体对于数据的感知能力，能够使其有意识地关注到身边存在的数据以及数据来源。同时，数据意识也要求个体能够基于数据联系实际，具备发现问题并就问题确定数据需求，进一步开展合作探究和数据应用。

2. 社会科学工作者数据获取能力

数据获取是指个体根据需求有目的地选择和获得数据，是数据技能的基础和重要组成部分，包括从已知数据源中下载数据、从大量的公开数据中进行数据的检索与收集、根据问题解决的需要进行数据的转化和生产。例如，编制问卷和量表来开展调研、开展实验活动来记录数据等。

3. 社会科学工作者数据分析和处理能力

数据分析和处理能力是指个体根据数据使用的目的，进行数据的审核、检索、归纳等，并且能熟练地使用数据分析工具，采用恰当的统计方法对数据属性和彼此之间的关系进行分析，能够构建相应的模型对数据进行量化，使用正确的统计量描述数据和进行推断统计，利用图表等可视化形式展示数据的发展趋势和特征，直观而有效地传达数据中的信息，为后续制定决策提供支撑。

4. 社会科学工作者数据应用及交流能力

数据应用主要体现在问题解决和决策应用的过程中，个体能够根据前期数据分析得出的结论，结合问题情境，制定科学合理的措施，将结果应用于学习、决策或解决问题上，从而获得相应的学习或工作产出。另外，数据素养并非一个独立的个体素养，也包含个体交流、传递与分享数据的能力，要求个体具备阐明数据结论、撰写数据交流报告并与他人进行分享的能力。

5. 社会科学工作者数据道德规范

数据道德规范要求个体在数据使用活动中遵循国家相关法律和行为规范，不能采用违背道德和社会伦理的方式获取和使用数据，要具有数据诚信，保证数据的真实性，尊重他人劳动成果，引用数据要注明来源。还要尊重数据隐私，不得泄露和在未经允许的情况下随意公开数据，不得利用数据做出危害他人、社会和国家的行为。

第 9 章
不足与反思：传统社会科学研究的局限性

9.1　传统社会科学研究局限性分析

由于社会科学研究对象的复杂性、特殊性，社会科学快速膨胀和多元分化，社会科学研究呈现出碎片化、复杂化的局面。因此，要对社会科学整体形成一个较为完整的评价成为"不可能完成"的任务，通过文献计量、知识图谱等计量工具来展示整个学科构成和知识体系的现状也成为一种"奢望"。目前对社会科学研究的评价更多地细化到人才、机构、期刊、成果、投入产出等绩效评价之中，而对社会科学本身的评价则更多地采取经验判断的方法予以概括性的总结，或以某一视角切入进行计量发现或以某一学科或具体研究问题为切入点进行知识评价。

目前对社会科学研究存在的问题主要从两个视角展开。一是社会科学研究本身存在的问题，如研究目标弱化、理论产出不足、科学性与计量性受到质疑、学科内部分化导致的碎片化甚至形成对立、研究方法不足、数据质量有限以及服务重大现实问题能力不足等问题。二是随着"大物移云智"等新一代信息技术的发展，社会科学面临全新的现实环境，原本在工业化时代建立起来的社会科学及其各分支的研究方法与理论不再适应新的环境而产生的不足。在本章中，我们从第二个视角出发，根据社会科学研究环境的研究对象性因素、研究方法因素和研究的社会建制因素构成，分析社会科学研究存在的局限性。

9.1.1　局限 1：条分缕析能适应快速变化的新环境吗？

在分析了传统社会科学研究目标弱化、功能实现受限的弊端之后，我们再回过来头来看看社会科学对数字社会（或数字时代、数字空间）的研究是不是存在同样的问题。第 6 章我们分析了社会科学研究环境面临的第一个变化，即研究对象性因素，其中最大的变化就是我们正快速全面进入数字文明时代，驱动力是第四次工业革命，表现形式是数字空间的出现和数字社会的崛起。同时，我们也分析了数字时代的出现并非像电源开关式的一键切入，而是从第三次工业革命互联网空间和网络社会的基础上逐渐演进的。因此，可以看出第三空间和信息社会的存续时间并不太短。那么在社会科学研究中，是否对其有足够的关注呢？

从研究来看，大致经历了如下两个阶段。一是 20 世纪 90 年代随着互联网热潮和网络应用逐渐展开，学者开始探讨互联网对社会各个方面的影响，形成系列成果。后来随着互联网泡沫的破灭，第一阶段逐渐走向沉寂阶段。在该阶段学者对数字空间和数字社会展开了一系列的研究和畅想。对互联网展开了从通信网络、资源网络到组织集合体、信息环境再到虚拟空间、精神空间甚至新型社会形态的探索，认为互联网的虚拟性、开放性、交互性、共享性、流动性、多元性和民族性（赛博族），形成了信息空间、网络空间、虚拟空间、赛博空间和信息社会、虚拟社会、网络社会和数字社会等系列概念簇。对数字空间和数字社会中人与社会组织的行为变化展开研究，认为互联网的出现是政治、经济、文化、教育等多方面因素共同作用下的结果，同时其发展又反作用于社会各个方面的发展。甚至有学者探讨了技术对社会发展的决定作用。数字空间和数字社会的形成，不仅改变了社会发展的轨迹和个人、组织的行为方式，更加强了对信息（数据）的控制与组织能力，改变了人类认识世界的方法，在"一网打尽天下"的背景下对社会科学研究也产生极其深刻和深远的影响。

二是 2010 年前后，随着 Web2.0、社交媒体、无线网络、大数据、人工智能应用的发展和渗透，掀起了第二次对信息技术、数字社会研究的高潮。虽然随着互联网泡沫的破灭，对数字空间和数字社会的讨论曾经沉寂了一段时间。但近年来随着"大物移云智"等新一代信息技术的兴起，数字化更加深刻，与社会经济系统高度融合，数字化带来的变化再次进入各学科的视野。学者甚至认为数字技术取得重大进展，已经成为"一种新型认识工具和影响社会生活的有力手段""对人类社会生产生活的影响日益凸显"（吕鹏，2021）。在这样的背景下，数字空间和数字社会也成为社会科学必须面对的重大议题，并在主动贡献思想、创新数字社会研究机制、推动社会领域的知识图谱和数据库建设、赋能培养兼具社会科学和计算科学素养的"社计师"人才等方面做好准备（吕鹏，2021）。也有众多学者从数字技术、数字空间和数字社会某一维度对社会科学研究的影响开展探索，如新（全、融）媒体对社会科学研究的影响，认为新媒体对社会科学研究的认知习惯、研究手法、思考路径和知识生产方式等都会产生影响（吕莎和吴婷，2010），并且对社会科学研究成果的传播、普及与创新、话语权也将产生重大影响。更多的学者则是对数字空间与数字社会（或某一维度）对社会科学领域某一具体学科的影响展开丰富的探索。如数字化情境、云计算、大数据等对管理学、经济学等学科理论、人才培养、研究方式等多方面的冲击。考古学、民族学、语言学、历史学、经济学等诸多研究领域，数字化已经开始介入研究的全过程，数字化对打破各学科间的壁垒也有积极的作用。也有学者展开了数字技术和数字空间对社会科学研究范式、本体以及认识论、方法论等在哲学层面的探讨。当然，也有学者对数字化带来的冲击保持一定的警惕，认为应当客观分析其在社会科学研究中的利弊，警惕"唯数据化""用技术引领学术"的数据主义不良倾向（孙妙凝和霍文琦，2015）。数字化时代不能只讲数字，社会是高度复杂的有机体，本质绝不是数字可以简单揭示的，社会科学不能只停留在数字的"形而下"层次，必须下沉到社会生活的深层，达到揭示整理的目的（王东生，2003）。

这两次阶段性的研究高潮中，产生了大量具有影响力的成果（部分成果列表见表 9-1），对数字技术的发展和商业领域（商业模式、业态、场景）产生了深刻的影响。正如本书 6.2.3 节所总结的一样，"大物移云智"等新一代信息技术的不断发展，信息技术应用领域日益宽广，从而使新的应用场景、新的业态不断丰富，线上线下融合发展更使得虚拟与现实之间的界限越来越模糊。同时，数据驱动的智能化决策越来越多，促使更多的智能体成为社会经济运行的行动者。在公共服务与商业服务领域，产品和服务的个性化、定制化越来越明显。数字社会呈现出超连接的世界、万物联网、万物皆数、万物智能、数字化生存泛在化、缺场空间、气泡结构、多元身份和角色、标签化等多层面、多角度的特征，但都无法对数字社会形成一个完整的认识。即便如此，我们还是要承认其中大部分作品都只是停留在数字技术对社会经济某一侧面产生影响的描述上面，甚至不乏科普性质的畅销读本和对未来技术应用场景进行想象的堆砌。但是目前这些研究还是零散的、分散的，没有形成系统的、理论性的成果，缺乏深刻洞见和理论产出，未能全面描述网络空间、数字空间和数字时代，缺乏对数字时代和数字社会普遍规律的探索，这些是这两个阶段在对社会科学研究环境中对象性因素变革应对不足的表现。

表 9-1　数字社会研究著作列表（部分）

作者	书名	出版社（中文）	年份
布瓦索	信息空间：认识组织、制度和文化的一种框架	上海译文出版社	2000
海姆	从界面到网络空间——虚拟实在的形而上学	上海科技教育出版社	2000
巴雷特	赛伯族状态：因特网的文化、政治和经济	河北大学出版社	1998
尼葛洛庞帝	数字化生存	海南出版社	1997
托夫勒	第三次浪潮	新华出版社	1996
曼纽尔·卡斯特	网络社会的崛起	社会科学文献出版社	2000
曼纽尔·卡斯特	认同的力量（第二版）	社会科学文献出版社	2006
唐·泰普斯科特	数字化成长：网络世代的崛起	东北财经大学出版社	2003
唐·泰普斯科特	数据时代的经济学：对网络智能时代机遇和风险的再思考	机械工业出版社	2016
唐·泰普斯科特	数字化成长 3.0	中国人民大学	2009
维克托·迈尔-舍恩伯格、肯尼斯·库克耶	大数据时代：生活、工作与思维的大变革	浙江人民出版社	2013
尼古拉斯·克里斯塔基斯、詹姆斯·富勒	大连接：社会网络是如何形成的以及对人类现实行为的影响	中国人民大学出版社	2012
卢克·多梅尔	算法时代	文汇出版社	2020
帕拉格·卡纳、爱伊莎·卡纳	混合现实	北京东西时代数字科技有限公司	2013
克里斯多夫·库克里克	微粒社会	中信出版社	2017
巴拉巴西	爆发	北京联合出版有限公司	2017
克劳斯·施瓦布	第四次工业革命：转型的力量	中信出版社	2016

除此之外，数字时代快速而剧烈的变化也对社会科学研究理论产出造成不小的干扰。信息大爆炸，一是指数据总量的增加，使我们从中找到有效信息的难度增加，从而大大增加了完成 DIKW（data、information、knowledge、wisdom，数据、信息、知识、智慧）模型从数据向知识和智慧进阶的难度；二是指信息更新的速度急剧变快，让我们"无所适从"；三是指信息结构的不

断调整，更多无意义的干扰性信息（娱乐信息、广告信息）加入其中，语言文字出现富营养化，这从每年的"热词""流行语"就可见一斑。面对如此快速变化的环境，如何排除干扰信息，从海量的数据中进行理论发现，确实给社会科学研究提出了巨大的挑战。

9.1.2 局限 2：社会科学研究准备好迎接新方法了吗？

在本书的前述章节中，我们也分析了面对社会科学研究环境的第二个构成内容方法性要素方面，传统社会科学研究也面临较大的局限，主要表现为内外部多方面的对立和方法之争，包括在社会科学发展过程中出现了内部、外部之间的对立：社会科学与自然科学、人文学科的对立，跨学科研究、交叉学科研究非常困难，社会科学与其他学科之间缺乏沟通的桥梁，形成了难以逾越的学科之河，甚至造成了"两种文化"的对立，成为"单向度的人""半个人"时代。社会科学内部各分支的对立，各个分支之间缺乏对话与沟通，对同一个研究对象、社会现象或问题，各说各话，要么采用相异的术语描述同一问题，要么选取各自的侧面，使得对社会现象无法形成统一、整体的认知；各种研究范式和研究方法的对立，如实证研究、诠释研究和批判研究范式的对立，方法论个体主义和整体主义的对立，定性研究和定量研究的对立。学科分割和内外部多元分化与对立造成了社会科学研究的碎片化，使其无法把握学科方法和社会整体。这种现象一直延续到研究第三范式仿真的出现，罗马俱乐部等在全球系统仿真（世界 3 模型）所做的阐释才首次促进了学科综合趋势的发展，交叉学科、边缘学科、跨学科、超学科、混合研究方法等都是消弭各种对立所采取的对策。除此之外，社会科学还面临着另外一个严峻的问题，即数据匮乏和有限数据质量问题，主要有可操作化问题、测不准和观察渗透问题、有限数据的问题、数据质量控制的问题、生态谬误的问题等。

在对问题有较为清晰的认识之后，我们再回应社会科学研究环境的方法性因素。前文指出在方法性因素中，知识生产模式的转换、科研范式的转型、社会技术系统的进步构成了方法性因素的三个层次。但是社会科学却没有做好应对上述三个层次的变化的准备。首先，知识生产模式向"大科学"、"后学院科学"和"模式 3"转换，但是在社会科学领域依然缺乏"大项目"的持续支持，缺乏跨境、跨学科、跨团队的"无形学院"。大部分社会科学研究仍然停留在"村舍"阶段，甚至对联合署名持批评态度，如部分期刊明确要求署名人数，甚至要求第一作者的职务、职称或学历身份。社会科学家从个人"社会义务"向"社会职能"转变不足。索维尔（2013）在其著作《知识分子与社会》中引述埃里克·霍弗的话用以感慨"知识分子的一个让人惊讶的特权，是他们可以随心所欲地极度愚蠢，而丝毫无损于他们的声誉"。研究成果仅限小圈子自娱自乐等问题依然严重。集体化、稳态化、效用化、政策化、产业化和官僚化特征不明显。在社会科学研究中，单一学科的模式 1 仍然占主流。其次，从上述内外对立中我们可以看到，社会科学研究仍然以第一、第二范式为主，并且产生了实证、诠释、批判等传统的分流和对立，产生了计量和定性之争。第三范式在社会科学研究中仍然较少，应对复杂系统的方法近些年虽有所发展，但停留在物流、供应链、投融资等边界较为清晰的系统，同时各学科更多的只是将仿真作为工具进行运用，不断强化单一学科内部的知识分化，而很少进行跨学科交叉融合的尝试。近些年来，第四范式的兴起，尤其是大数据环境的到来，在网络科学、数据科学等横断学科的支持下，利用 UGC、灯光数据、遥感卫星数据、行程轨迹等大数据开展跨学科的计算社会科学的尝试为我们提供了有益的方向。最后，对社会技术系统进步能够为社会科学研究带来方法、工具、平台的支撑缺乏敏感性，在大数据运用和分析中，社会科学家持观望态度较多，更多的学者是从自然科学尤其是计算机相关专业转行开展交叉学科研究为主，社会科学工作者对新方法、新工具的使用仍需要足够的教育、培训来支撑。

9.1.3　局限 3：能否建立适应新环境的社会建制性因素？

第三方面的局限主要针对社会科学研究环境的社会建制性因素，虽然前文只对基础设施和研究人员的基本素养两项环境变化进行了调查，但社会建制性因素还包括制度性因素、激励性因素、环境性因素等。目前来看社会科学对如何应对知识生产模式转换、如何应对第四研究范式等缺乏足够的重视，从顶层设计来看，主要集中在五年计划期间的哲学社会科学发展规划，覆盖内容还是以选题方向论证和匡算经费需求以及推进责任分解为主，缺乏对哲学社会科学研究基础设施、重大管理制度建设、人才评价等社会建制性因素的设计。从管理体制来看，从哲学社会科学领导小组到办公室、再到社科联及各级政府的社科管理部门，主要存在的问题有两个方面：一是碎片化较为严重，各部门整体性、协调性有待加强；二是以等级制管理社会科学研究，与科研规律不符（尤其是在相关项目申报过程中采用限项名额分配的制度）。从资助制度来看，主要存在四个方面的问题：一是缺乏长期跟踪研究的滚动资助类项目，特别是社会变迁研究和宏大理论产出需要长期跟踪积累，但是目前主流的周期资助制度不利于宏大理论、基础理论创新；二是经费资助方式过于死板，尤其是针对数字空间、数字时代相关的研究，经费需求上下浮动幅度相当大，缺乏灵活的经费资助调整政策，不利于该类项目研究；三是地方政府资助力度偏弱，部分省份省级哲社课题半数以上为自筹项目，不利于开展局部、区域性项目的研究，地方政府跨省合作资助方式缺乏；四是交叉学科资助仍有待发展，国家自然科学基金委虽然成立了交叉科学部，但仍然停留在自然科学内部的小交叉，而缺少自然科学和社会科学的大交叉。

　　社会建制性因素的第二个维度主要是机理机制和学术评价导向。第四研究范式的出现，导致科学研究领域发生了深刻的变化，科学评价体系也应该与之适应。从科研数据基础设施建设角度开展新型科研成果发表与科研评价机制具有更重要的价值。目前存在的问题是：成果评价与新的科研范式不相适应。随着第四科研范式的到来，科学研究从本体论、认识论到方法论都面临革命式的变化。在第四科研范式下，新的研究方式、研究方法、实验方法不断产生，学科之间的界限被打破、定性定量研究走向综合集成。在第四科研范式下，科学研究的工作模式更加强调团队的合作，"领域专家+算法工程师"的研究工作模式将成为常态；研究经验的获取将更加间接，从研究人员直接感官认识世界转而通过仪器、电脑收集数据认识世界，"人脑+电脑+仪器（设备）"的经验获取方式遍布各个学科；每个学科都会演变成为两个分支，X-info 和 Comp-X，领域数据科学研究和管理成为各个学科研究的重要内容。科学研究由三个基本活动组成：数据的采集、管理和分析。海量数据采集、存储、分析以及对应软硬件的开发和使用成为科研预算的重要组成部分；实验室信息管理、科研数据管理与分析成为科研过程重要内容；分布式数据分析与数据传输成为新的科研范式下的重大挑战。科学研究范式的转型使得科研活动面临全面的变革，科研评价也应该建立新的体系，与新的科研范式相适应。从调研的情况来看，科研评价体系虽然对破除"唯论文""SCI 至上"进行了一定的改革，在职称评审、人才评价等方面开始尝试新的评价制度，但对成果的评价仍然停留在传统出版、发行形式中，缺乏对数据采集、数据存储、数据共享、数据挖掘与应用成果对科研贡献的评价机制。对科研数据基础设施建设工作的贡献和约束仍未纳入科研评价体系中来。

　　社会建制性因素的第三个维度主要是学术交流范式的变革。这方面的主要问题是新型出版方式和科研成果形式尚未纳入科学评价体系。随着第四研究范式的到来，科研成果新的出版方式甚至新的科研成果形式也在不断产生。

第一，X-info 和 Comp-X 的学科构成，使得科学数据成为科研过程的重要产出，尤其是分布式研究中，各个子研究课题可能不再产生论文、专著等传统科研成果，但其对最终成果却有着重要贡献，因此科研数据发表和数据库等成果应该纳入科研成果评价之中；第二，随着开放存取运动在全球的普及，我国逐渐加入这个行列，开放存取出现了新的出版方式，如开放存取期刊、基于知识共享协议的出版、开放存取知识库、预印本等，这些出版形式的成果如何纳入科学评价体系也应该明确；第三，随着互联网的泛在化发展，基于网络的成果出版方式也成为科研成果出版的重要形式，如通过网页、公众号等形式出版，此类成果如何评价需要进一步地探讨。但目前科研机构和广大科研人员的科学研究成果的出版方式仍以传统的专著、期刊论文、会议论文、报纸为主，开放存取和预印本服务在部分自然科学学科中开始得到一定程度的认可，但网络出版、新媒体出版以及数据加强出版等新型出版方式和科研成果形式尚未得到广大科研人员的认可，未纳入科研评价体系之中。

9.2　社会科学研究应该拥抱数据科学

9.2.1　反思 1：社会科学研究应用数据科学的必要性

随着人类进入高度数字化的社会，人类社会从"物质生产—消费"逐渐向"信息生产—消费"转变，迈向"万物联网""万物智能"的发展方向。社会科学也面临与工业化建立起来的社会所不同的全新研究问题、研究对象和应用场景，需要全新的理论解释、研究方法和工具应对这一变化带来的挑战。大数据作为反映数字社会经济社会系统运行的记录集，具有资源和工具等多重属性，既是数字社会的要素和资产，更是我们认识数字社会的方法与工具。因此，从后一属性来看以数据科学为代表的对大数据进行挖掘、分析的相关理论、方法、技术和工具正在促进科学研究范式的转变，甚至重塑人类认识世界和改造世界的认识论与方法论。目前学者已经关注到大数据与数据科学对社会科学研究环境变化的影响，并从多个层面进行了反思，集中体现在以下几个方面。

第一，从整体上思考大数据给社会科学研究带来的影响，包括社会科学研究在大数据时代的机遇和挑战、社会科学研究范式的转换等。2009年拉泽尔（Lazer）等学者在《科学》期刊上发表的《计算社会科学》一文较为全面地概括了大数据对社会科学研究的影响，其认为在互联网时代，视频监控、电子邮件、计算机智能命名系统等为社会科学研究提供了海量的数据，同时随着对这些数据收集和处理能力的不断提升，人类对自身认知机制的了解不断深入，神经生物学与计算机科学及其他学科的融合，为人类行为研究的计算机模拟提供了条件（Lazer et al.，2009）。这些条件显著增强了社会科学的"科学性"和"计量性"以及科研的协同化、创新化和绿色化，同时也带来了海量文献资料（数据）处理、知识结构和数据处理能力等多方面的机遇和挑战（韩蒙和向伟，2017）。大数据将在重绘学术图景、延伸经典学说、提高预测和决策的准确率、缓解定量与定性之间的分歧、为学科融合提供机遇、出现重返描述潮流等方面重塑社会科学（陈云松和黄超，2015），而这些转变将带来社会科学研究范式的转换（陈云松等，2015）。米加宁等学者将新的社会科学研究范式命名为"数据驱动的第四范式"，认为其对完善社会科学认知方式、解决传统研究范式的局限性等提供了可能（米加宁等，2018）。也有学者对大数据和数据主义带来的负面影响和大数据在社会科学研究应用中的内在矛盾进行了分析，认为大数据并非无所不能，并且可能会导致一个完整而真实的人（社会）从社会科学家的视野中消失，使得"人造影像"成为研究对象，从而使得数据主义造成了"第三洞穴"（杨子飞，2016）。也有学者对学科之间的门户之争、社会科学家在大数据分析中可能沦为配角、新旧范式之争以及数据隐私等问题表达了担忧，并认为大数据分析不应该是科学研究的唯一方法，而只是整个逻辑推理链条的一部分，传统访谈、问卷调查、田野调查等社会科学研究方法仍然是无可替代的（郑一卉，2016）。解决这些问题需要对大数据融入社会科学研究的基本问题进行界定，既要充分肯定大数据对社会科学研究的积极意义，也要深刻认识社会科学研究方法论的特殊性，准确界定大数据的作用方式和领域，厘清大数据对社会科学研究的作用边界（陈泓茹等，2016）。

第二，从哲学的本体论、认识论和方法论层面思考大数据带来的影响。在本体论层面，大数据的兴起对数据的本质产生了巨大的影响，使得"万物皆数"成为大数据的本体假设、"量化一切"成为大数据的终极目标、"数据实在"成为大数据的客观本质，这种本质就是信息，是物质与意识共同作用的结果，属于波普尔客观知识世界（世界3）的客观实在（黄欣荣，2016）。在认识论层面，大数据对人类思维产生了巨大影响，大数据时代的思维更具复杂性思维的特征，具有整体性、多元性、平等性、开放性、相关性和生长性（黄欣荣，2014b）。大数据对认识论提出了新的挑战和机遇，对认识的主体（高度分化与社会化）与对象（世界3对世界2的映射）、认识过程（达到认识论第一条道路的终点）、认识结果（多样性和多重评价，反作用于世界2）和认识–实践关系（既是认识论，又是实践论）都产生了极大的影响（吕乃基，2014）。在方法论层面，大数据产生了科学研究的新逻辑：因果性走向相关性（或表现为相关关系对因果关系的重新刻画）、科学始于数据的知识生产新模式等（黄欣荣，2014c；王天思，2016），并在突破样本限制、提升数据容错性、变革传统研究模式等方面具有方法论意义（郝春宇，2015），但其在真实性程度、主观性问题研究、变量间关系真伪识别、数据缺失解决方法等方面依然存在方法论困境，需要在使用大数据时更加谨慎，避免简化社会生活和盲目推广分析结果的错误（鲍雨，2016）。总之，大数据的出现对传统本体论、认识论和方法论都产生了一定的冲击，甚至有学者认为哲学应该及时对数据革命做出全面的回应和批判，大数据对世界观革命、数据思维对方法论变革、数据挖掘对认识论挑战、数据资源对价值观转变、数据足迹对伦理观危机等对传统哲学理论提出新挑战，需要随大数据革命而产生革命性的变革（黄欣荣，2014a，2014b，2014c）。

第三，从研究方式、方法的变革层面思考大数据带来的影响。主要体现在大数据为社会科学带来研究方式、方法的变革，大数据提供社会科学研究的新方法及其应用，计算社会科学与社会计算，大数据促进跨学科研究与学科融合等四个方面。学者认为大数据时代的社会科学研究起点、研究方式、研究方法、研究目的都会发生极大的变化，甚至理论的地位和作用也会受到影响。在研究起点上，在以理论（假设）为起点使用小数据验证逻辑的路径基础上，出现使用大数据发现逻辑的研究路径（科学可以始于数据）；在研究实践中能够疏解定性与定量方法分歧、优化变量的测量，并提供基于 HS+CA 的一体化建模与计算实验平台（平行系统）、提供高匹配性高像素细粒度的高质量数据支撑；在研究目标和产出上实现社会科学预测的目标，提供更丰富的研究结果展示方式等（章昌平等，2019；王国成，2015；陈云松等，2015）。大数据也促使社会科学对个体差异性的关注成为现实，并促使社会认知更具"具身性"，从而将更多人的人类属性和行为表征纳入社会科学研究的视野，对社会个体及个体间关系进行实时、全面、动态感知成为现实（马亚冲和黄强，2016）。这种可能性的实现，既依赖于大数据对全样本数据的采集以及数据质量提高的实现，也依赖于计算社会科学成为现实。复杂性科学与计算机技术的结合，使得使用仿真方法对社会问题进行研究、在虚拟世界中模拟现实世界成为可能，人工个体代替现实系统的人，把现实社会转化为虚拟实验中智能主体构成的演化系统，从而面向社会科学的社会计算与社会智能通过计算揭示个体微观行为与系统宏观行为的动力机制，已经逐步达到以人和社会为表征的建模、实验与分析评估等目的，这些研究方法在气候问题、公共危机管理、舆情监控与引导、消费决策、LUCC 等多个领域获得了较为广泛的应用（盛昭瀚等，2009；孟小峰和张祎，2019）。这一层面的影响还体现在学科融合以及信息技术与大数据对"万物皆数"与"万物计量"的促进，正在淡化、沟通甚至可能带来彻底消除学科边界的结果，将专业性社会认知和建构升级为广域的社会整体系统认知和建构过程，甚至打破社会科学与自然科学之间的边界，两者又将被整合为同一范式下的科学，对两者的有机结合和拓展社会科学研究领域的广度和深度做出惊人的贡献（鲁大智，2017）。黄欣荣（2016）甚至认为大数据能够使得科学研究走向分析的整体性，实现还原论与整体论的融贯，王国成（2015）也提出了大数据促进下的计算实验平台研究实现"通宏洞微"的目标。此外，还有大量研究针对大数据对社会科学各个学科的影响或某类大数据在社会科学研究中的应用进行了观察，对大数据、数据科学、网络科学之间的关系及其对各学科研究的影响进行了分析，这类研究数量较多且分散，由于篇幅限制，且主要结论已在上述研究中进行归纳概括，在此不再多做展示。

此外，学者对人工智能技术的不断深入应用形成的智能化环境对社会科学研究的影响进行了一定观察，认为智能化是数字社会的重要特征之一，大数据和人工智能技术的快速发展将成为一种新型的认知工具和影响社会生活的有力手段，其也必将对社会科学产生重大影响（房宁，2017）。目前对智能化在社会科学研究领域产生影响的讨论已涉及从研究对象的本体到方法再到研究流程、人才培养等各个方面。

在本体与方法层面，传统哲学的主客二元之争在智能新主体诞生中获得弥合，认为智能化环境下的社会科学研究本体应该是一个综合性本体，在微观上由智能体和人两方面构成，在中观上由运用人际互动或人机协作的各类组织构成，在宏观上是人机世界或智能文明构成的宏大内容；而在方法上将引入更多人工智能的方法；在学科与议题上则增加更多智能技术与社会科学交叉融合的研究问题，如人机法律研究等（高奇琦，2020）。在研究能力层面，智能化将进一步提高社会科学研究的能力，不仅提升其"判断力"和"决策力"，更可能提升其"思考能力"。如提升对社会生活的预测与干预能力，这在2016年特朗普当选美国总统和英国"脱欧"公投等事件的预测中都已经得到了证实。智能化将促进自然科学和人文科学的融合，人工智能不仅仅将"跨学科"，甚至可能是"全学科"（孟小峰，2019）。在研究方法和流程层面，社会科学研究将会在智能化的冲击中产生分化与重构：一方面，智能化将取代社会科学研究中部分由人工完成的任务与工作，综述性、归纳性文本写作将被人工智能替代，查重、翻译、数据收集与处理、数据整理、模型设计与运算将会实现网络传输、外包甚至全球范围内的资源组合；另一方面，社会科学研究人员将从重复性、程序化、简单化工作中解放出来，将精力集中在非重复、非程序化、高度创造性的研究和实践环节，如文献分析研究、提出假说和命题、社会实践与调查等（陈明森，2017；郦全民，2019）。总之，智能化将促进社会科学研究应对数字社会与大数据带来的机遇和挑战，主要表现在以下几个方面：一是智能学术引擎能够开启文献检索的新视野；二是大数据对社会科学研究新范式的促进；三是"学科融合"将引领社会科学研究产生全新的探索；四是"人机协作"创造社会科学研究的新场景。凭借大数据获取和超级算法的模式正在颠覆"凭借经验和直觉"的模式，这将促使大部分社会科学走向具有自然科学的特征，"科学性"显著增强（张耀铭，2019）。正如前文社会科学研究范式演化的展望中所言，甚至有学者将以智能为目标的侵入式具身研究定义为科学研究的第五范式（程学旗等，2020），将人工智能科学定义为科学研究的第六范式（刘益东，2020）。

　　目前社会科学研究所面临的全新的现实环境，是人类社会前所未遇的。人类社会产生的数据正在快速增长和积累，形成了海量的数据，使我们生活在一个充满"数据"的时代。大数据 5V1O 的特征导致了从中获取知识或发现规律的难度远远超出了个人信息处理的能力。原本在工业化时代建立起来的社会科学及各分支的研究方法不再适应新的环境。当代中国正经历着历史上最为广泛而深刻的社会转型，需要构建宏大的新理论、新方法予以解决（汪丁丁，2010）。为了解全新的现实环境对社会科学研究带来的机遇和挑战，必须对这一环境有全局的、清晰的认识。大数据既为我们全景式认识世界提供了可能，也为社会科学研究提供了全新的环境和场域。"每一个研究领域拥有大量信息化的数据"正在推动社会科学研究领域的变革，这将促使"大部分人文社会科学走向具有自然科学的特征"（King，2014）。这是社会科学研究领域对大数据将会带来革命性变革的重要预言，必然会对传统社会科学的研究产生巨大冲击。从本质上来讲，大数据既是信息资产，也是认识世界的新方法，具有资产和工具的双重属性。对其进行挖掘和分析的相关理论、技术和工具正在促进科学研究范式的转变，重塑人类认识世界和改造世界的认识论与方法论。数据科学作为大数据时代的新思维、新方法和新工具，在我们面临海量数据和高度信息化的环境时，为我们从更高层次的基础理论创新出发，建立适应大数据环境下的全新研究范式，在理论上厘清大数据对社会科学研究作用的本质属性、关键技术特征、结合点、展开路径和发展前景等奠定基础，同时为社会科学研究提供新的方法和工具，在社会科学研究范式转换上创造了可能的根本性改变，对社会科学研究和预知社会产生革命性影响，对解决社会科学研究中存在突出问题的核心症结以及当前面临的外部挑战、内在要求和制约因素等具有十分重要的意义。

9.2.2　反思 2：社会科学研究应用数据科学的可行性

学者也对大数据、数据科学与社会科学的关系和影响做出了预测，认为大数据更偏爱社会科学，大数据时代是社会科学研究的春天。大数据中的行为数据彰显社会科学研究的人本特性，大数据将重构社会科学，并且从理论范式上重绘学术图景、延伸经典学说，从学科范式上丰富学科目标、促进学科融合、提升学科应用，在研究实践中疏解方法分歧、优化变量测量、增加展示形式等，为社会科学研究提供基于 HS+CA 的一体化建模与计算实验平台，揭示人类决策的复杂奥秘（王国成，2015）。为社会科学研究提供容易获取、具有高度客观性、应用范围广，以及与传统小数据有很好的匹配性的高质量数据支撑（范长煜等，2016）。更重要的是，大数据驱动的数据科学为我国社会科学发展提供了加速超越西方和形成中国特色、中国气派的重要机遇（罗玮和罗教讲，2015）。同时，在社会科学转型过程中，还需要注意处理好以下几个方面的问题：①需要交叉学科的研究。大数据每一种具体形式都仅能呈现事物本身的一个侧面而并非全貌，如何将这些数据通过主观知识加工处理并转化成智能知识，仍然需要通过包括数学、经济学、社会学、计算机科学和管理科学在内的多学科交叉来研究和讨论（石勇，2013）。②需要辩证看待大数据。需要准确把握大数据的生成背景，研判大数据对社会科学研究的可能性与适应性，辩证认识大数据对于重构人文社科研究范式的作用。③要意识到风险的存在。大数据分析可能失灵，要理性认识大数据的优势与劣势。④处理好大数据与小数据之间的关系。⑤大数据需要新的研究技能与团队合作。⑥需要构筑适应大数据环境的基础设施，促进政府数据开放等（吴振新等，2013）。

从数据科学研究进展的梳理（第 1 章）和社会科学研究已经发生的转变来看，大数据驱动数据科学在社会科学转型中的作用前景将主要体现在以下几个方面。

（1）数据科学将对社会科学认知体系产生结构性的影响，这意味着无论是个体的认知体系还是社会性的认知功能体系都正在发生质性的转变：在社会科学研究层面形成新的研究范式，新的认识论、方法论、方法和工具，在认知的操作结果上则会发现新的相关关系，产生超越传统认知方式的洞见，使经典理论取得新的发展和更加切近真实的检验。新的认知方式正在将社会科学研究导向开放的基于数据的分析模式，通过分析基于数据科学的社会科学认知体系的内部结构、逻辑过程及其结果的结构变化有利于我们把握数据科学条件下社会科学认知发生的有效机制，并对其做出发展和改进。

（2）在科学研究的路径上，数据科学将改变传统社会科学用"小数据"来验证逻辑的路径，实现用"大数据"来发现逻辑的研究路径。数据科学时代的社会科学研究可能不再需要我们做出理论预设，而是在大数据分析得到的奇点相关的引导下建构因果和结构关系，进而发现其中蕴藏着的知识或规律。数据即现象和经验，"科学始于数据"而非直接观察和传统测量。大数据和数据科学更高的精确度和整体性，延展了知识发现的新途径和新方法。

（3）在科学研究的方法上，传统社会科学以学科为导向的问题构建转向大数据时代的以跨学科为导向的事件的构建。基于数据科学的可计算社会科学的发展正在淡化、沟通学科边界，甚至社会科学与自然科学之间的边界都会消失，两者又将被整合为同一范式下的科学问题。

（4）在研究的结果上，大数据的研究方法可以实现对真实世界的多路径"涌现"。真实世界的进化路径，偶然性非常大。当在大数据支持下能够实现平行系统的呈现后，对真实世界的多路径"涌现"仿真就成为可能，其意义非常重大。

（5）跨越学科之河的交叉融合。由于自然系统和社会经济系统在数据单元上的异质性，社会经济系统多变量的复杂性和社会科学量化、数据采集的困难，学科间的融合依然需要更深层次的支持。一方面，大数据研究的兴起建立了全新的基于传感器、智能设备和网络大数据的科学研究基础设施，大数据"随处可见"和"难以理解"的特征使得对其获取具有非学科性的特点，对其收集、存储和搜索本身存在较低的"学科定制性"（张晓强等，2014）。这使得不同学科之间的研究对象有了同质性的基础，打破了小数据时代学科差异下数据收集和使用"各自为政"的状态，促进学科交流与融合。另一方面，大数据广泛和深入地应用推进了数据科学分析技术的普及。来自政治学、经济学、传播学等社会科学的研究者开始联手计算机、数学、控制等信息技术界的专家和生物、地理、环境等自然科学的学者共同采用数据科学开启规模更大、参与更广的跨学科合作研究，为不同学科开展交叉研究与转型提供了基础（图 9-1）。

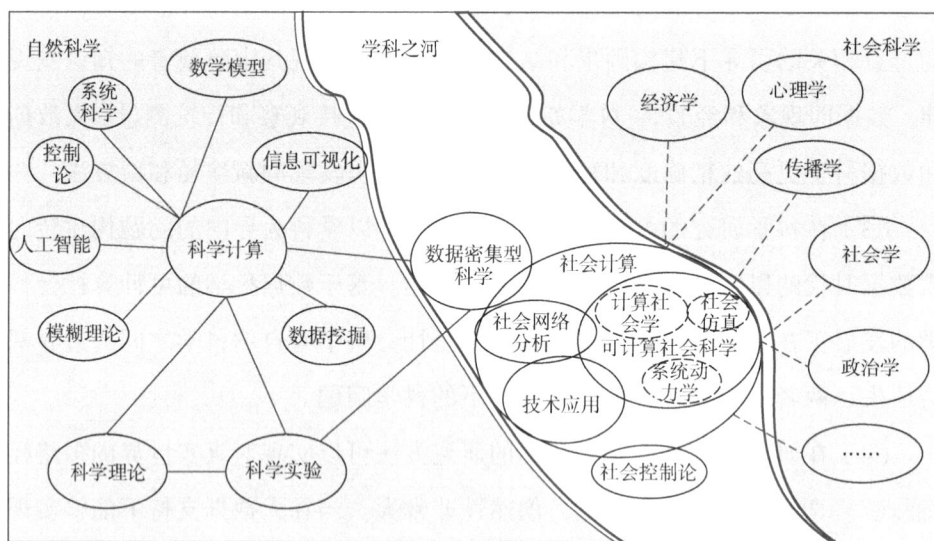

图 9-1　科学分类之河

资料来源：Castellani 和 Hafferty（2009）

此外，大数据驱动的数据科学将为我国社会科学发展提供加速超越西方和形成中国特色、中国气派的重要机遇。当代中国正经历着历史上最为广泛而深刻的社会变革，也正在进行着人类历史上最为宏大而独特的实践创新。这种前无古人的伟大实践，必将给理论创造、学术繁荣提供强大动力和广阔空间。通过数据科学促进社会科学转型，将为实现社会科学研究的三大融合——定量研究与定性研究的融合、自然科学与社会科学的融合、真实世界与理论世界的融合——提供理论、方法体系和对策的建议，促进我国社会科学研究更符合中国的现实发展场景，促进我国社会科学研究由学习到创新，再到领跑。

由于大数据和数据科学存续时间较短，其在社会科学研究中的应用也处于起步阶段，各类应用仍停留在多点散发的阶段，还没有产生大规模、系统性的成果。因此，对数据科学在社会科学研究中的应用仍有许多问题处于争议之中。

（1）大数据在科学研究范式转换上创造了可能的根本性改变，对社会科学研究和预知社会产生革命性影响。大数据和数据科学将带来社会科学研究的重大变革甚至范式转型已经得到越来越多的学者认同。但学术界对社会科学研究的范式演化过程仍存有争议，尤其是社会科学研究的第四范式界定上形成了大数据驱动的社会科学研究、计算社会科学等假说，甚至提出虚拟科学、认知科学、以智能为目标的侵入式具身研究等第五范式。

（2）"大物移云智"等新一代信息技术的不断发展，正在推动人类快速全面地进入数字社会。在数字社会时代，从个人到社会组织再到整体社会经济系统的运行规律都产生了极大的变化。这对社会科学研究无论从研究对象、研究过程、研究方法还是研究产出方面都提出极大的挑战。但目前使用传统工业化社会生产的理论和方法仍是社会科学研究的主流，虽然学者已经观察到社会科学研究本身存在的弊端，也对社会科学研究不适应数字社会而产生的问题有一定的认识，但对是否拥抱、如何拥抱数据科学仍犹豫不决。

（3）对大数据给社会科学研究带来的影响研究上出现了一定的分化，并逐渐走向理性对待。乐观的学者认为大数据更偏爱社会科学，大数据时代是社会科学研究的春天，给社会科学研究带来了革命性的变革和研究方法论上的创新，并为解决社会科学研究存在的问题提供了积极的解决方案。但也有学者指出大数据也不是万能的，其可能带来一系列重大的社会问题，如网络安全与数据隐私、数据歧视、数字鸿沟等。对社会科学研究也将产生第三洞穴、数据主义、数字乌托邦等弊端。如何发挥大数据的积极影响而避免其负面作用，虽然已经有更为理性的学者进行应对策略的探讨和各学科的尝试，但仍需要从理论、模式、对策上予以系统的总结。

（4）大数据与数据科学被视为社会科学研究范式转型的重要驱动力量和解决方案，但是大数据和数据科学本身存续时间较短，其本质、基本特征和内在要求尚未能得到良好厘清，数据科学目前看起来仍然像是多个相关学科"拼接"起来的一个新兴学科，存在目标不明确和尚未形成完整的学科框架体系等问题。大数据、数据科学和科学研究范式转换之间的作用机制有待进一步梳理和研究，社会科学转型也需要进行系统的探讨。

（5）大数据对数据科学、复杂性科学（特别是对复杂性系统建模仿真方面）、社会计算的促进作用，使得现实世界和理论（仿真）世界融合并建立平行系统成为可能，这也意味着提供了社会科学全景式认识社会经济系统的可能性，促进社会科学预测目标的回归和预测、解释、说明能力的融合。而在此之前，则需要对数据科学面临的环境予以系统的分析。由于我们目前仍处于数字化、智能化转型的过程之中，社会科学面临的研究环境正处于快速而深刻的变化进程之内，要全面、系统理解数据科学对社会科学转型的重大影响，需要将大数据、数据科学与社会科学转型（或者第四研究范式）置于快速全面进入数字社会这一环境变化之中予以考量，将"数据科学发展与应用""社会科学转型"使用"研究环境变化"连接起来。只有这样，才能避免技术性倾向带来的偏差，从而单纯从"问题–对策"视角分析两者关系，使得研究结论厚植于丰富的实际情境之中。

第 10 章
预见与机遇：社会科学研究的发展趋势

10.1　推进社会科学的全数据研究

"大数据"、"数据科学"和"第四研究范式"等关键词在大数据的学理基础研究、科学研究范式转换动力机制研究、领域数据科学研究中都是不可或缺的三个基本关键词组合。但从目前的研究成果来看，将三者联合起来进行考量的研究成果较少，大数据与数据科学研究重应用轻基础的倾向严重。三者之间的相互影响的作用机制尚待厘清。同时，目前对科学研究范式转换的研究主要集中在自然科学研究领域，其范式转换的特征和脉络较为清晰。而有关第四范式兴起和科学研究四种范式的划分是否适用于社会科学研究的讨论成果不多见。对社会科学研究的范式往往陷于研究内容范式或哲学范式的争议和不断分化之中。厘清大数据、数据科学和科学研究范式转换之间的作用机制，对我们摆脱社会科学现有困境，从研究方法的范式转型角度对社会科学研究进行分析与批判，深入推进大数据驱动的社会科学研究具有重大意义。

"大物移云智"等新一代信息技术的发展，数据科学与网络科学、计算科学的兴起，社会结构和形态的变化都显示我们的社会科学研究应该发生变化，是否应该引入第四研究范式甚至第五研究范式？对此，学术界不应该陷入哲学思辨和概念界定上的争论不休，因为有些基本发展趋势的判断还是可以预期的：其中之一就是面向全数据研究应该是社会科学未来的重要发展方向。在 6.4 节中我们提出"数据人"的假设，并认为数据人由大数据、小数据、块数据、厚数据、界数据构成（图 10-1）。那么开展数据人的研究，利用数据科学的研究方法并非要摒弃传统研究方法和路径，也并非大数据一项类别就能够解决社会科学研究的问题。社会科学研究应树立面向数据密集型的复杂系统研究和面向事件的研究导向，以全息数据的思路，整合上述五种数据及对应的研究方法，开启全数据研究的时代。

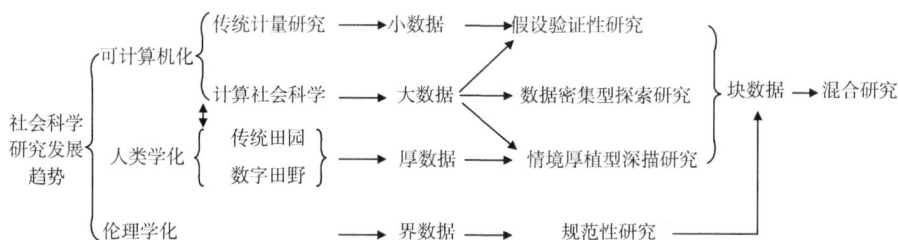

图 10-1　面向社会科学的全数据研究

10.2　面向 eSS 的研究环境建设

10.2.1　推动面向用户的 eSS 环境建设

目前，社会科学科研数据基础设施用户已具备一定的数据研究能力，但他们普遍认为目前社会科学科研数据基础设施（以图书馆为核心）在第四研究范式下的服务无法满足他们的数据需求；结合第四研究范式下社会科学科研数据基础设施在知识服务模式、技术设备、人力资源、内外部环境方面的内在要求和存在的问题，本节提出第四研究范式下社会科学科研数据基础设施在知识服务模式、技术资源开发、人力资源、内外部环境四个方面的应对策略。图 10-2、图 10-3 以高校图书馆为例对上述原则予以说明。

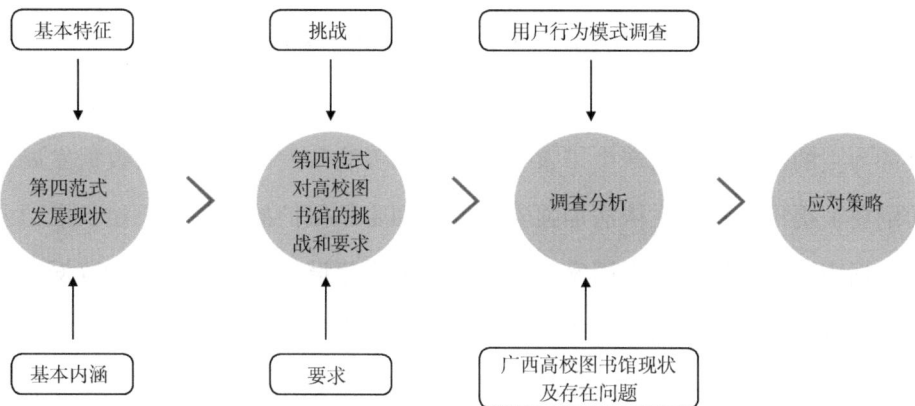

图 10-2　面向用户的 eSS 环境建设思路

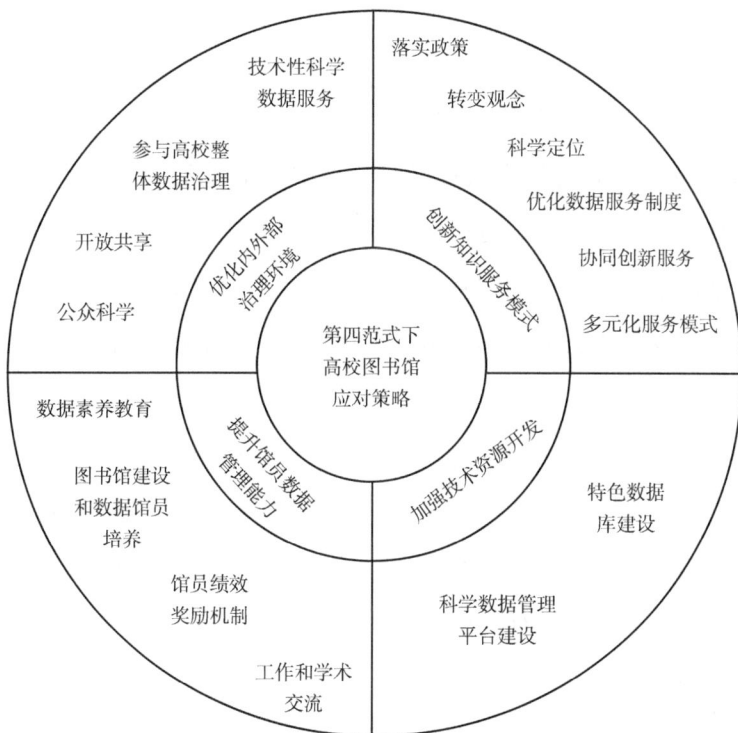

图 10-3　面向用户的 eSS 环境建设内容

10.2.2 社会科学科研数据基础设施发展策略

1. 创新社会科学科研数据基础设施知识服务模式

社会步入大数据时代，深刻地改变着人们的生产生活方式，也对以知识服务为主的高校图书馆产生了重要影响。国务院印发的《促进大数据发展行动纲要》提出，将"在依法加强安全保障和隐私保护的前提下，稳步推动公共数据资源开放"，"结合国家政务信息化工程建设规划，统筹政务数据资源和社会数据资源，布局国家大数据平台、数据中心等基础设施"，"加快政府数据开放共享，推动资源整合，提升治理能力"。数据密集型科研范式下，社会科学科研数据基础设施应立足资源优势，积极打造知识服务开放共享平台，推动知识服务模式的创新工作，为社会提供全方位、立体化、多维度的数据资源共享服务。

1）落实政策，制定细则，精准实施

2018 年 4 月，国务院办公厅印发《科学数据管理办法》，我国对科学数据的管理有了宏观指导。面对这一国家科技发展战略性工程，各社会科学科研数据基础设施建设主体应积极落实政策，认真制定细则，确保精准实施。首先，应明确各科研数据基础设施的主体责任，根据国家和地方的科学数据管理政策，结合学校建设目标，建立相匹配的科学数据管理体系和制度。其次，遵循数据生命周期流程，规范数据在获取、存储、组织、分析和决策等各环节的活动。最后，明确不同科研数据基础设施在履行高校科学数据服务职责中的作用，保障工作正常开展所需的经费、人力、物力设施，为科学数据采集、分析、利用提供良好的环境和条件。

2）转变观念，树立科学数据服务意识

科研数据基础设施要真正实现转型升级，当务之急是要转变科研数据基础设施运作思路和观念，树立科学数据服务意识。第一，科研人员要认识到科学数据的重要性。科学数据不仅是国家的基础战略资源，是科研数据基础设施开展服务工作的必备条件，而且是科研工作者进行科研活动的第四范式。第二，要认识到科研数据基础设施开展科学数据服务是适应科学研究发展的历史使命所在，是实现其现代功能转型的重要契机。科研数据基础设施应从"检索观"转变为"利用观"，要以用户需求为中心，以用户使用数据为导向，开展数据深度分析，通过与用户沟通提供有针对性的资源和服务，在不断满足用户显性需求的同时努力帮助用户挖掘隐性需求，从而最大限度地发挥资源的价值，发挥科研数据基础设施知识含量和系统化的优势，迎合用户多元化需求，提升综合效益，实现从知识供给到知识服务的转变。

3）科学定位，优化发展模式

给予科研数据基础设施科学的定位有利于科学数据活动的开展。科研数据基础设施作为科学数据工作的主要参与者，在科学数据活动中应积极扮演好元数据组织管理者、科学数据管理协调者、数据信息素养培训者、数据保管员及数据质量监管者的角色。但先行的以图书馆为核心的基础设施，以一己之力是很难做好所有服务工作的，必须联动多元主体的参与，如与政府和智库机构、情报机构合作共享数据资源，与大数据服务平台合作搭建数据服务平台，与科研人员合作开展数据信息素养教育教学和培训，以便引导科研人员积极参与科学数据服务活动，促进科学数据服务活动的持续开展。

4）优化数据服务制度

目前以图书馆为核心的科研数据基础设施普遍未建立科学数据服务制度，部分机构甚至尚未开展科学数据相关服务，这些科研数据基础设施可以根据社会科学发展要求和科学数据管理办法，借鉴国内外成功经验，建立适宜的科学数据服务制度，组建专业的服务团队，明确数据服务岗位职责。

5）开展多样的协同创新服务工作

建设科研数据基础设施首先应增强参与协同创新的意识，制订参与协同创新的服务计划；其次，可通过科研数据管理和搭建学科服务平台，为不同专业和课题的用户提供一站式信息获取服务以及个性化服务。如可从课题申报阶段的文献调研、前沿跟踪，到课题研究阶段的专题信息定制、同行对比分析，再到成果产出阶段的期刊偏好分析、科研绩效评估等方面帮助用户，为科研用户提供嵌入式科研数据支撑服务。最后，依托信息技术搭建协同创新服务平台，通过平台共享科学数据、分析科研成果，满足各创新主体的知识服务需求。

6）创建多元化服务模式

开放知识服务模式的创新，包括以下两个方面。

服务内容上，科研数据基础设施要从"最大限度提供馆藏资源"转变为"为用户提供所能获取到的一切资源"，根据用户需求，在现有资源的基础上寻求网络资源支撑，依据用户要求进行有针对性的组织加工，打破各自为政的信息"孤岛"，为公众提供开放的学习资源和文化产品。

服务渠道上，科研数据基础设施要充分发挥新媒体的价值，利用微信、微博多种渠道为用户提供数据远程传递、线上借阅、在线直播、慕课等服务，通过大数据挖掘用户隐性需求。

2. 加强科研数据基础设施技术资源开发

1）特色数据库建设

各科研数据基础设施应提高对人文社会科学数据库建设和利用的重视程度，从选题、资源筛选、建设过程、投入使用到后期数据维护和更新等各环节都很重要，工作人员应在专家意见和用户调研的基础上选定主题建设数据库，待数据库投入使用后还要根据数据库访问情况和文献下载情况对用户需求进行深入分析，后期还应不断检查数据资源的选择和标引情况，了解数据库对象的链接情况，保证图片、音视频的质量等。

加强科研数据基础设施统一规划，协调建设。各科研数据基础设施可以设置一个特色文化管理机构，对特色数据库的建设进行统一的宏观规划、协调、指导和管理，合理划分数据库类型、等级，建立统一的建设和评估标准，消除各自为政的弊端，充分挖掘各院校的建设潜力，激发特色数据库建设活力，实现特色数据库建设均衡发展。

加强科研数据基础设施合作，共建共享。科研数据基础设施一方面应该加强合作，建设特色数据库时分工协作，合作开发，提高建设效率，调动建设积极性，另一方面应该加强与地方其他机构的合作，获取稀有的一手资料，提供技术支持，通过共建实现共享的目标。随着开放获取模式的推行，限制机构外部用户访问特色数据库的做法已不符合时代发展的要求，科研数据基础设施应制定相应的规则，通过部分开放获取和部分收取费用的方法运作，提高数据库使用共享程度和使用效率，发挥资源的综合服务效益。

科研数据基础设施数据库建设标准统一化、规范化、标准化是数据库建设的基本保障，也是资源共建共享的前提。目前建设特色数据库还没有相关的规范和标准，全国大多数高校图书馆都采用 CALIS 制定的特色数据库建设标准。科研数据基础设施在建设特色数据库时，也可以参考 CALIS 特色数据库建设的相关标准，合理规划数据库建设，加强过程质量管控，使特色数据库建设规范化、标准化，确保数据库的可靠性、系统性和兼容性。

科研数据基础设施加强对数据库的宣传，提高利用率。数据库利用率低的原因之一是数据库的宣传力度不足。不少数据库的链接都放在二级类目，且缺少对数据库的相应宣传，导致用户不知道特色数据库的存在或不了解数据库的情况。各科研数据基础设施机构应加强对数据库的宣传，以各种形式向用户介绍数据库的内容、范围、特点、使用方法和更新频率，提高数据库的利用率。

科研数据基础设施及时维护系统，更新数据。系统维护和更新数据主要分为两个方面：一方面持续收集数据，定期更新、删减、清理和更正数据库数据信息，确保数据库的生命力；另一方面调研和整理用户反馈意见，对出现的问题进行不断改进。

2）建设科学数据管理平台

每年社会科学研究都会产生大量的科研数据，若缺少一个切实符合需要的管理平台将难以促进数据管理的良性发展。在我国高校中，北京大学、复旦大学、武汉大学等已建立了科学数据管理平台，包括综合性质和社会科学性质两种类型，开展了数据存储、共享、分析等数据服务工作，取得了科学数据服务实践工作的成功经验，但仍需发展和完善。科研数据基础设施可借鉴国内高校的经验，结合美国麻省理工学院建立平台的成功经验，以特色数据库、共享数据库为基础，构建一个贯穿数据生成、采集、保存、分析整个流程的高度集成的科学数据服务平台。具体如下。

（1）制订合理的数据管理方案。开源系统经过多年发展性能成熟，能有效保护软件著作权，因此在系统选型时可优先选用开源系统。借鉴麻省理工学院的 DSpace 系统，实现数据管理平台对所有文件格式的管理。平台应建立完善的备份机制，包括备份所需的软硬件、日常备份制度、推送备份提醒等。可购买集团版加密软件确保用户数据安全。

（2）以用户需求为出发点，创新服务理念。从用户需求角度，对检索界面进行创新，实现馆藏数据检索，降低检索的难度和复杂程度，提高数据利用率；提供多种存储方式，将本地存储和云存储结合起来为用户提供存储服务，或采取检索结果存储、常用资源存储等个性化存储方式，优化用户体验，提高服务质量。

（3）对用户实行分级管理。用户分级管理可分为用户对数据操作的分级管理和用户享受服务的分级管理。这样的分级管理模拟了目前研究机构和研究小组的工作模式，提高了用户对平台的接受度；严格控制了用户的权限；

差异化服务促进了数据管理工作的良性发展。

（4）加强与内外部门的合作。科研数据基础设施应发挥优势，联合多部门优化数据存储、数据安全、知识产权保护等方面的服务，创造完善的数据管理和共享环境，提升用户数据共享的意愿，打破校内各部门的信息孤岛现象，构建友好安全的信息生态环境。

3. 优化科研数据基础设施内外部治理环境

1）开展技术性科学数据服务

调研发现，数据挖掘和数据可视化是数据分析中的薄弱环节，在当前科研数据基础设施工作中也尚未得到重视。数据挖掘通过统计方法、人工智能、情报检索等从海量数据中挖掘出有价值的数据，用以深度揭示隐藏的数据信息。例如，对高水平论文进行分析可挖掘其期刊收录偏好，为科研工作者提供有价值的投稿建议。数据可视化是对数据进行统计分析后以可视化的形式深度揭示数据内涵，有利于科学数据的高效使用和价值挖掘。

2）参与高校整体数据治理

数据要创造出最大的价值必须参与到高校整体的数据治理工作中。教育部 2021 年 3 月发布的《关于加强新时代教育管理信息化工作的通知》中指出，高校"提高教育数据管理水平""完善教育数据管理制度，建立数据标准体系，规范数据采集、存储传输、使用处理、开放共享等全生命周期的数据活动。基于数据应用和共享建立数据资源目录的动态更新机制，全面掌握教育数据使用情况。开展数据分类分级工作，形成数据溯源图谱，明确各类数据的数据源"。这要求同样适用于不同性质的科研数据基础设施，各机构应梳理所掌握的各类型数据，明确其含义，确保其质量，并共享到公共数据平台。科研数据基础设施也通过参与研究机构或个人的整体数据治理工作，受益于数据的共享。

3）推动数据资源的开放共享

（1）大力提升数据开放共享程度。要提升数据开放共享程度，必须加快科研数据基础设施与政府、情报机构及相关企业合作的步伐，建立知识服务共建共享联盟。首先，高校图书馆的大数据资源量大、成果新、类型丰富，这一资源优势决定了其在联盟中的主导地位。其次，借助政府的力量推动联盟的发展，借助情报机构给予专业化指导，借助企业调查知识服务的市场需求。高校图书馆以联盟为基础，整合各单位优势资源，构建联盟平台，能够最大限度地提升知识数据源的开放共享程度，达到数据创新增值的目的。

（2）建立有效的运行保障机制。大数据环境下，科研数据基础设施面临的最大问题是用户隐私泄露和数据安全问题。因此，我国需在借鉴国外经验的基础上，根据自身国情，制定国内的大数据相关法律法规，建立有效的运行保障机制。加快构建大数据分类、技术和安全保障等一系列标准，为大数据开放、共享和利用奠定基础。要明确数据开放共享的基本原则。科研数据基础设施在分享利用数据时，相关利益者会有一定的利益摩擦，知识产权无法得到有效保护，相关部门应积极推动数据共享和迁移等法律政策的制定和完善，明确高校图书馆的责任。要对云服务商做评估，帮助科研数据基础设施做出更科学的选择，有利于提升科研数据基础设施及其数据共享服务安全级别。

（3）形成开放共享的推进机制。要实现科研数据基础设施知识服务开放共享的常态化、规范化发展必须形成科研数据基础设施数据资源开放共享推进机制。调查国内外数据开放共享的发展现状，宣传数据开放共享的优势，强化科研数据基础设施知识服务开放共享服务的意识。鼓励开放共享联盟成员参加专业的数据管控学习，对科研数据基础设施用户开展知识服务的分类普及培训。从数据信息内容、服务质量、利用效果等角度构建科学合理的知识服务评价体系，不仅能规范图书馆知识服务开放共享行为，提升知识服务质量，还能确保用户获取数据信息的公平性，为知识服务开放共享的后续发展起到推动作用。

（4）发挥市场的引导作用。数据密集型科研范式下，数据信息作为一种特殊的产品，也受大数据市场的影响。科研数据基础设施知识服务主体的生产、供应、销售各个环节的活动和发展也应遵循一定的市场规律。科研数据基础设施的公益性质使其可以用低于市场的价格满足用户的数据需求，这样既可以使科研数据基础设施自身的供给达到平衡，又可以弱化传统知识服务带来的不良后果，如供需失衡甚至垄断，还能有效调动各方加工和利用大数据的积极性，保护各方利益，为大数据市场化创造良好的条件。高校图书馆在这一过程中也能找到自身的价值，实现转型升级，逐步实现良性发展。

4）发展和推动公众科学

大数据驱动的第四科研范式下，公众科学作为新型的创新模式，对推动科学和社会的进步有重要的作用，我们可从以下三个方面发展和推动公众科学。

（1）在思想上提高重视。据调查，公众科学的成功率远高于传统模式，且能带来巨大的社会效益，也十分符合我国建设科技强国的要求。公众科学有利于传播科学理念，提高志愿者的科学素养，使公众在参与科研项目的过程中获得互联网知识及数据采集、数据分析、设备操作等科学技能。应充分认可公众科学的价值，应对公众科学的意义进行探讨，通过广泛调研量化公众科学为国家和公众带来的效益，加速对公众科学的研究和落地。

（2）建立公众科学促进政策。目前，各个国家和地区已经认识到了公众科学带来的社会效益，纷纷建立了相关的公众科学促进政策。例如，美国《透明与开放的政府备忘录》将公众参与作为重要内容；"美国开放政府国家行动"也将公众科学作为独立部分纳入其中。此外，欧盟公众科学协会发布的"欧洲公众科学白皮书"等推动了公众科学的发展、法国发布了"法国公众科学"、德国发布了"德国公众科学战略 2020"、荷兰制订了"国家开放科学计划"。我国可在借鉴国外经验的基础上，加强公众科学宣传，完善知识产权体系，积极推动公众科学政策的出台，如在国家基金立项时对公众科学项目适当倾斜，从各方面加大对公众科学的支持力度。

（3）加大公众科学基础设施的投入。基础设施建设有利于公众科学发挥潜力，以实现更快更稳健的发展，加大公众科学基础设施的投入势在必行。加大对数据云的投入，以及开放知识组织体系、开放信息环境、开放或可共享的分析计算处理链接融汇工具、开放科学公共服务平台的建设。除此之外，推动开放科研资源的集成利用也十分必要，可以有效降低开放科研的成本。

10.3　面向 Comp-X 的人才数据素养教育

随着人类社会快速全面地进入信息社会和知识经济时代，数据和知识已成为最重要的社会资源，对这种资源的开发和利用已经成为人类社会发展的基本前提，也成为一个国家提高社会经济发展水平、人民生活水平和国际竞争力的关键，而对数据资源开发利用起到关键作用的是人的数据素养。快速变化和日益复杂的新数据环境对人的数据素养提出了更高的要求。同时，知识更新速度的不断加快、教育方式的变革、个人适应数字化环境产生的焦虑、终身学习、社会化学习、碎片化发展趋势等均对数据素养提出了空前的要求。数据素养成为数字时代的本质，是人类进入数字社会、数据成为重要资源之一后对劳动者提出的一项基本素质要求，是应对环境快速变化的重要竞争手段，是终身学习的核心，是信息爆炸的必然要求。在数字社会中，数据素养将是一种基本能力，也是一种综合能力。其所涉及的知识是一个特殊的、涵盖面很宽的能力，它包含人文的、技术的、经济的、法律的诸多因素，和许多学科有着紧密的联系。正因其在数字社会中的重要性，数据素养在 21 世纪五个能力素养中位列第二①。

　　在大数据时代环境中，各种数字、数据、图表充斥着我们生活，与数据相关的类型、数量、范围、形态、价值以及挖掘方式喷薄出现，数据的有效处理及高效开发成了各行各业发展中无法规避的问题。一方面，管理类大学生就业环境中涌现出大量数据驱动型的应用实践，如数字政府、数字经济、智慧城市、智慧社区、精准营销、智能制造、智慧物流等。数据成为继土地、能源之后的重要资源，也成为重要的市场要素。诸多新业态、新实践在数据的驱动下正在改变人类的决策方式与行为特征。在这样的背景下，培养具有数据素养的毕业生，成为社会科学各学科适应数字时代的关键。另一方面，数据密集型科学发现的研究范式进一步发展，使得大数据研究方法成为继实验、理论和仿真之后的第四研究范式。第四研究范式不仅在自然科学领域获得极大发展，在社会科学领域尤其是管理类研究中，也逐渐兴起并越来越受到学者的重视。第四研究范式更在促进交叉学科研究的兴起方面起到积极作用。社会科学研究范式的转型也对新文科建设与管理类教学实践起到重要的驱动作用，利用数据的意识和能力成为专业教育和科学素质的重要基础，因此可以说数据素养是连接科学素质和人文素质的重要桥梁。获取数据、分析数据的能力成为各学科本科生的基本能力，数据素养成为学习与工作的必备素养之一。

　　自 2018 年教育部等六部门印发《关于实施基础学科拔尖学生培养计划2.0 的意见》以来，新文科建设成为我国高校文科人才培养的重要方向之一。教育部相继在《关于加快建设高水平本科教育　全面提高人才培养能力的意见》《关于实施一流本科专业建设"双万计划"的通知》、"六卓越一拔尖"计

---

① 美国国际教育技术协会 CEO 论坛明确指出，21 世纪的能力素质包括以下五个方面：基本学习技能；信息素养；创新思维能力；人际交往与合作精神；实践能力。此处的信息素养在进入数字社会后，内涵和外延都有所拓展从而成为数据素养。

划 2.0 等系列文件中反复提及新文科建设并提出了相应的要求,并对新工科、新医科、新农科、新文科建设提出了"紧扣国家发展需求,主动适应新一轮科技革命和产业变革"的要求,将新文科定位为"要推动哲学社会科学与新科技革命交叉融合,培养新时代的哲学社会科学家,创造光耀时代、光耀世界的中华文化"。在本科教育阶段学生能力的培养中,将创新学习方式、提升综合素养、促进学科交叉融合等列为改革的重点任务和举措。"六卓越一拔尖"计划 2.0 和新文科建设在全国高校掀起"质量革命"。

新文科建设推动哲学社会科学与新科技革命交叉融合,并不是简单的"文科+新技术",而是要深刻理解新技术革命和第四次工业革命带来的社会变革,理解信息技术的高速发展促使人类社会的结构以及精神面貌发生的剧烈变化。整个社会的智慧网络化正在引起生产方式、生活方式、思维方式以及治理方式的深刻革命,在此基础上,产生适应数字时代、数字社会的新思想、新理论。新文科的新要求"新"在论域的拓展、价值的重塑、话语的主导、学科的交叉融合、研究范式的转型丰富。因此,新文科建设发展需要培养学生具备适应数字社会所需要的基本素养,即数据素养。2022 年 3 月,中共中央网络安全和信息化委员会办公室、教育部、工业和信息化部、人力资源和社会保障部联合印发了《2022 年提升全民数字素养与技能工作要点》,提出了"全民终身数字学习体系初步构建,劳动者数字工作能力加快提升,人民群众数字生活水平不断提高"的发展目标。作为人才培养的高地,高校更应该重视学生数据素养的培养工作。

而在现实中,面对第四次工业革命和数字社会、数字经济的快速发展,人才培养与数字社会新经济、新业态实践需求不匹配,社会科学研究人员和高校学生数据素养培养意识淡薄,未能将数据素养作为基础、核心能力纳入人才培养和继续教育的胜任力目标,大多数学科数据素养培养中行业数据底数不清、数据素养核心能力不明、数据获取与分析方法工具包没有建立、循数决策意识不足等问题依然明显。数据素养既涉及专业知识与行业性数据源，同时也涉及数据从获取到分析再到管理应用的整个生命周期所需的知识与技能，更涉及数据可视化、解读以及应用支持的辅助性知识，因此数据素养不能仅靠单个部门、单个群体的教师就能够完全承担，需要形成教育生态和丰富的行动者多元参与协同教育的体系。但目前仍然处于各自为政的碎片化阶段，数据素养教育与行业需求、专业知识教育、辅助性知识教育未能融合。因此，应该加强数据素养的教育。

10.3.1　数据素养培育主体应做好政策引导

在信息时代，较高的数据素养是科技工作的基石，对科技工作者工作能力的要求中需要重点提出提高数据素养这一项。因此，数据素养培育主体要做好引导工作，让科技工作者认识到数据素养的重要性，并了解如何提高数据素养。科技厅、地方教育管理部门等应发布相关政策要求，如要求科技工作者定期参加数据素养培育讲座，学习数据获取处理分析等知识，再如举行数据素养测评相关的考试或考核等。另外，数据素养培育主体可构建权威发布平台，负责发布权威政策信息、数据素养评测相关考试信息以及数据素养能力提升权威攻略等。

10.3.2　建立数据素养培育资源库

由数据素养培育主体牵头，建立数据资源库，从而让科技工作者有渠道获取高质量的数据以及获取提升数据素养能力的知识。具体来说，数据素养培育资源库应该包括国家精品课程库、短视频媒体库、大型开放式网络课程（massive open online courses，MOOC）、视频授课回放库等模块。资源库的视频内容和课程内容侧重于不同能力的培养。

1. 编程能力

科学技术的快速发展为科技工作者的培养方式提供了更多可能性，根据需要通过不同的编程语言进行自定义，这样能够大大增加研究的自主性与精准性。因此，科技工作者应该具有基本的编程能力，资源库将提供 Python、C 语言、C++语言等编程语言的培训。

2. 数据统计能力及数据可视化能力

数据统计软件能便捷地将数据、图表等进行可视化分析以及数理统计分析，另外数据可视化软件还具有强大的数据收集和信息处理能力，能够为科技工作者的决策提供科学性和实证性的支撑。以往需要借助大量人工来进行的文献阅读和归纳整理工作，现今大多均可由可视化软件来完成。资源库将引进 SPSS、Citespace、HistCite 等软件的培训课程及具体操作短视频，来提高科技工作者的数据处理和文献处理能力。

10.3.3　补齐科技工作者信息技术短板

作为科技工作的领头羊，科技工作者需要补齐自身的技术短板，强化信息意识，转变传统观念，不断学习。科技工作者应自觉丰富自己的知识结构，扩充数据素养理论知识，积极参与数据素养培育机制的各个环节，主动掌握新时代科技工作所需的知识、工具与技能，努力提升自己的数据分析和处理能力。另外，科技工作者作为数据素养培育体系中的培育对象，对数据素养培育体系的完善也要献力献策，做好培育过程中的反馈工作。

10.3.4　完善数据素养培养机制

数据素养培育活动周通过论坛、主旨演讲、圆桌对话等形式对科技工作者进行为期一周的数据素养教育，可进一步加深科技工作者对于数据素养能力的认识和理解，更好地提高科技工作中的数据运用创新能力，加强科技工作者之间的数据交流。建立数据素养知识竞赛机制的目的一方面在于通过竞技方式提高科技工作者的信息收集、整理、分析的能力，另一方面在于通过举行数据道德规范知识竞赛，促进科技工作者对数据道德规范知识的学习，加强对数据道德规范的记忆，从而进一步促进数据道德规范意识的提升。

10.3.5 建立健全科技工作者数据素养评测体系

互联网的普及和大数据的发展为科技工作者提供了新的发展方向和技术手段，具备良好数据素养的科技人才应该能够运用合适的工具处理具体的工作，能够合理使用多种方法、技巧和工具进行数据统计，能够通过主题检索、关键词检索、高级检索等方式获取科技工作中所需的数据、知识等。另外，依托数据素养培育资源库建立的数据素养培育机制可使科技工作者丰富自身的数据素养知识和技能，数据素养评测体系与机制的建立健全则能够保障数据素养培育机制的有效运转，加快科技工作者数据素养能力的提升效率。因此，建立健全科技工作者数据素养评测体系至关重要。

第二篇参考文献

鲍雨. 2016. 社会学视角下的大数据方法论及其困境[J]. 新视野,（3）：48-52.

贝尔纳 J D. 1959. 历史上的科学[M]. 伍况甫，等译. 北京：科学出版社.

贝利 K D. 1986. 现代社会研究方法[M]. 许真，译. 上海：上海人民出版社.

布莱恩约弗森 E，麦卡菲 A. 2014. 第二次机器革命[M]. 蒋永军，译. 北京：
中信出版社.

不列颠百科全书编委会. 1998. 不列颠百科全书[M]. 北京：中国大百科全书
出版社.

蔡斐. 2017-04-20. "场景"概念的兴起[N]. 中国社会科学报,（003）.

曹志平，陈喜乐. 2017. 科学解释与社会理解：当代西方社会科学哲学研究
[M]. 厦门：厦门大学出版社.

陈彩虹. 2016. 在无知中迎来第四次工业革命[J]. 读书,（11）：14-24.

陈泓茹，赵宁，汪伟. 2016. 大数据融入人文社会科学的基本问题[J]. 社会科
学文摘,（2）：16-18.

陈明森. 2017-09-11. 哲学社会科学如何面对人工智能的挑战[N]. 福建日报,
（009）.

陈文娟，肖峰. 2010. e-Social Science 与社会科学研究[J]. 探求,（6）：63-67.

陈云松，黄超. 2015. 大数据推动社会科学研究深挖潜力[EB/OL]. http://sscp.
cssn.cn/zdtj/201501/t20150112_1474277.htm[2023-03-12].

陈云松，吴青熹，黄超. 2015. 大数据何以重构社会科学[J]. 新疆师范大学学

报（哲学社会科学版），36（3）：54-61.

程学旗，梅宏，赵伟，等.2020.数据科学与计算智能：内涵、范式与机遇[J].
中国科学院院刊，35（12）：1470-1481.

褚鸣.2010.社会科学研究信息化的内涵与发展[J].国外社会科学，（1）：
95-102.

辞海编辑委员会.2019.辞海[M].7版.上海：上海辞书出版社.

崔璐.2018.15世纪以来世界人文社会科学人才年龄与成果的时空分布研究
[M].北京：中国经济出版社.

电通安吉斯集团.2020.2020年网络社会指数[EB/OL].http://www.199it.com/
archives/1108314.html[2021-12-26].

董春雨，薛永红.2017.数据密集型、大数据与"第四范式"[J].自然辩证法
研究，33（5）：74-80，86.

董子峰.2004.信息化战争形态论[M].北京：解放军出版社.

范长煜，朱艳婷，高雅静.2016.大数据在社会科学中的价值：以 DMSP/OLS
夜间灯光数据为例[J].华东理工大学学报（社会科学版），31（1）：1-9.

房宁.2017.积极应对人工智能对社会科学研究的挑战[J].中国战略新兴产
业，（45）：95.

弗里曼 C，卢桑 F.2007.光阴似箭：从工业革命到信息革命[M].沈宏亮，
译.北京：中国人民大学出版社.

高奇琦.2020.智能社会科学的诞生与发展之路[J].上海交通大学学报（哲学
社会科学版），28（4）：14-18.

高妍方，胡艳雪.2020.大数据素养需求、内涵及培养途径研究——以管理科
学与工程硕士研究生为例[J].软件导刊，19（4）：272-275.

戈夫曼 E.2008.日常生活中的自我呈现[M].冯钢，译.北京：北京大学出
版社.

葛志敏. 1989. 横断学科的特点及产生途径[J]. 天津师范大学报（社会科学版），（6）：29-33.

古洪能. 2013. 论社会科学研究中的"文化–生物人"假设[J]. 武汉理工大学学报（社会科学版），26（5）：841-846.

桂文庄. 2008. 什么是 e-Science?[J]. 科研信息化技术与应用，1：1-7.

《国外社会科学文摘》编辑部. 2018. 巨变中的理论迭代：国外社会科学研究集萃（2015—2017）[M]. 上海：上海社会科学院出版社.

韩蒙，向伟. 2017. 大数据时代中的人文社会科学——挑战与机遇[J]. 北京大学研究生学志，3：46-69.

郝春宇. 2015. 第四范式对社会科学研究的方法论意义[D]. 哈尔滨：哈尔滨工业大学.

何传启. 2011. 第 6 次科技革命的主要方向[J]. 中国科学基金，25（5）：275-281.

黄如花，林焱. 2016. 大数据背景下数据素养教育研究[J]. 数字图书馆论坛，（5）：19-26.

黄欣荣. 2014a-12-03. 大数据时代的哲学变革[N]. 光明日报，（15）.

黄欣荣. 2014b. 大数据时代的思维变革[J]. 重庆理工大学学报（社会科学），28（5）：13-18.

黄欣荣. 2014c. 大数据技术对科学方法论的革命[J]. 江南大学学报（人文社会科学版），13（2）：28-33.

黄欣荣. 2016. 大数据的本体假设及其客观本质[J]. 科学技术哲学研究，33（2）：90-94.

吉登斯 A. 1998. 现代性与自我认同：现代晚期的自我与社会[M]. 赵旭东，方文，译. 北京：生活·读书·新知三联书店.

贾璞，宋乃庆. 2020. 大数据时代中学生数据素养：内涵、价值与构成维度[J]. 电化教育研究，41（12）：28-34，58.

姜江. 2013-06-14. 寻找新一轮产业革命突破口[N]. 经济日报，（13）.

蒋平. 2018. 再论知识生产模式转型理论的三种假说[J]. 民族高等教育研究，
　　6（5）：1-14.

鞠海彦. 2009. 过去和未来、网络空间和现实世界的交接点——赛博朋克运动
　　之父威廉·吉布森访谈录[J]. 世界科学，（2）：30-31.

卡斯特 M. 2006. 认同的力量[M]. 曹荣湘，译. 2 版. 北京：社会科学文献出
　　版社.

卡斯特 M. 2009. 网络社会：跨文化的视角[M]. 周凯，译. 北京：社会科学文
　　献出版社.

科技部国际合作司. 2002. E-science 研究在英国全面展开[J]. 中国基础科学，
　　4（3）：47-51.

科图拉克 R，廖吉甫. 1984. 科学和工业界展望第四次工业革命[J]. 科学学与
　　科学技术管理，5（4）：41-42.

库恩 T S. 1980. 科学革命的结构[M]. 李宝恒，纪树立，译. 4 版. 北京：北京
　　大学出版社.

赖特 R. 2019. 非零和博弈[M]. 赖博，译. 北京：新华出版社.

雷枫. 2010. 社会科学 e-Science 的思考[J]. 科研信息化技术与应用，1（2）：
　　15-20.

李海舰，蔡跃洲. 2021. 数字经济蓝皮书：中国数字经济前沿（2021）[M]. 北
　　京：社会科学文献出版社.

李进华，王伟军. 2007. 知识网格及其在 e-Science 中的应用研究（四）——知
　　识网格在 e-Science 中的应用[J]. 情报科学，25（10）：1563-1569.

李霞，陈琦，刘思岩. 2020. 移动互联网环境下大学生数据素养能力实证评价
　　研究[J]. 情报理论与实践，43（2）：106-113，136.

李翔宇，刘涛. 2020. 认识 5G+[M]. 北京：机械工业出版社.

李约瑟. 1975. 中国科学技术史第 1 卷（第 1 分册）[M]. 中国科学技术史翻译小组，译. 北京：科学出版社.

里夫金 J. 2012. 第三次工业革命：新经济模式如何改变世界[M]. 张体伟，孙豫宁，译. 北京：中信出版社.

郦全民. 2019. 当人工智能"遇见"计算社会科学[J]. 人民论坛·学术前沿，（20）：6-12.

林书兵，陈思琪，张学波. 2021. 从数据素养到数据智慧：教学决策的实践脉络与绩效追问[J]. 中国电化教育，（9）：79-87.

刘大椿. 1985. 科学活动论[M]. 北京：人民出版社.

刘大椿. 2017. 分殊科学哲学史[M]. 北京：中央编译出版社.

刘少杰. 2012. 网络化时代的社会结构变迁[J]. 学术月刊，44（10）：14-23.

刘恕，涂元季. 2001. 钱学森论第六次产业革命通信集[M]. 北京：中国环境科学出版社.

刘挺. 2019. 浅析三元空间，兼谈信息技术的重要性[EB/OL]. https://www.leiphone.com/news/201911/l6AEfUy6Fk5ne28w.html[2019-12-12].

刘晓华. 2016. 技术控制论的梦魇——解读威廉·吉布森科幻小说《神经漫游者》[J]. 浙江师范大学学报（社会科学版），41（1）：35-40.

刘益东. 2020. 人工智能科学：科学研究的第六范式[J]. 未来与发展，44（6）：1-6.

卢恩斯 T. 2018. 科学的意义[M]. 徐韬，译. 上海：上海文艺出版社.

鲁大智. 2017. 各路专家探讨大数据和人工智能对社会科学的影响[EB/OL]. https://epaper.gmw.cn/zhdsb/html/2017-07/26/nw.D110000zhdsb_20170726_2-17.htm?div=-1[2023-03-12].

罗伯茨 A. 2019. 驯化[M]. 李文涛，译. 兰州：读者出版社.

罗斯. 2016. 新一轮产业革命：科技革命如何改变商业世界[M]. 浮木社，何玲，译. 北京：中信出版社.

罗玮，罗教讲. 2015. 新计算社会学：大数据时代的社会学研究[J]. 社会学研究，30（3）：222-241，246.

洛佩兹 M. 2016. 指尖上的场景革命：打造移动终端的极致体验感[M]. 平宏伟，龚倩，徐荣译. 北京：中国人民大学出版社.

吕乃基. 2007. 走进世界 3——纪念波普尔提出"世界 3"理论 40 周年[J]. 东北大学学报（社会科学版），9（6）：471-477.

吕乃基. 2014. 大数据与认识论[J]. 中国软科学，（9）：34-45.

吕鹏. 2021. 数字社会建设与数字化时代的社会科学发展[EB/OL]. https://baijiahao.baidu.com/s?id=17096642913781207828&wfr=spider&for=pc[2023-03-12].

吕莎，吴婷. 2010-04-15. 审视新媒体时代的哲学社会科学研究[N]. 中国社会科学报，（001）.

马亚冲，黄强. 2016. 大数据在社会科学研究中的应用优势[J]. 人生十六七，（23）：51.

梅罗维茨 J. 2002. 消失的地域：电子媒介对社会行为的影响[M]. 肖志军，译. 北京：清华大学出版社.

孟小峰. 2019. 人工智能浪潮中的计算社会科学[J]. 人民论坛·学术前沿，（20）：32-39.

孟小峰，张祎. 2019. 计算社会科学促进社会科学研究转型[J]. 社会科学，7：3-10.

米加宁，章昌平，李大宇，等. 2018. 第四研究范式：大数据驱动的社会科学研究转型[J]. 社会科学文摘，（4）：20-22.

米加宁，章昌平，李大宇，等. 2020. "数字空间"政府及其研究纲领——第四次工业革命引致的政府形态变革[J]. 公共管理学报，17（1）：1-17，

168.

欧阳叶童.2021. "知沟"理论视角下的"抖音"和"快手"平台用户阶层差异[J]. 办公自动化，26（9）：17-18，36.

齐曼 J.2002. 真科学——它是什么，它指什么[M]. 曾国屏，匡辉，张成岗，译. 上海：上海科技教育出版社.

钱时惕.2007. 科技革命的历史、现状与未来[M]. 广州：广东教育出版社.

钱学森.1994. 运用现代科学技术实现第六次产业革命——钱学森关于发展农村经济的四封信[J]. 生态农业研究，2（3）：3-7.

前瞻产业研究院.2020. 2020 年全球数字经济行业市场现状及竞争格局分析中国数字经济规模位居全球第二 [EB/OL]. https://bg.qianzhan.com/trends/detail/506/210218-dff9405a.html[2023-03-12].

人民网研究院.2021. 2020 年媒体融合传播指数总报告 [EB/OL]. https://baijiahao.baidu.com/s?id=1698182698803286466&wfr=spider&for=pc[2021-08-13].

盛昭瀚，张军，杜建国，等.2009. 社会科学计算实验理论与应用[M]. 上海：上海三联书店.

施瓦布 K.2016. 第四次工业革命：它意味着什么，如何应对[EB/OL]. https://hmokr.com/index.php/resource/agile-advice/116-115-the-fourth-industrial-revolution[2023-03-12].

石勇.2013. 大数据三个重要的技术问题[R]. 全国报社新闻技术工作会议暨中国报业技术年会.

舒小昀.2006. 工业革命定义之争[J]. 史学理论研究，（3）：113-123，160.

斯考伯 R，伊斯雷尔 S.2014. 即将到来的场景时代：大数据、移动设备、社交媒体、传感器、定位系统如何改变商业和生活[M]. 赵乾坤，周宝曜，译. 北京：北京联合出版公司.

斯塔夫里阿诺斯 L S. 1999. 全球通史：1500 年以前的世界[M]. 吴象婴，梁赤民，译. 7 版. 北京：北京大学出版社.

孙妙凝，霍文琦. 2015-02-02. 数字化在哲学社会科学研究中的利与弊[N]. 中国社会科学报，（A01）.

索维尔 T. 2013. 知识分子与社会[M]. 张亚月，梁兴国，译. 北京：中信出版社.

泰普斯科特 D. 2009. 数字化成长 3.0[M]. 云帆，译. 北京：中国人民大学出版社.

汪丁丁. 2010. 社会科学定量分析方法基础探讨[J]. 社会科学战线，（1）：40-46.

王东生. 2003. "数字化时代"不能只讲数字——兼论社会科学的人文本质[J]. 当代思潮，（5）：52-54.

王峰，殷正坤. 1996. 社会科学范式与自然科学范式特征的比较研究[J]. 科学技术与辩证法，13（3）：31-35.

王国成. 2015. 行为大数据，通宏洞微与人类决策——计算社会科学的兴起与发展[J]. 科研信息化技术与应用，6（6）：3-11.

王龙云，侯云龙. 2012-06-21. 制造业数字化引领第三次工业革命[N]. 经济参考报，（008）.

王天思. 2016. 大数据中的因果关系及其哲学内涵[J]. 中国社会科学，（5）：22-42，204-205.

王晓玲，张德祥. 2020. 试论学科知识生产的三种模式[J]. 复旦教育论坛，18（2）：12-17.

王永杰，刘海波，何丽敏. 2021. 场景概念的演进及其在科技成果转化中的运用[J]. 科技管理研究，41（15）：35-41.

吴振新，齐燕，付鸿鹄，等. 2013. 基础设施、情报、创新：启动数据科学的

　　　研究历程——IDCC2013 会议综述[J]. 现代图书情报技术，Z1：13-21.

武广华，臧益秀，刘运祥，等. 2001. 中国卫生管理辞典[M]. 北京：中国科
　　　学技术出版社.

西尔 D A，克拉克 T N. 2019. 场景：空间品质如何塑造社会生活[M]. 祁述
　　　裕，吴军，译. 北京：社会科学文献出版社.

夏蜀. 2019. 数字化时代的场景主义[J]. 文化纵横，（5）：88-97，143.

肖峰. 2011. 超越划界：社会科学的当代特征[J]. 学术月刊，43（5）：16-22.

谢彦君. 2018. 旅游研究方法[M]. 北京：中国旅游出版社.

邢鸿飞，麦基里 P. 2012. 第三次工业革命[J]. 世界科学，7：10-11.

熊彼特 J. 1990. 经济发展理论[M]. 何畏，易家详，译. 北京：商务印书馆.

徐南铁. 2017. 守望与守护（粤海风文丛）[M]. 广州：暨南大学出版社.

杨懋春. 1983. 社会学[M]. 3 版. 台北：台湾商务印书馆.

杨晓菲. 2015. 从信息素养到数据素养：内涵、关系及培养途径[J]. 河北科技
　　　图苑，28（6）：30-32.

杨子飞. 2016. "第三洞穴"与"数据主义"——论大数据社会科学的内在矛
　　　盾[J]. 自然辩证法研究，32（8）：63-67.

殷杰. 2017. 语境论与科学哲学的新进展[C]//中国社会科学院哲学研究所. 中
　　　国哲学年鉴 2017. 北京：哲学研究杂志社：80-91.

尤里奇 D，克雷先斯基 D，布鲁克班克 W，等. 2019. 赢在组织：从人才争
　　　夺到组织发展[M]. 孙冰，范海鸥，译. 北京：机械工业出版社.

袁兆亿. 2014. 基础研究竞争力及产业影响：兼论人才创新力培养与发展路径
　　　选择[M]. 长春：吉林人民出版社.

泽熙. 2001. 库恩、范式及其转换[C]//刘永. 麻省理工的骄傲. 延吉：延边大
　　　学出版社.

章昌平，米加宁，黄欣卓. 2019. 超越数据洪流：第四研究范式下的社会科学

研究数据基础设施[J]. 学海，（3）：55-61.

张晓强，杨君游，曾国屏. 2014. 大数据方法：科学方法的变革和哲学思考[J].
哲学动态，8：83-91.

张耀铭. 2019. 人工智能驱动的人文社会科学研究转型[J]. 济南大学学报（社
会科学版），29（4）：20-28，157.

赵鹏大. 2014. 大数据时代呼唤各科学领域的数据科学[J]. 中国科技奖励，
（9）：29-30.

哲学百科全书编辑委员会. 1995. 哲学百科全书[M]. 北京：中国大百科全书
出版社.

郑一卉. 2016. 范式与方法：对大数据环境中社会科学研究的反思[J]. 新闻知
识，（1）：12-14.

中关村网金院. 2022. Gartner 发布 2022 年新兴技术成熟度曲线，25 项新兴技
术值得关注 [EB/OL]. https://baijiahao.baidu.com/s?id=174166032265833
7733&wfr=spider&for=pc[2022-12-20].

中国工控网. 2016. 解读工业 4.0 核心信息物理融合系统 CPS[EB/OL].
http://www. gongkong.com/news/201606/345177.html[2022-01-20].

中国互联网络信息中心. 2022. 第 49 次中国互联网络发展状况统计报告
[EB/OL]. http://www.cnnic.net.cn/NMediaFile/old_attach/P0202207214042
63787858.pdf[2022-05-06].

中国新闻出版研究院. 2021. 中国第十八次全国国民阅读调查发布 三成以上
成年国民有听书习惯[EB/OL]. https://baijiahao.baidu.com/s?id=16978333
08364673680& wfr= spider&for=pc[2023-03-12].

中国信息通信研究院. 2020. 全球数字经济新图景（2020 年）——大变局下的
可持续发展新动能[EB/OL]. http://dsj.guizhou.gov.cn/xwzx/gnyw/202010/
P020201027531667675294.pdf[2021-12-23].

中国信息通信研究院. 2021. 全球数字经济白皮书——疫情冲击下的复苏新曙光 [EB/OL]. http://www.scdsjzx.cn/scdsjzx/ziliaoxiazai/2021/12/15/f80d7152666d48b490286bfcd31e99e9/files/e2bfb848d6fd44b1b95df2dbb0f2e580.pdf[2022-03-01].

周晓虹. 2002. 社会学理论的基本范式及整合的可能性[J]. 社会学研究，17（5）：33-45.

Bassett D S，Sporns O. 2017. Network neuroscience[J]. Nature Neuroscience，20（3）：353-364.

Castellani B，Hafferty F W. 2009. Sociology and Complexity Science：a New Field of Inquiry[M]. Berlin：Springer Science & Business Media.

Chang R M，Kauffman R J，Kwon Y. 2014. Understanding the paradigm shift to computational social science in the presence of big data[J]. Decision Support Systems，63：67-80.

Commission E. 2021. Digital economy and society index（DESI）2020[EB/OL]. https://digital-strategy.ec.europa.eu/en/library/digital-economy-and-society-index-desi-2020[2021-11-23].

Delanty G，Strydom P. 2003. Philosophies of Social Science：the Classic and Contemporary Readings[M]. Maidenhead：Open University Press.

Feynman R P. 2005. The Meaning of it All：Thoughts of a Citizen-Scientist[M]. New York：Basic Books.

Gibbons M，Limoges C，Nowotny H，et al. 1994. The New Production of Knowledge：the Dynamics of Science and Research in Contemporary Societies[M]. London：SAGE Publications.

Gray J. 2009. On eScience：a transformed scientific method[M]//Hey T，Tansley S，Tolle K. The Fourth Paradigm：Data-Intensive Scientific Discovery.

Redmond：Microsoft Research：xvii-xxxi.

Hey T，Tansley S，Tolle K M. 2009. The Fourth Paradigm：Data-Intensive Scientific Discovery[M]. 11th ed. Redmond：Microsoft Research.

King G. 2014. Restructuring the social sciences：reflections from Harvard's institute for quantitative social science[J]. PS：Political Science & Politics，47（1）：165-172.

Lazer D，Pentland A，Adamic L，et al. 2009. Life in the network：the coming of computational social science[J]. Science，323（5915）：721-723.

Lippmann W. 1991. Public Opinion[M]. New Brunswick：Transaction Publishers.

Lloyd-Smith A. 2004. American Gothic Fiction[M]. London：Bloomsbury Publishing.

Malitsky N，Castain R，Cowan M. 2018. Spark-MPI：approaching the fifth paradigm of cognitive applications[J]. arXiv Preprint arXiv：1806.01110v1.

Masterman M. 1970. The nature of a paradigm[C]//Lakatos I，Musgrave A. Criticism and the Growth of Knowledge. Cambridgeshire：Cambridge University Press：58-89.

Patton M Q. 1975. Alternative Evaluation Research Paradigm[M]. New York：Rockefeller Brothers Fund.

Pietsch W. 2016. The causal nature of modeling with big data[J]. Philosophy & Technology，29（2）：137-171.

Popper K. 1980. Three world[C]//Mcmurrin S. M. The Tanner Lecture On Human Values Delivered at the University Of Michigan April 7, 1978. Salt Lake City：University of Utah Press：143-167.

Ritzer G. 1983. Contemporary Sociological Theory[M]. New York：Alfred A. Knopf.

Shawn J. 2014. Why "big data" is a big deal: information science promises to change the world[J]. Harvard Magazine, March-April 2014: 30-35.

United Nations. 2020. UN e-government surveys[R]. New York: Department of Economic and Social Affairs of United Nations.

We Are Social, Hootsuite. 2022. Digital 2022: global overview report[EB/OL]. https://datareportal.com/reports/digital-2022-global-overview-report. [2023-03-12].

第三篇　大数据改变社会科学认知方式

概　述

　　社会科学关注个人、人际关系和整个社会的问题。社会科学研究课题的复杂性使其成为经济学、政治学、社会学等多学科交叉的产物。几个世纪以来，科学家们对社会的机制进行了大量的研究。然而，由于传统研究方法的局限性，还存在许多亟待探讨的社会问题。为了解决这些问题，随着计算技术的飞速发展和社会科学研究的深入，计算社会科学应运而生。借助先进的研究技术，我们可以从不同的领域获得各种各样的数据，帮助我们以新的眼光看待社会问题。因此，利用各种数据揭示计算社会科学领域的问题越来越受到人们的关注。以大数据作为基本驱动的计算社会科学已经成为社会科学认知功能体系大框架的一个重要组成部分（Lazer et al.，2009）。

　　由于互联网的普及和 Web2.0 技术的出现，大数据分析最近成为一个重要的研究领域。此外，社交媒体应用的扩散和采用为研究人员和从业者提供了广泛的机遇和挑战。用户使用社交媒体平台产生的海量数据是其背景细节和日常活动整合的结果。事实上，大数据分析已经渗透到生活的各个领域。最常见的大数据格式包括视频、图像、音频、数字和文本。通常，数字数据比文本数据更常用于分析目的。但在过去的十年中，文本数据分析已经发展成广泛应用的工业应用程序的一个重要组成部分（Cooper et al.，2007）。分析文本数据中的关系和连通性是非结构化文本实体识别的关键。本篇试图建立对社会大数据分析的一个机能主义视角，比较可能的大数据分析技术功能及其质量属性。此外，我们通过强调相关分析技术的最新发展、方法和质量属性，对社交媒体大数据分析的应用及其开放研究的挑战进行适度的扩展讨论。

　　社会科学的认知越来越依赖社会科学大数据分析技术，而社会科学大数据分析技术越来越依赖被冠以不同名称的电子基础设施，我们将其视为社会科学认知功能体系的物理条件加以强调。美国、英国、欧洲和其他地方正在努力建设促进电子研究的科学基础设施。美国 NSF 网络基础设施办公室也从 21 世纪初开始实施一项雄心勃勃的计划，旨在鼓励和发展各种自然科学和社会科学领域的网络基础设施。英国国家经济和社会研究委员会（Economic and Social Research Council，ESRC）在 2009 年前后开始了第二轮数据分析的资助项目，其目的是了解网格化电子社会科学的需求和用于电子研究的工具（Pieri，2009）。2015 年，欧洲启动了 SoBigData++（欧洲社会挖掘和大数据分析综合基础设施）项目。SoBigData++项目致力于为社会大数据分析提供分布式、泛欧洲、多学科的研究基础架构，并整合跨学科的欧洲研究共同体，该共同体是旨在利用社会大数据挖掘来理解我们当代的复杂性的全球互联的社会科学共同体（Grossi et al.，2018）。在美国、英国、欧盟范围内，这一时期，基于网格的电子科学和社会科学计算项目比比皆是。这些新的科学和信息基础设施的许多资助机构将电子研究视为改变科学实践的一种方式。正是受到了上述数据基础设施发展的启发，我们认为有必要对在第二轮数据革命驱动下的、依托于新一代基础设施的社会科学认知功能体系的系统转型进行深入的了解。

　　然而大数据带来的不仅仅是理性的狂欢，还有社会性的集体焦虑（Chis，2015）。直到 21 世纪初，大数据看起来就像是传统模拟记录和系统的数字版本，其主要目的是通过统计和数学分析使管理更加规范化。但是现在，我们看到了一定程度的关注和焦虑，类似于第一个大数据时代①所面临的关注。这种情况给我们带来了一种社会政治方面的关注，其中深深地牵涉到我们对人的了解以及我们对个人、群体和人口采取的行动。收集社会数据的目的已经不局限于在重大社会变革时期理解和控制人口。比较来说，我们更需要新的信息和产生知识的新方法。

我们无法忽视来自哲学界的对大数据分析的强烈反思。大数据对我们正在塑造的未来社会产生了严重的影响，而那些支持大数据发展的企业需要承担责任。这意味着，我们还应该评估许多大数据实践中存在的方法论危害。如果社会系统建模的方法是逆向的，那么我们的数据有多好也无关紧要。我们甚至正在目睹一场"方法论上的迫害"，在大数据的幌子下犯下的暴力事件非同小可，而它最常发生在方法论层面上，并且没有受到应有的关注和讨论。许多人倾向于关注大数据固有的道德、隐私和安全问题，或者关注大数据改变社会生活特定领域的能力，如健康、教育和城市。这些问题当然很重要，当然也与方法论密切相关，然而，一些深入的考察表明，关于大数据在本体论和认识论上是什么，还有一些更基本的问题被忽视了。

反思是必要的，它并不意味着我们要否定大数据。大数据已经带来了很多好处，让已经在创造和塑造日常生活的数据系统变得更加清晰起来。我们确实需要注意数据系统的互联系统。大数据分析是个人、组织和社会之间相互作用形成的一种快速发展的现象。然而，它对利益相关者的伦理意义在经验上仍然没有得到充分的探索和理解。我们需要更多的实证结果，需要更多基于利益相关者理论和话语伦理的现实分析，以确定、定义并检验大数据分析中的道德问题，需要平衡个人、组织和社会之间互动的适当的方法，以促进大数据分析的伦理使用。

---

① 首先是 19 世纪初期发生的数据收集爆炸式增长——哈克的"数字崩塌"恰好位于 1820~1840 年。

　　大数据哲学可能有助于将大数据科学概念化和应用于一种服务实践，并有助于过渡到数据丰富的未来（Swan，2013）——多种人类思维或实体（如人工智能）共存于通过互联网云协调的相互增长的、成熟的生产性和生成性云决策（Cloudmind）协作中（Swan，2016）。在我们的理解中，大数据不仅仅在于数据库的庞大，大数据哲学的研究对于处理其在科学、方法、因果关系和认识论方面日益增加的影响力至关重要。在这一哲学中，我们强调"涌现"的哲学概念，大数据哲学分析有利于更好地理解群识（crowdledge）的概念，群识是从个人数字足迹的大数据分析中微弱地涌现出来的意外知识，而不是被过度使用的 5V 定义。我们的研究在一定的程度上为从业者和政策制定者提供了使用大数据分析的哲学依据，并为未来的研究提供了基础。

第 11 章

数据驱动的社会科学转型的哲学视域

11.1 大数据哲学

11.1.1 关于数据

1. 数据

数据（data）一词始见于 13 世纪的拉丁语，其含义为"寄予"。在计算机普及的当代，数字化已成为现实，数据的形式也多种多样，数、图形、表格、语言文字都成为数据的构成部分。数据不仅表征事物的特征属性，而且越来越成为推断事物发展、变化轨迹的依据和基础。近年来，计算机技术获得了迅猛的发展，作为对客观事实和对象信息的基本记录和反映方式，随着计算机对数据处理能力的日益提升，人类越来越多地认识到数据能够准确反映客观事实或对象的属性和潜在使用价值。其内涵包括：数据是对客观事物的符号化，是未加工的原始数字材料，如图形、字母、数字等；数据是经过客观观察取得的事实，是关乎现实世界中的地点、事件、对象的原始描写；数据中常常隐含着对象的复杂信息，信息则是数据的抽象内容和解释。哲学家则认为数据是事物现实的抽象，通过数据可以了解事物的内涵。

2. 科学数据

科学数据产生于近代科学。近代科学的兴起使传统的定性研究逐渐走向了定量研究，不仅提高了人类认识的精确性，而且为科学的定量化奠定了基础。而后通过笛卡儿、伽利略、牛顿的努力，完成了数据的变革，通过方程式的方式实现了不同物理量之间的数学关系及数量表达，使数据成为自然科学研究的要素。近代科学与传统科学最大的差别是近代科学大量使用数据，这已经成为近代科学研究基本范式的核心特征。在 17 世纪，开普勒通过将他的老师第谷留下来的大量天文观测数据纳入新的分析视角和框架，推导出行星运动三大定律，伽利略通过对运动物体的观测和对观测数据的分析得出自由落体运动定律，牛顿创建的力学体系同样建立在大量的天文观测和实验数据的基础之上，为近代科学的发展奠定了科学的研究范式。

在近现代的科学研究进程中，数据俨然已经成为科学共同体所认同的一般性语言，该语言简单明了、准确易用。数据在几乎所有的学科之间都可以通用，为科学研究提供了前所未有的沟通和交流上的便利，极大地提高了科学研究学术表达的自由度、精度和分析的可靠性。在科学研究过程中，科学数据经由观察、评估、判断和实验测量而取得，成为研究人员分析判断自然界和人类社会变化活动规律的基本依据。

3. 大数据

大数据的定义非常多，概括起来基本有两种类型。一种类型是将大数据定义为太大而无法放入计算机的数据；另一种类型是将其定义为具有高容量、高速度和多样性的数据。美国舆论研究会给大数据所下的定义是：“对一组丰富而复杂的特征、实践、技术、道德问题和结果的不精确描述，所有这些都与数据相关”（Japec et al.，2015）。我们在这个定义的基础之上来开展讨论。此外我们还从加德纳（Gartner）对大数据的解释中汲取营养。他认为大数据

（数据密集型）技术的目标是处理大容量、高速度、高多样性的数据（集合/资产），以提取预期的数据价值，并确保原始数据和获得的信息的高准确性，而获取这些信息需要高效、创新的数据和信息分析处理手段以提升对态势的洞察力，改善决策和过程控制；所有这些都需要新的数据模型（支持整个数据生命周期中的所有数据状态和阶段）、新的基础设施服务和工具的支持，这些服务和工具还允许从各种来源（包括传感器网络）获取和处理数据，并以各种形式向不同用户和设备传递数据和信息：①大数据属性（5V）；②新数据模型；③新分析；④新基础设施和工具；⑤来源和目标。

4. 社会科学数据

作为科学数据的一个大类，社会科学数据内容广泛，调查数据（如民意测验、投票记录）、非调查数据（如图像、地图、声音、视频、多媒体）、原始测量、数字表、政府统计和指数等都在其列。根据加利福尼亚大学洛杉矶分校图书馆给出的定义，社会科学数据文件是主要的原始资料，包括原始数据文件和文本或电子格式的文档，通常称为代码书。数据文件不可读。原始数据文件由字符或数字组成，在计算机上使用统计程序（如使用 SPSS、SAS 或 STATA）对其进行数学运算，并由人来对统计处理的结果进行进一步的分析和解读。

从社会科学研究的视角看，大数据对社会科学研究及其未来发展的价值相当巨大。个人数据被誉为 21 世纪的"新石油"（Greenwood and Shleifer，2014）。越来越多的政策制定者发现，类型广泛而详细的人类行为数据可用于减少犯罪（Lynch，2018）、改善医疗服务和更好地管理城市（Sun and Scanlon，2019）。丰富的企业研究文献表明，数据驱动企业的生产效率比竞争对手高 5%，利润高 6%（Brynjolfsson and McAfee，2011）。越来越多的社会科学家认识到基于大数据的创新的研究方法有助于回答以前难以解决的关于社会的问题，通过运用新的分析和研究方法，以数据为基础，形成新的概念，进而以描述为基础做出相关的因果推断，直至最后生成有效的解释或者可靠的预测。当然，这些创新的方法和大数据给研究者的分析过程带来了新的挑战——研究人员必须掌握更为复杂的模型和算法，重新建立概念和理论关联，在因果推断和理论预测之间做出新的权衡，甚至要应对有关的伦理挑战（Brady，2019）。例如，21世纪中叶生物学在基因测序技术方面取得了突飞猛进的发展，积累了巨量的研究数据，如何管理和运用这些数据成了新的挑战。与此同时，其他学科也面临着同样的问题，大到宇观的天文学研究，小到粒子物理，从变化万千的气象学到社会科学都开始关注数据并且大量地积累和使用数据。1966年，隶属于国际科学委员会的数据委员会CODATA成立，目的就是增强科技数据的国际开放共享。1984年，中国科学院成为CODATA会员，越来越重视数据的相关研究。从此，以数据挖掘作为数据分析的基本手段和工具，通过对各种来源的数据进行复杂的分析来探索对象的内在规律的学科——数据科学便应运而生。虽然作为一个新兴的学科，在一些根本的问题上，如方法论和分析标准，学术界尚未达成普遍的共识，但这丝毫没有影响大数据分析作为一种新兴的、把握对象和世界变化的、有效的技术和工具得到来自学术界和产业界的超乎寻常的关注。

11.1.2　数据科学与大数据的联系

1. 数据科学的起源

1962年，约翰·图基呼吁改革学术统计。在《数据分析的未来》一书中，他指出存在一门尚未被承认的科学，这门科学的主题是从数据中学习，或称为数据分析。近些年来，约翰·钱伯斯、比尔·克利夫兰和利奥·布雷曼多次独立地呼吁学术统计学超越经典的理论统计学领域；钱伯斯呼吁强调数据准备和呈现，而不是统计建模；布雷曼呼吁强调预测而不是推断；克利夫兰甚至给他设想的领域起了一个吸引人的名字"数据科学"。但总的来说，随着数据分析领域的发展，不断出现的新举措避开了与学术统计部门的密切合作。本章回顾了当前"数据科学时刻"的一些内容，包括最近流行媒体对数据科学的评论，以及数据科学与统计学的区别。数据科学领域是统计学和机器学习领域的一个超集，它为大数据增加了一些技术。这个选择的超集是商业而不是智力发展的动机。这样的选择很可能会错过未来 50 年真正重要的智力事件。因为所有的科学本身很快就会变成可以挖掘的数据，所以即将发生的数据科学革命不仅仅是"扩大规模"，还是数据分析科学的科学研究的出现。在未来，我们将能够预测改变数据分析工作流程的提议将如何影响所有科学领域数据分析的有效性，甚至可以预测对各个领域的影响。因此，我们提出了一个基于"从数据中学习"的人的活动的数据科学愿景，并描述了一个致力于以循证方式改进该活动的学术领域。这个新的领域是统计学和机器学习的一个更好的学术扩展，而不是今天的数据科学计划，同时能够适应相同的短期目标。

2. 大数据的起源

1991 年，计算机科学家蒂姆·伯纳斯-李（Tim Berners-Lee）宣布了我们今天所知的互联网的诞生。互联网的出现突破了对万物数字化的关键约束。Usenet 集团的一篇文章阐述了一个全球互联的数据网的规范，任何人都可以从任何地方访问。1997 年，迈克尔·莱斯克发表论文《世界上究竟有多少信息》，认为 12 000 PB 的数据量也许不是一个不合理的猜测。他指出，即使在互联网发展的早期阶段，互联网的规模也以每年 10 倍的速度增长。这些数据中的大部分永远不会被任何人看到，因此不会产生任何作用。

1999 年，"大数据"一词出现在美国计算机协会（Association for

Computing Machinery，ACM）发表的一篇题为《实时可视化探索 GB 数据集》（Visually exploring gigabyte datasets in real time）的论文中。人们再一次为无法充分分析存储的大量数据而感到遗憾。该论文接着引用计算机先驱理查德·汉明（Richard Hamming）的话：计算的目的是洞察力，而不是数字。这还可能是人们首次使用"物联网"一词来描述不断增长的在线设备，以及它们相互通信的潜力，通常没有人类这一"中间人"。

2000 年，彼得·莱曼（Peter Lyman）和哈尔·瓦里安（Hal Varian）（时任谷歌首席经济学家）首次试图量化全球数字信息的数量及其增长率。他们得出结论："全世界每年生产的印刷品、胶片、光学和磁性内容大约需要 15 亿 GB 的存储空间。这相当于地球上每个男人、女人和孩子每人 250 MB。" 2001 年，Gartner 分析师道格·莱尼（Doug Laney）在他的论文《3D 数据管理：控制数据量、速度和多样性》中定义了大数据的三个普遍接受的特征。2001 年，软件和信息产业协会（Software and Information Industry Association，SIIA）在 "Strategic backgrounder：software as a service" 一文中首次使用了 "software as a service" 这一术语①，这是当今许多基于云的应用程序的基本概念，也是行业标准。Web2.0 增加了数据量，Web2.0 是用户生成的 Web，其中大部分内容由服务用户提供，而不是由服务提供商自己提供。这是通过将传统的 HTML（hypertext markup language，超文本标记语言）样式的 Web 页面与基于 SQL（structure query language，结构查询语言）的大量后端数据库集成来实现的。

如今使用的"大数据"一词出现于 2007 年，《连线》在其文章 "The end of theory: the data deluge makes the scientific model obsolete" 中将大数据的概

---

① software as a service（SaaS）是一种交付和许可模式，其中软件通过订阅在网络上访问，而不是安装在本地计算机上。

念带给了大众。2008 年，世界上的服务器共处理 9.57ZB（9.57 万亿 GB）的信息——相当于每人每天 12GB 的信息（根据信息量计算）。2009 年，麦肯锡全球研究所（McKinsey Global Institute，MGI）发布的《大数据：创新、竞争和生产力的下一个前沿》报告显示，拥有 1000 多名员工的美国公司平均存储的数据超过 200 兆字节。2010 年，谷歌执行主席埃里克·施密特（Eric Schmidt）在一次会议上说，现在每两天创建的数据量相当于人类文明开始到 2003 年创建的数据量。2011 年，麦肯锡全球研究所的报告指出，到 2018 年，美国将面临 14 万~19 万名专业数据科学家的缺口，并指出在实现大数据的全部价值之前，必须解决隐私、安全和知识产权等问题。随着移动设备的兴起，2014 年，移动设备的数据访问量第一次超过了电脑。通用电气与埃森哲合作调查的 88% 的企业高管表示，大数据分析是他们业务的重中之重。

这告诉我们，大数据不是一个新的或孤立的现象，而是一个长期发展的捕获和使用数据的一部分。与数据存储、数据处理和互联网的其他关键技术发展一样，大数据的进步将改变我们经营企业和社会的方式，同时，它将为许多领域的进步奠定基础。

3. 数据科学与大数据的关系

自 20 世纪下半叶大学开始广泛使用计算机技术以来，社会科学和人文科学研究人员便将其用于分析大量文本数据。令人惊讶的是，尽管计算机辅助自动文本分析经验和信息技术经过了 60 年的发展，但仍然不是社会科学中的通用方法。为了厘清社会科学运用数据分析技术的历史，尤其是 2000 年以后大数据技术迅速崛起的情况，对大数据和数据科学两个基本概念在文献中的演变及二者的关系进行梳理是有益的。一项利用文献计量学方法的研究表明，随着大数据出版物的逐渐增加，数据科学出版物激增，而且结合大数据和数据科学概念的新版课程应运而生。研究发现大数据和数据科学有不同的学术渊源和不同的主要出版物。但总的来说，数据科学文献是大数据出版物的理论基础。

从时间上来看，数据科学概念的出现早于大数据。20 世纪 60 年代，关于数据科学的讨论已经逐步显现，但当时鲜有涉及大数据概念的文献。随着大数据概念的出现，相关概念的主要内涵是社会科学和行为数据的发展及其用途，即社会科学中的数据整理，而不是指从今天提到的这个领域的数据中提取知识（Ellison，1975）。而"数据科学"一词则与社会科学数据有关，或与计算机使用和技术有关，但并未形成一个明确的定义。直到 2001 年，克里夫兰才开始在今天的意义上使用数据科学概念讨论相关的学术问题（Cleveland，2001）。从涵盖大数据和数据科学的核心期刊所属的研究方向来看，计算机科学和工程是典型大数据方向的，而交叉学科是典型数据科学方向的。

2010 年以来，关于大数据的出版物数量表现出更快的增长，而数据科学文献的出现虽然早于大数据，但近年来发展趋缓。如果将大数据和数据科学文献之间的动态关系解释为一种理论与实践的关系，Kantaorovich（1993）认为"理论的初始版本，伴随着一个动态过程，通过这个动态过程，一个理论被调整到数据中，并被进一步阐述"是一个符合逻辑的解释。大数据可以揭示隐藏在数据中的规律，有助于创造更强大的概括性，以及加强现有的理论，并有助于提高知识水平，以便大数据和数据科学在未来成为相互滋养的概念。

11.1.3　对大数据的哲学分析

对大数据的哲学分析关注大数据的基础、方法和含义，也关注定义、意义、概念化、知识可能性、真理标准以及在涉及大量、高速、多种数据集的情况下的实践。在现有的信息哲学的基础上，我们有必要直面大数据的社会现实深入思考与大数据技术有关的哲学问题。大数据相关的哲学问题正在成为一个特殊而独立的研究领域。数据技术咨询顾问和博客作者吉姆·海瑞斯（Jim Harris）曾经提出，领域的发展不仅需要大数据科学家，也需要大数据哲学家，大数据科学家和哲学家之间存在必要的共生关系，而这也是该领域发展的必要条件。他引用了康德的观点：没有概念的知觉是盲目的，没有知觉的概念是虚无的。在数据科学中，我们不仅要应对不同类型的盲目性，包括概念性和感性，避免数据原教旨主义，即盲目相信大数据结果，还要从根本上把握和理解它。

　　一个显然的问题是大数据哲学的正当性。尽管业内人士呼吁建立有关大数据和数据科学的哲学理念，但仍然可能会有人提出一些相反的意见：我们需要数据科学的哲学吗？这是一个可以做出贡献的东西，还是大数据科学家实际上会受到影响的东西？有关系吗？我们如何知道或衡量它是否有帮助？然而，提出这样的问题是好事，即使只是试图确立拥有大数据哲学的价值。从本质上讲，哲学是关于如何理解世界的概念性立场，当然，大数据作为世界上最强大的普遍增长的存在之一，需要在不同层面上对其进行模型化理解和哲学思考。哲学之所以重要，是因为它提供了一个智力框架，塑造和证明了什么样的问题被提出，如何被提出，答案如何被理解，以及对由此产生的知识做了什么。避免这些哲学问题会削弱项目的严谨性，并扩大潜在批评的范围。哲学的领域不再是数据的缺乏，而科学的领域是数据的存在，我们现在正处在应用不同学科领域的知识进行相互分析和洞察的点上，适当的相互联系本身就是一种哲学练习。

　　科学家可能希望通过简单地接受一个主导范式的信条，或者通过在方法论层面上操作，来避免站在哲学立场进行思考这一困难的、可能看起来不相关的工作。例如，使用科学方法是一种立场，试图把自己置身于哲学之外，在哲学已经完成之后，科学家可以继续以一种常识性的、有逻辑的、客观的方式来理解基本不容置疑的世界。然而，哲学立场是大数据科学和任何科学行为所固有的，无论科学家是否认识到这一点。没有哲学立场的主张是对默认立场的主张。科学领域的发展既有其固有的本体论和认识论，也有其固有的道德性。一种负责任的态度是，默认在这些科学或学科领域的创新中，存在需要加以妥善解决的哲学或者伦理问题。

1. 本体论层面

1）三个世界理论

分析哲学家、批判理性主义者卡尔·波普尔提出了"三个世界"理论，他认为世界1是物理客体或物理状态的世界；世界2是意识状态或精神状态的世界，或关于活动的行为意向的世界；世界3是思想的客观知识的世界，尤其是科学的思想、诗的思想以及艺术作品的世界（波普尔，2003）。世界1、世界2如前所述是传统哲学所关注的物质世界和精神世界，我们现在需要关注的是世界3（McDonald，2002）。这里所说的客观知识指的是知识是客观存在的，无论人们有没有理解到甚至有没有发现它，它都是客观存在的。就比如，如果一本书属于世界3，属于客观知识，那么它在原则上或者现实中应该是能够被一些人掌握或翻译或认识或理解，不过仅此而已。因此，我们可以说，世界3是由柏拉图式的客观存在的书籍、客观存在的问题、客观存在的判断等所组成的，并且我们能够判断，虽然这个世界3是人类意识的产物，它是作为客观存在的，也仅仅是作为客观存在的，因为还有很多自有的理论、自成的问题、自在的问题情境没有被任何人理解过，也可能永远不会被谁理解。所以说客观知识是没有认识者的知识，是没有认识主体的知识，是一种客观存在。

2）作为世界4的大数据

（1）大数据与世界1。既然大数据是由千千万万人在千千万万个平台上留下的上千万字节的数据组成的数据，那么我们在世界 1 里谈大数据，就是在探讨大数据的组成单元——数据。对大数据概念的最新认识肇始于 20 世纪以来计算机技术的迅猛发展，在计算机领域，数据被认为是能够反映客观现实的数字和资料。哲学家则普遍认为，数据直接反映了对象的现象，而现象即本质，所以我们通过分析数据就能够实现对事物本质的认识。可事实上，我们今天所说的大数据有着非常广泛的来源，除了反映客观对象和事件的客观数据还包括大量社会网络数据，如来自各种社交媒体平台或交流平台的公众数据、私人数据。从这个意义上来看，大数据所表征的世界与传统的科学技术分析所关注的世界有着本质的区别,其超越了对客观对象的符号表征(张之沧，2001)。

（2）大数据与世界 2。在本体论的意义上，精神世界才是世界的本原。这里说的精神世界既包含认识活动本身，也包括认识活动的结果。在当今世界，数据越来越成为一种重要的社会核心资源，对世界的发展变化及其相关认知都产生着重大的影响。大数据与人类精神、意识的循环具有内在的同源同构性，而这正是世界 2 理论对大数据的一个基本认识。但是，我们并不能完全抛弃大数据的内在物质性而单纯地将其归结为精神性的产物，这将使其失去实在的基础从而限于片面。因此，大数据既不能完全地等同于主观意识，也不能单纯地等同于物质实在，所以大数据不能简单地归属于世界 2（张之沧，2003)。

（3）大数据与世界 3。世界 3 理论由波普尔提出，指的就是客观知识的世界，特别是科学的思想、诗的思想及艺术作品的世界。世界 3 与世界 1、世界 2 不同，举例来说，人类语言属于所有三个世界。从语言有自己的物理状态，也可以用物理符号来表达这一点来说，它属于世界 1。从语言表达的是人类主观意识或心理情感来说，它属于世界 2。从语言包含信息，表达、描述事物的发生、发展或者被人接受，富含价值，有意义，或者被反对而言，它属于世界 3。我们把这里的语言换成大数据，也具有相同的意义。在世界 3 中探讨的大数据是指能反映客观规律的大数据，是把数据当作科学数据、知识数据的范畴。但是，大数据能不能等同于知识还有待探讨，大数据与客观知识世界的本质不同是大数据具有容错性的特征，对于混乱的甚至错误的数据的包容是大数据的应有之义，与波普尔所说的客观知识的真理性有着本质上的不同（郝春宇，2015）。

从上述意义上来看，大数据的出现意味着世界上的一切都可以用数据表达，既包括客观的物质存在及其运动，也包括人类对精神世界的表达，人类的一切行为过程，客观物质世界的一切存在和运动都可以用数据表征，这样的大数据世界显然已经形成。另外，大数据的工具属性大大地促进了学科之间的可通约性，使数据成为一种独立的客观实在，自成一体却贯通了不同的世界维度。

这样一个客观存在的数据世界，就是我们所要探讨的世界 4。我们不能把数据世界简单地归为世界 1 或者世界 2 是因为大数据既包括世界 1 的一切物质客体及其各种现象的数据表达，又包括主观精神的活动的数据表征，不能把世界 4 归为世界 3 是因为大数据具有明显的虚拟性、容错性的特征，这些混杂的、误解的、错误的数据本就是大数据的内涵，因为这些误解是具有现实意义的，在分析中不能予以抛弃，这种拥抱混杂的客观性也是世界 4 独有的，毕竟在波普尔那里，客观知识更多的是客观真理，它不容许这样的错误。波普尔认为"三个世界"不是互相独立的，而是彼此影响，相互作用的。世界 1 和世界 2 是彼此影响的，它们之间的相互影响的问题就是身与心相互作用的问题。而世界 2 与世界 3 是相互作用的。例如，人们依据自己的理解和想象说话、进行文化艺术的创作等，这是世界 2 对世界 3 的作用，而一本好书能够警醒人，一首好诗能够陶冶人的情操等，是世界 3 对世界 2 的作用。但值得注意的是，世界 3 与世界 1 只能间接而且必须通过世界 2 才可以相互作用。

2. 方法论层面

1）大数据思维及其特征

（1）英国 18 世纪工业革命以来，数据作为一种可靠而高效的表达方式得到了普遍的认可和采用。政府运用数据分析所提供的基本结论描述和刻画他们的经济和社会发展业绩，科学家和工程师则把他们的研究和研发活动深刻地建立在数据分析的基础之上。经济学早已经习惯用数据说话，在社会科学文献中大量使用数据和数据分析，并将其作为理论依据，各种经济和社会发展指数作为大众关注的焦点而成为公众指责政治失败的基本依据。20 世纪以来，大量的经济社会分析发展模型以数据为基础得以建立并极大地促进了经济社会的发展。改革开放以来，表达中国的经济成功也无不使用大量的数据和数据分析结果。总之，全社会已经习惯于数据说话，没有数据甚至是缺乏数据支持的结论或表达都表现出更低的说服力和可靠性。工业化以来，大数据已经改变了世界的一切方面，不容忽视的是在改变外部世界的同时，它已经彻底改变了我们的思维和认知方式，引发了人类思维的变革，这就是大数据思维。

谷歌、Twitter、Meta、腾讯等网络技术公司迅速发展，创造了大量的财富也改变了整个世界。数据开始成为重要的资产和资源，数据开始变得像石油一样重要，一切皆数据，甚至有人提出"数字化生存"概念、数据正在驱动普遍的思维方式的改变，推动形成普遍的大数据思维（Eshet-Alkalai，2004）。一时间，智慧城市、智慧金融、智能家庭的概念出现，数据开始彻底改变城市发展乃至人们的生活方式。一个大数据的时代颠覆了我们认识世界的方式。

（2）大数据思维的特征如下。

整体性：把对象或者世界看成一个整体。在古希腊的传统中，科学发现的过程普遍遵循的原则是还原主义。还原主义可以看作"白箱方法"，试图将事物和对象按照其内在结构进行解剖和分析，以探索对象的构成——通过把握对象的组成部分达到对整体的理解和认识。采用还原主义方法的根本原因有两个：一是在科学发展的早期阶段，科学家对科学研究目标的总体要求不高，在还原主义原则之下进行的分析能够支持有效地达到科学研究的早期目标，这一时期的科学研究也的确是取得了丰硕的成果；二是当时的技术发展水平不足以支持开展非常精细化的数据分析，因此无法通过数据在对象的整体表现与分解结构之间建立复杂联系，这种联系在早期的科学研究中，更多的是通过分析判断建立理论假定，经由现象对假定的检验来达到对对象整体表现的认识。大数据的出现使研究变得更加精细化，有可能呈现对象内部结构上的复杂联系以及直接呈现对象组成部分与总体之间的相关性甚至是因果关系。因此我们说，大数据思维是一种更具整体性的思维方式，在大数据时代，现象等于总体。在大数据时代，整体与现象的关系不再抽象，而是有更大的可能性通过总体分析来呈现对象的总体关系。

相关性：大数据分析关注的焦点是数据之间的相互关系，而不仅仅是因果，这极大地扩展了基于数据的认识范围和深度。小数据时代，受到数据体量的局限，我们的分析和结论止于对因果的探索。而大数据具有体量大、速度快、多样化、价值高等特征，因此数据分析的重心与还原论恰好相反，要通过对数据总体的分析达到对对象总体的认识。维克托认为我们首先必须转化思维模式，不再片面地追求那些确定的因果性，而是突破原有的认识框架，引入更多的不确定性来达到对对象的随机的、总体的、动态的认识，这将有效改善人类对复杂对象及其过程的认识能力和认知水平。

2）大数据分析及其思维方式的本质

从本质上讲，大数据指的是对于传统数据处理应用程序［如 ETL（extract-transform-load，抽取–转换–加载）系统］来说太大或太复杂的数据集。它有若干核心特征，如高容量、高速度和高多样性。但从哲学角度来讲，我们首先强调的是一种大数据认识和思维方式，即一种复杂性思维方式。复杂性观点至少可以追溯到古希腊时期，可以说，亚里士多德乃至整个西方的古典哲学都应用了复杂性思维。20 世纪 90 年代，美国三位诺贝尔奖获得者出于对现代科学的分裂状况的不满，在新墨西哥州成立了圣菲研究所，该研究所的主要工作就是试图采用跨学科跨领域的方法在方法论的层次上改变传统的以机械还原论为基础的简单思维模式。

多年来，人们普遍认为复杂性科学研究的是由大量相互作用的组件组成的系统的行为，这些组件与环境相互作用并适应环境，导致出现紧急行为。目前复杂性科学研究主要通过关注系统组件的互联和系统架构，而不是单个组件本身，来探索复杂系统的紧急行为。这一研究领域代表了一种跨越传统学科界限的新型科学方法。复杂性科学的例子包括预测和决策过程、整个系统多尺度模型和数据密集型科学，以及从根本上理解复杂行为本身。

复杂性是许多大系统的固有属性，复杂性科学的各个方面都可以被视为其他研究领域的组成部分，如非线性系统、连续介质力学、数学生物学或运筹学，以及更广泛的主题，如系统工程、系统生物学或网络科学。因此，复杂性科学领域的研究可能远远超出传统自然科学的范围，并可能影响生物学、医学和社会科学等领域。随着研究界对"整体系统观"重要性认识的不断加深，复杂性科学和方法越来越深入到广泛研究领域的各个方面。然而，复杂系统研究中的难点问题，如气候变化、数据科学、人口动力学、生物系统和智能城市等问题仍然有待解决。

因此，我们认为复杂性科学并不属于某一具体的学科，而是一种可以融合各个学科之间的鸿沟的科学思维模式方法论。复杂性科学考虑到人类行为对自然世界、社会生活的影响，普遍认为复杂性才是世界的统一，而不是像牛顿力学解释的那样单一、简单。自然界和人类的思想、行动并不是全部按照线性因果关系来做出回应的，很多时候的情况都是随机的、复杂的、非结构性的、多向的。这意味着，从小数据时代到大数据时代，从还原性研究到复杂性探索，都是科学研究范式的转化。

在此意义上，大数据思维本质上是一种范式，应该越来越被今天的科学共同体所承认与遵循。"范式"一词是由托马斯·库恩在 1962 年发表的《科学革命的结构》中提出并论述的："是指在一定的条件下，科学界共同认同的科学成果，为科学研究者提供了系统的准则。"意思是，范式不仅是既定的科学共同体在相关的科学领域中拥有的相同信念，而且是在处理和分析问题时，共同遵守的一系列概念、规范和价值准则。2007 年，微软研究院计算机科学家吉姆·格雷在演讲报告中提出了第四范式的概念，是指运用数据科学对数据进行收集、存储、分析和管理。第四范式目前在生命科学、计算机科学、医疗保健领域都有了广泛的应用，具有巨大的革命意义。所以，本书认为大数据思维的本质就是第四范式。

11.2　大数据对社会科学认知方式的影响

近现代西方科学和哲学史表明，以胡塞尔的现象学、孔德的实证主义和马克思的唯物主义为分界，西方现代哲学已经很少关心形而上学的本体论问题。自笛卡儿和康德以来一直困扰后世哲学家的二元对立问题终于能够在胡塞尔的现象学中得到统一，物自体或本体、认识主体（意识）和认识过程融为一体——"现象即本质"。胡塞尔认为，现象流有一种"意动结构"，有其"深度"，这个"意动结构"将主体和对象统一起来，为认识绝对的存在提供了可靠性，并消解了哲学上的二元对立。现象学的认识论在其后的时代里得到了现代科学和技术发展的支持，并且成为后者坚实的认识论基础。所以，第四研究范式的转型并不会从根本上触动其认识论基础，而是一次方法论的革命和对认识论的发展，关于它对社会科学研究方法论和认识论的影响的争论聚焦在如下若干重要方面。

11.2.1　从相关关系再次抵达因果关系

大数据是否像某些研究者所说的那样能够摆脱因果关系从而只关注相关性，是个值得深入探讨的认识论问题。"大数据中一个耳熟能详的说法是：大数据长于发现相关关系，而非因果关系。但这可能是一个伪命题。如何从相关关系中推断出因果关系，才是大数据真正问题所在"（姜奇平，2014）。原因在于：其一，世界的本质在于现象的无限延展和运动变化过程。无论是在前三种范式阶段还是在大数据和数据科学所开启的新方法论阶段，都是经由抽象结构对世界本质进行概念性判断，并借由抽象的概念性判断进行社会知识的建构操作。萨缪尔森处理经济人行为的方式给我们的启示是，我们需要使用从社交网络平台中提取的社会人的显示偏好替代社会行为，才能将这些数据用于社会研究，而这一研究的表层过程必将触及因果判断。其二，传统技术在解决网络大数据的结构和意义复杂性，包括异构性、语义或行为解析、宏观涌现和不确定性等问题上存在极大的困难，而数据科学和技术的进步正在克服这些困难。

目前大数据对现象的呈现方式主要体现为相关性，虽然在大多数情况下，大数据并不能直接显示因果关系，以现代科学和技术发展为依托的大数据和数据科学，从深度和广度两个维度加深对世界的认识，同时通过海量数据反映出来的世界直观背后的复杂结构，帮助人们不断修正抽象的结构模型，使其更加接近世界的本质。在之前阶段，人们通过建立结构模型和检验模型来达到对社会或群体行为的认识，而大数据研究最重要的贡献则是能够发现传统研究所不能分析的数据集之间的相关关系（Shaw，2014），这些相关性能够引导我们分析数据集之间、个体之间、人类群体之间的关系，以及信息自身的结构。相关性虽然并不意味着因果，建立在统计显著性检验基础上的判断虽然不能直接告诉我们相关背后的意义，但它至少为我们对原因的探索提供了新的起点，大数据的作用是作为一个更加有效的计算工具，所以我们不必苛刻地使用严格的科学标准对其加以衡量（Lin，2015）。大数据在社会科学研究领域的应用相当于在方法论的篮子里增加了一个新的重要工具，它之所以重要是因为它指明了学术界和产业界正在上演的一种分析现象（Boyd and Crawford，2012），它既是方法论的方法，也是分析的现象。正如有学者指出的"大数据的相关关系进一步展开了因果概念的重新刻画""相关定量分析的因果派生依据则构成大数据分析的因果基础"（王天思，2016）。

11.2.2 数据与分析方法的进化

可以说，大数据分析的优势并不在于"数据"，而在于以海量数据为依托的更加先进的分析方法。早在 2009 年，哈佛大学定量社会研究中心主任加里·金（Gary King）教授就预言，随着大数据的出现和使用，整个社会科学研究的实证基础将会出现重大变化，甚至会加速定性与定量研究的大融合。加里·金指出，当今社会，数据量不断膨胀，数据多样性程度不断提升，数据已逐渐成为组织变革和社会变迁的产物。大数据并不只是和"数据"相关，更多的数据并不代表更多的洞见，很多时候反而会加大数据分析的难度且无益于解决当下的实际问题。如果缺少新的分析方法，大数据就难以对社会发展产生积极影响。因此，数据本身并不是大数据革命的产物，大数据时代的关键在于运用科学的方法来分析海量数据并从数据分析中析出有益于社会发展和进步的观点。采用先进方法的大数据分析的相关结果可以对以前的发现给出更好的解释，加强对现有数据、理论和方法的解释，前三个范式的研究将因此焕发新生，使有争议的重大结构性问题和经典理论因为使用更加充分和趋于整体化的数据得以精细化和再检验，从而发展得更加精致。

大数据之前，可计算社会科学领域最具革命性的范式转变当属第三研究范式中的基于主体建模和仿真方法对计量研究方法的突破，并据此发展了基于主体的社会仿真、基于主体的可计算经济学等重要的可计算社会科学研究领域。可计算社会科学融合了社会科学、计算机科学、数据科学、网络科学，形成了广泛的跨学科研究领域，并且正在实现对大数据的采集和分析。通过构造"人工社会"，ABM 方法为理解非线性的社会交互行为提供了实现"社会"均衡的过程信息，在一定程度上实现了方法论层面的质性进步。但这种方法的实现门槛较高，因为太多对研究目标有重大影响的社会复杂性无法被考虑进来，难以确保获得真实社会的可靠知识，事实上，对于这一方法的适用性仍存在很大的争议。该研究范式对社会科学研究的推动显然受到真实世界数据采集的成本、社会行为和相应规则的复杂性、难以应对系统动态和演化等因素的制约。第三范式研究的这种局限性正在随着大数据研究的到来而可能得到解决。

正如加里·金的观点，随着大数据技术和数据科学的迅猛发展，社会科学领域的研究方法及其应用方式正在发生一些根本性的改变，正在推动研究范式的转化。大数据时代，在突破上述瓶颈方面，可计算社会科学正在迎来新的机遇，数据和主体的在线、机器学习、分布式计算、先进算法，能够为基于 ABM 方法的社会科学研究提供更加有效的研究设计和解决方案。数据和主体的在线改变了数据采集的成本和方式；在线和机器学习使主体行为和规则的形成方式从人为假设转化成自然演进规则的内生过程；除了私有数据和受保护的公共数据外，数据类型、采集对象和计算范围将基本不受限制；当各项约束大幅弱化，研究者的研究能力将得到前所未有的提高，而这种提高不再是发展专业领域方法论时获得的局部的改进，而有可能是一次整体的飞跃。

11.2.3　学科融合：可计算社会体系

可计算社会科学的发展以及整合需要不同学科的洞见和方法，将成为社会科学研究方法论的关键议题。大数据和数据科学将淡化、沟通甚至彻底消除学科边界，将局部还原论框架下的专业性社会认知和建构升级为广域的社会整体系统认知和建构过程。大数据和数据科学的价值在于驱动基于复杂因果关系的经济社会决策。社会的整体性涌现规律将得到可计算社会科学研究的回应。

人们正在试图破除大而不全的数据孤岛的边界，并且在完全数据框架下去统合传统的学科边界对数据类型的专门设定，这将为我们展现一种更好的方法论形态，抛却局部的、简单的因果链条，在系统整体的意义上来实现对复杂社会现象的认知。第四研究范式不仅是社会科学研究的基础性工具和规范，更为重要的是它催生了一体化、有机的、速度更快、关联更紧密、响应更敏捷的可计算社会体系。

11.2.4　社会研究的机能性进化

传统的社会科学研究用一套不同类型的探究系统对研究对象进行刻画，研究者使用一套方法、程序、技术来描述和解释行为，检验假设，评估因果关系，建立新的知识。其中，Runkel 和 McGrath（1972）提供了一个解析人类行为科学研究的指南框架，以便于我们理解大数据对研究方法论构成的影响。研究者将研究按照类型分为四组,包括田野实验和田野研究、正式理论和计算机仿真、样本观察和判定任务、实验室实验和实验仿真。在上述分类的基础上,研究者将不同研究类型按照行为系统切近真实的程度(横向维度)和研究操控性的强弱(纵向维度)置入一个特征框架中,发现社会科学对人类行为的研究在对社会行为的一般性认识、行为测量的精确性和情境的系统特征三个方面通常处于两难境地,即使用单一的研究方法论开展人类社会行为的系统性研究几乎无法同时在三个维度上实现最大化,选择一种方法论就意味着丧失选择其他方法论给研究带来的优势,这就是经典的研究方法论"三角两难"(three-horned dilemma)困境。

今天的社会科学研究方法论在数据采集的方式、研究程序的操控性、将每个方法论应用于特定的场景和一般可观察行为的程度方面,都开始呈现根本的变化并凸显出融合的趋向,它甚至正在削平在不同的方法论之间进行权衡的必要性。在伦克尔和麦格拉思的框架中,研究者理想的研究是希望能够同时强化社会系统研究的上述三个方面。而第四研究范式中大数据的特征表明数据在切近对象真实的同时可以完全兼顾宏观结构,这种变化决定了研究的主观操控性也正在弱化,在此维度上意构的重点转而强调数据分类方法或者是能够同时兼顾现象分析的深度和整体性。可以说,即使不能消除全部的两难问题,第四研究范式在解决社会科学研究方法论选择的两难方面的进步已经意味着社会科学研究的机能性进化。

11.2.5　认识论的延展

尽管第四研究范式并不会触动近现代科学发展的认识论根基,但它却发展了我们的认识论。康德以后科学认识论经过了笛卡儿、牛顿、维特根斯坦、波普和库恩等关键人物的发展,社会研究则经由涂尔干和马克斯·韦伯在现代的西方科学领域形成了两种基本的认识论和方法论发展进路——欧洲大陆的解释主义和英美的逻辑实证主义。其中，解释主义继承了诠释学和现象学的传统，反对将自然科学中的中立式观测（neutral observations）、通用法则（universal laws）应用于社会科学研究。同时解释主义的支持者，即解释主义者（interpretivist）认为现实世界中具体事物的含义是由社会人的思想构建形成的，因而允许多种对世界的不同认识同时平等存在（Schwandt，1994），这一观点在自然科学的实证主义哲学观中是不可接受的。实证主义则建立了首先基于现象先验地提出法则性命题，再使用数据对理论进行检验以证明理论的合理性的认识论。

社会科学研究的大数据时代来临之际，需要我们将新的方法与已有的社会研究方法和理论联系在一起，特别是在大规模的特征观察与个人和群体的实践结果之间建立联系——建立更大的社会学图景。大数据时代的社会研究可能不再需要我们做出理论预设，而是在大数据分析得到的奇点相关的引导下建构因果和结构关系，进而发现其中蕴藏着的知识或规律，这种认识论上的发展更像是对解释主义认识论的延展。数据即现象和经验，"科学始于数据"而非直接观察和传统测量，是对解释主义认识论下的直接的社会观察的替代，替代的理由则是更高的精确度和整体性，它延展了知识发现的新途径和新方法。

一些直观的经验表明大数据能够更好地支持预测性的研究，如谷歌利用大数据分析出了未来可能会发生的事件。美国权威研究机构 Gartner 认为大数据是需要新处理模式才能具有更强的决策力、洞察发现力和流程优化能力的海量、高增长率和多样化的信息资源（Genovese and Prentice，2011）。大数据并不是一项单独的技术，而是新旧技术的一种组合，它能够帮助研究者获取更可行的洞察力。因此，应通过管理大规模数据，以合适的速度、在合适的时间范围内完成实时分析和响应。数据质量和算法在大数据预测中扮演着核心的角色，只要所定义的变量能够很好地满足预测的需要，则对于适度规模的数据，相关度和质量越高，找到原因和结果的可能性也就越大，预测的结果也就越可靠。

目前看来，大数据在商业领域的应用已经取得了很大进展，特别是在人的消费行为分析、商业决策和营销、有目的的社会群体行为研究和监控、舆情的社会影响等领域，基于在线社会大数据的应用和研究确实已经有效改善了很多商业项目和社会公共项目的质量和进程。

11.3　数据驱动下的相关性与因果性

11.3.1　因果与相关之争

1. 争论的起源

自从舍恩伯格和库克耶的《大数据时代：生活、工作与思维的大变革》一书出版，"放弃对因果的渴求，只需关注相关"这一颠覆性观点便引起了各国学者的热议。例如，《连线》杂志主编安德森声称，无须探寻因果关系，相关关系已经足够。但也有学者持反对意见，如沃尔夫冈·皮茨奇（Wolfgang Pietsch）认为大数据所主张的用相关关系来取代因果关系，其实并不是要抛弃因果关系；通过对分类树算法的分析，我们可以发现其中所蕴含的因果结构（迈尔–舍恩伯格和库克耶，2013；黄欣荣，2016）。

当这一观点传入我国，刘红（2014）首先从本体论的层面评述，认为大数据本体论的焦点在于相关性和因果性问题，强调相关、否定因果，一方面是对古希腊因果性思想进行变革的延续，一方面又是"万物源于数"这种数据本体论思想的回归。

大部分学者反对这一颠覆性观点。张晓强认为这一阶段研究存在两个核心问题：大数据方法是否只能获得相关关系以及相关关系是否能够代替因果关系在科学中的角色。针对第一个问题中皮茨奇的论证，张晓强（2014）认为尽管大数据的算法中蕴含了消除式归纳法，但不完全等价于大数据可以获取因果性，真正发现因果性还有赖于背景知识以及既有的数据。针对第二个问题，张晓强认为只有在心理习惯的定律进路下，相关关系才能够代替因果关系在科学中的角色。李国杰和程学旗（2012）也认为大数据研究方法是统计科学的继承，可以找到相关关系。传统的统计学也无法检验逻辑上的因果关系，至于相关能否取代因果还是只是因果的补充尚需研究。另外一些领域的学者从实用角度出发，支持舍恩伯格与安德森等的观点。如史东君认为在教育领域追求相关性的研究实际作用并不小于追求因果性的研究，但要注意相关关系凸显的今天，人们更易于犯"误把相关当因果"的错误。这实际上指出了我们应该如何看待大数据方法带来的结论的问题，在大数据时代应打破旧有的必须由逻辑推理得出因果关系的应用定式。地质学家徐道一同样认为 20 世纪科学思维的特点是以因果性为主，这造成了很多严重后果，21 世纪应该以相关性思维为主。

因果与相关之争的第二种阶段形态是大数据经验主义与大数据主义之争。大数据经验主义在我国是齐磊磊首先提出。齐磊磊（2015）提出大数据经验主义这一概念用以概括以舍恩伯格为代表的极端大数据支持者（这里的极端是指抛弃因果性去强调相关性的重要）的观点，并从历史的视角考察了因果与相关的关系，认为大数据的实践依然是从相关中辨识因果而不是像大数据经验主义者声称的那样只要相关不要因果（齐磊磊，2018）。

作为回应，黄欣荣写了一篇商榷文章，文中许是无意为之，将"大数据经验主义"这一体现卡特赖特等新经验主义者哲学思想传承的术语简写为"大数据主义"（黄欣荣，2016）。黄欣荣回到舍恩伯格的文本，重新梳理，认为大数据主义者并没有否定因果性，只是把相关性视为探究因果的方便钥匙。

不纠结于因果，更重视相关，认为相关性为因果性提供了可猜想的途径。同时，认为小数据时代我们得到的是因果规律，大数据时代得到的是概率性的数据规律。数据规律同样是规律，是对因果关系的有益补充，认为齐磊磊对于大数据经验主义的概括有失客观。

作为回应，齐磊磊（2017）对大数据经验主义与大数据主义做出了区分，认为大数据经验主义是大数据主义的加强版，大数据主义较为温和。大数据的相关性为寻找科学规律提供了帮助；相关性是表象，因果性才是事物的本质，获得相关性的目的是更好地寻找因果性。齐磊磊在另一篇后续文章中强调统计因果相关的观念，认为这一概念的提出有利于分辨因果性与相关性的关系，通过对统计因果相关概率的引入，基本厘清了因果与相关之间的关系。

至此，对于第一个热点问题学界已基本达成共识，即大数据只能用于探索相关性，极端的大数据经验主义是不可取的，应当拥抱大数据主义，充分利用大数据研究方法，更好地寻找因果性，由此过渡到因果推断的研究问题。

2. 大数据因果推断的方法论意义

姜奇平（2014）将这一问题率先明确化，提出如何从相关关系中推断出因果关系，才是大数据真正问题所在。这个问题被称为因果推断（causal inference）。他认为可以通过朱迪亚·珀尔（Judea Pearl）的贝叶斯网络由相关关系逼近因果关系。但当问题转入方法论层面，问题的研究主体从哲学界转向了社会科学各专门领域。不同于哲学界关注大数据能否找到因果性这种问题，实际的社会科学研究是采用工具主义或多元主义的视角，综合运用大数据方法以及传统统计方法进行因果推论。刘林平等所著的《规律与因果：大数据对社会科学研究冲击之反思——以社会学为例》（2016 年）是围绕本问题的一篇重要文献。作者给出了社会科学研究者对于因果关系通常的概率论理解，并指出社会科学领域探究因果效应与自然科学领域相比较出现的三类新问题：难以进行实验；需要建立模型；寻找因果效应。针对传统社会统计学探究因果效应面临的三类问题（样本选择性偏误、变量遗漏、内生性问题），作者认为大数据对前两点应该都有所助益，猜想针对第三点也会有所提高。同时从操作的角度来看，认为大数据对确定因果效应的有利之处还在于大数据中的多数数据是面板数据，具有层次性，可以进行分层处理。

孟天广是大数据研究方法在政治学领域应用的代表人物，他指出大数据研究方法可以与统计方法、小数据分析、实验研究和模拟方法相结合，这样一种新型研究方法有成为名为"计算社会科学"这样一门学科的趋势（孟天广，2018）。舒晓灵和陈晶晶（2017）主要分析了传统统计学方法研究因果所面临的陷阱，认为大数据在四个方面可以突破传统统计方法的某些极限，即大数据方法可以实现从简单到复杂，从线性到非线性，从系数估计到模型预测，从单一的数值数据到多样的数据处理。虽然对于大数据在社会科学领域的应用，大多数研究者持乐观态度，但一部分研究者也意识到了方法同样带来的一些新挑战。例如，唐文方（2015）认为，在大数据库中，由于数据量庞大，通常很容易得出统计意义上显著的回归系数，但这并不意味着两个变量之间存在因果关系。陈云松等（2015）同样认为大数据有其不足之处，需要与传统方法进行结合，并指出目前可用的大数据并非专门为回归分析而设计的，不能解决反事实问题和遗漏变量偏误，因此依据大数据很难进行传统意义上的回归分析和因果推断，但由于数据的海量性甚至全样本的性质，一旦把基于大数据的简单关联分析或时间序列分析结果与文献中的传统回归分析进行比对，就能形成非常具有说服力的证据链。

由此可见，在实际的社会科学研究方法中，大数据研究方法并不是被独立使用，而是与已有的小数据分析方法相结合。这一方面说明大数据研究方法与原有方法的紧密关联，另一方面也在暗示着研究方法背后的理论预设存在着相通之处。

11.3.2 大数据的新经验主义进路

1. 经验主义的"大数据+"重建

为了说明在这一节致力阐述的大数据新经验主义进路，先简要地对经验主义者的共同主张进行总结是必要的。这里的经验主义仅限于 20 世纪逻辑经验主义。逻辑经验主义的主要观点大致有两点，一是拒斥形而上学，二是主张科学知识的基础是可检验的经验感觉。早期的经验主义者主张观察是绝对客观中立的，通过观察来说明陈述是否有认知意义，没有认知意义的陈述就将其从科学之中驱逐出去。前文所论述的因果相关理论或弱或强都可称为经验主义的因果观。随着 20 世纪中叶"观察渗透理论"的提出、蒯因证据的亚决定论的反驳以及以库恩为代表的历史主义科学哲学的兴起，传统的经验论渐渐衰落了。

观察渗透理论主张没有绝对中立的观察，观察一定有假说或理论的支持，观察一定是在理论或假说的影响下做出的观察。"这就是说，科学家的认知活动总是以先在知识或理论为动力和先决条件。"后来逻辑经验主义者中的开明者如亨普尔其实也是接受了观察渗透理论的观点。他在 1966 年出版的《自然科学的哲学》中表达了对狭隘归纳主义的批评（这时库恩的不朽之作《科学革命的结构》已经问世），认为狭隘归纳主义者其实是提出了两个神话，即事实的神话和科学方法的神话。但对于事实的神话，首先无法收集所有事实，其次对事实相关性的判断同样要依据假说，最后对事实的分类方法也依赖于假说。对于科学方法的神话亨普尔则指出新概念的形成并没有机械方法。所以，其实后期的经验论已经是经观察渗透理论改造后的经验论了。

如此一来，我们便可勾勒出因果推断的传统科学方法，即先根据认知主体的背景知识或理论提出因果关系的假说，再通过经验积累数据，数据可以判断对假说的接受程度，之后认知主体再不断根据新的经验数据修正假说。

但当代大数据研究方法的横空出世似乎对这一传统的因果推断方法造成了革命性的冲击。一部分大数据经验主义者认为"科学研究无需假说和演绎作为人们认知的基础，'假说—驱动'的科学范式在大数据时代失去意义"。这里，虽然我们也自认属于大数据经验主义这一研究进路，但不同于上述极端者，我们并不认为传统的因果推断方法失去意义，换言之，本章坚持的是一种弱版本的大数据经验主义。

大数据研究方法并不是取代了传统的"假说—驱动"研究方法，而是将其转变为"大数据+"的"假说—驱动"。从大数据的"4V"特征即大体量（volume）、时效性（velocity）、多样性（variety）和大价值（value）来看，第一，大数据的大体量对于传统因果推断具有重要意义，海量的经验数据使研究者在每次数据采集中都可大幅提高概率估计的精度。第二，高速度保障了同等时间内，假说与经验数据之间有更多次的迭代，保障因果推断精确性的同时也提高了速度。第三，多样性是"大数据+"最突出的特点，在传统的因果推断方法中我们将已有理论、背景信息等全部纳入考量给出一个先验概率。但在大数据时代之前（或可称小数据时代）这种背景信息是极端缺失的，仅仅能反映现实的某几个面向，大数据多样性的特点很好地弥补了这一缺点。更多的背景知识得以形式化成为数据，并且在之后的每一次迭代中都有如此这般的多维度数据进入，大大提高了传统研究方法的可信赖性。至于价值性，本就是基于上述三点，所以我们也可以说"大数据+"赋予了传统科学研究方法更高的价值。可见，大数据研究方法的出现，并不像一些学者认为的彻底否定了传统，而是为传统研究方法赋予了更多的活力。

2. 大数据与经验主义数据教条的动摇

强版本的大数据经验主义还强调大数据研究方法"观察负载理论"的颠覆，认为"数据自己会发声"，无须依靠理论，数据是完备自足的。但本章不认为"观察负载理论"这一哲学命题在大数据时代得到彻底的颠覆，观察依然是渗透理论的，但在理论与经验之间，理论从来不是唯一决定性的。"观察渗透理论"是指观察到的事实并不是绝对客观中立的，而是经验和已有观念共同作用的产物。在这一命题提出之初，针对"事实客观中立"之观点，强调理论的渗透作用，并不是试图说明理论对事实的决定性作用。而今天大数据研究方法对这一命题的意义可能更多地在于强调渗透了观察的理论并不是自足的完备的，经验对于事实产生的作用同样不可或缺，重新强调经验在研究中的重要地位，而不是说理论无用（Plass et al.，2010）。

但为何大数据时代会使人认为仅仅依靠数据即可得出可信赖的结论，给人以"观察不再负载理论"的错觉呢？笔者认为这牵扯到经验主义长期以来一直存在的一个隐蔽的教条：数据负载观察。强版本的大数据经验主义者完全否认了这一教条。而我们认为这一预设在大数据时代，部分是不成立的。下面将论证这一观点。

首先，"数据负载观察"是指不存在无观察的数据。从绝对意义上讲，这自然是合理的。因为毕竟经验世界中不直接存在数据，数据只能是来自对特定现象的抽象和量化。但如果诚恳地关注现实的科学研究，我们确实可以看到一种普遍的研究模式，即数据并不来源于研究者自身的观察。换言之，大数据时代的数据很多并不是研究者自身根据特定问题埋点获取的。与多维度、动态的大数据集相比，单一研究者观察获得的小数据集不再具备惯有的说服力。

其次，数据从何而来？我们认为数据如果不负载着研究者的观察，那么一定负载着其他研究者的观察。强版本的大数据经验主义者正是在这一点的认识上出了差错。问题直面数据，似乎数据自身已完全足以给出对数据的解读。实际上，由于大数据时代的数据来源与过去时代相比是十分广泛的，研究者或数据使用者可能没有特定去采集某类数据，而是完整记录行为者的各个面向，但面向的选择依然体现了之前的其他研究者的观察，他们的观察通过数据也进入了后继研究者的理论—经验迭代之中。而无论是前度研究者还是后继研究者，他们的观察依然是负载各自的理论的，可以用图表的形式简要说明早期经验主义者、后期经验主义者以及本书论述的大数据经验主义关于数据与观察的关系、观察和理论的关系所持有的立场。

3. 数据自己有生命

显而易见，这句话脱胎于著名的新实验主义科学哲学代表人物伊恩·哈金的名言：实验有自己的生命。我们沿着与哈金相同的思路来考察数据与理论之间的关系，认为以"数据有自己的生命"作为大数据经验主义的宣言还是合适的。尽管这种类比可能是不成熟或僵硬的，但它依然可以给出下一步大数据经验研究的一个可能方向。长期以来，"数据有自己的生命"被"数据负载观察"的经验教条所掩盖了，数据被还原为研究者观察的结果，而观察是负载理论的，那么自然就推出了数据是理论决定的。只有当大数据研究方法广泛介入到各领域，经验数据的重要地位被重新确立后，这一事实的发现才成为可能。具体的论证如下。

首先，存在着先于特定理论的数据。数据并不一定完全负载研究者自身的理论，正如上一小节所讲述的，早在研究者提出问题深入研究之前，就已存在不因其问题所特设的但相关的大量数据。这些数据不反映研究者本人的背景取向，虽然研究者对数据的选取依然渗透着理论。但数据集在当下研究中保持了部分的独立性，而不是完全为研究者的理论所建构。这也导致了大数据对现实的代表性问题，但即使在小数据时代数据的代表性问题也是存在的。

其次，存在着推动理论的数据。数据能独立于理论给出说明概略（explanation sketch），指引理论的进一步深入。说明概略这一概念本是亨普尔为了应对 DN 模型和 IS 模型与现实之间的不适应性问题所提出的一种适应性策略,大意是指定律太过复杂,说明项只能为被说明项勾勒一个草图,给出一个说明的方向(Hempel,1942)。实际上数据与理论的关系也是如此,在没有特定理论的负载下,我们通过一些基本的认知判断即可直观地看到两变量之间的相关关系,在这里,数据指引着理论的出现。同样,贝叶斯网络等因果推断方法也是在如此这般地应用数据,在这种情形下,数据指引着理论的进一步发展。

最后,数据塑造着理论形态的取向。单以社会科学为例,社会科学的方法论中自有方法论的个体主义与方法论的整体主义之争。个体主义强调从个体及个体间的互动来理解社会现象,而整体主义强调要诉诸整体,如从社会结构、社会制度等方面来理解社会现象。我们认为,大数据强化了第一种理论取向。以往研究中我们对个体的行动主体刻画相当乏力,细节上是缺失的。数量大、维度多的大数据个体行动主体的形象前所未有地丰富起来,由此,方法论个体主义进路的解释力也有所增强。我们认为不是大数据自身起到了这样的作用,而是数据影响了理论形态的发展取向。

通过以上三点的阐述,我们可以说,数据确实不是理论的附庸,不仅仅是理论的审查官,数据有自己的生命。当然,这里也无意于像强版本的大数据新经验主义所做的那样,强调一种脱离理论的数据至上主义,而是试图证明在大数据时代特别是社会科学中,经验数据有着越来越核心的地位,同时这种地位也不否定理论的重要性。

11.3.3　大数据对认知的延展

1. "大数据+"的操作主义研究方法

大数据时代的到来重塑了操作主义的社会科学研究方法。就实验方法而言，除了过去的实验室—实地维度，数字时代意味着研究人员现在有了第二个设计实验的主要维度：模拟—数字。新维度的加入均为所有实验研究方法加入了新的可能，下面逐一分析。

在实地实验方面，首先，实地实验本身相比实验室实验的优势就在于并没有隔离子系统，大数据方法强化了这一优势。大数据研究方法可以使研究者在数字基础设施建设完成后以极低的成本实现研究对象量的飞跃。以往的实地实验的工作量与实验对象的数量是接近正比的，这制约了研究的广度与代表性。大数据方法以及相关的数据挖掘、数据处理技术使处理百万级甚至更多的实验对象成为可能，这无疑增强了实验的说服力。其次，针对实地实验可控性弱的缺陷，大数据研究方法也能做出相应的弥补。例如，限制实地实验的一个重要因素就是时间过长，如吸烟对寿命的影响实验，传统的实地实验需要几十年的后续跟踪访谈，但大数据研究方法使较容易地获取这些信息成为可能。

对于实验室实验，大数据研究方法的加入也重新定义了实验室实验的研究内容，出现了一些崭新的研究领域，这些在大数据研究方法尚未介入时是不可想象的（George et al.，2014）。例如，目前对于数字阅读技术是否会导致浅阅读的问题，大数据相关技术就重塑了相关研究。以往研究者判断深浅阅读的标准只能通过阅读速度以及阅读理解的正确率来判定，但张冰和张敏（2013）则采用了 Tobii Studio（眼动分析软件）与 SPSS，通过收集一些在大数据时代以前不可能获取的数据，如注视次数、眼动轨迹等，得到的结论是颠覆性的，即数字阅读与浅阅读没有必然联系。

对于建模方法的改造方面，首先是当前的建模方法往往用于理论比较而不能反映现实的问题。大数据时代的到来至少让我们看到解决这一问题的希望。梁玉成和贾小双（2016）、唐文方（2015）较早注意到这一趋势，缺乏实证数据长期以来制约着 ABM 方法由概念模型向现实模型的发展，但当连续、动态的大数据源源不断地注入模型，模型的现实解释力将会得到极大提高。我们甚至可以设想，当模型逼真到某一程度，模型与现实的关系不再是用现实检验模型背后的理论，而是利用模型做出可靠的预测。只有到这一步，模型方法才真的可以说解决了实验方法所无力解决的反事实问题，而目前来看，大数据将帮助研究者迈出从理论到现实的重要一步。

其次是简洁性与表征性的张力问题。根据韩军徽等的研究，现有的建模方法可分为三条路线，即纯粹思想实验、现实仿真和两者的中间路线。韩军徽和李正风（2018）认为中间路线可能是未来建模的方向。但本章认为大数据可能指引我们对于第二种研究即现实仿真投以更多期望。针对第二条路线的批评主要集中在两点：一是即便达到镜像现实的程度，我们也无法从中分辨出我们想要的机制，换言之，研究者又制造了需要解释的现实；二是丧失了模型的普适说服力。本章认为这些追求可能均属于学科思维导向导致的认知偏差。即使某一学科的研究者提出了该学科认可的机制，以其他学科的视角来看可能也是不完备的，问题导向的解决思路更能充分利用大数据提供给我们的经验素材。当我们真的模拟出镜像现实，并能据此做出预测，普适性的追求其实不太必要了。

2. 操作主义的认知延展

大数据对操作主义社会科学研究方法做出了多种改进，那么除了方法论上的意义以外，这种改进对哲学本身的意义是什么？其中最关键的在于认识论问题（Rupert，2010）。如果说第四范式能够成立，背后的哲学范式不同于以往，那么，这种新哲学范式中，认识论一定是不可忽视的一环。在认识论中，我们讨论如何获得知识以及获得什么知识的问题。操作主义因果观以及由其支配的社会科学研究方法在大数据时代的新近发展为我们如何获得知识这一问题给出了新的答案，它使延展认知这个认知科学哲学界的传统命题在社会科学哲学领域又焕发了生机。建模自不必说，即使是实验室实验和实地实验，研究者和实验对象也不再是直接接触的关系，二者之间总有以各种形式出现的技术人工物处于居间调节的地位，大数据相关技术是其中的杰出代表，这些技术延展了研究者的认知，因果推断不再是局限于颅内的事情，而是颅内颅外耦合形成的认知巨系统的工作。

延展认知论题最早是由克拉克（Andy Clark）与查尔莫斯（David Chalmers）在《延展心灵》一文中提出的。他们认为：当我们面对某项任务时，世界的一部分作为一个过程发挥作用，如果它在头脑中完成，我们会毫不犹豫地认识到它是认知过程的一部分，认知过程并非（全部）在头脑中。延展认知主张认识不仅仅局限在人脑之内，将人与外部环境视为一种耦合系统，外部环境也是认识过程的一部分。关于延展认知，最重要的支持理由是耦合构成论证，简要而言就是认为认知有机体与外界之间存在双向交互，共同构成了耦合的系统，系统中所有部分都发挥积极作用，如果去除外在部分，系统的行为都将丧失，就像去除大脑的某些部位后我们的认知也会发生障碍（Clark and Chalmers，1998）。

今天的大数据研究方法在社会科学领域的风行正是延展认知这一论题的绝佳佐证。研究者与以大数据技术为代表的外在环境正是相互耦合的关系。正如同无法想象一个科学家脱离了实验室进行研究一样，我们今天同样无法想象一个计算社会科学从业者在脱离了 R 语言、Hadoop 等软件平台后怎样挖掘并分析处理海量的数据。无论是处理因果推断的问题还是在更广泛的认知层面，至少在社会科学领域，我们有关"认知"的图景不再是一个学者手无寸铁面对朴素的社会现象借助纸笔进行分析了。

大数据研究方法的进展也对延展认知论题的反对者给出了回应。比如，福多（Jerry Fodor）以他的扫地机器人为例，认为虽然扫地机器人遇到障碍也会躲避，但扫地机器人不具有和人一样的意向性，所以不能说外部环境也是认知的一部分。大数据塑造着理论形态的取向，数据量与数据结构在提供给研究者发展理论的经验材料的同时，明白无疑地显现了自身的意向性，研究者与数据正是耦合的关系。

3. 从认知延展走向认知转移

大数据技术加剧了延展认知中的不透明性，但不透明性何以成为一个问题？这本身是一个更本质的问题。换言之，我们为什么如此在意认知的可通达性、可翻译性和可解释性？本章认为，在这背后是认识论中长期存在的人类中心主义预设的影响。无论历史上形形色色的认识论纲领之间怎样对立，其实都分享了普罗泰戈拉的那句名言——人是万物的尺度，将人视为理解的仲裁者。这一部分的讨论可能貌似有些偏离有关因果关系的讨论主题，但实际上是在试图提出疑问，我们将人类视为因果推断与因果判定的唯一仲裁者是否合理，大数据技术凸显了延展认知这一论题，但延展认知提出的背景是诉诸对等性原则。例如，正如著名的因伽（Inga）–奥拓（Otto）实验所揭示的，因伽通过搜寻记忆，有了一个博物馆处于某处的信念，据此行动，到达了博物馆，奥拓丧失了记忆功能，但是曾经在笔记本上记录了博物馆的地址，借助笔记本给出的信念，同样完成了到达博物馆的任务。这说明两种方式对认知的完成具有同样效力（Clark，2005）。但本章认为，今天的大数据技术在探寻因果关系等问题上给我们带来的增益，单单利用对等性原则来说明可能不够。换言之，若今天大数据为我们的研究所带来的发展只是一种单纯的速率上的提高，或者是众多可替代性中的一种，我们依然可以放弃这一工具，实现同样的认知吗？答案显然是否定的，至少在数据挖掘、数据处理等领域，大数据技术和人类能力之间绝不仅仅是取代的关系，只用延展认知来解读今天的社会科学研究已经不够，需要一次从人类中心主义到非人类中心主义认识论的转向，新的原则不是对等，而是增益。

　　有关非人类中心主义认识论的讨论，保罗·汉弗莱斯（Paul Humphreys）的相关思想是最值得重视的。他认为，今天哲学家的任务在于说清楚新手段是通过何种途径改变科学研究的方式。汉弗莱斯对这些途径的说明主要是针对自然科学来叙述的，但这些途径同样适用于大数据技术对社会科学的重塑。他将新科学对人类感知能力的增强分为三种：外推（extrapolation）、转换（conversion）和增强（augmentation）（Humphreys，2004）。

　　外推即是在人类原有能力之上的进一步延伸，如望远镜和显微镜对原有视域的扩展。在社会科学中，新的大数据处理技术极大地提升了我们处理数据的速度，类似望远镜拉近了空间尺度，大数据处理技术缩短了时间尺度。

　　转换是指一种感官所接收的信号转换为另一种感官来接收，如声波在示波器上以波形的方式显示。在今天的社会科学研究中我们同样可以找到这种类似的"转换"。无论大数据的传感器获取了多少结构化、半结构化、非结构化数据，最后都转化成结构化数据的显示，并在其内部以计算机语言进行操作。这同样是一种转换，只是转换后的感官不再是人的感官，面向的不再是人类心智。

　　益增是指那些天赋认知能力之外的认知渠道，或者说是非借助大数据等技术不可的认知。严格说来这种例子比较难找，但目前大数据所揭示出来的看似"莫名其妙"的相关性，会不会只是人类眼中的不可理喻、不透明，而在数据处理系统看来是清楚的认知呢？这些大数据技术的认知结论可以说是处于人类天赋认知能力之外的。通过从延展认知走向认知转移，大数据相关技术部分地消解了复杂性问题。判定复杂性的认知主体由人变成了巨型耦合系统，新的认知主体带来了新的复杂性标准。由此，本文认为适应于大数据时代的认识论应该由延展认知走向认知转移，在因果关系方面，应对于人类终极仲裁者的地位采取有保留的放弃态度，下面从两方面对认知转移做出合理性辩护。

4. 认知转移的合理性

一方面,这种非人类中心主义的认识论可以说是研究者迫不得已的选择。回顾历史,社会科学研究史似乎可以用"拟客体与赛博格的攻防"来比喻。在并不漫长的历史中,双方的较量一直是在不断升级中。对战一方是日益纷繁复杂的社会现象。把握纯粹的自然或纯粹的社会越来越不可能,拉图尔将两者的杂合赋予本体论的地位,今天的社会科学研究对象是处于网络关系中,联结不断增添和消减的拟客体。对战的另一方是孜孜不倦试图发现社会规律的研究者,但不可否认的是人类的心智及推理能力在这几百年间并没有增强,幸运的是今天科学技术对人类研究者的赋能比以往任何时候都要强大。用"赛博格"来比喻今天的社会科学研究者可能有些不恰当,毕竟生物体上的融合在今天仍然鲜见,但两者在心智上耦合的密切程度除了用"赛博格"简直想不出其他能够表征的词语。这种姑且称之为"知性赛博格"的研究者也是处在不断进化之中的,从纸笔到计算器,再到计算机,再到今天的大数据技术,认知中的不确定性在逐步加深,我们又有什么理由在其中人为地划界,认为某一节点之前的认知就是可靠的,之后就是不可靠的呢?只要回顾一下麦克斯威尔对"可观察的"与"不可观察的"区分就可以明白,这种强硬的区分是站不住脚的。千百年来我们一直在延展认知,但当不确定性逐渐加深,我们理应选择更新自己的人类中心主义观点,以继续我们的研究。

另一方面,接受这样一种非人类中心主义的认识论,绝不意味着直接去接受一种陌生机器给出的"不可理喻"的因果关系,并据此来解释预测社会现象。实际上,在认知转移中仍有一种"具身性"的保持。这种比喻意义上的"具身性"保证了即使在认知的不确定性状态下,人类认知依然发挥作用,在确定与不确定之间保持一种熟悉度。这里通过唐·伊德(Don Ihde)对成像技术的分析来解释"具身性"的保持。伊德重点关注科学与技术的历史中人的具身这一变项，来说明技术在科学制造知识中的作用。以天文学为例，伊德以技术作为分期将天文学史分为三个阶段：肉眼、望远镜和辐射光谱。在第二阶段透镜所转化的视觉与肉眼视觉还是同构的，而第三个阶段则是将以往不可见的呈现。具身始终作为技术科学中的常项而存在。知觉的同构一步步保持着我们对技术的信赖，直至达到"让不可见的呈现"的第三阶段。

今天的大数据也是一样，即使在大数据时代，我们探究到的因果关系有相当一部分与之前的理论是一致的，又有一部分是不一致的。例如，陈云松就利用大数据对诗人生平际遇对诗作的影响进行了研究，得到结论与文论中"诗穷而后工"的因果关系是一致的，这可以视为一种具身性的保持。但饶有趣味的是，陈云松还对诗作成就与时代际遇的关系做过大数据分析，得到的结果是我们以往认为的"国家不幸诗家幸"可能并不存在联系，只是一种臆断（陈云松和句国栋，2018）。即使我们仍然不能对这个反向的命题给出因果解释，但至少到目前为止，大数据使我们对否定这个命题比坚持它有更多的理由。之前的"具身性"在现实的推断中是十分必要的，如果大数据给出的一切因果联系与之前的理论均相悖，我们当然要采取不信任态度（陈云松，2018）。基于这两点，本章认为适当放弃在因果关系上人类绝对的认知地位是必要的，也是可以接受的。

11.3.4　大数据对因果机制的挖掘

1. 解决可靠性问题

追寻因果机制强调的是对因果关系的解释性。解释这一行为似乎只牵扯到认知主体，大数据研究方法用于因果关系的探寻是理所当然的，但大数据在过程追踪法这种试图解析个案因果关系的研究方法中还有用处吗？回答是肯定的。当然，与以往不同，"大数据+"的过程追踪法不再力图解析事件的微观基础，而是充分利用大数据的优势达到一种宏观的、广义上的过程追踪。本章认为这种新型的过程追踪方法有利于扭转在因果机制建立路径中人的主观因素影响过重的趋势，加强了解释的可靠性。甚至通过大数据的过程追踪，我们可以发现一些学界达成共识的因果机制是值得商榷的。下面以金观涛等对中国近现代史的观念史研究为例来说明。

金观涛和刘青峰（2009）从 1997 年开始建立 1830~1930 年中国政治思想变迁文献库，通过对关键词进行统计分析的方法追踪观念的起源传播与流变。首先是找出某一事件或观念的关键词，利用数据库找出所有例句，按时间顺序进行统计；之后对例句进行语义分析，分析观念在流传中意义的演变；最后是以上述例句为素材，在观念链中寻找支配事件链的真实观念。无论是数据的规模还是数据处理的速度都是前大数据时代所不可想象的（金观涛和刘青峰，2009）。例如，对"十月革命的一声炮响，为我们送来了马克思主义"这句广为传播的命题进行验证。传统上来看似乎是观念史上的事件（十月革命）在先，人们见到了十月革命的成功，接受了马克思主义，但通过对 1915 年至 1926 年的《新青年》杂志按照上述的步骤进行分析后可发现，十月革命作为观念史上的事件，在其发生年份 1917 年及之后几年，《新青年》期刊上十月革命的出现次数极少，这说明当时青年并没有认识到十月革命的重要意义。但进入 20 世纪 20 年代，十月革命的出现次数曲线陡然升高，说明十月革命这时才得到了青年的重视。与其说是十月革命带来了马克思主义，倒不如说中国青年在部分接受了新式观念后（其中有马克思主义，也有民主共和等观念），才重新定位了十月革命的重要意义，在今日的话语体系中将其定位为"十月革命的一声炮响，为我们送来了马克思主义"。

金观涛等人的研究虽然运用了数据库方法，但在其思想内核上就因果观而言，应当属于机制主义因果观。一部分批评者认为金观涛等人的计算史学研究只有数据分析而没有对历史的解释，这种批评是不公允的，没有全面理解他的研究前提，而只是关注了对数据的使用。金观涛的假设有两条链：观念链和事件链。观念链影响事件链，事件链反作用于观念链，历史就是在这两条链的互动中发展的。数据与事件通过语言这一中介被联系起来，历史事件一定在历史语言中呈现，历史语言一定反映了历史观念，历史观念即历史事件的原因。而之所以选择特定的地点时间——1830~1930 年的中国，也是出于这一阶段的文献更与假设相符。由此可见这种大数据参与下的过程追踪，在一定程度上改变了因果的机制解释中过于主观的缺陷。反映在历史学中，就是扭转历史的这种辉格解释倾向，更多地利用时人的集体记忆，而不仅仅靠后世研究者的理性重建，通过这种方式达到对可靠性的修正。

2. 解决代表性问题

一部分学者认为就过程追踪法等个案研究方法提出代表性问题，实在是一种方法上的僭越，类似于问桃树为什么不结李子。还有一些学者肯定代表性问题的合理性，并给出了自己的解答，费孝通就是其中的代表。费孝通提出用"类型比较法"来部分解决个案研究的代表性问题。本章认为大数据可以在这种解释框架下发挥部分作用，以促进对代表性问题的解决。

众所周知，费孝通早年即以《江村经济》蜚声国际，这本重要著作即一项对开弦弓村的个案研究。耐人寻味的是，费孝通的这篇博士论文以英文出版时，原题是《开弦弓：一个中国农村的经济生活》。那么一个小小的开弦弓村就能作为中国农村生活的代表吗？费孝通在回复埃德蒙德·利奇（Edmund Leech）的批评时表示，他对客观事物存有类型的概念，江村不会代表全部农村，但可以代表与江村有着相似条件的某类农村，当然还有许多类型，在每一种类型中还有代表，例如他考察过的禄村、易村和玉村也可作为中国农村的三个类型。研究者可以通过这种类型比较法逐步从个别接近整体（费孝通，1996）。当然我们也可以继续使用这种过程追踪方法探究民族凝聚力较弱、政治团体军事力量弱的民主政体建立的因果机制，通过多种类型的分析收集最后逐步建立一种有关民主政体建立的机制理论。

那么大数据及相关技术能在这种类型比较法中提供哪些帮助？类型比较法首先面对的质疑就是如何划分类型，类型的划分是不是太过主观随意。通过回顾费孝通对类型的分类可发现，类型的提取依靠的是不同维度的信息，这正是大数据的擅长之处，例如，以往我们可能测量五种变量，当其中三种相同时来定义一种类型，但在多面向数据涌现的今天，我们可能可以测量几十种变量，对于类型的划分确实无法脱离主观因素，但随着维度的提高，我们对于某一类型因果机制的刻画会更加全面。划分类型的依据是理论问题更是实践问题，在实践中通过大数据相关技术对数据维度的增加，我们确实可以提高类型的精确性，进而从个体逼近一般。

11.3.5　基于大数据再次反思因果机制

1. 位于理解和解释之间的因果机制

在大数据这样一个新的特殊的基础上，我们所探究的因果性究竟是什么？我们该如何对它进行重新定位？通过以上的分析，我们有理由认为，对我们有意义的因果关系应当是因果机制。只有解析到机制层面，我们才能说因果关系是可接受的。那么如何定位基于大数据的因果机制呢？

理解和解释两大思潮的分立由来已久，是贯穿社会科学方法论发展始末的根本性的历史线索。对垒的一方是实证主义、方法论的一元论、自然科学、客观理解、预测现象；另一方是解释学、方法论的二元论、精神科学、主观解释、解释现象。按照阿佩尔（1984）的历史分期，理解和解释之争可分为三个阶段。

第一阶段是 19 世纪 30 年代到 20 世纪初。理解一方的支持者主要是孔德、穆勒等实证主义者,他们提倡将自然科学的研究方法完全移植到社会科学上,建立统一科学。解释的一方李凯尔特等新康德主义者认为文化科学与自然科学的研究对象与研究任务完全不同,应该有学科的自主权。

第二阶段的争论是 20 世纪初至 20 世纪中叶,理解一方以亨普尔的历史覆盖律模型为代表,依然坚持统一科学的立场。解释一方以海德格尔与伽达默尔为代表,提倡解释学循环的解释观,第二阶段是理解一方占优势的阶段(孙海洋,2012)。

第三阶段是 20 世纪中叶以后,维特根斯坦后期哲学与温奇等对解释思潮的复兴,科学知识社会学、科学哲学中历史主义的兴起,也削弱了科学的客观性立场,进而削弱了统一科学主张的影响。如果按照这一分类方法来看,在对因果关系的探寻上,我们离不开对说明一侧的追求,总是要上升到普遍的可理解性;但在对因果关系的认识上,我们离不开解释这一范畴,只能从自身出发去把握。那么下一个问题就是,我们依靠什么来把握因果性。所以,把握因果性,获取因果机制意味着在"生活形式"与"语境"之间保持一种张力,而大数据在这两方面上都对我们有所助益。

2. 大数据提供因果机制的"生活形式"

维特根斯坦本人并没有对"生活形式"给出清晰的定义,但大体上,生活形式是指在特定的历史背景下通行的、以特定的方式继承下来的风俗、习惯、制度、传统等为基础的人们的思维方式和行为方式的总体或局部(韩林合,1996)。在告别"语言图像论"之后,研究的经验对象与理论命题的适当匹配成为核心问题(吴肃然,2012),而"生活形式"正是在潜移默化中指引我们如何实现这一匹配的本体论承诺。这种意义上的"生活形式"在解释学的话语体系中,又可被视为前见。前见不是偏见,体现了此在的时间性,因为不存在去除前见的纯客观理解。研究者在旧有生活形式的支配下,带着前见去理解看似确定不变、脱离认识主体的因果关系，将其解读为可理解的因果机制。又通过对这一因果关系的更新一层认识，刷新了前见，构成了解释学循环。这种循环往复的迭代，正是我们前文提到过的贝叶斯网络因果推断方法。即便我们对因果关系的初次把握失之偏颇，但随着数据量的激增与反复迭代，研究者会提出更富有竞争力的因果机制解读。大数据丰富乃至于改造了我们的"生活形式"，研究者的认知方式从人类中心主义走向了非人类中心主义认识论。今天的前见是人机共享的前见，那些本身就未曾觉察到的前见如今可能更加不透明，但生活形式本就处于不断变化之中，自身同样具有历史性。

3. 大数据提供因果机制的"语境"

理解因果性，把握因果机制的第二方面是要认识到因果关系的"语境性"。吴肃然（2014）以天气与溺水人数的关系为例来说明因果关系的语境性特质。例如，通常情况下，天气更热的时候，溺水人数会增多。这是一个我们可以把握的因果关系，虽然在沙漠地区并非如此。但研究者并不会为了寻求更加普适的因果关系而不计代价地加入更多的控制变量，如地质特征等。这说明最后得到的因果关系依然具有某种"语境性"，只有在一定的语境内，因果关系才成立。同时我们承认这一因果关系是有效的也并不是因为它是普适的、确定不变的，只是因为它符合了语境的要求。大数据研究方法即便再怎样强调所谓的"全样本"，它依然不是全数据的。只是在大数据研究方法的辅佐下，研究者可以建立更多的全新语境，旧有语境的研究也可以深入以往不能达到的程度。在计算社会科学蓬勃发展的未来，这些语境对大数据将是高度依赖的（吴肃然，2015）。

因果机制的语境性相当于为研究者的理解提供了一个时下的视域，再加上"生活形式"所提供的历史性视域，两个视域在把握因果机制这一问题上产生了视域融合，在熟悉与陌生之间，在当下的历史上更新了对因果关系的认识。这种更新后的认识又作为"生活形式"的一部分进入下一次循环之中。我们可以看到，无论建立丰富的语境还是丰富的生活形式，数据都是必不可少的规则。之所以说数据成为寻找因果机制背后的规则，不在于强调数据指挥研究者，而在于在今天的社会科学研究中，离开了数据，所谓生活方式和语境之间的张力也就不复存在了。套用维特根斯坦的名言：语言的意义在于使用。我们也可以说因果关系的意义在于发现因果机制。干瘪的"A 导致 B"对于社会科学研究来说意义不大，理论命题在研究者脑中激发的经验图像才是意义所在。

第 12 章
数据科学驱动的社会科学认知体系重构

12.1 社会科学共同体重构

近代以来，自然科学以其精确性和有效性成为人类知识领域中最强大的范例。长期受形而上学支配的以人类社会为对象的学科，在 19 世纪发生了历史性的转变，它们在仿效自然科学的理念与方法以及研究模式的过程中成为"科学"，社会科学的研究逻辑、治理结构都与自然科学趋同。因此，考察一般意义上的科学的社会结构与运行机制是理解社会科学相关问题的基础。

前大数据时代社会科学研究在认知结构以及共同体的结构和规范方面与自然科学高度相似，具体表现为以下几个方面。

1. 社会科学共同体的结构

（1）高度分化和学科化，当前社会科学共同体内部依旧处于高度学科化的状态，以《国际社会科学百科》为例，其将社会科学分为社会学、法学和经济学等 10 类学科，而学科间存在一定壁垒，许多学者将精力放在本学科的"边界工作"上，尤其是当他们所处的学科边界受到来自其他学科研究者的挑战时，为了本学科的"正当性"，他们会在本学科共同体中固守其专业范式，同时又受制于学科化的研究工具，他们在本学科的研究过程中与其他学科在学术成果、研究模式方面的交流和共享程度依旧偏低。

（2）垂直的分层和权威结构，社会科学共同体与自然科学共同体一样都为金字塔结构，影响社会科学分层的核心两要素为优势积累和角色绩效，社会科学共同体内部权威的确立遵循"成果—承认—权威"模式，权威通过成果的生产获得属于社会科学家的学术绩效，因而被共同体成员承认为权威，而这种累积起来的优势则直接促进了学科分层。虽然自然科学共同体与社会科学共同体的内部结构大体一致，但是传统社会科学的知识生产模式较为机械，因此导致在传统社会科学绩效评价过程中更为看重经验的累积与绩效数量，学术权威在社会科学共同体的声望成为决定其领导地位的关键因素，社会科学共同体的分层结构因此显露出更加固化的状态（Borgatti et al., 2009）。

（3）高度自治——同行评议。为了使科学良性发展，合理的评价体制必不可少，评议体系的公正程度直接决定了社会科学是否可以吸引人才加入其中并持续产生优质学术成果。当前，在社会科学共同体内部的评议机制中占据主体的是同行评议，共同体成员的学术地位和价值主要通过其文本的引用质量和数量来衡量。早期人们重视一个文本中的观点和思想对其他人思想观念的实质性的影响。随着科学文本的爆炸式增长以及数学工具的发展，计算社会科学兴起。与自然科学一样，社会科学的评价从质的方面转而更加关注量的方面，如论文的被引数量、期刊的影响因子等指标被引入评价体系中，人们可以通过一定的策略制造论文的被引率，杂志也可以通过非学术手段，如和商业资本的共谋提高其影响因子。在学院科学时代，同行评议是典型的科学的学科化、同质化以及在发展方式上高度自治的产物。同行评议社会科学的体制目标以及与其相适应的普遍主义规范影响的产物，导致评价社会科学成果的最主要标准是其真理价值而非社会因素。实际上社会科学面向整体的人类社会，马克思认为哲学家的价值不仅在于解释世界，更在于改变世界。社会科学更应当关注其研究成果对学术体制之外的世界的影响。因而外部角色的缺失和对社会影响的不够重视影响了评议机制的完善度与公平性。虽然近年来数据库与评议机构的多元化使得社会科学评议标准从论文、期刊拓展到了机构项目等方面，但依旧存在评价僵化、重数轻质的情况。因此有必要探寻更优质的评议方式。

2. 认知模式的研究逻辑

社会科学在认知模式上基本遵循了自然科学"预设—证据—事实—逻辑—理论"的研究逻辑。具体而言，第一步就是问题的确立，研究者首先通过个人的学术阅历或者与其他社会科学家的互相交流发掘出学科内尚未解决的问题，然后对于自己所研究的问题进行精化，提出个人的预设，对自身所要研究问题的领域进行总体界定，将自身所研究问题的概念进行列表，发现其中的关联性，理清问题条理，剥离目前条件下尚无法解决的问题，明确该研究问题的核心，由此规范研究问题的范围和脉络（Garety et al., 2001）。第二步便是对证据的挖掘，一般来讲研究者会进行同行交流和文献综合，以此来寻求可行的研究方法、路径，制订出完备的研究方案，然后进行数据挖掘收集，根据研究的特性确定采集方式。传统的数据采集分为定性和定量两个主要门类，定性法是通过观察和焦点小组访谈的方法收集数据，而定量法则是通过简易的社会科学实验与问卷调查的方法收集数据。第三步则是对数据进行分析。传统定量研究方法主要是利用统计学的方法对所涉及诸如中位数、均值等各类变量进行演绎。定性研究方法则是通过对所获得的数据进行归类，然后对不同属别的信息对比来进行归纳。第四步会依据分析出的结果进行解释，最终形成理论，一般来讲定性研究在归纳过程中就已经逐步形成理论，而定量研究会在对数据的分析结束之后形成最终结论，而后研究人员把自己的科研成果制成报告或者期刊论文。可以看出，传统社会科学并未摆脱自然科学先提出科学假说，然后进行实验收集证据，最后逻辑推理得出结论的认知模式。

12.2 社会科学认知体系的重构

12.2.1 认知主体的转变

研究主体是社会科学研究的发起者与社会认识活动的实践者，在研究过程中应保持主体功能性与相对客观性。虽然定性研究与定量研究长期存在争论，但在过去的社会科学研究中一般默认主体为具有自我独立意识的"社会人"，即使在仿真研究中主要操作依然为社会科学研究者所完成，仿真系统更多地承担客体的角色。但利用数据研究范式的社会科学研究主体却发生了质的变化，其研究主体变为科研人员和大数据系统组成的共同体，由于数据挖掘强大的能力与低廉的成本，在进行社会科学探究的部分情境下不再需要主体去进行专门设计假设，而是利用大数据系统直接进行演算，这对于社会科学的方法论与认识论都产生了根本性的影响。以数据研究范式在土地规划方面为例，在传统研究范式时代，规划方面的量化程度有限，只能通过规划者自己去找寻问题。例如，利用大数据系统，我们能够抓取 12306 票务网站余票数据和火车站离市区的距离数据并建立起旅客综合流量模型，从而精确化旅客的活动路线。但研究并未到此而止，之后大数据系统发挥主体作用，在挖掘区域间的交通线路与网点时，一并挖掘了苏州的 POI（point of information）数据，POI 即信息点的英文缩写，每份 POI 数据中包含有地名、组别、经纬度以及附近各类机构店铺等信息，对收集的 POI 核密度进行分析后发现，姑苏区在餐饮、商场、影院、景点等方面具有强势地位，人气兴旺，但姑苏区的高密度设施点所容纳的行业层级相对较低，这也反映了姑苏区与工业园区的侧重点差异。姑苏区建区历史长，集中了更多的资源，传统文化产业十分突出，而工业园区则长于金融制造业，最终研究者不仅绘制出了苏州行业分布图，还得出了行业流动趋势报告，为接下来优化城市规划做出了铺垫。数据研究范式的发展促使了作为研究者的实体主体与大数据系统的虚体主体的结合,这使得社会科学研究将考察客体放置在现实情境并描述其复杂行为成为可能。实现科学研究从发生到结束的全流程都有记录,通过大数据系统平行管理与控制将会解决传统研究范式难以还原、模型失真和无法实验、分析和量化系统对象的问题。

12.2.2　认知对象的转变

通过认识论观察,社会科学研究对象一般指与主体相对的客体。传统的定量研究者在保持主体价值中立的前提下,通过问卷或者可控实验的方式去对一定范围内的群体进行考察。质性研究认为主客体间拥有价值相关性,研究主体应尽量融入研究对象所处的特定生活环境中去建立主客体联系,最终归纳出结论。仿真研究则通过计算机互联模型去尽量建构可以表征现实世界的仿真系统,这使仿真系统在一定程度上成为研究对象。将大数据应用于社会科学研究,其焦点转变为真实世界所产生的全体数据,现今智能化趋势难以阻挡,智能设备互联一切,利用智能设备所产生的海量数据在虚拟世界中的投射而进行探索。数字化浪潮将一切人类可以感知到的信号转化为数据,不仅声音与图像可以成为数据,操作也同样可以数据化。物联网成为新基建的一部分,以数字化为基础,以网络化为形态,最终汇聚的数据服务于社会科学,因此在价值负载的状态下,大数据时代的社会科学研究对象完成了从真实世界的社会群体到现实社会与虚拟世界关联的数据综合体的转变。

12.2.3　认知工具的更新

社会科学有着各式各样的研究工具,传统社会科学和自然科学的主要区别之一便是研究工具不同。研究工具意指科研人员为识别、收集、分析研究对象所使用的特定的手段与专业技术，随着大数据技术的发展和跨学科交流的深入，社会科学研究工具也迎来了自身的革新。首先带来变化的就是社会对象的数据挖掘与采集技术。当前数据挖掘技术进步快速，前大数据时代挖掘的数据一般为文本数据，大数据技术则实现了集成化数据挖掘，将所挖掘的数据拓展到了特殊性文本、不同格式的视频文件、音频、图像等半结构数据和非结构数据。诸如 Scribe、Kafka 等互联网开源的日志收集工具，通过 htmlparser 等分布式爬虫工具、WebMagic 等 Java 爬虫工具、基于 Python 语言开发的 Scrapy 等非 Java 爬虫工具进行互联网大数据采集。物联网技术近年来也在快速发展，对于传感器的利用则是物联网技术的关键，而物联网对于社会科学研究的核心意义在于对收取的传感器数据的分析利用，万物互联使得社会活动中充满了无线传感器、微电机传感器等各类型传感器，即使一个微小的多功能可穿戴智能设备上也同时具有位置传感器、压力敏传感器、热敏传感器、能量效率传感器，通过不同方式的数据挖掘，社会科学研究人员获得了全样本的相关性数据。在大数据挖掘的新增数据中超过 80% 都为具有混杂性的"脏"数据和异构性数据，这意味着传统数据库难以适应大数据数量的增长，以云存储为主体的新型存储技术成为贮存社会科学成果的良好选择，云存储技术可以看作云计算技术在细分领域的延伸，因此云存储技术也可以看作具有处理与储存数据功能的云计算系统。从 4G 时代开始，为了实现用户跨地域、大流量的无延迟信息数据传输的需求，以互联网公司为核心开始高密度使用云存储技术，后学院时代通过与企业的合作为社会科学的样本数据处理提供了便利。社会科学在进行数据处理时也可以使用人工智能和云计算对数据进行预处理及分析，从而实现更为高效的信息处理。在社会科学数据分析尤其是定性研究层面，还出现了一批诸如 RQDA、Nvivo 的新型数据分析工具（Chandra and Shang，2017），以 Nvivo 为例，2010 年后社会学以及管理学的应用逐年增多，年均增长幅度超过 35%，完成了数据社会科学研究从理论到应用的转变。

12.2.4　认知逻辑的嬗变

在学院科学时代，社会科学的体制目标是默顿所表述的"增进确证无误的知识"，即客观性、真理性、普遍性的知识。客观性和真理性是可以通过经验与逻辑来进行因果解释的（樊春良，1994）。因此，因果性也成为近代以来西方哲学认识论一直纠缠的问题。众所周知，迈尔-舍恩伯格的《大数据时代：生活、工作与思维的大变革》引发的一个最广泛的争议便是相关性和因果性问题。在迈尔-舍恩伯格看来，"知道'是什么'就够了，没有必要知道'为什么'。在大数据时代，我们不必非得知道现象背后的原因，而是要让数据自己'发声'"，因此他说，"更好"的"不是因果关系，而是相关关系"，显然，在这里"更好"实际上已经意味着一种价值判断，一种在因果性和相关性问题上的选择或取舍。尽管迈尔-舍恩伯格这一观点引发诸多争议，但是从目前运用大数据进行的社会科学相关研究看，已经在实际上更加关注相关性，以及依据相关性对社会行动进行趋势性判断，从而获得对社会行动的引导。这样的研究更多是"有用户"的委托研究，用户关心的不是真理，而是"有用"或"满意"（迈尔-舍恩伯格和库克耶，2013）。

尽管因果性仍然是社会科学家的一种理性的"执念"或者"理想"，但是社会科学研究目标相比于过去的情况多了两种主要可能：一是由于大数据基于相关关系的链式信息挖掘，大数据范式下社会科学的研究数据不再是抽样调查而是全样本数据，其中还有数量巨大的非结构化数据，因而我们很有可能发现意料之外的数据间的相关关系，或者部分数据的反常分布，为了搞清楚为何会发生这种情况，科研人员开始对这种现象进行研究。这些现象往往很可能不在社会科学家的视域内，或者在传统社会科学学科内部并不将其视为问题。二是预测，大数据技术的关键即对相关关系的分析，传统的社会科学研究受制于研究工具和研究方法往往难以进行有效预测，但是数据研究范式却给社会科学带来了新的目标——预测。虽然当前大数据研究范式并不能进行精准预测，但是却可以进行趋势化预测，其中尤为值得关注的是临近预测，也就是说把实时收取到的数据和做出的预测结合起来，实现对近未来的预测。

例如，我们可以依据"相关性"进行流行病学的调查和对疫情发展趋势做出判断，进而采取必要的社会行动。可以说大数据重塑了社会科学的目标，使其从传统的学科范式问题导向转变为解释相关性事件和对趋势性进行预测的新目标。有人认为，社会科学的研究从问题导向转变为事件导向，这种判断有一定的合理性，但是一项研究总是需要有一定的意向性，或者指向性，究竟什么样的情形可以视为需要研究的问题呢，这也涉及价值判断。

前数据研究范式往往相信"科学研究从问题开始"，其中问题的获取主要为四种方式：第一种，社会科学家阅读社会科学内部的期刊、杂志与文献，参与本学科研究，了解本学科的学术研究动向，然后从中获取思路。第二种，追随社会科学共同体内部的学术权威或者年轻学者的个人导师，选择负责导师所属课题的子课题。第三种，就是研究者依据自身经验结合对日常生活的观察，去主动发现值得研究的社会现象。第四种，政府的政策制定或者商业组织的商业需求，使得其需要社会科学家的帮助来对特定现象进行分析。从这四种主要的发现问题方式我们可以看到，社会科学家拥有的共同的学科基质、共同的范例决定了何为有质量的问题以及何为有价值的问题。大数据时代，社会学家更应该聚焦社会现实，指向一个正在发生的事件整体，而不是透过专业看事件。事件本身呈现的数据将决定社会科学家研究活动的展开方式。

12.2.5 共同体异质性与整合

大数据技术的应用对于社会科学共同体最直观的影响莫过于直接促进了社会科学与自然科学中的计算机科学两大学科共同体的融合，如果想要使用数据研究范式去进行社会科学研究的话，则必须有数据科学的背景知识，如数据挖掘、算法、数据分析等知识。在目前专业化分工的条件下，社会科学家个体无力掌握研究所需要的全部知识和能力，尤其是专门的数据科学知识，需要以结构化组织的方式协作研究。

大数据带来的冲击显然不止于此，在社会科学共同体内部有着分学科的各类共同体，大数据的使用使得传统共同体内部的专业化特征转向了跨学科特征，只有跨学科社会科学家才能胜任新范式的使用。同时数据研究范式削弱了科学共同体的学科体制化的特性，将社会科学内部不同的学科关联在一起。以往不同学科的专家对数据会有不同的偏好，如在数据类型的使用方面，人口学家会倾向于使用普遍性调查数据，而社会学家偏向于使用截面数据，经济学家则多使用平行数据，但很多时候不同学科间的数据使用分析方法并无本质区别，只不过碍于不同学科基质产生的不同学科化特征而不得不做出区分，而在大数据背景下，数据收集本身是非学科化的。因此可以说，社会科学共同体内部层级性的均质化逐渐变为整体性的均质化，从这个意义上来说，大数据首先推进了社会科学共同体内部的学科融合。

上述科学、技术与社会科学的融合以及社会科学内部不同学科之间的融合显然需要在不同学科之间建立"接口"。在不同学科之间、研究的数据流与语义之间建立对话和相互理解、相互解释的一套话语与工具，成为跨边界有效交流的关键。我们据此实现对不同学科关于对象的孤立数据流进行整合和融通。

在数据研究范式的作用下，社会科学共同体出现了异质性，社会科学共同体内外的学科壁垒被打破，使得层级化的社会科学共同体发生了结构上的改变，而科学共同体的层级化既指学科上的层级化，亦指共同体内部成员的结构分层，传统社会科学共同体的结构要比自然科学共同体更加尖锐且稳固，学术权威的存在可以为社会科学的发展集中资源、指明方向，但是学术权威的存在对社会科学的意义并不完全是积极的，这种消极影响可以归结为三个主要原因：第一，学术权威的固有偏见，社会科学的发展过程随着阶段不同会有不同的主流研究范式，而权威由于学术惯性会对新的科研方法或者范式持不信任的态度，对某些新的发现有抵触心态。例如，社会科学方法论的"范式战"，所以普朗克曾经发出感慨，"新的科学真理地位的确立并不是通过让原有的反对者同意而获得的，而是反对它的人去世了，持有新观点的年轻科学家成长壮大了"。第二，当学术权威与青年学者之间年龄差距过大时，很容易出现"学术代沟"的情况，传统社会科学共同体金字塔上层的学术权威整体呈现出高龄化的态势，使得社会科学共同体的"自治王国"内出现老人政治，过大的年纪让不同代际的学者对于学科当前发展的着力点出现偏差，使得马太效应的作用更加明显。青年学者是科学研究的中坚力量，但是在与学术权威合作时其科研话语权却受到限制。第三，社会科学的学科化性质，社会科学不同于自然科学，由于许多理论无法被轻易证实或者证伪，所以社会科学新理论的影响与知名度往往有赖于提出者在共同体的地位与声望，而社会科学共同体的学科化特征会使得学术权威去维持学科的传统与界限（Bardzell and Bardzell，2011）。

　　数据研究范式的到来却对维持学术权威稳定的要素发起挑战，具体而言就是数据研究范式与传统科研范式有着本质的区别。学科基质的重构使得传统的社会科学权威难以充分了解和学习大数据与跨学科技术，学术权威所拥有的专业化的概念、模型、范例难以起到指导作用，不同学科的知识在大数据面前都不具有优先性的地位。数据科学家同样面临与社会科学平等沟通和相互理解的问题（Johnson and Onwuegbuzie，2004）。在这种情况下，原来的非学术权威提出的思想同样可以被其他共同体成员了解并承认。特别是数据科学对于科研年龄的敏感，往往在科研人员的"黄金年龄"段里能不断产出优质成果，这样在跨学科的数据研究范式的使用中，青年学者或许优势更为明显，更可能跟上学术前沿情势。因此在数据研究范式下，社会科学共同体的成员结构将会变"矮"变"宽"，"矮"是指通过更为平等公正的学术评判标准，科学共同体内部的层级将会变少，"宽"指的是同时由于非学术权威崭露头角的机会增多，科研人员完成层级跃升的通道变宽，同时新范式的多元化也使得共同体出现去中心化与学术权威弱化的特征，顶级学术权威不再与一般科研人员拉开过大距离，由此社会科学共同体成员的结构由金字塔形转换为了等边梯形（Tubey et al.，2015）。

基于大数据的社会科学研究，把社会行动者的行动数据作为研究对象，而行动者行为的不确定性、与外部世界关联的不确定性，使得社会科学研究不断出现新的议题，可能有新的研究者的加入。实际上，作为被研究者的人类行动者既是研究对象，又是研究数据的提供者，同时大数据的可实验性与计算数据平台体系的构建以及公众审议机制的加入，使得社会科学理论的检验更加容易。这样，基于数据科学的社会科学共同体将是在科学家、决策者、专业工作人员和普罗大众之间建立的集中共享的、新的社会网络图式。在共享网络上，不同类型的机构，如大学、政府机构、研究所、企业之间的边界可以被打破，甚至已经开始打破各自为政的局面，并共享数据和成果，来自不同国家的机构可以产生较为紧密的联系。基于大数据的社会科学研究应当是一个跨学科、跨领域的、广泛的合作网络。

12.3　社会科学数据分析技术的演进

大数据对动态的分析技术的发展影响深远，驱动了覆盖广泛的数据分析技术的发展。从宏观层面到微观层面，大数据已经影响到了整个数据分析技术，社会科学数据的分析技术当然也不例外，这体现了大数据对社会科学数据分析技术整体发展的趋势性改变，大数据的出现使现代社会科学数据分析技术向着智能化、数字化、共享化的趋势发展。

12.3.1　计算社会科学

1. 计算社会科学的发展脉络

2009 年 2 月，大卫拉泽尔等来自哈佛大学和麻省理工学院十多所世界知名大学研究机构的学者在 *Science* 上发表了题为《计算社会科学》的文章。该文章认为，随着我们收集和分析大规模数据能力的提高，一个新的数据驱动的研究领域"计算社会科学"正在出现。这篇文章使计算社会科学引起了来自社会科学、计算机科学等多个不同领域学者的关注，也标志着这一跨学科研究领域的正式诞生（Dey，2003）。2012 年，Conte R.（来自意大利国家研究委员会），Gilbert N.（来自英国萨里大学），Bonelli G.（来自意大利国家研究委员会），Cioffi-Revilla C.（来自美国乔治梅森大学）等 14 位欧美学者发布了一份《计算社会科学宣言》，力图呼唤一场社会科学革命。清华大学社会科学院于 2018 年 8 月 28 日至 29 日举办了"第一届全国计算社会科学高级论坛"。来自国内外 20 多所大学和研究机构的 60 多位专家学者与从业者报告了计算社会科学当前的研究成果和研究思路，会议的专家学者涵盖了经济学、社会学、政治学、心理学、计算科学、传播学和公共管理等多个学科。他们围绕计算社会科学研究、方法创新和学科建设等主题进行了广泛而充分的交流。

随着计算机科学、网络技术的不断发展和普及，大量的人类生产和生活行为被记录为"数据"，留下数字的踪迹。人类由此进入了以大数据为标志的数据密集时代。同时，随着我们收集和分析大规模数据能力的提高，一种以"计算"为核心，并通过完全数字化研究对象、扩展人体器官的感知功能，利用数理逻辑思维的数据分析应用的学科，即计算社会科学（Chen and Yu，2018）自此诞生。信息数据时代的到来势必会对传统的社会科学研究发出与时俱进的信号，面对日益复杂的社会问题与现象，原有的社会科学研究方法、认知方式也遭受到了挑战，而计算社会科学的出现正好成为一种新的进路，甚至被认为是一种新的研究方法与思路的突破。在此学术研究背景下，笔者试图在梳理计算社会科学的产生背景、发展图景及研究方法等的脉络的基础上，用其与传统的社会科学研究的对象、认知方式和研究方法做出比较，看其是否有所变化和突破，同时也以计算社会科学所应用的历史、政治领域作为案例切入点，尝试分析探讨计算社会科学是否在方法论上进行了变革与革新。

学术界普遍认为计算社会科学是在依托大数据及其相关技术工具下，在计算传统知识积累的成果上，致力于应用数据思考、数据资源和数据分析来研究人类的社会行为。这不仅是对传统社会科学研究的一种继承与突破，更为寻找抽取社会一般规律和解决复杂多变的社会问题提供了一条全新的路径与方法。在大数据时代，人们关注动态社会数据的集成分析、社会分析的方法和社会计算的预测规律，即"计算法则"。同时一批学者也将计算社会科学运用到政治学、人工智能等方向，对此进行更深一步的研究与探索。

2. 计算社会科学的特征

目前，虽然学术界对计算社会科学特征的看法并不完全一致，但计算社会科学的特征可以从以下几点概括：生成、发展和应用过程。

首先，计算社会科学的生成和发展完全依赖于互联网信息技术，特别是大数据技术和计算建模等工具，海量的信息与数据在数据驱动下产生，并且计算的内核也根据逻辑思维等算法观念的集成而愈加完善，因此形成了更好的认识世界、改造世界的方法，从这一维度来说，计算社会科学是以工具技术为基底的。

其次，计算社会科学是多学科交织的。例如，社会学中人类社会复杂性的根本原因、心理学中人类认知领域的区域化指向等，都可以通过计算社会科学加以阐释。计算社会科学无论是从研究内容还是模型方法来讲都是多元复合的结构，从来都不是单一的学科或是理论内容，因此计算社会科学是多学科交织的。

最后，计算社会科学的研究对象主要是复杂的社会问题。使用实验室实验的理想模拟来解决多变多样的现象行为和问题并不轻松。即使这种模拟在理论上是成熟可信的，并且在实验中减少了其他因素的干扰因而占有优势，但是与物理生化等学科的实验室实验相比，其发展的时间仍短暂，并且由于实验全程的可操控性和人为因素的影响仍然面临具体的操作可行性和有效性问题。

3. 计算社会科学发展的未来景框

Evans 教授和 Matthew Salganik 教授认为，从未来发展的角度来看，计算社会科学仍然是一个活跃的领域，但是一门好的学科不仅仅局限于活跃（Salganik，2019）。

随着时间的推移，社交世界产生了越来越多的数据和更多的问题，解决它们的唯一方法就是使用计算。因此，社会科学几乎不可能因为没有有趣的问题而消亡。同时，随着通信技术的发展，新的问题也会出现。例如，社交机器人开始出现，并与人类实现交流，然后它们会对我们提出许多新的问题，如关于它们如何工作以及它们将如何影响我们。这些问题的提出过程，人类科学家和学者并未参与，从这个角度来看，计算社会科学具有长期的发展潜力，因为它所解决的问题是真实的，使用的方法被证明也是更加有效的。作为一种新兴的计算工具，计算社会科学无疑提高了对重大社会问题的分析能力和解决的可能性。

与此同时，不断丰富发展的科技手段和数据信息使得计算社会科学的模式被广泛地嵌入社会领域之中，基于社会的复杂与多变，虚实结合的智能互动模型可以有效地将技术优势发挥到极致。新的数据载体能负荷更多的内容，形成开放的共享环形流通方式，自信息的采集整理到传播扩散再到及时接收反馈，这样开放的更加智能化的循环将更多的研究领域和对象纳入自己的研究体系中，因此可以说传统的平面式社会治理在计算社会科学的框架中逐渐变得立体与开放，其实际应用极大提高了公民群众的参与度，并且这种创新独特性计算在另一层维度来说可以提升治理的及时性与有效性。

4. 计算社会科学的主要技术手段

（1）文本自动提取数据模式。文本自动提取数据信息的基础在于社交过程的可计算性。它的主要方式是利用信息数据的效用价值从中提取有效内容和关键词，从而将它们整合起来进行逻辑计算，从复杂的问题中提取有效信息，在一定程度上减轻了研究学者的研究准备工作，虽然其中会面临一些专业技术方面的挑战，但整体上来说，这种收集数据和对数据进行分析的方式在以前是不可想象的。

（2）社交网络分析模式。网络分析不仅是以往社会科学体系中的一个领域，也是对社会层次效应等进行研究的重要方法。社交网络分析是一种基于图论和社会计量学的新型研究方法，以个体和群体的复杂社会结构为主题。其主要的构成是基于社群之间的关系结成的网络，这种网络存在内在的固有稳定性。

近年来，这种网络关系已经普及扩展到实体和非实体的虚拟环境。通过讨论组、即时消息、实时消息、博客、微博和其他社交网络服务，用户可以相互共享和交换信息。这样的虚拟环境以及其中形成的关联随着科技的快速普及与传播对人们的生活学习方式产生重大影响。社交网络分析是知名社会学家莱特米尔斯在研究关系网络时采用的研究方式，他利用互联网络的视域去看待人们、社会的构成，将个体视为关系网中的节点要素。社交网络由节点和边缘组成。最先对这些节点进行分析的是社会学家，他们着重研究社群和社群之间的各种关系，这些关系包括社群的行为、人际情感等，这些在一定程度上反映了自发或是无序行为背后可循的规律与秩序，由此在虚拟关系之中进行数据的收集和采集。

（3）社会模拟模式。计算社会科学的另一种极具优势的用来解决社会科学复杂性问题的研究方法是对社会进行实验模拟。虽然与自然科学实验相比，其发展历史相对较短，发展相对不成熟，但这种交互模式拓宽了传统社会科学的研究方法。社会建模技术由信息科学家和数学家提出并开发，它指的是复杂社会问题的模拟模型的抽象描述和建立，如社会空间中个体或群体的心理和行为、交互模式、人际关系和结构，建立的针对性具体模拟模型使科研人员可以在某种程度上还原或简化社会生产模式或发展过程，并且可以进一步与数理公式和自然学科的实验结合，进行双重意义上的实验（Macal and North，2009）。目前，社会科学中使用最广泛的模拟模型是基于代理的模型。这种代理模型可以更好地模拟人类的活动行为，如广为流传的数据、社群的共性活动和社会规范的实施。

（4）社会复杂性理论。人们为减少理论的疑虑逐渐形成了复杂性理论。它涵盖了大多数不同的理论，这些理论长期以来一直应用于物理科学、经济科学和生命科学。计算机技术与复杂性理论的结合，构建了一个新的模型来解决社会发展研究过程中的问题。在实际的研究过程中，复杂性理论不断融合和运用于实践中，这无疑将会有助于重构并健全计算社会科学研究方法的主要内容体系。因此，计算社会科学研究方法能发挥传统研究方法没有的优势，从而较好地解决社会复杂性问题。综上所述，计算社会科学在数据驱动下将核心算法以工具性手段运用于社会科学的认知之中，为我们认识世界开辟了新的视域。

5. 社会计算的进化

与传统社会科学的小数据样本相比，大数据驱动下的计算社会科学由于认识工具的进步，极大加快了世界数据化的步伐，并且这些数据来源构成多样，为社会科学家对社会科学的深入认识提供了天然的有利条件。大数据通过寻求事物相关性研究重于内在机制因果性的研究，因此计算社会科学在一定程度上受其影响也是更加重视对因果性的探求。例如，在计算史学中，史学家对于所研究问题多没有提前预设，不是有了理论预设后才去遵循问题导向而收集归纳整理材料，而是"非设定性"地将数据铺排陈列然后从中得到"意想不到"的规律总结，虽然这样的认知是有一定偶然性和非确定性的，但这在多数情况下对研究发展有相当大的作用，科学好像在"始于问题"以外有了新的进路，这种科学始于"数据"的认知在某种程度上可以说是对科学始于观察的进一步创新和发展。

与此同时，计算社会科学在传统的研究中通过将有效的技术工具与技术理念嵌入社会科学的认知范围，通过工具性的手段诠释与厘清具有无限方面和属性的整个社会，发现不存在以无所不能的方式来获得关于人类社会的全部认知的现象。因此，作为一种新的驱动力，计算社会科学整合和综合运用不同的研究认知范式的趋势也越来越明显。计算社会科学所运用的核心方法可以称为"多元认知"，即通过多种认知方案来达到统一的结果，这比以往的研究在准确度上提高了很多，并且多方的认证可以增加其理论的说理性和可靠程度，如在计算史学的领域范围内，历史学家首先通过人文主义的解释学来认知研究某一特定的历史年份或特殊历史事件，这种人文关怀性的解释又由于数据的逐渐完备与存储机制发展而广泛应用，自动文本分析的方式可以很好地提供计算核心的处理能力，然后再用实证主义的方法确证其应有的检测结果是否统一，融合了不同视角的多面认知在一定程度上降低了社会科学原有的局限性。

并且正是基于计算社会科学所面对的对象随着时代的变迁更加复杂化，社会研究在认知上除了多元的思维观念以外，更要兼具系统整体化的思维观念。与传统的机械思维不同的是，在计算社会科学的认知领域，原本寻求因果性而过度重视小数据具体个性分析的认知被弱化，代替其地位的是对相关联的大数据的系统组织，这就像将一滴水还原于大海中去看海而非从海中抽取一滴水来研究海。并且随着愈发动态的数据，对焦点问题的重复与再现成为一种可能，由静转动的行为可以被认知研究和模拟预测，多元的结构嵌入完整的系统化中使得科学认知更加立体丰富与完整，与此同时计算社会科学在认知的方向上抽取最为一般的本质概念，借助于大数据和超级算法的优势使得判断和掌握材料更加准确，有利于我们对这个纷繁复杂的社会现象的认知。

对于计算社会科学而言，大数据的驱动不仅在于其数据量规模的巨大或者数据时效的高速和数据种类的多样，更在于其数据内涵盖的内在固有价值，即可以被学者应用于逻辑计算或核心计算的有效性和可用性，也就是可以通过人工或者计算机智能工具进行合理有效的处理、截取、整合和分析，从而达到传统数据所不能传递的效果。对于计算社会科学而言，其中的计算核心就是量化数据值之间的数理关系。例如，在计算史学领域，尤其是观念思想史领域，研究学者会有意识地使用量化的关键词分析方法，在史学数据库愈加完善的同时，更加精准地将研究内容通过词句阐释，使史料分析的可信度大大提高。

计算社会科学固有的本质与技术支撑在很大程度上很好地为量化研究分析提供了必备的条件，技术工具的支撑使得传统社会科学研究难以保存的资料与素材最大限度地发挥价值，社会现象或者社会动态资料已经可以在一定程度上最大限度地储存下来，像是云存储的影集录像可以再现或者复制某一种社会事件，并且数据驱动下的计算社会科学研究可以极大程度地扩充和挖掘采集有效数据，传统量化的无法采集的跨超大地域空间的数据资料或者极为分散模糊的调查样本都可以有效地被量化研究和利用。

12.3.2　社会大数据分析技术

有价值的见解可以通过大数据展现，以增强决策的有效性，因而引起了学术界和业界的浓厚兴趣。大数据分析成为各种类型的经济和社会主体越来越常用的方法，目的是用大数据构建有价值的信息（Tsai et al.，2015）。对于那些主要以经验为研究基础的社会科学研究者来说，社会科学研究的内外环境都发生了巨大的改变，这都是因为新型数据——大数据催生了一个全新的研究领域——数据科学。这个世界已经变成了计算机科学家和研究者所主导的世界，他们创造了生成、收集和处理数据的新方法与新技术，其中包括以可视化方法为代表的新型信息呈现方法，而且这些技术和方法还在随着云技术、人工智能等前沿技术的发展不断演化，持续改变着社会科学家的工作方式和工作性质。社会科学家对这一新的机遇反应热烈却也充满着焦虑，对掌控大数据的渴望混合着对快速膨胀的数据量的焦虑。就学科而言，各种学科领域间的特定的、交叉性的问题从各个不同的层面不断地涌来，不断模糊学科的问题边界并不断引发更深层次的反思。

1. 关于大数据的政府制度安排

数据科学和大数据在全球范围内的快速发展引发了各个国家在相关制度安排和政策上做出积极的响应。我国社会科学研究的宏观政策环境也发生了相关的重大变化。

2015 年 8 月国务院印发的《促进大数据发展行动纲要》提出，"加强大数据基础研究。融合数理科学、计算机科学、社会科学及其他应用学科，以研究相关性和复杂网络为主，探讨建立数据科学的学科体系；研究面向大数据计算的新体系和大数据分析理论，突破大数据认知与处理的技术瓶颈；面向网络、安全、金融、生物组学、健康医疗等重点需求，探索建立数据科学驱动行业应用的模型"。

2017 年 12 月，习近平在中共中央政治局第二次集体学习时指出，"大数据是信息化发展的新阶段"，"世界各国都把推进经济数字化作为实现创新发展的重要动能，在前沿技术研发、数据开放共享、隐私安全保护、人才培养等方面做了前瞻性布局"①。习近平强调，"要运用大数据提升国家治理现代化水平。要建立健全大数据辅助科学决策和社会治理的机制，推进政府管理和社会治理模式创新，实现政府决策科学化、社会治理精准化、公共服务高效化。要以推行电子政务、建设智慧城市等为抓手，以数据集中和共享为途径，推动技术融合、业务融合、数据融合，打通信息壁垒，形成覆盖全国、统筹利用、统一接入的数据共享大平台，构建全国信息资源共享体系，实现跨层级、跨地域、跨系统、跨部门、跨业务的协同管理和服务。要充分利用大数据平台，综合分析风险因素，提高对风险因素的感知、预测、防范能力。要加强政企合作、多方参与，加快公共服务领域数据集中和共享，推进同企业积累的社会数据进行平台对接，形成社会治理强大合力。要加

① 《习近平：实施国家大数据战略加快建设数字中国》，http://www.cac.gov.cn/2017-12/09/c_1122084745.htm[2017-12-09].

强互联网内容建设，建立网络综合治理体系，营造清朗的网络空间"①。

2019 年 1 月，习近平在中共中央政治局第十二次集体学习时指出，"随着 5G、大数据、云计算、物联网、人工智能等技术不断发展，移动媒体将进入加速发展新阶段"，"媒体融合发展不仅仅是新闻单位的事，要把我们掌握的社会思想文化公共资源、社会治理大数据、政策制定权的制度优势转化为巩固壮大主流思想舆论的综合优势"，"要全面提升技术治网能力和水平，规范数据资源利用，防范大数据等新技术带来的风险"①。2019 年 5 月 26 日，习近平在向 2019 中国国际大数据产业博览会致的贺信中强调，中国高度重视大数据产业发展，愿同各国共享数字经济发展机遇，通过探索新技术、新业态、新模式，共同探寻新的增长动能和发展路径②。

2021 年 10 月，习近平在中共中央政治局第三十四次集体学习时指出，互联网、大数据、云计算、人工智能、区块链等技术加速创新，日益融入经济社会发展各领域全过程，数字经济发展速度之快、辐射范围之广、影响程度之深前所未有，正在成为重组全球要素资源、重塑全球经济结构、改变全球竞争格局的关键力量。特别是新冠肺炎疫情暴发以来，数字技术、数字经济在支持抗击新冠肺炎疫情、恢复生产生活方面发挥了重要作用。要推动互联网、大数据、人工智能同产业深度融合，加快培育一批"专精特新"企业和制造业单项冠军企业。要推进重点领域数字产业发展，聚焦战略前沿和制高点领域，立足重大技术突破和重大发展需求，增强产业链关键环节竞争力，完善重点产业供应链体系，加速产品和服务迭代。"要站在统筹中华民族伟大复兴战略全局和世界百年未有之大变局的高度，统筹国内国际两个大局、发展安全两件大事，充分发挥海量数据和丰富应用场景优势，促进数字技术与

---

① 《加快推动媒体融合发展　构建全媒体传播格局》. http://www.moj.gov.cn/pub/sfbgw/gwxw/ttxg/201903/t20190317_166923.html[2019-03-16].

② 《习近平向 2019 中国国际大数据产业博览会致贺信 》，https://www.gov.cn/xinwen/2019-05/26/content_5394881.htm[2019-05-26].

实体经济深度融合，赋能传统产业转型升级，催生新产业新业态新模式，不断做强做优做大我国数字经济"①。

2022年6月，习近平在中央全面深化改革委员会第二十六次会议中指出，"数据基础制度建设事关国家发展和安全大局，要维护国家数据安全，保护个人信息和商业秘密，促进数据高效流通使用、赋能实体经济，统筹推进数据产权、流通交易、收益分配、安全治理，加快构建数据基础制度体系"②。会议还特别强调，要保护金融消费者合法权益，强化平台企业反垄断、反不正当竞争监管，加强平台企业沉淀数据监管，规制大数据杀熟和算法歧视。2022年6月23日，习近平在金砖国家领导人第十四次会晤上指出，谁能把握大数据、人工智能等新经济发展机遇，谁就把准了时代脉搏③。2023年4月24日，习近平在致第四届联合国世界数据论坛的贺信中声明，中国愿同世界各国一道，在全球发展倡议框架下深化国际数据合作，以"数据之治"助力落实联合国2030年可持续发展议程，携手构建开放共赢的数据领域国际合作格局，促进各国共同发展进步④。

在美国，针对大数据发展和应用的制度变化与公共政策调整同样明显。2019年签署成为法律的The Foundations for Evidence-based Policymaking Act要求各政府机构在做出政策决策时使用证据和数据。该法案与管理和预算办公室发布的联邦数据战略（The Federal Data Strategy）一起设立了两个首席数据官，负责监督许多新型数据的收集、使用和访问，并设立了一个学习议程，以建设政府机构工作人员的数据科学能力。在联邦一级，人事管理办公

①《习近平主持中央政治局第三十四次集体学习：把握数字经济发展趋势和规律 推动我国数字经济健康发展》，https://www.gov.cn/xinwen/2021-10/19/content_5643653.htm[2021-10-19].

②《习近平主持召开中央全面深化改革委员会第二十六次会议》，https://www.gov.cn/xinwen/2022-06/22/content_5697155.htm[2022-06-22].

③《构建高质量伙伴关系 开启金砖合作新征程——在金砖国家领导人第十四次会晤上的讲话》，http://www.moe.gov.cn/s78/A01/s4561/jgfwzx_xxtd/202207/t20220704_642979.html[2022-06-23].

④《习近平向第四届联合国世界数据论坛致贺信》，https://www.gov.cn/yaowen/2023-04/24/content_5752969.htm[2023-04-24].

室创造了一个新的数据科学家职位。

2. 数据形态的时间流变

1663 年，John Graunt 在研究肆虐欧洲的淋巴腺鼠疫时，将其所处理的信息量称为"压倒性的信息量"。Graunt 使用了统计学知识，被认为是第一个使用统计数据分析的人。19 世纪早期，统计学研究领域扩大到收集和分析数据方向。当人们开始有系统地汇编有关经济和社会问题的定量数据时，他们感兴趣的焦点是衡量正在发生的变化，并相信这种变化是有益的，"进展"一词被广泛用作这些数据的描述性术语。19 世纪后期，收入分配问题受到越来越多的关注，英国人 Robert Giffen 开创了这方面的统计计量，他将自己的研究成果的发表称为过去半个世纪以来的里程碑。

数据科学的世界已经发生了重大的变化，甚至许多人声称"大"数据是进化的顶峰。数据曾经是孤立的、遥远的、不可访问的，而且大多未得到充分利用，现在已经成为我们社会和个人生活中不可或缺的信息。事实上，国际数据公司估计，到 2025 年，全球数据圈中近 20%的数据将对我们的日常生活至关重要，其中近 10%将是超临界的。国际数据公司估计，到 2025 年，全球将创造和复制 163ZB 的数据，比 2016 年创造的数据量增加 10 倍，这种增长是数十年来计算机发展的结果。国际数据公司将计算数据的创建和使用分为三个阶段。

1980 年以前是第一阶段，在这个阶段，数据几乎只存在于专门建造的数据中心。即使人们从远程终端访问数据，这些终端也只是一台几乎没有计算能力的哑巴机器，数据处理仍然依赖于大型机。数据生成和使用的目的几乎完全以业务为中心。1980 年至 2000 年是第二阶段，个人电脑的兴起和摩尔定律的应用使得数据与计算能力的分配更加普遍化。数据中心从单纯的数据容器发展成为集中的集线器，通过不断发展的网络向终端设备实施数据管理和分发数据。这些设备能够存储和管理纯粹供消费者个人使用的数据，音乐、电影和游戏等数字娱乐产业应运而生。2000年至今是第三阶段，无线宽带和快速网络的激增鼓励了数据进入云端，使数据与特定的物理设备分离，并开创了从任何屏幕都可以访问数据的时代。数据中心通过亚马逊、谷歌、微软等的热门服务扩展到云基础设施。随着手机、可穿戴设备和游戏机等的兴起，分布式计算发展趋势已经非常明显。类似个人电脑这样的传统终端设备仍然需要数据才能运行，但必要的数据很容易通过云访问，需要的本地存储设备越来越少。这些趋势提高了计算在企业对企业（business to business，B2B）、企业对消费者（business to customer，B2C）和社会交互中的重要性。

随着时间的推移，不同类型计算平台创建和使用的数据量高速扩张，数据在世界上的进化作用变得显而易见。通过比较三个位置类别中的计算平台，可以看到使用情况的变化：核心（core）是指企业和云中指定的计算数据中心。这包括所有类型的云计算，包括公共云、私有云和混合云。它还包括运行控制中心，如运行电网或电话网络的控制中心。边缘（edge）指的是不在核心数据中心的企业级强化计算机/设备。这包括服务器机房、现场服务器和区域内较小的数据中心。终端（endpoint）是指网络边缘上的所有设备，包括个人电脑、电话、摄像头、连接的汽车、可穿戴设备和传感器。

从数据创建的总量来看，2012年以来，终端已经有了相当大的发展，并且这种发展有望继续。2012年以来，终端增长来自个人电脑、智能手机和其他消费设备。尽管端点的增长仍在继续，但这种未来增长的最大组成部分将是嵌入式设备，如安全摄像头、智能电表、芯片卡和自动售货机，它们以小信号的形式产生数据。与此同时，大数据分析、云应用和实时数据需求正在推动核心与边缘平台的快速增长。

对比传统数据库和大数据，我们发现传统的数据库（数据仓库）假设数据是按行和列组织的，并采用数据清洗方法，而数据量随着时间的推移而增长，传统的数据库通常缺乏处理此类大规模数据的能力。传统的数据库/仓库系统设计用于处理较小的结构数据量，具有可预测的更新和一致的数据结构，这些数据大多在单个服务器上运行，运营费用随着数据量的增加而增加。然而，大数据有多种不同的格式，可以在地理空间数据、三维数据、音频和视频、结构化数据、非结构化文本（包括日志文件）、传感器数据和社交媒体等多个领域进行批处理与流处理。

基于大数据的新数据源通常存在于一个很大的数据体量或总体规模上，数据处理所需要的工具目前还没有获得充分的开发，而社会科学家对类似的工具也不熟悉。幸运的是，更广泛的研究和数据分析共同体已经开发了各种各样的、更具伸缩性和灵活性的工具，我们将在社会科学研究认知功能体系的部分讨论这些工具。

数据库管理系统（Data Base Management System，DBMS）在整个商业和科学中都被用来组织、处理和搜索大量的结构化数据。NoSQL DBMS 用于处理非常大或非结构化的数据，如网页、社交媒体数据（Twitter 消息等）、传感器数据和临床笔记的集合。对这些系统的扩展以及专用的单用途数据库管理系统为处理地理空间数据、网络和图形等统计数据包中不易处理的数据类型提供了支持。

诸如 Python 与 R 语言软件之类的开源编程语言提供了大量数据分析和可视化方法，包括从回归分析到机器学习、文本分析、网络分析等。最后，Hadoop 和 Spark 等并行计算平台可利用并行计算集群进行超大数据集和计算密集型分析。

这些不同的组件可能并不总是像 SAS、SPSS 和 Stata 等集成包那样可以顺利地协同工作，但它们支持研究人员处理更大规模和更复杂的问题。此外，由于全世界成千上万人的努力，它们正在以惊人的速度发展。基于这些原因，现代社会科学家需要熟练掌握相应的大数据分析能力。

3. 大数据分析的功能体系

从大数据分析的功能体系视角看，越来越多的大数据分析技术和分析工具被开发出来，并被引入社会科学研究领域。在众多创新的分析技术和工具中，Python 和 R 语言软件正逐渐成为比 SAS 与 Stata 更具知名度的分析工具。事实上，2018 年诺贝尔经济学奖得主保罗·罗默（Paul Romer）就是 Python 的深度使用者。社会科学研究在收集和处理数据方式上的变化还体现在通过数据内在的结构来发现深层的规律，这种方式正在越来越多地替代在理论或模型构念下组织数据并建构规律的传统方式。如今，那些在权威学术期刊上发表论文的人不太可能利用经过预处理的调查数据来获取新理论。社会科学研究工作流程可以变得更加自动化和可复制。

1）大数据分析的发展阶段

虽然大数据出现的时间很近，但收集和存储大量数据的行为可以追溯到第一台商用大型计算机问世的 20 世纪 50 年代初。20 世纪 50 年代初至 90 年代中期，由于计算机、存储和数据网络的高成本，数据量增长相对缓慢。这一时期的数据高度结构化，主要用于支持运营和跨国界的信息系统。20 世纪 90 年代初，万维网的出现导致了数据的爆炸性增长和大数据分析的发展。自从万维网出现以来，大数据和数据分析经历了三个主要阶段。

（1）大数据 1.0（1994~2004 年）。大数据 1.0 伴随着 1994 年电子商务的兴起，在此期间网络公司是网络内容的主要贡献者。由于 Web 应用程序的技术限制，用户生成的内容只是 Web 内容的一个边缘部分。在这个时代，Web 挖掘技术被用来分析用户的在线活动。Web 挖掘可以分为三种类型：Web 使用挖掘、Web 结构挖掘和 Web 内容挖掘。①Web 使用挖掘是应用数据挖掘技术来发现 Web 用户的在线使用模式，使用数据捕获 Web 用户的身份或来源以及他们的浏览行为，跟踪单个用户的鼠标点击、搜索和浏览模式的能力使得为用户提供个性化服务成为可能。②Web 结构挖掘是分析网站或网页结构的过程。一个典型网站的结构以网页作为节点以及以超链接作为连接相关网页的边组成。超链接将网页中的某个位置连接到不同的位置，可以是同一网页内的位置，也可以是不同网页上的位置。Web 基于超链接结构，对网页进行分类。例如，Google 的 PageRank 植根于社交网络分析系统，它分析网页的超链接结构，根据网页的受欢迎程度或重要性对网页进行排名。③Web 内容挖掘是从 Web 页面内容中提取有用信息的过程。网页可以由文本、图像、音频、视频或基于可扩展标记语言的数据组成。文本挖掘在 Web 内容挖掘中得到了广泛的应用。文本挖掘从非结构化文本中提取信息，并大量利用信息检索（information retrieval，IR）和自然语言处理（natural language processing，NLP）等学科的技术。在最简单的形式中，文本挖掘提取文本中常用的一组单词或术语。Web 内容挖掘涉及网页信息的提取、网页的聚类以及网页的分类，而现有的挖掘技术主要集中在图像处理和计算机视觉领域，在大数据 1.0 时代，这些技术在 Web 内容挖掘中的应用受到限制。

（2）大数据 2.0（2005~2014 年）。大数据 2.0 是由 Web 2.0 和社交媒体现象驱动的。Web 2.0 指的是从 20 世纪 90 年代的 Web 技术演变而来的一种 Web 范式，它允许 Web 用户与 Web 站点进行交互，并向 Web 站点贡献自己的内容。社交媒体技术就体现了 Web 2.0 的原则（O'Reilly，2007），并使组织运作和主体间协作的方式上发生了范式转变。由于社交媒体在消费者中非常流行，企业可以利用它以相对较低的成本与广大消费者进行频繁和直接的接触（Kaplan and Haenlein，2010）。社交媒体分析支持社交媒体内容挖掘、使用挖掘和结构挖掘活动。社交媒体分析和解释社交媒体网站上的人类行为，从消费者的兴趣、网络浏览模式、好友列表、感知、职业和观点中提供见解并得出结论。企业通过使用社交媒体分析更好地了解客户，为目标客户群体开发有效的关系营销活动，并根据客户的需求和兴趣定制产品和服务。例如，大银行在社交媒体网站上分析客户的满意度。与主要用于结构化数据的 Web 分析不同，社交媒体分析用于数据分析，这些数据可能是自然语言、非结构化的和上下文依赖的。

全球社交媒体分析市场在此期间快速增长。这一增长归因于社交媒体用户和高级分析用户数量的增加。一些社交媒体分析软件作为基于云的服务提供，具有灵活的收费模式，如每月订阅或现收现付定价。社交媒体分析侧重于两种类型的分析：情感分析和社交网络分析。

情感分析使用文本分析、自然语言处理和计算语言学从文本材料中识别和提取用户的情感或观点。情感分析可以在多个层次上进行，如实体层次、句子层次和文档层次。实体层次识别和分析文档中包含的单个实体的意见。句子层次识别和分析句子中表达的情感。文档层次确定并分析整个文档中表达的总体情绪。尽管对情绪的更深入理解和更高的准确性仍有待提高，但从文件中提取的情绪数据已被企业成功地用于各种场合，包括预测股市走势、确定市场趋势、分析产品缺陷和管理危机（Fan and Gordon，2014）。

（3）大数据 3.0（2015 年至今）。大数据 3.0 包含大数据 1.0 和大数据 2.0 的数据。大数据 3.0 的主要代表是以图像、音频和视频的形式生成数据的物联网应用程序。物联网指的是一种技术环境，在这种技术环境中，设备和传感器具有独特的标识符，能够在互联网上共享数据和协作，即使没有任何人为干预。随着物联网的快速发展，互联设备和传感器将超过社交媒体和电子商务网站，成为大数据的主要来源。通用电气公司正在开发基于物联网的传感器，用于从航空和医疗保健业务的设备中读取数据。农业企业还使用基于物联网的传感器来管理水、粮食储存和重型设备等资源，以降低农业成本并提高产量。

对于许多物联网应用，数据采集源的传感器会逐渐执行分析。这一趋势导致了一个新的领域——流分析。流分析不断地从流媒体数据中提取信息。

与批量模式下用于分析存储数据的社交媒体分析不同，流分析涉及实时事件分析，以便在收集或生成数据时发现人们感兴趣的模式。流分析不仅用于监控现有条件，还用于预测未来事件。流分析在许多行业具有巨大的潜力，其中流数据是通过人类活动、机器数据或传感器数据生成的。例如，内嵌在传感器中的流分析可以监测和解释患者的生理与行为变化，并提醒医务人员患者有紧急医疗需求。流分析在金融行业也应用广泛，在金融行业中，电子交易需要根据金融法规进行监控，如果出现可疑和欺诈性金融活动，则需要采取相应的补救措施。

大数据分析将多维信息挖掘用于大规模基础设施的科学发现和业务分析。从一些科学探索和商业交易中收集/产生的数据通常需要工具来促进有效的数据管理、分析、验证、可视化与传播，同时保留数据的内在价值。半导体技术的新进展最终将导致更快的计算速度、更大规模的存储、更快速度和功能更强大的网络（以更低的价格）的出现，从而能够使以更快的速度保存和利用大量数据成为可能。云计算技术的最新进展使得能够基于订阅模型保存系统收集和处理所有数据，并能够以可承受的价格存储这些数据。传统的数据仓库系统是对抽象数据的预先确定的分析，经由清理和转换过程形成一个被称为数据集市（Data Mart）的数据库，该数据库会定期更新类似类型的汇总数据。然而，大数据系统是在对数据非预定分析基础上工作的，因此不需要数据清洗和转换过程。

大数据使用多种统计和机器学习技术，在尽可能短的时间内，从多个自主来源的快速增长、大容量、多种形式和频繁变化的数据集中组织与提取有价值的信息。大数据和传统的数据库系统有着相似的目标，即通过对数据的分析来提供业务价值，但是，它们在分析方法和数据的组织上有所不同。实际上，数据仓库通过从其他几个数据库（如企业的财务系统、客户营销系统、计费系统、销售点系统等）收集数据来组织存储库中的数据。

仓储系统对点击流日志、传感器数据、移动设备位置数据、客户支持邮件和聊天记录、监控视频等操作流数据的组织与查询能力较差，大数据技术克服了数据仓储系统的弱点，通过利用新的数据源，从而方便企业分析和提取内在信息。大数据技术已经在商业、工程和科学计算多个领域得到普及，Philip（2018）介绍了大数据的概况以及数据密集型应用的机遇和挑战，阐述了大数据的几个领域和重要性。随着商业领域的不断扩大，有必要建立一个新的经济体系，重新界定商品和服务的生产者、分销商与消费者之间的关系。显然，总是依靠经验或纯粹的直觉是不可行的，使用至关重要的数据源进行决策也是必不可少的。NIST 大数据公共工作组（The NIST Big Data Public Working Group，NBD-PWG）对行业大数据架构和框架进行了调查，指出大数据分析技术存在如下几个应用领域。

（1）科学探索。对从各种传感器收集的数据进行分析，以提取有益的信息，造福社会。例如，物理和天文实验——大量科学家合作设计、操作与分析用于科学研究的传感器网络和探测器产品。地球观测系统（Earth Observation System，EOS）——通过遥感技术收集和分析地球物理、化学与生物系统的信息，以改善社会和经济福利及其在天气预报、监测和应对自然灾害方面的应用，以及气候变化预测等。

（2）医疗保健。医疗保健组织希望能够预测疾病传播的地点，以防止疾病进一步传播。然而，要准确地预测疾病的起源是不可能的，除非有多个地方的统计数据。2009 年，当一种类似 H1N1 的新型流感病毒正在传播时，谷歌预测到了这一点，并在科学杂志 Nature 上发表了一篇论文，研究了人们在互联网上搜索的内容。

（3）公共治理。监控系统分析和分类流声信号，交通部门利用实时交通数据预测交通模式，更新公交时刻表。安全部门分析来自空中摄像机、新闻源和社交网络来支持安全管控。税务机关通过分析复杂的身份信息和纳税申报表来识别欺诈者并支持调查。传感器应用气流、水和温度数据以支持清洁、防火和其他公共计划。

（4）金融和商业分析。留住客户和满足落户期望是企业面临的挑战之一。情绪分析和预测分析将在多个领域发挥关键作用，如旅游业——最佳成本估算，零售业——针对潜在客户的产品，预测分析——最佳价格估计。

（5）网络分析。一些网站每天都有数百万的独立访问者，从而产生大量的数据。越来越多的公司希望能够挖掘这些数据，以了解其网站的局限性，提高响应时间，提供更有针对性的广告，等等。这就需要大数据计算工具对远远超过一台机器甚至一组机器内存储的数据执行复杂的分析。

2）大数据分析技术发展的脉络

按照技术发展的基本脉络，1996 年面向服务的体系结构（service oriented architecture，SOA）被首次提出来，2001~2002 年其随着 Web 服务的出现而复兴，目前已成为广泛使用的行业标准，为 Web 服务开发提供了概念基础。开放网格服务架构（Open Grid Service Architecture，OGSA）是由全球网格论坛建议的一种基于标准的网格计算技术。云计算最初于 2008 年被提出，起源于服务计算领域，以服务管理为重点领域，云计算定义了新的服务计算特性、功能、操作和使用模型，并为新技术开发提供了指导。云计算技术正在成为大数据的关键推动技术，在大规模的信息提取基础设施上解决数据密集型问题。大数据技术与云计算的融合被称为"大数据云"，它是一个新兴的新一代数据分析平台，用于信息挖掘、知识发现和决策。

大数据分析是指从大量数据集中提取信息的一套程序和统计模型。主要的大数据分析应用领域包括以下几项：①文本分析。文本分析是从文本源中获取信息的过程。文本源是半结构化数据的一种形式，包括网络材料、博客和社交媒体。文本分析技术来自语言学、统计学和机器学习等基础领域。一般来说，现代文本分析使用统计模型，结合语言学理论，捕捉人类语言中的模式，使机器能够理解文本的含义并执行各种文本分析任务。情感分析领域中的文本挖掘有助于组织发现情感，提高客户关系管理水平。②内存分析。内存分析是将大量数据从各种来源直接提取到系统内存中，以实现高效查询和计算性能的过程。内存分析是一种查询驻留在计算机随机存取存储器中的数据的方法，而不是查询存储在物理磁盘上的数据。这将大大缩短查询响应时间，从而允许商业智能应用程序支持更快的业务决策。③预测分析。预测分析是通过分析当前和历史事实，借助统计学、建模、机器学习和数据挖掘，预测未来或未知事件的过程。④图形分析。图形分析研究各种连接组件的行为分析，特别适用于社交网站，以发现群体行为特征。

大数据解决了商业智能、工程和科学探索等多个领域的数据管理与分析问题。传统的数据库将操作数据和历史数据分开，以进行操作和分析推理，这些数据大多是结构化的。然而，大数据库通过一个集成的横向扩展计算和数据平台解决了非结构化数据的近实时数据分析问题。传统数据和大数据技术被划分为基础设施、数据处理和决策支持软件等主要领域，包括以下几项：①决策支持/智能软件工具，大数据技术解决了搜索大数据量的各种决策支持工具，并基于多种分析方法构建关系和提取信息。这些工具将涉及几种机器学习技术、决策支持系统和统计建模工具。②大规模数据处理，快速增长的数据分布在多个存储器和具有多维数据格式的计算节点上。③大规模基础设施，扩展基础设施以实现高效的存储和处理。④批处理和流支持，处理批处理和流计算的能力。

大数据计算是一个新兴的数据分析平台，用于解决知识发现和决策所需的大规模多维数据。大数据技术正在发展和改变现有的传统数据库，通过与统计和机器学习技术捆绑在一起的新的创新分析工具进行有效的数据组织、大型计算和数据工作负载处理。随着云计算技术的成熟，大数据技术正在商业、科学和工程等多个领域加速发展，以解决数据密集型问题。大数据技术正被广泛应用于信息开发，借助新的分析工具和大规模计算基础设施来处理从商业智能到科学探索等多个领域的各种多维数据。然而，推进大数据分析需要在数据组织、决策、特定领域工具和平台工具等领域开展更多研究，以创建下一代大数据基础设施，使用户能够从大量可用的数据中提取有效信息。

3）社会科学大数据分析技术

毫无疑问，当代社会科学得益于数据源可访问性和可用性的不断增长，以及用于数据收集和分析的计算工具的惊人发展。但是，Stelmaszak 和 Hukal（2017）强调了在使用新形式的数据和方法时继续进行认真反思的重要性，任何数据分析都需要反思定义、记录和传播等事务。尽管数据分析工具越来越多地被用于进行社会研究，但这些事实并没有从根本上挑战社会科学探究的学术基础。越来越多的日常社交活动受到广泛普及的数字计算技术系统的影响，通过与用户进行的任何交互连续地生成数字信息。这些系统收集的数据被用于整个社会科学及其他领域的研究，但只有一小部分学术工作与生成、处理和传播这些数字信息的机制有关（Stelmaszak and Hukal，2017）。现有的一些研究揭示了各学科之间令人担忧的差异。一方面，数据科学侧重于有效创建、收集和处理数字信息的实践方面，却只产生对于这些活动的管理方式非常有限的认知。同时，社会科学应该在警惕随之而来的新数据源和新方法的陷阱的同时保持其工作的严格性和相关性。虽然数据革命带来了新型数据源与分析工具，为社会科学发展带来了机遇，但同时必须警惕社会科学研究也更易堕入片面追求时尚方法的陷阱。只有当社会科学研究者继续致力于其技术的切实的进步时，数据革命产生的实际利益才能兑现其加强社会研究的承诺。

多年来，计算机辅助的文本分析已不仅仅是计数单词。特别地，可以将被称为"文本挖掘"的统计分析和基于模式的文本分析方法相结合来支持已建立的定性数据分析设计。《时代》杂志报道说，文本挖掘可能是"下一件大事"。这并不意味着它是计算机研究中一个非常新的研究领域。但是，对于经济用例（如《时代》杂志所强调的）以及其他各种社会科学学科，将最新开发的方法应用于当今可用的大量数字文本，确实具有巨大的潜力。

一些社会科学的定性研究对现有计算机辅助文本分析方法进行了系统化的尝试。这些方法不仅基于现代计算机统计和比较等基本功能，而且还基于对文本上下文的语义的分析功能；从计算机语言学家的角度来看，它超越了对字符串的简单计数，转向了对更复杂的人类语言和认知的建模。因此，在数据分析中对上下文的处理可以充当定性和定量研究设计之间的决定性桥梁。尽管计算机的"真正理解"可能仍然是一厢情愿，但如今文本挖掘算法越来越多地将上下文信息包含到其分析中，因而在自动从文本中提取"含义"方面取得了一定的进展。如果对这些新方法持开放态度，那么定性的社会研究可能会受益于半个多世纪前学者所发起的分析方法的发展。

社会科学家可能对日益增长的海量的数据感兴趣，但单个研究人员无法阅读所有这些材料。采样数据需要大量关于主题的先前知识，这容易使调查周期较长的项目的研究方向产生偏差。培养研究人员掌握应对这些海量数据问题的技术和方法变得越来越重要，进一步学习和应用文本挖掘技术方法是一个很好的渠道，可以更好地应对自动分析的深度和广泛性之间的折中问题。因此，通过补充传统的定性研究方法，这些技术可能会在社会科学研究界被进一步接受，从而解决众所周知的结果缺乏可靠性、有效性和可信性问题。

对于以定性为导向的社会科学研究来说，半自动分析或有监督的文本挖掘过程是计算机辅助文本分析发展的关键所在，但计算机无法真正像社会科学家那样理解文本的重建方式。与人类分析师可以依赖的经验和常识性知识相比，算法只能从文本之外部署很少的上下文知识。因此，定性解释方法所关注的对文本"潜在意义"的提取，确实超出了文本自动分析的能力范围。例如，对于较短的节选文本，即使结合大量的素材训练，可能也无法直接从自动文本分析中获得正确的语义信息。但是，如果结合节选文本的上下文语义分析方法，在跨文本层面上进行语义挖掘，则很有可能通过计算机辅助方法获得正确的语义信息。

一些较为成功的社会科学大数据分析技术的发展经验表明，将社会科学家、语言学家和计算机科学家组成的跨学科研究团队召集在一起进行相关数据分析技术的开发与测试常常是最佳选择。从技术角度或方法论的角度来回答数据分析技术的开发问题时，普遍的回答是没有"开箱即用"的解决方案。每个人都必须开发自己的处理方式，并针对其特定目的重新发明或调整现有的数据分析技术。

如果社会科学研究能够大胆地实现这些跨学科的合作，对所有参与者来说都可能是有益的。计算机科学家和语言学家可能会改进他们在"现实世界"问题上的数据分析方法与工具，以增强方法的适用性。社会科学可能会进一步模糊定性和定量研究范式之间具有阻碍性的、人为导致的区别，从而实现两者的有效整合。对于未来的计算机辅助文本分析，我们预计，应用的算法越能挖掘"潜在"意义，而不是计算表面观察值，它们就越有助于弥合定性和定量分析（量化数据分析）之间的差距。只要它们能够保持定性输入数据和定量结果之间的联系，就能够使研究人员建立对这种方法的信心。在这些条件下，"远距离阅读"和"近距离阅读"可以有效地相互作用，定量文本分析可以保持"定性质量"。

许多新颖而有前途的数据来源都可用于社会科学研究，研究人员很容易地收集到数据。这些来源可以使研究人员能够捕获以前无法观察的现象。但计算和数据处理专家、社会科学家都应该避免狂妄自大的研究态度。数据和理论之间的关系可能会调整，但不会被忽略。数据可以帮助研究人员发展、反思和质疑理论，但不会也不能取代理论。越来越多地使用计算工具来进行社会研究这一事实仍然不能挑战传统社会调查方法的地位。到目前为止，方法只是强大理论的一种来源，在社会科学中，方法本身并不是一种贡献，只有当本体论和认识论的假设在每个研究设计中都得到反映，方法才能成为有意义的贡献。总体而言，新形式的数据和方法为社会科学研究提供了良好的机会。但为了保持严谨性和相关性，社会科学家不仅要适应这些机会，还必须在对社会科学探究的过程中采用新颖的理论进行基本的论述，它使社会科学与数据科学有所不同。

从历史上看，统计似乎一直是社会科学数据分析的主要模式。时至今日，我们在很大程度上仍然在使用数字计算机出现之前发展起来的统计方法，而这些方法现在只是将统计计算过程转移到数字计算机上进行。但基于大数据的社会数据分析方法和技术确实正在改善社会科学研究，其中最突出的是将数据中描述的个体联系起来。

12.4　从大数据到社会科学认知的过程实践

与数据科学和大数据相关的最重要的社会科学挑战之一是开放数据流的整合能否转化为能够指导实践的、可操作的知识。认识到这一挑战以及与这些类型数据相关的其他问题后，国家政府有责任和必要性制定"从大数据到知识的过程"相关政策。将"大数据转化为知识"这一概念从几个方面对社会和行为科学具有重要意义。首先，向数据密集型科学的普遍转变将对所有科学学科产生影响，但鉴于大数据源捕获的是大量行为和相关结构，这尤其是会对行为科学和社会科学产生影响。其次，科学本身是一项社会事业，通过将社会科学的原理应用到研究中，应该可以改善在大数据时代困扰科技企业的一些系统性问题。我们探讨重新调整科学事业的基本机制的可行性，使其更加透明、更具整体性和凝聚力、更快速、更相关、更灵敏。

美国国立卫生研究院（National Institutes of Health，NIH）院长弗朗西

斯·柯林斯（Francis Collins）强调，高通量计算技术的开发将是美国国立卫生研究院的一个重要使命。诚然，柯林斯博士对生命科学中大数据技术的重视源于他的观察，即负责记录人类基因组 30 多亿碱基对的基因测序技术在计算速度上呈指数级增长，而相应的成本却在下降。美国国立卫生研究院意识到，在不久的将来，高通量计算技术的可用性将创造一个有利于一个全新类型的生物医学企业的临床环境。研究学者将其称为"4P（predictive，proactive，personalized and participatory）医学"，即利用数据的力量变得比工业时代的同行更具预测性、先发制人性、个性化（或者有些人会说更精确）（Hood and Flores，2012）。从临床实践的自然实验室流回研究企业的数据也可以提供有价值的信息，其中，生物医学科学和卫生系统研究可以在"快速学习卫生保健系统"的持续改进的良性循环中通过实际应用获得信息（Etheredge，2007）。

12.4.1 从大数据到知识的转化过程与社会科学的关系

将大数据转化为知识的过程与社会科学有两个方面的关联。

第一，整合和分析大量数据所需的计算技术与建立社会科学中的基础理论知识同样重要，因为它们在物理科学中正变得越来越重要。在数据密集、网络化的科学时代，大数据运动将要求所有学科重新审视其基本的方法论和认识论基础，社会科学也不例外。社会科学正在与其他科学学科一起，重新审视理论、出版、数据共享、知识产权、知识积累和公共责任在当今时代的作用。

第二，将数据转化为知识本身就是一项社会事业。我们需要进行社会科学研究，以了解如何创建、访问、共享大数据资产，并将其用于跨学科的研究。美国总统科学技术顾问委员会在 2010 年关于"设计数字未来"的报告中这样解释道："在过去 20 年里，互联网和万维网推动了这场革命，其最显著的特点就是无数互联网用户为这场革命作出了最大的贡献，而他们中绝大多数几乎没有技术或编程能力。而且这仅仅是集体智能新领域的开始，现代技术促使人类对集体行为产生了新的理解，并为解决复杂系统和网络中的问题提供了新的方法。"

为了探讨社会科学从大数据向知识转化的意义，非常重要的一点是要从通过修订的政策和新的参与性平台角度，应对在建立真正累积科学的基础结构方面出现的挑战和机遇。另一点是从汇聚和并行数据流中提取所需的必要结构，分析动态变化，在这方面，综合数据分析有利于通过多层次分析等新技术实现对社会和行为过程的认知。通过研究如何设计这些新的数据结构，如何设立更快、更高效和相关的科学课程，以完成我们在社会科学领域对大数据到知识的处理。

12.4.2　精练和完善累积科学的结构

电子连接性与受访者的科学生产力的提高正相关，电子连接的潜力，以支持分布式工作的方式，将在"无形学院"（Crane，1972）被科学地生产出来。其他情况下的研究也显示出类似的效果（Sproull et al.，1991）。认识到电子网络可以加速知识发现和创生的潜力，欧美发达国家以及我国政府的科学研究支持基金正在加大对电子连接技术研究的投资，以改进科学领域的数据收集、分析和报告。

1. 向开放获取的运动

通过电子网络支持科学的投资正在进行，决策者会更加重视确保公共资助研究的利益以透明和平等的方式分配给所有可能的受益者。在美国，联邦职能部门和白宫认为，出版物所涉及的科研数据，能够应用于更广泛的科学事业。在 2003 年 6 月发布的《贝塞斯达开放获取出版宣言》中，美国国立卫生研究院率先宣布，它打算要求公共资助的生物医学研究产生的任何学术出版物在正式出版后 12 个月内免费向公众提供。其他国际机构提出了类似的决议，以利用全球信息基础设施带来的优势。美国立法机关随后出台了几项法案，建议由公共资助的研究成果可以免费提供给公众，以刺激创新。尽管这些法案中的大多数从未提交表决，但在美国 2013 年和 2014 年的预算谈判中，该法案的提议被编成法典。

美国的《2014 财年综合拨款法案》（Consolidated Approvisions Act of 2014）是一项经过谈判的资助法案，旨在让美国政府在 2013 年政治僵局后保持开放，其中包括了有关公众获取政府资助研究成果的具体规定。受影响的机构包括卫生和公共服务部、教育部和劳工部。立法指示各出版机构在由纳税人资助的文章发表后 12 个月内，以电子形式向公众免费提供。据估计，该法案所涉及的覆盖范围将使美国政府每年 610 亿美元研究预算中的 310 亿美元所支持的研究成果向公众开放。这项立法已经导致了科学类出版社之间关于如何在满足出版成本的同时遵守立法要求的持续辩论。社会类出版社通常依赖订阅费，而医学类出版社通常使用作者资助费来满足出版成本。

2. 向数据开放获取迈进

2003 年，美国国立卫生研究院为每年资助费用超过 50 万美元的所有科研项目启动了数据共享政策。例如，美国国立卫生研究院公布了一项基因组数据共享政策，该政策要求所有在美国国立卫生研究院支持下开展项目研究所获得的基因组数据，无论该项目资金水平如何，都可以在适当的美国国立卫生研究院数据存储库中进行二次分析。该政策解决了开放数据工作的许多挑战性问题，包括对未来二次数据使用的知情同意、敏感信息的适当识别和额外隐私保护、知识产权保护，以及对这些数据存储库的控制访问和非限制访问的考虑因素。美国国立卫生研究院继续支持基因型和表型数据库以及许多其他数据库，以促进数据访问和集成，但行为和社会科学数据不包括在美国国立卫生研究院支持的数据库中。

在执行层面，第一位由总统任命的联邦首席信息官（这一职位是依据2002 年《电子政务法》设立的）宣布，计划通过建立"data.gov"网站和"healthdata.gov"网站，以机器可读的格式向公众提供联邦资助的数据集。2013年 2 月 22 日，白宫科技政策办公室（Office of Science and Technology Policy）向各行政部门和机构的负责人发布了一份备忘录，指示他们将获取联邦资助研究产生的数字数据集作为优先事项，从而进一步确立了这一政策。备忘录强调了提供气象数据来推动预报行业，以及提供基因组测序数据来推动生物医学创新，这些都是引人注目的用例。

3. 提高精密度和可再现性

进入开放科学范式的另一个理由是，数据分析要努力提高精密度、透明度和协作性，进而提高研究的严谨性和可重复性。开放科学的支持者经常指出，历史上对纸质出版物的依赖以及出版场所的有限性造成了一系列意想不到的障碍，阻碍了知识积累（Nosek and Bar-Anan，2012）。当任期、资金和专业认可度都取决于发表率时，研究人员面临的压力就成了一个日益微妙的问题，他们需要在实验假设的检验上花费巨大的精力，以探索如何使其数据达到 $p<0.05$ 的统计学显著性，以致人们讽刺地将这种行为称为"p hacking"（p 值操纵）。有些科学家没有透露如何分析数据，而是直接说明他们的结果统计显著——即使它们并不显著（Ioannidis et al.，2012）。

针对这些问题，专业协会和资助机构已经开始努力确定故意行为（故意的 p 值操纵行为构成欺诈）与无心之差的界限，并尝试实施补救措施。2012年，美国心理科学协会与美国国立卫生研究院行为和社会科学研究办公室联合出版了《心理科学观点》杂志专刊，主题是心理科学研究结果的再现性。大约在同一时间，美国心理学会推出了一个实验性的开放存取期刊，称为科学心理学档案馆，作为对数据存档和开放存取出版的一次尝试。2014 年 2 月，美国国家科学基金会社会、行为和经济科学理事会召集了一个受邀专家小组，讨论社会科学严谨性和可靠性的障碍，并在大数据时代提出有希望的解决方案，以供进一步探索。

12.4.3　整合数据流

科学的网络基础设施促进的大数据倡议的另一个主旨是，能够将孤立的数据流转化为整合模式的综合图像，这有力地加强了社会科学家、决策者、执业专业人员和公众的情境意识（Thacker et al.，2012）。以物理海洋学家所做工作为例，能够帮助我们更准确地描述这种能力。物理海洋学家早期应用分布式网络技术的原因之一是，他们依赖这些技术来系统处理来自远程浮标、卫星遥测和遥感、远洋船只、空中气象气球和其他高流量来源的信号，高速数据使研究能够覆盖更大的地理区域。国家科学基金会、国家航空航天局与国家海洋和大气管理局等政府机构提供了联合资金，以确保这些传感器采集的数据符合高保真度和可靠性的高标准。

资助机构意识到，通过允许第三方供应商基于这些数据构建应用程序，他们可以向公众回报价值。商业气象学家将这些输入的每日读数转换为每日天气和海洋状况报告，以便通过新闻媒体和终端移动设备对天气作出更加及时和准确的报道。全球定位系统设备开发商已经在航海、航空和汽车导航系统的基础上创造了一个全新的经济领域。谷歌、苹果、安卓等信息技术强大的公司已经能够利用来自交通传感器、开放地理信息系统和商业数据供应商提供的数据流，向消费者提供精确的地图应用软件，甚至已经开始结合精准定位数据开发自动驾驶技术。

1. 构建情境感知原型

2007 年，美国的研究人员试图以一些来自物理科学的综合数据活动为背景，说明知识、态度、健康行为等互补数据流如何以实现 2010 年和 2020 年的社区健康为目标来提高社会价值。通过国家癌症研究所的行为研究计划，他们受托进行了一系列的发展性研究，旨在探索使用综合数据分析技术向用户展示一幅随着时间的推移汇聚数据源的变化趋势互动图的可行性。从理论上讲，源数据集可以从联邦政府维护的大量公开可用的监测数据集中提取。其想法是，通过提供这些数据集的网格存取接口，将有可能构建一个交互式公共层，将相关组件汇集在一起，为公共政策规划者、记者、研究人员和公众提供信息。

2. 精练整合数据的方式

随着新数据流的不断累积，对美国国立卫生研究院资助项目提供数据支持，要求进一步开发数据管理和分析方法，以处理各种新类型的数据和应对更加复杂的数据结构。数据分析发展的一个新领域是综合数据分析（integrated data analysis，IDA）。IDA 指通过一组分析策略，将两个或多个独立的数据集汇集在一起，再进行综合统计分析。IDA 可以处理定量和定性数据，它不同于其他传统数据分析技术，在建立累积的知识库方面具备一定的优势，如荟萃分析，在荟萃分析中，多个研究的统计数据汇集在一起。由于 IDA 技术汇集了原始数据，因此在荟萃分析中不会丢失个人信息，这使得研究人员不仅可以回答什么有效，而且可以回答对谁有效的问题，以及在什么情况下有效（Cooper and Patall，2009）。汇聚不同研究的数据并综合分析可以处理个别临床研究检测不到的调节和中介效应，或者促进独特的交叉比较研究。此外，在社会科学研究的许多领域，综合数据分析提供了更广泛的数据调查结果。例如，IDA 可以用来分析生物医学跟踪的监测数据集，其中包含传统数据分析方法难以处理的与社会背景、理解、信念或行为相关的变量。

12.4.4　实现快速响应研究

面对消费者的基因测序公司引起了生物医学科学家的注意，它展示了如何能够在不到原研究六分之一的时间内以较低成本完成对美国国立卫生研究院资助的大型试验结果的复制。美国国立卫生研究院资助的这项试验遵循一个非常规的六年轨迹，从假说的产生，到提案的制定、资助、数据收集、数据提交、分析、写作和发表。该研究得出了一个证据充分的结论，即葡糖脑苷脂酶基因突变会增加 5 倍的帕金森病患病风险。它利用客户在公民科学活动中捐赠数据的意愿，同时利用大规模分布式电子网络的能力，同时上传来自数千名客户的数据。最终显著缩短了收集、分析和确认葡糖脑苷脂酶基因与帕金森病的关联机制所需的时间。

消费者或患者信息组成的存储库为快速研究提供了独特的基础数据源，但这些数据源也受到高度自我选择和概率样本的影响，这限制了研究结果的普遍适用性。然而，这些存储库的参与者打算将他们的数据用于研究。相比之下，在搜索引擎、移动应用程序和社交媒体网站上留下数字痕迹的消费者并不打算将他们的数据用于研究。这些数据被广泛挖掘用于质量改进和营销目的，这些数据通常被认为是存档的，不受消费者知情同意规则的约束。但最近对一项操纵 Facebook 情绪内容的研究的批评引起了普遍的关注。显然，对消费者行为的实验性操作与对应用界面特性或功能的实验性操作明显不同，前者需要在法律框架内对以研究为目的的研究参与者进行保护（Kramer et al.，2014）。

1. 重塑发明或科学发现

一些人认为，大数据研究可能带来网络科学时代"重塑发现"的机会。

根据这些思路，一些研究人员致力于在提高信息革命能力的情况下，加快社会科学研究进程的步伐。他们的目标是设计一个新的研究环境，更能迅速催化社会科学发现，更能满足共同体的实际需求，并更能将科学知识转化为实际生产力。美国国立卫生研究院所支持的医学研究正朝着通过使用电子健康记录系统实现的可互操作数据流的方向发展，从而更迅速地将有效的治疗建议从"工作台转移到床边"，然后再从一个"工作台"转移到另一个"工作台"，以便在学习型医疗保健系统中进一步完善治疗方案。相似案例并不只局限于上述医学和生物学领域，这意味着将基于个体行为的网络化行为数据及其新近发展起来的数据分析方法相结合，正在成为新的科学研究发现机制。

关注于创造一个更快速的环境，将数据转化为知识，部分的重点在于重新审查我们在社会和生物医学研究中所做的大部分工作的基本假设。作为可穿戴设备技术革命的一部分而无处不在的新移动传感技术可以在"N-of-1"实验①中提供快速收集行为数据的功能。科学家正在建立基于稀疏数据集的治疗设计理论，但他们很可能无法忍受烦琐耗时的试验过程。如果一项医学研究成果需要为病人的治疗提供帮助，而不是等到 7 年至 14 年以后，研究就必须变得更快，而且更快速的研究还能减少研究冗长带来的风险。

幸运的是，新的设计和分析方法层出不穷，其中许多借鉴了互补学科的分析方法，可以更快速地从积累的数据源中获取知识，因此研究可以更快速地进行，但不会缺乏严谨性。

2. 广泛参与科学

社会科学研究的另一个探索趋势是一种被一部分人称为"公民科学"的趋势。美国国家科学基金会资助的研究人员发现，在适当的情况下，普通公

---

① 一种临床医学实验，临床医学中的"N-of-1"试验是在单个患者中进行的多个交叉试验，通常是随机的，也常常是盲的。因此，"N-of-1"试验属于单案例设计，已广泛应用于心理学、教育和社会工作。

民有动力、有能力作为科学企业的合作伙伴向研究人员提供数据。在其中一项被称为"参与式感知"的实验中，哮喘患者自愿在手机上使用专门设计的应用程序来监测洛杉矶的空气质量。市民捐赠的数据可以被汇编成数据丰富的大气地图，指出哪里的空气质量差，哪里的空气质量相对较清洁。这种方法的优点是快速（实时传感），反应迅速，与参与者的需求相关，并且非常强大。

公民科学的其他表现形式也实现了不同程度的成功。如生物医学领域的众包平台 Foldit 使用游戏化技术（即借鉴视频游戏行业中吸引注意力和促进互动的界面思想）来鼓励普通观众"为科学解决难题"。所讨论的难题与折叠蛋白质有关，这项任务极难通过自动化程序来完成，但可以由有兴趣帮助生物化学家解决现实世界问题的普通公众来完成。另一个表现形式如"像我这样的病人"的网络存在，它使被诊断出患有多种疾病的病人有机会与患有同样疾病的其他人进行互动，然后一起提供关于他们的病情和治疗的数据，这是一种为他人谋利益的"数据利他主义"行为。此外，美国食品和药品管理局的"迷你哨兵"试点计划也是一个尝试，即利用电子分布式数据收集技术，汇总上市医疗产品（包括药品、器械和生物制品）安全性监测数据。

通过以上分析，我们呈现了一个促进科学家研究的快速发展的分布式社会数据网络工作环境。这些科学家在一系列领域进行合作，一方面是物理海洋学和生物医学，另一方面是社会和行为科学。在此过程中，我们试图探索重新调整科学事业的基本机制的可行性，使之更加透明、更具整体性和凝聚力，比以往任何时候都更迅速、更相关。

我们认识到，这些机会是通过信息科学家的辛勤工作实现的，他们努力在经济和社会的各个部门实现"数字未来"的价值。我们还认识到，这是一项社会技术努力，它的核心是一个"社会计算"的新时代，社会科学不仅将从中受益，而且必须成为其中的一部分。

第 13 章

数据科学驱动的社会科学研究组织方式的转变

从部分样本数据抽样分析决策到完整数据集的深度分析决策是一种决策方式上的重要转变。正如我们在之前的内容中所述及的，大数据指的是以各种不同格式高速率大量生成的数据。大数据类似于一组庞大的数据集，它们非常复杂，捕获、存储、处理和分析它们的工作很烦琐。"大数据"的定义可能因组织而异，因人而异，这取决于它们的用例以及它们从数据和数据特征（如数据大小、容量、人力资源能力、用于分析的技术等）中产生的价值。例如，对于一些组织来说，管理几个 GB 的数据可能已经是一项繁重的工作，而数字时代还可能面对 TB 级别的数据管理。这就要求当我们存储数据时，必须通过数据分析获得有用信息，并由此做出决策。然而，传统的做法是只取部分样本数据进行分析，而不是取完整的数据，这给处理完整的数据集带来了许多技术挑战。对数据进行抽样分析，可以为决策提供依据。然而，借助大数据和相关的技术与框架，如 Hadoop，我们将能够处理和分析完整的数据集。因此，我们可以从完整的数据集中获得非常准确的结果，因为它对决策没有偏见。

哲学家因为数据使用方式和使用目的的不同及其在经济社会背景下的关系而定义其二元化的本质。Kitchin 可能是目前最受认可的大数据哲学家之一，他在 2014 年出版了《数据革命：大数据、开放数据、数据基础设施及其后果》。他指出，人们对数据本身缺乏概念上的关注，并考察了数据是如何概念化的。他概述了一个二元观点，即数据本身要么是现实的中性元素，要么是社会结构的元素，就像其他任何此类元素一样。他们的立场是，数据是一种中立的现实衡量标准，没有政治或议程，人们利用数据并将其服务于自己，而不是科学本身。另一种观点认为，数据是认识论的单位，社会建构的所有偏见，议程和政治权力，可能是任何社会建构所固有的。因此，即使是数据的本体定义（在使用之前）也不是一个中立的技术过程，而是一个规范的、政治的和道德的过程。科学中也存在类似的广为人知的二元争论，即科学是客观的，还是由社会主观建构的。科学、数据或大数据科学能否脱离人类思维体系和客观科学装置而独立存在，对此很难进行实证性的回应。Kitchin 提出了数据集合的概念，明确考虑了这些不同的影响，如地点、主体、政治经济、制度、监管和思想体系。

从实际应用的视角来看，数据密集型科学包含了许多不同的研究领域。计算等价物正在成为一个成熟的领域，几乎伴随着科学的每一个领域。除了自然科学，人文社会科学也是如此，如计算方法学、文献计量学中的主题建模（概念分析）、社会网络情感分析以及数字人文学科中的一些概念。数据密集型科学的一些主要类别是地球、环境和自然系统，健康与生物学，科学计算基础设施。更具体地说，这些领域包括大气科学、天文学、空气动力学，复杂性科学、神经科学、医疗保健、生物学和生态学，计算与信息网络、云计算、信息发布与传播，以及高级计算、人工智能、机器学习、深度学习和神经网络。

13.1　社会科学研究支持性基础设施的发展变化

13.1.1　以数据云为代表的电子基础设施的出现和进化

将数据存储到数据库服务器、管理数据、维护数据中心和底层基础设施对于非 IT（information technology，信息技术）组织来说难度较大且很烦琐，为做好这些工作，组织必须在基础设施和知识产权方面投入大量资金。许多组织希望专注于其核心业务，而不是维护这些数据中心和所需的基础设施，因为它们只专注于其业务战略以获取利润。为管理基础设施、平台和软件提供所有这些服务的想法一直随组织功能的进化而发展。为了管理这些具有很大弹性和实现按需服务，提供商需要用分布式计算能力维护基础设施。分布式计算是通过组织分散的算力资源和数据资源为共同需求而工作的一种计算体系，它工作在分布式体系结构和非交互式工作结构基础之上。分布式计算通常是通过信号传递技术来管理一个计算机集群，使之协同工作以达到目标。随着需要管理和处理的数据日益增多，单个公司管理数据库和数据中心变得困难，云数据计算需求也变得迫切。基于这种需求，企业需要提高数据处理和管理能力，这是云计算演进的主要因素。云计算的理念是在短时间内按需提供所有必需的基础设施。这将大大减少单个公司对基础设施的投资。第三方数据中心是云计算操作的中心，可实现数据存储功能和向用户与企业提供解决方案。云计算是云用户之间共享的基础设施和服务，因此它将是最经济的数据存储和处理方式。毫无疑问，云计算是 21 世纪信息技术的发展重点之一。云计算的三个特点是按使用付费、灵活及可靠、基础设施标准化。

为了在云上存储、管理和处理数据，它使用互联网上的地面服务器。云是一种分布式并行计算机制，与网格计算技术相结合。这些服务器共同处理数据。云计算是面向服务计算（service-oriented computing，SOC）的同义词。同时，云计算与软件、平台和硬件等所有资源都是向客户提供的一揽子服务的一部分，并通过互联网或其他专用网络来提供。三个最常用的云计算组件是软件即服务（software as a service，SaaS）、平台即服务（platform-as-a-service，PaaS）、基础设施即服务（infrastructure as a service，IaaS）。

云服务可以分布于以下四种模型中：①私有云（private clouds），一种仅为单个组织操作和管理云基础设施的模型。②公共云,一种在互联网上提供服务并向公众开放的模式。人们担心的是公共云的安全性,因为它是公共云的共享池。③混合云,混合云是私有云和公共云的结合。④社区云,是具有共同目标的志同道合组织共享基础设施和服务的模式。

1. 电子基础设施的国际实践

社会科学的认知越来越依赖社会科学大数据分析技术,而社会科学大数据分析技术越来越依赖被冠以不同名称的电子基础设施,这构成了社会科学认知功能体系的先进物理基础。美国、英国、欧洲和其他地方正在全力以赴建立科学基础设施,实现电子研究。美国国家科学基金会(National Science Foundation,NSF)网络基础设施办公室正在实施一项雄心勃勃的计划,旨在鼓励和发展各种自然科学与社会科学领域的网络基础设施。在英国,经济和社会研究理事会(Economic and Social Research Council,ESRC)国家电子社会科学中心(National Centre for e-Social Science,NCESS)最近立项了第二轮资助项目,其目的是了解网格化电子社会科学的需求和用于电子研究的工具。其他特定的基于网格计算的旨在提升美国、英国、欧盟和其他地方电子科学和社会科学的项目还有很多。关于这些新的科学信息基础设施的许多研究强调,许多资助机构将电子研究视为改变科学实践的一种方式。例如,美国国家科学基金会最近修订了"智力价值评估标准,特别包括潜在变革性研究的方法"。尽管表明电子研究具有变革潜力的方法比比皆是,但很少有工作研究这种潜力能在多大程度上得到实现。电子研究转型的概念可以在许多层面上运作:用于进行研究的工具的转型、支持新型电子研究的项目的转型、普通科学实践的转型、可以提出和能够提出的科学问题类型的转型以及科学想象中的变化。虽然当前许多观点暗示电子研究将改变科学的本质,但在电子研究基础设施发展的相对早期阶段,其他类型的研究仍将更具优势。

2. 美国的科学合作电子网络

2003 年，美国国家科学基金会收到了一份蓝带小组的报告，内容是关于加强科学合作电子网络的重要性。该咨询报告之后，2007 年美国国家科学基金会发布了一项行动计划《21 世纪发现的网络基础设施愿景》。这两份报告都捕捉到了一个协作的、数据密集型的研究环境的愿景，据当时的美国国家科学基金会主任说，Arden Bement 将把高能物理研究从理论构建转变为科学实践；探索分子医学的新领域；支持采用新的跨学科观点对社会、行为和经济科学中人类的主观努力进行研究。这些报告预示着需要将大数据纳入包括医学和社会科学在内的科学领域。

3. 欧洲的 SoBigData++项目

欧洲早有建设社会科学数据基础设施的先例，欧洲社会科学数据档案目录库（Consortium of European Social Science Data Archives，CESDA）是欧洲 20 个社会科学数据档案的协调机构，包括德国莱布尼茨社会科学研究所、丹麦数据档案馆、英国数据档案馆、爱尔兰社会科学数据档案馆等。CESDA 拥有社会调查、选举研究、纵向研究、民意调查和人口普查数据的数据目录，包括欧洲和其他国际比较调查项目，如欧洲社会调查、欧洲晴雨表、国际社会调查和世界价值观调查。然而，用户应该注意到，每个 CESDA 成员档案馆也保存着自己的数据目录，有些成员档案馆并没有将它们的所有数据贡献给 CESDA 目录。当前的 CESSDA 目录支持按主题、关键字和发布者进行自由文本搜索与浏览。尽管具体细节尚未公布，但欧洲研究基础设施联盟（European Research Infrastructure Consortium，ERIC）正在计划升级 CESDA 研究基础设施，并升级到一个完全集成的数据档案库。

2015 年，欧洲启动了 SoBigData++项目。SoBigData++项目致力于为大社会数据分析提供分布式、泛欧洲、多学科的研究基础架构，并整合跨学科的欧洲研究共同体，旨在利用社会挖掘和大数据来理解当代的复杂性与全球互联的社会科学共同体，并努力成为该领域先进的共同体，SoBigData++将提高其工具和服务质量，以通过大型设计和执行平台为研究人员和创新者提供大规模的社会探索实验支持。它将向具有不同背景的用户开放，可以在项目云上访问，还可以拥有超级计算功能。SoBigData++进一步推动了 FAIR①原则，将使非数据科学家的领域专家更轻松地设计、调整和重复社交挖掘实验。SoBigData++将由一个先驱者共同体发展成为一个广泛而多样的科学运动，将赋予下一代社会数据科学家强大的科学探索能力，以应对如下社会挑战：社会辩论和在线错误信息识别，城市可持续发展，人口统计学，经济与金融2.0，移民研究，体育数据科学，人工智能对社会的影响以及可解释的机器学习。SoBigData++将通过使用价值敏感型设计应对隐私保护、公平、透明和多元化的价值与规范带来的道德和法律挑战。SoBigData++将成为数据驱动型创新加速器，促进与行业的联合项目开发合作，并将巩固为欧洲研究基础设施战略论坛（European Strategy Forum on Research Infrastructures，ESFRI）路线图准备的研究基础设施。

13.1.2　电子基础设施——社会科学研究的新工具系统

当"电子科学"一词流行时，它经常被称为"增强科学"或"电子科学"。更具说服力的定义是"eScience 是关于关键科学领域的全球合作以及实现这一目标的下一代基础设施"。问题出现了，社会科学可以从电子科学基础设施的最新发展中受益多少？尽管到目前为止，计算、存储和网络能力足以容纳与访问社会科学数据库，但新的能力和技术可以支持新型的研究，如链接和

---

① FAIR 表示 findable（可发现）、accessible（可访问）、interoperable（可互操作）、reusable（可重用）。

分析交易或视听数据。研究人员在分布式网络中协作工作得到了越来越多的有效支持，并且新资源可用于电子学习。这些新发展是否具有变革性或仅是有益的，将在很大程度上取决于理论上创新的科学家是否认识到其全部潜力并将其创造性地整合到新的研究设计中。电子科学的进步在很大程度上与网格的愿景有关，网格的愿景是"一种软件基础架构，可以在个人、机构和资源的动态集合之间实现灵活、安全、协调的资源共享"，并且该架构的计算能力几乎不受限制（Procter et al.，2013）。在社会科学领域，使用现代信息技术以多种语言访问整个欧洲及其他地区的虚拟分布式研究数据库［如 Networked Social Science Tools and Resources（NESSTAR）和 Consortium of European Social Science Data Archives（CESSDA）］，访问官方统计数据的数据门户已经取得了长足的进步，文献、项目、专家和其他数据库（如数字图书馆）已初步建立。

尽管过去几十年来，新型测量方法、不断扩展的数据库和计算技术推动了数据科学的进步，但仍存在革命性的新系统方法面对复杂研究的挑战，全面技术基础架构的实施也促进了创新研究的发展。基本上，电子社会科学将遵循这些思想，重点是为"启用"社会研究提供先进的信息技术服务。英国国家电子社会科学中心指出："电子社会科学是一个术语，涵盖了社会科学内部的技术发展和方法。我们正在与社会科学家和计算机科学家合作研究工具与方法，社会科学家可以利用这些工具和方法来帮助他们进行研究。这些工具可能使社会科学研究者进行新的研究或者更快地进行研究。这些工具可以在各种社会科学领域中使用。在英国国家电子社会科学中心内，我们将 eSocial Science 中的'e'称为'使能'（evaluating）"。

社会科学在国际比较研究领域的服务机构、数据库、数据实验室和研究人员网络方面有着长期的基础设施发展记录，因此，社会科学家指出，有必要将其现有基础设施与新兴的基于信息技术的基础设施区分开来。欧洲下一代跨国通信技术研究中把电子基础设施概念定义为："电子基础设施指的是在所有研究人员——无论是在本国机构内工作，还是在其他国家或多国联合科学项目中工作——都可以共享获得独特或分布式科学设施（包括数据、仪器、计算和通信）无论他们是何种身份、身处何地。"

与此同时，美国国家科学基金会蓝带小组确定了他们称之为"网络基础设施"的概念："我们设想一个环境，在这种环境中，原始数据和最近的成果很容易共享——不仅在研究小组或机构内可以共享，而且在不同科学学科和地点之间也可以共享。通过提供分享见解、软件和知识的通用平台，减少资源浪费和重复建设。只有所有的标准和基础技术基础设施都共享，才会发生这种情况。"迄今为止，网络基础设施是与已知基础设施有关的定义："虽然良好的基础设施往往被视为理所当然，只有在它停止运作时才被注意，但它是社会创造的最复杂和最昂贵的东西之一。网络基础设施是指基于分布式计算机、信息和通信技术的基础设施。如果工业经济需要基础设施，那么我们可以说，知识经济需要网络基础设施。"

社会科学的数据基础设施需求对新技术的未来发展提供了令人向往的愿景，但最终用户实际需要的服务往往不能令人满意。实施新技术的经济潜力、社会中支持这些技术并使其适应用户群体具体需要的专门知识水平以及数据管理和方法技能因国家而异。

与这些新技术相关的需求、挑战和障碍等问题已通过欧洲研究教育网络得到了解决，该机构可为受访者提供大量脱敏数据（甚至包括医学影像）。另外，新技术还要求保证对移动互联网的访问服务，包括研究人员的家庭访问，特别是人文和社会科学等非实验室研究访问，以及境外访问。作为这些使用模式的结果，规定在各种网络上部署"身份验证、授权和记账"（authentication，authorization，accounting，AAA）服务，以便对访问进行必要的控制。可以从许多来源获得各种各样的数据，并确定了软件在多个层面支持协作工作、共享数据库和数据集成的潜力。最后，这些网络提供了将"未来一代科学家"纳入网络的方法。本着系统研究和加强科学研究的选择与挑战的精神，必须要保证科学研究具有坚实的联合背景基础，如果我们要取得进展，欧盟委员会、电信供应商、设备供应商、各种服务供应商、地方和地区当局、大学和用户社区都必须动员起来，朝着同一个方向前进。如果在未来 5~10 年不制订计划保持甚至改善这种状况，那么技术进步的持续速度，组织和政治变革将不可避免地导致快速衰退"。除了美国和英国以外，没有其他西方国家采取促进社会科学或人文学科吸收研究基础设施提供的电子资源的举措。同时，欧洲研究基础设施战略论坛认识到了将这些科学领域纳入欧洲研究基础设施战略论坛路线图的重要性。在 ESFRI 路线图报告中，确定了社会科学和人文科学研究基础设施的三个长期战略目标：比较数据与建模、数据集成、语言工具与协调。这些目标为社会科学和人文科学研究人员开发或使用电子基础设施创造了潜力。

大数据基础架构对于进行高质量的研究非常有帮助。它们对于进步是必不可少的，到目前为止，典型例子是人类基因组的作图和新的基本粒子的发现，这些都得益于先进的计算、数据存储和网络技术。与分布广泛的研究共同体保持联系，包括 40 个国家在内的全球比较社会调查计划中的协作工作和数据访问已经获得了这些新技术的大力支持。迅速增长的社会科学数据库，包括方法控制的数据库和带有相关元数据的新型数据，越来越倾向于跨主题领域的数据链接。因此，这些数据比以往任何时候都更能有效地支持复杂的社会过程的建模，这些过程可能需要在分散的研究人员网络中进行协作，从而需要大规模数据访问和计算资源。

先进网格应用的技术骨干和电子基础设施已经到位，并被许多国际和国家学术界实际使用。在原则上和实践中，有技术解决方案可为研究人员提供按需计算资源，共享复杂、异构和广泛分布的数据存储库的功能，以及使研究人员能够轻松有效地与世界各地的同事协作的手段。这些功能，现在是可用的，在 21 世纪初已经成为电子研究远景的一部分。这表明这些新技术以惊人的速度发展，并在某些学科中得到应用。总的来说，到目前为止，社会科学已经选择了 Web 2.0 解决方案。这些 Web 2.0 解决方案的吸引力在于那些"随时可用的应用程序"。到目前为止，它们看似已经强大到足以支持域中的大多数数据访问和分析需求，但对于统计局和专家组的敏感微观数据，相关领域专家目前正在进行研究，将披露程序纳入数据访问和分析系统，这会带来特殊的数据保护问题。随着全球范围内数据可用性的提高和跨越传统学科界限的研究，可能需要新的大规模数据访问和高速计算技术。

电子基础设施面临的挑战和发展需求超出了普通研究机构的能力，无法跟上其发展并满足其长期需求。迄今为止，结盟或建立多边机构合作一直是学术自组织的解决方案。英国国家电子社会科学中心就是一个创建能力中心的示例，该中心旨在为社会科学领域提供这方面的服务。未来的发展是否需要社会科学数据库的网格支持还是可以使用 Web 2.0 支持进一步发展，目前是一个悬而未决的问题。这里的挑战是数据库的无缝集成和互操作性，国际化和跨学科研究也提出了这一要求。电子基础设施的进展还取决于监管框架和数据政策。最佳技术解决方案可能会提供一些例程和智能算法，以控制对敏感数据的访问。组织基础架构在专业知识、网络能力和可持续资源方面需要足够的关键数量，以有效地支持希望"在不赶超的情况下发挥带头作用"的研究共同体。

13.2　社会科学研究组织方式的变化

在过去的一个世纪里，社会科学研究一直在用沉稳的、经过检验的研究方法进行。我们分析调查结果、政府行政数据和偶尔的随机对照试验。虽然计算机时代数据科学的发展越来越多地显示出对社会研究的潜在价值，但政策研究揭示的现实似乎并不像数据科学界的人所说的那样——我们正处于数据革命之中。使用数据科学让社会和生活更美好，不断创新的数据应用是通过研究工具的扩展和研究组织方式的重构实现的，因为许多常见的政策评估方法并不适合这个新的数据世界。数据和数据分析技术的确已经发生了不可忽视的变化，我们可以将这些数据用于社会公益，这包括非常重要的作为支持部分的社会研究。但前提是我们在多大程度上愿意适应新工具和新兴方法，而我们的社会和我们的经济系统又将在多大程度上识别数据变化的潜在价值并愿意为系统化的、有组织的行动投入资源。

在过去几年中，大学开设了新的研究和教学中心，将政策和数据科学相结合。各国政府在促进大数据的社会应用方面都采取了非常积极的行动。社会科学家需要更多地参与扩展、整合和开放城市数据库——我们未来的大部分研究都将依赖于此。研究人员应该努力与私营公司和政府建立合作伙伴关系，绝大多数数据都掌握在它们手中。我们还必须与统计方法学家和计算机科学家合作，以确保下一代大数据算法不仅可以用于预测，还可以用于学习因果关系。最重要的是，政策研究人员需要开始试验数据科学。通过打破传统的惯性，我们不仅可以加深对社会和治理的理解，还可以利用数据直接改善生活。

社会科学界有责任评估数据驱动的社会科学研究的特定需求并决定其发展速度。有时采用新技术有后来者的优势，因为可以避免很多弯路（Schroeder and Fry，2007）。尽管如此，很明显，许多基础工作仍需要完成。要采用或设计和实施新的基础架构，需要将方法和技术专长相结合。正如几乎所有著名研究中所强调的那样，需要社会研究界的专家与信息技术专家紧密合作。但是，来自许多国际项目的实践经验证明，很难在有限的项目生命周期中找到所需的专业知识，并且更难以在项目期间获得其他专业知识以进行进一步的研究和开发。因此,在社会研究方法学和计算机科学的接口上进行需求评估,用户社区研究和能力建设是可行的和可持续发展的前提。将未来的研究方法学课程与可能称为"数据科学"的模块相结合,将是建设性的方法。"数据科学"模块涉及数据结构、数据管理、数据库的访问和互操作性。开放访问倡议无疑有助于建立数据共享文化并简化对包括元数据在内的信息和数据的访问。《柏林宣言》和《OECD 关于公共资助的研究数据的获取宣言》代表了欧洲为促进社会研究对数据的运用所做的积极努力,这些努力为社会科学研究运用大数据和新兴的数据分析技术发挥了积极的助力,并在一定程度上代表了先进社会科学研究的新的组织方式。

13.2.1 大数据并非意味着理论的终结

正如前面的分析所表明的那样,大数据洪流并不意味着论点的不言自明,那些宣称"大数据可以终结理论"的观点,被过分夸大的"数据驱动"的方法低估了研究人员在分析中的关键作用,反而是数据所带来的前所未有的复杂性使理论和解释比以往任何时候都更加重要。秉持这样一种观点,我们才能更准确地描述社会科学如何从大数据中受益以推进其研究议程。

要想理解数据科学驱动的社会科学研究方式的转变,我们仍需建立对大数据结构属性的基本认识。首先,形容词"大"在这里指的不是数据集的大小,而是它们的空间和时间分辨率,这意味着数据比以前更丰富,并且它们跨越了从个人到集体的多个分析层次。数字数据的"大小"很重要,因为它需要物流和专业知识才能使其存储更加高效和易于管理;但是大数据的独特之处在于它们在观察质量方面的更高水平的细节和细化,而不仅仅是数据点的数量或存储占用的内存量。其次,大数据主要侧重于跟踪通信动态和社交互动的数据,而不是原子化行为的交易记录,如客户的购买历史。如果说互联网技术之前没有像其他技术那样突出过某些东西，那就是相互依存的重要性以及互动增加了社会动态的复杂性。大数据可以帮助阐明这种复杂性——它是社会科学研究的核心——具有令人印象深刻的细节水平，并有望在社会科学研究中产生重大的理论进步。最后，对大数据集的分析不是单一学科或方法的统治，它需要不同研究传统和方法融合的共同努力，它更加突出了多学科协作和融合的必要性与成效。

13.2.2　数字数据需要特定的方法

社交媒体数据的丰富性和粒度赋予并改变了网络分析。后一种技术已被用于社会学并且可以追溯到 Moreno（1935）的社会计量学工作，他绘制了小型社会群体成员之间的好恶，如学校班级和运动队（Moreno,1935）。自 Moreno 的工作以来，网络分析已经沿着"数学（图论）、定量（社交网络分析）和激进的经验主义（行动者网络理论）"发展起来。为了大规模研究网络动态，小组研究已被社交媒体平台的分析所取代（Han et al., 2011）。数据对象的结构、模式和趋势及其关系通常被系统地可视化。科学计量学包括在数字书目数据基础设施（如 ISI Web of Science、Elsevier Scopus、Google Scholar 或数字档案）上运行的文献（文献计量学）的定量分析。网络分析有助于根据引用、提及、时间、主题和其他变量将数字参考映射到书籍与文章。数字数据还增强了内容分析。

机器学习是人工智能的一个分支，它是为利用大数据而开发的。非常大的数据集只能通过算法进行及时分析。机器学习算法是自动化的，并从数据中"学习"。它用于识别数据集中的模式并构建这些模式的模型（李国杰，2012）。监督机器学习使用训练数据来开发学习过程，其中包括匹配输入和输出。无监督学习在数据中发现自身的模式和结构，无须初步训练数据。机器学习用于数据挖掘以及检测、分类和分割变量之间有意义的关系。数据挖掘可能采用神经网络、决策树和统计（参数或非参数）方法。公共行政部门也在开发数字数据。统计局现在正在资助开放数据基础设施，并在官方统计数据的制作中插入大数据。这就提出了数字数据在反映社会进程及其在执行公共政策中的使用有效性问题。

13.2.3 与大数据应用有关的公共政策问题

基于大数据的社会科学研究涉及大量新的数据源（如移动传感器、位置和行为数据、Twitter 提要、卫星地图、文本挖掘），带来了一些前所未有的公共政策问题。如何构建新的政策模型以包含新的数据源；处理新数据源（行为数据、整个人口而非样本数据、社交数据、细粒度数据、"高大"数据、"杂乱"数据、多语言数据）的挑战以及如何将新数据与为解决公共政策问题而开发的现有假设和技术相结合。例如，涉及大型和"新"数据集的数据收集与分析挑战，存储、访问和发布大型数据集，产生新的假设和新的数据形式，以及研究人员利用大数据创造新知识和应用程序以及与政策制定者互动所需的新技能。大数据给社会科学研究人员带来了挑战，不仅在于生成的数据集的规模大（尽管这是一个问题），而且在于数据性质不断变化，以及其对快速、适应性的政策的需求。大数据通常是一种丰富的数据，提供跨越不同分析层次的精练数据点和高质量观察，如从个人到集体。数据通常是零散的，因此研究人员会花时间尝试定位和访问不同的数据集。数据需要翻译——语言之间以及学科之间。引起研究人员关注的缺失数据或数据中的"盲点"可能存在，其中重要来源在研究中被忽略，因为它们未在数据集中体现。与公共政策和决策相关的社会科学研究人员很清楚衡量不是被动行为的问题。大数据的应用代表了重大的道德和实践挑战，尤其是数据驱动政策的日益增长的优势以及衡量对公共领域行为的影响。另外，研究人员在利用数据潜力方面将面临挑战。例如，如何扩大研究问题数据收集的范围和规模；如何使用大数据来补充传统数据源，丰富已知数据，以实现"思想的动力转向"。总体上来说，如何最好地利用大数据提供的社会科学和公共政策是当今学术界反复出现的主题。

1. 社会科学家不能再独自做研究

我们现在可以分析的数据以及分析它们所需的方法只能通过与其他学科的同事汇集专业知识来开发。社会科学的理论传统是为这些数据建立一个背景，指出所分析的动态的正确机制，并建立可信的解释——这与获得大量信息和尖端方法一样重要。这种合作需要在共同语言的基础上开展工作，这反过来又要求社会科学家的分析工具包与其他学科的分析工具包兼容。大数据对社会科学研究意味着什么？一些研究定义了社会科学研究中大数据的性质。我们了解到，"大"不仅指数据集的大小，还指数据不断变化的性质，在细化和观察质量方面提供更详细的数据。大数据意味着高空间和时间分辨率，一个整体"更丰富"的数据集，跨越不同层次的分析（如从个人到集体）以及实时变化的数据。社会科学研究有使用大规模模型的历史，如使用全球社会模型来绘制交通流量、土地利用、开发和航运。所谓社交数据比一些社交媒体（如 Facebook）的数据大得多——它涉及个人数据、人口数据、空间数据、金融数据、智力数据、政治数据、心理数据、行为数据——迄今为止，这些数据之间的联系在很大程度上是未知的。研究人员在人口普查、公司、非政府组织和家庭中可获得这些数据集中的碎片。开发将这些数据用于社会科学研究的全球社会模型是一项重大挑战。

为什么我们需要全球性的社会模型？许多最重大的政策挑战是全球性的，如粮食安全、战争、疾病和流行病以及气候变化。只有扩展现有的全球模型，将社会经济纳入其中，我们才能解决这些问题。当前的大多数全球模型，被称为"地球系统模型"，其不涉及人及其对全球系统的影响。在某些研究领域（如使用人口普查数据、公司数据、非政府组织数据、家庭数据的领域），数据可能是零散的，定位数据是一项挑战。在社交数据方面（如 Facebook和 Twitter 数据），研究人员和数据输入之间存在着脱节。社会数据也有"盲点"，某些群体没有代表性，如某些国家政府限制使用在线资源和社交媒体、某些年龄组在社交媒体上没有很好的代表性、特定国家或地区的人口、"离线"社区、犯罪集团以及在社会不稳定情况下的群体等。数据集本身可能包含缺失的数据，如历史数据集和缺失的全国行政数据集。其他挑战涉及大数据不断变化的性质，如媒体数据，用于绘制疾病暴发图的新闻报道，可以为决策者提供实时结果，但决策者是否具备能够对之做出反应的政策框架的能力？此种情况下，"适应性政策模型"是必要的，这种模型能够在新信息产生时做出反应以生成适应性政策备选集合在这里，研究和政策制定面临的挑战是如何利用（实时）数据提供的潜力。在其他领域，数据集的规模对研究人员和决策者在物流、储存和存取方面提出了挑战。

数据尽可能公开是学术界一致的诉求，但给存储和管理大型数据集以及就数据集的适当共享和发布进行谈判带来了很大的挑战。在最近发表在 Nature 杂志和《经济学人》上的相关研究中，研究人员试图回答这样一个问题：黑皮肤的足球运动员是否比其他球员得到更多的红牌。他们把同样的数据交给几个不同的研究小组进行分析。尽管在研究中达成了总体共识，但研究人员发现不同研究组的结果各不相同。使用不同的模型，做出不同的决定，在分析中包含哪些变量，都将导致研究团队得出不同的结果。这个问题关系到大数据对社会科学研究和公共政策的贡献。将研究与政策联系起来所涉及的因素比简单地获取更广泛的大型数据集和新的数据点要多得多。本章讨论了用于分析和解释数据并将其应用于公共政策问题的复杂模型和研究方法。

研究人员意识到有责任解释和捍卫为解决政策问题而选择的模型和变量。《经济学人》的文章反映，当科学为政府决策提供信息时，请几个不同的研究小组分析数据，然后综合各个小组的分析结果再做出决策是明智的。尽管这并不总是可能的，尤其是因为不同的研究团队分析同一个研究问题会产生成本影响，但研究人员可以通过一些方法，利用大数据提高研究的有效性和可推广性。

2. 社会研究大量使用地理空间和社交媒体大数据

使用大数据意味着将实时数据与历史数据进行比较，大数据分析很好地支持了社会科学这种动态研究。例如，基于地理空间和地球时间分析，利用航运数据来检测盗版行为，防止大规模非法进口毒品。地理空间分析是通过启动 GeoSpock 的商业应用实现的，该公司正在通过交付调度来研究配送优化，以减少拥挤和事故。大数据促进了大规模城市规划模型的发展，其最重要的贡献是突破传统的"理性"模型的局限性，有利于理解软人工智能城市规划模型的复杂性和适应性。系统模型以复杂性理论为基础，具有适应性，能够更好地理解城市规划中所谓的"不良"公共政策问题。剑桥跨学科空间分析实验室（Laboratory for Interdisciplinary Statistical Analysis，LISA）的研究利用中国卫星数据进行空间分析，跟踪随着发展而发生变化的工人和企业，并利用这些数据对这些变化进行建模，以了解哪些公司可能对政策变化更敏感。在一些研究中，复杂的、基于过程的全球"地球系统模型"被用来模拟复杂的政策问题，如气候变化、城市化、毁林、疾病、冲突、水和能源利用。在社会科学中构建这些模型一直是一个挑战，但对采用新社会数据来源的数据——如个人数据、人口数据、空间数据、金融数据、智力数据、政治数据、心理和行为数据——来填充这些模型，提出了重大挑战。这些新数据之间的联系目前基本上是未知的，数据是零散的，还要决定应包括哪些新数据，如何用新的数据（如心理和行为数据）来校准和验证模型。在这个领域的研究人员必须考虑模型在建模由许多相互作用的个体组成的社会系统时应该有多复杂，必须考虑个体是异质的，个体的空间分布，而且还必须考虑个体具有的复杂动力学特性。研究人员还面临着挑战，在向寻求可靠建议的决策者传达结果时，模型不太清楚和不完整。

社会科学和政策研究也开始大量使用社交媒体数据。学术界不断反思"数据驱动"和"理论驱动"社会科学研究之间的二分法，这与大数据的发展有关。理论驱动的研究涉及小而结构化的数据，只包含研究者想要测量的内容，速度慢且有条理，预测准确性低，关注点窄，解释性强。相比之下，数据驱动的研究受到业界的青睐，它涉及无限的、非结构化的数据，可以测量一切（除了你真正想要的），速度快，以尽可能高的精确度为目标，范围更广，但可解释性有限。在心理学使用在线行为数据的研究中（如在研究与自恋有关的人格时），通常寻求一种混合方法，通过抽样过程将理论驱动方法和数据驱动方法相结合，然后在模型中使用该方法对涉及大数据集的数据收集进行预测。

总体上来说，社会科学数据已经转向大数据，因为社会科学已经构建了复杂的模型，试图绘制和了解世界和我们在其中的位置——我们如何工作，我们如何行动，我们作为人如何互动（李国杰，2015）。社会科学模型是全球性的社会模型，可以绘制交通流、土地利用图，但社会科学数据有很多次——空间、人口、社会、行为、金融、政治——开发试图理解这些数据的模型非常重要，因为许多最重要的政策挑战和开发模型都是全球性的，如粮食安全、冲突、疾病、流行病和气候变化等问题。社会科学提供了重要的背景，解释和理解大数据的理论见解和持久的社会问题的新见解很可能通过研究人员之间的合作来实现，将创新方法和数据收集与对研究问题的既定认识和理解联系起来。数据科学驱动的社会科学研究正在促进卓有成效的合作，充分发挥大数据为社会科学研究和公共政策提供的潜力。大数据的挑战促使我们反思什么是社会科学研究问题：①数据并不能"为自己说话"。②多方法研究是必要的，这是社会科学的一个既定传统——为了"三角测量"和验证研究结果。③使数据尽可能公开——这将导致数据的改进；进行更多的研究可以复制和验证研究结果。④对产生新的研究问题和模型的数据做出回应——对从数据中学习新知识持开放态度。⑤社会科学家和政策制定者可能不需要成为计算机科学家，但确实需要发展一些计算技能，以便了解数据和利用数据做出的决定。

第 14 章
大数据对社会科学研究影响的哲学反思

14.1　数据代表性、偏差与社会科学研究的有效性

大数据为解决有关社会行为的问题提供了重大的机遇，推动了许多学者的研究议程。社会数据包括了解"世界对社会问题、品牌、名人或其他实体的看法"的数据，以及帮助公共政策、医疗保健和经济在内的各个领域做出决策的数据。但关于大数据的研究仍然存在方法上的局限性，甚至存在经常被忽视的伦理问题和意想不到的分析结果。

许多大数据研究依赖于人们在社交媒体平台上的行为痕迹，如通过社交媒体的帖子表达的观点。这些数据的代表性如何？谁的声音最有可能出现在这些网站上？都需要在方法论上进行进一步的界定，如涉及一些社会人口因素时，在数据采集上要格外小心，那些社会经济地位较高的人更有可能出现在几个平台上，表明来自社交媒体的大数据往往会对更有特权的人的观点进行过度抽样。此外，互联网技能与使用此类网站有关，这表明在这些网站上可见的观点或意见并不能平等地代表所有类型的人。所以，社会科学的相关研究不能将此类数据作为研究的唯一数据来源，以避免数据来源的偏误，从而影响研究结果的客观性或普适性。无论是商业利益还是政策考虑，涉及社会全体的决策不应基于有身份偏向性的个体或集团的观点的分析结果。

大数据伦理的重大问题之一是谁最有可能被排除在通常用作大数据研究基础的数据集之外？哪些人不能反映在通常构成大数据研究基础的数据集中？伴随着关于人们的观点和行为的大量数据的出现，人们可能过高地对大数据赋予了期待，有些人甚至声称"理论的终结"到来了（Anderson，2008），尽管大多数人关注的是大数据所提供的科学研究的新机会，认为社会研究提供了新研究的途径。但伴随着越来越多的文献开始关注大数据带来的从伦理到隐私的问题，社会科学的研究者发现大部分此类社会研究是建立在假设案例而不是实证研究的基础上（Hidalgo，2014）。

许多大数据研究依赖于从微博、Facebook 和 Twitter 等社交网站或专业网站收集的内容，可能它们提出的问题与此类网站的使用无关，这一点遭到了一些研究者的质疑，并指出这种方法的可行性不高。但总的来说，很少有人批评抽样偏差的核心问题。当研究涉及更大人群的问题而不是关注基于平台的行为时，了解网站用户是否是代表性人群很重要，假设依靠社交媒体数据将观点和行为概括为更大的人群，涉及人们随机选择网站的类型。然而，学术研究表明，对于社交网站和专业网站，现有研究缺少对宏观数据的分析，我们不仅要对多个平台进行数据收集，还应包括对互联网技能的评价，数据不平等的有关研究认为这个变量对于人们如何将互联网融入生活至关重要。

已经有一些研究试图确定特定社交网站用户大数据的代表性（Hargittai，2020）。这些研究人员通过对调查数据开展定性分析发现了典型的身份和社会经济差异，他们的研究证实这些差异会随着时间的推移而持续存在。随着越来越多的数据收集工作的持续进行，对社交媒体网站之间的分析支持了不同社交平台上不同人群的代表性差异会持续扩大的观点。

学术界已经出现大量基于社交网站衍生的社会行为数据的文章，这些研究并没有将他们的研究问题限制在社交媒体的使用上，而是涉及更普遍的有关社交行为的问题，他们只是假设各个站点的用户代表了更大的人口。但是，此类研究存在明显的不足，因为这些网站的用户偏向于受过更多教育和更擅长使用互联网的人群。大量的研究发现，人们对社交媒体的体验存在很大差异，除了一些普及性的社交平台（如微信和 Facebook）之外，大多数社交平台特别是专业化的社交平台仅被少数互联网用户使用。互联网技能是一个重要关联因素，技能较高的用户更有可能出现在所有此类平台上。关于使用社交媒体平台的非随机选择的发现表明，与特权较低者的观点和行动相比，特权较高者的意见和行为轨迹更有可能在使用社交媒体作为其抽样框架的数据集中得到体现。

社会科学学者必须承认他们发现的观点和行为只代表了人口的某一部分。如果公共决策倾向于使用此类大数据作为决策的依据，那就意味着一部分人在公共资源的分配方面拥有超越另一部分人群的特权，这可能会加剧社会不平等。

那么，考虑到使用基于社交媒体的大数据所需付出的努力，我们应该做些什么呢？当被问及为什么研究人员依赖社交媒体数据时，他们的回答往往是"很容易获得"。不可否认，社交媒体数据是可用的，并且有可能发现以往的研究无法发现的问题。所以，认识到此类数据的局限性至关重要，研究人员应明确讨论社交媒体用户缺乏代表性对他们的发现意味着什么。此外，在一项研究中使用不同的方法可能会有所帮助。目前的研究本身具有仅依赖一种方法的局限性，我们并不是要摒弃所有基于社交媒体的数据集，相反，我们应该理解和反思此类数据所代表的偏见。在回答有关社会行为的更普遍问题时，对源自社交网站的大数据的分析，必须明确讨论偏见对其发现的影响。

14.2 大数据对社会科学研究的结构性影响

大数据正在对我们塑造的社会的未来产生重大的影响，那些支持大数据发展的机构需要承担起相应的责任。同时，我们还应该评估大数据实践中存在的方法论的问题。比如，如果社会系统建模的方法是逆向的，那么我们的数据就不会存在问题。有从事数据科学哲学的研究者甚至认为大数据分析方法有可能是一次"方法论上的毁灭。而在方法论层面上，我们并没有对此进行广泛讨论""关于大数据在本体论和认识论上是什么，还有一些更本质的问题基本上被忽视了"。

尽管大数据已经为经济社会的发展带来了很多好处，但让数据系统变得更加清晰是一项必要的工作。我们确实需要注意数据系统的互联互通，谁生成的数据最多或最少？谁拥有它？或者谁拥有它的一部分？谁可以访问和处理数据？这些分析和发现的对象是谁？目的是什么？谁从大数据中获利最多？这些都是需要迫切关注的问题，因为我们知道，组织内的人员发生变化时，会形成数据通道的变化，围绕与数据相关的新的法律出现，以及相应的文化行为的变化，我们必须对这些给予足够的重视。

问题不在于我们是否拥有或小或大的，甚至是或坏或好的数据，尽管这些可能是关于一般数据问题的必要条件。一个更难回答的问题是：考虑到所有社会系统都是开放的、历史的、复杂的、动态的和非线性的，而且在时空演化过程中往往趋向于远离平衡状态，这些都超出了我们经验上的认知。那么我们如何对这些系统进行经验性的描述和解释呢？这些描述和解释在因果与意义的两个层面上都是足够的吗？我们应该怎样做才能对政策和规划产生作用呢？从大数据是社会结构的本体论和认识论的一部分这一角度来看，我们对大数据的使用是否有助于理解社会结构，这一点目前看来尚不清楚。

事实上，已经有一些实践正在形成，相应的法律也正在制定，已经形成的全球网络化基础设施几乎没有考虑到它们的"社会性"问题。而这些基础设施通常是由那些很少或根本没有接受过社会性工作方式培训的人创建的。对许多人来说，关于数据的"社会性"的问题甚至不是一个必要的问题，因为在某些圈子里似乎有一个假设，即"社会性"并不重要，相反，重要的是数据。但数据通常是社会交往的一部分，也就是说，大多数数据都是社交数据。然而，应用于大数据的分析模式往往反映了长期以来被社会科学家拒绝的方法。这些方法被拒绝并不是因为社会科学家不喜欢，而是来自现有的分析模式是对原子、流体动力学、发动机湍流或群居昆虫等进行模拟的人类系统。尽管现有的大数据方法能够有效地解决某些类型的问题，但是，这些"社会物理学"方法被社会学家拒绝的一个主要原因是，这些方法在方法论上缺少人类社会意义，包括历史和文化背景。当然，制度或结构的概念对于我们如何使用数据来研究社会变化依然非常重要。

归根结底，如果对社会系统建模的认识论在方法上产生倒退，那么我们的数据无论多好都没有意义。利用大数据简单地推动社会的实证主义观念，而不考虑人类社会的历史、文化、意义、语境、中介在塑造社会生活中的重要性，肯定是不行的。到目前为止，大数据分析似乎正沿着这条路走下去。因此，从这个意义上说，我们有必要在方法论层面上不断地拷问大数据的社会性，特别是在它们究竟能否改善我们的社会生活层面。Shaw（2015）认为，大数据包含了"方法论上的种族灭绝的潜在危险"。有一种观点认为，这些事情并不那么重要，因为真正重要的是找到适合处理数据的工具。但是，除非这些工具也恰好适合你的研究需求，否则它们不太可能有助于任何事情的良性发展（Shaw，2015）。现在的问题是大数据分析如果产生了不好的发现，而这些不好的发现却被不断地使用，相应的责任的问题需要被提出来。大数据可能会对我们每个人都参与塑造的各种社会的未来产生重大影响，那些具有分析能力或支持大数据发展的机构就需要承担社会责任，所以我们必须要评估大数据分析中已经存在的方法上的风险。

在企业与社会连接的层面上，有些知名企业利用大数据造成了不良社会影响，这说明了大数据治理方面存在的潜在风险。其中最大的问题之一是如何确保所有这些数据的准确性、可用性、安全性和合规性。人们现在更关心的是数据治理和应用，而不是性能、安全性或数据管理。重新引起关注的部分原因在于近年由 Facebook 和 Cambridge Analytica 引发的大数据应用方面的丑闻，这些事件非常清楚地展示了潜在的大数据应用方面的风险。2018 年 5 月，欧盟《通用数据保护条例》(General Data Protection Regulation，GDPR) 出台。要求拥有属于欧盟公民的数据的所有组织必须满足相应的要求，如访问权、被遗忘权、数据可移植性、设计隐私等相关规定，并任命数据保护官员。大数据管理法规的变化给企业带来了更大的压力，要求它们确保自己知道所拥有的数据以及这些数据存放在哪里，并确保这些数据的安全。这是一项艰巨的任务，需要许多企业踩下刹车，重新思考自己的大数据战略 (Tesfay et al.，2018)。

14.3 保持研究方法论的多元化

事实上，许多大数据实践涉及一系列技术的使用，因此方法论的多元化必须牢固地建立在大数据中。方法论多元化对社会科学研究来说有其内在的价值，任何方法都不会是完美的，我们需要保持一种开放的态度。

重要的是我们必须认识到，与大数据相关的方法驱动很大程度上来自商业实体，这些实体将其产品和服务定位于顾客导向。然而，为了社会政策和规划的目的，特别是围绕着与各种社会分工有关的问题，我们不仅需要知道什么是最重要的，还需要检查"奇数案例"、异常值、少数趋势等。从为改善社会分工而制定合理方法的角度来看，我们需要新的方法配置和替代性跨学科方法，不仅要认识到不同方法和方法中因果假设的多样性，以及方法和方法本身产生不同类型的描述和因果解释。所以方法论上的多元化会给我们带来一些实质性帮助。

在社会研究方面，大数据工具的主要优势在于分析和解决相对宏观的社会问题，大数据还被期望能够解决我们目前还做不到的全球性大问题，如饥饿、贫困、不平等、种族主义、性别歧视等问题。也就是说，对于许多相对微观的社会问题，使用传统的统计方法或经验分析更具优势。这从另外一个角度说明了，我们没有理由因为有了大数据分析工具就抛弃传统的社会科学研究方法。

所以，重要的不是数据是大还是小，而是我们要明白什么样的问题更适合于大数据分析。有专业背景的社会学家普遍接受过批判性思考的训练，我们对方法论的兴趣主要在于如何设计和进行经验研究，以帮助消除因果分析的缺陷，因为因果过程在时间和空间上常常产生高度的复杂关系。如果把本体论和认识论假设（关于复杂系统）引入社会变革中，可以开发方法论的新能力。换句话说，就一般问题而言，如我们如何产生经验模型来解释我们所期望的未来，而不仅仅是预测的模型？

到目前为止，人们使用或讨论大数据的方式往往是关于如何利用大数据工具赚更多的钱或如何提高做事的效率，或者大数据在我们身上进行实验，可见这要么是出于好奇，要么是为了进一步的经济利润。所以，大数据或许能够用来解决大问题，但要做到这一点，它必须与其他更普遍的社会变革理论一起使用。

14.4　新经验主义和数据驱动科学的区别

在最初关于大数据爆炸及其在商业、政府和科学领域的炒作中，有人宣布大数据如何能使我们重新认识世界。人们认为，大数据给人类努力的所有领域提供详尽、及时的数据带来了可能性，并与新的复杂机器学习技术一起，创造了一种数据似乎可以自圆其说的局面。用《连线》杂志时任主编克里斯·安德森的话来说："我们可以分析数据，而不必假设它可能显示什么。我们可以把这些数据放到世界上有史以来最大的计算集群中，让统计算法找到科学无法找到的模式，从而用相关性取代因果关系，即使没有连贯的模型、统一的理论或任何机械解释，科学也可以进步。"

换句话说，我们对世界的理解可能来自数据而非理论，归纳而非演绎。这是一个值得怀疑的立场，尽管大数据试图详尽无遗，但实质上它始终是局部的，充满偏见和不确定性的。此外，这些数据并非无中生有，而是由在科学框架内设计和测试的系统产生的，周围是各种不同背景和兴趣的集合。因此，大数据的产生是由知识和其他因素驱动的。作为回应，一些科学家提出了数据驱动科学的概念，这种方法用一种有指导性的方法来挖掘数据，使用已有的知识来指导所谓的探索性分析。将所得到的数据用于制定假设，然后使用传统的演绎方法进行测试。

这种区别之所以重要，是因为每种方法都有不同的方式来从大数据中获取价值和洞察力。虽然数据驱动的科学有其缺点，但它似乎比经验主义方法有更多的好处。事实上，经验主义的方法似乎是一个智力的死胡同，会导致产生错误的结论，很少有严谨的科学家会支持经验主义的方法。

无论数据科学家是否认识到这一点，数据科学都有其固有的哲学。即使数据科学家声称自己没有哲学立场，他们在表达一种关于如何理解世界的立场时，就已经涉及认识论、本体论、意识形态和方法论了。哲学之所以重要，是因为它提供了一个认知的框架，塑造和论证了什么样的问题可以被提出，得到的答案如何被理解，以及人们如何利用由此产生的知识，并扩大对这些知识评价的范围。很多时候，科学家通过简单地接受一个主导范式的信条，或者仅仅在方法论层面上进行操作，常常回避对哲学立场进行思考的困难。数据科学家常常通过使用"科学方法"的主张，试图将自己的方法定位为一种符合常识性的、逻辑的和客观的方法，以接近对基本的世界的理解。

正如我们已经讨论过的，科学哲学并不是固定不变的，随着时间的推移，关于如何构建框架和解决问题的新想法也会改变。这显然发生在关于大数据的数据分析中，也发生在关于数字人文科学和计算社会科学方法的讨论中。即使数据科学家不想参与这样的讨论，他们的工作仍然必须承受来自哲学的批评。通过研究数据科学的哲学基本问题和参与辩论，数据科学的知识严谨性将得到显著提高，辩论将通过思想和实践的进化提高数据科学的学术地位。哲学确实对数据科学很重要。

14.5　社会大数据应用的伦理问题

大数据和社交媒体的发展速度已经超过了普罗大众的理解能力，而且在某种程度上正在改变我们的道德观念，从具有确定性的个人决策，转向易于导致意外的群体。对此，需要重新思考道德选择，从而在伦理层面去指导科学家、政府和企业机构如何处理大数据。

2012 年 2 月 16 日《纽约时报》发表一篇文章，报道 Target 公司有一个分析项目，可确定一位顾客何时怀孕，并将与妊娠有关的物品的优惠券发送给一位少女，该少女父亲看到后非常恼怒，痛骂该公司经理。Target 公司是通过鉴定购物模式来确定某一顾客是否怀孕，然后将优惠券送给她，然而这种挖掘数据的做法引起人们愤怒，因为它泄露了非常私密的信息。2013 年 4 月 15 日赛门铁克公司发布了第十九期《互联网安全威胁报告》，报告揭示，2013 年数据泄露事件的数量较上一年增加 62%，大规模数据泄露事件导致超过 5.52 亿个身份信息被泄露，这表明信息泄露给消费者和企业都带来了严重威胁。

自 18 世纪末以休谟、康德、边沁和米尔斯等哲学家为首的现代伦理学派兴起以来，我们就把个人道德责任视为理所当然。然而在大数据时代，数据似乎需要伦理学对其假设进行反思，尤其是对个人道德行为的反思。大数据的新颖性带来了隐私保护上的困难，这本身并不是什么新鲜事。一些众所周知的道德问题也被媒体广泛讨论，如《卫报》曝光的斯诺登事件。但大数据的新颖性并不是我们必须重新思考伦理如何运作的唯一原因，除了新颖性之外，大数据对理解个人潜力和做出明智决策的洞察能力也有被低估的问题。因此，很少有人讨论客观数据的伦理含义。例如，Facebook 把它掌握的客户喜好数据出售给营销公司，以便更具体地针对某些微市场进行行为分析；基于 Twitter 反馈的客户情绪分析，被用于政治群体操纵等。凡此种种的事例表明我们当代道德哲学的某些原则可能正在发生变化，因此需要数据科学家在哲学、职业道德、决策等方面进行反思。

14.5.1　传统伦理

自启蒙运动以来，传统的义务论和功利主义伦理学都非常强调个人的道德责任，通常也称为道德代理。这种道德能动性的想法在很大程度上源于对个人主义和自由意志近乎宗教化的假设。这两种假设在现代技术（尤其是大数据技术）的进步方面都遇到了挑战。一个实体拥有道德能动性的程度决定了该实体的责任。道德责任与逃避主体意志的外在和内在因素相结合，界定了主体的罪责。一般来说，道德能动性是由几个实体的先天条件决定的，其中以下三个条件通常被学界一致认为是不可或缺的：①因果关系：如果道德相关的结果是其行为的结果，那么一个代理人可以承担责任。②知识：如果一个代理人知道（或应该知道）其行为的后果，那么他可能会因其行为的结果而受到指责。③选择：如果一个代理人可以自由地选择一个替代品而不对自己造成更大的伤害，那么他可能会为结果受到指责。这里隐含着观察者倾向于为没有完全道德代理的代理人开脱，即当三个标准中至少有一个不存在时代理人就没有道德责任。然而，有一系列的推理，认为道德相关的结果独立于道德代理人的存在，至少在负面后果建立道德义务的意义上是这样的。在网络伦理（陈万求，2002）、社会网络工作伦理（Vallor，2012）、分布式和企业道德责任伦理（Erskine，2004）以及计算机和信息伦理等方面，伦理学取得了新进展。尽管如此，大数据还是带来了进一步的变化，如对"多手问题"的思考，即我们可以让许多参与者以分布式参与行动的形式分摊集体的道德责任（邱仁宗等，2014；薛孚和陈红兵，2015）。

14.5.2　大数据的四个性质

在概括大数据的核心标准时，我们会清楚地看到，在某些情况下，大数据的道德标准会从个人道德代理中脱离出来。在其他情况下，它增加了那些控制大数据的人的道德罪责。然而，总的来说，这种趋势是一种基于对他人的约束序列的非个人伦理。因此，我们应该着重考察那些与道德考虑相关的大数据的关键性质。大数据的核心性质有四个。①数据比历史上任何时候都多，从有记录的历史开始到 2003 年共 50 亿 GB，2011 年达到了每两天 50 亿 GB，2013 年则是每 10 分钟 50 亿 GB，2015 年竟是每 10 秒 50 亿 GB。②大数据是有机的，通过收集所有数字上可用的东西，大数据在数字上比统计数据更自然地代表现实，从这个意义上说它更具有有机的特性，它确实让我们更接近真实的数字表现。③大数据具有潜在的全球性：不仅现实的再现是有机的，而且真正巨大的大数据集（如谷歌）的覆盖范围也变得全球化。④相关性与因果关系：大数据分析强调相关性而非因果关系。当然，并非所有可能属于大数据范畴的数据都是由人类或人类交互产生的。墨西哥的斯隆数字巡天望远镜在 2000 年至 2010 年间产生了 140 MB 的数据，它的继任者智利的大型天气观测望远镜在 2016 年开始工作时，在 5 天内就收集到了同样多的数据。然而，也有一大类数据直接或间接地与人及其交互有关——社交网络数据、健康跟踪数据，以及不断增长的电子邮件、短信、大量使用的谷歌搜索引擎等。

14.5.3　新的权力分配

伦理学家试图不断追赶现代技术（如无人机、遗传学等）带来的伦理问题，从 Johnson（1985）和 Moor（1985）开创了计算机伦理学和网络伦理学以来，已经有许多关于计算机伦理学和网络伦理学的书籍问世。对 Johnson 来说，计算机伦理学"提出了新的标准道德问题和道德困境，并加强了对旧问题的认知，迫使我们在未知领域应用普通道德规范"。大数据作为一种道德代理，在一定程度上正在发生着改变和受到挑战，而计算机伦理的大多数进步都认为这是理所当然的，即自由意志和个人主义。此外，在一个高度互联的时代，对伦理和道德责任至关重要的权力概念正在转变为一种更加网络化的时尚。正如西蒙所总结的那样，保持个人的能动性，即知识和行动能力，是社会技术认知系统治理的主要挑战之一。

14.5.4　一些大数据的伦理挑战

1. 个人隐私

我们的生活越是反映在网络现实中并被记录下来，我们的现在和过去就越是透明。《卫报》透露，美国雷神公司开发了快速信息覆盖技术软件，该软件可以对来自个人社交网络的可自由访问数据以及与互联网协议（Internet Protocol，IP）地址相关的数据等进行关联分析，使个人日常行为完全暴露于公众视野下。

2. 群体隐私

数据分析人员使用大数据来了解我们的购物偏好、健康状况、睡眠周期、搬家方式、在线消费、交友情况等。只有在少数情况下，这些信息是个性化的。然而，去个性化（即移除允许数据连接到特定人的元素）只是匿名化的一个方面。然而在位置、性别、年龄和其他与群体归属相关的信息方面，对群体隐私问题的统计分析很有价值。因此，数据的匿名化程度取决于数据集中的群体中保留了多少属性。因此，尽管数据在非个性化意义上是匿名的，但群体总是变得更加透明（孟小峰和张啸剑，2015）。Dalenius（1977）和 Dwork 等（2006）已经提出了这个问题，即"个人的任何东西都不应该从数据库中学习，如果没有数据库就无法学习"。这些问题来源于传统的统计数据，现在越来越多地来源于大数据。此外，如果知道某一特定群体的偏好，可以利用这些偏好来鼓励或阻止某种行为。当然，有了大数据，发现行为隐藏的相关性的能力增强了，这反过来又增加了创造动机的能力，而这些动机则需要明确自身的动机。2013 年的一份报告显示，事实上 61.5%的网站访问者是机器人（这有增加的趋势）。其中一半流量由搜索引擎和其他服务所需的"好机器人"组成，另一半流量由恶意机器人组成，如 Scrapers（5%）、黑客工具（4.5%）、垃圾邮件发送者（0.5%）和冒名顶替者（20.5%），用于市场信息操纵（Bradshaw et al.，2013）。

3. 倾向

电影《少数派报告》描绘了一个未来的愿景，在这个愿景中，对人们犯罪行为的预测将带来对他们犯罪意愿的制裁。虽然未来可能不会像电影中描述的那样糟糕，但在一些现代的大城市，"预测性危机预警"已经成为事实，大数据分析指出某些街区或个人犯罪的可能性更高，以便对这些人和街区实施更加频繁的监控。这个问题在很大程度上是一个政治问题：公共安全机构如果没有采取任何措施防止犯罪，就会受到公众批评，这些机构也就不会忽视某个人犯下谋杀罪的概率判断。另一个是将风险降低的例子，如果大数据分析预测某个人有95%的可能性卷入家庭暴力怎么办？社会福利机构如果掌握了这些信息，在道德上都不可能不对这些信息采取行动，如派遣社工到当事人家里进行访谈，显然这并不违反无罪推定。然而，这可能会给这个人、他的家人和朋友带来困扰。问题是这会引发对那些设定干预阈值的人的伦理角色的质疑，他们编写的算法是基于大数据集中可用的某些变量来完成计算的。大数据研究的关键变化之一是数据科学家让算法自己去搜索相关性，这常常会导致意外的结果。拥有的数据越多，发现更多的共性的可能性更高，大数据使得基于随机共性的搜索成为可能。当这种方法与社交网络分析相结合时，大数据将使随机发现的可能性更大的信息严重侵犯个人隐私。

4. 研究的伦理学

伦理学研究中，数据伦理规范和标准研究滞后于大数据对伦理的挑战。虽然在许多情况下，伦理研究关注隐私问题，但即使是以匿名形式研究社交媒体数据，仍然可能引发学界的无休止争论。一方面，在隐私问题上，Facebook是常常被提及的反面教材。另一方面，这种讨论还有一个欠缺，即许多非个人信息也可以锁定特定地理关系中的特定群体。换言之，对于情报机构的调查来说，个人信息可能很有价值，但对于公司来说，真正有价值的信息并不需要个人标签。这就涉及群体隐私的问题。伦理学研究也是如此，许多伦理研究规范还没有考虑非隐私相关的伦理效应，即"保持参与研究的主体的完整性和隐私性"。揭示群体不合适信息的研究结果，或许将成为研究伦理学的下一个热门话题。"知情同意"也是一个问题，尽管数据已经公开，但没有人真正想成为 Twitter 或 Facebook 研究的对象。然而，为了分析相关的社会现象，一些研究人员从社交媒体收集数据，却没有考虑到缺乏知情同意会在研究（如心理或医学研究）中构成对研究伦理的重大挑战。

14.5.5　结论

不可否认，大数据将对传统的关于个体、自由意志和权力的伦理假设产生重大影响。这会在许多领域产生新的数据伦理问题，如在教育领域，儿童、青少年和成年人需要接受数据的再教育，为了解他们的数字足迹（超越数字素养）的意外后果，社会科学研究将不得不考虑这一教育的新形态。关于机构在法律和政治领域面临的挑战，有三个可能的发展态势：①政治观察员、智库研究人员和其他调查人员将越来越多地成为专门的数据科学家，以调查新类型的数字操纵舆论；②执法部门和社会服务部门以及律师和法律研究人员都必须重新界定个人犯罪的可能性和犯罪预防的概念；③各国将根据全球数据和算法，逐步重新设计制定全球战略的方式。说到大数据伦理，认为大数据确实对个人责任和权力分配的假设产生了强烈影响似乎并不夸张。最后，伦理学家将不得不继续讨论我们希望如何生活在一个数据化的世界中，以及我们如何防止滥用大数据作为新的权力来源。

第三篇参考文献

巴勒克拉夫 J. 1987. 当代史学主要趋势[M]. 杨豫，译. 上海：上海译文出版社.

贝尔纳 J D. 2015. 历史上的科学 1：科学萌芽期[M]. 伍况甫，彭家礼，译. 北京：科学出版社.

波普尔 K. 2003. 客观的知识：一个进化论的研究[M]. 舒炜光，卓如飞，梁咏新，等译. 杭州：中国美术学院出版社.

陈健远，施伟志. 1988. 现代西方社会学[M]. 南昌：江西人民出版社.

陈万求. 2002. 网络伦理难题和网络道德建设[J]. 自然辩证法研究，18（4）：43-44，52.

陈云松. 2018. 诗穷而后工——唐人生平际遇对诗作成就影响的量化分析[J]. 南京社会科学，（12）：151-161.

陈云松，句国栋. 2018. 国家不幸诗家幸？唐人诗作与时代际遇关系的量化研究[J]. 清华社会学评论，（2）：77-106.

陈云松，吴青熹，黄超. 2015. 大数据何以重构社会科学[J]. 新疆师范大学学报（哲学社会科学版），36（3）：54-61.

樊春良. 1994. 默顿科学社会学理论新探[J]. 自然辩证法通讯，16（5）：38-44，53.

费孝通. 1996. 费孝通学术文化随笔[M]. 北京：中国青年出版社.

郭大水. 2007. 社会学的三种经典研究模式概论——涂尔干、韦伯、托马斯的社会学方法论[M]. 天津：天津人民出版社.

韩军徽，李正风. 2018. 计算社会科学的方法论挑战[J]. 自然辩证法研究，34（4）：14-19.

韩林合. 1996. 维特根斯坦论"语言游戏"和"生活形式"[J]. 北京大学学报（哲学社会科学版），（1）：108-115.

郝春宇. 2015. 第四范式对社会科学研究的方法论意义[D]. 哈尔滨：哈尔滨工业大学.

黄欣荣. 2016. 大数据主义者如何看待理论、因果与规律——兼与齐磊磊博士商榷[J]. 理论探索，（6）：33-39.

姜奇平. 2014. 因果推断与大数据[J]. 互联网周刊，（18）：70-71.

金观涛，刘青峰. 2009. 观念史研究：中国现代重要政治术语的形成[M]. 北京：法律出版社.

克劳斯 G. 1981. 从哲学看控制论[M]. 梁志学，译. 北京：中国社会科学出版社.

拉兹洛 E. 1986. 用系统论的观点看世界——科学新发展的自然哲学[M]. 闵家胤，译. 北京：中国社会科学出版社.

李国杰. 2012. 大数据研究的科学价值[J]. 中国计算机学会通讯，8（9）：8-15.

李国杰. 2015. 对大数据的再认识[J]. 大数据，1（1）：8-16.

李国杰，程学旗. 2012. 大数据研究：未来科技及经济社会发展的重大战略领域——大数据的研究现状与科学思考[J]. 中国科学院院刊，27（6）：647-657.

李约瑟. 1975. 中国科学技术史第 1 卷（第 1 分册）[M]. 《中国科学技术史》翻译小组，译. 北京：科学出版社.

梁玉成，贾小双. 2016. 数据驱动下的自主行动者建模[J]. 贵州师范大学学报（社会科学版），（6）：31-34.

刘放桐. 2000. 新编现代西方哲学[M]. 北京：人民出版社.

刘红. 2014. 大数据的本体论探讨[J]. 自然辩证法通讯，36（6）：115-121，128.

刘林平，蒋和超，李潇晓. 2016. 规律与因果：大数据对社会科学研究冲击之反思——以社会学为例[J]. 社会科学，（9）：67-80.

龙瀛，茅明睿，毛其智，等. 2014. 大数据时代的精细化城市模拟：方法、数据和案例[J]. 人文地理，29（3）：7-13.

迈尔–舍恩伯格 V，库克耶 K. 2013. 大数据时代：生活、工作与思维的大变革[M]. 盛杨燕，周涛，译. 杭州：浙江人民出版社.

孟天广. 2018. 政治科学视角下的大数据方法与因果推论[J]. 政治学研究，（3）：29-38，126.

孟小峰，李勇，祝建华. 2013. 社会计算：大数据时代的机遇与挑战[J]. 计算机研究与发展，50（12）：2483-2491.

孟小峰，张啸剑. 2015. 大数据隐私管理[J]. 计算机研究与发展，52（2）：265-281.

齐磊磊. 2015. 大数据经验主义——如何看待理论、因果与规律[J]. 哲学动态，（7）：89-95.

齐磊磊. 2017. 由大数据引起的对因果与相关的讨论[J]. 自然辩证法研究，33（5）：92-97.

齐磊磊. 2018. 大数据主义与大数据经验主义——兼答黄欣荣教授[J]. 山东科技大学学报（社会科学版），20（2）：16-21.

邱仁宗，黄雯，翟晓梅. 2014. 大数据技术的伦理问题[J]. 科学与社会，4（1）：36-48.

盛昭瀚，张军，杜建国，等. 2009. 社会科学计算实验理论与应用[M]. 上海：上海三联书店.

舒晓灵，陈晶晶. 2017. 重新认识"数据驱动"及因果关系——知识发现图谱中的数据挖掘研究[J]. 中国社会科学评价，（3）：28-38，125.

孙海洋. 2012. 伽达默尔理解的主体性思想探析[J]. 青岛农业大学学报（社会科学版），24（2）：61-65.

唐文方. 2015. 大数据与小数据：社会科学研究方法的探讨[J]. 中山大学学报（社会科学版），55（6）：141-146.

王天思. 2016. 大数据中的因果关系及其哲学内涵[J]. 中国社会科学，（5）：22-42，204-205.

韦伯 M. 2010. 经济与社会（第一卷）[M]. 阎克文，译. 上海：上海人民出版社.

沃野. 2005. 关于社会科学定量、定性研究的三个相关问题[J]. 学术研究，（4）：41-47.

吴肃然. 2012. 代表性的承诺——个案研究的方法论问题[D]. 北京：北京大学.

吴肃然. 2014. 重新思考量化社会研究的模式 读莱茵·塔格培拉《让社会科学更加科学化》. 社会，(5)：228-240.

吴肃然. 2015. 也谈“反事实、控制变量和文本”——与刘林平教授商榷[J]. 云南大学学报（社会科学版），14（1）：69-75，112.

吴晓刚. 2014. 定量研究方法与现代社会科学[EB/OL]. https://mp.weixin.qq.com/s?__biz=MzA5MjY4OTMzMw==&mid=2650317952&idx=1&sn=4fd37186c6940a3982606b3ca3e90d6e&chksm=8865425abf12cb4cebd910934e807fe3c57789185012fbdd3010765bf11971892db0c61668fb&scene=27[2022-01-12].

西美尔 G. 2002. 社会学—关于社会化形式的研究[M]. 林荣远，译. 北京：华夏出版社.

徐崇温. 1986. 全球问题和“人类的困境”——罗马俱乐部的思想和活动[M]. 沈阳：辽宁人民出版社.

薛孚,陈红兵. 2015. 大数据隐私伦理问题探究[J]. 自然辩证法研究,31(2):44-48.

杨达. 2009. 社会学定量研究方法的学理脉络及优劣判断[J]. 江西社会科学,(11):168-180.

张冰,张敏. 2013. 数字阅读必然会导致浅阅读吗?——基于眼动追踪技术的数字阅读与纸质阅读对比实证分析[J]. 新闻传播,(1):52-53.

张晓强. 2014. 大数据引起的科学转变研究[D]. 北京:清华大学.

张之沧. 2001. 从世界 1 到世界 4[J]. 自然辩证法研究,(12):66-70.

张之沧. 2003. 我提出"世界 4"的理论根据—兼回应殷正坤先生的"商榷"一文[J]. 南京师大学报(社会科学版),(2):20-26.

Anderson C. 2008. The end of theory:The data deluge makes the scientific method obsolete[EB/OL]. https://www.wired.com/2008/06/pb-theory/ [2023-01-20].

Apel K O. 1984. Understanding and Explanation:a Transcendental-Pragmatic Perspective[M]. Cambridge:The MIT Press.

Ball M P,Bobe J R,Chou M F,et al. 2014. Harvard personal genome project:lessons from participatory public research[J]. Genome Medicine,6(2):1-7.

Bardzell S,Bardzell J. 2011. Towards a feminist HCI methodology:social science,feminism,and HCI[R]. Proceedings of the SIGCHI Conference on Human Factors in Computing Systems.

Booch G. 2014. The human and ethical aspects of big data[J]. IEEE Software,31(1):20-22.

Borgatti S P,Mehra A,Brass D J,et al. 2009. Network analysis in the social sciences[J]. Science,323(5916):892-895.

Bowker G C,Star S L. 2000. Sorting Things out:Classification and its

Consequences[M]. Cambridge: MIT Press.

Boyd D, Crawford K. 2012. Critical questions for big data: provocations for a cultural, technological, and scholarly phenomenon[J]. Information, Communication & Society, 15 (5): 662-679.

Bradshaw S, Harris K, Zeifman H. 2013. Big data, big responsibilities: Recommendations to the Office of the Privacy Commissioner on Canadian privacy rights in a digital age[EB/OL]. https://www.files.ethz.ch/isn/167995/no8_0.pdf[2022-10-11].

Brady H E. 2019. The challenge of big data and data science[J]. Annual Review of Political Science, 22: 297-323.

Brynjolfsson E, McAfee A. 2011. The big data boom is the innovation story of our time[J]. The Atlantic, 21: 30.

Chandra Y, Shang L. 2017. An RQDa-based constructivist methodology for qualitative research[J]. Qualitative Market Research: An International Journal, 20 (1): 90-112.

Chen S H, Yu T. 2018. Big data in computational social sciences and humanities: an introduction[C]//Chen S H. Big Data in Computational Social Science and Humanities. Cham: Springer International Publishing: 1-25.

Chis C I. 2015. Big data: a technology of anxiety[J]. Global Society, 29: 52-58.

Clark A. 2005. Intrinsic content, active memory and the extended mind[J]. Analysis, 65 (1): 1-11.

Clark A, Chalmers D. 1998. The extended mind[J]. Analysis, 58 (1): 7-19.

Cleveland W S. 2001. Data science: an action plan for expanding the technical areas of the field of statistics[J]. International Statistical Review, 69 (1): 21-26.

Cooper H，Patall E A. 2009. The relative benefits of meta-analysis conducted with individual participant data versus aggregated data[J]. Psychological Methods，14（2）：165.

Cooper W W，Seiford L M，Tone K. 2007. Data Envelopment Analysis：a Comprehensive Text with Models，Applications，References and DEA-Solver Software[M]. New York：Springer.

Coveney P V，Fletcher P，Hughes T L. 1996. Using artificial neural networks to predict the quality and performance of oil-field cements[J]. AI Magazine，17（4）：41-53.

Crane D. 1972. Invisible colleges：diffusion of knowledge in scientific communities [J]. Physics Today，44：72.

Cukier K，Mayer-Schoenberger V. 2013. The rise of big data：how it's changing the way we think about the world[J]. Foreign Affairs，92（3）：28-40.

Dalenius T. 1977. Privacy transformations for statistical information systems[J]. Journal of Statistical Planning and Inference，1（1）：73-86.

Devroye L，Györfi L，Lugosi G，et al. 1996. Theory[M]//Devroye L，Györfi L，Lugosi G. A probabilistic theory of pattern recognition. New York：Springer：187-213.

Dey I. 2003. Qualitative Data Analysis：a User Friendly Guide for Social Scientists [M]. London：Routledge.

Donoho D. 2017. 50 years of data science[J]. Journal of Computational and Graphical Statistics，26（4）：745-766.

Dos Santos R. 2016. Big data：philosophy，emergence，crowdledge，and science education[J]. Themes in Science and Technology Education，8（2）：115-127.

Dougherty E R，Bittner M L. 2011. Epistemology of the Cell：a Systems

Perspective on Biological Knowledge[M]. Hoboken: John Wiley & Sons, inc.

Dwork C, Kenthapadi K, McSherry F, et al. 2006. Our data, ourselves: Privacy via distributed noise generation[R]. 24th Annual International Conference on the Theory and Applications of Cryptographic Techniques.

Ellison J. 1975. The social science research establishment in the United States[J]. The Review of Black Political Economy, 6 (1): 90-103.

Epstein J M, Axtell R. 1996. Growing Artificial Societies: Social Science from the Bottom Up[M]. Washington D.C.: Brookings Institution Press.

Erskine T. 2004. 'As rays of light to the human soul'? moral agents and intelligence gathering[J]. Intelligence and National Security, 19 (2): 359-381.

Eshet-Alkalai Y. 2004. Digital literacy: a conceptual framework for survival skills in the digital era[J]. Journal of Educational Multimedia and Hypermedia. 13 (1): 93-106.

Etheredge L M. 2007. A rapid-learning health system: what would a rapid-learning health system look like, and how might we get there?[J]. Health Affairs, 26 (Suppl1): 107-118.

Fan W , Gordon M D. 2014. The power of social media analytics[J]. Communications of the ACM, 57 (6): 74-81.

Fodor J. 2009. Where is my mind[J]. London Review of books, 31 (3): 13-15.

Garety P A, Kuipers E, Fowler D, et al. 2001. A cognitive model of the positive symptoms of psychosis[J]. Psychological Medicine, 31 (2): 189-195.

Gärtner B, Hiebl M R W. 2017. Issues with big data[C]//Quinn M, Strauss E. The Routledge companion to accounting information Systems. London : Routledge: 161-172.

Genovese Y，Prentice S. 2011. Pattern-based strategy：getting value from big data[J]. Gartner Special Report G，20（11）：23-34.

George G，Haas M R，Pentland A. 2014. Big data and management [J]. Academy of Management Journal，57（2）：321-326.

Greenwood R，Shleifer A. 2014. Expectations of returns and expected returns[J]. The Review of Financial Studies，27（3）：714-746.

Grossi V，Rapisarda B，Giannotti F，et al. 2018. Data science at SoBigData：the European research infrastructure for social mining and big data analytics[J]. International Journal of Data Science and Analytics，6（3）：205-216.

Halpin B. 1999. Simulation in sociology[J]. American Behavioral Scientist，42（10）：1488-1508.

Han J W，Kamber M. 2011. Data Mining：Concepts and Techniques[M]. 3rd ed. Burlington：Morgan Kaufmann Publishers.

Hargittai E. 2020. Potential biases in big data：omitted voices on social media[J]. Social Science Computer Review，38（1）：10-24.

Hempel C G. 1942. The function of general laws in history[J]. The Journal of Philosophy，39（2）：35-48.

Hidalgo C. 2014. Big data visualization engines for understanding the development of countries，social networks，culture and cities[R]. Proceedings of the 25th ACM Conference on Hypertext and Social Media.

Hood L，Flores M. 2012. A personal view on systems medicine and the emergence of proactive P4 medicine：predictive，preventive，personalized and participatory[J]. New Biotechnology，29（6）：613-624.

Humphreys P. 2004. Extending ourselves：Computational Science，Empiricism，and Scientific Method[M]. Cambridge：Oxford University Press.

Ihde D. 2009. Postphenomenology and Technoscience: the Peking University Lectures[M]. Albany: Suny Press.

Ioannidis J P A, Nosek B, Iorns E. 2012. Reproducibility concerns[J]. Nature Medicine, 18 (12): 1736-1737.

Japec L, Kreuter F, Berg M, et al. 2015. Big data in survey research: AAPOR task force report[J]. Public Opinion Quarterly, 79 (4): 839-880.

Johnson D G. 1985. Computer Ethics, Englewood Cliffs[M]. 2nd ed. Upper Saddle River: Prentice Hall.

Johnson R B, Onwuegbuzie A J. 2004. Mixed methods research: a research paradigm whose time has come[J]. Educational Researcher, 33 (7): 14-26.

Kantorovich A. 1993. Scientific Discovery: Logic and Tinkering[M]. Albany: Suny Press.

Kaplan A M, Haenlein M. 2010. Users of the world, unite! The challenges and opportunities of Social Media[J]. Business Horizons, 53 (1): 59-68.

Kramer A D I, Guillory J E, Hancock J T. 2014. Experimental evidence of massive-scale emotional contagion through social networks[J]. Proceedings of the National Academy of Sciences of the United States of America, 111 (24): 8788-8790.

Lazer D, Pentland A, Adamic L, et al. 2009. Life in the network: the corning age of computational social science[J]. Science, 323 (5915): 721-723.

Li Ja, Cui J, Wang B, et al. 2016. CertDB: a practical data analysis system on big data[J]. DEStech Transactions on Engineering and Technology Research, (ICMITE2016).

Lin J. 2015. On building better mousetraps and understanding the human condition: reflections on big data in the social sciences[J]. The ANNALS of the American Academy of Political and Social Science, 659 (1): 33-47.

Lynch J. 2018. Not even our own facts：criminology in the era of big data[J]. Criminology，56（3）：437-454.

Macal C M，North M J. 2009. Agent-based modeling and simulation[R]. Proceedings of the 2009 Winter Simulation Conference（WSC）. IEEE.

McDonald C. 2002. Information systems foundations-Karl Popper's third world[J]. Australasian Journal of Information Systems，10（1）：59-69.

Moreno J L. 1934. Who Shall Survive? A New Approach to the Problem of Human Interrelations[M]. Washington D L. Nerrous and Metal Disease Publishing Co.

Moreno J L. 1935. Who Shall Survive? A new approach to the problem of human interrelations[J]. Journal of the American Medical Association，104(12)：1033.

Nosek B A，Bar-Anan Y. 2012. Scientific utopia：I. opening scientific communication[J]. Psychological Inquiry，23（3）：217-243.

O'Reilly T. 2007. What is Web 2.0：Design patterns and business models for the next generation of software[J]. Communications & Strategies，65（1）：17-37.

Pietsch W. 2013. Big data-the new science of complexity[R]. 6th Munich-Sydney-Tilburg Conference on Models and Decision.

Philip J. 2018. An application of the dynamic knowledge creation model in big data[J]. Technology in Society，54：120-127.

Pieri E. 2009. Sociology of expectation and the e-social science agenda[J]. Information，Communication & Society，12（7）：1103-1118.

Plass J L，Moreno R，Brunken R. 2010. Cognitive Load Theory：Historical Development and Relation to other Theories[M]. Cambridge：Cambridge University Press.

Popper K. 2005. The Logic of Scientific Discovery[M]. London：Routledge.

Procter R, Voss A, Asgari-Targhi M. 2013. Fostering the human infrastructure of e-research[J]. Information, Communication & Society, 16(10): 1668-1691.

Rieder B. 2013. Studying facebook via data extraction: the Netvizz application[R]. Proceedings of the 5th Annual ACM Web Science Conference.

Runkel P J, McGrath J E. 1972. Research on Human Behavior: a Systematic Guide to Method[M]. New York: Holt, Rinehart and Winston.

Rupert R D. 2010. Systems, functions, and intrinsic natures: on Adams and Aizawa's. the bounds of cognition[J]. Philosophical Psychology, 23 (1): 113-123.

Salganik M J. 2019. Bit By Bit: Social Research in the Digital Age[M]. Princeton: Princeton University Press.

Sayer R A. 1992. Method in Social Science: a Realist Approach[M]. Honve: Psychology Press.

Schroeder R, Fry J. 2007. Social science approaches to e-science: framing an agenda[J]. Journal of Computer-Mediated Communication, 12(2): 563-582.

Schwandt T A. 1994. Constructivist, interpretivist approaches to human inquiry[J]. Handbook of Qualitative Research, 1: 118-137.

Shaw J. 2014. Why "Big Data" is a big deal[J]. Harvard Magazine, 16: 30-35.

Shaw R. 2015. Big data and reality[J]. Big Data & Society, 2 (2): 1-4.

Shi W S, Pallis G, Xu Z W. 2019. Edge computing[scanning the issue][J]. Proceedings of the IEEE, 107 (8): 1474-1481.

Sproull L, Kiesler S, Kiesler S B. 1991. Connections: New Ways of Working in the Networked Organization[M]. Cambridge: MIT press.

Stelmaszak M, Hukal P. 2017. When data science meets social sciences: the benefits of the data revolution are clear but careful reflection is needed[J].

Impact of Social Sciences Blog：1-4.

Sun A Y，Scanlon B R. 2019. How can big data and machine learning benefit environment and water management：a survey of methods，applications，and future directions[J]. Environmental Research Letters，14（7）：073001.

Swan M. 2013. The quantified self：fundamental disruption in big data science and biological discovery[J]. Big Data，1（2）：85-99.

Swan M. 2016. The future of brain-computer interfaces：blockchaining your way into a cloudmind[J]. Journal of Ethics and Emerging Technologies，26（2）：60-81.

Tesfay W B，Hofmann P，Nakamura T，et al. 2018. Privacyguide：towards an implementation of the EU GDPR on internet privacy policy evaluation[R]. Proceedings of the Fourth ACM International Workshop on Security and Privacy Analytics.

Thacker S B，Qualters J R，Lee L M，et al. 2012. Public health surveillance in the United States：evolution and challenges[J]. MMWR Supplements，61（3）：3-9.

Tsai C W，Lai C F，Chao H C，et al. 2015. Big data analytics：a survey[J]. Journal of Big Data，2（1）：1-32.

Tubey R J，Rotich J K，Bengat J K. 2015. Research paradigms：theory and Practice[J]. Research on Humanities and Social Sciences，5（5）：224-229.

Vallor S. 2012. Flourishing on facebook：virtue friendship & new social media[J]. Ethics and Information Technology，14（3）：185-199.

Waller M A，Fawcett S E. 2013. Data science, predictive analytics, and big data：a revolution that will transform supply chain design and management[J]. Journal of Business Logistics，34（2）：77-84.

Zadeh L A. 1965. Fuzzy Sets[J]. Information and Control，8（3）：338-353.

第四篇　大数据与社会科学研究范式变革

第 15 章
传统社会科学研究范式与大数据研究范式的联系

随着信息技术的快速发展与社会数字化进程的不断推进,"大数据"概念及大数据技术的内涵逐渐清晰,以大数据为代表的数据科学通过更为客观和精确的方法,对人类社会进行了更加科学和有效的探索与研究,使得社会科学研究的视野和领域都发生了革命性的变化。大数据在社会科学研究领域的广泛应用促使社会科学研究从定性研究、定量研究、仿真研究向大数据研究的第四研究范式快速转型。社会科学的四个研究范式在历史的发展演化过程中,呈现不断递进、不断包容与升华的特点。为什么社会科学研究能够迅速对大数据做出响应?社会科学研究在方法借鉴和移植的应用与转型过程中又有哪些误区? 如何厘清传统社会科学研究范式与大数据研究范式的联系? 本章重点回答上述问题。

15.1 传统社会科学研究范式

15.1.1 传统社会科学研究范式概述

一个学科经过长期的积累与沉淀,会形成对该学科的研究起到指导和规范作用的科学研究范式 (李志芳和邓仲华, 2014),由于理论背景以及学术派别的多样性等原因,学者对科学研究范式会形成不同的认识。"范式"一词是由美国科学哲学家托马斯·库恩于1962年最早提出的，用以概括常规科学所赖以运作的理论基础和实践规范（库恩，2012），并提出科学的发展不是靠知识的积累而是靠范式的转换完成的（王纪潮，2006；李志芳和邓仲华，2014）。库恩虽然没有对范式进行非常明确的学术层面的应用划分，但对范式及其内涵做了较为详细的解释，进一步明确了研究所获得的知识是范式作用下的直接产物。范式是对知识更高级的理论抽象，更是科学阶段性发展的里程碑，是学术共同体普遍承认的科学成就。经过库恩的详细诠释，范式作为学术概念被广泛应用到科学研究中。"科学研究范式"经长时间的理论演化与抽象，发展成为更加严谨的哲学概念，即关于研究的一系列基本观念。范式包含存有论、认识论和方法论问题（邓仲华和李志芳，2013），强调"问题"对科学研究发展的驱动作用，并从问题视角提出科学研究的理论基础和实践规范以描绘科学研究的全貌。范式是具有同一学科背景与理论认知的科学家共同体自觉遵守的理论和规范，形成自发的"规约"现象，协调对世界的看法以及进行科学研究的行为方式；为研究初学者提供指导，维系着学科发展中的传承关系；使得科学研究更具"韧性"，获得源源不断的发展动力（赖鼎铭，1997）。科学研究的范式是依托于特定的历史时期和特定的科学家群体存在的，所以范式会随着科学的发展发生变化（邓仲华和李志芳，2013）。科学研究范式与科学发展的高度相关性，足以体现范式对于学科及科学发展的重要性。格雷科学研究范式（尤指自然科学）分为四个阶段（刘磊，2016；顾峥和高阳，2019）：经验范式（经验科学）、理论范式（理论科学）、模拟范式（计算科学）及数据密集型范式（数据科学），并详细说明了对应范式的研究思路以及适用的研究方法，表15-1介绍了科学研究的范式。

表 15-1 科学研究的范式

类别	第一范式	第二范式	第三范式	第四范式
范式名称	经验范式 （经验科学）	理论范式 （理论科学）	模拟范式 （计算科学）	数据密集型范式 （数据科学）
研究思路	实验思维	逻辑思维	计算思维	数据思维
研究方式	观察、实验	建模、归纳	模拟、仿真	数据密集计算

1. 经验科学研究

经验科学研究是基于对客观事实的经验性归纳进行科学研究。运用观察、实验等方式，结合归纳思维，对自然现象进行客观的描述、总结，更关注实践层面具象的操作性，较少关注理论层面抽象的概括性。从具体的研究方法来看，早期的经验科学研究带有一定程度的主观猜测与盲目实验，但是这种基于大量客观事实描述的归纳思维，为人类认识世界、探索世界、改造世界提供了一套较为规范的思维秩序。自 17 世纪科学家 Francisc Bacon 对经验科学研究的实验性、归纳性进行全面阐述后，这种探索因果关系的研究范式一直沿用至今，并形成了完整的方法回路：观察—假设—实验（林小英，2015），研究者通过检验则形成理论，未通过检验则再次验证。

2. 理论科学研究

理论科学研究是使用模型或归纳法进行科学研究。运用建模、归纳等方式，结合逻辑思维，对实验结果进行归纳演绎（张盛彬，2011），注重理论总结与理性概括，追求对问题理论认知的普遍适用性，不再局限于对具象经验事实的客观描述。经验科学研究范式受时代性问题——实验条件差等问题的限制，无法完全通过实验等范式对自然现象进行更精确的、深层次的理解。为了保证问题认知的广度、提升理论探索的深度，研究者逐渐尝试排除干扰，以关键因素作为实验模型的主体构成，增强问题分析针对性，弱化复杂干扰条件对自然实验可操作性的不利影响，在实验结果的多次演算中形成较为科学的理论发现，逐渐形成第二范式。例如，牛顿三大定律成功解释了经典力学等。

3. 计算科学研究

计算科学研究也称为计算机仿真研究，是指运用模拟、仿真等方式进行科学研究，通常综合运用定量分析、数据建模、计算机语言、可视化技术等方法，结合实验思维，对复杂的自然及社会现象进行模拟仿真与计算分析。其问题域包括数值模拟、模型拟合与数据分析、计算优化（邓仲华和李志芳，2013）。

（1）数值模拟。根据模拟任务的特质，数值模拟一般有两种应用场景：一是对已知事件进行抽象再现，深入分析已知事件的触发过程，如对地震、海啸等自然灾害发生场景的再现；二是对未知事件进行模拟预测，如天气预报、亚原子粒子运动轨迹预测等。

（2）模型拟合与数据分析。结合具体分析问题，选择特定的约束性条件规则，对模型与运算方程进行适应性修正；利用图论建立网络模型，如那些相互联系的个人、组织和网站的模型。

（3）计算优化。计算优化即数学优化，指最优化已知方案。计算优化在军事、工程、管理等领域有着极其广泛的应用，如工艺和制造过程、前端工程学等。

4. 数据科学研究

数据科学研究统一于理论、实验和模拟，力求"运用科学的方法从原始数据中解放或创建意义"（赵柯然，2017）。该研究范式运用数据密集计算等方式，结合（大）数据思维，进行科学研究。它的主要特征是：数据依靠信息设备收集或模拟产生，依靠软件处理，用计算机进行存储，使用专用的数据管理和统计软件进行分析，其技术来源如图 15-1 所示。数据科学的研究对象是科学数据，其研究对象为四类：即时收集到的观察数据、源自实验室仪器设备的实验数据、源自测试模型的模拟仿真数据、互联网数据。不同于传统的数据分析，数据科学研究中的科学方法是大数据技术或受大数据技术影响得到优化的传统数据技术。总之，数据科学研究范式是由于大数据技术的作用从而使研究者可以直接从海量数据中发现科学规律的一种研究范式。大数据技术及大数据思维对自然科学研究以及社会科学研究的发展产生了极深远的影响。

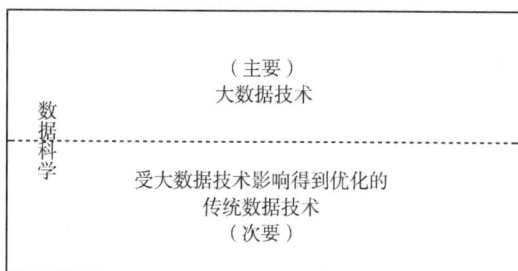

图 15-1　数据科学研究的技术来源

前三种科学研究范式经过科学化、学科化、情景化等过程映射到社会科学研究中，得到传统社会科学研究的三种范式：定性研究、定量研究、仿真研究（李醒民，2012；王赟，2021），如图 15-2 所示。

（1）定性研究。定性研究是对经验科学研究归纳分析范式的继承，研究基于研究者的分析视角与理论立场（赵一红，1999），由于归纳分析的研究方式起源于对大量客观自然现象的观察、实验，因此定性研究要求研究者主观上参与，在研究过程中研究者基于自身的主观感受、经验认知、知识储备对分析问题进行全面描述分析，一般具有较多的主观经验性与模糊猜测性（周伟林和郝前进，2010）。这种研究者主观参与的研究要求，对研究者本身也形

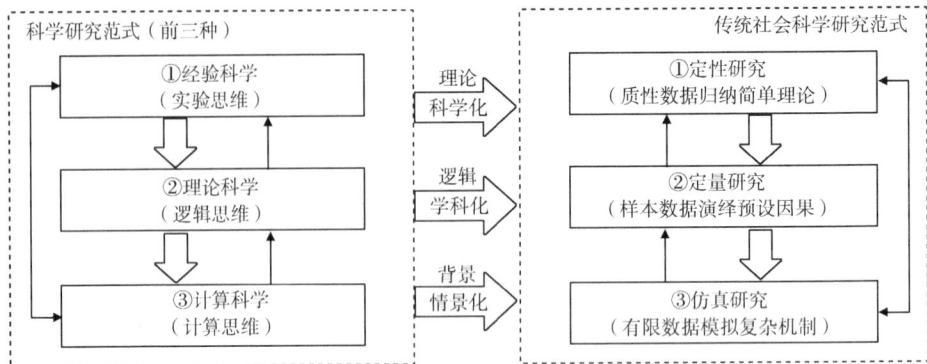

图 15-2　传统社会科学研究的三种范式

成了一定的先验性筛选，即研究者一方面要对研究问题的主题内容进行整体性、具体性的全面把握；另一方面要具有研究领域内相关的理论储备，可以是基于自身体会的一手经验，也可以是基于前人的二手知识。与此同时，受知识储备与研究条件的限制，研究者研究问题的切入口往往是事件规模较小的具体问题，根据具体的分析问题选定典型的定性研究客体（刘丰，2015）。研究问题的形成过程、演进特征、发展态势、运行机制、未来动向是一般定性研究的核心话题，更是整体性归纳研究中较完整的分析脉络（张梦中和霍，2001）。定性研究是研究者的主观感受和分析，主要的研究方法包括归纳法、比较法和相关检验法。①归纳法，通常是从自身的经验出发，分析研究客体的产生过程，其思维进程是从个别到一般，即通过表层认知，描述客体特征，对特质进行归纳，得到经验性的规律。②比较法，通常采用对比的方式，对不同的数据进行分类、分析、整合，并研究差异之处。③相关检验法，通过采用不同的分析方法，考虑在不同条件下能够得到同一研究结果的各种可能性，进而多方面证实研究结果的真实性和可靠性。定性研究的研究特征与要素如表 15-2 所示。

表 15-2　定性研究的研究特征与要素

要素	研究特征
研究对象	"真实"外部世界，尤其是行为意义及社会环境
研究方法	主观经验和理论思辨
研究工具	规范化的操作程序和研究工具，个案研究、扎根理论和叙事探究等定性研究设计类型
基本过程	（1）观察和记录事实 （2）分析、比较和分类 （3）归纳概括事实间的关系 （4）接受进一步检验；是"自下而上"的研究路径

（2）定量研究。定量研究是对理论科学观察、实验定量分析范式的继承，一般的研究思路是依靠观测数据，计算、比较、分析研究数据自身反映出的客观规律与分析问题之间的吻合程度，通过数据变化趋势分析研究问题变化原因，通过观测数据之间的数量关系，探索研究问题中主要影响因素之间的相互关系，相较于定性研究中较为模糊、宽泛的描述性分析，定量研究能通过数量关系对研究问题进行客观、科学的描述，具有更强的说服力（风笑天，2017）。定量研究的实质是基于特定的数理模型与结果演算，对研究问题的整体进行观测与分析，如在探索具体社会发展领域问题的发展现状与演进规律时，研究者需要根据问题分析的要求，按照特定的数据需求匹配、采集大量社会调查数据，并对大量调查数据进行梳理、筛选、总结，最后利用特定分析模型对数据结果进行演绎分析，利用数字分析展示微观世界，识别推动具体社会领域发展的关键性影响因素，并预测其未来的发展趋向。定量研究方法包括调查法、相关法及实验法等。①调查法。调查法是制订计划并进行特定领域研究的基础方法，包括研究计划的制订、调查资料的收集、研究过程的实施及调查结果分析比对等环节，都围绕着设想的调查目的和目标进行。②相关法。相关法是研究相关变量量化关系程度的方法，主要以计量方式表达研究内容的程度和趋势。③实验法。实验法是控制或观察不同条件与环境

下研究的方法，主要是通过控制影响研究的各个因素，改变其大小、程度、强弱，分析结果差异，总结各因素对整体研究的影响。其实质是运用实验工具对研究内容进行控制、建模和改变等人工干预，以还原自然现象、自然规律的运行方式，进而获得认识。具体如表 15-3 定量研究的研究特征与要素所示。

表 15-3   定量研究的研究特征与要素

要素	研究特征
研究对象	社会现象中的人及其行为，自然规律解释人类社会
研究方法	"观察—假设—实验"的归纳法
研究工具	回归检验与假设检验
基本过程	以"提出假设"→"验证假设"为基本思路，步骤为：观察社会现象→发现研究问题→收集有关个体的个性资料和数据→进行统计和分析→发现共性的、普遍的规律

（3）仿真研究。仿真研究是对计算科学研究范式的继承，通过计算机技术、建模仿真系统、虚拟运营环境等方法，对分析问题的实体进行理论建模、虚拟运行、计算分析，通过对仿真结果的记录、总结，分析影响研究问题的因素、各影响因素对分析问题的影响程度以及各个影响因素之间的关系，从分析的整个过程来看，仿真研究具有较强的动态性与连续性，能对各类影响因素进行复杂的交互与演化分析。以数学方法、计算机技术、统计科学、信息科学和控制技术等为主要理论基础，通过建立仿真模型和进行仿真实验的方法，对所有可以并需要仿真研究的领域，尝试建立模型运算，以解决问题（李阳等，2017），最终达到人工模拟自然现象和社会现实的目的（邱枫等，2013）。具体如表 15-4 所示。

表 15-4　仿真研究的研究特征与要素

要素	研究特征
研究对象	个体微观行为和系统宏观行为之间的动力学机制
研究方法	计算实验法
研究工具	较多的复杂系统模型有元胞自动机、离散事件模型、系统动力学和基于主体的计算机建模（agent-based modelling，ABM）等
基本过程	以数学方法、计算机技术、统计科学、信息科学和控制技术等为基础，运用计算机编程模拟的方式，在虚拟环境中模拟现实世界可能发生的现象、发展的状态，甚至是对未来变化趋势的预测

由于理论与方法的开放性、多样性以及内在递进关系，各社会科学研究范式并不相互排斥，且有相互促进、相互兼容的趋势（黄欣卓，2019）。技术与文化的高速发展使研究者对科研本质的认识更加深刻，科学研究活动更加开放，加快了社会科学研究范式对新理论与新方法的吸收速度，研究范式内容更加清晰，研究背景开放化、研究方法多样化、研究理论多元化、多学科交叉融合、多范式融合兼容的态势得以显现（陈云松等，2015；李文钊，2019）。厘清传统社会科学研究范式的演化发展有助于理解科学研究的发展脉络，保障科学研究的有序进行，更能加快社会科学研究的发展与提升。

15.1.2　传统社会科学研究范式的发展阶段

第四研究范式是对传统科学研究范式在信息采集、储存、分析和管理上的发展与演进。比如，经验科学是理论科学的实践基础，理论科学是计算科学的指导。从经验范式到理论范式到模拟范式再到数据密集型的第四研究范式，每一个范式都有各自相应的特征和产生背景。因此，从传统科学研究范式的历史变迁出发，了解不同时期产生的科学范式对数据（信息）处理方法的变化，才能对第四研究范式的跃迁有深刻的认知和准确的把握。从哲学视角分析，人类对社会领域的认知大致经历了以下几个阶段：①与自然科学浑然一体的自然哲学阶段；②向自然科学学习却又不断分化的阶段；③对第二阶段进行反思与批判的阶段和基于复杂性科学的重新融合阶段（米加宁等，2018）。社会科学所面临的理论问题的复杂性、获取相关观测数据的困难等特点，使得社会科学研究的进展相对于物理、工程和生物科学等学科来说比较缓慢。在哲学层面把 Jim Gray 提出的科学研究范式与传统社会科学研究范式进行统一，可以有效体现二者之间的异同。社会科学通过第二与第三两个阶段吸收（学习）自然科学中的理论、工具、方法，并将它们部分继承或完全移植到社会科学中，这些理论、工具、方法经科学化、学科化、情景化作用形成新理论、新工具与新方法体系，并应用到不同的认识论与方法论场景，形成定性研究范式与定量研究范式，如图 15-3 所示的社会科学研究第一范式与第二范式哲学层面演化过程，甚至形成早期社会科学研究的对立视角（形态）（张汉，2016；谢立中，2019），这是在自然科学研究的发展进程中从没有出现过的。

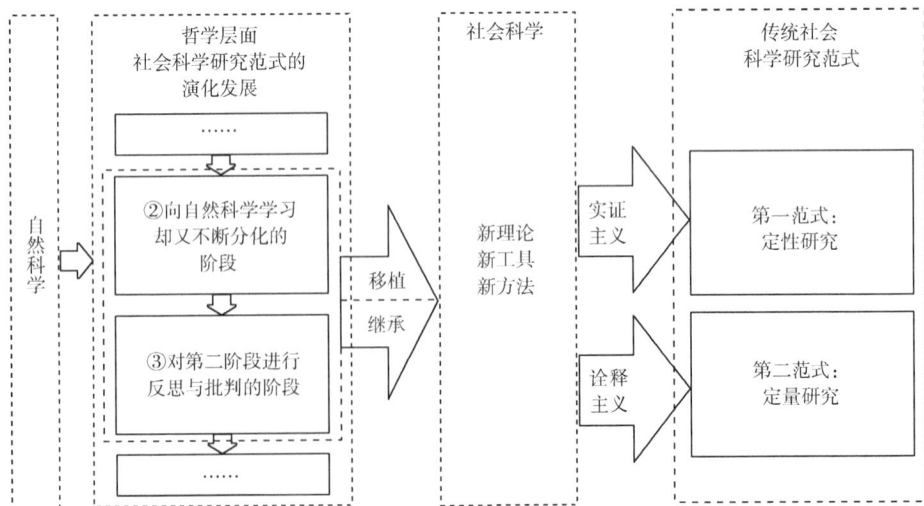

图 15-3　社会科学研究第一范式与第二范式哲学层面演化过程

因此，根据社会科学四个研究阶段的主要方法论，可将第一与第三阶段的哲学思辨和定性研究称为社会科学研究第一范式——定性研究，将基于实证主义传统形成的研究范式称为第二范式——定量研究，将第四阶段重新走向融合后的自然科学和社会科学研究范式统一，划分为基于仿真研究的第三范式和基于数据科学的非传统社会科学研究范式——第四研究范式——大数据研究。具体如图 15-4 所示。

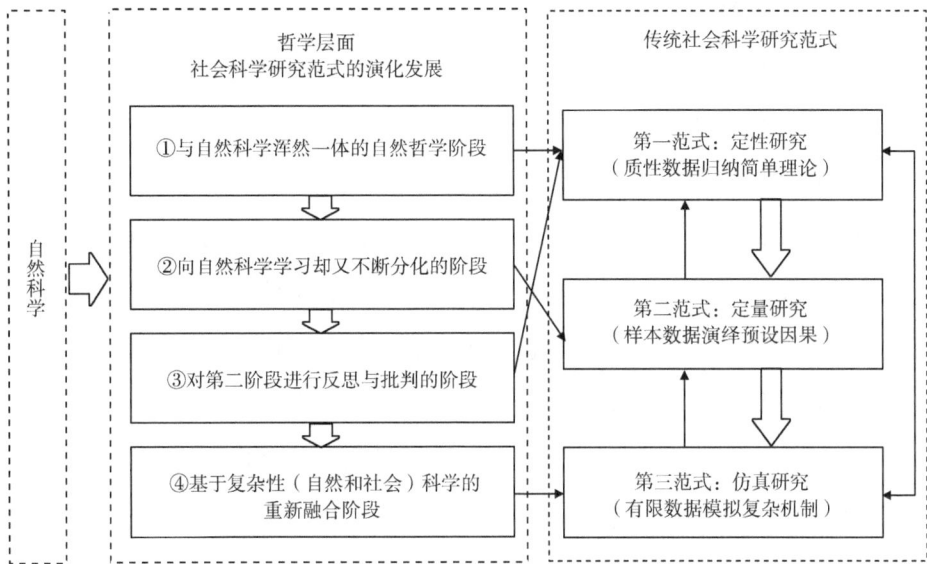

图 15-4　传统社会科学研究范式哲学层面演化发展过程

通过分析自然科学研究到社会科学研究的演化过程发现，不同发展程度的社会，对科学技术（自然科学和社会科学）提出富有时代特征的研究需求，为范式演化发展提供直接动力，推动方法论的横纵双向发展，提升方法的多样化与普适化，以适应多变的研究对象。因此，厘清传统社会科学研究各范式间的演化发展模式，应以范式递进融合要素（演化特征）：研究对象、研究方法、研究工具、基本过程等为分析视角。

1. 研究对象与研究方法

早期理论与技术的限制，对研究现象观察与研究数据收集产生极大的局限性。研究者仅能对浮于表面的现象进行观察，并收集到无结构的数据，以期对完整的自然系统（包括自然与社会，但没有进行区分）进行描述，满足其简单的求知欲（罗俊，2020）。随着潜在科学范式的逐步成型，朴素的唯物主义和唯心主义理念论、早期辩证法、演绎法、三段论与归纳证明、有机论的自然观和经验论等得以发展，早期研究的可信度得到提升，形成定性研究范式的雏形，以较为规范、科学的类别和推理方法去解释人、自然和社会的关系及各种浮于表象的社会事件。计算机科学和信息技术的推动，证伪主义、科学范式、精致证伪主义和知识无政府主义的发展，引导研究注意力从完整的自然转向更聚焦的"行为"与社会环境，提升数据收集活动的严谨性，并衍生出一定数据管理活动——数据整理、数据编码，所获数据更具规范性，产生定性数据结构。数据结构性特征得到显现，数据所蕴含的信息量明显增加，可为研究"行为"意义以及社会环境提供足够的论据，构成较为完备的定性研究范式。在类别与推理的基础上，加入主观经验和理论思辨进行方法的修正与完善，以求对真实社会进行较严谨的分析阐述。不同政治形态的冲突，激发社会追求更加精确的知识来制定决策，促进现代唯理论和经验主义实验科学的产生与发展，也促使研究者开始转向对社会现象进行定量研究。数学方法应用于社会科学的方法论之中，对社会科学研究方法的思想和研究过程的逻辑、步骤产生了重要的影响（Popper，2005），并开始尝试引入自然科学的方法和语言、抽象规律解释人类行为与社会环境，更坚持归纳主义和价值中立，主张方法论的个体主义，对经验的检验不再依赖主观感觉，而是进行逻辑检验（沃野，2005），以更规范严谨的"观察—假设—实验"的归纳法探究社会现象中的人及其行为，用自然规律解释人类社会。实证主义过度追求客观规律科学性,忽略全局性认识与系统复杂性,产生偏执的分析方法,难逃还原论陷阱,并且生命哲学欲摆脱实证主义客观的片面性,过度关注更烦琐的细节,追求用特殊性和个别性取代普遍性,反而陷入了历史主义泥沼。系统论和模糊性理论及其方法的发展,给社会科学研究提供了新的解决思路,模拟真实空间中的数据,仿真更精细的系统机制。以数学方法、计算机技术、统计科学、信息科学和控制技术等为基础,借助计算实验法,在虚拟环境中模拟现实世界可能发生的现象、发展的状态,甚至是对未来变化趋势的预测,分析个体微观行为和系统宏观行为之间的动力学机制,逐渐形成仿真研究范式。

2. 研究工具与基本过程

定性研究范式的发展初期,自然科学与社会科学没有形成明显的理论边界,对社会现象仅停留在观察层面,所有知识在"自然哲学"体系框架内得以发现,自然和社会现象共用同一解释系统。由于定性研究范式发展初期独特的时代背景与社会背景,研究者主要采用个人情感外推法、经院哲学论证法和经学注释法,富有宗教色彩与阶级色彩,这在一定程度上与科学研究本质相违背。但在该时期还是形成了"礼""仁""法""正义""民主"等社会科学范畴以及政治、伦理、军事、法律等社会科学思想。且其通过"思辨"建立理性"概念"的研究模式,以及强调逻辑严谨性和崇尚理性思维的极具先进性的研究观点,为定性研究范式的形成创造了较为完备的条件。随着人类学、民族学和心理学等学科的发展,以及"语言转向"和"定性与定量方法论范式战"后,定性研究范式形成了独特的概念体系、具体方法和理论,开发了规范化的操作程序和研究工具,个案研究、扎根理论和叙事探究等工具也得以开发,并出现了"参与"和"倡导"实践。研究者通过观察和记录事实,得到待分析的趋于结构化的定性数据→对定性数据进行分析、比较和分类→归纳概括事实间的关系(理论)→关系(理论)接受进一步检验,理论的正确性受方法和工具的规范性维护与支撑。人类对科学理念的追求，自然主义的社会科学应运而生，概率论被引入社会科学研究，统计学和心理学实验室创立，操作方法和实验设计原理、推论统计学发展起来，定量方法得到更多的重视。在逻辑实证主义和操作实证主义共同推动下，确立了基于实证主义传统的定量研究范式。研究者运用基于统计学与概率论的实证规范工具——回归检验与假设检验，进行较为标准的定量研究过程：观察社会现象→发现研究问题→收集有关个体的个性资料和数据→进行统计和分析→发现共性的、普遍的规律，定量研究与数学工具的融合程度更深，较定性研究而言更注重数据质量与数据结构化，且分析工具中的数学逻辑占比更大，最终结论更强调规律性。复杂性科学的发展与人类对全球问题应对的需求，以及计算机技术的不断成熟，推进了仿真方法在社会科学研究中的应用进程。将计算实验方法应用到社会科学研究中，不仅是简单的研究技巧和具体方法的改进，更为重要的方法论意义是把现实社会系统转化成由智能主体构成的演化系统（盛昭瀚等，2009）。这个演化系统通过"人工个体"代替现实系统中的"人"，揭示社会系统中的潜在机制。以数学方法、计算机技术、统计科学、信息科学和控制技术等为基础，运用计算机编程模拟的方式，在虚拟环境中模拟现实世界，达到研究目的，跳出基于主观观察的研究视角，用仿真数据拟合"真实"数据，减小因收集数据主观性与系统性所引起的误差（罗玮和罗教讲，2015；唐文方，2015）。

需求与技术作为演化动力共同推动社会科学的发展，发现问题与解决问题的能力持续增强，各范式之间的特征与边界愈发清晰（图15-5），且随着社会科学研究的深入发展呈现相互融合的趋势。

社会需求推动

第三范式 仿真研究

- 个体微观行为和系统宏观行为之间的动力学机制
- 计算实验法
- 复杂系统模型、元胞自动机、系统动力学和基于多主体的计算等；离散事件模型
- 以数学方法、统计科学、信息科学和控制技术等为基础，运用计算机编程模拟的方式，在虚拟现实世界中模拟现实世界

实证主义对客观规律科学性的追求，陷入还原论困阱；生命科学欲摆脱实证主义客观的片面性而格入历史主义泥沼

系统论和模糊性原理及其方法论的发展

第二范式 定量研究

- 社会现象中的人及其行为，自然规律解释人类社会
- "观察—假设—实验"的归纳法
- 基于统计学的规范工具：归纳验证与假设检验科学等
- 观察社会现象、发现问题—收集有关个体的性质和相关数据—进一步用统计和分析发现共性和普遍的规律

社会追求更加精确的知识作为制定决策依据的需求

现代唯理论和经验主义实验科学获得发展

第一范式 定性研究

- 现代社会科学的定性研究，尤其是其"真实"外部世界是行为意义以及社会环境
- 主观经验和理论思辨
- 规范化的研究工具：扎根理论和叙事案例研究、个案研究等
- 观察和记录事实—分析、比较和分类—归纳概括事实间的关系—接受进一步检验

社会追求更加精确的知识作为制定决策依据的需求

计算机科学和信息技术的推动，证伪主义、演绎法、科学范式、精致证伪主义和知识无政府主义的发展

第一范式 定性思辨阶段

- 对社会认知的哲学思辨与社会事件的关系
- 人与自然的关系，社会事件
- 类比和推理
- 个人情感外推法、经院哲学论证法和经验注释法
- 强调逻辑严谨性和崇尚理性思维，通过"思辨"建立理性"概念"

朴素的唯物主义和唯心主义理念论、早期辩证法、演绎法、三段论与归纳证明、自然观和经验论等的发展

科学技术推动

研究对象　研究方法　研究工具　基本过程

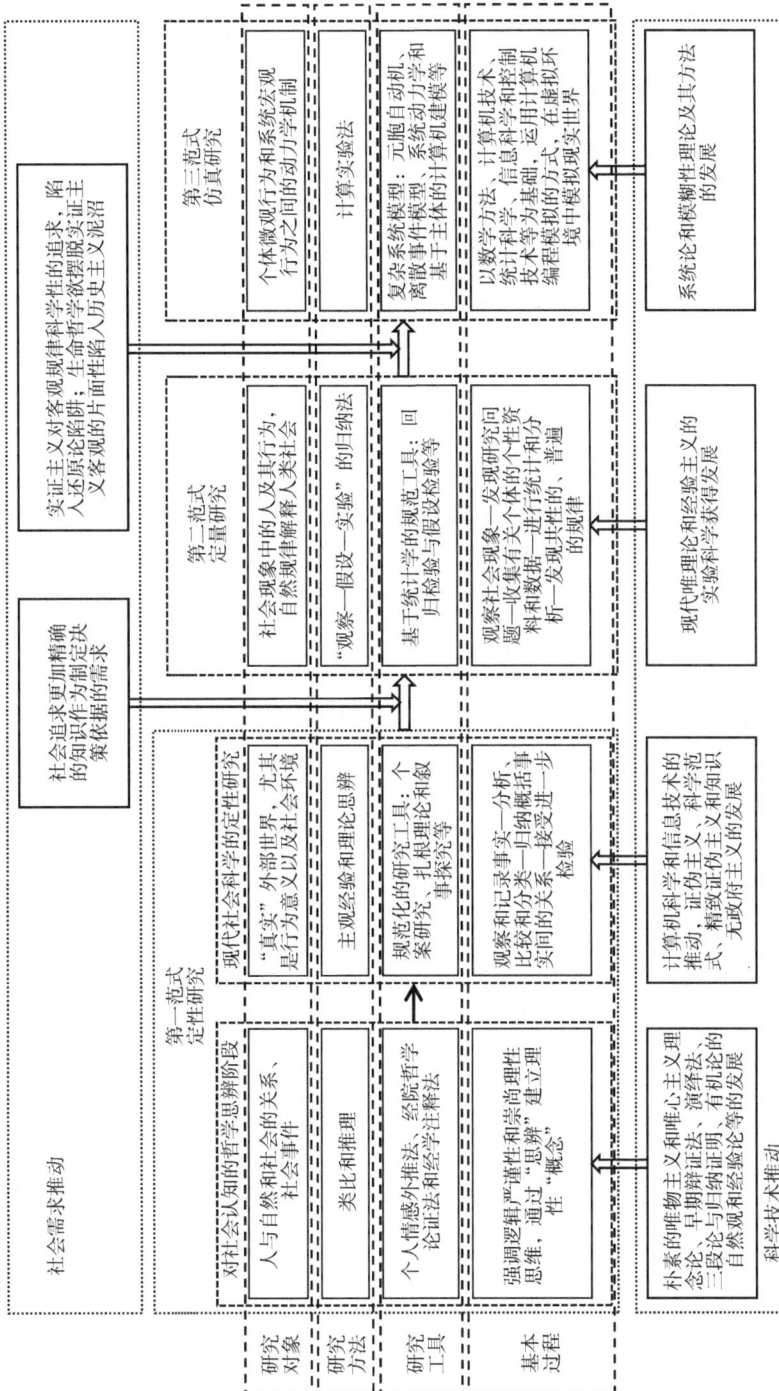

图15-5　传统社会科学研究各范式间的演化发展模式

15.2　数据科学驱动下的大数据研究范式

传统社会科学研究范式的演化发展营造出了有利于社会科学研究第四范式形成的学术环境（刘涛雄和尹德才，2017）。"大数据"技术的出现，进一步促进了传统社会科学研究范式纵向融合，完善了数据科学学科体系与理论扩散机制，数据科学在驱动社会科学研究范式转型过程中，持续受传统社会科学研究范式中理论规范与认知框架的制约，最终演化出第四研究范式——大数据研究范式。

15.2.1　社会科学研究中的大数据特征

大数据特征是对大数据本质的理论抽象，大数据技术作为大数据的"伴生品"应具有能够应对与处理大数据特征的能力，所以大数据特征也直接决定了大数据的技术特征，这也是分析大数据技术的关键要素，以及分析大数据技术影响路径的重要依据。因理论背景的不同与理论深度的不同，学者会对数据特征有不同的认识（赵蓉英和魏绪秋，2017）。现在较为主流的是由迈尔–舍恩伯格和库克耶（2013）编写的《大数据时代：生活、工作与思维的大变革》中基于"技术"与"变革"视角提出的大数据"4V"特征，即规模性（volume）、多样性（variety）、高速性（velocity）和价值性（value）。

1. 规模性

大数据的数据体量与所包含信息的规模巨大，已由以 GB 或 TB 为计量单位，演变为以 PB、EB 或 ZB 为计量单位，且其感知、获取、管理和处理难度数倍提升，如微博评论转发数据、企业业务数据等。且常规的信息技术手段和软硬件工具无法对其进行有效的应对，数据获取及分析效率低下，知识转换准确性较差，传统技术分析结果不能被各应用场景（特别是科研场景）

所接受，因此需要加快大数据技术的研发进程。

2. 多样性

数据来源多样化、数据结构类型多样化和数据间强关联是大数据多样性的主要原因（黄欣荣，2015）。新兴技术的出现带来诸如社交网站、传感器等新的数据来源，丰富了数据来源的同时，也变相导致了数据结构类型的多样化。加上信息技术的高速发展，各种信息与数据等痕迹留存成本大大降低，社会活动更加透明化与痕迹化，使得政府、企业等可以记录新的数据，产生新的数据结构类型。多样的数据结构可以归纳为三个类型，如表15-5所示。

表15-5 三种数据结构类型及其特征、示例

类型	特征	示例
结构化数据	有明确结构，易模式化	财务系统数据、信息管理系统数据、医疗系统数据
半结构化数据	有结构，但结构不清晰，不易模式化，且数据间因果关系强	视频、图片、音频
非结构化数据	无结构，无法模式化，且数据间的因果关系弱	超文本标记语言（hyper text markup language，HTML）文档、邮件、网页

其中，70%~85%的数据是非结构化数据和半结构化数据（佘丛国和朱志军，2012），传统的信息技术手段也是无法对这些数据类型进行处理分析的，故不同的数据类型会影响分析技术方法的选择，在收集大数据的过程中应该明确其数据结构类型。同一场景下，不同"大数据"关联性较强，交互频繁，进一步促进新数据的产生。不同的社会个体在不同的场景下产生大数据，将这些大数据进行分析研究，以应用场景为基本单元反作用于社会活动，形成良性循环，再次强化大数据的多样性，这也体现出大数据来源决定了大数据技术应用（研究）场景。

3. 高速性

大数据的高速性主要体现在大数据的变化速度上，且大数据规模性进一步提升了大数据的增长速度，使得大数据的高速性更加突出，这也是大数据区别于海量数据的最显著特征（杨善林和周开乐，2015）。大数据与海量数据的不同之处有两点：①大数据的数据规模更大；②大数据因具有高速变化的特征，对感知响应速度及处理数据速度有更严格的要求。由于数据规模不易于界定，所以高速性也是用于辨别大数据与海量数据的重要准则，这也对大数据技术的处理分析速率提出了极高的要求，在分析阶段要在秒级时间范围内给出分析结果，反之，大数据就失去了应有价值。

4. 价值性

大数据是海量"信息"的混乱聚合体，经过严密复杂的数据分析才能挖掘出"价值"，而"大数据"只是具有潜在价值的信息矿（王学男，2018），还需要精细深入的挖掘和打磨，这就是大数据价值性。大数据的数据体量大，"蕴含价值的数据"隐藏在大规模的数据集中，大量非相关、无意义甚至是错误数据的存在，导致价值密度急剧降低，即大数据表现出数据价值密度低的特点（朱建平，2017）。大数据背后潜藏的价值巨大，把握好新的解决思路与路径，应用大数据技术可以提取出具有高价值的信息，进一步转换加工得到知识甚至是"智慧"。所以大数据价值性内涵有两层：①大数据的价值密度相对较低；②经过大数据技术提取出的信息具有更高价值。

对大数据特征的研究中，中国信息通信研究院发表的《大数据白皮书（2016年）》中基于战略层面提出了"3V"特征：体量大（volume）、结构多样（variety）、产生处理速度快（velocity），虽未提及价值性（value），但该文件对"大数据"进行了战略定位：大数据是国家基础性战略资源，这也是对大数据价值性的肯定。经过大数据的应用与实践活动，技术人员也相继提出了大数据"4V+1O"特征与大数据"5V"特征，都是基于大数据"4V"特征的演化。在科学研究领域，由于受"科研活动具有较长生命周期"的限制，大数据高速性在科研场景下较为模糊。社会科学中的一部分"大数据"更是徒有"大数据"研究之名，其研究对象可能仅仅是静态的海量数据。但不可否认的是，这些社会科学研究成果即使在处理海量数据的过程中也应用了一定的大数据技术以及大数据思维。考虑到现阶段社会科学研究第四范式仍处于发展初期，因此可以从以下三个方面理解社会科学研究的大数据特征和大数据技术的关系：①海量数据与大数据暂无清晰的边界；②大数据技术给社会科学带来的变革不只停留在数据量层面；③大数据技术在处理海量数据方面比传统技术拥有更多优势。此外，自然科学研究中抽象得到的大数据特征由于数据的流动性、技术的开放性持续影响着社会科学研究中大数据的产生，社会科学大数据技术的演化以及社会科学大数据技术的自我提升，如图 15-6 所示。

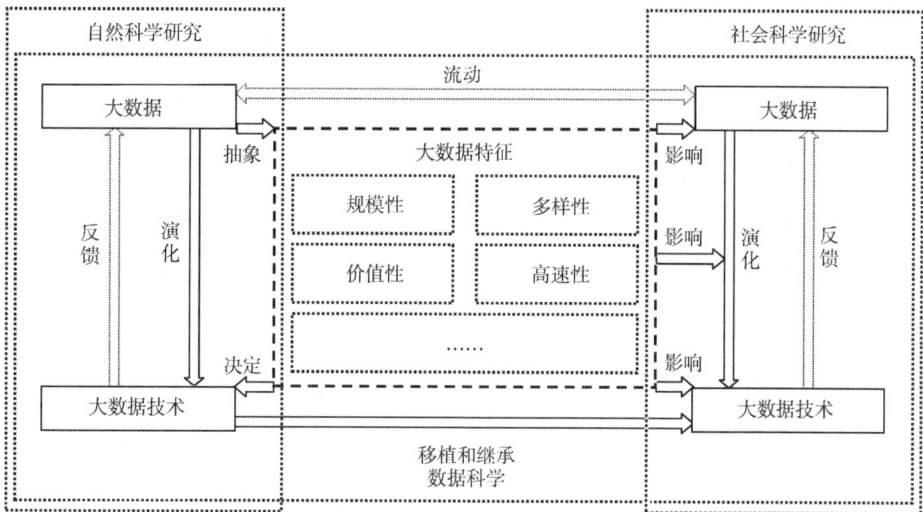

图 15-6 大数据特征对社会科学大数据技术的影响

大数据特征也促使社会科学大数据技术显现出许多区别于传统社会科学研究技术方法的存储、处理及分析能力（表 15-6），从而对社会科学研究产生影响。

表 15-6　社会科学大数据技术的存储、处理及分析能力

大数据（特性）	社会科学大数据技术（能力）
规模性	存储、分析超大规模数据的能力
多样性	处理、分析不同类型数据的能力
高速性	动态的存储、分析能力
价值性	超强的分析、挖掘能力

15.2.2　社会科学研究中的大数据分类

大数据的类别也是大数据的重要属性之一。大数据类别可以在一定程度上显现出自身特征以及其对研究流程的决定性作用（李桥兴和胡雨晴，2020）。按数据来源对大数据进行分类，可以明晰大数据的适用范围以及可应用的研究领域，降低大数据使用者的时间成本与经济成本。按数据类型对大数据进行分类，可以确定处理、分析大数据所用到的方法与工具，从研究流程上提高大数据分析的正确率与效率。

大数据较早应用于商务智能领域以提高企业活动的经济效益（李伟华等，2015；吴江等，2020），所以，商务智能领域内对大数据属性的描述较为完整且规范，也在领域内形成了一定的共识。由于科研活动对大数据的利用涉及多种来源，其中一部分大数据是直接从外部环境直接收集到的，而另一部分大数据则会涉及大数据的二次利用与再利用过程（图 15-7）。因此，将科研活动作为一个封闭系统，对大数据的来源相对于该系统而言无法进行清晰的界定（刘晓娟等，2013）。例如，当一个企业在利用客户的消费大数据进行"用户标签"分析后，会形成一个针对客户消费大数据的"数据仓库"，

当科研活动从"数据仓库"提取数据对这些数据进行二次利用时,科研活动是个封闭的系统,外部活动(企业进行"用户标签"分析的行为)对于科研活动来说是不可见的。此时,科研活动对该大数据集的分类属性会产生误判,这会影响到科研活动的分析效率及研究流程的后续发展。

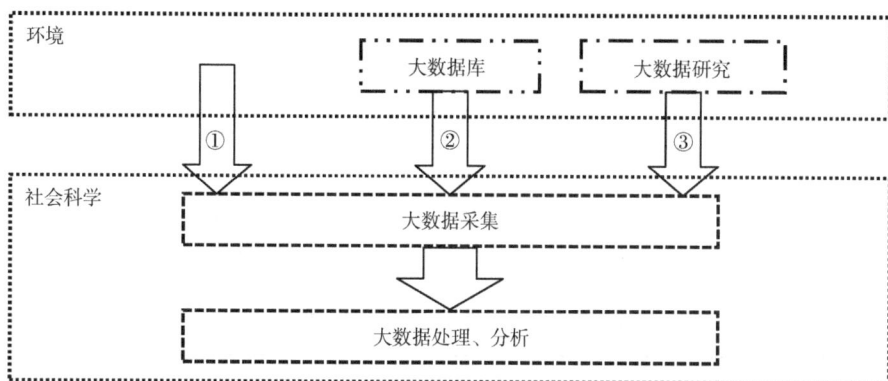

图 15-7 大数据采集的三种路径

①表示直接采集:直接从外部环境中采集数据。②表示二次利用:从整合的大数据库中提取(采集)数据。③表示再利用:从正在进行的大数据研究(活动)中提取(采集)数据

为解决该问题,引入大数据的"价值期望"概念。由于价值具有较强的主观性,因而不同利益角色对大数据价值期望并不一样,这直接导致了大数据价值在实现过程中难以形成统一的建设思维和技术口径(王崇骏,2017),从而影响大数据项目的价值彰显。其最原始的价值期望是唯一的。任何数据源的存在都是有其最原始的价值期望的,这个价值期望实现后,其就以成本形式存在,如消费大数据→用户偏好。科研活动恰好可以再利用这些以成本形式存在的数据,如消费大数据→用户偏好→数据仓库→科研活动。

以企业活动为应用场景,大数据按数据来源(相对"某"组织,如企业、政府、第三方机构)可分为:①内部数据,业务数据和归档数据。②外部数据,其他利益主体营运平台数据、物联网数据、政府数据、互联网/移动互联网数据(表 15-7)。其中互联网数据又可以分为门户网站、政府部门的信息

公开、社交网站、电商网站、论坛等（表 15-8）。

表 15-7　按数据来源的大数据分类（商务智能领域）

分类		含义
内部数据	业务数据	自营系统（平台）
	归档数据	历史遗留数据
外部数据	其他利益主体营运平台数据	其他利益主体组织内的各种业务系统
	物联网数据	物联网数据以企业自营数据库的形式存放在企业内部数据库中，或者以开放共享的精神存放在互联网中
	政府数据	为政府宏观政策的指定、国家安全防控、社会有效管理等提供数据支撑，如工商、税务、海关、人社、医疗等
	互联网/移动互联网数据	通过互联网传播与企业相关的数据

表 15-8　互联网数据分类详情（商务智能领域）

名称	内容	示例
互联网数据	门户网站	竞争对手信息
	政府部门的信息公开	领域的规章制度
	社交网站	客户对相关产品反馈
	电商网站	供应商原材料价格
	论坛	专业领域技术论坛

企业活动过程中，采集到的大数据的原始"价值期望"为产生更多的经济价值，以获得更多的利润，这与"科研活动"采集到的大数据的原始"价值期望"大相径庭。科研活动的主体，多为学术研究者以及由其构成的学术组织（小型学术团体-弱关系，或者大型学术机构-强关系），边界较为清晰，易于界定"其他利益主体"。将"商务智能领域按数据来源的大数据分类"与大数据的原始"价值期望"相结合，对科研活动中采集到的大数据集按数据来源进行分类，结果如表 15-9 和表 15-10 所示。

表 15-9 按数据来源的大数据分类（科研领域）

分类		含义	示例
内部数据	科研数据	科研主体以科研产出为原始价值期望所采集的大数据，并储存在科研主体所属的组织内部	研究采集的大型实验数据
外部数据	其他利益主体（平台）数据	除科研活动外，其他价值产出主体以提升自身价值为原始价值期望所采集的大数据，并储存在该主体所属的组织内部	企业采集的用户消费数据
	物联网数据	各主体通过物联网收集到的各类传感器，以组织自营数据库形式存放在内部数据库中，或以开放共享精神存放在互联网中	与商务智能领域中定义一致
	政府数据	为政府宏观政策的制定、国家安全防控、社会有效管理等提供数据支撑，如工商、税务、海关、人社、医疗等	与商务智能领域中定义一致

表 15-10 互联网数据分类详情（科研领域）

名称	内容	示例
互联网数据	相关门户网站	中国知网中的各类数据
	政府部门的信息公开	政府信息公开的政策文本
	社交网站	可标度用户关系的互动数据
	电商网站	所有标度材料自身特性的属性数据
	论坛	"大数据中国"论坛中的用户数据（非敏感）

社会科学研究主要利用"二次采集"与"再利用"路径采集其他利益主体（平台）数据以及互联网数据中已有的大数据。由于大数据采集的技术门槛较高，现阶段社会科学研究者利用直接采集得到大数据进行分析的研究占比较少，还有很大的进步空间。但是在部分领域仍然取得了令人兴奋的成果，我们仍然以智能商务领域的研究为例，其中的电商网站以及社交媒体网站的数据因其集成度以及标准化程度较高，而使大数据技术初学者也很容易进行数据采集，这些数据吸引了研究者较多的注意力。这些领域取得的成果在一定程度上展现了社会科学研究范式的转型。

15.2.3 大数据技术作用下的社会科学研究工具

传统科学研究受大数据技术与数据科学的作用，形成了一系列新的研究工具。按照其与自然科学的关联程度，社会科学研究工具可分为两类：一种是通过移植习得的社会科学研究新工具，即直接从自然科学研究中直接移植到社会科学研究中的"纯正"的大数据研究工具，与自然科学中的大数据工具高度一致；另一种是通过继承习得的社会科学研究新工具，社会科学研究传统方法受自然科学研究大数据方法的影响，继承部分大数据思维得到的新工具与自然科学中的大数据工具高度相关。具体如图 15-8 和表 15-11 所示。

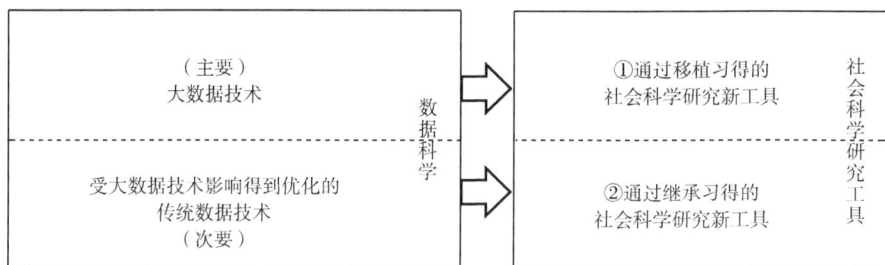

图 15-8 大数据技术作用下的社会科学研究工具

表 15-11 大数据技术作用下的社会科学研究工具

研究工具		示例
通过移植习得的社会科学研究新工具	大数据采集技术	网络爬虫
	大数据预处理技术	数据清洗、数据集成
	大数据存储技术	大数据管理平台
	大数据分析技术	可视化分析技术、数据挖掘技术、预测性分析技术
通过继承习得的社会科学研究新工具		社会网络分析

1. 通过移植习得的社会科学研究新工具

大数据技术在计算机学科领域中得到发展，包含工具较宽泛，且由于其速度发展极快，学界对大数据技术尚未形成理论层面的统一认知，借助大数据生命周期模型（图 15-9），可将自然科学大数据工具划分为边界清晰的四个核心技术（成峰辉，2015）——大数据采集技术、大数据预处理技术、大数据存储技术与大数据分析技术，这些核心技术在计算机学科领域较注重算法层面的理论研究，在社会科学研究的学科背景以及研究范式的影响下，经过科学化、学科化、情景化作用，移植到社会科学研究中，其技术层面没有较大变动，仅是应用场景与最终目标发生转变，形成了大数据研究范式下的社会科学研究新工具。

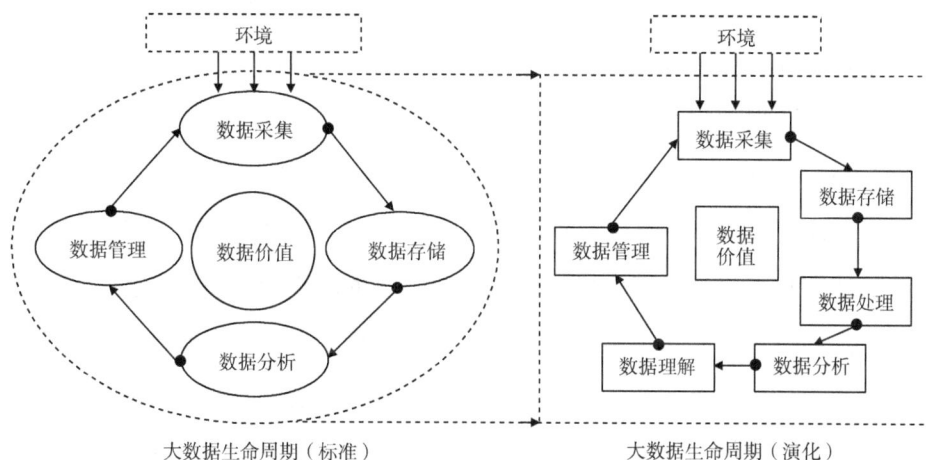

图 15-9　大数据生命周期

1）大数据采集技术

数据采集技术的落后是限制社会科学走向客观化、科学化的主要因素，并导致了社会科学无法像自然科学一样"用数据说话"。传统的数据采集方法主要是采用随机访问或收发问卷等方法的抽样调查和访问（李洁等，2021）。大数据采集技术是一种借助网络爬虫或网站公开应用程序接口（application programming interface，API），从网页获取非结构化或半结构化数据，并将其统一结构化为本地数据的数据采集方式（乌日娜，2020）。研究者将大数据采集技术移植到社会科学研究中，可替代掉传统的人力手工收集数据方式，这在很大程度上解决了社会科学研究中数据采集的被动性，使得收集非结构化或半结构化数据成为可能，使得研究数据不再是限制社会科学发展的巨大阻碍，大大降低了经济成本与时间成本。

2）大数据预处理技术

大数据往往采集于多个数据源，不同数据源之间在数据库结构、内容模块、数据接口等方面具有一定程度的差异性，蕴藏在大数据中的数据价值容易受异常数据、缺失数据、冲突数据影响，使得数据分析与预测结果具有较大的不稳定性。为了降低干扰，保障数据价值的准确性与价值性，需要对收集到的大量数据源进行相应处理，主要包括数据清洗、数据筛选、数据集成、数据分类、数据归约、数据转换等基本操作，通过这种较规范的数据处理过程，提升数据分析的科学研究价值（莫祖英，2017）。社会科学研究主要吸收了数据清洗技术以及数据集成技术。其中，数据转换处理通过转换实现数据统一，这一过程有利于提高大数据的一致性和可用性，社会科学研究将数据转换技术中的处理不一致数据的技术划归到数据集成技术中。数据归约是在不损害分析结果准确性的前提下降低数据集规模，使之简化，包括维归约、数据归约、数据抽样等技术，这一过程有利于提高大数据的价值密度，即提高大数据存储的价值性。由于技术门槛过高，数据归约较少被社会科学研究者移植到社会科学研究中。总之，数据预处理环节有利于提高大数据的一致性、准确性、真实性、可用性、完整性、安全性和价值性等方面的质量，而大数据预处理中的相关技术是影响社会科学大数据研究过程质量的关键因素（莫祖英，2017）。

数据清洗：包括对数据的不一致检测、噪声数据的识别、数据过滤与修正等方面，有利于提高大数据的一致性、准确性、真实性和可用性等方面的质量。大数据清洗技术完全基于算法以及数据本身，利用数据仓库技术、ETL（extract- transform-load）等清洗工具，对有遗漏数据、噪声数据、不一致数据进行处理（张治斌和刘威，2017），排除传统社会科学研究中清理数据时的主观因素，提高研究的严谨性。

数据集成：将不同数据合并存放到统一数据库的存储方法，着重解决模式匹配、数据冗余、数据值冲突检测与处理问题（邵明豪，2009），这一过程有利于提高大数据的完整性、一致性、安全性和可用性等方面的质量（莫祖英，2017），数据集成处理多源数据集的性能极强，与"扎根理论"及其他与之相似的多源数据分析研究模式高度匹配。

3）大数据存储技术

由于部分数据量大、研究过程长，仅靠个人能力进行数据保存可能面临数据丢失的风险。科研数据存储与共享服务可以为社会科学研究者提供数据存储平台，协助社会科学研究者选择数据的存储方式，有利于数据的长期保存，也便于科研数据的获取和分享（司莉和王雨娃，2019）。数据存储是实现高水平数据质量的基本保障（宗威和吴锋，2013）。大数据存储技术提高了数据的提取与处理效率以及数据管理能力，运用针对传统关系型数据库难以处理的数据和场景（对非结构化、半结构化数据的存储和计算等），衍生出大数据技术流程，这在一定程度上解除了社会科学研究发展在物理（技术）层面的限制，且大数据具有实时动态性，在大数据分析时会不断进行数据存取，会频繁地执行增、删、改等操作，这就需要采用合适的存储方式以适应这一特点（莫祖英，2018），大数据存储技术与之完美匹配。

4）大数据分析技术

大数据分析技术是从可视化分析、数据挖掘算法、预测性分析、语义引擎等方面，对杂乱无章的数据进行萃取、提炼和分析的过程。研究者将社会科学研究背景与大数据分析技术进行融合，把大数据分析技术移植到社会科学研究中，形成社会科学研究新工具，主要包括可视化分析、数据挖掘、预测性分析。

（1）可视化分析技术：指借助图论与可视化手段，清晰转译、传递、沟通信息的信息分析手段。一般多应用于海量数据关联性分析中，以可视化形式展示海量数据之间的组合方式与分化特征，能直观反映数据之间的关系，为研究者提供整体数据的一般性特征，具有简单明了、清晰直观、易于接受的特点，如文献计量学领域的知识图谱技术。

（2）数据挖掘技术：算法数据挖掘算法，即通过创建数据挖掘模型，而对数据进行试探和计算的数据分析手段。它是大数据分析的理论核心。数据挖掘算法多种多样，且不同算法因基于不同的数据类型和格式，会呈现出不同的数据特点。但一般来讲，创建模型的过程却是相似的，即首先分析用户提供的数据，然后针对特定类型的模式和趋势进行查找，并用分析结果定义创建挖掘模型的最佳参数，并将这些参数应用于整个数据集，以提取可行模式和详细统计信息，如政策分析领域的文本挖掘技术、文献计量领域的潜在狄利克雷分布（latent Dirichlet allocation，LDA）主题技术。

（3）预测性分析技术：预测性分析是大数据分析最重要的应用领域之一，通过结合文本分析和机器学习等多种高级分析功能，达到预测不确定事件的目的，帮助分析结构化和非结构化数据中的趋势、模式和关系，并运用指标预测将来事件，为采取措施提供依据，如计量经济学领域的灰色预测技术。

2. 通过继承习得的社会科学研究新工具

通过继承自然科学研究中的大数据技术习得的工具，一般为社会科学理论、传统社会科学研究工具以及大数据技术（或思维）三者经过互补、优化、融合后形成的新工具（图 15-10）。例如，用于高效分析社会关系的社会网络分析工具，以社会计量学、图论、数学、社会心理学和社会人类学为理论基础，通过聚类分析技术（数据挖掘技术的一种）实现更为严谨的研究分析，结合数据可视化技术更直观地将社会网络进行呈现，提高研究结果的理论深度。

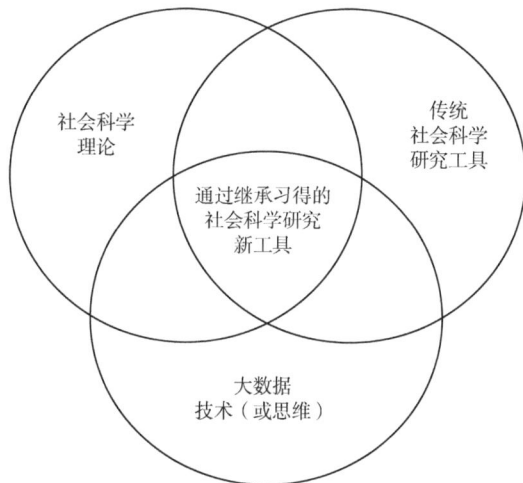

图 15-10　通过继承习得的社会科学研究新工具

根据研究工具与研究目的的不同，社会科学理论、传统社会科学研究工具以及大数据技术（或思维）这三者在融合时的所占比重也会存在区别。不同情况下三者的主体地位不同，有时会以传统社会科学研究工具为主导，简单引入大数据思维优化工具提高性能；有时会以大数据技术（或思维）为主导，引入社会科学理论，以完成大数据技术（或思维）在社会科学研究场景下的实现。通过继承习得的社会科学研究新工具在数量上远多于通过移植习得的社会科学研究新工具，对社会科学研究范式产生极为重要的正向作用。

15.2.4　大数据技术对社会科学研究的影响方式

大数据技术（数据科学）对于社会科学研究的影响是多元的，类比对传统社会科学研究的演化发展，也可以通过分析研究数据（研究对象）、研究工具（研究方法的具体实现）、基本过程（研究设计）三个层面来探究数据科学作用下大数据技术对社会科学研究的影响，从这三个层面对社会科学第四研究范式——大数据研究范式与传统社会科学研究范式进行统一（图 15-11），以揭示研究范式之间的演进关系。

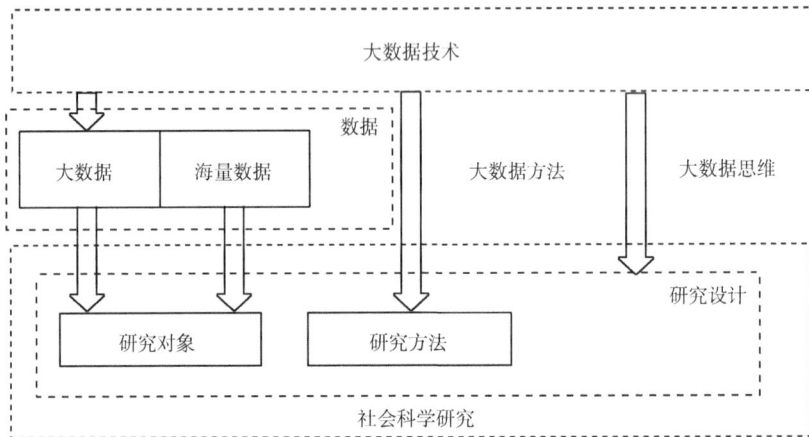

图 15-11　大数据技术对社会科学研究影响方式

大数据技术的出现使得社会科学研究消除了采集数据、分析数据的技术壁垒，将研究者注意力从标准的结构化小样本收集转移到非结构化与半结构化数据居多的大数据集以及与大数据伴生的海量数据集上。不过现有的研究，多数仅使用小样本数据进行虚假的"大数据"研究。其余较为可信的大数据研究，使用符合标准的大数据集进行大数据研究的占比极小，不过较传统的样本数据，海量数据的广泛使用，极大地提高了社会科学的可信度，使社会科学研究逐渐摆脱"伪科学"的阴霾。社会科学研究工具的变革必然给社会科学带来的影响，使社会科学方法论更加完善，移植与继承习得的社会科学研究新工具的出现，提高了研究结果的可信度；社会科学研究对大数据思维的引入，弥补了传统社会科学研究范式中研究基本过程中的哲学视角理论缺陷与方法论的不足，在细微处运用大数据思维进行研究设计上的修正，会发挥非常大的作用。大数据技术对于社会科学研究的影响不是以单一方式进行的，往往是多种方式的匹配融合共同影响着某一社会科学研究，并且不同的组合方式对社会科学研究产生的影响效果也大相径庭。大数据技术对社会科学研究的影响效果如表 15-12 所示。

表 15-12　大数据技术对社会科学研究的影响效果

| 研究数据 | 研究工具 | 基本过程 | 影响效果 |
	是否应用大数据方法	是否应用大数据思维	
大数据	√	√	趋于"完美"的大数据研究，研究可信度最高
	√	×	简单地套用概念，无提升
	×	√	对解释主义产生质的提升
海量数据	√	√	研究可信度介于完美研究与传统社会科学研究之间
	√	×	简单地套用概念，结果不可信
	×	√	引起传统社会研究发生质的变化，现阶段应关注此类研究

15.3　社会科学研究范式之间的演进关系

随着数据的可获得性增强，可容纳的因素更多，传统实证分析的模型也更为精确，促进了社会科学新理论的发展（黄欣卓，2019），数据科学技术与方法的不断发展，为大数据的获取、传输、处理、整合和储存提供了便利，同时人工智能、机器学习、数据挖掘、社会计算、信息可视化等研究方法在社会科学研究各领域得到应用，数据驱动的社会科学研究应用案例和知识积累不断丰富（黄欣卓，2019）。厘清大数据作用于社会科学研究的本质、剖析大数据引致社会科学转型的深层原因，有助于更好地把握大数据技术与方法的本质特征和社会科学研究范式更迭的内核，这对于社会科学研究的发展非常重要（黄欣卓，2019），为大数据注入人文灵魂、关注主体行为的微观结构，才能更好地适应复杂的人文社会经济研究，促进社会科学创新发展（黄欣卓，2019）。在数据科学的驱动下，大数据在社会科学研究领域的应用使社会科学研究正在经历从传统社会科学研究范式（定性研究、定量研究、仿真研究）向第四研究范式——大数据研究范式的转型。大数据研究范式的出现与其他社会科学研究范式一样，是多方因素共同作用与推动的结果，社会科学研究并没有完全改变原有的研究路径，社会科学研究仍然保持着自身特色，并且传统社会科学研究范式在向大数据研究范式的转型过程中，其认识论基础并不会从根本上被触动，而是一次方法论的革命和对认识论的发展（米加宁等，2018）。虽然社会科学研究和自然科学研究一定程度上处于分离与分割的状态，但随着信息技术的高速发展以及社会科学研究者科研素质的不断提高，社会科学研究者获取新信息、新知识、新技术的能力得到极大的提升，使得社会科学研究者对当代新兴技术的响应能力稍有提升，这在一定程度上消解了社会科学发展的思想障碍。同时，也促进了社会科学研究者对大数据和数据科学这些当代前沿科学技术的应用，解除了小学术共同体内部对新思想、新技术、新方法进行的抵触和排斥，扫清了社会科学研究范式转型的行动障碍。技术以及社会的发展进步，为社会科学研究范式的发展与转型提供了良好的内外部环境，"社会科学研究内部演化"与"自然科学研究外部作用"的共同影响使得大数据研究范式得以出现，并组成了完整的社会科学范式的研究关系。

15.3.1 社会科学研究内部演化

社会科学研究范式在社会需求与科学技术的共同推动下，经历了"对社会认知的哲学思辨阶段（社会科学研究初始阶段）→定性研究阶段→定量研究阶段→仿真研究阶段"这一完整的传统社会科学研究范式演化进程。在这一进程中，以原有的社会科学研究认识论为基础，通过不断吸收新技术来丰富研究方法与研究工具，革新社会科学研究方法论内容，发展社会科学研究认识论的理论边界，从技术层面上打破了部分研究对象的分析屏障，使得研究对象选取的多样性与准确性得以提升。新的社会需求与新兴技术不断为社会科学提供发展动力，复杂性科学的重新融合加速了大数据研究范式的发展进程。随着信息技术的发展，数据产生方式以及数据本身的特征都已经发生转变（孟小峰和张祎，2019），这些新的数据也产生了新的社会需求——如何利用这些数据产生价值（包括个体价值及公共价值），大数据的伴生品——大数据技术也开始在社会科学研究领域进行传播与演化，在这样的背景下，时代把社会科学研究范式转型的任务抛给了研究者。一些自然科学研究者在对大数据技术进行学习后，由于探寻未知的学术本能等原因，会将研究视角转向一些"低门槛"——学习成本低、理论要求低的社会科学研究领域。尝试进行一些新研究，创造一些新成果，为社会科学研究范式提供了转型新思路，使得社会科学研究的方法论及认识论得到发展，为趋于进行个体化、全样本的发现和预测的社会科学研究提供了选取新研究对象的可能。这也促进了新研究工具的发展、新研究方法流程和新研究设计（基本过程）路径的完善。

15.3.2　自然科学研究外部作用

科学研究范式的演进是人类认知与自然发展共同作用的结果，具有不以人主观意志为转移的客观必然性，科学本身更是在不断经历着综合—分化—综合的否定之否定的过程。当今世界科学研究的整体化趋势具有较强的时代性，是对经济社会发展与科学研究进步的再适应，有利于应对科学体系综合化、现实问题复杂化、人才需求多样化等发展现状。传统具有明显研究边界与理论鸿沟的自然科学与人文社会科学必然在科学整体化趋势下，不断由对立分峙走向融合包容，形成新的研究范式，或者说引领不同科学研究范式之间进行自我反思、相互借鉴，范式的演进不代表以往范式的消逝，而是从思维上、学理上、研究上，拓宽科研创新生长空间（庾光蓉，2008）。自然科学与社会科学虽然具有不同的研究范式与思维逻辑，在研究对象、研究工具、研究方法及研究过程上具有较大的差异性，但是作为人类认识世界的系统性理论知识体系，二者都具有科学的一般性结构与特征（庾光蓉，2008）。在数据科学的作用下，自然科学研究中的大数据技术以及大数据技术特征，随技术与信息的高流动性，逐步渗透到社会科学研究中，在思维逻辑层面对社会科学的研究设计等方面产生潜移默化的影响。这种数据科学作用下多学科交叉融合的思想可以对传统的科学研究思维模式中的认知惯性、行动模式、研究方法等进行整合与进一步优化，通过适应性的学科知识交互，形成一种研究视野更广阔、研究方法更全面、研究工具更科学的全新的理论范式，不断激发科学研究的灵感。这种研究范式层面的新思想，不仅利于拓宽未来科学研究的方向，而且利于以全新的思维方式回顾或审视既有研究内容，形成新启发（庾光蓉，2008）。虽然这种影响无法被研究者直接观察到，无法通过"量"来衡量其价值，但引发的是社会科学研究"质"的提升。多学科研究思想、研究方法、研究理论，甚至是研究视角的交叉、渗透，能在很大程度上激发研究者的思维潜力。这种由外而内的思想融合，能促进不同学科研究范式内部形成新的演化动力，不仅利于多学科共同发展，更有利于促进单一学科延展理论前沿面，从整体上扩大科学研究的边界，使得多学科交叉融合具有更宽广的应用领域，形成一个动态的、良性的科学发展圈层，促进科学研究发展（庾光蓉，2008）。正是这种潜移默化的影响，为新研究对象、新研究方法、新研究工具及新研究设计（基本过程）的出现提供了无限可能。

15.3.3 社会科学研究范式演进的双重模式

通过上述分析我们可以发现：①社会科学大数据研究范式的形成受双重

模式影响与作用；②社会科学大数据研究范式与传统社会科学研究范式存在
递进关系（图 15-12）。

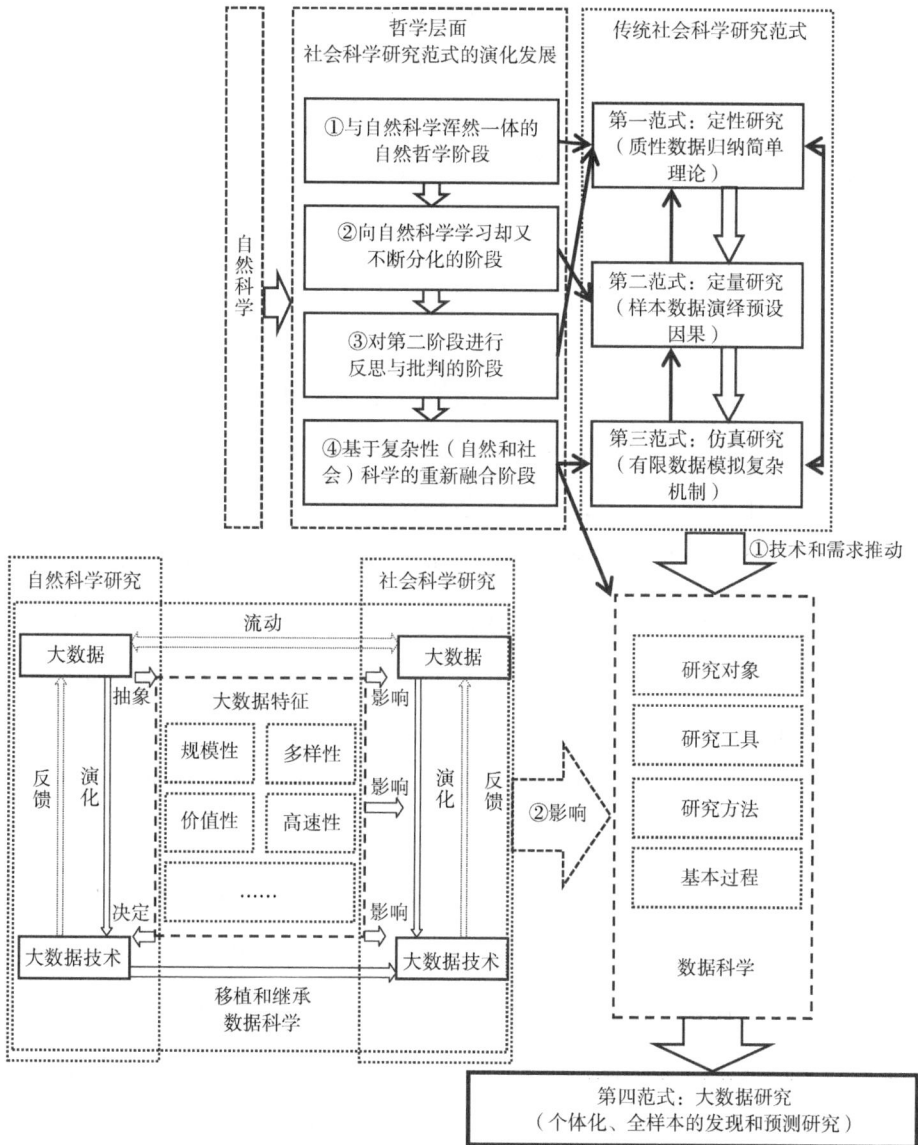

图 15-12　社会科学研究范式的演化发展与联系

　　模式一（社会科学研究内部演化）：随着科技进步与社会发展速度的不断加快，新的社会需求与新兴技术推动社会科学研究范式加速转型。传统社会科学研究范式中的核心内容——研究对象、研究方法、研究工具、基本过程，为第四研究范式的形成提供理论基础，在此基础上形成适应背景的新的核心内容，以演化成数据科学内的社会科学研究要素。

　　模式二（自然科学研究外部作用）：自然科学研究通过自身的技术与数据的知识扩散以及数据科学内部知识扩散的综合作用，在社会科学学科中形成新的研究对象、研究工具及研究设计模式，作用到范式核心内容中，形成具有大数据研究特征的社会科学研究。

　　大数据研究范式是对已有研究范式的整合与重构，本质是力图通过数据价值弥合传统研究范式的对立鸿沟，拓宽社会科学研究的知识领域与价值空间，以大数据作为研究动力，深挖社会科学研究容量价值，满足新发展时期的社会发展需求，完善科学研究的规范体系。随着大数据的不断发展，其在技术层面的不断突破，也在加速着社会科学研究方式的演化，从技术层面打破科学研究屏障。以一种整合、包容思维，重新审视传统社会科学研究中研究目标不明确、研究派系过于对立、研究数据质量不高以及数据应用偏差等亟待解决的社会科学研究难题。大数据本身作为一种较为成熟的信息技术，能够通过对全量样本进行高效处理、对典型个案进行优化分析，在很大程度上提升了社会科学研究的精准度。不仅能快速掌握社会科学数据的整体价值，更能对个体特征进行多维度的纵深挖掘，使得社会科学研究对未来的预测具有更高的可靠性与准确性。从宏观层面推进了科学理论体系的整体跃迁，从微观层面促进了学科之间、学科内部、知识体系的高效融合，不断将多维的社会科学知识内嵌于社会发展的整体网络拓扑结构中。在整体社会科学网络或科学体系中，数据则发挥动力作用，推进科学不断涌现，不断发展，这种推进科学研究涌现式发展的思维就是社会科学研究方法论层面的革命与跃迁。需要补充的是，社会科学四个研究范式都是社会科学研究不同领域内切实有效的研究工具，为社会发展解决了许多实践性问题，也诞生了许多经典的社会科学理论。大数据研究范式，并不是对传统研究范式的全盘否定，更不认为传统社会科学研究范式之间是替代性关系。只是在社会发展的不同阶段、社会发展问题研究的不同层面，我们需要选择针对性的范式。大数据研究范式为社会科学研究提供了更为广阔的方法论视角、更为自由的研究方法选择（米加宁等，2018）。想要厘清传统社会科学研究范式与大数据研究的联系，需要明确传统社会科学研究范式的发展历程、数据科学（大数据）给大数据研究范式带来的变化（机遇）以及社会科学研究范式之间的演进关系，最终得到社会科学研究范式演进的双重模式。

第 16 章
数据科学作用下社会科学研究特征

16.1 基 本 特 征

16.1.1 颠覆随机样本的全量样本

数据科学为传统社会科学研究提供了丰富的样本，从而使得在数据科学作用下的社会科学研究中样本的特征显著区别于传统社会科学。全量样本是指将通过大数据手段获得的所有数据作为研究样本，即实现"样本=数据"。全量样本是对随机采样的一种颠覆，避免了采样过程中任何可能的偏见，弥补中庸平凡的生活景象无法满足正态分布的痛处。受大数据技术的快速发展与数据匮乏现实需要的影响，全量样本的出现代替随机样本以增强对社会的解释力。全量样本在以下几个方面回应了传统随机样本的不足。

1. 全量样本解决了采集困难

近代科学起源于社会分工的细化，以世界为研究对象的科学研究由整体转向部分，试图以部分来研究整体，从而深化了对世界的认识。然而，试图以部分认识整体的研究绝大部分都存在数据匮乏的难题。统计学在早期对提高结论的准确率做出了贡献，作为统计学中重要概念的随机采样便是一条分析数据的捷径，被政府部门和商业领域等社会研究者所接受，具体应用于人口统计、质量监管、政治倾向等社会科学研究的多个主题。在数字时代来临之前，由于在收集、存储、处理和分析数据的过程中受到技术水平的限制，研究者一般倾向于在综合考察可行性与有效性后折中选择研究包含少量数据的典型样本。这在一定程度上给社会科学研究带来了一定的偏差（陈泓茹等，2016）。大数据研究中的全量样本趋同于整体，实现"样本=整体"的数据采集，破解了传统社会科学中的采样困难问题（陈云松等，2015），数据不再因小范围采样而聚焦于某领域或某时期的典型样本上（蒋伟伟和钱玲飞，2020）。因此，这些信息点在社会科学研究的范围内排列组合，不断被记录与读取，进而能够有可能作为社会科学研究的原始数据被加以分析与利用。

2. 全量样本降低了主观性

大数据技术可以在一定程度上承担社会科学研究中获取全部数据所要消耗的人力和物力，并且也为后续数据的储存与处理提供技术支持（李善青等，2019）。传统社会科学的研究者需要对样本进行观察与分析，进而得出解决研究问题的具体办法。不过，采用随机样本的最大弊端就是依赖采样的"绝对随机性"。事实上，在长时间应用抽样分析方法研究的过程中，采集样本的数量与结论的准确性之间的相关性并不显著。原因在于，当获取的样本数量接近某一数量时，样本所能够包含的信息量会越来越收敛于某一程度，它所能够反映的信息会越来越少（段忠贤等，2019）。真正影响研究结果准确性的是采集样本的随机性，具体来说样本抽取越随机，所得结论的准确性越高。社会科学的研究对象复杂多样，这对受社会关系、地域、个人特性等多方因素影响的社会科学研究者提出了很高的要求。研究者在采样过程中一旦存在任何偏差，便打破了绝对随机性的要求。在数据科学作用下，研究者可以通过大数据技术获取全面的数据，在对完整数据的分析和处理基础上得到更准确的结果，使社会科学研究的深度、广度和精度再度得以提升（陈沫等，2019）。

3. 全量样本拓展了数据结构

研究者通常将采样后的数据放入数据库中，而传统数据库能够存储和处理的仅为结构化数据，因此，暴露出数据结构单一的问题。随着办公信息化的发展和互联网的普遍应用，大数据研究使用的全量样本包括人们活动产生的各种信息、图片、视频、通信记录等数据形式，并被整合到大数据的数据池中（朝乐门，2019）。结构化数据作为一种数据格式严格的集合，最显著的特征便是能够用二维逻辑表来呈现关系，进而存储在关系型数据库中。半结构化数据可视为具有一定数据结构的文本，其中包含相应的特征与类别，以表格形式存储在数据库中（张庆熊，2018）。非结构化的数据通常指无法用统一规范的格式来展示的图片、文本、音频和视频等难以二维逻辑关系呈现的数据。数据池中包括结构化数据、半结构化数据和非结构化数据，多种结构类型的数据整合成为真正意义上的全量样本（汪业周和张瑜，2017）。

4. 全量样本提供了海量数据

对海量数据的获取在一定程度上实现了以样本最大程度覆盖总体的效果，同时破除了传统以静态视角采集数据的难题，在涵盖所有影响社会发展因素的同时也能兼顾时间维度，实现以动态视角去分析复杂的社会现象（孟天广，2018）。随着新一代信息技术的不断发展与普及，获取、记录、处理与分析数据的工具和手段日趋成熟，在大数据研究中，传感器、实时检测器、网络爬虫等新兴技术能够为研究者捕捉到过去难以采集的海量数据。对于海量数据的存储可以利用智能数据库和智能管理系统更高效地进行数据存储与管理（江必新和郑礼华，2018）。因此，大数据研究通过融合不同技术领域的计算编程和管理系统优化社会科学研究操作方法的科学性，使科学研究变得更有说服力、更有效率。

5. 全量样本实现了细化研究

大数据研究的全量样本将社会科学研究更进一步深入到细分领域，破解了传统社会科学研究通过问卷或者随机样本进行研究的局限性，将传统社会科学研究针对某一具体问题而开展数据采集的研究方式拓展到围绕事件进行数据采集，使研究结果更细致、更具参考性。在数据科学作用下社会科学体现出全量样本的特性，使得科学研究可以从大规模的、全量的、全局的角度进行研究，为大量数据的细节对比提供可能。例如，从大量数据中发现异常值，进而在研究中挖掘出数据额外的多样性价值。

16.1.2　允许数据误差的容错性

社会科学研究往往需要透过形式多样、关系复杂的事物，采集广阔领域的数据，这些数据在一定程度上决定了社会科学研究的不精确性。然而，大数据研究对于数据整体状况的考量替代了对于数据微量误差的考量。容错性是数据科学带来的呈指数倍增长的数据其容量足够的大以至于可以在很大程度上忽视一些本身存在的误差（罗教讲和张东驰，2018）。海量数据的存在使得研究放宽了对于误差的要求，即便存在微量误差，相比于使用小规模数据的社会科学研究而言，以海量数据为前提的大数据研究表现出更优良的精确性。从某种意义上讲，用以研究的数据其自然存在的误差理应被纳入研究内容中来，不应一味地强调研究数据存在的微量误差。具体在社会科学研究中，容错性有以下几种表现。

1. 打破测量精确性的关键前提

与大数据相比，传统"小数据"时代技术有限，所能收集的信息量有限，且由于社会科学多采用"以小见大"的类比和归纳总结的方法。因此，必须确保所记录和获得的信息尽可能精确，避免错误被放大，继而影响后续推导出来的理论结果（李成赞等，2017）。目前，已有研究者致力于探索数据测量的工具，为保证数据准确性不断探索测量工具的优化路径。因此，追求测量准确性这一目标在一段时间内推动了社会科学的发展。然而，大数据研究在以往社会科学研究的基础上，加入了对于数据整体的考量。面对大数据研究中体量过大的海量数据，要求数据的精确性也无意义，甚至无法实现（董铠军和杨茂喜，2017）。因此，大数据研究不再局限于数据的微量误差的消除，而是以其自身数量庞大的数据作为补充，转向对于整体数据状况的考察。具体表现为，大数据研究在一定程度上能够允许误差的存在，但这并不意味着大数据研究失去了对于原始数据精确性的追求，而是以另一种方式追求社会科学研究内容的准确性。

2. 避免耗时耗力的数据处理

传统社会科学研究的局限性在于两点：一方面，利用统计标准进行的数据收集和清理，其在过程中失掉了精确性，并极其耗时耗力且做许多无用功。另一方面，在传统的统计方法上如果出现大量无用的或者不合适的样本就需要采取直接剔除部分样本或者进行样本的替换，尤其是后者需要更多的样本量来支持。而大数据驱动的社会科学研究中，样本即总体，大数据方法在资料收集上既可以快速汇聚各类来源的数据从而获得更全面的数据，也能够通过传感器、智能手机、用户生成内容等方式被动收集资料，大大降低了数据收集和处理的成本，避免观察渗透的问题。因此，从小数据出发的各种研究方法不如大数据驱动的研究方法得出的结论可靠（罗小燕和黄欣荣，2017）。

3. 允许多种来源与结构的数据混合

大数据研究中海量数据体现了数据量、数据结构、混杂度、错误率和准确性等方面的表现。具体来说，当数据量越大时，意味着数据的来源与结构越多元，相应地，数据混杂程度就越高（刘涛雄和尹德才，2017）。因为在大数据时代下，大数据技术负责采集的数据不仅包括结构化的数据，还包括文本、图片和影像等非结构化的数据。然而，海量的数据量弥补了混杂度所带来的负面影响，表现为一定程度的数据混杂对于研究结果的影响较小。混杂是伴随着海量数据的形成而产生的必然结果，需要强调的是，混杂只是海量数据的极小部分（孙建军和李阳，2017）。因此，大数据研究对于整体而言，已经能够保证所提供数据的真实性，进而以其高概率的真实性保证研究结果的可信度。在大数据时代，实现总体样本的完全归纳虽然并不绝对，但至少存在实现的可能性（陈潭和刘成，2017）。

16.1.3　捕捉研究客体的关联性

大数据研究注重研究客体的关联性分析，可以比过去的研究更容易、更快捷、更清楚地分析社会科学中的复杂性事物。简单来说，关联性就表现为两个数据值之间的关系，具体表现为相关性和因果性。当一个数据值随另一数据值的变化而显著变化时，则称这两个数据值的相关关系强。谈及"相关性"与"因果性"，作为揭示事物之间的本质关系的两个概念或者理想典型，它们从古代到现代，一直是不同学科之间探讨和纷争的焦点之一。因此，在数据科学作用下社会科学研究的关联性也表现为相关关系与因果关系两方面。

1. 数据科学推动社会科学研究的相关关系研究

在小数据时代，由于数据本身的局限性，往往无法推敲由直觉推断而来的因果关系的正确性。大数据研究提供了丰富的数据资源使得数据不再匮乏。然而，不可否认的是，社会活动也随技术的发展而愈发复杂，并难以被预测。因此，大数据研究用来判断相关关系的优势将会用来证明由直觉而来的因果关系的错误以及由统计关系而来的因果关系缺乏真实性（戴潘，2016）。在现有的研究范式中，通常将观察作为研究的起点，而后进一步通过归纳与演绎展开逻辑分析，具体表现为探寻社会科学规律和抽象出理论认识、提出理论假设加以证实或证伪，进而得出研究结论。这便是社会科学研究中典型的由问题出发的、以解决实际需要为目标的研究范式。以往社会科学研究中的定量研究、定性研究和仿真研究均存在较为固定的研究模式。之所以研究模式相对固定，是因为多数通过调查问卷采集并用以研究的样本量极为有限。这给后续的证明过程与结论的解释力都带来了不小的挑战，虽然数理统计能够在一定程度上表明研究结果，但是受数据说服力不足与研究者下意识地对研究内容加以建构两方面的限制，研究不仅缺乏客观性，而且忽视了复杂社会科学许多丰富、有价值的研究问题。然而，大数据的作用和研究目的并不在于要确立某一个研究典范本身，而是为了研究主题或商业目的实现预测，因此，相关关系的作用更明显（顾燕峰，2021）。

2. 数据科学也深化了社会科学本身对于因果关系的探寻

人的天性会倾向于追求因果关系，快速思维方式的形成便是因为人们习惯于用因果关系来看待周边的一切，以便在信息匮乏又必须快速决策的情形下化险为夷。对于社会科学研究而言，其研究的对象处于十分复杂的领域，在这一领域快速思维运用十分普遍，研究者试图探究研究内容的因果关系，以便增强对不确定事物的理解（王东，2016）。正是因为研究内容之间的关系具有多少、强弱、升降等方面的不同表现，在找出研究内容自身因果关系前，社会科学研究者可通过对内容的关联性的考察，从整体性视角出发对于研究问题做出全面的把握，进而对研究趋势以及研究热点进行评估与预测。因此，大数据研究能够在进一步挖掘研究内容自身因果关系前以海量数据的形式涵盖丰富研究信息。这不仅弥补了传统社会科学数据量不足且数据分析技术不成熟的弊端，而且对于社会科学研究事物间关联性问题的解决起到事半功倍的效果。从社会科学研究追求数据精确化的根本原因出发，如果能从海量数据中找到因果关系，达到与传统社会科学通过大量抽样调查和统计分析理论同样程度的可靠性，那么源数据微量错误便可以被接受。

总之，大数据研究使相关关系的分析成为可能，能够更适时地解决应用性问题，这是与以往的科学研究范式不同的。大数据研究的关联性特征可以分析出数据之间的关联情况，进而发现在社会现象背后的事物之间的联系，并将这样的关联关系加以利用或进行深入研究以解决一些社会的现实问题。同时，大数据研究中先进的计算机技术为社会科学研究提供了各种针对非线性问题的解决手段，大数据研究利用的海量数据也突破了使用小部分相似数据的限制（唐文方，2015）。随着大数据研究的兴起，以往需要建立在实验、理论及仿真模型基础上的研究无法避免的局限性问题得以解决，更进一步帮助研究者进行跨学科研究，使其更能客观地发现问题、研究问题与解决问题，进而推动研究者对整个社会有更深层次的认识。

16.2 方法特征

在数据科学作用下社会科学的方法特征从狭义角度指社会科学研究者为识别、收集、分析研究对象所使用的特定的手段与专业技术的区别，从广义角度指以大数据为代表的新兴技术对社会科学方法论层面变革的具体表现。社会科学研究本是基于数理统计的方法，从方法论上看，经验科学研究范式成为诸多社会科学的探索人类社会的直接工具，定量研究逐渐成为主流研究方法。社会科学有着各式各样的研究工具（research tool），传统社会科学和自然科学的主要区别之一便是研究工具的区别。研究工具意指科研人员为识别、收集、分析研究对象所使用的特定的手段与专业技术，随着大数据技术和跨学科交流拉近了彼此的距离，社会科学研究工具也迎来了自身的革新。

在大数据时代，信息技术革命在许多方面重塑了当前社会的政治、经济、文化结构，也改变着学术资料和学术内容的研究范式。在社会科学研究中，研究者尝试用不同的手段透过各种各样的社会现象理解整个社会，科学技术以及机械工具的出现解除了研究者体力的不足与脑力的限制。随着社会的不断进步，研究者的思想与情感需求也在不断提升。大数据技术的出现使得采集并存储海量数据成为可能，从而更加全面地捕获研究对象的行为并进一步对事物的发展进行预测，这在一定程度上满足了研究者的情感与心理的双重需求。随着大数据技术和跨学科融合的数据科学发展与推广，方法特征主要体现在数据收集、处理及结果三方面。

16.2.1　多源的数据抓取与存储

大数据技术的兴起为数据挖掘提供了技术支持，社会科学研究通过数据挖掘技术得到的海量数据不仅为社会科学研究带来了机遇，也给社会科学研究的数据采集与存储带来了挑战，主要表现为采集源不同、数据规模庞大、数据异构、数据流失、数据存储有限等方面的问题。

1. 数据采集技术和挖掘技术实现不同数据源的数据抓取与整合

数据的采集源决定着数据规模、数据结构、信息量等方面的差异性。大数据技术作为数据采集与挖掘的技术支撑，为大数据研究带来了双重的影响。一方面，从数据规模、数据结构、信息量方面完善了研究数据。另一方面，数据异构、数据爆炸式增长等方面的问题对大数据研究的数据存储与处理提出了严峻的挑战。当前数据挖掘技术进步快速，前大数据时代挖掘的数据一般为文本数据，大数据技术则实现了集成化挖掘数据，将所挖掘的数据拓展到了特殊性文本、不同格式的视频文件、音频、图像等半结构化数据和非结构化数据。相关技术工具包括 Scribe、Kafka 等互联网开源日志采集工具，

HTMLParser 等分布式爬虫工具，WebMagic 等 Java 爬虫工具和基于 Python 语言开发的 Scrapy 等非 Java 爬虫工具。物联网技术近年来也在快速发展，对于传感器的利用则是物联网技术的关键。

2. 云储存与云计算替代轻型数据库提供强大的存储与访问功能

大数据研究最显著的特点之一就是数据规模大，这一特点提高了对于存储终端的要求。存储终端不仅被要求能够存储海量数据，还被要求能够调取与处理数据库的数据。因此，传统的轻型数据库已不再满足数据量日益增加的发展趋势，同时单单通过扩大硬件存储容量已经不能够满足急速增长的数据量，云存储和云计算就是在这样的背景下为补充传统轻型数据库的缺陷而诞生。目前，大型的存储终端与分布式的数据库被广泛应用于大数据研究中，不仅能够满足海量数据存储的需求，还能够满足数据实时调取与处理的需求。

在大数据挖掘的新增加数据中超过 80%都为具有混杂性的"脏数据"和异构性数据，这意味着传统数据库难以适应大数据数量的增长，以云储存为主体的新型存储技术成为保存社会科学成果的良好选择，云存储技术可以看作云计算技术在细分领域的延伸，因此云存储技术也可以看作具有处理与储存数据功能的云计算系统。大数据研究所建立的网络数据库，亦可视为一个搜索平台。一方面，能够实现数据的实时更新、有效积累与存储。另一方面，支持数据的快速搜索与访问以满足研究者对于数据日益增长的需求。

16.2.2　高效的数据分析与挖掘

大数据研究在数据采集与处理环节也显著区别于传统的社会科学研究，具体表现为优良的数据分析与挖掘技术。这些技术不仅能够高效地进行数据采集与处理，而且还能避免因研究者的主观局限而忽视的客观事实。此外，大数据时代不仅为我们呈现巨量数据，同时也伴有相应的数据挖掘、处理和转码等技术为科研活动所用（罗家德等，2018）。已有研究试图通过此类大数据的信息挖掘和处理技术来提升大数据的可用性与可靠性，进而探索并解决更多具有重要意义的研究问题。

1. 更高效的数据运算过程

大数据研究的数据处理包括数据采集、数据预处理、数据存储、数据处理与分析、数据显示/数据可视化、数据应用等六个流程。这些工作流程均可交由计算机来完成，这与传统的社会科学研究相比能够更加准确、高效地进行科研。具体表现为，在传感器或相应设备上获取数据，并完成数据的清洗与校准，进而存放到指定的数据库中实现数据的有效存放与安全移动。同时数据库会进行周期性的更新，这种准确的、实时的、高效的数据管理方式在一定程度上大大节省了研究者在数据管理环节所要花费的时间，以便研究者将更多的精力用于科学发现。

2. 更精准的数据分析结果

大数据研究在数据分析环节运用了丰富的可视化工具与数据分析算法，一改以往数据分析的文字描述，在分析过程展现与验证假设方面表现出较高的准确度。研究者可以通过更加直观、便捷的交互界面来分析数据，这不仅能够提高数据分析的准确性，还能通过可视化的形式展现出研究者在提出假设中所忽视的内容。然而，对于海量数据进行分析乃是运算量巨大且巨复杂的一项工作，这对于技术以及分析手段有着很高的要求。目前，已有研究致力于优化数据分析的算法、挖掘更多性能优良的可视化工具，这是对于现如今规模日益庞大、属性愈加复杂的数据的有力回应。对于大数据研究而言，利用一切的数据分析与挖掘技术的本质目标是通过数据挖掘事物背后的关联性，进而掌握事件动态发展的趋势，为研究者更好地利用大数据解决社会问题提供技术支撑。

3. 优秀的可视化能力

大数据研究在数据展示方面主要依赖于大数据可视化技术，最终将数据分析的结果以直观、形象化的方式呈现出来，为研究者所得结论的准确性与高效性提供支持。在此之前，必不可少的环节仍然是数据的采集、清洗、存储以及进一步挖掘，而后才使数据以可视化的形式展现出来。传统的社会科学研究中对于数据分析结果的利用仅仅局限于某一具体的研究问题，因而数据分析的效率较低。然后，大数据研究涵盖了丰富的信息量，研究者通过建立研究模型观察出与研究目标具有密切关联的所有研究内容，以便开展后续的研究。因此，大数据研究中应用的可视化技术极大地提升了社会科学研究效率。

4. 更多元的分析工具的应用

物联网对于社会科学研究的核心意义在于对于收取的传感器数据的分析利用，万物互联使得社会活动中充满了无线传感器、微电机传感器等各类型传感器，即使一个微小的多功能可穿戴智能设备上也同时具有位置传感器、压力敏传感器、热敏传感器、能量效率传感器，使社会科学研究人员通过不同方式的数据挖掘获得了全样本的相关性数据。从 4G 时代开始，为了实现用户跨地域、大流量的无延迟信息数据传输的需求，以互联网公司为核心，云存储技术开始被高密度使用，后学院时代通过与企业的合作为社会科学的样本数据处理提供便利。在海量分布数据的批处理方面比较成熟的产品为 HDFS 和 MapReduce，而实时数据的流处理有 Storm 系统、对于非结构数据则有 InfiniteGraph、Cassovary 等。社会科学研究在进行数据处理时也可以使用人工智能和云计算对数据进行预处理及分析，从而实现更为高效的信息处理。在社会科学数据分析尤其是定性研究层面，也出现了一批诸如 RQDA（R package for Qualitative Data Analysis)、Nvivo 等新型分析工具，以 Nvivo 为例，2010 年后其在社会学以及管理学领域中的应用逐年增多，年均增长幅度超过 35%，完成了从理论到应用的转变。

16.2.3　量化分析与多元技术的融合

传统的社会科学研究所利用的理论模型与抽象变量对于大数据研究而言已不再适用，在进行操作时无法将大数据抽象出有限的变量纳入研究框架中，而变量间存在的巨复杂关系也无法用假设检验或者纯粹定性的方法进行研究。因此，大数据研究在某种意义上可以说是跨学科融合和技术推动与应用（李洁等，2021）的产物，是对于传统社会科学研究范式的整合与丰富。现有研究表明，大数据研究的出现已经在社会科学领域掀起了一波热潮，与此同时也引发了许多的质疑声。不过种种迹象表明，大数据研究路径正在被社会科学研究者所接受，这与社会中科技的进步、生产生活方式变革等现实因素的推动密不可分。因此，大数据研究逐渐成为在社会科学研究中强有力的研究范式之一。

16.3　结　构　特　征

16.3.1　以数据为研究起点

大数据的出现为传统社会科学"问题—观察—实验—理论"的发现模式打下了更加坚实的实证基础，很多学者开始赞同数据成为科学的起点这一观点。"以数据为起点"是指科学源于数据。以数据为研究起点的新模式逐渐成为学者共同关注的焦点。计算机专家吉姆·格雷认为，"从问题出发"到"从数据出发"的发现模式是研究大数据对社会科学影响的关键。

1. 从数据出发消除研究者的局限性

大数据的相关关系在现实上可以帮助社会科学研究发现因果关系，这在一定程度上排除了研究者自身的局限性。相较于自然科学，进行社会科学研究会受到多种因素的影响，文化、价值、意识形态等都会对其研究结果造成一定偏差，而且有些社会科学学科本身研究的就是关于意识形态和价值的问题。所以，这种情形下再进行人文取向的定性研究，可能会使研究结果带有极大的主观性。利用大数据进行研究，数据会直观地表现出事物的变化趋势，然后以此反映社会现象背后存在的关系。大数据擅长呈现相关关系，这为研究者挖掘相关关系与研究问题相关的复杂因果关系提供了更大的可能性。计算机技术的成熟与普及将大数据作为资源用于科学研究提供了可能，研究者在进行研究前可以通过计算机语言与相应操作轻松获得海量数据，避免因受在先的、作为前提的理论和观念的制约与影响。不过需要说明的是，大数据及其提供的相关关系作为一种引导，还需要研究者出于个人洞察、理论和人文价值取向的引导，避免将方向引向无意义的议题，建立误导性因果关系或模型。

2. 从数据出发增强对现实的解释力

研究者用人类生存和社会科学研究的双重价值取向审视大数据所呈现的可以连接到各个方向的相关关系，并选择出与研究问题切实相关的路径。不可否认，脱离了具体场景的大数据是泛化而无序的，不过正是因为大数据是社会生活的数据化结果，才具有解释生活的能力。有观点认为，从经验来看，人们往往把相关关系当成因果关系，把噪声当作信号。数据本身的泛化和杂乱以及其背后掩盖的万象纷繁是一方面，人类对相关关系和因果关系认知的不可靠性是另一方面。然而，正是因为大数据提供了洋洋数据大海，才使得研究者能够避免因自身的局限性造成结果的偏差。在大数据时代社会科学研究站在更高的起点上，不过其核心任务依然是寻求普遍理论，为人类行为和社会寻求普遍性解释。

3. 从数据出发契合社会科学表述客观对象的喜好

当我们关注社会科学的历史和现实时，可以发现，数据是社会科学理论实证化的关键因素。社会科学在确定研究某一对象的某种属性之时，对对象及其属性以及与其相关的对象及属性的研究，实质上是变量与变量关系的研究。属性作为对象的特征或本质，就包含于变量之内，当概念经由属性转化为变量时，概念就变成了一种可观察的形式，使得其中所包含的程度或差异能够有一个确定性的衡量标准。如何确定这些程度和差异？要从数据出发，通过量化和测量手段为研究对象解析出或赋予数量特征，接着通过研究对象的数量特征，来探索研究对象其他特征之间的关系以及其和其他对象的关系。

16.3.2 淡化学科边界

1. 强调跨学科思维和关联思维

不同学科的研究领域回答的是涉及哪些方面，它们关系到一个研究领域能否达到预期目的和所能覆盖的范围。回顾社会科学研究的发展历程，社会科学中各学科从诞生开始就具有文理交叉的基因，表现出综合性较强。在建立过程中，吸收了许多其他学科的理论和方法，并因此受益。在社会科学发展过程中，学者不断借鉴自然科学研究的方法和理论。自然科学的实证科学范式成为社会科学研究的范例，尽管除了心理学等个别领域，严格的受控实验法在社会科学研究中的应用受到了限制，但社会科学家还是相信：无论是通过观察总结出来的归纳性理论，还是从公理或定律推导出来的演绎型理论，都可以通过实验方法来检验其真伪和正误，因为经过实践检验得出的研究结果往往更有说服力，更加客观，更加令人接受与信服。实验方法需要对研究变量进行严格控制，其中任何一个研究变量的一点改变，都会影响最终实验结果。所以，规范性的实验操作过程，其研究结果可以客观地反映变量之间的关系。社会科学理论对社会现实的建构性，也为社会科学家提供了系统化的、严谨的研究理论架构，而这种理论架构是通过数学思维的严谨抽象、精确计量和简明表达来实现的。正如美国学者亚历山大指出的："理论的确是科学的核心，同时与现实密不可分，理论自身便是检验事实的实验。"在新技术的冲击下，学科间的交叉融合已经成为学科生存和发展必须面对的问题，如果在这个过程中，社会科学研究者固守传统领地，自我封闭、畏首畏尾、不敢进取，则很可能失去发展机遇，面临在新技术发展和学科交叉融合的大潮中被边缘化，甚至被"肢解"和取代的危险。社会科学愈发强调跨学科思维和关联思维，这种思维模式必然会加快学科之间的交叉融合，淡化学科边界（陈云松等，2015）。各个学科在坚守学科的专业内核，在相互借鉴和相互渗透的同时积极介入其他相关学科以发展本学科的生长点（郭才正，2020）。社会科学研究者需要从计算机科学甚至数学、物理、生物等学科获得更为有效和科学的方法与工具，大数据时代的社会科学越来越凸显交叉学科的性质（倪万和唐锡光，2017）。

2. 加快学科之间的交叉融合

数据科学是一门涉及统计学、数学、机器学习、数据库、模式识别和可视化技术等多科学领域的交叉学科。以数据科学作为切入点，便能够理解各学科间如何有的放矢地交叉融合。如果将数据科学视为统计学的一个延伸，则突破了统计学处理结构性数据的限制，使其能够面向包括文本、图像、视频、网络日志等半结构化甚至非结构化大数据开展更为复杂的研究。如果从计算机科学的视角出发，在数据的获取、存储、分析等环节已经广泛应用机器学习、数据挖掘、人工智能、信息可视化等研究方法，将知识图谱、时序图谱、神经网络、关联挖掘等前沿性技术应用于知识表示、知识关联和知识组织，进而应用于不同领域大数据的处理和开发，使其成为智慧化数据，帮助解决领域实际问题。从数学的视角出发，数据分析环节已广泛应用信号处理、概率模型、模式识别和不确定性建模等方法。数据科学驱动的研究按数据处理流程可以划分为数据探索与准备、数据表示与转换、数据计算、数据建模、数据可视化和演示。处于学科边界的交叉领域有如无主的领地，各学科之间可以搁置争议，共同开发，协同建设。Moraes 和 Martínez（2015）指出，数据科学研究过程包括信号处理、数学、概率模型等技术元素。根据不同学者的研究总结，发现学者的描述可以概括为数据科学是来源于多个学科领域的交叉科学。数据科学研究过程中应用的方法是这些学科原有方法的继承或创新，在此基础上，数据科学以数据为中心，为解决全社会人类问题而服务。虽然学者对数据科学的研究方法表达不同，但是其多学科交叉特征是学术界共识，处理分析海量数据是其研究方法要解决的核心问题。

16.3.3　面向整个社会

1. 代表社会生活本身

大数据代表社会生活本身。随着智能生活的开启，社会生活中的软件系统会将社会生活转化为大数据，并且这些软件环境最终成为动态的、不断发展的实用性的数据供给系统（Wagner-Pacifici et al., 2015），这对于社会科学研究已产生很大的影响。在社会科学的研究中，研究者试图将预测某种事物的发展方向作为研究问题，以解决现实问题或缓解人类对未知的恐惧。生产力低下时期，人类利用占卜活动来预测未知，尽管这是不现实的，但是在当时的社会发展阶段，又只能依靠这种办法。只不过在那个时期，人类的生活和生产受大自然的制约，进行预测时所使用的方法与理论缺乏科学性，难以上升为一种科学研究。然而，随着知识的积累与技术的进步，整个复杂的社会呈现出编码数据化的趋势。也就是说，这在一定程度上可以看作占卜活动的演化。从此，社会科学研究不再局限于从自然科学中学习研究方法和工具，由此产生社会科学研究新趋势，即更多地尝试与大数据技术结合解决包括预测事物发展方向在内的社会复杂难题。

2. 是社会信息的集合

大数据是社会信息的集合。随着计算机及其相关技术的发展，社会中人的大量行为得以捕获（Hesse et al.，2015），大数据作为整个社会的信息集合可以被社会科学研究者获取、分析并用于还原数据背后的真实现象（Chang et al.，2014）。在 21 世纪的大数据时代，任何超乎想象的事都有可能利用大数据来完成，其中数据编码技术正在飞速发展，现实生活中的人、事、物乃至社会关系都可能被编码。设想一下，这些信息经编码后，被输入计算机中转化为数字记录，即数据信息，也就意味着利用数据技术的社会科学研究据此来解决社会关系问题。21 世纪后期起，社会科学研究的数据化倾向越来越明显，互联网的发展使人们的社会生活逐步向数字化、网络化演变，同时，数据化在信息整合领域的应用不断显现着其特有的价值和地位。在这个时代，信息技术与各行业深度融合，社会的各个组成部分均置身于网络之中，而网络的一大特点就是社会与人所有动向都会被记录，社会生活的各个领域随时随地产生大量数据，这使得大数据已经具有超乎想象的"广度"。在社会科学研究中，海量数据的应用便是预测与解决社会问题的基础。巴拉巴西说："人类行为的 93%是可以预测的。"在大数据技术蓬勃发展情景下，社会科学研究已实现预测总统大选结果、流感变化趋势、人的消费方式和活动规律等，逐渐使人类社会趋于公开、透明。

3. 探究社会发展趋势

传统社会科学研究范式主要研究社会问题发生的原因，与大数据技术结合的社会科学研究新范式则更偏向于探究社会发展趋势，不局限于当前问题的探讨，又着眼于未来方向和机遇的把握，对未出现的灾害进行预防。我国学者关于利用数据技术对地震、台风等自然灾害进行预测的研究已经很多，但是，大数据技术的预测功能完全不局限于此。对于突发公共卫生事件治理中，如在新冠疫情初期，填写纸质表格信息、依靠人工上门核验等方式极大地影响了应急效能，大数据支持下的健康码等信息技术工具的出现，使得疫情预测、风险评估、密切接触者追踪和流行病学调查等社会科学研究得以顺利开展。大数据技术可以收集人类活动的各种信息和数据，包括人们衣食住行的方方面面，通过对这些数据进行分析，可以探索出人类活动的规律，并发现规律、利用规律，来对社会现象的走向进行预测，使人与人、人与数据相连接，编织成巨大的网络数据信息关系网。对于经济层面多数研究都是需要大量经济数据做基础的，少量数据根本无法反映经济变化的客观规律。大数据的应用使得经济领域的发展方向可以预测，以便国家进行宏观经济调控确保经济平稳健康发展，采取相应经济政策来应对危机或抓住机遇。从国家层面来说，政府通过收集人们政策意见或反馈等数据信息，能够及时了解公众的价值态度，促进公众参与听政问政，保证政府工作人员清正廉明的同时，维护社会稳定和国家长治久安。

16.4　特征之间的联系

16.4.1　基本特征与方法特征

与实验范式、理论范式和仿真范式相比，大数据研究通过对大规模数据的收集与统计，采集比过去更大量、更复杂的社会科学研究数据。在有限数据时代，由于存储技术与数据分析工具的限制，科研人员在收集数据时会尽可能减少数据总量，一般利用抽样调查法，选取有代表性的样本，希望借此代表全样本特征，既利用小样本进行分析，减少了样本数量，又希望数据精确，来保证对事物判断的准确性。对于小样本来说，自然要求其精确性，因为既然选择小样本代表全样本，就是因为小样本的可获得性以及全样本的数据难获得性，但大数据技术已经逐渐发展成熟，能够收集全量样本。全量样本要求任何内容都应被收集，包括微小的误差，而不是因为不精确而被剔除，这也就意味着大数据的全量样本具有容错性。全量样本允许微量误差的存在，它们代表了随机的、偶然的不确定因素，可以从整体上反映研究内容的变化情况。因此，和人工模拟相比，大数据研究除了在数量上的优势，还能更真实地再现社会现象。虽然真实的社会现象中存在着不可避免的误差，但这就是真实社会。比起小规模精确采样，存在误差的海量样本所得到的研究结果更加趋近精准。第四研究范式能够适应社会科学的不精确，纷繁复杂的数据反而使学者能更全面、更系统地了解研究内容。由此可知，大数据的价值不仅在于数据量的递增，虽然大数据最明显的特征就是海量数据，但其价值更是在于总体数据的分析模式，它允许误差的存在，消耗较高成本来消除所有的误差是得不偿失的。同时成本的降低使得普通研究机构使用数据研究范式进行科研成为可能，因为采用实地调查收集数据，是需要大量时间和精力的，并且也会花费高昂的费用。传统的社会科学也严重依赖于问卷调查与电话调查，电话调查不仅时间长而且费用高，既浪费财力，又浪费人力、物力。问卷调查虽然比电话调查方便，但是问卷调查也有一定的弊端。如何保证问卷对象的确定性，如何保证调查对象回答的真实性，这都是进行问卷调查应该注意的问题。如今社科经典调查模式逐步被各类互联网数据记录与手机端社交软件替代，只要有互联网记录的数据都可以通过一定的数字技术被研究者收集和浏览。无论是对政府还是对企业，都要求其数据信息公开透明，政府会有专门的门户网站，一些依据大数据技术的指数统计也服务于社会科学研究，如百度指数、搜狗指数、360 指数等。由于研究对象是总体数据，非正常数据的意义就凸显出来，分析数据中的缺失值、离群值、重复值等成为关键，通过筛查这些差异检测值可以观测到过去难以注意到的微观层面细节。传统范式时期科学家进行科研时会采用精准的数据采集工具，或采用专业人士对样本进行订正，会关注任意一个数据的真实性，以保证所得的结构化数据足够精准。然而，在数据研究范式时代，数据主体的 95% 为非结构化数据，这意味着其中录入有一定数目的无效和误差数据。除此之外还有不同格式数据带来的统计紊乱。为提高精度来剔除误差数据不必要也不现实，因为呈指数倍增长的数据其容量足够大以至于可以在很大程度上忽视一些数据本身存在的误差。

16.4.2 方法特征与结构特征

在科学技术飞速发展的今天，大数据研究已经覆盖了人们日常生活中的每一个部分，数据的统计、管理和比较变得更加方便，需要分析、计算和处理的问题变得更加直观。无论是经济还是管理领域都在实际研究中进行了数据与计算机技术应用的尝试，帮助我们发现更多的研究问题。研究者通过大数据的关联性来分析问题、发现商机和预测趋势（陈云松等，2020）。对于经济领域的研究，利用大数据技术提升宏观经济治理能力能够促进经济高质量发展，发挥市场在资源配置中的决定性作用，这也是新时期经济建设的重要组成部分（张涛，2021）。利用大数据技术推动经济研究就是数字经济，数字经济发展的根本动力是大数据技术的进步，大数据技术通过提高信息生产和传播的效率，进而推动经济高速发展。大数据应用于宏观经济监测预测领域表现出了巨大潜力，以数据流为基础，为推动经济发展新模式提供了新路径，对宏观经济分析具有革命性的意义。在大数据时代，各种数据都可以在互联网平台实时查询，整个社会经济产生了根本的变化（刘涛雄和徐晓飞，2015）。大数据除了对经济的监测预测功能外，在城市风险管理上也以风险预测实现了风险溯源（吴俊杰等，2020）。大力推进新型智慧城市建设已成为国家战略，我国已经建设了许多智慧城市试点，智慧城市是数据技术与城市最紧密结合的表现。近年来，我国城市突发事件不断发生，无论是自然灾害、事故灾难、公共卫生事件、社会安全事件，各类突发事件层出不穷，传统突发事件应急管理模式正面临挑战。在不断应对突发事件的过程中，也展现了一些传统应急管理的弊端，数据壁垒、信息不畅导致的应急迟缓等问题日益凸显（周芳检和何振，2017）。随着大数据时代的来临，数据体量呈现爆炸性增长态势，为城市应急管理注入了新的技术，尤其是在信息的接受与传播方面，大数据技术提高了信息传递效率，由此使得应急速率提升，为提升我国城市应急管理协同能力带来机遇。大数据技术使管理变得更加强调数据管理和事前预防性管理。在社会科学研究领域，大数据的引入被认为是收集和分析资料方法的创新（鲍雨，2016）。大数据技术与传统数据相比，存在着本质性差异，大数据时代社会科学研究的机遇表现在大数据为探索未知的社会现象提供了更多的可能性，为更全面地描述社会现象、认识社会发展的规律和预测社会发展的趋势提供了新的机会（张文宏，2018）。大数据可以重构社会科学的研究目标，为社会科学重新发现社会历史发展规律提供了可能性，它提供了认知社会现象的数据基础，排除了获取数据时的人为干扰，将误差值纳入统计分析。大数据有助于从根本上克服由传统调查抽样引起的样本选择性错误，从而减少变量遗漏问题，比传统调查抽样数据更具真实性和可靠性（刘林平等，2016）。

16.4.3 基本特征与结构特征

大数据的发展，促进了数据分析方法的演变，改变了传统的认知方式，为社会科学研究新范式提供了新的契机。对于复杂的社会现象，大数据技术有助于厘清并诠释社会现象的内在机理。大数据技术融入社会科学研究，产生出了新的科学研究范式，即第四研究范式。通过梳理诠释社会现象的既有范式，能够厘清社会现象背后的本质特征。第四研究范式的兴起及发展是适应新时期社会发展的必然，具有广阔的应用前景。大数据时代下的社会科学在认知方式和研究方法上都有所突破与革新，提升了诠释社会现象的深度与广度（詹国辉等，2018）。在大数据时代背景下，传统的管理变成或正在变成数据的管理，大数据技术嵌入社会科学研究并不仅仅是一种研究方法的改变，因为大数据不仅包括海量数据，还包括结构化数据、半结构化数据和非结构化数据。因此，第四研究范式是数据科学与社会科学研究相结合的产物，推动了应用数据思维来研究人类社会行为与社会运行规律的思维范式的转变。基于大数据的社会科学研究具有数据密集型和数据驱动型的典型特征，与传统科学研究相比，在科学建模、科学说明以及思维方式等方面具有极大的差异，可以看作数字时代的一种新的关于复杂性的科学研究范式，将会促成社会科学研究的重大革命。大数据时代的到来对社会科学研究造成了巨大影响，并且还将进一步推动社会科学研究范式三个层面的变革。一是研究路径变革：大数据的数据思维与社会科学的理论假设思维相结合形成新的研究模式。二是研究手段变革：大数据及网络信息技术成为社会科学研究的重要手段。三是功能变革：对于现阶段社会问题的现象，会在探究因果问题的基础上，更加侧重预测监测问题（刘涛雄和尹德才，2017）。第四研究范式的兴起与发展，缘于大数据的涌现为计算机科学在社会科学研究中施展能力提供了空间（苏毓淞和刘江锐，2021）。第四研究范式主要利用大数据技术通过互联网收集海量数据，探索社会科学范畴问题。数据科学和社会科学的相互融合，发展出基于新方法、新模式的新范式（陈浩等，2013）。第四研究范式既是大数据时代科技进步和方法创新的产物，又是社会科学长久以来知识积累的成果（张小劲和孟天广，2017）。大数据时代的数据累积与技术进步，为第四研究范式的发展奠定了新的契机，社会科学大数据计算依托最新的大数据分析处理技术，致力于对符合社会研究需要的海量数据进行挖掘、筛选及储存，并在此基础上展开科学分析与知识发现（郝龙和李凤翔，2017）。大数据时代的到来，为社会科学研究提供了全新的数据处理技术，第四研究范式迎来了一次重大的发展机遇（罗俊和李凤翔，2018）。综上所述，数据科学为社会科学研究拓宽了方向，提供了新的研究思路，带来了新的研究方法，使学者能多角度、多方式地结合不同学科的特点，以数据为基础进行社会科学研究，同时增强了研究的实用性、客观性。

第 17 章

数据科学作用下社会科学研究存在的挑战

随着社会信息化进程的不断深入，与之相关的各类社会运行数据、网络交互数据以及人类行为数据等数据量巨大而且结构多样的数据集合连续不断积累扩大。然而，范围广阔、内容精细且在数据产出上又是弹性灵活、大小可变的大数据，构建了可持续完善和丰富的数据集与分析工具，在数据资源和挖掘技术的支撑下，借助各种与社会科学研究相关的新技术、新工具、新手段，可以克服以往社会科学研究中存在的各种缺陷与障碍。传统的研究方法将会得到革新与重塑，与此同时海量、动态、多样且即时的数据供给将引领社会科学研究步入以数据挖掘为核心方法的第四研究范式（陈潭和刘成，2017）。科学家不再单一地通过对广泛数据进行实时、动态监测与分析来解答难以解密或无法触及的科学问题，而是把数据视作一种科学研究的对象与工具，立足于数据去思考、设计和执行科学研究（Tolle et al.，2011）。大数据技术、数据科学学科还在发展阶段，应用到社会科学研究中势必面临一些困难与挑战，如规模巨大、多样的、演化的数据本质带来的数据分析挑战（Fan and Bifet，2013）。

数据科学的驱动在当前的社会科学研究之中展现出上述十分突出的特征与优势，相较于传统的社会科学研究方法，以数据科学为基础的新的研究方法与实践将不断涌现，推动社会科学攀登上新的高峰。当然，数据科学与社会科学研究中的融合应用尚处于初级阶段，社会科学中的数据科学技术积累仍有长足进步空间，社会实践也没能为数据科学在社会科学中的应用创造充分的条件。综合来看，目前数据科学在社会科学研究中的融合发展至少要面临以下几个挑战：来自数据的挑战、来自方法的挑战、来自实践的挑战、来自认识的挑战、来自相关性与因果性的挑战。这些挑战都发生在数据科学研究中较为基础的部位，数据科学要想在社会科学的研究中不断发展，以上挑战是不得不克服的。

17.1　数据科学背景下社会科学应用数据的挑战

大数据时代，社会科学与数据科学的融合挑战和机会并存：挑战不仅来自数据规模，还涉及价值密度低、速度要求高等多个"V"（volume 规模性，variety 多样性，velocity 高速性，value 价值性，veracity 真实性）的特征。但有了数据，也不表明数据科学研究解决了数据问题，如何管理、使用数据仍然是一个重要挑战。数据怎么来？数据好不好？数据能不能用？数据要怎么用？这些都是困扰研究者的难题。一般而言，社会科学领域的数据挑战主要来自以下几个方面：数据获取门槛高、数据处理难度大、数据处理价值密度小、伦理与隐私保护、法律保障机制、数字鸿沟等。

17.1.1　数据获取门槛高

1. 社会科学的研究数据难以在实验室中获得

这一特点既让社会科学研究的数据采集摆脱了实验活动的束缚，也让研究数据获取面临更大的不确定性。在社会科学领域，研究对象往往是独立的社会个体，包含了不同的人群与不同的组织。这类研究对象的活动一方面不受控制，无法像实验活动一样监视与控制，另一方面让研究对象提供相关资料也存在一定的难度。在实际的研究中，不少社会科学领域的数据研究或实践已经遇到了数据获取的难题。

2. 研究对象提供数据的意愿低

如在教育领域数据应用中，美国的教育大数据的研究与实践，80%以上的挑战与限制源自数据获取的挑战，特别是作为竞争对手的不同教育机构之间，数据分享活动程度较低、频率较小，甚至行政机构也无法妥善弥合分歧（李馨，2016）。对图书电商的数据收集面向包含媒体、企业、政府、个人等多个渠道的信息收集，而受限于数据收集者的权威性等原因，许多数据也难以获得（于春生，2013）。

3. 数据获取面临一系列技术难题

即使研究对象不排斥数据分享，对数据的采集也无法直接完成。首先，不同的数据收集需要不同的技术，如工农业活动数据收集依赖于卫星遥感技术，城市大数据的收集需要各类传感器设备的支持，这一技术问题并非所有的研究者都有能力处理解决。其次，大数据研究面临海量数据储存问题（徐鹏等，2013）以及数据异构问题，数据异构问题是数据收集活动中必须面对的技术问题，研究需求端的数据往往分布在多样化的系统、数据源以及语义中，数据源的不同存储系统、不同来源甚至不同类型，都会影响数据的统一收集（何彤宇，2013）。最后，在数据收集中剔除无效与虚假数据也是一种技术上的挑战。所以，数据获取面临的包括数据收集方法、数据清洗等一系列技术挑战，抬高了数据获取与应用的技术门槛。如果对数字进行标记和分析，将有23%的数据对大数据有用，然而目前大约有3%的数据被标记，而被用于分析的数据规模更小，大量有用的没有被标记的非结构化数据正在流失。

4. 研究者获取数据存在挑战

程春明等（2015）、刘丽香等（2017）分别在自己的研究中指出，在生态环境大数据的应用研究中，面临的关键难题就是缺乏数据共享。生态大数据一般掌握在气象、国土、农业、交通等多个部门中，尽管有些部门建立并开放了自身的数据平台，但这些数据之间联通程度低，形成了一个个"数据孤岛"，国家层面的数据共享机制的缺位是造成这一难题的主要原因。博尔格曼和青秀玲（2013）等进一步分析了数据共享面临的错综复杂的难题，认为数据共享是当前数据科学发展过程中亟待解决的一个问题。有研究指出在生物学数据研究中也存在类似的问题，并指明分布式注释系统（distributed annotation system，DAS）是一种可以解决问题的潜在方案（周琳等，2015）。

研究对象提供数据的意愿低、数据获取面临一系列技术难题、研究者获取数据存在挑战，是当前数据获取中的主要问题。目前研究机构在解决社会科学研究方面的数据问题时，除了研究团队自身走访调查，主要依靠订阅不同的数据库来满足不同的数据需求，但数据库一方面订阅价格昂贵，另一方面数据并不全面，对于微观数据的保有量并不够，数据的获取难题得到了一定的缓解，但依然没有从根本上解决。

17.1.2　数据处理难度大

大数据的挑战在于如何处理海量的数据，这些数据穷举性与多样性、适时性和动态性、凌乱性与不确定性并存，同时还具有高度相关性。和传统的以分析相关数据来测试某种理论的研究方法不同，大数据催生了一种新的认识论路径：寻找"产生于数据"中的洞见（Kitchin，2014），但具体如何将原始数据转化为具有可操作性的信息，或者简单地说如何将大数据变成知识，这样的分析能力仍然限制着其他学科与数据科学的融合。

有了数据之后，并不意味着数据科学的研究可以一帆风顺，数据科学的研究进一步面临数据管理的问题。对于小规模的社会科学研究而言，数据的标准化问题是要首先解决的问题，而对于涉及大量数据的研究尤其是在大数据研究方面，海量数据的管理将是一个复杂的问题。如果对数据的管理能力不高，那么研究在实践中所收集到的数据在很大程度上便失去了其价值。

数据异构性和标准化管理是数据处理存在难度的主要原因。通常情况下，数据科学研究都面临着数据异构问题，来源不同的数据标准差异是数据异构问题产生的主要原因，而在社会科学的数据研究中异构问题呈现出新的变化，即数据类型转向结构化、半结构化、非结构化三种主要形式的融合。社会科学中数据诞生方式的多样性让数据源的特征发生巨大变化，尤其是这种变化让社会科学的数据带有明显的时空特征，加大了数据异构问题的处理难度。数据存储方式让以海量数据为基础的大数据社会科学研究面临巨大的技术门槛，普通研究者依靠非专业大数据团队来处理数据异构问题难度大大增加。特别是云计算时代的到来迫切需要新的技术与理论来解决数据异构问题。

数据挖掘与处理能力与数据特征难以匹配也造成了数据处理难度大的问题。各类社会机构应当加强自身数据挖掘能力，以满足各部门对数据抽取与决策支持的需要（田伟和韩海涛，2016），这样做既能够丰富数据量，又能提升自身数据化的能力。对于图书馆这类数据存储较为集中的机构而言，信息化方面的积极实践是数据质量与数据素养提升的直接驱动力（孟祥保等，2016）。同时沉淀数据价值巨大，一方面以研究结果为导向开展数据工作，有利于数据价值的快速发挥，另一方面沉淀数据的挖掘与分析也逐渐成为研究工作开展的重要方向。对于一些数据资源较为集中的机构，充分发挥好手中掌握数据的价值意义匪浅。一般而言，数据驱动的分析方法包括聚类、判别、回归等，结合统计学的方法，也有新的技术包括遗传算法、神经网络、机器学习等。大数据时代的到来激发了数据科学研究的发展，与此同时数据复杂性和计算复杂性的挑战更为严峻（薛禹胜和赖业宁，2016），目前虽然出现了一些较为高效的处理方法，如流处理、批处理等，但对于社会研究领域数据处理能力的提升，仍需要更多的数据处理方法。

数据生产方式历经了从被动到主动并演化到如今自动的过程，呈现出多源异构、动态演变、分布广泛等特征，而上述特征也加剧了数据的处理难度。大数据资源开发的主要目的还是源于价值挖掘，而单一数据资源创造的价值有限，若要进一步提升数据的价值就必须克服数据融合的挑战：割裂的多源异构数据的存在，数据规模与数据价值之间的矛盾，跨媒体、跨语言的关联，实体和关系的动态演化，知识存在隐含性（孟小峰和张祎，2019）。唯有如此，才能充分利用大数据中的价值资源，从中发现信息，并按照人类的思维意识将其融合成语义逻辑关联的知识。

17.1.3　数据处理价值密度小

并不是所有的数据都有足够的分析与应用价值，一般通过价值密度用来衡量特定数据集对于某一研究的价值大小。一般而言，数据对研究的匹配度越高、数据越丰富详细、数据分析与处理的方法越完善，数据的价值密度也越高。数据的价值密度由数据自身的丰富程度、对研究的适用程度、数据分析方法所决定。目前的社会科学研究之中，数据的价值密度低是一个重要问题。

当前社会科学领域数据量非常大，但是海量数据之中真正有研究意义的数据量并不多。在社会科学领域定量研究之初，数据的收集依靠统计调查与统计分析，这类数据收集方法具有系统的设计并通过研究机构投放，方法本身带有数据收集的倾向性，统计团队本身也影响数据的收集，数据的利用价值在这样的处理中有所折扣。信息时代来临之后，不同于以往研究方法再有研究数据，数据往往先产生并沉淀在社会的各个角落，研究者如同矿海淘金一般，通常在研究实践之前并不知道在海量、多维度的数据中埋藏着哪些信息（曹刚，2013），既要有各种方法来应对潜藏的未知信息，也要有一定的研究智慧与运气。在当前的研究中，除了依靠研究者的经验之外，短时间内并没有十分妥帖的方式来解决数据自身价值量的问题。

进一步地，数据与研究的匹配程度也影响数据所能呈现的价值。从理论上来说，在社会科学领域，针对研究对象的数据收集应当尽可能做到直接、丰富，在不影响研究对象行为的前提下最好能做到直接观察与记录。但大多数研究者往往并不具备这类严格的观察与实验条件，因而只能在与研究对象密切相关的资料中寻找侧面印证。以研究农业生产情况为例，最理想的方法是对农业生产情况进行直接而全面的统计，然而这样的勘查需要消耗大量的人力物力从而并不具备经济性，因此部分研究在控制一定精度的情况下利用卫星遥感来进行较为直接的测绘，而另一些研究则退一步，通过化肥、农药、用水等数据或者其他二手数据来测算农业生产情况（王宝义和张卫国，2016）。不同的数据选择诚然反映不同的研究倾向，但也有对实验条件和能力的妥协。这类妥协从一定意义上也影响到了收集到的数据的价值密度。目前，大多数社会科学研究领域的数据获取都是以侧面数据为主，因此这种方式带来的价值密度低的问题将长期困扰研究者。

研究者对数据分析与处理的方法掌握程度也影响着数据所能够呈现出来的数据价值。社会科学领域数据科学的研究者中，最为基本的方法是回归分析，其能够在一定程度上揭示数据的价值。但是针对特定细分的研究领域、面临海量但不充足的研究数据的时候，更为聚焦、专业的方法应当发挥更大的作用。目前在一些细分领域，已经有一些略成体系的对方法的整理，如在档案学、教育学、国际关系等研究领域，都有相关学者对数据科学的研究方法进行整理（庞珣，2014；陈忠海和董一超，2016；岳昌君，2016）。如果研究领域不能孕育新的方法，依靠现有的数据处理方法，数据的价值密度就无法提升。

17.1.4　伦理与隐私保护

数据科学相关技术方法的利用将涉及数据使用的伦理思考，大数据最大的社会弊端在于其获取存在侵犯隐私的风险（翁列恩和李幼芸，2016），用户隐私问题是随着社会科学研究中数据科学一同兴起的。社会科学离不开对人和人的行为的研究，但并非所有人都愿意提供自身的特征与行为数据供研究，同时个人信息泄露所造成的财产损失也令社会大众对个人信息提供持保守态度，对于人们信息的收集将来也涉及信息所有权甚至国家主权的问题，进而演变为伦理与道德问题。目前，对于伦理与隐私的保护规范着社会科学研究中数据科学的发展，使其研究与实践不会成为破坏伦理规范、侵犯个人隐私的行为。

数据科学对于隐私的规范首先包含了对传统的个人隐私的规范。传统的个人隐私主要以个人特征信息为主，如姓名、职业、身份证号、行程、手机号码等，大数据可及性的管理，应当考虑如对个体数据的采集应该具体到哪个层面的问题。在数据时代来临之前，这类信息就有潜在暴露的风险，但是大数据时代的到来，个人信息数据上升成为一种资产，个人隐私数据面临的暴露与被非法利用的风险显著增加（翁列恩和李幼芸，2016）。另外，作为数据主要创造者的社会成员，其既可以通过 UGC 主动向互联网贡献数据，也可能在无意识的行动过程中被动生成多种数据，这些数据会反映出创造者的行为举止和兴趣偏好。对这些数据在各开发层次的收集、公开、分析和使用，会不会违背数据源个体的使用意愿，也成为阻碍技术使用及数据开放态度的障碍。数据时代的来临加重了个人隐私泄露的风险，而监督与保护体制的缺位加大了公众对这类风险的担忧，反过来又制约着数据时代的发展。在大数据这个时代背景下，如何平衡个人隐私保护与数据开放利用，实质和谐相处仍然需要大量的理论思考与实践探索。首先需要从实践层面上考虑制定合理有效的管理机制，使得大数据资源的使用权和所有权能够首先得以明晰，进一步考虑数据挖掘实践准确预判应该探索空间的深度以及明确分析结果的适用使用空间。建立产业与学术共同协作和数据共享的稳定模型，能够保证科学研究的同时兼顾用户的隐私（杨善林和周开乐，2015）。

　　除了传统的个人隐私问题，数据时代也出现了新的隐私概念：大数据隐私。大数据隐私是数据通过收集、筛选、处理、展示时所面临的新型个人隐私问题的简称。大数据隐私往往同信息安全概念一起出现，但两者又不完全相同。信息安全包括对公共信息、市场信息的虚假伪造、恶意传播以及个人信息的泄露、滥用等情形的监控和防范，也指为数据处理系统建立技术、管理上的安全防护，保护数据系统软硬件和数据不因偶然或恶意因素而遭受破坏、更改或泄露。大数据隐私保护则是防范对用户在数据时代个人完整隐私的过度分析和动态隐私数据的泄露与侵害（李雨明等，2017）。大数据隐私也不再是固定的静态隐私，而是对诸多静态隐私加工之后形成的动态关联行为数据。大数据隐私不仅包含个人的身份识别信息，还能够涵盖人的性格特征、消费倾向、价值追求、行为习惯、喜好和实时空间位置等信息，甚至超越了作为数据源的个人对自身的认识。这类数据并不全部属于直接从研究对象处获得的资料，一些资料属于研究者预测、研究而得到的结论，这些被研究者预测出来的带有极强个人特征的信息所有权究竟属于哪一方？这将是一个新的伦理问题（薛孚和陈红兵，2015）。针对数据隐私开展的社会研究，可以对人和组织的行为进行更深入的分析，会成为研究的主流。然而相较于传统的个人隐私，数据隐私尚未被社会大众科学认识，但未来一定会成为新一轮隐私保护讨论的焦点。社会科学研究中的数据科学的发展，一定会在新一轮隐私规范的压力下前进。

17.1.5　法律保障机制

　　法律的设立总是落后于社会发展。大数据这样具有革命性的新事物会改变甚至打破原有社会秩序的平衡，势必冲击现有法律法规所创造的稳定预期和权利义务关系平衡。数据科学的研究与数据科学的应用实践一同成为一种不可忽视的社会现象，并对原有社会产生冲击。这些冲击是双刃剑，会对社会整体产生无法预估的影响。数据、算法等新兴事物在出现的过程中暴露出社会当前在认知、规制规范方法上甚至法律定位上的众多问题，是我国社会主义现代化以及法治化建设上必须要直面的严峻挑战。

　　数据能够创造的外在价值和潜在风险都与数据运行流转的层级密切相关（陈兵，2019），需要有数据收集和使用的社会规范与法律框架来约束（汪小帆，2014）。由算法驱动的平台可以从参与其中的用户中收集大量信息，尽管用户使用平台前，按下了"同意"按钮，同意收集数据，但他们没有完全了解被收集了什么数据以及这些数据被用于什么目的，这可能会侵害用户隐私、公平交易、自由选择等权益。企业竞争情报大数据面临复杂的情报安全问题，一方面是要通过合法正当手段积极保护企业的核心信息，另一方面也要积极防止个人隐私信息的过度分析和滥用，要避免有些企业可能会滥用其优势地位损害其他新进入者的利益（吴金红等，2013）。这些行为关乎市场秩序的正常运转。收集之后的数据重新开放与利用是科学研究获取多样化数据的关键入口，如何规制避免数据采集中的不正当行为、打破固化的数据垄断与数据不正当竞争行为也亟须制订合理方案。另外对在数据计算层频现的算法歧视、算法共谋等侵害行为进行明确界定，才能为妥善解决这些问题提供更好的基础，创造更好的优化服务和提供更加优良的数据产品。因此，在当前大数据的法律属性和保护路径还存有争议的时期,大数据又离不开个人信息保护法、消费者权益保护法、反垄断法等多方法律的约束,有必要对数据相关行为的法律定位予以明确,以匹配对应的法律部门修改或制定相关法律制度。

17.1.6 数字鸿沟

对大数据的有限获取创造了新的数字鸿沟(Fan and Bifet,2013)。基于对"使用差异"的不同理解,数字鸿沟可分为技术鸿沟、应用鸿沟、知识鸿沟及价值鸿沟(岳瑨,2016):由行动者信息或技术差异引致的技术鸿沟;由行动者互联网资源获取与知识差异引致的应用鸿沟和知识鸿沟;由行动者价值观差异引致的价值鸿沟。与信息技术相关的服务、信息及通信等领域都会受到数字鸿沟的影响,特别是在全球贫富差距较大地区之间、接受教育程度具有差异性的人群之间,甚至在不同性别之间流传开来,从而加剧信息可及、资源应用、知识获取及价值区隔等方面的失衡关系。数字鸿沟问题越来越突出,制定合理策略解决大数据技术演化而来的数字鸿沟问题是一个世界性和人类性的挑战。

与数字鸿沟相关的一个值得思考的问题是数据代表性问题。在资源差异、财富差异等现实因素约束下,大数据的生成主体很难覆盖到所有的社会成员,而且在大数据生成主体内部仍然存在着数据生产数量与质量上的显著差异(郝龙和李凤翔,2017)。这种不均衡现象会严重制约网络大数据的代表性,从而无法达到研究者原本期待的全量样本数据生成过程与数字化科学研究流程。

人们对类似"数据足迹"这样潜在风险的担忧可能对数据真实性、可信性形成挑战。如果人们担心自己的数据被记录、存储和传播从而影响现实生活以及未来的发展,就极有可能采取部分隐瞒、全部隐瞒甚至提供虚假数据来"玩弄数据系统",如果社会的信任资源状态不佳,研究者预设可靠、可信的数据资源将不再可靠、可信,大数据将面临精准性、可信性、无污染及代表性挑战。

17.2　数据科学背景下应用方法的挑战

目前,大数据发展受访存墙、通信墙、可靠性墙、能耗墙的限制,对于大数据这类内容量大、结构复杂的数据处理,当前的数据科学方法未能发挥其全部的价值,新的实践不断涌生出新的数据类型,实践也需不断发展科学方法来支撑科学分析(Fan and Bifet,2013)。从数据科学已有的一些方法和技术看,现在已经发展出与数据获取、储存与管理、分析与可视化以及安全相关的技术方法和软件工具。此外,旧的、单一的数据类型的价值在现有的数据科学分析中未必已经被充分挖掘出来,崭新的数据方法是学术界所需。2008 年,在 *Nature* 杂志出版的专刊"大数据"中,Felice Frankel 和 Rosalind Reid 指出,我们需要诸如透镜一样巨大的工具发现数据流中埋藏着的对新科学的启示。

17.2.1　来自计算机技术的方法挑战

科学技术的发展与科学研究的融合为社会科学研究提出了巨大挑战,当下有限的计算机处理和应用技术面对大数据涌现出来的海量性、高速性、高维性等特征显得捉襟见肘,现存技术能力远远无法与之相匹敌。具体分析,当下普及的计算机基础难以匹配大数据的管理与分析要求。例如,处理大数据需要高效的储存、索引、检索等功能,还需要信息技术的实时感知。同时面临结构化和非结构化大数据的表示与分析的问题,尽管计算机技术在过去几十年得到了巨大的发展，但是在处理大数据的时候，数据的储存与组织、计算方法、数据分析及用户接口技术等都面临各种各样的挑战，硬件能耗和软件能耗制约着大数据发展（孟小峰和慈祥，2013）。从存储上来说，以互联网行业为例，截至 2021 年 12 月，我国网民数量近 10 亿，仅每天在互联网平台上的使用痕迹产生的数据就数以百亿亿字节。面对这样的海量数据，即使是行业互联网巨头也显得力不从心，网络带宽的接入、数据的对话、服务器的存储与处理都是一项巨大的工程。这样的海量数据存储问题不仅出现在互联网领域，金融、医疗、电子商务、天文观测等领域也面临类似的问题。另外还涉及大数据保密、隐私和安全，多源异构大数据的融合，面向大数据处理的程序设计语言，抽象模式和数据结构，等等问题。在很多情况下，大数据没有整洁的关系结构。它们通常包含如文本、图像、标签、元数据等各种类型的信息，这些复杂的信息标记导致对大数据不能简单地用单一的数据模型进行抽象提取，需要结合不同的分析策略（Chen et al.，2013）。多样性是大数据的一个重要特征，需要合适的大数据管理系统来应对。

除数据规模庞大外，大数据还受制于存储技术的特性，其分布式、异构、不准确、不一致等特性，以及大数据分析和理解的分布式协同并行、可视化分析与理解的要求，因而管理难度空前（宫学庆等，2012）。在海洋生态环境监测的过程中，为了监测海洋洋流的运动与变化情况，研究人员需要在海洋表面、海底部署大量不同类别的监测传感设备，包括温度监测、海水成分监测、洋流运动监测、海水密度监测等设备，还需要定期收集与更新，同时需要卫星、飞机的配合观测。这些不同类型监测设备发回的资料首先需要研究人员进行筛选与清洗，此外这些数据受制于网络环境、位置变化等原因，可能并不准确与一致。

另外，考虑到大数据来源包含社会生产生活的方方面面，通常以动态数据流的形式产生，而这将有可能加大大数据的噪声。因此如何处理大数据从而降低噪声、消除冗余是提高数据质量、降低数据存储成本的基础（李国杰和程学旗，2012）。现实中对选举结果的预测就有因忽视噪声数据而导致结果过度拟合的典型案例，1936 年的《文学摘要》对美国超过 200 万公民的倾向调查，远远超过乔治·盖洛普筛选的 5000 人的样本规模，结果差异也十分明显。《文学文摘》预测兰登将胜选，而盖洛普预测罗斯福将赢得大选，造成这一差异的主要原因是《文学文摘》所挑选的样本噪声过多。因此从数据开发应用这一基础方面来讲，去冗降噪技术的提升对数据科学与社会科学融合提出了挑战。

　　此外，不仅大数据存在数据的处理问题，从数学以及统计模型两个角度来说，大数据所特有的稀疏性、高维特性、价值密度低与异质性，亟须建立发展全新的针对高维大数据的特征度量与抽样方法。同时，还要面向异构大数据的新一代统计推断体系，适用于噪声大数据的因果性挖掘方法模型等的计算问题也有待重新评估（徐宗本等，2014）。在工程学中，针对船体受力分析、飞机风洞实验等模型进行计算，都涉及大量的运算过程，需要借助超级计算机进行计算。在社会科学的研究领域，目前并不存在类似的需要大量运算的模型，但这并不代表对这类模型没有需求。一方面社会科学研究的迫切性与经济性并不强，另一方面暂时也没有相关的模型被引入社会科学研究。社会科学的研究对象十分复杂，研究因素环环相扣、错综复杂。在未来，随着社会科学的逐步发展和社会运行系统元素更加多样化，面对更加复杂的社会系统，完善的社会科学模型一定会出现，海量数据的处理问题将会成为社会科学研究需要着重考虑的数据科学发展新问题。在处理数据的工具层面上，根据 Gartner 调查及其新技术增长曲线，自 2014 年 7 月以来，数据科学的发展逐渐接近创新和扩张期的结束，并在 2~5 年逐步应用到生产高地期。同时，实际应用工具的产生可以解决社会科学研究和应用的部分问题，但仍然需要算法市场（经济）、模型工厂、规范分析的快速增长以解决大数据在社会科学领域的应用挑战。

17.2.2 来自数学与统计学理论的方法挑战

1. 大数据并非真正的全量样本

迈尔-舍恩伯格和库克耶（2013）曾在其著作《大数据时代：生活、工作与思维的大变革》中指出我们总会受到现阶段测量工具和认知的限制，一旦我们拥有并使用效率远超现阶段千倍万倍的工具，我们现在所获悉的知识较之未来就略显渺小了。统计学作为社会科学的基础，传统范式下囿于抽样框的限制，抽样的最高比例样本量也无法达到与总体一致的状态，因此传统的描述统计所用样本始终具有推论的性质。在数据科学背景下，大数据分析中的全量样本可以弥补随机采样方法的固有缺陷，从最大限度上降低社会科学研究人员由经验的局限性而导致的研究议题与研究目的的偏离。具体来看全量样本通过"样本=整体"的数据采集，破解了传统社会科学中的采样困难问题，不但能够实现细节考察，还能深入考察子类别情况，摆脱采样偏差可能造成研究细节的无法捕捉问题；对奇异值的包容性更强，增强数据的利用程度。传统的统计分析到数据科学的转变，实现了由小见大到由繁入简的转变。在这一过程中社会科学应用的难点也逐渐发生了偏移，从如何收集基础数据变成了如何选择有用的数据。现如今全球数据量呈爆炸式增长，此背景下统计处理面对许多非随机数据，如利用数据与统计学方法发现有用的信息更是突出的任务。与此同时，数据量级的不断膨胀，从时间序列的角度来看数据呈现出严重的"偏态分布"，面对这种态势的数据在处理上要格外注意，需要系统考量不同阶段的衔接与反馈效应。

但也有学者指出由于社会资源禀赋条件等的个体差异，现阶段所指的大数据很难完全代表全部的样本。在网络数据领域以舆情研究为例，调查研究中的样本往往通过微博等社媒传感器获取，仅包含年轻、有一定学历的群体，而基于此获取"全样本"的网络舆情仅仅属于部分舆情。特定群体的分析研究从来不能等同于网民民意或者国民民意。从统计学角度讲，互联网部分用户作为抽样框，不仅未能包含沉默的大多数人的意见，与一个地区或国家的人口总结构更是难以对等，这一结构性偏差导致研究不能十分准确地映射城市、国家的真实现象（倪万和唐锡光，2017）。

2. 数据加工过程如何实现创造性增值？

在数据科学中，数据的预处理需求已经由传统数据研究中的数据准备向数据科学中的数据加工转变。数据加工主要指通过数据打磨和数据改写两种方式，实现数据的创造性增值过程。这一转向表明学者对数据复杂性的认知程度上升了一个层次，接受了数据固有的复杂性特征。研究者在数据准备阶段，利用数据柔术和整齐化处理方法对数据进行加工处理，并将关注点转向追求如何发挥人的增值作用。目前对数据加工的研究仍面临以下几方面的挑战。第一，如何在科学研究过程中充分发挥数据科学的作用，以达到数据处理过程中的数据增值目的；第二，如何科学利用如 R、Python 等工具对数据进行加工以达到数据打磨或者改写的目的；第三，如何实现数据向研究成果的艺术性转化，完成数据柔术过程；第四，如何将数据转换为目前大数据算法能够接受的处理形态（朝乐门等，2018）。

3. 数据科学与社会科学的融合仍然有待加强

虽然大数据应用与社会科学能够为后者高速地提供更广泛的信息和更广阔的视野，促进研究者快速响应和深度挖掘研究问题，使研究者拥有更丰富的研究方法，但仍然存在总体与样本、混杂与精确、相关与因果之间的悖论，大数据、数据科学与社会科学的融合仍然处于起步阶段（倪万和唐锡光，2017）。第一，大数据与数据科学存续的时间较短，其理论基础仍然薄弱，尚未具备完整的数据分析理论体系。第二，数据科学要在社会科学研究中进一步发展，离不开数据的进一步融合，而现存的数据科学的机理模型，在科学发现中的可应用的理论与方法仍有待深入研究。因此总的来看，大数据、数据科学并未和社会科学形成双剑合璧之力。第三，大数据和小数据的融合有待加强。出于研究需要，针对小样本的数据分析方法的发展也是研究者迫切需求的。站在研究实践的角度考虑，小样本的数据是研究人员最容易接触到的数据，然而以往的研究方法无法让小样本数据充分发挥其研究价值。一些方法如灰色预测、模糊综合评价方法等可以针对小样本的数据开展量化研究，但是其科学性并没有得到学术界的普遍承认。小样本的数据来自真实的社会实践，理论上也包含了所研究对象的客观信息。遗憾的是当前尚无具说服力的方法可以将相关信息从小样本中抽取出来以供研究，这大大限制了数据科学在社会科学中的研究应用。此外，数据融合等关键技术仍然有待突破，基于深度学习等技术的社会科学数据研究的基础仍然不牢固。这些最近几年应用的热门技术在分析复杂数据、海量数据方面具有显著优势，但是在社会科学的研究之中并不热门。此外，新兴技术如"区块链"技术也有同社会科学研究相结合的趋势，如在评价方面的应用（郑旭东和杨现民，2020）。大数据分析与小数据分析并不互相排斥，小数据的先验知识与训练能够为大数据提供知识数据辅助数据挖掘；融合小数据的理论驱动与大数据的数据驱动优势，双轮驱动提升研究者的研究效率与理论的稳健性。与此同时，二者的结合应用还须注意潜在的不利因素，如二者结合可能产生的数据监督、社会分选以及控制蔓延这些涉及个人生活隐私与社会自由的问题。

可以说数据科学继承了统计学和计算机科学，并在一定程度上予以创新。数据科学的主要基础理论来源于统计学和计算机科学。另外，数据科学为这两门学科的研究范畴开拓了空间，随着外部信息环境的变化，对基于传统的统计分析思路与技术提出了新的要求，需要重新理解总体、个体与样本的概念内涵。传统的相关分析基本上是线性相关分析，在数据科学背景下，大数据相关关系分析更多的是非线性相关以及未能明确的函数形式关系分析，所以还需加深对标志与变量、可靠性与有效性这些最基本的要素条件的理解，并借助数据科学新形式从数据、方法及应用三个方向共同努力（李金昌，2016）。

17.2.3　来自理论应用方法的挑战

现实与理论、方法间需要相互作用，无论是对数据分析还是对研究结果的解读，都需要参照理论论述。即使拥有大规模的全样本数据也不能使研究者完全消解对客观事物的曲解、隔阂与错误成见。比较典型的案例是学者吉森伯格利用从众多搜索词条中筛选出的 45 个搜索词开放出的预测模型，他认为该模型相较于官方疾病控制与预防机构更具有速度优势。后来的事实表明，该模型预测的是季节性流感而非真实的流感趋势。这一案例的失败是由于该模型的构建完全忽视了非季节性流感，该事实表明数据科学与其他科学的融合实践需要依赖理论指导设计。类似的例子都表明，如果不遵循相适应的理论框架，完全可能对公共决策造成严重影响。

17.3　数据科学背景下对社会科学关系机制探寻的挑战

随着人类行为数据的大规模收集与分析能力的提升，作为科学研究的重要组成部分，数据活动必然会影响到科学研究。数据科学对社会科学的影响必将汇集一批拥有不同学术背景的研究者加入其中，并引发他们聚焦于社会科学中的因果解释和预测关系研究，从方法论上对"守旧"还是"维新"展开争论。理论完美主义者强调因果关系，并提出只有紧握因果关系才能对客观现象予以正确理解和有效运用。然而，传统的数据分析凭借理论的指导，侧重于对历史数据的全面分析过后达到深刻理解自我或解释客观现象的目的，着重于因果关系分析。现实主义者更强调预测和数据分析的实用性。他们把数据分析的重点从因果分析转移到相关性分析，重点放在事物之间的相关性关系上（ McAfee et al., 2012 ）。在大数据时代，相关性被强调，而因果关系被忽视，但这并不意味着放弃因果关系。一些学者也特别强调如何通过大数据进行因果推理是大数据行为研究和应用面临的主要挑战（贾建民等，2020 ）。

17.3.1 数据科学背景下相关关系对传统因果关系的挑战

科学研究已进入大数据时代,社会科学研究紧跟潮流趋势也步入新阶段，面临着"不是随机样本，而是全体数据""不是因果关系，而是相关关系"的转变。在这样的转变过程中，社会科学研究面临的是机遇与挑战共存的态势，有望在研究的科学性、整体性与理论范式上促进传统文献学的现代转型（刘石和李飞跃，2021 ）。在大数据时代背景下，新兴技术扭转了过去的思维惯性，使科学从仅追求因果性走向对相关性的重点讨论，如有学者指出将包含有相关关系的 PB 级数据放到巨大的计算机机群中运行，依靠统计分析算法可以找出传统的科学方法未曾发觉的新规律、新知识（ Anderson，2008；刘石和李飞跃，2021 ）。

在小数据时代，社会科学研究仅能凭借获取的少量、结构单一的数据进行分析判断，通过分析线性方程求解问题，得到每个数据之间的因果关系。社会的复杂化，数据规模庞大，数据维度多样，呈现出的关系往往是非线性的。显然，通过非线性关系很难找出海量数据之间所有潜藏的因果关系。因此，我们只能把所有的数据视作整体，运用大数据技术对数量巨大的数据做统计性的搜索、比较、聚类等分析归纳研究，从宏观的角度把握数据之间的相关性，找出数据集里隐藏的相互关系网（李国杰和程学旗，2012）。大数据技术应用的目的不在于观察这两件事之间是否存在必然的联系或仅仅是巧合，而在于发现某一个事项引起另一个事项的改变这种关联性关系。

17.3.2　数据科学背景下对因果关系的探究

大数据分析思想，导致大数据分析对于数据之间因果关系问题的忽视以及数据质量放松等问题（王莹和万舒晨，2016）。这一趋势重视相关性的讨论而弱化了因果性。大数据技术并不否定、怀疑事物之间的因果关系，只是面对数据量级如此巨大的处理对象，有效数据和无效数据同时在增大，而进行数据优化找出数据因果关系的工具却相对有限，这导致发现和验证因果关系的效率大幅降低。

现有的因果分析路径是凭借经验基于人类个体获取的模型认知和解释世界，而大数据技术的发展为探索未知的情况，发掘对因果机制更加有价值的理论假设提供了有效途径，所以应该摆脱固有的思维定式，放下对数据的戒备，利用大数据挖掘相关性知识，这不是对因果推断的忽视，更加不是对因果机制的逃避，反而拓宽了发掘因果机制的路径。

著名学者 Shiffrin（2016）曾指出如何通过大数据来做因果推断是大数据行为研究与应用面临的主要挑战。我国学者孟天广和郑思尧（2017）也有大数据的测量信度和效度不足，结论偏向于相关性而不是因果关系的论断。针对这些问题，有学者指出未来的出路是大数据行为研究需要解决大数据分析中的内生性问题，未来的研究将更加重视通过随机实验、田野实验或者自然实验等方法来做因果推断（贾建民等，2020）。研究者需要着重考虑如何将探索性调查与演绎检验进行组合、交替，来构建更加强大、更加精准以及预测性更强的因果模型与理论（Kitchin，2013）。

与此同时，学者也发现了大数据应用受困于其被动性、可获得性、个案差异等局限。小数据较之于大数据，具有主观性优势、代表性优势、个案解释差异性优势等显著特点。所以，小数据研究方法有助于与大数据研究方法一道共同推进因果机制的探索。综合两方面原因，大数据与小数据并非完全对立、相互排斥与替代的关系，二者各自优势的融合能够彼此互补，实现"1+1＞2"的效果，两者一道从方法论层面为推进因果机制分析提供有力工具。

17.4   数据科学背景下大数据应用社会科学研究的实践挑战

17.4.1   数据科学背景下社会科学研究对传统行政管理方式的挑战

1. 传统行政文化导致数据开放不足

封闭的政府文化阻碍了政府数据的开放（Hoffmann，2012）。近年来，新兴通信技术、计算机网络技术的融合与发展，颠覆了传统知识获取、积累、传递及创造方式，推动着社会形态的变革，行政管理身处其中，其形态也相应地发生转变。数字化转型已经成为政府应对技术变革的重要手段，数字政府的建设也从 1.0 走向以数据化运营为核心的 2.0，政府组织部门间日渐融通、开放，信息传播也趋向扁平化和多中心化，而数字政府建设的核心基础是政府数据资源的整合共享利用（袁刚等，2020）。共享整合的大数据资源不但能够改善政府数据资源数量与质量；节约政府数据资源管理成本；促进政府数据管理机制改革（于浩，2015），还能有效统合经济、社会、文化等方面信息资源，通过"交叉复现，直抵事实的真相"实现精准对接现实需要，利用信息传输优势全面了解事态发展，保证信息的扁平化传输，走出传统科层制下信息流转不畅引致的联合行动困境，保证科学决策水平与精度（高小平，2015）。

而在现行条件下，政府、大型企业或组织仍是大数据资源掌握的主体，但政府等组织数据资源开放规模仍有限，跨层级、跨部门和跨区域三个子维度的政府部门数据难以共享融通，为个人利用大数据开展研究及应用带来了挑战。诸如数据霸权与数据孤岛、数据失真与数据腐败、数据安全及数据隐私等问题依然普遍（郑吉峰，2016），这给大数据在社会科学研究与实践中的发展面带来了如数据壁垒、管理风险、国家主权威胁等一系列挑战（孟小峰和杜治娟，2016）。

数据壁垒导致数据融聚困难。高度统一、整合的数据有利于数据的研究与应用，而目前政府数据融通程度不足的状态，阻滞了政府数据流向社会科学研究。政府数据是政府部门在履行行政职能、管理社会公共事务过程中形成的重要资源，同时也是社会的公共资源，政府数据共享工作普遍存在着"不愿共享""不能共享"等难题。2015 年国务院印发《促进大数据发展行动纲要》，这一文件的发布标志着我国的开放政府数据正式走向政策层面。但由于资源条件差异、政策落实、领导意识等问题，当前数据壁垒导致的信息孤岛现状仍旧严峻，导致政府数据资源分布广泛而不集中，断续而不连贯，静态数据多于动态数据等现象。究其原因主要有以下几方面：首先，对数据的占有仍然被视为组织竞争力的重要构成，出于部门权力本位观念不愿共享数据；其次，降低了数据资源价值，甚至成为导致民众办事难的重要因素（袁刚等，2020）。

2. 传统行政管理的风险偏好导致数据共享不足

政府部门基于风险规避的考虑，不愿将组织所辖数据与其他部门共享。政府部门职能的多样性使得不同部门的数据各具特点，一些研究指出，对于某些部门经过脱敏处理的涉密数据，小规模应用不存在安全问题，但是一旦集中使用就可能激活潜在安全风险（王芳等，2017）。数据从生产到销毁或者消亡的整个生命周期，涉及类别有异、级别有差的多样化主体和责任单位，还有不同的数字系统和平台，流通过程更是加剧了整个周期的复杂性，种种因素叠加放大了政府数据开放流程中潜在暴露个体隐私或引致数据安全的风险（丁红发等，2019）。

如技术人员将有更多的机会接触更多敏感数据，加剧了数据泄露的风险。另外，数据安全问题还持续不断受到来自黑客、病毒攻击的风险，以及自身制度体系不成熟及外包管理环节纰漏等问题的挑战。公共信息的安全可靠是建设健康稳定的数字政府的重要保障条件。反之，一旦政府数据被非法侵犯、传播、使用，不但有失政府形象，还将对社会经济利益造成损失，引发社会性恐慌，产生社会政治风险。可见，还须深化当前数据安全管理与建设规划的同步性，完善安全防范技术体系与法律法规制度，坚决杜绝数字技术过度使用，防止政府信息、个体信息被泄露。

3. 传统行政流程导致异构数据交换不足

缺乏标准体系支撑，技术系统和平台各异，现有数据交换手段效率比较低，很难高效地支持政府事务的快速协同（北京大学课题组和黄璜，2020）。目前我国从上至下还没有形成统一的规范标准，甚至在同层级地方政府、各部门之间的数据采集标准、格式要求也有显著差异，导致政府数据碎片化，信息资源共享程度较低，数据质量参差不齐，难以对数据分级分类，管理难度较高，数据无法互验、互校、互用，也阻滞了我国政府数字化转型脚步。

回顾我国数字政府建设历程能够轻易发现，上述现象与问题称得上是"历久弥新"（北京大学课题组和黄璜，2020）。其迟迟得不到解决的原因涵盖由表及里的各个层次，包括技术发展不成熟、基础建设不完善、观念转变不到位、激励机制不科学、利益关系难协调（郑磊，2015）。要摆脱现有困局，势必要完善信息化基础建设，充分运用大数据储存方式的先进优势，并从基础、专业、应用三个方面构建数据库，打通不同平台障碍，构建整体平台，为管理和服务提供支持（高小平，2015）。彻底解决这些问题虽非朝夕之功，但这并不意味着当前数字政府建设已无改善空间，更不构成其难以更进一步的充分条件（北京大学课题组和黄璜，2020）。

17.4.2　数据科学背景下利益相关者认知对社会科学转型发展的挑战

知识的形式和内容紧跟人类历史和实践进程演变，数据科学中需要重点引入 Hadoop、Spark、NoSQL 等新兴技术，从而更好地应对大数据挑战。这类新技术的加入意味着，数据科学对数据和数据管理的认识产生了颠覆性改变，一方面体现为接受了数据的复杂性，另一方面体现为对数据的管理逐渐从传统意义上的完美主义向现实主义发展（朝乐门等，2018）。从大数据思维模式的层面考虑，数据的主动属性也被人们逐渐发现。这与传统社会科学对数据的认知——数据是一种被动的、死的东西——具有根本性的差异。这种认知的转变使得人们更加注重数据的积极作用。数据作为科学研究的基础性元素，是科学发展的主要"证据"，因此科学研究也是围绕数据的生产与分析、储存与管理以及数据重用的活动。如何正确认识数据、如何利用数据的主动属性等相关问题成为当下数据科学的重要研究任务，而大数据认识论的认识主体可划分为政府、公司及个人三个层次（吕乃基，2014），相应主体对大数据的认识直接影响了大数据在社会科学研究中的应用。

1. 研究者的认识与能力限制了大数据在社会科学研究中的应用

数据可复制性对研究者来说是不公平的，这将对大数据在社会科学领域应用产生挑战。大数据与方法的应用拓展了社会科学研究的边界，使得检验过去传统意义上无法进行有效检验的假设成为可能。和一般数据相比，大数据主要被企业和政府组织掌握与生产，这两大主体可能更倾向于不公布这些数据。因此，在科研活动中获得这些数据的使用许可往往需要通过个人的社会网络，这可能导致基于大数据研究的可复制性降低，这无疑给大多数的研究人员设置了应用门槛。学者在获得数据的同时会倾向于一并获得在未来公布其中的若干部分的权利，这些随机取样的子样本依然具有再复制的价值。这种现象将会阻碍其他学者获得该部分数据的使用权限，进而造成赢者通吃并可能加剧学术界内部的不平等（孟小峰和张祎，2019）。

数据科学的一个重要特征是预测分析和解释分析的分离，这一特征呼吁数据科学家和领域专家之间进行协作分工（朝乐门等，2018）。目前，微观层面上的跨领域、跨行业的数据共享还存在诸多障碍，海量数据的采集尤其是重点领域的数据采集工作仍面临着巨大挑战。许多对大数据应用的研究采用了大规模的分工协作方式，冲破了学科分工带来的思想束缚，通过交叉学科的思维方式，以交叉学科合作的方式开展研究和实践工作。社会科学大数据计算是一个典型的跨学科研究，但需要指出的是，这种协作的难度往往超过人们的直观理解，它本身就是一个具有挑战性的知识边界约束问题（郝龙和李凤翔，2017）。

面对规模庞大、结构复杂的数据资源，对研究者来说究竟这些数据是信息还是噪声完全取决于研究者自身的数据处理能力、自身素养。所以说在大数据时代，在数据科学与社会科学的有机结合进程中，社会科学学者面临着对其自身素养的挑战。面对有用的、待使用的数据，如果研究人员没有在合理的时空范围内对其进行处理和分析的能力，将会影响其接收更有用的信息。综合数据分析过程，大数据从数据获取、数据分析等方面对社会科学领域关键行动者提出了要求。数据获取维度，要求研究人员熟悉数据来源、辅助工具以及常见的数量与格式。在数据分析维度上，同样面对新的技术形势，首先考验研究人员能够灵活应用对应的算法处理数据，选择合适的软件分析数据，进一步还涉及如何借助科学的数据可视化工具向同行呈现、解释数据。综上，数据科学与社会科学的有机融合和发展进程与领域内研究人员的数据素养息息相关，这涉及从数据发现与获取再到数据保存、监护与利用甚至合理引用的数据伦理整体流程。由此可见，数据科学与社会科学的融合对研究人员开展数据素养有关的教育培训提出了新要求。

交叉学科研究和人才培养势在必行。数据科学发展过程中存在以下问题：对数据控制力尚未引起足够重视；人才培育机制薄弱，分析型、复合型人才短缺（宁家骏，2016）；面临人才培养的挑战（张吉豫，2016；刘丽香等，2017；王敏和彭敏娇，2019）。面向统计分析、数据科学等研究方法的教学应该不断强化研究方法教学的实践性，抓住培养学生大数据统计思维主线、突出性统计知识的基础性教学，夯实其基础，同时加强综合素质人才培养（邓世仑，2015）。大学、研究机构等组织尽管在大数据人才培养中有一定优势，但缺少数据这一关键资源要素，而政府和大型企业具有先天优势。社会的数字化和智能化进程还可能带来一种潜在的概念认知的理论挑战，如有学者就人类选择行为的研究为例，提出这一方向的发展需要切合实际地对行为主体结构做出新的界定（何大安，2018）。

2. 政府人员的认识限制了大数据在社会科学研究中的应用

由于大数据的公共属性，政府在构建和使用大数据方面承担着公共责任，政府也是大数据的主要拥有者，推动政务大数据的开放与共享对于推进政府自身管理改革和经济社会转型都具有重要意义。然而，许多障碍降低了政府信息和数据的可发现性与可用性，如技术因素、组织因素、法规与政策因素，研究表明，上级领导权力和最高管理层支持对政府间信息共享程度有正向影响（Fan and Bifet，2013）。根据 Huijboom 和 van den Broek（2011）所总结的促进国家实施政府数据开放活动的十个关键因素中，政治领袖的作用排在其中第二位。然而，开放政府数据的落实效果受到了政府部门开放意愿的影响。可见政府人员的认知会明显影响政府数据的开放及大数据在相关领域的应用。

（1）人才供给面临挑战。教育人才短缺将制约大数据技术促进社会科学蓬勃发展的效果。在数据科学背景下，社会科学直面新学科范式挑战、把握发展机遇的核心是人（迪莉娅，2013）。显然传统意义上的数据工程师无法胜任数据科学在社会科学中的研究任务，而是需要具有交叉学科研究能力的复合型人才，实现数据驱动的社会科学研究范式转型。政府和企业的大数据为人才培养教育提供了重要的实践场所。目前，我国基于数据科学与社会科学交叉融合的复合型研究人才的素养和能力要求并不明确，人才培养模式尚不成熟。我国政府应充分利用大数据技术创新时代的机遇，充分依托自身丰富的实践领域，设计科学合理的人才培养体系，促进大数据人才队伍的成长，助推大数据技术在社会科学及其他领域的结合应用。

（2）大数据治理面临挑战。大数据的多源融合增强了其数据价值，也正因如此，数据权属复杂，流通中存在多元利益相关者，使得大数据治理面临巨大挑战。完善的大数据治理体系是其数据价值发挥的前提和基础，而当前大数据开放与共享的顶层设计仍不完善。政府大数据治理是一个系统工程，是一个多主体、多视角、多元素参与的跨层级、跨系统和跨组织的协同过程（安小米等，2019）。首先，政策法规对政府数据的对外开放起着重要作用。政府需要通过必要的法律法规，出台政策和内部规章来促进政府数据的对外开放。同时，隐私保护和国家安全的立法也需要起到抑制政府数据开放的约束作用。另外，政府还需要选择合适的治理策略和技术来处理主体间关系，以弥合治理主体间的"数字鸿沟"的差距。加强科技企业和民众的参与活动，加深科技企业和民众与政府部门的有机互动，改善社会参与在企业和民众之间存在的非均衡性（单勇，2019）。

3. 企业人员的认识限制了大数据在社会科学研究中的应用

近年来，随着产学研合作程度的深入，市场面对技术环境的复杂形势通过外部合作创新探寻开拓了转型路径，与此同时，众多大型企业不断拓宽数据开放渠道，建设开放数据平台，创设与高校、科研院所的合作桥梁，为科学研究提供了更多真实可靠的脱敏数据资源、计算资源，但在数据科学背景下，企业与社会科学领域的合作仍面临一系列不确定性和挑战，如何调整经营思维，紧跟新技术时代潮流是企业的重要考验。

（1）资源供给不足。企业能提供大量的数据支持和真实应用背景，不但有利于产业的深化与创新升级，还能为科学研究创造良好的条件（沈弋等，2014）。但现实情况不尽如人意，虽然众多大型企业不断拓宽数据开放渠道，建设了开放数据平台，但多数企业仍缺乏数据开放意识，某些企业囿于数据质量、数据许可与隐私问题未能开放自身数据资源，一些企业自身准备不充分缺乏标准和相关技能限制了数据开放步伐。

（2）合作对话面临话语体系鸿沟。企业和领域专家的对接存在许多问题与盲点（张永锋等，2019）。科研与生产分别是两套不同的"话语体系"，社会科学学者精通理论，但对市场情况把控模糊，企业很难从复杂的市场中脱颖而出与领域专家进行合作、发挥领域专家特长、推动企业创新。另外，话语体系的差异导致企业生产场景下的问题描述与领域专家知识体系难以精准对接，需要有中间体系通过深加工"润滑"实践与理论的对接过程。

（3）利益分配难以划分。从经济学角度来看，不同于公共部门的公共性，私营部门以营利为目的。宏观层面的制度缺失与数据再利用生态体系营造不足、经营模式和价值实现路径的模糊与狭窄的技术交易信用体系、定价机制缺失等问题使得企业与专家难以互相信任。这导致了在没有中介弥合沟通桥梁以及风险规避机制的情况下，企业和领域专家难以实现以信任为基础的良性合作循环。

第 18 章
大数据研究现状与问题

18.1 大数据研究范式现状分析：以公共政策为例

大数据驱动的社会科学研究具有以下六个特点：①在研究对象上，大数据方法面向海量数据，计算机仿真面向根据系统建立的数学模型；②在推理逻辑上，大数据依据数据归纳得出数学模型，仿真依据模型演绎得出计算结果；③在自动化程度上，大数据从数据获取、建模到分析预测，都是由计算机自动进行的，而在仿真研究中只有仿真实验这一步是自动完成的，仅占科学研究过程的一小部分；④在解释力度上，计算机仿真模型基于假设的建模为理论解释奠定了坚实的基础，而大数据建模基于算法的自动化过程缺乏这样一个基础，因此解释力较低；⑤在角色定位上，仿真主要承担实验的角色，通过不断试验确定模型参数，而大数据在科学研究中无论是建模还是分析预测都占主体地位；⑥在基础设施上，计算机仿真可能涉及一台或多台计算机，而大数据则涉及更多基础设施，包括自动获取数据的各类传感器、连接用户、物联网与电脑的网络设施等。目前，基于对大数据的认识，社会科学研究者针对现有社会科学问题提出了诸多的解决方案，如计算社会学等的出现。大数据的出现和应用进一步提升了社会科学研究对社会运行与发展的认识。由此，有学者响应 Jim Gray 的意见，提出第四研究范式——大数据研究范式。

在学术上，大数据概念是由著名的美国学术杂志 *Nature* 于 2008 年正式提出的（Krajewski，2017）。学术界对于大数据的定义存在极多的争议，总的来说可以理解为：信息量大、速度快、种类多的信息资产，需要特定的技术和分析方法才能转化为价值。

大数据是数据，也是技术、能力和价值，大数据的出现为社会科学提供了一个新的思路，为科学研究范式的转换提供了可能，这种可能也体现在社会科学研究的可计算、信息化及大数据化等方面，形成了促进社会科学研究范式在定性、定量和仿真之外产生大数据驱动的第四研究范式，以实现社会科学"通宏洞微"的可能性及个体化、全样本的发现和预测研究（章昌平等，2019）。应用大数据以及基于大数据研究范式，社会科学研究者进行了进一步的探索，产生了众多的研究成果。本章通过以公共政策领域应用大数据以及大数据范式的研究为例，通过文献计量方法，分析应用大数据以及大数据研究范式所产生的研究成果特征。

本章以中国知网数据库为文献数据来源，检索条件为：主题或篇名或关键词或摘要＝大数据和公共政策；时间跨度＝2013~2019 年；期刊来源＝SCI来源+EI 来源+核心期刊+CSSCI+CSCD。共获得相关文献 127 篇（检索时间为 2020 年 7 月 1 日）。为保证研究的精确性，去除无作者、重复记录的文章，最终筛选出 117 篇有效期刊论文作为研究样本。通过运用 CiteSpace 文献分析软件使用词频分析法、共词聚类法对文献相关内容进行分析。

18.1.1　研究基本情况统计

大数据背景下公共政策研究的发文量如图 18-1 所示。国内相关研究处在起步阶段，但总体的发文量呈现一个稳步升高的趋势。

从核心学者来看，发文量最多的作者（此处作者非单指第一作者）是马海群（3 篇，黑龙江大学信息管理学院）、黄璜（3 篇，北京大学政府管理学院）、张毅（3 篇，华中科技大学公共管理学院）、杨奕（3 篇，华中科技大学

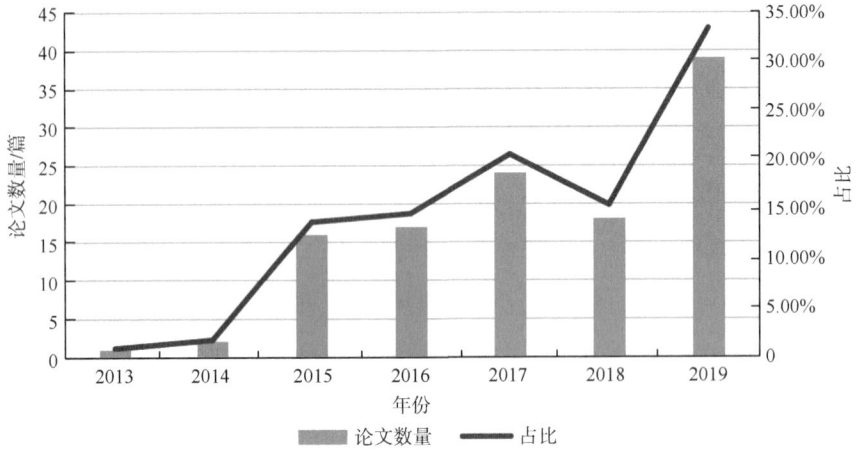

图 18-1 2013~2019 年国内大数据背景下公共政策研究的历年论文数量及占比

公共管理学院），但较早将大数据应用于公共政策研究的是韩振（2013 年，同济大学经济与管理学院）、罗月领（2013 年，上海金融学院财税与公共管理学院）等。从总体上看，网络密度比较低，说明国内将大数据应用于公共政策研究的力量仍处于比较分散的状态，研究的学术联系较弱，团队规模较小。从发文机构分布看，华中科技大学公共管理学院的发文量最多（4 篇），排名如图 18-2 所示。这也在一定程度反映了上述高校是推动国内公共政策研究范式转

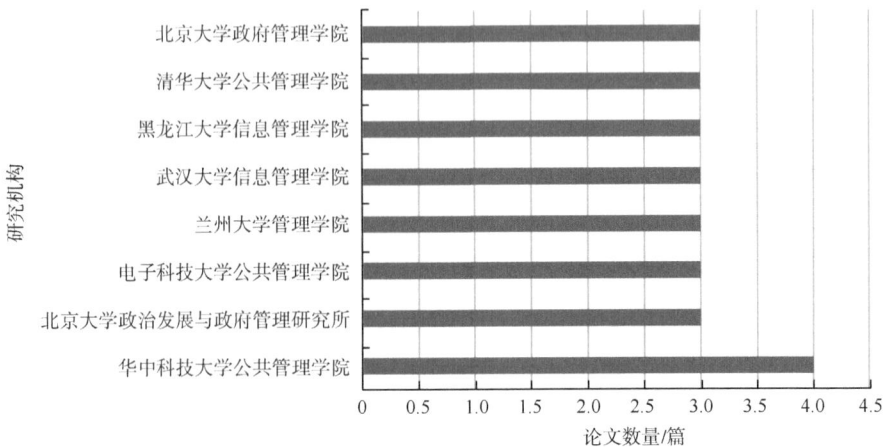

图 18-2 2013~2019 年国内大数据背景下公共政策研究的研究机构分布

变的主要力量。

18.1.2　研究领域分析

通过对文献关键词共现矩阵的生成判断研究所聚焦的领域范围。本章通过运用 CiteSpace 可视化软件生成文献分析矩阵的操作步骤如下。

1. 对文献关键词的清洗

主要是对无关键词的文献进行关键词的提取；对已有关键词文献的不规范关键词进行删除，如"新常态""时代"等无明确指向的关键词；对含义不明确的关键词进行重新提取，如"实践企业""团队""工作""战略"等关键词；对范围过大的关键词进行删除，如"公共政策""算法"等关键词；同时对关键词的同义词等进行统一和规范，如"开放数据""数据开放"等。

2. 数据转换

主要是对标准化后的数据利用 CiteSpace 软件中的格式转换插件进行格式转换，以便软件能正常读取数据。

3. 根据发表时间进行时间切片，观察研究领域在时间范围内的变化

在 CiteSpace 软件界面中进行相应的设置，时间切片设为 2013~2019 年，每 1 年作为 1 个时段；根据本章研究的需要将关键词设置为内容。

4. 生成聚类结果

运行 CiteSpace 软件，获得关键词频次结果及关键词聚类结果。表 18-1 统计了出现频次排前五位的关键词（去除"大数据"），并列示了各关键词出现的频次及其首次出现的年份。

表 18-1 2013~2019 年国内大数据背景下公共政策研究的文献中出现频次排前五位的关键词

排序	频数	首次出现年份	关键词
1	23	2015	公共政策过程
2	14	2016	政府数据开放
3	10	2015	公共决策
4	8	2015	开放数据政策
5	7	2014	公共服务
5	7	2015	互联网+

其中频次最高的关键词是"公共政策过程"，其次是"政府数据开放"与"公共决策"，三者都属于热门公共政策研究的关注重点。通过关键词"政府数据开放"可以发现，大数据在公共政策研究领域中的应用具有政策导向性。值得注意的是，大数据在公共政策研究中的应用并非近几年才开始，数据显示，2013 年就已经出现与大数据相关的研究文献。此外，在收集的文献数据中，"开放数据政策""公共服务""互联网+"等关键词出现频次也较高。

18.1.3 研究主题分析

运用 CiteSpace 软件进行关键词聚类分析，得到的共词图谱有 149 个网络节点（关键词），308 条连线（关系），网络密度为 0.0279，聚类模块值为 0.6059，大于临界值 0.3，说明共词网络的聚类结果显著，聚类效果较好；聚类平均轮廓值为 0.7126，大于临界值 0.7，说明聚类结果是令人信服的。通过关键词聚类，将 149 个高频关键词划分为 20 个聚类。其中有些聚类的成员较少，这些聚类不能准确反映该聚类所代表的研究方向和内容，因此将这些聚类删除，最后形成 9 个有效聚类，如图 18-3 所示。

图 18-3　2013~2019 年国内大数据背景下公共政策研究的共词（关键词聚类）图谱

根据聚类结果整理相关文献，分析各聚类所包含文献的研究内容，总结出反映国内大数据背景下公共政策研究的四大类研究内容，如表 18-2 和表 18-3 所示。

表 18-2　2013~2019 年国内大数据背景下公共政策研究的聚类标识

聚类	子聚类	规模	聚类平均轮廓值	关键词
I	#2 政策科学	19	0.926	政府能力、政策系统、公共政策过程
	#6 复杂性范式	6	0.968	义务主体、人类命运共同体、伦理底线
II	#4 公共管理	15	0.828	公共反馈采纳、公共决策科学化、多学科协调
	#3 互联网+	15	0.874	政府 3.0、政府治理现代化、政策工具、公共关注度、公众参与、政务服务
III①	#0 开放数据政策	31	0.922	政策协同、政策环境、智慧城市、政府行为、公共政策创新、共享数据
	#7…（开放数据政策）	5	0.993	公民隐私、政府职能、公共图书馆
	#8…（开放数据政策）	5	0.992	大数据方法、公共政策评估
IV	#1 城市病	22	0.873	新金融、区块链、人口增长、公共隐私、协作规划、治理变革
	#5 共享经济	11	0.876	市场失灵、多源流理论、共享养老服务、网约车、出租汽车、政策变迁

①：三者聚类名称虽然一致，但参与贡献的关键词不一样，这三个子聚类构成了 III 这个聚类

表 18-3　各聚类代表性文献、发表年份、作者及期刊名称

聚类	代表性文献	发表年份	作者	期刊名称
I	政策信息学：大数据驱动的政策科学发展趋势	2019	段忠贤，刘强强，黄月又	《电子政务》
	全球风险社会下人工智能的治理之道——复杂性范式与法律应对	2019	张富利	《学术论坛》
	政策科学研究方法的评价标准、跨学科与范式之争	2017	赵德余	《探索与争鸣》
	政策科学再思考：学科使命、政策过程与分析方法	2015	黄璜	《中国行政管理》
II	精准治理：中国场景下的政府治理范式转换	2017	李大宇，章昌平，许鹿	《公共管理学报》
	基于大数据的公共政策评估研究：回顾与建议	2016	魏航，王建冬，童楠楠	《电子政务》
	"互联网+"时代公众参与城市风险治理探析	2016	杨冬梅	《行政论坛》
	"互联网+"、国家治理与公共政策	2015	黄璜	《电子政务》
III	美、英国家图书馆读者个人信息保护政策的启示	2019	王肃之，翟军平	《图书馆》
	大数据时代我国开放数据政策模型构建	2017	蒲攀，马海群	《情报科学》
	多元视角下的中国开放政府数据政策环境研究	2016	赵润娣	《电子政务》
	大数据时代政府数据的开放	2016	谢安	《开放导报》
	基于大数据的公共政策评估研究：回顾与建议	2016	魏航，王建冬，童楠楠	《电子政务》
IV	数字经济创新——监管理念更新、公共政策优化与组织模式升级	2019	张穹，曾雄，蒋传海，等	《财经问题研究》
	分享经济背景下共享养老服务的影响因素及参与意愿研究——基于成都市的实证研究	2019	易婧，卢东，田野	《西北人口》
	网络舆情推动下的网约车规制政策变迁逻辑——基于多源流理论的案例分析	2018	黄扬，李伟权	《情报杂志》
	中国大都市发展与治理研究	2016	陈社英	《人口与社会》

1. 聚类 I：大数据背景下公共政策研究范式及相关理论研究

聚类 I 主要包括子聚类#2 政策科学和子聚类#6 复杂性范式。子聚类#2 政策科学的关键词有"政府能力""政策系统""公共政策过程"等，子聚类

#6 复杂性范式的关键词有"义务主体""人类命运共同体""伦理底线"等。

政策活动都是围绕着信息展开的，政策科学作为公共政策研究的重要组成部分（陈振明，2003），其发展遭遇了两大困境，一是不能有效提取信息，二是缺少发达的信息分析技术（段忠贤等，2019），这些也是公共政策研究的困境。信息是由数据经过技术手段加工得到的，数据是信息的具体表现形式。在传统社会结构与技术水平及信息存在方式中，社会的数字化表现是具有局限性的，人们只能在数量有限的、高度结构化的、时滞的数据环境中进行决策。由此产生的数据偏差会造成决策者决策失败（李泽明和张长虹，2019）。大数据信息技术的发展为解决公共政策研究困境提供了可能，主要表现在以下几点：①有效应对问题导向中的信息不足；②弥合科学和民主之间的价值张力；③提供全新的信息分析技术（段忠贤等，2019）。

政策科学包括"两种知识"、政策过程和分析方法三种分析视角（黄璜，2015a）。这三种分析方法改进了政策科学的研究途径，促进了公共政策研究范式的转型。政策科学研究方法论存在两个值得关注的趋势：①政策跨学科以大数据为基础的实证主义研究，以提升未来政府制定和评估公共政策的及时性与科学性；②以政策科学研究过程中大量行动者参与水平或程度增加为特征的民主化倾向（赵德余，2017）。

大数据的出现更是在技术层面上提升了政府能力，标志着政府"大脑"系统的真正形成，政府信息能力从而也进化到了高级阶段，丰富了政策科学的研究范围。大数据技术也使得公共政策研究中复杂性范式的实现成为可能，也由于大数据的全面性与有效性，各相关因素的影响作用全面显现出来，若想形成更加科学且逻辑严密的研究设计，就必须引入复杂性范式（张富利，2019）。区别于有序的研究范式，复杂性范式承认自然科学和社会科学之间可以融合性质，可以更好地揭示公共政策与公共决策的复杂现实，将更多的政策效果影响因素与决策依据纳入分析过程中（盖耶尔等，2013）。

2. 聚类Ⅱ：大数据背景下公共政策过程变革与公共治理研究

聚类Ⅱ主要包括子聚类#4 公共管理和子聚类#3 互联网+。子聚类#4 公共管理的关键词有"公共反馈采纳""公共决策科学化""多学科协调"。子聚类#3 互联网+的关键词有"政府 3.0""政府治理现代化""政策工具""公共关注度""公众参与""政务服务"等。

大数据的产生促进了"互联网+"经济形态及新兴工具的产生与快速发展，更促进了公共管理进入变革阶段。公共管理变革推进了公共政策变革，以求更好地对社会利益进行分配，平衡公平与效率的关系，更好地去适应中国特色社会主义社会治理体系的根本需求。互联网创新实现了全球信息资源及其利益的重新配置，作为社会利益权威性分配工具的公共政策必然面临重大挑战。（黄璜，2015b）。

随着"互联网+"时代的来临，公民参与公共事务的兴趣空前高涨，持续不断地影响公共政策过程（白福臣和张苇锟，2016）。"互联网+"为公众参与治理活动搭建了良性互动和有效耦合的平台，培育了公众参与治理过程的"互联网+"思维，构建了公众参与治理过程的科学制度体系，促进了公共政策过程变革（杨冬梅，2016）。新时代的到来也给政府管理活动带来了极大的不确定性，政府通过运用大数据技术结合"互联网+"对政府治理知识源的挖掘能够主动甄别"类危机要素"，且能够通过知识源回溯挖掘和知识推理，得到危机处理预案，这可以极大提高政府对突发事件的预知能力，也可以使其更好地接受网络上的公众意见，为政府后续的公共政策过程提供有效的信息（李大宇等，2017）。政府部门吸纳公众意见、制定更为科学合理的公共政策是国家治理能力现代化的重要体现（杨奕等，2017）。大数据为公共管理提供新的动力与契机，也正因如此，大数据带来公共政策的科学化，不断提升政府对民众诉求回应的及时性，形成大数据浪潮背景下的政府、社会及网络相协调的公共管理体制，就成为一种必然趋势（李泽明和张长虹，2019）。

3. 聚类Ⅲ：大数据背景下对开放数据政策的研究

聚类Ⅲ主要包括子聚类#0 开放数据政策、子聚类#7…（开放数据政策）和子聚类#8…（开放数据政策）。子聚类#0 开放数据政策的关键词有"政策协同""政策环境""智慧城市""政府行为""公共政策创新""共享数据"等。子聚类#7…（开放数据政策）的关键词有"公民隐私""政府职能""公共图书馆"等。子聚类#8…（开放数据政策）的关键词有"大数据方法""公共政策评估"等。

根据公共政策分配社会资源、规范社会行为、解决社会问题、促进社会发展的基本功能（谢安，2016），学者围绕开放数据政策的目标展开了系列研究。赵润娣（2016）通过对相关公共政策分析理论模型及开放政府数据政策环境与背景相关要素的分析，抽取出开放政府数据政策环境的核心维度：内部环境（社会视角、政治视角、法律法规视角、技术与技能视角、财政视角）与外部环境（其他国家和地区政府与组织开放政府数据活动），构建多元视角的开放政府数据政策环境研究框架，提出开放政府数据政策制定的现实基础分析框架，分析中国开放政府数据政策制定的现实基础。周文泓（2018）立足于地方政府，以文本分析与案例研究的方法调查已有的政策与开放数据门户，参考开放数据学院与万维网基金"开放数据晴雨表"的评估指标，从开放数据的准备、执行和成效等维度展开调查，从而展示面向公共服务的政府开放数据进展程度，分析该领域政府已有的成效与不足并提出相应对策。

除了上述我国学者外，很多发达国家也很重视大数据背后的巨大价值，美国、澳大利亚、法国和英国等国家多强调政府的透明与数据的经济价值，但是对数据开放带来的安全问题还没有给予足够的重视。在大数据时代，开放数据与国家数据安全同样重要（王本刚和马海群，2015）。大数据时代也对个人信息保护提出新挑战，数据分析和存储的隐私有很多问题需要解决，公私领域对于数据利用的需求也比以往任何一个时代更为迫切（王肃之和翟军平，2019）。

4. 聚类Ⅳ：大数据背景下对公共政策在各实质性领域的应用研究

聚类Ⅳ主要包括子聚类#1 城市病和子聚类#5 共享经济。子聚类#1 城市病的关键词有"新金融""区块链""人口增长""公共隐私""协作规划""治理变革"等，子聚类#5 共享经济的关键词有"市场失灵""多源流理论""共享养老服务""网约车""出租汽车""政策变迁"等。

以巨型工商城市为中心的城市群已成为国家经济增长的引擎，随之而来的城市病（环境污染、人口分布不均、资源紧张、人口老龄化、家庭空巢化、社会治安管理难、交通拥堵、房价飞涨等）对公共管理和政策研究提出了挑战（陈社英，2016）。

在信息化社会，大数据是新一代的信息技术，也是新一代政策工具。在网约车方案评估过程中，政府提供了不同于"小数据时代"的技术支撑（甄珍和谢新水，2018）。以网约车政策为例，黄扬和李伟权（2018）基于多源流理论视角，以 2018 年以来的多起网约车舆情事件和新出台的规制政策为研究案例，对网络舆情与规制政策变迁的关联机制进行全景式剖析。

18.1.4　研究特点总结

1. 大数据为原有问题提供了更多的证据

社会科学研究者一直致力于提高社会科学研究的数据质量，通过高质量的数据刻画复杂社会科学问题背后的因果机制。大数据的出现和应用提供了这种契机，这表现在应用大数据对原有社会科学问题进行重新研究方面。通过对原有问题的对比能够发现更多的细节，其结论更加具有普适性，理论边界也能够得到拓展。在对原有问题进行重新研究方面，大数据提供了两条路径：一是从数据本身出发提供更多的证据；二是数据能够适用更多的理论，并提供在同一数据集下进行理论讨论的可能。

从公共政策领域应用大数据方面来说。大数据能够提供更多的数据，更多的数据方便了社会科学工作者的研究。大数据时代能够将现实空间尽可能地"复制"到"数字空间"，这让我们能够获得问题和事件出现与发展的"所有"数据以及可以随心所欲地对其进行分析、检验。比如，在探究政府与公民的互动关系时，以往的研究集中于理论分析、定性分析以及通过调查问卷的定量分析。在大数据时代，政府与公民之间的互动痕迹能够被保留，研究者可以通过这些痕迹对公民诉求以及互动效果进行进一步分析（沙勇忠等，2019）。另外，大数据更多关注了数据之间的联系，使得原先单个数据能够携带更多的信息。

从数据适用性方面，大数据由于能够提供更多的信息，也就能够适用于更多的理论。也就是说，大数据能够允许不同的研究者在同一数据集下进行理论交流，这为社会科学研究提供了更多的可能。由于社会科学的复杂性，我们往往需要将更多的不同视角、不同学科进行综合才能最终指导社会运行。比如，在政民互动研究中，研究者可以综合公共管理、心理学、情报学、政治学、社会学等不同学科的研究对政民互动进行系统的研究（沙勇忠等，2019）。

2. 大数据为原有方法扩展了更多的使用场景

研究者要想从数据中提炼出更多有用的信息，就要依靠更加有效的方法，这除了依托新的方法、新的算法之外，挖掘以往研究方法的潜力也是一种有效的方法。这主要包括两个方面：一是基于现有方法出现的新方法；二是现有方法准确性的提高。

（1）基于现有方法出现的新方法。以社会网络分析方法为例。当前社会网络分析在中国应用已经比较成熟，它主要用来分析关系数据。以往的研究通常选择小规模的社会背景，如工厂、学校、村庄、人为组织的实验群体等，数据主要来源于田野调查或二手资料。然而，随着网络通信技术的发展，社会网络分析利用网络社交数据能够进行更多场景的分析，如舆情网络分析。另外，社会网络分析被用于文本分析以制作知识图谱，知识图谱的可视化成为研究文献、情绪等的重要工具。大数据将"关系"的定义进一步泛化，而社会网络分析又能将所有"关系"通过建立网络进行分析，这大大拓展了社会网络分析方法的使用场景，也给研究带来更多视角。

（2）现有方法准确性的提高。以仿真研究为例，以往仿真研究严重受限于数据质量问题，使得仿真结果并不能达到仿真系统的目的。然而，随着大数据的不断发展，社会科学研究也逐渐依靠基于大数据的复杂建模的仿真方法开展更为精确的模拟。例如，在智慧城市建设中，通过建立复杂的模型对城市交通进行检测、预警；在应急管理、风险管理方面对风险态势进行感知；等等。这意味着大数据弥补了原先仿真方法的数据不足的缺点，这种仿真研究将会被更加广泛地应用，其研究结果也将被更多的研究者和实践者所接受。

3. 大数据应用产生了更多的新问题

大数据的应用促进了社会科学在理论和实践方面的转变，但是这种转变主要是技术的改变。在传统社会科学研究中，理论促进了实践，实践提升了理论。然而，在大数据应用后，技术直接促进了实践的转变，却在理论方面有所欠缺，如在公共政策研究中，在政府形象、舆论传播方面，政务微博、微信的使用，尤其是政务短视频的使用，为政府形象建设起到了促进的作用，这是由技术直接推动的。而社会科学的相关理论对此却并未提供足够的预测，也缺乏足够的理论建构。我们需要避免技术、实践和理论脱节的现象出现，在社会科学研究出现新的问题时，除了依靠技术更需要依靠理论的发展。目前，也有研究对出现的问题进行了讨论和研究，但主要偏向于定性的分析，如在公共政策研究中将电子政务、政务微博、政务短视频等作为一种现象进行研究，而不是利用其产生的数据进行深度的分析。

技术的出现也促进了新的研究方法的使用。对社会系统的仿真可以基于机器学习和人工智能如在风险治理领域运用人工智能进行风险因子的识别与建模，并能通过分析大数据建立替代指标，从而完善风险识别模型。在冲突治理领域采用交叉学科的视角，运用机器学习方法进行冲突预测等。这些方法的使用初步展示了大数据对实践问题的解决能力，为社会科学研究提供了新的视角和方法。

技术的应用带来了更多的问题，如数据权力的问题，这包括了一系列问题，如数据伦理、数据归属权、数据使用权等一系列问题。从社会科学研究者角度出发，研究社会运行过程中出现的问题是社会科学研究工作者的工作内容，但也需要学者具有一定的预见性。大数据时代的到来带来了更多的不确定性，可以预见的是，未来将有更多的、复杂的、不确定的、系统的问题出现，并造成更大的影响。这对于社会科学来说也是一场机遇，能够促进社会科学研究提出更加系统和更具解释力的理论与解决方案。

18.2 大数据研究范式发展存在的问题

18.2.1 未产生实质性的理论

目前研究者对于大数据已经有了较为深刻的认识，大数据的出现为解决社会科学问题提供了契机，各个领域均有研究者致力于大数据研究。从已有研究成果来看，研究者倾向于对大数据造成的影响进行探索，如表 18-4 所示，研究者深入探究了大数据对工商管理、公共管理、教育管理等领域的影响。大数据对这些领域造成了强烈的冲击，直接影响了这些领域的发展，研究者敏锐地感知到了大数据对这些领域形态的影响，已有研究也试图探寻大数据对于这些领域的影响过程和机制，以期在加深对大数据了解的基础上，更好地改革和发展这些领域。

表 18-4　不同学科应用大数据举例

研究领域	作者	研究内容
工商管理	宋京坤等（2021）	通过探究大数据环境以及战略新兴产业特点对企业开展竞争情报工作的影响，为战略性新兴企业制定有效策略提供理论依据
	康瑾和陈凯华（2021）	研究数据作为新的要素进入创新发展经济体系中，对原有要素构成和主体关系造成了显著影响，并从技术升级、知识生产、主体关系要素、主体边界和制度条件等方面为完善数字创新经济体系发展演化提供动力支撑
公共管理	彭川宇和刘月（2021）	通过对大数据环境下政府开放数据共享政策进行研究，分析政府开放数据的特点与不足，为城市群政府数据开放提供理论支持，促进城市群协同发展
	孙彤等（2021）	通过对大数据背景下数字平台发展应用现状进行研究，总结当前数据平台存在的问题和瓶颈，进一步明确了农业农村大数据在县域的应用形态和实践效果
	王胜等（2021）	探究了数字乡村如何通过构建"物理世界"和"数字世界"孪生虚拟空间，催生、激活和放大各种功能效应，为农业生产、农村流通、社会治理、生活形态、文化观念等应用场景赋能，进而推动乡村实现多方面一体化发展
教育管理	徐绪堪和薛梦瑶（2021）	针对大数据背景下对大数据人才的需求，针对信息素养教育现状，完善数据素养能力评价体系

此外，大数据的基础性研究确实重要，直接影响到研究者对于大数据的基础认知，有利于从认识论、方法论角度引导研究领域的发展。但是在对大数据进行充分认识的基础上，利用大数据对整体领域进行观察是更加

有效和便捷的路径。当前研究缺乏利用大数据观察和发现问题的研究，就大数据对研究领域影响的描述性研究较多。研究者需要善于从大数据中发现问题，善于从大数据角度发现研究领域内部问题。

在中国，大数据进入社会科学研究者视野时间尚短，在当前的研究背景下，未产生新的理论是可以被预见的。一些研究者对于大数据构建社会科学理论做出了尝试，如电子政务、区块链等对政府管理提供了有益的启示和做出了新的尝试。其中所产生的研究成果就体现在了当前理论的发展和延伸以及交叉学科理论的深层应用方面。这与大数据的性质有关，大数据为研究提供了更加详细、丰富的研究细节。研究者能够更加直观地观测以往被排除在模型之外的变量，如情感等。这些研究拓展了原有理论，增强了原有理论的解释力。然而，大数据所体现的另一面是交叉理论的应用，如社会心理学应用于管理学研究，计算社会学的诞生以及应用等。这也是因为大数据所能包含和体现交叉学科的应用，如在收集舆情信息时，数据同时包含了组织信息、个体信息、情感信息、传播信息等，这些数据能够同时被多个理论应用，如社会网络、社会资本、社会认同、组织关系、组织行为等，在研究过程中可以有多种理论视角，在研究过程中就需要进行理论的适配，搭建合理的理论框架，而这些理论框架能够为解释社会现象，解决社会科学问题提供有益帮助。这也提示了单一理论或者具有更多限制的理论对于解决社会科学问题具有更低解释力的原因，社会科学领域的理论需要具有更高的解释力，并需要对其他理论、其他学科具有更强的包容性。

18.2.2　无法完全掌握大数据

对于大数据的研究主要还是集中在理论研究方面，如对于大数据的性质、对研究对象的影响等。然而，在定量、仿真等方法的应用上，还是体现在基于假设检验的小数据逻辑，而未基于大数据的"知识涌现"的逻辑。大数为当前的研究提供了更加坚实的证据，如更大的样本量、更加丰富的研究细节、更强的容错性等，这为传统的因果机制的研究提供了新的机会，使得研究过程能够控制更多变量，研究结果更加接近真实的因果。大数据能够为研究做出更大的贡献，如对现实世界中社会系统进行仿真，可以更加直观地观察人类活动，研究结果都能够真实地基于现实观察而得到。基于大数据思维对现实社会系统的观察，能够使研究者更好地将实践与理论结合。研究者的结论是在经过实践和理论双重检验的情况下得出的，原先"实践—理论—实践"的循环所产生的滞后性被无限缩小。然而，实际上，大数据向小数据转化的路径本身是将大数据单纯地当作证据，这种应用方式符合传统社会科学研究范式，这更容易被研究者理解和接受，但却限制了大数据的使用。

虽然大数据有种种优势，能够尽可能地涵盖社会科学研究所需要的整体数据，但是从具体应用大数据来说，大数据所提供的证据链的可靠性和完整性应该被研究者所重视。在使用大数据的同时，研究者仍然需要分辨数据的可靠性。目前来看，大数据的质量仍然会对研究造成影响，如使用百度指数、微博数据等进行研究仍然存在偏差。研究者需要说明数据的使用场景和适用性，以此来避免盲目使用大数据。

从证据链角度看，当前研究所表现出来的问题主要有两方面：一是数据维度少，二是缺少对研究结论可重复性的讨论。

社会科学研究中的大数据区别于小数据的重要表现方面为大数据是多元异构数据的综合集成，利用多元数据进行综合研究是大数据研究范式的显著优势，能够尽可能降低研究者在数据、指标等筛选、处理过程中的主观性，尽可能为研究问题的解决提供更多的证据。

当前学术界更多地对单一数据进行研究（表 18-5），如社交数据、销售评论数据、政府热线数据等，未能结合更多的维度进行综合研究。大数据需要通过多维数据的综合集成来尽可能复刻现实世界。当前学术界仅从单一维度进行研究，未能充分发挥大数据的整体性优势。

表 18-5　不同类型大数据应用举例

数据类型	作者	主要内容	数据维度
城市大数据	赵鹏军等（2021）	就手机信令数据和 POI 数据对生活圈范围与服务设施空间匹配关系进行了研究	2
	郭磊贤等（2021）	对百度地图慧眼位置服务大数据，从航空客流来源角度对比分析广州、深圳两市之间城市功能特征	1
医疗大数据	李鹏等（2021）	通过对单个医院急诊病房临床数据进行挖掘分析，探究老年肺炎患者预后影响因素	1
校园大数据	倪义坤和刘科生（2021）	通过对在校学生上网大数据进行挖掘分析，以提升教育的针对性和科学性	1
交通大数据	王磊等（2021）	通过对 2017 年 208 个城市滴滴出行大数据进行分析，研究汽车共享出行对空气质量的影响关系	1

当然，数据维度并不是越多越好，考虑到当前研究对象和研究问题的局限性以及数据的可获取性和数据处理技术门槛，现在研究已经在当前理论框架下得到了对研究对象和研究问题较为充分的解释。随着大数据技术的不断应用以及数据的不断完善，大数据的多元异构等特征和优势将不断推动社会科学研究向前发展。

大数据的另一个显著优势在于能够使得研究可重复以增加研究结论的可靠性。当前研究更多的是对以往数据的综合研究，而未将研究纳入当前数据进行验证，这将研究局限在了相关性的发现上，而未继续深入探究或者验证其因果性。区别于小数据对稳健性的讨论，小数据稳健性检验是从数据层面和模型层面对研究结果进行检验，以验证数据的可靠性和模型的鲁棒性。然而，大数据是从研究过程层面对研究结论进行检验，以验证研究结论的可靠性。但是，当前研究受限于数据获取以及研究基础设施缺乏等原因，未能对研究结论进行重复性验证。

18.2.3 未产生独立的研究方法

学术界对于大数据的应用目前陷入了一个误区，认为量大的数据就是大数据。实际上量大的数据不一定是大数据，而大数据的数据量一定大。这种类似的论断在研究者中或者在其他工作者中已经形成了基本共识。但是在具体的研究中，所体现出来的问题依然是将量大的数据作为大数据进行研究，这显然是错误的。在大数据研究的初期这是可以勉强接受的，因为研究者缺乏合适的工具进行研究。大数据除了数据量大之外，更多的是数据包含了更多的信息，这些信息是非结构化的，研究者很难直接提取出比较系统的，可以被直接使用的"知识"。因此，研究者在利用大数据的时候，更多地会强调大数据的可视化，通过图的方式直观展示大数据的结果，这就陷入了另一个误区——更多地依赖算法。在研究过程中，研究者需要强调研究方法的适用性，尤其是使用多数据源、多方法的时候需要论证数据的可靠性和方法的适用性。这在大数据应用过程中，同样需要。研究者需要论证算法的适用性、具体的实现逻辑、算法的偏误等。因为即使在小数据研究过程中，某些期刊对于统计软件也是有要求的，如医学期刊会更加接受 SAS（statistics analysis system）软件的计算结果，还有某些期刊会对于论文使用 R 还是 Python 进行数据统计也会有不同的要求，这些要求在本质上就是算法的误差问题。也就是说，即使这些误差在研究中可以忽略不计，但研究者却不能忽略其存在。然而，在应用大数据的过程中，研究者通常会介绍使用了哪些算法以及算法能做什么，甚至是自己编程设计算法。研究者对于算法的误差没有进行详细的说明，这就导致了研究结果是否能够被接受以及研究可复制的问题。然而，随着人们对于大数据认知的加深，需要额外注意这类问题。此外，在大数据可视化的背景下，研究者需要使用更加系统的方法对其进行研究，而并不是基于可视化之后的结果进行简单的现象描述。

第 19 章
数据科学作用下社会科学转型路径

19.1　由经验发现转变为数据发现

传统研究范式的逻辑起点为观察总结与理论发现，本质上是经验发现的逻辑，通过总结以往的经验，提出一系列假设并对其进行验证的过程，由此产生新的知识、新的思考，以及对原有事物提出解释。在大数据范式中，以逻辑起点为数据，通过对数据的收集、处理、分析，产生新的知识、思考、结论，导致这种转变的最根本原因是数据本身发生了变化。大数据除了作为"数据"存在之外，多维、异构、大量等特征使得大数据在一定程度上复刻了现实世界，并使得现实世界和虚拟世界平行系统互动形成数据网络，这是传统范式所不具有的优势和特点。然而，大数据突破了原有"数据"的限制，仅将大数据作为传统意义上的"数据"使用，这必然导致思维和研究上的局限。因此，社会科学研究在向大数据研究范式转型中，由经验发现转变为数据发现，是宏观层面社会科学转型的主要路径。

19.1.1　由小数据向整体数据转型

大数据为研究提供了更多的证据，这些证据不仅可以被相同领域的研究者所感知，也同样可以被其他领域的研究者所感知。大数据研究范式允许、鼓励并期待不同研究领域的学者对同一事物或者问题进行研究交流，这就要求在大数据研究范式下，研究者的证据来源需要尽可能完善和可靠。因此，在具有强证据的情况下，研究者应优先选择强证据，而不是由于技术等其他原因来回避这些证据，如对舆情结构的研究。得益于社交网络的完善，舆论数据能够被直接观测到，并被使用。所以舆情态势可以使用大数据的方式进行呈现，而如果在进行舆情分析的过程中仅仅进行定性分析，或者仅依靠传统的问卷数据和调研数据，则会出现证据不足或者研究者主观性影响等问题。虽然解决这些问题仍然需要一定的过程，但研究者已经试图进行一些尝试和改变。

随着对数据认识的逐渐加深，由众多信息聚合而成的大数据与传统意义上的数据有了质的改变。大数据不仅是单纯意义上的数据，更是对人和社会运行的复刻。近年来，数据的沉淀造成大量的资源浪费以及数据价值被严重低估。因此，为了更好地实现社会科学的目标，大数据的应用必须得到重视。同时，当前大数据的实践应用对社会形态以及社会运行造成了重要影响，充分适应大数据以及利用大数据是社会科学研究进步的重要途径，也是社会科学研究变革的重要机遇。当前学者对于大数据和小数据之间的影响有了更深的认知，如陈国青等（2021）认为，受限于数据可获得性以及数据收集成本等因素，有限的小数据虽然已经尽可能地反映更多信息以进行决策，但是在催生出的大数据驱动的新型决策范式下，大数据为具有全局视图的管理决策提供了可能。越来越多的学者正在尝试通过小数据思维的方式应用大数据进行研究，研究者对不同领域的大数据，如政府数据、销售数据、学生校园卡数据、环境数据进行了尝试性研究（表19-1）。

表 19-1　不同领域应用大数据举例

数据类型	作者	主要内容
政府数据	赵金旭和孟天广（2021）	利用市民来电大数据和政府回访大数据，通过理论建模和验证假设研究官员晋升激励对政府回应性的影响
	郑石明等（2021）	通过对"领导留言板"的数据分析研究网络公共舆论与政府回应的互动逻辑
销售数据	胡雅淇和林海（2021）	利用淘宝平台生鲜羊肉销售评论数据，通过建立理论模型，采用逐步回归的方式，探究在线评论特征对生鲜电商农产品销量的影响
	王兆华等（2021）	利用城区家庭智能电表月度数据构建区县级城镇人口迁移指数，通过面板固定效应模型和回归模型分析空气污染对城镇人口迁移的影响
学生校园卡数据	张成洪等（2021）	利用 A 学校学生校园卡数据，通过建立理论模型，探究校园消费与学生网贷行为之间的关系
环境数据	刘华军和乔列成（2021）	采用中欧城市 $PM_{2.5}$ 地面监测日报数据，利用转移熵方法量化了中欧大气污染的空间交互影响程度

从数据本身来说，数据的产生来源是人参与社会行为，其背后是将社会运行以及人在社会中不可被量化、不可被记录的信息进行量化和记录，这极大冲击了原有的研究基础。其次，数据粒度的改变使得信息量急剧增加，导致数据本身产生质变，对数据的研究本身就是对社会以及自然人进行直接研究。随着大数据技术和数据科学的迅猛发展，社会科学领域的研究方法及其应用方式正在发生一些根本性的改变，正在推动研究范式的转化。大数据时代，在突破有限数据瓶颈之后，可计算社会科学正在迎来新的机遇，数据和主体实时互动、机器学习、分布式计算、先进算法，能够为基于主体建模（agent-based modeling，ABM）方法的社会科学研究提供更加有效的研究设计和解决方案。数据和主体实时互动改变了数据采集成本与采集方式，除了私有数据和受保护的公共数据外，数据类型、采集对象和计算范围将基本不受限制，而主体实时互动和机器学习使社会科学研究从片面的小数据转向全面的整体数据，将主体行为和规则的形成方式从人为假设转化成自然演进规则的内生过程。

19.1.2　由经验到因果性向由相关到因果性转变

社会科学研究通过致力于对因果性的探索，实现了社会科学研究能够指导和预测社会运行的目标。然而，大数据的出现使得相关性的发现以及应用得到空前的关注，在这种情况下，利用相关性进行快速的应用，以及进行相关的变现成为大数据应用的主要手段。目前在社会科学研究中同样存在重相关而轻因果的现象存在。"知其然而不知其所以然"好像已经成为大数据的典型标签，但这其实是典型的误解，从最根本的数据来说，大数据与小数据一样包含了大量的信息，小数据可以通过严格的理论推演和数据统计，得到其背后的因果性从而有目的性地对实践进行指导，大数据同样可以做到，抛开大数据的其他特征，将大数据作为小数据来使用是完全可行的，运用小数据验证的逻辑，同样可以进行因果推断。但从当前对大数据的使用来看，大数据所表现出的相关性被广泛认可，而埋藏在数据之下的因果性被选择性忽略了，这也导致了在某些场景中大数据所表现出来的效果减弱，如在一些推荐算法中，虽然平台拥有用户所有数据（如购物数据、浏览数据等），但仍然无法保证用户的留存。这是因为基于大数据的推荐算法并没有进行因果推断，仅仅根据相关性推送重复内容，如频繁推送已经买过的商品，而不推荐其他配套产品等。由于大数据是行为个体在网络环境中的产物，同时大量数据本身也构成了行为个体社会网络的节点，因此，大数据研究本质上依托于对复杂网络的挖掘和分析。凭借网络分析和数据可视化技术，大数据研究能够发现已有社会科学量化研究所忽视的及受技术方法制约无法完成的大量网络特征及相关性，这些网络特征及相关性将为已有社会科学理论提供全新的研究视角。表 19-2 为应用大数据对因果性探索举例。

表 19-2　应用大数据对因果性探索举例

数据类型	作者	主要内容
位置大数据	王录仓等（2021）	通过研究 2018 年腾讯人口迁徙数据，从不同交通方式出发，对要素流动性和互赖性进行分析，系统地刻画了中国城市网络格局
	袁源等（2021）	基于腾讯公司位置平台数据，将乡村空间行为主体的活动变化作为多功能评价维度，探索乡村空间由同质性向异质性分化的发展路径
社交大数据	许子熙等（2020）	通过对知识问答社区数据的获取建立多 Agent 模型，探索网络社区激励机制的完善路径
	崔金栋和高志豪（2019）	通过对微博数据的获取和研究，构建用户信息微本体和主题微本体，构建微博信息的推荐方法，提高了微博信息推荐的效率和精准度

　　大数据通过数据的整体性、系统性、实时性、关联性等特征能够充分反映相关性的因果性机制，这种因果性机制能够从不断的重复性验证以及实时动态的数据中发现。大数据研究范式能够对研究结论从研究对象和时间维度进行检验。具体来说，从数量维度对研究结论进行检验是指，由于大数据的整体性，对研究结论可以通过同一数据下的不同研究对象进行重复性检验；从时间维度上对研究结论进行检验是指，由于大数据的整体性和动态性，对于通过截面数据或者抽样数据进行研究得到的研究结论可以从整体时间维度研究结论的有效性。总体来说，大数据研究范式下的社会科学研究是对研究结论进行多次证伪的结果，而并不是传统研究范式下的一次性研究。

19.1.3　由多学科交叉向多学科融合转型

　　由于社会问题的复杂性、动态性和多变性，在传统社会科学研究中，学者就已经致力于多学科交叉研究，以期能够突破数据和理论限制，从而提高研究结论的稳定性。以新冠疫情为例，这起重大公共卫生突发事件不仅是医药科学等自然科学所要解决的问题，更是政府管理、社会治理等一系列社会科学所要解决的问题，因此进行广泛的跨学科交流合作，成为探索新冠疫情解决方案的重要途径。然而，受限于数据和理论壁垒，不同学者局限于自身领域研究，而未能实现真正意义上的多学科融合研究，如对病毒传播机制的研究，医学专家从病毒传播病理出发总结传播路径以及进行相应的流行病学调查，而未从行为人的角度探寻社会传播机制。由于大数据本身的众多特性，大数据打破了原有的自然科学与社会科学的界限，将不同学科的研究出发点统一到数据层面，从而促使自然科学和社会科学能够在同一数据及话语体系下进行交流，从根本上提供了自然科学和社会科学统一的可能与路径。

自然科学、社会科学和人文科学知识是从学术建制与教学科研管理制度上对知识进行的区分，但这不代表我们可以抹杀它们之间的紧密联系。科学，不应该是支离破碎的，所以，我们需要跨学科的努力。从 20 世纪中叶开始，由于复杂性科学和模糊数学、信息技术的发展，科学研究在经历了长时间的不断分化后，又开始了在分化基础上的综合，出现了交叉学科和边缘学科等跨学科的努力。第三研究范式的出现，已经打破了自然科学和社会科学之间的隔阂。圣塔菲研究所、谷歌研究院等跨学科研究机构和高等院校用复杂性科学来描述社会经济系统中的复杂现象，提出了复杂适应系统、社会网络分析、可计算社会科学、社会控制论等一系列新理论。在众多计算机仿真研究模型中，同时考虑了自然、社会及两者的交互。但是，自然系统和社会经济系统由于它们在数据上的异质性以及社会经济系统多变量的复杂性和社会科学量化、数据采集的困难，两者的融合在当时依然需要更深层次的支持。

大数据研究的兴起，一方面，使全新的基于传感器、智能设备和网络大数据的科学研究基础设施建立起来，大数据"随处可见"和"难以理解"的特征使得对其获取具有非学科性的特点，对其收集、存储和搜索本身存在较低的"学科定制性"。这使得不同学科之间的研究对象有了同质性的基础，打破了小数据时代学科差异下数据收集和使用"各自为政"的状态，促进学科交流与融合。另一方面，大数据不断广泛和深入的应用，推进了相关分析技术的普及。来自政治学、经济学、语言学、传播学、人类学等社会科学的研究者开始联合计算机、物理、数学、控制等大数据技术界的专家和生物、地理、环境、水文、气候等自然科学的研究者，共同采用大数据分析技术开启了规模更大、参与更广的跨学科合作研究（表 19-3）。这也为联合在计算机、人工智能、数学以及其他自然科学领域具有专长的学者或使他们直接转型成为社会科学家提供了机会，也为社会科学不同学科领域内的专家开展交叉研究与转型提供了基础。

表 19-3　大数据促进多学科融合举例

数据类型	作者	主要内容
社交大数据	王楠等（2021）	通过对网络社区用户数据和评论数据进行分析,研究同侪影响对用户活跃度和贡献度的影响,拓展并促进了知识管理和与社会学交叉领域的研究
时空大数据	吴冠秋等（2021）	利用时空大数据,探究粤港澳大湾区城镇群结构,基于城镇群结构特征,研究政策发展方向、区域规划、区域合作等问题
医学大数据	程炜等（2021）	通过对遗传影响数据的挖掘分析,揭示了大数据在精神病学和个人行为数据之间的联系,提出了计算精神病学,通过大数据建立了医学与社会学融合研究的桥梁
城市大数据	石娟等（2021）	通过对城市大数据特征进行分析,指出大数据技术为城市公共安全治理赋能,以及以此为基础的区块链技术、大数据处理技术等是城市公共安全治理的重要保障手段
	韦清波（2021）	通过对公交大数据进行数据挖掘,判断乘客出行规律,并以此规划公交数量和路线,保证公交车厢拥挤度的合理性
	廖文悦等（2021）	利用迁徙大数据建立时间回归模型,探索新冠病毒时空扩散影响因素

19.2　由小数据验证逻辑向大数据发现逻辑转变

数据科学将改变传统社会科学用小数据来验证逻辑的路径，实现用大数据来发现逻辑的研究路径。数据科学时代的社会科学研究可能不再需要我们做出理论预设，而是在大数据分析得到的奇点相关的引导下建构因果和结构关系,进而发现其中蕴藏的知识或规律。数据即现象和经验,"科学始于数据"而非直接观察和传统测量。大数据所产生的数据洪流能够进一步促使社会科学研究从数据稀缺向数据丰富、从静态快照向动态快照展开、从粗糙聚合向高分辨率、从相对简单的假设和模型向更加复杂的模拟和理论转变(Kitchin,2013)。

在社会科学研究中,研究者面临众多需要解决的问题,无论是新的问题还是原有问题都会随环境的不同而不断改变和反复。可以肯定的是,大数据的出现和使用暴露出当前社会科学研究存在的诸多问题,同时也给予研究者更多的机会去观察和分析这些问题。研究者需要基于大数据提出和发现问题,但要注意的是避免陷入数据海洋而无法自拔。社会科学问题涉及众多方面,大数据可以为研究者展示更加多维的数据来辅助其观察和分析问题,研究者需要合适的理论工具去分析这些问题,以便于更好地利用这些数据,更多地解释这些数据,从而避免陷入数据海洋以及"老虎吃天——无从下嘴"的困境。

19.2.1 由单一结构化数据向多元异构数据转变

在大数据时代,一切关系皆可数据化,一切活动都会留下数据痕迹。由此产生的大数据具有体量庞大、速度快、类型多样、数据价值密度小、具有关系属性、拥有动态的可扩展性和可伸缩性。

从数据本身来说,大数据包含了小数据所不具备的非结构化数据,而非结构化的数据包含了更多的信息。小数据善于处理结构化数据,并通过一系列的数据统计寻找其因果机制。然而,人和社会运行所产生的信息数据更多地被包含在文本、视频、音频等非结构化数据中。社会科学研究者需要充分挖掘和发挥大数据潜力,积极探索和拓展创新数据处理方法,积极适应非结构化数据应用于社会科学研究,如许多研究者对语义分析(胡任远等,2021;史达等,2020;徐素田和汪凯,2020)、主题分析(李海峰和王炜,2021;沈思等，2021；杨奕和张毅，2021）等领域进行了积极探索，并取得了一系列成果。社会科学问题的提出也将从传统社会科学研究中的现象观察转变为在对大数据进行分析中发现问题以及总结经验。

从研究过程角度来看，大数据对原有研究数据进行了统一，如实验范式中的观察数据、理论范式中的统计数据、仿真范式中的系统数据等，大数据通过对前三种范式的融合使得社会科学研究从有限数据中解脱出来，这最终在从数据到理论的研究过程中得到体现。同时，大数据的使用促进了定性与定量研究的综合集成。大数据使得定性和定量两大阵营之间出现了一个混合地带，使得研究资料在获取和分享方法上走向趋同，并使研究资料的定性和定量分析相互转化，从而促进了定性与定量研究方法的综合集成（米加宁等，2018）。例如，孙宗锋和郑跃平（2021）通过对政务微博数据的挖掘分析，利用大数据对政务微博进行整体性描述，反映政务微博发展现状、问题以及影响因素，并通过小数据分析方法建立理论模型，进一步分析不同影响因素对政务微博水平的影响。孟天广和郑思尧（2017）通过对政务微博数据的收集分析，探究了政府新媒体角色以及网络治理中政府信息传播的影响因素。大数据分析方法使得原来的定性研究资料可以采用定量的方法进行研究，并对定性研究结果进行修正和补充，定量研究重新审视"描述""叙事"等在定量分析中的地位，收集的数据也得以使用定性研究方法进行分析。

19.2.2　由解释现象向预测结果转变

社会科学问题存在实践和理论的双重特性，研究者无法完全抛开一方面而专注于另一方面。以往研究中理论与实践的两极化分离特别严重，导致对于理论问题的研究无法指导实践，而对于实践问题的研究无法提炼和总结理论贡献。大数据的使用能够在理论和实践过程中不断反复验证，使得研究结论能够同时解释理论和实践问题。大数据为社会科学理论与实践的结合提供了契机。

随着大数据时代的到来,物理环境和人类社会活动从未像现在这样被充分数字化和网络化。无处不在的智能终端自动采集的海量数据被存储于云端,并通过人工智能被处理、存储和分析。与研究对象相关的属性数据、时空数据和行为数据全面反映了社会经济系统的各个要素、环节、时态的真实、全面状态,使人类主体参与的实验和计算机虚拟主体的实验得以结合,这为社会科学研究将其研究对象置身于真实环境并刻画研究对象的复杂行为提供了可能。大数据环境使理论世界与现实世界通过网络和智能技术实现了空前程度的交互,来自真实世界和网络世界的海量数据源源不断地输入其中,不断提高"人工实验社会系统"的仿真能力。从大数据应用角度来说,大数据的动态性能够更好地对研究过程和研究结论进行证伪,也为社会科学研究提出了更大的挑战。这也从侧面证明了单纯利用大数据的相关性无法使得社会科学研究真正进步。例如,利用机器学习对社会问题进行研究会发现研究结论的不确定性,而实际上,社会科学研究应通过对大数据背后的因果性进行判断,从而使得研究结果可预测、可解释。

具体来说,大数据研究范式中,将复杂性科学与计算机技术相结合,使用仿真方法对社会科学领域问题进行研究,在虚拟环境中模拟现实世界可能发生的现象,从而进行预测或优化;使用计算实验方法,通过人工个体代替现实系统的人,把现实社会系统转化成智能主体构成的演化系统,从而揭示社会系统中个体微观行为和系统宏观行为之间的动力学机制;通过社会科学和数据科学的交叉融合,实现计算社会科学、社会网络分析、基于主体的数据挖掘等,从而达到以人和社会为表征的建模、实验与分析评估等目的。全球问题(王璟璇等,2021)、危机管理(徐选华等,2022;李传军,2020)、舆情监控(李双和张才明,2020;王晰巍等,2020)、消费决策(董晓舟和陈信康，2019；曹炜威等，2020）、技术创新（陶小龙等，2021；周芳检，2021）、土地覆被变化（范业婷等，2021）、生态系统服务（吴文菁等，2019；周钟等，2020）等领域通过大数据进行建模仿真研究；社会安全（夏一雪，2019）、社交网络（冉晓斌等，2017；贺建风和李宏煜，2021）、决策行为（徐选华等，2020）、军事工程等领域通过大数据开展数据挖掘、分析与人机交互研究；公共管理领域的精准治理和国家治理技术平台、情报学领域通过大数据建立知识图谱研究等方面取得的丰硕成果在一定程度上表明了大数据研究范式通过充分利用大数据优势，努力实现社会科学研究的"预测"功能，充分释放社会科学研究潜力，从而更加精准地发现总结社会运行规律，预测和指导社会运行过程。

大数据引导社会科学研究从定性研究重视人的关系的"事本"、定量研究把人看作"物"的"物本"、仿真研究把人看作实验对象的"样本"的时代，真正转化到"以人为中心"的"人本"时代。大数据正在形成的系统犹如社会的大脑，充当了"社会记忆合成"的主角，原本被悬置的社会学研究目标和方向，有可能在大数据的驱动下，以全新的、实际的形式展现出来。

19.3　由基于单一事件研究向基于知识库研究转变

19.3.1　充分挖掘知识成果

大数据不仅从数据方面驱动了社会科学转型，也从知识管理层面驱动了社会科学转型。社会科学的发展除了依靠更加完善的数据、更加精确的方法等，更依赖于知识的不断积累。社会科学通过不断的知识发现认识和指导社会运行与发展，而通过系统的知识回顾与总结能够更好地认知当前社会科学发展阶段。传统社会科学研究受限于文献电子化程度不足，无法对同一研究对象、相似研究问题进行整体审视，导致产生重复性研究和研究结论局限性大等问题。然而，在大数据时代，随着文献数据电子化程度的不断提高，通过对研究成果的历史性回顾将为现有研究提供更坚实的基础，支持众多分散、异构知识源通过获取、匹配、集成、推理、挖掘等处理对研究对象进行全面了解，这使得研究者能够从更多维度建立研究对象与知识之间的关系，通过对知识进行不断梳理，保证知识之间的条理性和关联性，更有利于对当前产生的知识进行去伪存真（曹嘉君等，2019；赵宁等，2021），优化研究结果，促进新知识产生。随着对原有知识的不断数据化以及知识成果的不断丰富，知识的增长不断加快，也同时驱动了实践不断发展。

通过对信息资源的深度处理与加工，为不同领域、不同层次的科学决策提供可靠依据和保障是社会科学研究的重要作用之一。在大数据研究范式下社会科学研究与实践之间的关系更加紧密。因此，大数据研究范式将更加依赖通过历史性研究成果以及不断涌现的研究成果进行综合集成而构建的知识库。通过对知识库中的信息资源的处理，促使知识从碎片化的记忆向结构化的数据形态转变，通过检索、清洗、融合等方式不断提取发现高价值信息，提高对社会科学问题的研究能力以及对社会运行特征、动态演化和发展趋势的预测能力已经成为大数据研究范式的发展方向之一（司莉和曾粤亮，2017）。随着不同类型知识库的建立完善，研究工具的不断更新发展，基于知识库的研究成果逐渐显现，如基于知识图谱的研究、对诸多研究结果进行综合的荟萃分析等。大数据时代基于知识库的研究能够进一步克服原有弊端，如数据不统一，不完整、合并研究壁垒等问题。通过对知识的自动化抽取、融合、加工和应用，基于知识库的社会科学研究不仅能降低知识发现、传播和应用的成本，还能将隐性知识显性化，促使个体、小群体之间互相传播知识。

19.3.2 拓展理论对话边界

当前社会科学研究成果中存在对同一研究对象、同一理论概念定义不清、操作混乱等现象，严重阻碍了不同理论、不同研究之间的交流与对话，造成研究局限于科研小圈子，未能真正形成统一话语体系，形成科研共同体。在大数据时代下知识库的建立与完善为解决此类困境提供了有效路径。通过建立知识库，如表 19-4 所示，研究对象能够通过对知识库的检索利用，从多个维度对研究对象和研究问题进行深入探索，社会科学理论可以通过对多个研究对象的拓展，不断拓宽理论边界，扩大理论适用性。在此基础上，研究对象和社会科学理论的不断延伸，促使来自政治学、经济学、语言学、传播学等社会科学的研究者与计算机、物理、数学、控制等大数据技术界的专家以及生物、地理、环境、水文、气候等自然科学的学者进行交流与对话，促使理论的更新迭代，从而促进新知识的产生和发现。对同一研究对象构建知识库能够在整体上对研究对象进行统一定义，能够加深对研究对象的理解和认知，有利于统一团体、大群体共同的认识，构建人类及人工智能的知识共同体。

表 19-4 知识库下的研究对象与社会科学理论的综合集成

研究对象	理论 1	理论 2	……	理论 n
研究对象 1				
研究对象 2				
……				
研究对象 n				

数据和知识的统一不仅是社会科学研究的基础性工具与规范，更为重要的是它将传统社会科学认识能够抵达的有关研究对象的孤立数据流进行了整合和连通，在科学家、决策者、专业工作人员与普罗大众之间建立了集中共

享的、新的社会和环境图式，通过建立一体化、有机化、关联更紧密的知识库，大数据和数据科学将淡化、互通甚至彻底消除学科边界，将局部的在还原论下的专业性社会认知和建构升级为广域的社会整体系统认知与建构过程。大数据拓展了研究成果分享的渠道，"开放存取"和"复制性研究"的兴起为定性研究和定量研究在相互共享成果（研究思想）方面提供了便利与基础，信息可视化也可以帮助不同学科、方法取得的成果以更直观、多样化的方式展示研究成果，以方便不同领域或研究方法取向的学者更方便地理解。

19.3.3　研究者自身素质提高

首先，社会科学问题的解决是极具复杂性的课题。因此更加要求研究者能够从多维、多角度、多学科的视角对社会科学问题进行认知和研究，这也鼓励社会科学研究者进行多学科融合的研究，大数据的出现也激励了这方面的研究。大数据所包含的信息能够被多个学科同时使用，也就意味着理论分析框架需要更具解释力，这也促使研究者进行更广泛的交叉学科的研究。然而，在实践中，问题出现的速度越来越快，问题导火索多种多样，社会科学研究者需要尽可能多地掌握相关信息、知识等，才能更好地进行社会科学研究。

其次，研究者需要正确认识大数据。经过近几年的"大数据热"，研究者应该形成了对于大数据的基本认知。但是在使用中仍然缺乏足够的研究规范，这也是社会科学研究亟须解决的问题——规范的大数据研究是怎样的，它需要更加综合的研究视角、合理合法的数据、更合适的研究方法、研究结论更加具有普适性等。研究者需要避免大数据成为研究的"噱头"，也避免研究成为方法的"炫技"。

当人类进入大数据时代，研究者需要从数据洪流中探寻相关关系，明晰因果机制。传统社会科学研究范式中，结构化的小数据限制了方法的使用，而在大数据时代多元异构的数据为研究方法的改进和发展提供了充分的数据基础。利用不同数据、不同方法对大数据进行研究，探索大数据表现出的相关关系以及其背后的因果关系成为研究者的首要选择，这也导致了研究者过于追求繁杂绚丽的研究方法而忽视了研究本身。大数据研究更应该从实际问题出发，以解决问题为目标，针对不同研究问题制订相应的解决方案，根据不同数据要求，运用不同研究方法，从而避免研究"炫技"问题。

针对上述问题，大数据驱动的社会科学研究体现出研究者在进行大数据研究过程中面临着对研究对象弱化的情况，进而带来复杂性挑战。作为社会科学研究者，不仅要善于使用研究方法，更需要注重研究方法与研究问题之间的联系。如果社会科学研究者在当前大数据发展初期，即研究体系不断发展的空档期，过度迷恋方法所带来的快速成果产出，则会形成认识层面的偏差，而无法真正促进社会科学进步。充分且谨慎的研究方法的使用、更新、创新有利于拓展社会科学研究视角，能够从方法层面对研究结论进行验证，并提高社会科学研究者对大数据的利用程度，更好地促进社会科学进步。社会科学研究者需要警惕过度方法"炫技"，平衡"研究问题—研究方法—研究结论"三者之间的关系，从而有效促进大数据研究的良性发展。

大数据思维是一种随着大数据技术发展而诞生的新兴事物，是信息时代的一种重要思维。通过大数据思维构建一个整体、多元、开放、并行的新知识观是可行的，且事关社会科学研究的发展与进步。大数据思维可以运用大数据技术，捕捉社会、公民对经济、民生需求等方面的变化趋势，分析数据中涌现出来的多元化、个性化社会特征，以适时调整社会科学研究的方式和手段，从而促使研究者更好地实现社会科学研究目标。

第四篇参考文献

安小米，白献阳，洪学海. 2019. 政府大数据治理体系构成要素研究——基于贵州省的案例分析[J]. 电子政务，（2）：2-16.

白福臣，张苇锟. 2016. "互联网+"时代海洋生态治理综合决策新模式[J]. 科技管理研究，36（17）：202-208.

鲍雨. 2016. 社会学视角下的大数据方法论及其困境[J]. 新视野，（3）：48-52.

北京大学课题组，黄璜. 2020. 平台驱动的数字政府：能力、转型与现代化[J]. 电子政务，7：2-30.

曹刚. 2013. 大数据背景下受众研究面临的挑战及对策[J]. 传媒，（9）：71-72.

曹嘉君，王曰芬，宋小康. 2019. 大数据驱动下情报研究知识库的应用：以石墨烯领域为例[J]. 情报理论与实践，42（1）：40，41-47.

曹炜威，刘圣，李宜威，等. 2020. 结伴出行推动消费升级：基于铁路大数据的分析[J]. 管理科学学报，23（2）：18-38.

朝乐门. 2019. 信息资源管理理论的继承与创新：大数据与数据科学视角[J]. 中国图书馆学报，45（2）：26-42.

朝乐门，邢春晓，张勇. 2018. 数据科学研究的现状与趋势[J]. 计算机科学，45（1）：1-13.

陈兵. 2019. 数字经济发展对市场监管的挑战与应对——以"与数据相关行为"为核心的讨论[J]. 东北大学学报（社会科学版）：21（4）：388-397.

陈国青，张瑾，王聪，等. 2021. "大数据—小数据"问题：以小见大的洞察

[J]. 管理世界，37（2）：14，203-213.

陈浩，乐国安，李萌，等.2013. 计算社会科学：社会科学与信息科学的共同机遇[J]. 西南大学学报（社会科学版），39（3）：87-93.

陈泓茹，赵宁，汪伟.2016. 大数据融入人文社会科学的基本问题[J]. 社会科学文摘，（2）：16-18.

陈沫，李广建，陈聪聪.2019. 情报学取向的"数据科学与大数据技术"专业人才培养[J]. 图书情报工作，63（12）：5-11.

陈社英.2016. 中国大都市发展与治理研究[J]. 人口与社会，32（2）：13-22.

陈潭，刘成.2017. 大数据驱动社会科学研究的实践向度[J]. 学术界，（7）：130-140，324-325.

陈云松，吴青熹，黄超.2015. 大数据何以重构社会科学[J]. 新疆师范大学学报（哲学社会科学版），36（3）：54-61.

陈云松，吴晓刚，胡安宁，等.2020. 社会预测：基于机器学习的研究新范式[J]. 社会学研究，35（3）：94-117，244.

陈振明.2003. 政策科学：公共政策分析导论[M]. 2版. 北京：中国人民大学出版社.

陈忠海，董一超.2016. 定量研究方法在档案学研究中的应用状况、问题及建议——基于2004-2015年《档案学通讯》《档案学研究》所载文献的统计分析[J]. 档案学通讯，（2）：41-47.

程春明，李蔚，宋旭.2015. 生态环境大数据建设的思考[J]. 中国环境管理，7（6）：9-13.

成峰辉.2015. 浅析大数据关键技术[J]. 通讯世界，（17）：5.

程炜，王守岩，谢小华，等.2021. 基于多尺度多模态数据的脑疾病研究进展——遗传影像大数据研究[J]. 中国科学基金，35（1）：92-103.

崔金栋，高志豪.2019. 基于大数据和微本体的微博信息推荐研究[J]. 情报资料工作，40（5）：103-112.

戴潘．2016．基于大数据的科学研究范式的哲学研究[J]．哲学动态，（9）：
　　105-109.

邓世仑．2015．大数据对社会科学研究方法教学的影响及对策[J]．才智，
　　（18）：124-125.

邓仲华，李志芳．2013．科学研究范式的演化——大数据时代的科学研究第四
　　范式[J]．情报资料工作，（4）：19-23.

迪莉娅．2013．基于云计算的电子政务大数据管理研究[J]．图书馆理论与实
　　践，（12）：49-52.

丁红发，孟秋晴，王祥，等．2019．面向数据生命周期的政府数据开放的数据
　　安全与隐私保护对策分析[J]．情报杂志，38（7）：151-159.

董铠军，杨茂喜．2017．科学、技术、社会视域下大数据治理的动因和趋向[J]．
　　科技管理研究，37（22）：26-31.

董晓舟，陈信康．2019．电子折扣券弹性与经济效益的关系研究——一个基于
　　电商平台大数据的混合模型[J]．数据分析与知识发现，3（6）：42-49.

段忠贤，刘强强，黄月又．2019．政策信息学：大数据驱动的政策科学发展趋
　　势[J]．电子政务，（8）：2-13.

范业婷，金晓斌，张晓琳，等．2021．大数据驱动下全域土地综合整治评估思
　　路及其应用方向[J]．现代城市研究，3：40-47.

风笑天．2017．定性研究与定量研究的差别及其结合[J]．江苏行政学院学报，
　　（2）：68-74.

盖耶尔　R，刘云畅，徐冬梅．2013．英国公共政策的未来:复杂性理论视角[C]//
　　王展鹏，刘绯．解析英国及其国际地位的演变．北京：世界知识出版社：
　　148-167.

高小平．2015．借助大数据科技力量寻求国家治理变革创新[J]．中国行政管

理，（10）：10-14.

宫学庆，金澈清，王晓玲，等.2012.数据密集型科学与工程：需求和挑战[J].
　　计算机学报，35（8）：1563-1578.

顾燕峰.2021.大数据与实证社会科学研究范式的延续与变革[J].东南学术，
　　（1）：113-126，247.

顾峥，高阳.2019.第四范式视角下的大数据科学[J].南京信息工程大学学报
　　（自然科学版），11（3）：251-255.

郭才正.2020-09-29.大历史、大文科、大数据：社会科学体系新视角.中国
　　社会科学报，（A05）.

郭磊贤，吴晓莉，郭晓芳，等.2021.城市网络关系中的广州、深圳城市功能
　　研究——基于对航空客流来源地的比较分析[J].热带地理，41（2）：
　　229-242.

郝龙，李凤翔.2017.社会科学大数据计算——大数据时代计算社会科学的核
　　心议题[J].图书馆学研究，（22）：20-29，35.

何大安.2018.互联网应用扩张与微观经济学基础——基于未来"数据与数据
　　对话"的理论解说[J].经济研究，53（8）：177-192.

何彤宇.2013.大数据时代网络学习环境的数据融合[J].现代教育技术，23
　　（12）：11-15.

贺建风，李宏煜.2021.大数据背景下基于社交网络的聚类随机游走抽样算法
　　研究[J].统计研究，38（4）：131-144.

胡任远，刘建华，卜冠南，等.2021.融合BERT的多层次语义协同模型情感
　　分析研究[J].计算机工程与应用，57（13）：176-184.

胡雅淇，林海.2021.在线评论特征对生鲜电商农产品销量的影响——来自淘
　　宝羊肉大数据的证据[J].中国农业大学学报，26（6）：206-218.

黄璜.2015a.政策科学再思考：学科使命、政策过程与分析方法[J].中国行

政管理，（1）：111-118.

黄璜．2015b. 互联网+、国家治理与公共政策[J]. 电子政务，（7）：54-65.

黄欣荣．2015. 大数据技术的伦理反思[J]. 新疆师范大学学报（哲学社会科学版）：36（3）：2，46-53.

黄欣卓．2019. 数据驱动社会科学研究转型的方向、路径与方法——关于"大数据与社会科学研究转型"主题的笔谈[J]. 公共管理学报，16（2）：159-167.

黄扬，李伟权．2018. 网络舆情推动下的网约车规制政策变迁逻辑——基于多源流理论的案例分析[J]. 情报杂志，37（8）：84-91.

贾建民，耿维，徐戈，等．2020. 大数据行为研究趋势：一个"时空关"的视角[J]. 管理世界，36（2）：106-116，221.

江必新，郑礼华．2018. 互联网、大数据、人工智能与科学立法[J]. 法学杂志，39（5）：1-7.

蒋伟伟，钱玲飞．2020. 大数据环境下人文社会科学学术创新力多层评价体系构建研究[J]. 西南民族大学学报（人文社会科学版），41（11）：234-240.

康瑾，陈凯华．2021. 数字创新发展经济体系：框架、演化与增值效应[J]. 科研管理，42（4）：1-10.

库恩　T．2012. 科学革命的结构[M]. 4 版. 金吾伦，胡新和，译. 北京：北京大学出版社.

赖鼎铭．1997. 资讯研究的典范变迁[J]. 图书情报工作，（5）：2-11.

李成赞，张丽丽，侯艳飞，等．2017. 科学大数据开放共享：模式与机制[J]. 情报理论与实践，40（11）：45-51.

李传军．2020. 运用大数据技术提升公共危机应对能力——以抗击新冠肺炎疫情为例[J]. 前线，（3）：21-24.

李大宇，章昌平，许鹿．2017. 精准治理：中国场景下的政府治理范式转换[J].

公共管理学报，14（1）：1-13，154.

李国杰，程学旗.2012. 大数据研究：未来科技及经济社会发展的重大战略领域——大数据的研究现状与科学思考[J]. 中国科学院院刊，27（6）：647-657.

李海峰，王炜.2021. 虚拟学习社区的知识共享生态系统机制研究——基于学习主题的知乎问答学习社区的知识共享要素分析[J]. 现代远距离教育，（2）：12-25.

李洁，徐建刚，黄晨.2021. 数据驱动的评价范式实证研究[J]. 情报理论与实践，44（6）：55-60.

李金昌.2016. 基于大数据思维的统计学若干理论问题[J]. 统计研究，33（11）：3-10.

李鹏，张兴厅，尹芳，等.2021. 医疗大数据对老年肺炎患者预后的预测价值——基于北京市朝阳医院医联体朝阳急诊病房数据结果[J]. 中华危重病急救医学，33（3）：338-343.

李桥兴，胡雨晴.2020. 大数据产业的属性与分类界定及其模糊识别研究[J]. 科技管理研究，40（3）：163-173.

李善青，郑彦宁，赵辉，等.2019. 大数据背景下科学元数据的重要问题研究[J]. 科技管理研究，39（18）：184-188.

李双，张才明.2020. 大数据时代的职工舆情监测分析——以网络大数据监测分析系统的构建与应用为中心[J]. 新视野，（3）：94-100.

李伟华，郑彦宁，刘志辉.2015. 国内外数据整合研究进展分析[J]. 数字图书馆论坛，（6）：54-61.

李文钊.2019. 公共政策研究的范式变迁及其超越[J]. 中国人民大学学报，33（4）：98-107.

李馨.2016. 高等教育大数据分析：机遇与挑战[J]. 开放教育研究，22（4）：

　　50-56.

李醒民. 2012. 知识的三大部类：自然科学、社会科学和人文学科[J]. 学术界，
　　（8）：5-33，286.

李阳，孙建军，裴雷. 2017. 科学大数据与社会计算：情报服务的现代转型与
　　创新发展[J]. 图书与情报，（5）：27-32.

李雨明，聂圣歌，西楠. 2017. 大数据隐私侵权界定及其应对策略研究[J]. 图
　　书馆工作与研究，（S1）：5-10.

李泽明，张长虹. 2019. 大数据与中国社会管理创新——政策科学化、社会诉
　　求动力与政府的行为选择[J]. 东岳论丛，40（10）：94-101.

李志芳，邓仲华. 2014. 科学研究范式演变视角下的情报学[J]. 情报理论与实
　　践，37（1）：4-7.

廖文悦，孙美薇，余楚滢，等. 2021. 基于多源数据的湖北省 COVID-19 疫情
　　时空扩散影响因子分析[J]. 热带地理，41（1）：12-24.

林小英. 2015. 分析归纳法和连续比较法：质性研究的路径探析[J]. 北京大学
　　教育评论，13（1）：16-39，188.

刘丰. 2015. 定性比较分析与国际关系研究[J]. 世界经济与政治，（1）：90-110，
　　158-159.

刘华军，乔列成. 2021. 中欧大气污染的空间交互影响网络与双边合作治
　　理——基于大数据因果推断技术的实证研究[J]. 统计研究，38（2）：45-56.

刘磊. 2016. 从数据科学到第四范式：大数据研究的科学渊源[J]. 广告大观
　　（理论版），（2）：44-52.

刘丽香，张丽云，赵芬，等. 2017. 生态环境大数据面临的机遇与挑战[J]. 生
　　态学报，37（14）：4896-4904.

刘林平，蒋和超，李潇晓. 2016. 规律与因果：大数据对社会科学研究冲击之
　　反思——以社会学为例[J]. 社会科学，（9）：67-80.

刘石，李飞跃. 2021. 大数据技术与传统文献学的现代转型[J]. 中国社会科学，（2）：63-81，205-206.

刘涛雄，徐晓飞. 2015. 大数据与宏观经济分析研究综述[J]. 国外理论动态，（1）：57-64.

刘涛雄，尹德才. 2017. 大数据时代与社会科学研究范式变革[J]. 理论探索，（6）：27-32.

刘晓娟，尤斌，张爱芸. 2013. 基于微博数据的应用研究综述[J]. 情报杂志，32（9）：39-45.

罗家德，刘济帆，杨鲲昊，等. 2018. 论社会学理论导引的大数据研究——大数据、理论与预测模型的三角对话[J]. 社会学研究，33（5）：117-138，244-245.

罗教讲，张东驰. 2018. 大数据时代的计算社会科学与学术话语体系重构[J]. 吉首大学学报（社会科学版），39（2）：9-16.

罗俊. 2020. 计算·模拟·实验：计算社会科学的三大研究方法[J]. 学术论坛，43（1）：35-49.

罗俊，李凤翔. 2018. 计算社会科学视角下的数据观[J]. 吉首大学学报（社会科学版），39（2）：17-25.

罗玮，罗教讲. 2015. 新计算社会学：大数据时代的社会学研究[J]. 社会学研究，30（3）：222-241，246.

罗小燕，黄欣荣. 2017. 社会科学研究的大数据方法[J]. 系统科学学报，25（4）：9-12，44.

吕乃基. 2014. 大数据与认识论[J]. 中国软科学，（9）：34-45.

迈尔–舍恩伯格 V，库克耶 K. 2013. 大数据时代：生活、工作与思维的大变革[M]. 盛杨燕，周涛，译. 杭州：浙江人民出版社.

孟天广. 2018. 政治科学视角下的大数据方法与因果推论[J]. 政治学研究，

（3）：29-38，126.

孟天广，郑思尧.2017.信息、传播与影响：网络治理中的政府新媒体——结合大数据与小数据分析的探索[J].公共行政评论，10(1)：29-52,205-206.

孟祥保，常娥，叶兰.2016.数据素养研究：源起、现状与展望[J].中国图书馆学报，42（2）：109-126.

孟小峰，慈祥.2013.大数据管理：概念、技术与挑战[J].计算机研究与发展，50（1）：146-169.

孟小峰，杜治娟.2016.大数据融合研究：问题与挑战[J].计算机研究与发展，53（2）：231-246.

孟小峰，张祎.2019.计算社会科学促进社会科学研究转型[J].社会科学，（7）：3-10.

米加宁，章昌平，李大宇，等.2018.第四研究范式：大数据驱动的社会科学研究转型[J].学海，（2）：11-27.

莫祖英.2017.大数据处理流程中的数据质量影响分析[J].现代情报，37（3）：69-72，115.

莫祖英.2018.大数据质量测度模型构建[J].情报理论与实践，41（3）：11-15.

倪万，唐锡光.2017.大数据应用于社会科学研究的价值与悖论[J].东南学术，（4）：68-78，247.

倪义坤，刘科生.2021.大数据方法在学生工作中的应用——以学生校园网络行为数据挖掘为例[J].思想教育研究，（2）：152-156.

宁家骏.2016.新形势下推进大数据应用的若干思考[J].电子政务，（8）：76-83.

庞珣.2014.国际关系研究的定量方法：定义、规则与操作[J].世界经济与政治，（1）：5-25，156.

彭川宇，刘月.2021.政府数据开放政策三维分析框架构建及实证研究[J].图书情报工作, 65（6）: 12-22.

蒲攀, 马海群. 2017. 大数据时代我国开放数据政策模型构建[J]. 情报科学, 35（2）: 3-9.

邱枫, 米加宁, 梁恒. 2013. 基于主体建模仿真的公共政策分析框架[J]. 东北农业大学学报（社会科学版）, 11（4）: 71-78.

冉晓斌, 刘跃文, 姜锦虎. 2017. 社交网络活跃行为的大数据分析: 网络外部性的视角[J]. 管理科学, 30（5）: 77-86.

沙勇忠, 王峥嵘, 詹建. 2019. 政民互动行为如何影响网络问政效果?——基于"问政泸州"的大数据探索与推论[J]. 公共管理学报, 16（2）: 15-27, 169.

单勇. 2019. 跨越"数字鸿沟": 技术治理的非均衡性社会参与应对[J]. 中国特色社会主义研究, 149（5）: 2, 68-75, 82.

邵明豪. 2009. 数据预处理技术的具体实现形式研究[J]. 网络安全技术与应用,（6）: 52-53, 61.

佘丛国, 朱志军. 2012. 大数据与云计算的关系及其对通信行业的影响[R]. 宽带中国战略与创新学术研讨会（30）论文集, 210-213.

沈思, 李沁宇, 叶媛, 等. 2021. 基于 TWE 模型的医学科技报告主题挖掘及演化分析研究[J]. 数据分析与知识发现, 5（3）: 35-44.

沈弋, 徐光华, 王正艳. 2014. "言行一致"的企业社会责任信息披露——大数据环境下的演化框架[J]. 会计研究,（9）: 29-36, 96.

盛昭瀚, 张军, 杜建国, 等. 2009. 社会科学计算实验理论与应用[M]. 上海: 上海三联书店.

石娟, 郑鹏, 常丁懿. 2021. 大数据环境下的城市公共安全治理: 区块链技术赋能[J]. 中国安全科学学报, 31（2）: 24-32.

史达, 王乐乐, 衣博文. 2020. 在线评论有用性的深度数据挖掘——基于 TripAdvisor 的酒店评论数据[J]. 南开管理评论, 23（5）: 64-75.

司莉，王雨娃. 2019. 科研数据机构库联盟服务现状与启示[J]. 图书馆学研究，（10）：52-57.

司莉，曾粤亮. 2017. 国外机构科研数据知识库研究进展[J]. 情报学报，36（8）：859-870.

宋京坤，王克平，沈莹，等. 2021. 大数据环境下战略性新兴企业竞争对手研究体系动力学模型研究[J]. 现代情报，41（5）：112-120.

苏毓淞，刘江锐. 2021. 计算社会科学与研究范式之争：理论的终结?[J]. 复旦学报（社会科学版），63（2）：189-196.

孙建军，李阳. 2017. 科学大数据：范式重塑与价值实现[J]. 图书与情报，（5）：20-26.

孙彤，黄桂恒，李喜明，等. 2021. 县域农业农村大数据平台在乡村产业振兴中的应用[J]. 吉林农业大学学报，43（2）：251-257.

孙宗锋，郑跃平. 2021. 我国城市政务微博发展及影响因素探究——基于228个城市的"大数据+小数据"分析（2011—2017）[J]. 公共管理学报，18（1）：77-89，171.

唐文方. 2015. 大数据与小数据：社会科学研究方法的探讨[J]. 中山大学学报（社会科学版），55（6）：141-146.

陶小龙，刘珊，钟雨芮，等. 2021. 大数据应用与企业开放式创新的协同演化——基于扎根理论的对比性案例研究[J]. 科技进步与对策，38(5)：69-78.

田伟，韩海涛. 2016. 大数据时代档案馆服务创新研究——基于天津高校档案数据变化[J]. 档案与建设，（3）：17-20.

汪小帆. 2014. 数据科学与社会网络：大数据，小世界[J]. 科学与社会，4(1)：27-35.

汪业周，张瑜. 2017. 哲学社会科学视阈下大数据的若干基本问题[J]. 南京邮电大学学报（社会科学版），19（1）：1-7，43.

王宝义，张卫国. 2016. 中国农业生态效率测度及时空差异研究[J]. 中国人口·资源与环境，26（6）：11-19.

王本刚，马海群. 2015. 开放政府理论分析框架：概念、政策与治理[J]. 情报资料工作，（6）：35-39.

王崇骏. 2017. 大数据价值期望探讨[J]. 大数据，3（4）：91-103.

王东. 2016. 大数据时代科学研究新范式的哲学反思[J]. 科学与社会，6（3）：116-127.

王芳，储君，张琪敏，等. 2017. 跨部门政府数据共享：问题、原因与对策[J]. 图书与情报，（5）：54-62.

王纪潮. 2006. 为库恩的"范式"申辩[J]. 博览群书，（1）：29-36.

王璟璇，张何灿，徐舒扬. 2021. 基于大数据的"一带一路"海外项目风险动态监测指标体系研究[J]. 电子政务，（2）：64-74.

王磊，王雪利，杨文毅，等. 2021. 汽车共享出行减少空气雾霾了吗?——基于滴滴出行大数据[J]. 中国人口·资源与环境，31（1）：145-155.

王录仓，刘海洋，刘清. 2021. 基于腾讯迁徙大数据的中国城市网络研究[J]. 地理学报，76（4）：853-869.

王敏，彭敏娇. 2019. 大数据时代全面预算绩效管理面临的机遇和挑战分析[J]. 经济纵横，（5）：4，58-66.

王楠，王莉雅，李瑶，等. 2021. 同侪影响对用户贡献行为的作用研究——基于网络客观大数据的分析[J]. 科学学研究，39（12）：2294-2304.

王胜，余娜，付锐. 2021. 数字乡村建设：作用机理、现实挑战与实施策略[J]. 改革，（4）：45-59.

王肃之，翟军平. 2019. 美、英国家图书馆读者个人信息保护政策的启示[J]. 图书馆，（2）：13-18.

王晰巍，邢云菲，韦雅楠，等. 2020. 大数据驱动的社交网络舆情用户情感主题分类模型构建研究——以"移民"主题为例[J]. 信息资源管理学报，10（1）：29-38，48.

王学男. 2018. 从大数据中提升学校教育的获得感[J]. 教学与管理，（36）：31-34.

王莹，万舒晨. 2016. 大数据时代抽样调查面临的挑战与机遇[J]. 统计与信息论坛，31（6）：33-36.

王赟. 2021. 自然科学与社会科学：历史方法的必要性[J]. 广东社会科学，（1）：195-205.

王兆华，马俊华，张斌，等. 2021. 空气污染与城镇人口迁移：来自家庭智能电表大数据的证据[J]. 管理世界，37（3）：3，19-33.

魏航，王建冬，童楠楠. 2016. 基于大数据的公共政策评估研究：回顾与建议[J]. 电子政务，（1）：11-17.

韦清波，苏跃江，高媛，等. 2021. 基于电子支付数据的公交车厢满载率实时估算方法[J]. 交通运输系统工程与信息，21（1）：75-81，89.

翁列恩，李幼芸. 2016. 政务大数据的开放与共享：条件、障碍与基本准则研究[J]. 经济社会体制比较，（2）：113-122.

沃野. 2005. 关于社会科学定量、定性研究的三个相关问题[J]. 学术研究，（4）：41-47.

乌日娜. 2020. 基于大数据的情报态势感知技术[J]. 网络空间安全，11（6）：10-13.

吴冠秋，党安荣，田颖，等. 2021. 基于时空大数据的粤港澳大湾区城镇群结构研究[J]. 遥感学报，25（2）：665-676.

吴江，邹柳馨，胡忠义. 2020. 大数据环境下电子商务学科的智能化转型和商务智能研究[J]. 图书情报知识，（5）：94-103.

吴金红，张飞，鞠秀芳. 2013. 大数据：企业竞争情报的机遇、挑战及对策研究[J]. 情报杂志，32（1）：5-9.

吴俊杰，郑凌方，杜文宇，等.2020. 从风险预测到风险溯源：大数据赋能城市安全管理的行动设计研究[J]. 管理世界，36（8）：189-202.

吴文菁，陈佳颖，叶润宇，等. 2019. 台风灾害下海岸带城市社会-生态系统脆弱性评估——大数据视角[J]. 生态学报，39（19）：7079-7086.

夏一雪. 2019. 基于舆情大数据的社会安全事件情报感知与应用研究[J]. 现代情报，39（11）：121-127.

谢安. 2016. 大数据时代政府数据的开放[J]. 开放导报，（3）：53-57.

谢立中. 2019. 再议社会研究领域量化研究和质化研究的关系[J]. 河北学刊，39（2）：160-170.

徐鹏，王以宁，刘艳华，等.2013. 大数据视角分析学习变革——美国《通过教育数据挖掘和学习分析促进教与学》报告解读及启示[J]. 远程教育杂志，31（6）：11-17.

徐素田，汪凯. 2020. 社会语境变迁下的中国科学家媒介形象研究——基于《人民日报》（1949—2019）的语义网络分析[J]. 自然辩证法研究，36（11）：68-74.

徐绪堪，薛梦瑶.2021. 面向大数据管理与应用专业的数据素养能力评价指标体系构建[J]. 情报理论与实践，44（9）：50-56.

徐选华，刘尚龙，陈晓红.2020. 基于公众偏好大数据分析的重大突发事件应急决策方案动态调整方法[J]. 运筹与管理，29（7）：41-51.

徐选华，马志鹏，陈晓红.2022. 基于公众偏好大数据分析的大群体应急决策质量动态演化研究[J]. 中国管理科学，30（7）：140-149.

徐宗本，冯芷艳，郭迅华，等.2014. 大数据驱动的管理与决策前沿课题[J]. 管理世界，（11）：158-163.

许子熙，毛新军，杨亦，等.2020. 知识问答社区及其激励机制的建模与仿真分析[J]. 计算机科学，47（6）：32-37.

薛孚，陈红兵. 2015. 大数据隐私伦理问题探究[J]. 自然辩证法研究，31（2）：44-48.

薛禹胜，赖业宁. 2016. 大能源思维与大数据思维的融合（一）大数据与电力大数据[J]. 电力系统自动化，40（1）：1-8.

杨冬梅. 2016. "互联网+"时代公众参与城市风险治理探析[J]. 行政论坛，23（6）：103-106.

杨善林，周开乐. 2015. 大数据中的管理问题：基于大数据的资源观[J]. 管理科学学报，18（5）：1-8.

杨奕，张毅，程晨，等. 2017. 基于概率主题建模的"网约车管理政策"公众反馈采纳研究[J]. 电子政务，（4）：67-74.

杨奕，张毅. 2021. 复杂公共议题下社交媒体主题演化趋势与社会网络分析——以中美贸易争端为案例的比较研究[J]. 现代情报，41（3）：94-109.

易婧，卢东，田野. 2019. 分享经济背景下共享养老服务的影响因素及参与意愿研究——基于成都市的实证研究[J]. 西北人口，40（1）：117-126.

于春生. 2013. 大数据时代图书电商的机遇与挑战[J]. 中国出版，（19）：42-45.

于浩. 2015. 大数据时代政府数据管理的机遇、挑战与对策[J]. 中国行政管理，（3）：127-130.

庚光蓉. 2008. 自然科学与人文社会科学融合：科研创新的新途径[J]. 天府新论，3：33-36.

袁刚，温圣军，赵晶晶，等. 2020. 政务数据资源整合共享：需求、困境与关键进路[J]. 电子政务，（10）：109-116.

袁源，张小林，李红波，等. 2021. 基于位置大数据的村域尺度多功能性评价——以苏州市为例[J]. 自然资源学报，36（3）：674-687.

岳昌君. 2016. 定量研究方法在教育经济学中的应用[J]. 中国高教研究，（1）：

77-82.

岳瑨. 2016. 大数据技术的道德意义与伦理挑战[J]. 马克思主义与现实，（5）：91-96.

詹国辉，熊菲，栗俊杰. 2018. 面向大数据的计算社会科学：一种诠释社会现象的新范式[J]. 科学技术哲学研究，35（3）：100-104.

张成洪，肖帅勇，陆天，等. 2021. 基于校园消费数据分析大学生网络借贷行为：借款倾向、消费变化与违约风险[J]. 系统工程理论与实践，41（3）：574-586.

张富利. 2019. 全球风险社会下人工智能的治理之道——复杂性范式与法律应对[J]. 学术论坛，42（3）：68-80.

张汉. 2016. 质性研究与量化研究是截然对立的吗?——社会科学研究中的本体论和认识论辨析[J]. 国外理论动态，（5）：47-57.

张吉豫. 2016. 大数据时代中国司法面临的主要挑战与机遇——兼论大数据时代司法对法学研究及人才培养的需求[J]. 法制与社会发展，22（6）：52-61.

张梦中，霍 M. 2001. 定性研究方法总论[J]. 中国行政管理，（11）：39-42.

张庆熊. 2018. 大数据时代社会科学方法论探讨[J]. 社会科学，（9）：69-77.

张穹，曾雄，蒋传海，等. 2019. 数字经济创新——监管理念更新、公共政策优化与组织模式升级[J]. 财经问题研究，（3）：3-16.

张盛彬. 2011. 论逻辑学的认识论回归[J]. 东南大学学报（哲学社会科学版）：13（1）：37-42，124.

张涛. 2021. 利用大数据提升宏观经济治理能力[J]. 红旗文稿，（4）：29-31.

张文宏. 2018. 大数据时代社会学研究的机遇和挑战[J]. 社会科学辑刊，（4）：89-94.

张小劲，孟天广. 2017. 论计算社会科学的缘起、发展与创新范式[J]. 理论探索，（6）：33-38.

张永锋，霍东云，李振华，等. 2019. 学术大数据在企业专家对接中的应用[J]. 大数据，5（5）：79-88.

张治斌，刘威. 2017. 浅析数据挖掘中的数据预处理技术[J]. 数字技术与应用，（10）：216-217.

章昌平，米加宁，黄欣卓. 2019. 超越数据洪流：第四研究范式下的社会科学研究数据基础设施[J]. 学海，（3）：55-61.

赵德余. 2017. 政策科学研究方法的评价标准、跨学科与范式之争[J]. 探索与争鸣，（1）：85-89.

赵金旭，孟天广. 2021. 官员晋升激励会影响政府回应性么？——基于北京市"接诉即办"改革的大数据分析[J]. 公共行政评论，14（2）：111-134，231.

赵柯然. 2017. 数据科学 50 年（上）[J]. 情报理论与实践，40（1）：145.

赵宁，黄铁娜，唐振宇，等. 2021. 大数据时代开源情报的知识危机与应对策略[J]. 情报杂志，40（5）：92-99.

赵鹏军，罗佳，胡昊宇. 2021. 基于大数据的生活圈范围与服务设施空间匹配研究——以北京为例[J]. 地理科学进展，40（4）：541-553.

赵蓉英，魏绪秋. 2017. 聚识成智：大数据环境下的知识管理框架模型[J]. 情报理论与实践，40（9）：20-23.

赵润娣. 2016. 多元视角下的中国开放政府数据政策环境研究[J]. 电子政务，（6）：97-104.

赵一红. 1999. 浅论社会科学方法论中的价值中立问题[J]. 暨南学报（哲学社会科学），21（1）：44-49.

甄珍，谢新水. 2018. "互联网+"背景下网约车政策的制定过程及其示范价值[J]. 电子政务，（5）：19-27.

郑吉峰. 2016. 机遇、挑战与路径：大数据与党建科学化[J]. 武汉理工大学学报（社会科学版），29（5）：855-860.

郑磊. 2015. 开放政府数据研究：概念辨析、关键因素及其互动关系[J]. 中国行政管理，（11）：13-18.

郑石明，兰雨潇，黎枫. 2021. 网络公共舆论与政府回应的互动逻辑——基于新冠肺炎疫情期间"领导留言板"的数据分析[J]. 公共管理学报，18（3）：24-37，169.

郑旭东，杨现民. 2020. 基于区块链技术的学生综合素质评价系统设计[J]. 现代远程教育研究，32（1）：23-32.

周芳检. 2021. "数据–智慧"决策模型：大数据赋能的城市公共危机决策创新[J]. 图书与情报，（1）：108-115.

周芳检，何振. 2017. 大数据时代城市公共安全应急管理体制创新思路[J]. 云南民族大学学报（哲学社会科学版），34（2）：94-100.

周琳，孔雷，赵方庆. 2015. 生物大数据可视化的现状及挑战[J]. 科学通报，60（Z1）：547-557.

周伟林，郝前进. 2010. 城市社会问题的经济学研究：文献纵览和本土需求[J]. 城市发展研究，17（1）：20-25.

周文泓. 2018. 面向公共服务的地方政府开放数据进展、问题与对策研究[J]. 图书馆，8：5-10，56.

周钟，熊焰，张林刚. 2020. 新兴技术产业应用生态系统构建与发展评价：以大数据为例[J]. 中国科技论坛，（4）：65-73.

朱建平. 2017. 谈谈大数据的那点事[J]. 中国统计，（4）：16-18.

宗威，吴锋. 2013. 大数据时代下数据质量的挑战[J]. 西安交通大学学报（社会科学版），33（5）：38-43.

Christine L B，青秀玲. 2013. 科研数据共享的挑战[J]. 现代图书情报技术，

（5）：1-20.

Anderson C. 2008. The end of theory：the data deluge makes the scientific method obsolete[J]. Wired magazine，16（7）：1-3.

Chang R M，Kauffman R J，Kwon Y O. 2014. Understanding the paradigm shift to computational social science in the presence of big data[J]. Decision Support Systems，63：67-80.

Chen J C，Chen Y G，Du X Y，et al. 2013. Big data challenge：a data management perspective[J]. Frontiers of Computer Science，7（2）：157-164.

de Moraes R M，Martínez L. 2015. Computational intelligence applications for data science[J]. Knowledge-Based Systems，87（C）：1-2.

Fan J，Zhang P Z，Yen D C. 2014. G2G information sharing among government agencies[J]. Information & Management，51（1）：120-128.

Fan W，Bifet A. 2013. Mining big data：current status，and forecast to the future[J]. ACM SIGKDD Explorations Newsletter，14（2）：1-5.

Hesse B W，Moser R P，Riley W. T. 2015. From big data to knowledge in the social sciences[J]. The Annals of the American Academy of Political and Social Science，659（1）：16-32.

Hoffmann L. 2012. Data mining meets city hall[J]. Communications of The ACM，55（6）：19-21.

Huijboom N，van den Broek T. 2011. Open data：an international comparison of strategies[J]. European Journal of ePractice，12（1）：4-16.

Kitchin R. 2014. Big data，new epistemologies and paradigm shifts[J]. Big Data & Society，1（1）：1-12.

Kitchin，R. 2013. Big data and human geography：opportunities，challenges and risks[J]. Dialogues in Human Geography，3（3）：262-267.

Krajewski M. 2017. Tell data from meta: tracing the origins of big data, bibliometrics, and the OPAC[J]. Osiris, 32（1）: 224-240.

Kreinovich V, McClure J, Symons J. 2008. The end of theory? does the data deluge make the scientific method obsolete[R]. APS Texas Sections Fall Meeting Abstracts.

McAfee A, Brynjolfsson E. 2012. Big data: the management revolution[J]. Harvard Business Review, 90（10）: 60-66, 68, 128.

Popper K. 2005. The Logic of Scientific Discovery[M]. London: Routledge.

Shiffrin R M. 2016. Drawing causal inference from big data[J]. Proceedings of the National Academy of Sciences, 113（27）: 7308-7309.

Tolle K M, Tansley D S W, Hey A G. 2011. The fourth paradigm: data-intensive scientific discovery[J]. Proceedings of The IEEE, 99（8）: 1334-1337.

Villars R L, Olofson C W, Eastwood M. 2011. Big data: what it is and why you should care[R]. White Paper, IDC.

Wagner-Pacifici R, Mohr J W, Breiger R L. 2015. Ontologies, methodologies, and new uses of big data in the social and cultural sciences[J]. Big Data & Society, 2（2）: 1-11.

第五篇 大数据背景下社会科学转型的

条件与保障

第 20 章
社会科学发展的阶段演化

从严格意义上来说，社会科学在相当长一段时间内并不是真正意义上的科学，伴随着工业革命、市场经济发展及资本主义生产方式的扩大，社会科学逐步从道德哲学中分离出来，成为真正意义上的科学。社会科学是一种比较特殊的知识形式，并且学科形成较晚。之所以较晚，是因为大多数学者认为，社会科学的形成与历史发展有关，传统的社会结构较为简单、发展较为缓慢，随着生产方式以及生产关系等的发展变化，社会结构与层次趋向复杂化，为了探究人类社会现象，预测和解释人类社会发展，社会科学诞生了。

社会科学的发展经历了一个由整体化（古代）到专业化（近现代）再回到整体化（当代）的发展过程（陈振明，1999）。通过对社会科学发展阶段演化的分析，纵观社会科学的发展历程，了解它在不同阶段的发展特点，可以为当今社会科学范式研究提供借鉴。因此，本章主要从以下两个部分展开说明：①介绍社会科学，主要介绍社会科学的内涵；②从社会科学的萌芽和累积、社会科学的定性分析、社会科学的定量分析、社会科学的模拟仿真、社会科学的大数据驱动五个阶段出发，分析每个阶段的发展背景、研究方法、优势与局限、意义，从而全面展现社会科学发展的阶段演化过程，如图 20-1 所示。

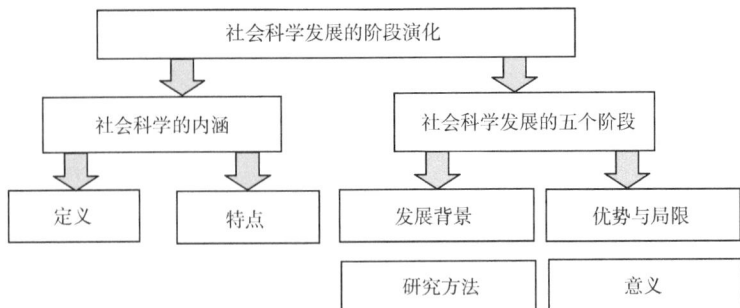

图 20-1 社会科学发展的阶段演化研究框架

20.1 社会科学的内涵

科学从古至今一直和知识密切相关,同时也体现了人们对于知识的追求,但是对于"科学"的定义迄今为止还没有统一的界定。德国哲学家尼采曾说科学从根本上是一种社会、历史和文化的人类活动。达尔文相信科学就是澄清事实、以便从中发现普遍规律和得出结论。1999 年版的《辞海》中,对科学做出了如下定义,"运用范畴、定理、定律等思维形式反映现实世界各种现象的本质和规律的知识体系"。从本质上讲,科学就是以实践为基础,经过实践检验和证实得到的客观物质运动的本质规律。它分为自然科学、社会科学和人文科学三类(有学者认为社会科学和人文科学是一体的),本节主要介绍社会科学的定义及特点。

20.1.1 什么是社会科学

社会科学研究的是人以及人所在的群体、组织和相互关系(沈浩和黄晓兰,2013)。社会科学研究内容在不同年代、不同主体间有着不同的定义,目前对于社会科学的定义主要有四种不同的看法。

1965 年,在一些政府机构、国际组织和社会科学研究中心的共同指导下,联合国教科文组织详细研究了社会科学和人文科学研究的趋势，这一研究成果汇编成《当代学术通观：社会科学和人文科学研究的主要趋势》，并在 20世纪 70 年代初出版。书中列举了 11 个学科，社会学、政治学、心理学、经济学、人口学、语言学、人类学、史学、艺术及艺术科学、法学、哲学。该书编者把前 5 个归入社会科学领域，而把后 6 个归入人文科学领域。1980 年版的《美国百科全书》第 25 卷指出，"社会科学主要指对人类关系的学习、研究的领域。因其知识领域极广，既非简单的定义所能概括，又不易列举所包括的学科范围"。学术界一般把社会科学列为人类知识的 4 个主要领域之一（其他 3 个主要领域是物理学、生物学和人文科学）。社会科学一般包括人类学、经济学、历史学、政治学、心理学、社会学、精神病学、宗教学、犯罪学、教育学、地理学、法学以及人种学、人口统计学、经济地理学、地理政治学、社会心理学等学科。法国《大拉罗斯百科全书》则不赞成把社会科学和人文科学分离开来，它把社会科学作为人文科学的种概念，认为社会科学是除自然科学之外的研究人类社会各方面的科学。中国文化大学出版部印行的《中华百科全书》认为："社会科学，顾名思义，是有关社会的种种学科……它与人文科学没有很大的区别，只是一个是站在个人的观点来看有关人文的科学，一个是站在群众的观点来看人文社会的科学。"从它们各自的广义概念而言，社会科学中的政治学、法律学、经济学等都属于人文科学的范畴，同理，人文科学又可包括在社会科学之中，或视为其同义语（佐伯茂雄，1985）。上述四种观点从不同角度阐述了人类关于社会科学的认识，对于人们从不同层次来理解社会科学具有启发意义。

20.1.2　社会科学的特点

社会科学受到近现代哲学、自然科学以及人文科学等的影响，形成了社会科学的定性研究、社会科学的定量研究、社会科学计算实验的仿真研究、大数据驱动的社会科学研究四种不同范式，在研究对象、成果属性、价值体现上有着各自的独特性，它们共同推动了社会科学向前发展。

1. 社会科学研究对象具有复杂性、多样性的特点

社会科学在研究过程中往往受多种因素的影响，在不同的研究范式下研究对象也在发生变化，定量研究把人看作"物"的"物本"，定性研究重视人的关系的"事本"，仿真模拟研究把人看作实验对象的"样本"，大数据真正将社会科学研究转化到"以人为中心"的"人本"时代（弗里德曼等，1986）。因此，社会科学在不同的发展阶段，伴随着人类社会问题的变化，社会科学研究系统趋向复杂化与多样化。

2. 社会科学研究成果属性更具意识形态性

社会科学研究跟研究主体的自我意识密切相关，并具有意识形态属性，由此决定了社会科学评价与自然科学评价之间的巨大差别，那就是自然科学的研究成果可在国际的对比中来衡量其价值，而社会科学的研究成果的价值并不适合由国际经验来决定。因此学术界一直呼吁建立中国特色的社会科学评价体系，更好地推动国内社会科学的发展（米加宁等，2018）。

3. 社会科学价值体现更具备长期化、间接化、潜移默化的特点

社会科学的选题来源于社会实践，在研究过程中要关注社会生活的变化，服务于人类社会发展需要。同时，社会科学还体现在决策咨询和社会管理方面，可以提升人的科学素质，推动社会文明和社会科学的进步。因此，其价值体现更需要长期观察、跟踪，在长期观察研究中检验结果的真理性。

20.2　社会科学的发展阶段

社会科学在发展的过程中主要经历了萌芽和累积阶段、定性分析阶段、定量分析阶段、模拟仿真阶段和大数据驱动阶段五个阶段。

20.2.1　社会科学的萌芽和累积阶段

1. 发展背景

在文艺复兴之前，不区分自然科学和社会科学，所有的知识一统于"自然哲学"的范畴，人们对自然现象的观察较为笼统，自然科学的发展比较缓慢，但是人文社会研究实力在当时那个生产力不发达的社会中相对比较强大。在东方，人文精神繁盛，春秋战国时期百家争鸣，儒释道精神熠熠生辉，并出现了以六艺为代表的课程：礼、乐、射、御、书、数；在西方，古希腊和古罗马文化高度繁荣，出现了以苏格拉底、柏拉图和亚里士多德为代表的西方先贤，并出现了西方七艺，即文法、修辞、辩证法、算数、几何、天文和音乐。但是到了欧洲中世纪逐渐陷入黑暗之中，神学处于绝对统治地位，其他学科逐渐式微。

自文艺复兴时期开始，物理学、化学、生物学等各实验自然科学纷纷从自然哲学的母体中分离出来，成为独立的学科领域。西方的社会科学发展脚步逐渐赶超了东方，出现了一批像但丁、达·芬奇、拉斐尔、米开朗琪罗这样的文学艺术杰出代表人物，丰富了人文社科的内涵。从 16 世纪开始，人文社会研究也试图以某种方式获得经验确证，从而发展出系统的世俗知识，即开始了社会研究的科学化的努力（马力，2016）。人文社会研究也随着笛卡儿二元论的提出逐渐走上了科学发展的道路。17 世纪之前的人文社科发展缓慢，研究方法较为单一化，各种理论、学派发展相对不完善，但是正是基于从古希腊时期到文艺复兴时期人文社会科学的不断积淀，才为后来的启蒙运动提供了强有力的思想武器，才让追求人性解放的思想得以引起大众的共鸣。

从启蒙运动开始，人们开始批判和反对旧的自然观、价值观、社会观和道德观等，尤其是在英国哲学家、思想家弗兰西斯·培根的影响下，揭示唯心主义宗教社会的骗局，开始转向持唯物主义世界观的观点。启蒙运动启迪和开导了人们的思想，使得大多数人们开始反对蒙昧主义、专制主义和宗教迷信。思想上的进一步解放也促进了社会科学的进一步繁荣，在宗教、哲学、伦理学、经济学、政治学、史学、美学和文学等各个领域都涌现出了一大批代表人物，如美国的富兰克林、杰弗逊，法国的让·雅克·卢梭、伏尔泰，等等。在启蒙运动时期，各个领域出现的代表人物以及他们所提出的思想、所发表的作品使得社会科学的思想得到了巨大的积淀。

2. 研究方法及案例应用

早期哲学家、教育学家主要通过对生活的观察和对某件事物的思辨，进而提出逻辑分析法和辩证分析法等社会科学研究方法，这些方法在社会科学的发展中起到了巨大的推动作用，直到今天还在被人们经常使用。

最常见的两种逻辑分析法就是归纳法和演绎法，这两种逻辑分析法都出现得很早，在社会科学思想的萌芽和累积阶段就已经开始运用。柏拉图在《理想国》中就大量使用逻辑分析法来论述正义论，正义论可以说是《理想国》法律思想的出发点和归宿。在科学发现的编年史上，麦克斯韦的电磁理论的发现绝对是浓墨重彩的一笔。麦克斯韦用数学公式算出电磁波的速度，对比光速之后，他大胆预测光就是一种电磁波，最终赫兹在实验室里发现了电磁波，并证实它的速度确实等于光速。电磁理论的发现证实过程就是演绎推理的过程，从问题出发，为解答问题而提出假设，通过观察和实验来验证假设，最终得到确定的结论。

辩证分析法主要有古代的朴素辩证法、黑格尔的唯心辩证法和马克思的唯物辩证法三种形式。赫拉克利特被认为是古希腊朴素唯物辩证法的奠基人之一，他主张"一切皆流，无物常驻"，他有两句名言"人不能两次踏进同一条河流"和"太阳每天都是新的"。当下我们使用更多的是马克思的唯物辩证法，如中国特色社会主义就是在唯物辩证法的基础上逐渐建立起来的，掌握世界统一于物质，物质决定意识，坚持从客观实际出发制定政策来推动工作。

3. 社会科学的萌芽和累积阶段的优势与局限

社会科学的萌芽和累积阶段在整个社会科学的发展进程中具有显著优势，主要包括引发哲学深思、研究方法推动社会科学发展进程、对现代社会科学仍具有借鉴作用等三个方面。

（1）引发哲学深思。这一阶段的哲学家、文学家、艺术家所写下的诗歌、书籍经历多个世纪依旧闪烁着智慧的光芒，中国的儒家、道家、墨家等思想至今指导着青年的奋进方向，西方的《理想国》《对话录》《形而上学》等书籍中的很多思想至今在大学的课堂里被学生热烈讨论着。

（2）研究方法推动社会科学发展进程。对生活进行观察、思考之后得到的社会科学研究方法对推动后来的科学发展起到了巨大的作用。这些方法操作简单，容易理解，适用范围广，不需要大量收集数据，就可以在定性的层面上得到结论，可以帮助人们认识世界、思考人生。

（3）对现代社会科学仍具有借鉴作用。这一阶段积累的许多知识至今仍然是我们认识社会的出发点和基本准则。在当今的社会科学研究领域，众多的研究方向都建立在社会科学萌芽和累积的基础之上，论文引用、例证、学术研讨很多都是围绕着这一阶段所总结出的某些知识点进行的，社会科学的雏形就是在这一阶段中诞生的。

社会科学萌芽和累积阶段虽然奠定了社会科学发展的基石，但是也有其不完善之处，主要涉及两个方面，即研究方法不够客观与科学和尚未形成完整的社会科学知识体系。

（1）研究方法不够客观与科学。社会科学的萌芽和累积时期所采用的逻辑分析法与辩证分析法等方法，过于重视思辨，忽略了客观性和科学性，无法量化分析，很多得出的结论并不准确合理。比如，在很长一段时间中占领统治地位的"地心说"，托勒密认为地球处于宇宙中心并且静止不动，其他行星都围绕地球转动。后来哥白尼提出的"日心说"推翻了"地心说"，直到现在我们对宇宙的探索还在继续中。前期这些哲学家提出某个观点主要是通过思辨得出的，但是其中很多观点在后来随着科学技术的发展被推翻。

（2）尚未形成完整的社会科学知识体系。这一阶段的社会科学知识还不完善，有大量待后人补充和发现的新知识。在这一时期，社会科学的研究范围相对狭隘，与自然科学的交叉还不是特别明显和成熟，随着时间推移人们也总结出了很多新的知识，有了很多新的提法和观念，社会科学正走在逐步细化的道路上。

4. 社会科学的萌芽和累积阶段对人类发展的意义

社会科学的萌芽和累积对于人类社会的进步和人类文明的延续具有深远的意义。

（1）社会科学的萌芽和累积是我们区分社会科学和自然科学的基础。在自然哲学时期社会科学和自然科学不分家，人们对于自然和社会现象的观察都比较笼统，但是社会科学的知识却在不断积累。从文艺复兴时期开始，自然科学逐渐从大一统的自然哲学中分离了出去，社会科学也慢慢地走上科学化道路，在此前关于社会科学知识的积累以及研究方法的实践与传承都为社会科学的继续发展奠定了坚实的基础。

（2）社会科学的萌芽和累积有助于人们从愚昧走向科学，消除封建迷信。社会科学知识与研究方法也帮助统治者来控制和管理社会。随着社会科学知识的出现和应用，人类逐渐从封建社会过渡到资本主义社会，思想进一步得到解放，所积累的各种知识也逐渐建立起分门别类的学科，这有利于人类系统地掌握旧知识和探索新知识。

（3）社会科学的萌芽与累积阶段所出现的研究方法对于后世自然科学和社会科学的研究都起到了巨大的推动作用。在这一阶段出现的逻辑分析法和辩证分析法大量地应用于生活实践中，在思想上为人们提供了一种逻辑思维和辩证思维方式，在应用上为人们提供了一种解决问题的方法，推动了人类文明的进步。

20.2.2　社会科学的定性分析阶段

1. 发展背景

18 世纪初启蒙运动在英国爆发并迅速传遍整个欧洲，甚至对世界科学技术产生了巨大的影响。在这次运动中以培根、洛克为代表的哲学家，将科学和语言作为研究对象，采用经验主义的逻辑方法，形成了一种科学文化和科学主义。科学主义在社会研究中的盛行使定量研究成为社会研究方法的最主要的方法并长期占据主导地位。瑞士心理学家皮亚杰在 1965 年指出了"心理测验"的不足，他认为缺乏从性质方面进行分析的简单数量研究是没有多大意义的。在那之后，定性研究开始受到社会研究领域的关注并开始发展（许强，2015）。从 19 世纪开始，社会科学的研究逐渐从以前的修辞、形而上学、神学等研究转向经济学、社会学、心理学等方面的研究。自然科学家并不把人文社会知识当作科学，而社会科学家则以自然科学为榜样，为社会知识的科学化（即科学的客观性、可证实性、定量化、形式化和精确化等）而努力（陈振明，1999）。

一般来讲，定性研究是指研究者在自然情景条件下，通过和被研究者进行互动交谈，对他们的生活进行长期的深入细致的观察，对事物进行认真的调研和分析而获得的全面而深刻的认识（张梦中和霍，2001）。所以定性研究侧重于用语言、文字来描述事物、现象和问题，在人文社科领域是一种非常重要的研究方法，一般会贯穿于社会科学研究的整个过程。自 20 世纪 60 年代以来，现代社会科学的定性分析通常涉及四个步骤：①观察和记录事实；②分析、比较和分类；③归纳概括事实间的关系；④接受进一步检验。这四个步骤，是"自下而上"的研究路径。

定性分析阶段有三个特征，第一，定性研究更注重改变事物的过程而不是结果。定量研究收集数据，人们在研究之前制订方案，并使用适当的统计分析方法研究许多因素和事物之间的关系，以发现不同群体和事物的特征。定量研究主要是理解事物的结果，而定性研究则不同。这需要注意引起中间过程、结果的原因，并且必须了解过程的许多细节。因此，有人认为定量研究和定性研究的主要区别在于研究的广度和深度。第二，定性研究多与一些人的研究相关，研究结果不能广泛应用。定量研究多采用高概率抽样方法，通过对一些人的结论进行分析，得出对总体情况的理解，而定性研究的对象相对较少。科学家通常使用随机抽样方法来选择对象，而研究对象通常是人群中特定的个人、群体或事物，通过这种方法获得的结果只能应用于特定研究对象，不能用于其他人群。第三，定性研究需要与受试者长期接触。定量研究通常在概率抽样后使用问卷调查法。这种方法在短期内可能会收到大量的原始数据。在这个过程中，科学家和研究对象之间的接触只是短暂的。对于定性研究，研究人员需要与研究对象进行更深入、更长期的接触，以便在双方之间建立信任关系。这突出表明，研究人员应在更自然的环境中收集必要的数据，并深入了解处于最普遍和自然状态意识与行为下的研究对象。从这可以看出定性研究收集资料的方法往往比较灵活多变，没有固定的可以遵循的模式，这就对研究者提出了更高的要求（许强，2015）。

2. 研究方法及案例应用

定性分析方法自社会科学思想的萌芽阶段就已经出现，如今也被大量使用。社会科学的萌芽阶段所使用的逻辑分析法和辩证分析法也属于定性分析的范畴，但是从 20 世纪 60 年代以来我们讨论的现代定性分析方法主要指访谈法、案例法、文献法和系统分析法等方法。这些分析方法之间没有严格的界限，相互之间不断渗透，只是在细分上会有各自的特点，进行社会科学研究时通常会使用多种方法得到结论，解决社会存在的现实问题。

案例法在生活中的应用非常广泛。目前，部分学者基于历史事故案例构建相应的案例库，将挖掘出的事故信息用于总结事故处置方法及制定预防措施等。李华（2018）基于海上油田积累的历史数据资源，开发了事故案例库系统。薛金凯（2011）在对海上搜救决策过程进行充分研究的基础上，设计基于案例推理的海上搜救辅助决策模型，并在 JADE（Java agent development framework）平台实现了该辅助决策系统。秦霜霜等（2018）基于全球范围内 300 多起典型火灾事故案例，构建完整的火灾事故案例库，用于挖掘历史事故案例信息，总结火灾事故的处置方法和预防措施。

访谈法在社会科学研究中也经常使用。访谈法主要包括结构式访谈法、半结构式访谈法和无结构式访谈法三类。Li 等（2019）利用结构式访谈法就我国上海、广州、北京、成都和昆明五城市居民对野生动物的保护意识与消费意识进行了调查。Jian 等（2013）利用半结构式访谈法对中国红河上游斑鳖的生境选择和保护建议进行了研究。Kumar 等（2011）利用无结构式访谈法和野外调查法研究了印度南部的恒河猴和帽猴的分布。

3. 社会科学的定性分析阶段的优势与局限

定性分析阶段在社会科学发展的进程中具有独一无二的优势，主要包括三个方面：定性分析阶段重视小样本研究，可以弥补大样本研究的缺陷；好的定性分析可以透过现象看本质；定性分析阶段研究内容的转变更有利于社会科学的进步。

（1）定性分析阶段重视小样本研究，可以弥补大样本研究的缺陷。社会科学发展到定量研究阶段主要是采用大样本研究，尽管这一阶段的研究成果更具科学性，但是小样本研究在因果的阐述和理论建构方面还是起到了重要作用。对于某一案例进行详细追踪调查便于对因果关系的阐述以及可能促进新理论的发现。

（2）好的定性分析可以透过现象看本质。定量研究中收集的大量数据，如果不进行分析归纳的话就只是一堆没有意义的数字，定性分析可以赋予这些数据意义。没有定性分析，定量研究也是盲目的，毫无价值的，只有对一个问题或事件先进行定性分析，确定要采用的研究方法之后才能进行研究，或是对一个问题的总结性描述也需要使用定性分析方法。较早的定性分析方法从古希腊时期就被大量使用，柏拉图的《理想国》中有大量关于政府、教育和哲学方面的逻辑分析，到现在它们都被我们视为珍宝。

（3）定性分析阶段研究内容的转变更有利于社会科学的进步。从社会科学的萌芽和累积阶段到定性分析阶段，研究内容大多从形而上学转变为研究社会现象，且更加现实、具体，这有利于引起群众的共鸣。对于形而上学的研究需要研究者有一定的悟性，且研究结论不一定能被普通大众所接受和认知，但是社会现象是人们在生活中所实实在在感受到的，所以研究方向会更加贴近大众生活，所得到的结论也更加具有普适性。

定性分析阶段除了上文所提到的优势之外，也具有此阶段的不完善之处，主要包括两个方面：定性分析阶段所使用的研究方法难以应对具有量化研究需求的问题；社会科学发展的定性分析阶段与萌芽和累积阶段相比，在研究方法上并没有质的变革。

（1）定性分析阶段所使用的研究方法难以应对具有量化研究需求的问

题。定性分析无法揭示因果关系。在很多情况下，我们需要对事物的因果关系进行分析，但是定性分析研究的是事物的质性，不能提供具体的证据来表明因果关系。定性分析方法样本数量相对较少，结论推广起来较为困难。定性分析一般都是针对某个问题，面向少数人进行研究，所以结论有时候不具有普适性，只能针对特定人群。定性分析由于研究者的个人因素影响，主观性较强。定性分析法主要凭借研究者的直觉、经验对一些问题和现象提出看法，不免会受到研究者本人意愿的影响，经常不够公正客观。

（2）社会科学发展的定性分析阶段与萌芽和累积阶段相比，在研究方法上并没有质的变革。这一阶段所使用的研究方法可以说只是上一阶段的延续和拓展，并无创新，研究方法的同质化使得定性分析这一阶段与社会科学的萌芽和累积阶段在特征上也比较类似。

4. 社会科学的定性分析阶段对社会科学发展的意义

社会科学的定性分析阶段对于整个社会科学的发展具有重要的承接意义。

（1）社会科学的研究是一脉相承的，从萌芽和累积到定性分析阶段再到定量分析阶段和基于大数据的研究阶段，研究的理论都相互关联，层层推进。如果说社会科学的萌芽和累积是整个社会科学发展的基石，那定性分析就是在基石上搭建的第一层楼，没有第一层，其他的便是空中楼阁。

（2）社会科学的定性分析阶段所使用的研究方法适用范围广，到现在依旧被大量使用。定性分析阶段总结出的访谈法、案例法等研究方法到今天依旧在社会科学的研究中被高频使用，对于社会现象本质的研究有很大的助益。

（3）定性分析阶段的出现帮助我们更好地利用学科交叉融合的优势。学科之间的交叉和融合正是从定性分析阶段逐渐开始的，社会科学和自然科学的融合，或是社会科学自身内部多种学科的融合会产生一些新概念，这些新概念可以帮助我们更好地去理解某些现象运作的规律，如心理学和教育学的融合产生了教育心理学这门学科。

（4）社会科学的定性分析和定量分析结合之后会出现"1+1>2"的效果。无论是定性分析还是定量分析都不是完美的，针对某个具体问题的研究尤其是涉及数据支持的研究，必须要将二者结合起来，现在已经很难看到纯定性分析或是纯定量分析，定性分析的发展也一直伴随着和定量分析的争论，在争论中二者都在逐渐壮大。

20.2.3　社会科学的定量分析阶段

1. 发展背景

随着自然科学脱离自然哲学发展壮大，定性分析的方法无法再满足自然科学研究的需要，对于社会科学的研究有时只从感性思辨的角度出发也不足以对一门学科问题进行深入细致的剖析，往往需要一些数据来支持已有的假设，这时定量分析的方法就应运而生。

定量分析起源于分析化学的一个分支，是依据统计数据，建立数学模型并利用数学模型计算模型中的参数、预测研究对象的各项指标及其数值的一种方法（赵峰，2006）。定量研究方法的创始时期，可以从17世纪下半叶起算，这一点我们可以从一部叫《政治算术》的书中得到证实。《政治算术》的作者是英国学者威廉·配第，他在此书的序言中写道，"用数字、重量和尺度来表示的展望与论旨，都是真实的，即使不真实，也不会有明显的错误"（配第，1978）。配第在该书中运用了大量的数字、统计、图表来分析英国社会的经济状况，他本人甚至被誉为将经济学数学化的鼻祖。之后就是统计学的定量研究方法大规模使用，如辛克莱的社会统计调查使得统计学广泛应用于人口普查。

除了统计学方面的应用，操作实证主义的研究也推动了定量研究的快速发展。实证社会学家迪尔凯姆的《自杀论》，便是社会学研究领域之中运用定量研究方法的重要经典。此书是迪尔凯姆于 1897 年出版的著作,他以社会生活之中的大量自杀现象为研究对象,对各种自杀现象、事件的数据进行统计、分析,从而为社会学理论研究之中的传统定量研究方法树立了典范(吴芳,2013)。定量研究方法的理论基石是实证主义,但以下三个方面真正推动着定量研究的发展:一是孔德的实证主义哲学及其方法论思想,二是逻辑实证主义,三是美国的实用实证主义。

2. 研究方法及案例应用

定量研究常用到的方法有统计法、调查法、问卷法和实验法,这些方法在社会科学和自然科学的研究中都发挥着重要作用,其中社会科学研究使用频率较高的是问卷法,自然科学研究中较常使用实验法和统计法。

统计方法是以前的定量检验方法。最典型的案例是约翰·辛克莱(John Sinclair,1754~1835 年)的统计社会调查。从 1791 年到 1799 年,辛克莱动员宗教人士对 881 个 26 教区进行了统计性社会调查,他制作了 116 份问卷,涵盖社会生活的各个方面。在此期间,他制作并出版了一份 21 卷的苏格兰统计报告(1791~1799 年)。辛克莱的社会统计调查对许多欧洲国家产生了重大影响,特别是对许多欧洲国家的人口普查产生了重大影响。英国自 1801 年起,便开始经常性地进行人口普查,并规定每 10 年进行一次。辛克莱的工作是早期社会现象定量研究的一个范例(谢俊贵,2000)。可以说统计法在人口学中的研究是一种经典而又重要的定量研究方法。

虽然实验法最早被应用于自然科学的研究,但它不是自然科学的专利,在社会科学领域也有重要的应用价值。从心理学角度讲,津巴多教授曾进行过一次著名的监狱实验。故事发生在 20 世纪 70 年代初的斯坦福大学,津巴多教授对人类行为进行了研究。他将实验者分为两组。一组扮演狱警的角色,另一组扮演囚犯的角色。结果显示,扮演狱警的人在模拟监狱中开始变得暴力，而扮演囚犯的人正在策划暴乱。这项研究的结果多年来一直吸引着人们的注意，并引起了广泛的争议。这项实验表明，环境可以逐渐改变一个人的性格，环境可以立即改变人类的行为。即使是温和的绅士也可能会很快成为暴政环境中的恶魔，这也提醒我们不要低估环境对于人的影响力，要尽量选择正向积极的环境。

3. 社会科学的定量分析阶段的优势与局限

定量分析阶段在整个社会科学的发展进程中也具有独特优势，主要包括两个方面：定量分析阶段的研究方法能解决定性分析解决不了的问题和定量分析阶段的到来为之后的大数据在社会科学中的广泛应用打下了基础。

（1）定量分析阶段的研究方法能解决定性分析解决不了的问题。定量分析可以对所要研究的对象进行精准的描述，更具科学性。问卷法、统计法等定量研究方法通常需要收集大量数据，通过数据分析，得到数字背后隐藏的信息，从而得出的结论更具合理性，也可以得到证据支持。实验法可以揭示事情或问题的因果关系。实验法是为数不多的反映因果关系的定量分析方法，对于有因果关系需要的研究来说就颇为关键，如要研究儿童语言发展水平主要受到哪些因素的影响，就需要提出假设，并且创设一定的情景进行实验，根据实验结果得出自变量到底有哪些。类似的研究有很多，如要研究家庭暴力和青少年犯罪有怎样的关系或是某一种教学方法对于学生成绩的提高效果如何之类的研究都需要使用实验法。定量分析方法适用于长期追踪研究，便于团队合作。定性分析过于感性，主观色彩浓重，更加适合于研究者单人进行。但是定量分析中主观色彩的东西相对较少，理性分析占据主要地位，即使团队分工合作或是有新人加入接手研究时也可以顺利进行，适合于长期追踪。

（2）定量分析阶段的到来为之后的大数据在社会科学中广泛应用打下了

基础。定量分析的出现为我们提供了数据思维，人们开始从量化角度来思考问题，研究更具有科学性和客观性，正是基于对定量分析的完善才衍生出来各种仿真实验和大数据应用。

定量分析不是尽善尽美的，也存在一些待完善之处，主要包括三个方面：定量分析有时过于刻板和程序化，定量分析难以适用于社会微观层面上的分析，定量分析阶段所关注的问题具有片面性。

（1）定量分析有时过于刻板和程序化。定量分析过于重视数据，尤其是实证主义出现的早期对于形而上学是全面反对的，认为一切知识的得到都需要通过实验和实证，这无疑过于绝对，在实际生活中也不可能行得通。对于样本选择的数量、合理性等因素会直接影响最后的研究结果。定量分析中经常会面临针对某个具体问题选择多少数量的样本才合理这样的问题，由于经费、时间、人力等方面因素的影响，大多数研究者往往最终选择的样本并不能做到足够大，这就会直接影响到结论的普遍性和准确性。而且样本选择是否合适也往往需要研究者及其团队自行判断，有时难以顾及样本的个体性、特殊性和差异性，难免会出现样本选择不合理的情况。

（2）定量分析难以适用于社会微观层面上的分析。社会微观层面上的研究具有个性化的特征，研究对象往往数量少，具有独特性，无法被量化，这时就需要定性分析作为主要研究手段，定量分析作为补充手段。

（3）定量分析阶段所关注的问题具有片面性。此阶段关注更多的是要经过量化分析的问题，对于纯粹的形而上学的问题不关注，即使关注也难以研究，所以研究范围具有一定的局限性。

4. 社会科学的定量分析阶段对社会科学发展的意义

随着自然科学和社会科学的交叉融合，定量分析阶段的重要性愈发凸显，其研究方法在社会科学的使用范围也在不断扩大，并且发挥着重要作用。

（1）有助于丰富社会科学的研究方法。社会科学的研究，每一种方法都有其优点与不足，定性分析感性深邃，定量分析精确科学，重要的是能够在不同的研究中采用合适的方法，相互补充，才能最终得到合理又具有人性化的结果。

（2）有助于拓展和划分学科边界。心理学在早期一直归属于哲学范畴，正是由于冯特 1879 年在莱比锡大学建立了第一个心理学实验室，才使心理学脱离了哲学范畴，走上了科学化的道路，人们也从原来研究意识逐渐转向研究行为和脑科学，在此过程中，定量研究功不可没。

吴争程（2009）认为，社会科学中的定量分析，根据统计规律，该研究的课题是大量随机抽样；其数据收集方法有封闭式问卷、统计表、对照实验和具有统计科学意义的结构观察方法；其具体研究程序为逻辑实证科学程序；其具体研究方法是不同的实用数学方法；它的运作的结果、结论和评估具有相当的准确性和可靠性。无论在描述性研究、解释性研究和预测性研究中，它都有助于保证研究过程和研究结论的科学性。

20.2.4　社会科学的模拟仿真阶段

1. 发展背景

生命哲学和实证主义的研究促进了社会科学的快速发展，但随着社会的发展，这两大研究传统的弊端日益显现。实证主义对客观规律科学性的追求陷入了还原论的陷阱，容易产生偏执的分析方法，热衷于穷枝末节，以牺牲全景式认识换取条分缕析（拉兹洛，1985）。生命哲学试图摆脱实证主义的客观片面性，但却陷入了历史主义的泥沼，坚持历史事件的个别性，用特殊性和个别性取代普遍性的追求，陷入更烦琐的细节（巴勒克拉夫，1987）。伴随着工业革命、市场经济和资本主义生产方式的扩大，社会变化日益剧烈，社会科学在生命哲学和实证主义研究方面跟不上时代发展步伐,陷入学科划分精细化和研究方法错综复杂的境地,导致了社会科学发展受到很大损害。由于人类社会的复杂性以及多样性,对自然科学的研究无法真正应用于社会科学研究中去。同时,社会科学对精确化和形式化的追求也导致了一个问题,"当系统的复杂性日益增长时,对系统特征进行精确而有意义描述的能力将相应降低,直至达到一个阈值,一旦超过这个阈值,精确性和意义性就变成两个相互排斥的特性"(Zadeh,1965)。在复杂性科学高潮的影响下,人们在复杂性思维和复杂性的探索中加深了社会现象从根本上更要体现模糊性的认识。

在这种背景下,马克思的系统论、模糊论及其方法给社会科学带来了光明。同时,社会科学系统论以马克思主义社会冲突理论、贝塔朗菲的一般系统理论和帕森斯的结构功能理论为基础。20 世纪 40 年代以来,仿真模拟技术因其操作简单、不受时空限制、应用于多个领域等特点而被广泛应用。20 世纪 50 年代以来,人类社会在全球化浪潮中,物质、精神以及思维方式发生变化,但是同样伴随着社会问题的出现。科学趋向于复杂化、新技术不断涌现、计算机技术不断成熟,推动了仿真技术应用于社会科学领域。20 世纪 60 年代初,以离散事件和系统动力学为基础的发展应用于社会科学研究。20 世纪 80 年代,分布式人工智能引起了人们的研究兴趣,它是人工智能程序间相互作用产生的,并且与个体认知的建模相关。互联网的兴起与发展,使大多数人工智能人员转向关注软件主体,软件主体就是某些可以从其他计算机接收或收集信息的程序,它们能够根据其以往的经验评估这些信息,并决定采取何种行动(Doran,1997)。在社会科学模拟仿真阶段,分布式人工智能和软件主体技术都可以应用其中,因为它们都与互动的自治主体相关联,这进一步推动了社会科学研究的发展。21 世纪初,人工智能研究人员非常关注"机器学习"技术(Michalski et al.,1983),此种技术在经验学习中使计算机程序提高知识与程序技能，有利于个人认知过程仿真应用，更新了社会科学研究的手段。21 世纪后，新的仿真工具软件能够指定模型的不同部分使用不同的方法（基于离散事件、系统动力学或基于主体）来构建，从而能够完成对复杂的社会—技术系统的建模（李大宇等，2011）。与系统动力学相比，基于主体建模并非从定义系统的整体出发，而是建模人员单独界定各层级主体，以实现微观层次的主体行为到宏观涌现结果的过程。从计算机模拟仿真在社会科学领域的作用来看，计算实验的出现，不仅是简单的研究技巧和具体方法的改进，更为重要的方法论意义是把现实社会系统转化成由智能主体构成的演化系统（盛昭瀚等，2009）。这个演化系统将现实研究的"人"以人工智能中的个体代替，从而解释社会系统中"个体微观行为和系统宏观行为之间的动力学机制"。因此，模拟仿真技术在这一阶段推动了社会科学的发展，适合描述人类社会复杂行为，对未来结果进行模拟预测。社会科学仿真的一般步骤如图 20-2 所示。

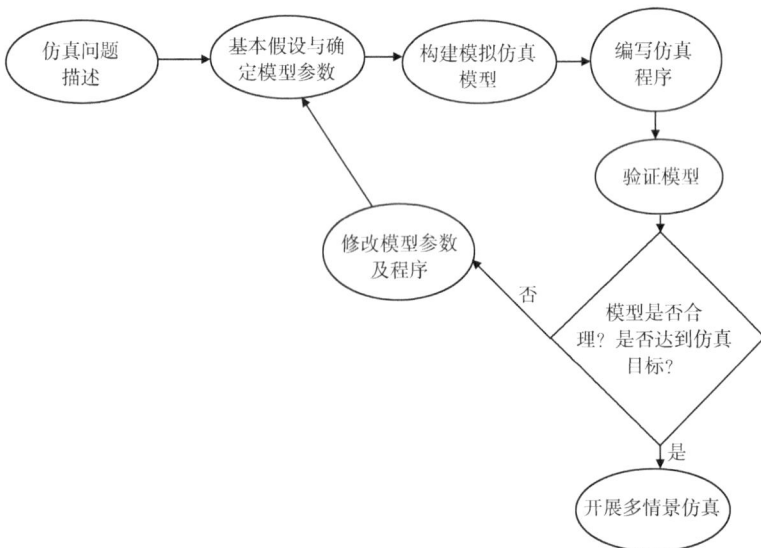

图 20-2　社会科学仿真的一般步骤

2. 研究方法及案例应用

模拟仿真方法由社会科学的边缘方法成为理解和解释社会现象的重要方法。仿真研究以数学方法、计算机技术、统计科学、信息科学和控制技术等为基础，运用计算机编程模拟的方式，在虚拟环境中模拟现实世界可能发生的现象、发展的状态，甚至是对未来变化趋势进行预测（米加宁等，2018）。它被广泛应用于考古研究、种族主义、生态服务交叉、交通控制等领域，通过建模方法实现从微观层次主体行为到宏观涌现结果的过程，运用仿真模型实现对人类社会现象的解释和预测。以模拟仿真技术在交通控制以及客流疏散的应用为例，探讨模拟仿真方法在社会科学中的重要性。

1）模拟仿真在重庆市主城区道路交通控制中的应用

在城市化加速发展背景下，重庆主城区"多中心、组团式"的格局使各组团中心联系加强，跨组团出行交通量和出行率逐渐增加，组团间的流动造成了组团主通道的拥堵问题。传统的道路扩建网很难在短期内解决交通拥堵问题。因此，重庆市以渝北区新南路为研究对象，通过实地调查、主通道流量均衡协调控制法、模拟仿真技术等对城市主通道进行测量优化，以期为其他主城区提供经验借鉴。

两个城市组团的连接需要主通道，由于重庆环境地势等特点，主城区组团间通道多跨越桥梁或隧道，因此数量较少。但组团间通道的重要性不容忽视，城市组团之间的出行需要主通道的连接，在上下班高峰期城市组团间主通道容易成为交通瓶颈。以重庆市渝北区新南路为例，运用模拟仿真技术可以解决现实交通管制问题。渝北区新南路为东西走向，连接着新牌坊组团和冉家坝组团，研究者通过实地调查主通道交叉口在高峰期的交通现状，以主通道流量均衡协调控制方法为基础，其总体思想是将干线路网流量均衡作为协调控制的整体目标,合理调节组团间通道瓶颈各个进口道车辆的通过时间,有序地调整汇入通道的交通流量，保证主通道的交通运行畅通，同时避免次进口道流量溢出（朱湧等，2018）。之后采用 VISSIM 软件进行仿真对比，分析该路段协调前后的交通运行状况。通过在 VISSIM 软件中设置车辆检测器采集交通流参数，分析得到 10 个周期内优化前交通信号配时方法与主通道流量均衡协调控制方法的对比结果，经过相位差优化后得到的干线总延误在一定程度上有所减小，平均通行效率提高 1.76%，说明通过基于主通道流量均衡的信号协调控制可以提高高峰时期干线交叉口的整体通行效率，保障干线交通畅通。仿真结果中也有少量总延误增加的情况，说明主通道流量均衡协调控制方法中信号控制的参数还需进一步优化调整（罗卫东和程奇奇，2009）。

以重庆市渝北区新南路为例，通过仿真实验分析对比发现重庆主城区组团间主通道交通拥挤多发生在交通饱和或饱和状态下多岔口流量过多时期，针对存在问题，协调优化信号配时和车辆到达分配，并不断调整优化结果。解决了干线交通拥堵、匝道控制不及时以及多车道汇入控制配时不合理等问题。

2）模拟仿真在长沙地铁客流测量中的应用

模拟仿真方法用于帮助解决未来社会生活中可能发生的事件，将模拟仿真技术应用于铁路及城市公路等交通基础设施建设中，方便居民出行，提高城市交通运行质量与效率。

2021 年五一期间，长沙的五天地铁客流量保持全国第一的地位，成为中部地区登顶地铁客流强度榜首的城市。在 4 月 30 日后的五天间，线网累计运送乘客 1520.13 万人次，日均客运量 253.52 万人次。如此高强度的地铁客流强度，使 51WORLD 联合长沙市轨道交通运营有限公司及湖南信达通信息技术有限公司打造了五一广场站仿真运营平台。此平台分为两种，第一种是基于实际运营模式的三维数字化管理，第二种是通过模拟客流来实现。要达到仿真演绎结果与客观情况相契合，最基本的就是要营造一个真实的数字孪生环境。基于高级加密标准（advanced encryption standard，AES）构建场景的全方位全要素搭建能力，51WORLD 完全恢复了五一广场站的地下世界，同时与地上世界也进行衔接，以便在不同时期和区域"监控"客流，这成为站点运营管理和预案推演的重要依据。采用"5+1"覆盖站点运维全需求，"1"是将站点信息全要素与场景融合，以便对地铁站内所有事务进行运营监控，"5"包括态势感知、安全把控、快速响应、协同运营及辅助决策 5 个业务组。这 5 个业务组与地铁站内信息要素相配合，帮助提高地铁站内的运营效率。

模拟仿真技术常被应用于社会科学领域，帮助人们解决现实生活中存在的困难。长沙五一广场地铁枢纽站作为转运中心，采用模拟仿真技术打造了五一广场仿真运营平台，帮助地铁站工作人员有效甄别信息、预测客流量，减少了虚警率，解决了五一广场作为地铁枢纽站客流强度大、管制困难、公共安全等问题，在方便居民出行的同时提高了地铁站运营效率。因此，模拟仿真技术应用于城市生活、交通等领域具有现实意义。

3. 社会科学的模拟仿真阶段的优势与局限

社会科学的模拟仿真阶段在整个社会科学的发展进程中具有显著优势，主要包括为社会科学研究提供新的思维方法和实验工具，促进自然科学与社会科学融合，社会科学研究范式较第一、第二研究范式更具客观性与科学性三个方面。

（1）为社会科学研究提供新的思维方法和实验工具。模拟仿真作为一种新的研究方法，为社会科学研究提供了新的视角。它打破了社会科学中研究对象的不可实验性与不可重复性，降低了实际操作应用中的实验成本，创造了良好的实施环境，有利于研究者了解与掌握社会经济系统的结构和功能。

（2）促进自然科学与社会科学融合。在社会科学中的模拟仿真阶段，社会计算科学实验被应用于多个领域，在考古研究、种族主义、恐怖主义、宏观经济、文化传播、性别与继承、商业管理和土地政策等领域获得了令人惊叹的成果（Gray，2009）。它采用元细胞自动机（cellular automata）、多级建模（multilevel modelling）、人工智能等多种建模类型和方法，推动了人文社科与自然科学理论的融合与发展。

（3）社会科学研究范式较第一、第二研究范式更具客观性与科学性。模拟仿真社会科学范式面向复杂性科学与人类共同面对的全球问题，运用不断成熟的计算机技术，将现实系统转化为智能主体构成的演化系统，揭示社会系统中"个体微观行为和系统宏观行为之间的动力学机制"（谢卫红等，2018）。

社会科学的模拟仿真阶段虽然加速了社会科学的发展，但也有不足之处，主要涉及两个方面，即社会科学模拟仿真阶段结果不够精确和社会科学系统功能结构划分与主体行为刻画有待完善。

第一，社会科学模拟仿真阶段结果不够精确。计算机在自然系统层面能够进行精确的仿真，但人类社会的模拟精确度不高。在建模过程中，只有在仿真实验这一步是系统自动生成的，且在科学的研究过程中所占比例较小。同时，模拟仿真的自动化程度低，需要人工个体去进行操作布置。在进行建模与模拟演绎时，需要研究者有充分的专业知识与理论基础，不能脱离实际情况而进行理想化的处理，计算机实验对于基本假设与结果的预测起到辅助作用。

第二，社会科学系统功能结构划分与主体行为刻画有待完善。在社会科学实验中，模拟仿真作为实验研究的一部分，结果易获得，但存在数据不完备并且数据有限的问题。在对复杂系统进行仿真时，基于系统复杂模型的线路流程实现难度较大，精确度难以保证。当系统中出现较多的逻辑判断环节时，仿真实施起来较为困难，阻碍了社会科学的模拟仿真范式的发展。因此，由于数据的有限性、确实性以及仿真在复杂系统应用方面的滞后性，对系统功能结构划分和主体行为刻画产生不利影响。

4. 社会科学的模拟仿真阶段对社会科学发展的意义

（1）改变人们认识世界的思维方式。模拟仿真技术的应用，为社会科学研究提供了崭新的视角。与传统范式相比，它提供了一种新的分析维度。第一，在建立仿真系统前，先要将文字形式化，再将形式化后的语言用计算机表示出来。形式化的过程是将语言、文字、理论精确化、完备化的过程，是除了数学公式表达的又一有效手段。通过仿真模型达到在自然语言条件下难以实现的效果。第二，以往研究多是静态化的，难以考虑到动态问题。仿真模型通过设定参数可以考虑到不同环境、不同条件下出现的不同演化结果，方便考虑到动态的社会变化过程。

（2）推动研究手段创新与形式创新。社会科学模拟仿真范式，其具有过程性、抽象性、实验性的特点，是后时代社会科学研究发展的重要借鉴。第一，跨学科的出现是服务于理论与现实问题的需要，基于学科的研究常常只能采取较为原始的分析手段来处理问题，而这个过程在很多情况下都会导致对问题性质的误解并使解决的方案局部化和静态化（李文和邓淑娜，2015），仿真模型的出现解决了这一弊端。第二，模拟仿真在重要的社会性问题的集成研究与动态研究机理方面更具竞争力，不断推动社会科学研究形式的创新。

20.2.5　社会科学的大数据驱动阶段

1. 发展背景

进入到后工业社会后，人们在全球化浪潮中逐渐认识到对人的依赖程度不断加深。人类对于社会性问题的关注程度远高于发生的自然现象，更需要"及时认识社会的社会科学"。全球化进程的加快以及互联网技术的快速发展，并没有使社会关系变得简单化，而是趋向于复杂化与混合化，社会关系的结构与层次更加复杂，变化更加剧烈。社会的快速发展使社会科学及时认识社会的难度加大，同时，社会科学的模拟仿真难以精确地模拟人类社会。在此种背景下，社会科学紧跟时代步伐，抓住大数据驱动的机遇，在研究方法、研究路径、研究思路等方面形成新的科学研究范式。吉姆·格雷总结认为，人类科学研究经历了实验、理论和仿真三种范式，目前正在进入"数据密集型科学发现"的第四研究范式（沈浩和黄晓兰，2013）。随着第四研究范式的兴起，大数据时代到来，世界主要发达国家及发展中国家随之纷纷提出有关大数据发展的国家战略。2012 年，美国最早提出国家大数据战略，明确了大数据对促进国家发展、推动社会进步、提高人民生活水平的巨大作用，使大数据在社会发展中的地位更加突出。2013 年，英国提出数据能力战略，为支持大数据的研究和设施建设投资 1.89 亿元，并就大数据在概念、培育方式、发展前景方面做了详细说明。2015 年，我国在编制软件和大数据产业"十三五"规划中首次将大数据产业写入其中（唐文方，2015）。由以上各国战略规划可以得知，世界各国对大数据在国家战略、国际竞争中的重视程度。与此同时，社会科学进入大数据驱动阶段。

从大数据在社会科学领域中扮演的角色来看，大数据为社会科学研究提供了新的技术手段与研究方法，冲击了传统的社会科学研究范式。美国学者杰弗里·汉考克认为，大数据对社会科学研究的意义，堪比显微镜的诞生对化学发展所起到的促进作用。从研究方法角度审视，大数据改变了传统社会科学研究的方法，除了依靠问卷调查和访谈等一手数据，它还给调查者带来大量的高质量数据、信息、资料等。从数据收集角度审视，大数据使调查者收集的数据更为具体、快捷，整合度高。因此，大数据在社会科学中扮演着重要的角色，社会科学研究范式朝着现代化方向发展。

2. 研究方法及案例应用

由其名称可知大数据是指大量的数据，它不是物质实体，而是数据的集合，它代表了社会发展新时代的到来。维基百科定义大数据是一种数据集，它特指用现有通用软件在可容忍的时间内无法加工、处理和分析的数据就是大数据（邓思思，2016）。但大数据对于不同群体有不同的规格标准，至今没有统一的界定。从个人视角审视，大数据就是大量的数据；从企业的应用视角审视，大数据是中等规模数据；从移动、电信、联通和淘宝等视角审视，大数据就是少量的数据；从百度、谷歌、360 等视角审视，大数据的数量集合微乎其微。从理论方面来看，目前关于大数据的理论有"3V"和"4V"理论，主要是指大数据在数量、速度、类型、可用性和价值方面的基本特征（张达敏，2019）。现阶段对于大数据概念仍没有统一的界定，不同的业界领域有不同的定义形式。狭义定义指利用自动或半自动手段，采用统计技术和机器学习方法，从大型数据库中揭示海量数据中有意义的潜在规律和提取人们感兴趣的知识的处理过程（Chadefaux，2014）。另外，社会科学中的大数据驱动模式改变了传统的假设驱动的研究方法，使传统的假设驱动研究方法转变为数据挖掘的研究方法，在收集的大量研究数据的基础上，通过数据计算分析预测结果。在实际应用中大数据拓展了社会科学的研究方法、推动了社会科学的快速发展，本节以城市管理规划、生态环境保护为例，分析大数据环境下社会科学新方法的应用。

1）大数据在城市管理中的应用

在信息化与智能化阶段，大数据在完善城市设计策略、进行社会治理、统筹城市规划等方面发挥了重要作用。以南京南站片区为例，通过大数据的方法对该片区内土地开发与土地功能之间的关系进行解读。最后对大数据背景下的城市规划未来发展做出展望，以利用大数据的便捷性、科学性为城市实现更长久、科学的建设目标。

在研究方法上，通过 ArcGIS 建立空间数据库，将南京南站片区绘制地形数据导入，再创建渔网格与导入的数据相衔接，最后用标记的符号表示数据结果，对产生的数据进行分析。首先，对南京南站片区建筑密度进行分析，红色代表密度大，绿色代表密度小，颜色越深代表密度越大。数据分析显示，北部与东部建筑密度大，西部与南部建筑密度小。其次，对南京南站片区容积率进行分析，同样红色代表容积率大，绿色代表容积率小，颜色越深代表容积率越大。数据分析显示，整个片区分布不均，且整体处于较低水平。最后，对南京南站片区土地规划进行分析，发现土地利用率最高的多分布在站点周围，以圈层形式存在。

通过对南京南站片区城市规划的分析，在大数据背景下，该城市在未来发展中可实现多部门、不同学科之间协作，城市空间规划更合理，基础设施建设更完善的目标。

2）大数据在生态环境保护中的应用

大数据的出现促进了社会科技水平的快速发展，大数据不仅应用于国防安全、企业管理、教育教学等领域，同时还应用于生态环境领域。大数据为生态环境保护提供了丰富的数据资源、充足的技术保障，满足了生态环境保护的需求。

以福建省漳州市为例，漳州市生态环境监管存在着监测手段单一、管理方式被动、防控体系薄弱、网络化指挥体系不完善等问题，导致漳州市大气、水被严重污染。针对漳州市大气、水污染的现象，充分借鉴其他地区热点网格监管经验，利用大数据分析、人工智能、物联网等创新技术，进一步融合卫星遥感、高密度监测设备、气象、水文、工业生产、互联网等跨行业大数据资源，提供漳州市大气、水污染热点网格智能监测服务，建立基于数字化、客观的热点网格大数据分析、决策、管理、防控环境数据资源中心平台，建立独立的漳州市生态环境网格化智能监管系统，解决环境治理的"最后 500米"问题。在环境监测手段上，漳州市建立起大数据应用系统的网络化精准监控，及时关注污染变化，通过平台计算与数据分析，甄别污染物的主要来源。在环境管理手段上，建立针对大气、水污染热点网格的"动态识别—评估考核—报警执法—整改退出"的闭环长效管理机制，利用 GPS、互联网技术、地理信息系统（geographic information system，GIS）等开展监管工作，通过执法人员、管理人员、监管人员的相互配合，形成网格管理体系。在数据整合手段上，不断整合省厅环保大数据云平台、大气和水环境监测点位、河长制数据管理系统等不同类型的生态环境系统，在数字地图基础上，将其进行叠加对比分析，形成环保大数据的"一张图"。在环境治理手段上，借助卫星、气象、水文等综合监测手段以及热点网格管理方式，获得漳州市本地排放、区域传输、企业点源、生活/农业面源、气象/水文外力影响等各个层面的生态环境综合分析结果，优化防控治理体系，形成联防联控体系（陈素清，2021）。最后，根据各个生态系统分析结果，构建环保大数据平台，提高生态环境保护效率。

漳州市结合本地环境的特点与需求，通过大数据采集、大数据汇聚和大数据应用改善了生态环境监管困难、大气与水污染严重的状况，这对于全国生态环境保护以及大数据系统的应用提供了经验借鉴。因此，漳州市大气、水环境热点网格智能监测系统成为我国生态文明建设和环境治理领域具有行业标杆效果的创新项目。

3. 社会科学的大数据驱动阶段的优势与局限

社会科学的大数据驱动阶段优势体现在数据收集、思维和方法的应用、研究范式的变化三个方面，它不同于以往社会科学各阶段的研究，其数量巨大且不断更新变化，对于社会科学研究意义重大。

（1）社会科学研究的数据丰富。社会科学中的数据丰富体现在数据量、数据维度、数据完整性、数据准确性等方面。在数据量方面，社会科学研究的数据量较以往增多，在大数据时代社会科学研究的数据达到百万级，同时在条件允许的情况下，社会科学研究甚至可以不用做样本抽样调查，可直接对总体进行分析，达到样本数量参照总体数量的程度。例如，Thomas 收集了多达 166 个国家长达 23 年的报纸文章为基础数据，运用文本分析等技术，研究新闻中的词汇是否蕴含战争发生的信号（王遐见，2020）。在数据维度方面，社会科学的大数据驱动范式不同于以往的社会科学研究范式，以往依赖于问卷和访谈收集数据，数据的来源受限于问题要求，不能满足多方面的需要。大数据环境下的社会科学数据来自多方面，来自不同行业、不同群体、不同国家等，可满足不同角度的需要。例如，2013 年，百度公司对从"百度知道"的 7700 万条网民提出的与吃有关的问题中进行分析和挖掘，发布了《中国十大"吃货"省市排行榜》，没有采用问卷调查的方式，而是直接对网络数据进行分析，并且得到了一些令我们意想不到的结果（梁华，2009），如不同地域、不同阶层、不同性别的人的饮食习惯大有不同。在数据完整性方面，社会科学的大数据驱动范式更能与以往研究有效衔接，将彼此孤立的内容联系起来，使社会科学的研究更为连贯。政府、企业、百姓等不同群体在大数据环境下，将自身的移动设备连接到网络，这样就形成了一个紧密联系的巨大网，使数据收集更为完整。例如，在美国总统大选时，综合投票、Facebook、Twitter、YouTube 等不同渠道、不同平台的数据以及群众的评论等信息，并进行数据分析，可知选民的意向。在数据准确性方面，社会科学的大数据驱动更为准确与客观，避免了以往问卷与访谈结果的主观因素与其他变量的干扰。同时，借助数据挖掘和大数据清洗技术，可对异常值进行灵活处理，使数据结果更为完备。

（2）社会科学的内外对立消融。在大数据环境下，社会科学打破了原有界限，内外部相互联系，这主要体现在促进内外部学科交叉融合、定性与定量研究方法相结合运用两方面。在促进内外部学科交叉融合方面，社会科学中数据的收集、搜索、存储及应用突破了学科的边界，使不同学科之间的研究对象趋于同质，促进了不同学科之间的交流与融合。另外，在大数据环境下，具备计算机、数学、物理学等知识的研究者利用自身的专业知识投身于政治学、心理学、教育学等人文社科的研究中或与人文社科研究者合作，在更大范围、更多的领域开展跨学科合作的研究。在定量与定性研究方法相结合运用方面，大数据改变了以往人们对于定性与定量两种研究方法相对立的想法。首先，大数据的出现促使定性与定量两大地带之间出现一个混合地带。定性研究与定量研究的数据收集、存储、分析等方法趋同。其次，社会科学大数据驱动范式促进了社会研究中定性研究与定量研究两者之间的合作和转化。用定量研究为定性研究提供资料，用定量研究弥补研究结果的不足。再次，新的定性与定量结合运用的研究方法出现，大数据进一步缩小了定性与定量之间的差异。通过将定性和定量相结合的方式，达到"从定性到定量综合集成"；同时，大数据在特定领域内的高端技术运用正以"块数据"的形式呈现出质的研究功能（迈尔-舍恩伯格和库克耶，2013）。最后，促使定量研究与定性研究共享成果，"开放存取"和"复制性研究"为定量研究与定性研究提供了条件，并且信息可视化使定性与定量研究的展示方式更加多样且直观，便于不同领域的学者理解。

（3）改变了人们认知世界的方式。在 2007 年 1 月召开的美国国家研究委员会计算机科学和电信委员会（National Research Council-Computer Science and Telecommunications Board，NRC—CSTB）（袁汪洋，2004）大会上，美国著名科学家吉姆·格雷提出，科学研究按照时间演进和思维方法可以分为四类范式：基于经验归纳的经验科学、基于建模推演的理论科学、基于仿真模拟的计算科学和基于大数据分析的数据密集型科学发现（郝春宇，2015）。第四研究范式改变了以往从假设到验证问题的思维方式，而是以数据为基础，从数据分析中预测和推导结果，从"理论导向"跨越为"数据导向"，并且大数据弱化了社会科学研究间的因果关系，强化了对相关关系的探讨。

社会科学的大数据驱动阶段虽然在更大程度、更大范围上推动了社会科学的快速发展，但其也有不足之处，主要涉及三个方面：大数据技术和社会科学综合跨学科人才严重不足、数据公开程度和个人隐私保护存在着矛盾、社会科学大数据技术解决社会问题匹配度不高。

（1）大数据技术和社会科学综合跨学科人才严重不足。随着全球化加速以及信息技术的进一步崛起，大数据越来越成为信息科技化的重要资源，但在新工科背景下，大数据人才以及社会科学综合跨学科人才十分缺乏。在大数据专业人才层面，由于大数据是新兴产业，更新速度快，建设有待完善，教师对于大数据的应用掌握不足，无法根据时代变化去更新教学内容。教学方式和科研水平仍有待提高，教师教学形式单一简单，无法顺应大数据时代多样化需求，科研设备不足制约了科研水平的进步。因此，大数据人才成长困难，数量不足。在社会科学综合跨学科人才层面，国家提出培养复合型、跨学科人才的战略要求，在大数据驱动阶段，对于社会综合跨学科人才的需求更加迫切。因数据科学是统计学、机器学习和领域知识等多学科的交叉，目前，人才的发展速度与大数据时代发展速度不相匹配，造成了社会科学综合跨学科人才严重不足的现象。

（2）数据公开程度和个人隐私保护存在着矛盾。社会科学研究收集数据涉及网络安全和个人隐私，获取途径少，所以在收集获取时存在困难。如今，网络已渗透人们生活的方方面面，大数据的研究结果也日益增多，但是研究者要对大量原始的数据资料进行挖掘研究并不是一件容易的事情，进行社会科学研究时数据可获得性存在阻碍因素，对社会科学的研究造成困难。在数据公开的程度层面，一般只有政府的数据是公开透明的，然而在其他的主体及不同领域方面由于涉及个人隐私以及技术伦理问题，研究者无法收集到人们刻意回避的数据。在个人隐私保护层面，由于不同的人对于个人隐私的认识不同，都有自己的信息透露接受度。有人愿意将自己的任何信息透露给别人或网络，而有的人不愿意将自己的细节展示出来，这就造成数据的收集困难以及数据偏差问题。因此，数据的公开与个人隐私保护存在矛盾。

（3）社会科学大数据技术解决社会问题匹配度不高。社会科学大数据驱动阶段数据量不断增加，形成了一个巨大的相互联系的数据网，但社会科学研究受数据类型以及数据处理技术的影响，在研究中数据与应用匹配度不高。在社会科学研究数据类型层面，由于政府具有较高透明度与公信力，所以社会科学研究的选题多集中于与政府有关的选题，研究者无法根据自己的学术兴趣进行选题，从而造成社会科学研究的选题受限，这就导致无法从根本上解决现实的社会其他层面问题。在大数据利用层面，社会科学发展中虽然数据数量较大，但要将数据中有效的信息应用于社会科学研究中，需要对海量的数据进行筛选与整理，这就造成了大数据的利用率低。因此，从社会科学选题以及数据利用率方面来看社会科学大数据技术解决社会问题的匹配度不高。

4. 社会科学的大数据驱动阶段对社会科学发展的意义

（1）社会科学的目标更明确。社会科学的大数据驱动范式，使社会科学结果更具预测性。社会科学的大数据驱动范式改变了以往人在社会科学研究方法中的角色，将人在仿真模拟中作为实验对象的"样本"转变为以人为中心的"人本"。大数据目前正在构建的系统模型作为"社会性记忆"合成的关键，驱动着社会科学的目标和方向以全新的形式展现。同时，信息网络和大数据的高速发展扩展了人类认识世界与改变世界的方式，为宏大理论与实证经验之间搭建了桥梁。大数据的"全样本""高容错""数据挖掘"等优势，为社会科学宏大理论发展提供了"全景式"认识世界、发现和提炼新的重要理论的可能性（顾燕峰，2021）。

（2）社会科学研究更客观与科学。社会科学研究的科学性体现在数据质量、虚实结合研究、知识体系的多元化等方面。第一，大数据使社会科学研究的数据更准确、真实。在大数据环境下，通过数据挖掘等技术分析数据的相关性、专注于社会发展过程、处理概念不清或不准确的数据，以海量的数据和实时的数据更能发现社会科学发展的阶段演化以及社会科学发展的规律。第二，大数据使研究者以及研究对象充分参与到研究中来，将人与计算机进行虚实结合，使研究对象置身于真实环境中不受主观因素干扰展现自己的行为成为可能。第三，社会科学知识体系更加多元化。大数据促进了普及性知识与地方性知识的相互转化、默会知识与明示知识的转化，并促进了本地知识与云端知识的互动（王渊等，2017）。因此，此范式会进一步提升默会知识的地位，提高人的数据检索能力。最终，在网络和大数据发展背景下，实现社会科学知识体系下网络、数据搜索、数据挖掘等多元化主体相统一。

第 21 章
数据驱动的社会科学转型的急迫性与必然性

当前是智库、大数据快速发展的时代。大数据、智库不仅是促进哲学社会科学研究智能化、高效化的先进手段，而且可以有效促进哲学社会科学研究成果的转化和落地。同时，为社会科学主体创新价值的综合评价和预测提供强有力的技术支撑，并根据社会科学要素的贡献，为政府提供再分配和保障，促进有效分配、科学化与现代化（凌昀和李伦，2020）。社会科学研究的目标在于认识各种社会现象并尽可能地发现因素之间的关联，核心在于探究其因果关系。

社会科学发展到现在遇到了一些阻力，这首先源于社会科学自身的局限性。其次，在大数据这一概念进入社会科学研究领域、被逐渐应用到社会科学研究过程中之后，社会科学原有的研究方法、研究范式无法有效地契合大数据的海量信息。较之于大数据而言，传统社会科学研究中使用的数据可称为小数据，小数据通常是根据研究需要有目的性获取的，有很强的针对性，但小数据一般采用人工收集数据的方法，成本高昂、时效性差。大数据则正好相反，它不是为了特定的研究而存在的，具有被动性，但大数据存量大、收集速度快、时效性高。大数据以其独特的优势与其本质上和社会科学研究的可匹配性已经影响了社会科学研究的方方面面，因此为了使社会科学研究能够更好地适应当前大数据环境的发展趋势，也为了促进社会科学研究往更科学化的方向发展，推动社会科学转型已经迫在眉睫。大数据环境下的社会科学转型是社会科学在历史进程中适应社会发展的需要，也是社会科学研究积极主动适应社会和人民需求的表现。社会科学转型不是一件容易的事，在这个过程中社会科学作用于大数据也会受到大数据的影响，但事物的发展是螺旋式上升、波浪式前进的，社会科学研究的转型是必然性与可行性的统一。

本章具体研究框架如图 21-1 所示。

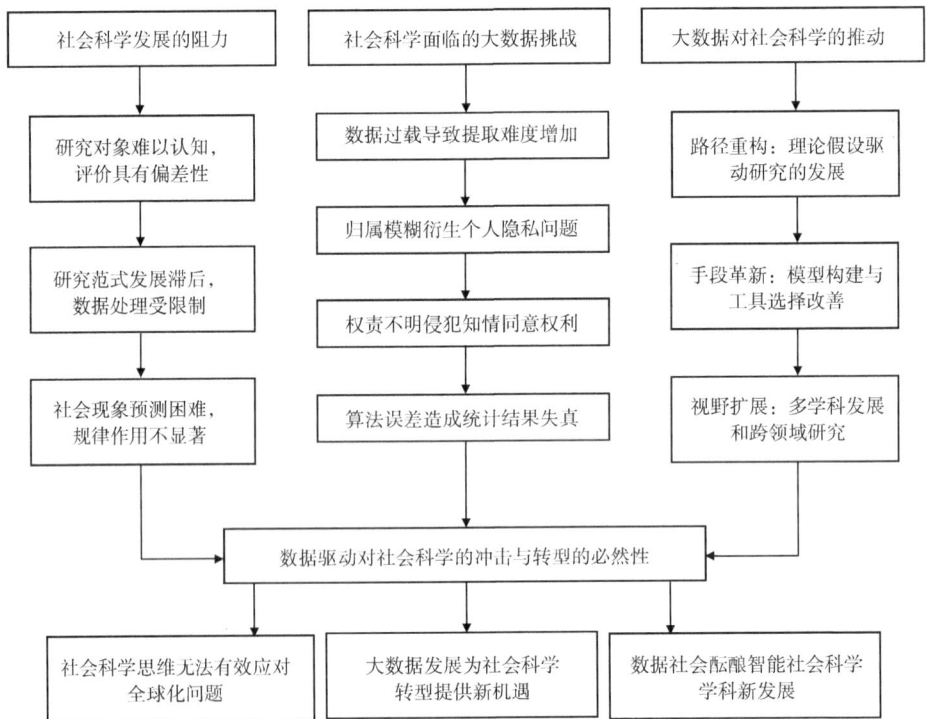

图 21-1　数据驱动的社会科学转型的急迫性与必然性框架

本章从社会科学在当前发展遇到的局限性出发，展现了社会科学在大数据驱动背景下遇到的挑战，论述大数据对社会科学研究的推动作用，最后阐明了社会科学研究的转型是一个必然的结果。具体内容包括以下几项：①当前的社会科学研究在发展过程中遇到的研究对象、数据处理、发展规律等方面的局限性。②社会科学研究面临的大数据带来的挑战，包括数据收集、算法分析造成的难度提升以及大数据涉及的用户隐私等方面的困难。③大数据对社会科学研究产生的推动作用，包括在研究路径、研究手段以及社会科学学科发展上的影响。④从三个方面阐述了大数据驱动下社会科学的转型是一个客观、必然发生的事实，即在全球化进程的冲击下社会科学思维需要转变、大数据的发展是符合社会科学研究的发展需要的以及智能社会科学的产生是社会科学领域发展的一个关键节点。

21.1 社会科学发展的阻力

社会科学的局限性在很大程度上是由其研究对象的复杂性造成的。社会科学是以社会现象为研究对象的科学，它的任务是研究并分析各种社会现象及其发展规律。社会科学是在理论层面上展开的社会认识活动的专门化和典型性的形式，以及人类社会自我意识的科学理论层面和科学认识的方式，是以人类社会的各种现象和活动方式为研究对象的科学部类（刘涛雄和尹德才，2017）。随着社会科学的发展和进步，研究过程中产生了很多阻碍其往更科学方向发展的困难，探究其根本原因，在很大程度上是由于社会科学研究的根本性局限，即社会科学的研究对象也就是社会现象。社会现象所涵盖的范围之大、内容之广、关系之错综复杂等特征导致社会科学在研究范式、数据处理甚至是社会科学是否存在发展规律以及社会科学规律的预测性方面产生了一些无法回避且必须要解决的问题。本节就当前社会科学发展在研究对象、研究范式、规律的预测性三个方面的局限性展开说明。

21.1.1　研究对象难以认知，评价具有偏差性

1. 社会科学研究对象的复杂性与多元化导致在对其进行评价时容易产生偏差

社会科学是以社会现象为研究对象的科学，社会现象包括了人类社会甚至宇宙万物在内的一切现象，简单来说就是人与人、人与社会、人与自然、自然与社会之间的各种关系所表现出来的现象。在这几种关系的交织之下产生的社会现象必然是一个十分复杂的有机整体，它可分为社会存在和社会意识两个基本方面。社会存在主要是指物质资料生产方式，包括自然地理环境、种群因素等不受主观意志控制的客观条件。社会意识包括政治法律思想、艺术、道德、宗教、哲学、科学以及风俗习惯等，这些现象由人类意识产生，在发展过程中逐渐脱离人类意识而独立存在。但社会意识的演变、发展仍依靠人类有目的、有计划的活动来推动，同样地，社会存在也会由于人类能动性思想指导下的行为而产生变化。这就使得社会科学的研究对象即社会现象是难以用简单的描述来进行概括归纳的，同样也招来了对社会现象的多方不同的争议。此外，社会现象在发展过程中受到心理因素、社会因素、环境因素等众多不同来源但相互促进又相互制约的因素的综合影响，这直接造成了社会现象之间的因果关系是一种双向的、系统间相互联系的多元复杂关系，所以社会现象难以被客观准确地认识与评价。

2. 社会现象的偶然性和多变性也导致了难以对其进行客观评价

社会科学研究对象的复杂性以及社会意识等主观部分的因素使得社会现象存在更多的偶然性与多变性，从而导致了社会科学研究结果的不确定性。与以自在形式存在的自然世界不同，社会世界是以自为形式存在的。在这个具有自我组织、自我调节、自我更新和自我意识功能的社会有机整体中，不

确定的因素越多，偶然性和独特性也就越大（刘林平等，2016）。此外，社会现象的变化发展具有动态性、不确定性和特定性，尽管一些社会现象有一定的相似之处，但其在总体表现上并不完全一致，如经济危机的周期能够被归纳为经济危机、经济萧条、经济复苏和经济高涨四个阶段，但每次经济危机发生的原因、发生背景以及具体周期、显著特点都不相同，因此在经济发生之后，如果根据以往经验直接使用既有的应对方式也许会造成更严重甚至难以挽回的灾难，这种充满不确定性、新奇性的因素及其错综复杂的交互作用也是每次经济危机都会对社会经济、人民生活造成重创的原因之一。

21.1.2　研究范式发展滞后，数据处理受限制

1. 对社会现象认识上的偏差直接导致了社会科学研究范式选择上的偏差

研究范式首先要建立在对研究对象有正确认识的基础上，其次根据研究对象的特点选用最适合的研究范式能够使研究设计、研究过程更高效更准确地进行，从而以更高的效率实现研究目的。研究范式是指通过研究方法、论述方法、学术评价标准体现出来的学科范式，学科范式是学科内容和方法的统一，研究范式就是学科范式中的方法部分。从一个完整的研究过程来看，社会科学研究范式上的偏差体现在包括样本选择、数据采集、数据处理与数据呈现四个方面上的局限性。

2. 面对大规模的问题研究时难以有效抽样

传统的社会科学研究范式主要依靠抽样调查进行采样，这是基于传统的课题研究大部分都是在信息匮乏的情况下进行的。研究者在定性研究、定量研究和仿真研究过程中，都遵循着采用尽可能少的数据来获得最大成果的原则。为了利用最小的消耗获得最大的成果，往往选择尽量精简数据调查和应用（金等，2014）。这种尽可能采用少的数据来进行调查研究的模式被沿用

至今。但是在面对当前与大数据环境相匹配的社会科学研究中要求大量研究数据、涉及众多研究因素且变量间交互关系众多的课题时，这种研究模式便往往力不从心，不仅难以对海量数据进行有效筛选和抽样，又难以对所有数据进行统计分析，这就造成了研究过程在样本选择方面的困难。

3. 研究数据的采集难以达到很高的精确性和客观性

对社会科学研究过程中所需的数据进行筛选与收集时，由于社会科学研究内容是动态变化的、带有一定主观色彩的，且社会科学研究者是具有能动性的，其自身不同的思想倾向，甚至是无意识行为都会对研究结果产生非常大的影响，要求研究者拥有完全客观的观察尺度几乎是不可能的（刘林平等，2016）。此外，一些研究变量在涉及意识、情感、文化等因素时难以进行量化，被调查者在回答这些问题时也或多或少会受到其主观经验的影响，这些原因会导致实验者所采用的研究理论和通过小范围的实验研究或大规模的问卷研究等方法得到的信息难以做到自然科学所能达到的精确性和客观性。

4. 研究分析方法难以系统、全面地量化

社会科学所要研究的心理、意识等方面的内容在很大程度上难以做到大规模、系统化地对获得的数据进行分析研究，虽然相对精确且有效的统计分析手段已经比较广泛地应用于经济学、管理学等与数理方法交叉较大的学科中。但语言学、伦理学、法学等学科的主要研究方法还是通过在海量的历史文字数据资料里进行爬梳，研究者耗费巨大的时间、精力缓慢地进行定量调查，难以对研究方法升级，难以运用有效的数理统计工具，这严重地阻碍了社会科学研究的发展。

5. 大量复杂的信息表达困难

社会科学采用描述性统计的方式十分普遍,研究结果一般采用文字叙述、简单的调查表格和建模的方式进行表达。但在处理巨量复杂的数据信息时，采用传统的表达方式就会产生表述不清的问题。在传统的社会科学研究中，通常划定小范围的数据为原始研究样本，由于收集的信息较少，确保记录下来的数据尽量精确是必要的。在科学研究中，精确且缜密的数据对于研究结果的真实性起着至关重要的作用，当数据以少量的小范围样本为研究前提时，在有限的研究内容中，任何细微的误差都会使研究结果有很大的差异，甚至与预想结果大相径庭（刘涛雄和尹德才，2017）。但在大数据环境下，社会科学研究一旦对研究内容要求精确反而会造成研究结果的片面，但目前能够普遍适用的、稳定运行的大数据可视化的程序软件尚未出现，而继续沿用传统的信息表达方式会导致信息表述不清等问题。

21.1.3　社会现象预测困难，规律作用不显著

1. 从整体上看社会现象的变化发展是具有可预测性的

社会科学研究对象的发展变化有其内在的客观规律，这些规律是可以通过人为发现、归纳并为人所用的。对社会现象进行预测是研究者从一定的初始条件出发并根据条件对规律进行有效的判断，判断的可能性和有效性取决于研究对象本身及其发展规律的性质和预测主体的能力。在社会现象的变化发展中，在一个社会环境相对稳定的情况下，社会事件的出现次数如果是相对较少的，这些事件之间更不容易表现出一种有规律可循的联系；如果社会事件的出现次数是相对较多的，它们之间就更能够表现出一种相对确定的规律。

2. 社会科学研究方法相对于社会实际的变化发展有滞后性

传统的社会科学研究方法常常先从理论的角度出发，通过建构或选择一个已经相对成熟的理论来对社会现象从这个理论角度进行分析，即采用推

理法的方式。但当前的社会现象往往是独特的、新异的、动态变化的，无法用既有的理论去框住，这就导致研究者常常需要从现实问题入手，在大量归纳了相似的社会现象之后总结出一条可能的规律，再形成相应的理论分析。然而，社会现象的发生是具有偶然性的，因此进行归纳分析的工作往往耗费好几年甚至几十年的时间，这就使得现有的社会问题难以得到及时的解决。

3. 难以准确预测社会现象的规律及其发展变化

由于社会现象的复杂性与社会科学研究方法的相对滞后性，使得它的规律并不像自然现象的规律那样清晰、易观测。社会科学的任务是阐述、解释、预测各种社会现象及其发展规律，其中预测是阐述、解释的目的，也是进行社会科学研究最重要的环节之一，能够对社会现象进行有效的预测是社会科学研究具有实用性的体现。在很多学者看来，规律在科学研究中所发挥的解释和预测功能甚至关系到社会科学的科学性和合法性。从规律的表现形式上来看，自然规律主要是依照动力学的规律标准，而社会规律则更多的是依照统计学的规律标准。其中动力学规律主要展示了事物之间的一种一一对应的确定性的、联系的、规律性的关系。统计学的规律并不是这种一一对应的关系，它存在着丰富的随机想象和偶然现象，只有在众多现象中它才能表现出其规律性（毛文吉，2011）。动力学规律作用下的自然现象发展意味着一个事物的产生必然会与一个特定的事物联系，这种一一对应的关系是明确的，偶然现象的作用是非常有限的，因此可以在统计时选择忽略不计。与此相反，绝大部分社会现象的发生都具有随机性，意味着一个事物的产生可能会在不同情况下与不同的事物相联系，而非一个特定的事物，这种特性直接导致了社会规律在预测社会现象上的局限。

21.2　社会科学面临的大数据挑战

在大数据时代，社会科学研究的发展面临着大数据带来的众多挑战。社会科学发展的局限性导致了社会科学难以适应当代社会的发展速度，在当前大数据应用越来越广泛的基础上，社会科学的发展遇到了很多"水土不服"的状况。首先，大数据虽然提供了很丰富的信息资源，但对这些资源的使用是有条件的，现有的社会科学研究手段难以对其进行高效的利用。其次，大数据所涉及的用户隐私权等伦理方面的问题要求社会科学研究对相关问题做出回应和改变，推动社会科学基础性的保密原则的转型。最后，大数据提供的海量资源在当前社会科学的研究手段下无法进行十分有效的统计和运算分析。

21.2.1　数据过载导致提取难度增加

大数据的过载导致社会科学研究所需数据的提取难度增加：数据的海量增长为社会科学研究提供了十分充沛的资源，丰富了社会科学研究的主题和领域的同时也引发了一系列新的问题，其中一个十分关键的问题就是如何对数据进行筛选。大数据要求的数据分析技术与以往的社会科学研究中对数据分析的技术是截然相反的，传统的社会科学研究一般通过问卷调查、个案访谈等方式主动地收集研究所需的数据资料,研究者可以通过合理的研究设计、严格的数据收集程序获取数据。但在大数据环境下，数据库里储存的资料是已经存在的，研究者需要从海量的信息中筛选、提取研究所需的内容，无法主动选择自己所需的数据类型,而占据大数据总量约95%的是非结构化数据，如文本、图片、影像等。这些数据只有通过计算机识别、转换成可分析的数据形式后才能用于社会科学研究（章昌平等，2018）。但如何利用数据挖掘技术对这些数据进行转换，抑或是采用合适的非结构化数据处理软件仍是社会科学研究目前需要攻克的难关。此外，大数据的海量增长也为数据处理和分析提出了新的要求，在传统的统计软件所能处理的数据量远远小于大数据所能提供的数据时，要如何对这些变量进行筛选、提取和解释都是社会科学研究者必须面对的问题。

21.2.2 归属模糊衍生个人隐私问题

1. 社会科学研究中使用的大数据的归属权具有模糊性

大数据提供的丰富的数据资源在应用到社会科学研究时会涉及包括个体基本信息在内的不同类型的信息，而这些信息的归属主体会导致相关的数据权利归属与隐私权问题。数据权利的划分标准有很多，依据数据的来源可以分为原始数据和次生数据，原始数据是直接产生于被记录者的数据，如通过网络进行各种报名、申请所产生的数据，网上购物生成的数据，银行个人账户数据等，这类数据包括个人数据、企业数据等。次生数据是按照一定的目的以新的处理模式对原始数据进行加工处理后形成的数据。次生数据不同于原始数据，是在对原始数据进行加工处理的基础上出现了资产化升值，在原始数据处理为次生数据的过程中处理加工者对数据进行了转化、综合及提升，使数据以新面目出现并且具有了新的价值（刘昌明，2005）。由于目前对这两种数据要如何归属的问题尚且没有明确的法律规定，而很多机构在对数据进行分类和处理时也没有对数据进行严格的厘清，这就使得在社会科学研究过程中当研究者采用的源于机构日常管理和营运的数据时容易产生侵犯个体数据权利等问题。在传统社会科学研究中，数据的采集多是研究者或科研机构为了特定研究目的进行的收集，且由于数据收集的不便利性，社会科学研究领域逐渐形成了数据共享的默契。数据驱动下的社会科学研究中所使用的数据则不限于科研数据，还包括来自政府、企业、金融机构等用于管理和营运等目的收集的数据，这些数据中的很大一部分属于商业化的无形资产，具有私有性。

2. 大数据的使用可能会出现侵犯个人数据权利的问题

社会科学研究中使用的大数据在大部分情况下来源于政府或企业等机构而非直接来源于个人。当研究者使用个人基本信息的时候，可能会对个人的基本权利造成侵害，如信息安全、数据泄露等对个人的名誉权甚至财产权和身心健康造成的不良影响。尽管研究者或许对研究数据进行了"匿名化"或"脱敏"处理，但是这种"脱敏"效果可能并不尽如人意。由于个人的信息被数个机构收集过，同一个人的相同或不同的数据可能同时存在于数个数据库中，即使各个数据库都没有显示敏感信息，但是将数据库进行关联分析就能够暴露出敏感信息，这就是所谓的"再识别攻击"，任何数据都有可能被再识别，并且所有的数据都可能是敏感的。此外，数据的第三方授权使用、外包处理等情况使得个人的数据权利面临着更为复杂多变的风险，个人数据权利也难以得到很好的保障。

21.2.3　权责不明侵犯知情同意权

社会科学研究中对数据的使用易产生忽视个体知情同意权的问题。传统的社会科学研究中形成了特定的涉及被调查者知情同意权的信息收集原则，然而数据驱动下的社会科学研究一般采用机构或企业提供的大数据进行数据的收集，在这种情况下，被调查者知情同意权的保障也更加困难。尽管知情同意原则与社会科学的一些研究方法存在内在冲突，但问卷调研、访谈调研等传统数据收集方法都尽最大努力遵循着知情同意原则。在传统的社会科学研究中出于部分研究的特殊性，不能在信息获取前征求被调查者的知情同意权。例如，心理学与社会学中的一些涉及研究者敏感信息的问题，或是会产生明显的社会倾向性的问题，这类情况一般是控制在比较小的范围内的研究。在数据驱动的社会科学研究中完全不征求实验对象同意的情况可能会越来越多，甚至是在一些不涉及个体敏感问题的情况下。当前个人数据在不经过本人同意的情况下被使用的情况屡见不鲜，这和知情同意过程中涉及过多的相关方也有一定的关系。例如，一些大型的互联网公司，用户在使用他们的产品时需要提供自己的一些个人数据，但授权声明往往过于晦涩冗长，因此很多用户并不清楚自己具体授权了哪些数据，哪些数据可能会被再授权给第三方使用。即使用户清楚自己授权了哪些数据，但一些研究所使用的数据往往是经过再次加工之后的次生数据而非用户的原始数据，这就使得数据的所有权对象不明确，也同样导致数据使用的知情同意权模糊的问题。

21.2.4　算法误差造成统计结果失真

1. 大数据背景下易产生由算法误差造成的统计结果无法准确还原客观现实的现象

首先需要明确的是，社会科学研究中统计的结果不能完全准确地还原现实的现象是一直都存在的，即使是在数据化尚不完全的传统社会科学研究中。过去的统计过程由设计、调查、整理、计算和制表构成，过程中易产生统计误差，主要包括调查误差和样本误差，前者指在整个统计调查过程中由人为因素引起的各种技术性和责任性的误差，如课题选择误差、调查设计误差、分析误差等。后者主要指抽样过程中样本的代表性误差，统计误差可能导致整个研究的结论被夸大或是小觑。由于大数据及其相关统计软件的发展，来自技术层面的新的误差近年来已逐渐显露，尤其是在网络平台的数据分析应用上。这种来自计算机方面算法的误差不仅会造成社会科学的研究结果的偏颇，更为严重的是，一个有数据支撑的、似乎是客观准确的结论更容易成为政治、经济等领域公共政策制定的基础，而在算法误差的存在下做出的公共政策将对社会产生不可估量的负面影响。

2. 算法造成的误差现象在数据驱动的社会科学研究中难以得到有效的校正

传统的社会科学研究中存在的误差能够通过对样本进行修改以及对变量进行控制而得到修正，但大数据模糊了数据驱动下的社会科学研究过程中的因果关系，这种模糊性也使得研究结果中存在的误差难以得到校正。社会科学研究得出的结论用来预测社会现象，并指导下一步的社会实践。如果研究结论是在这类算法造成的误差的基础上得出的，那么这些结论指导的实践将会进一步造成更大的误差从而导致一些难以应对的社会现象。此外，由于计算机技术的发展，机器学习与算法将在未来社会科学研究中发挥更大的作用，但机器学习也能够延续甚至加强这种算法误差。机器是指对过去的、已经发生的数据的学习，比起自然科学或技术领域，机器学习在社会科学研究中的应用应当尤为谨慎。从有利的角度看，算法和机器学习把人的主观偏见从决策过程中剥离了出来，有利于消除社会科学研究过程中的偏见与误差。但数据驱动的社会科学研究并不是计算机科学和大数据的简单组合，要更高效地利用机器学习，使其更好地为社会科学服务还需要充分发挥社会科学研究者的能力。

21.3　大数据对社会科学研究的推动作用

大数据的发展影响着社会科学的研究范式、研究路径以及学科的发展。社会科学研究的发展面临着大数据的广泛应用带来的许许多多的挑战，其中一个原因是大数据在发展过程中首先影响了社会科学研究过程的方方面面，对社会科学的发展造成了很强的冲击，包括但不限于研究方法、研究手段等方面。本节主要列举大数据对社会科学研究路径、研究手段的冲击以及大数据对未来社会科学学科发展的影响。

21.3.1　路径重构：理论假设驱动研究的发展

1. 传统社会科学研究更多地采用理论假设驱动型研究

社会科学研究一般通过两种路径来进行研究过程的推导，一是演绎推理，指由一个一般性的结论推断出特殊性的结论，二是归纳推理，指由多个特殊性的案例推断出一个一般性的结论。传统社会科学研究中由于多个相似的特殊性案例获取的偶然性和随机性，导致归纳推理型的研究所需要的周期和耗费的资源都远远大于演绎推理，因此演绎推理成为传统社会科学研究中被广泛使用的一个相对有效的研究路径。演绎推理一般是基于已有的知识体系针对特定的问题提出一个或多个理论假设，进而通过数据收集和统计分析验证假设，进而得出结论。这么做不仅能够大大节约数据收集的成本和时间，也能使研究问题聚焦在一个相对小的范畴内，便于探究问题背后更深层次的内涵。但这种由理论假设驱动研究的方法也有明显的不足之处，当研究者选择了一个理论时，就意味着放弃了其他可能的理论，也许研究者选择的理论假设并非最适合这个研究问题。

2. 大数据背景下的数据驱动研究将推动理论假设驱动研究的发展

随着大数据的不断发展，数据收集和处理的方法更加进步，同时通过机器学习进行数据挖掘和处理，使得大范围的归纳推理成为一个高效的、资源节约型的研究路径。在数据驱动的社会科学研究中，研究者能够暂时摆脱现有理论和个人知识的束缚，在先验假设尽可能少，甚至没有任何假设的情况下，通过大范围的数据挖掘发现一些基本模式，从中提炼出更重要的研究问题和理论假设，并结合已有理论知识总结凝练出理论假设。之后基于理论假设对数据进行进一步的问题导向，更集中的深度挖掘来验证假设的合理性，如果此时已有数据不能满足假设验证的要求，可进一步收集数据，当然也可以采用传统方法收集小样本数据，以保证假设验证的科学性（倪万和唐锡光，2017）。这种数据驱动下的理论假设与数据挖掘相结合的研究路径或能够成为未来社会科学研究范式的主流手段，数据驱动的知识发现对社会科学研究造成了挑战并将重构其研究过程，这两者的结合将推动社会科学研究往更科学化、更深刻化的方向发展。

21.3.2 手段革新：模型构建与工具选择改善

大数据将改善社会科学研究中的模型构建与工具选择。探究变量间因果关系的最佳方法是进行可控性实验，基于实验不仅可以将实验对象分为控制组和实验组，还可以避免外界因素干扰（高奇琦，2020）。但由于影响社会科学研究对象因素的多样化、特殊性，需要考虑到的控制变量十分复杂，这就使得进行标准化高的实验十分困难，而且很多社会科学研究的课题难以进行实验室实验。因此在社会科学的研究中，通常是基于概率角度理解因果，采用统计的方法去判断因果。在实证分析中，因果关系判断的准确度通常受制于三因素——变量的内生性、变量遗漏、样本代表性。内生性问题是因果关系难以判断的主要原因，它是指在一些情况下出现反向因果问题：解释变量受到被解释变量的影响，而不是我们假设的解释变量影响被解释变量（黄欣卓，2019）。在现实生活中联系是普遍存在的，导致一个事件的原因常常不止一个，这意味着构建合理的社会科学研究模型应该包括所有可能影响因变量的元素，但数据收集、统计方法等研究手段的限制，常常导致研究中只能选取部分变量进行研究。此外，传统研究范式中的数据通常来自抽样调查，然而研究者的主观选择、客观条件限制及操作过程失误等均可导致样本选择性偏误，从而导致样本代表性问题（李艳坤和高铁刚，2017）。在大数据时代，大数据能够提供的"全样本"数据将令变量选取、样本不够等问题得到改善。首先，更多的数据意味着更多的工具变量备选，研究中可选择更好的工具变量；其次，"全样本"将在很大程度上解决抽样带来的样本代表性问题；最后，不仅是由数据缺失造成的变量遗漏问题将得到解决，还可以对"全样本"数据进行筛选，以判断哪些变量应该包含于模型中（杜威，2015）。

21.3.3 视野扩展：多学科发展和跨领域研究

1. 大数据催生研究方法创新

大数据促进了社会科学研究领域新的视野和新的方法的发展，体现在相应研究方法的使用和研究成果的取得上。研究方法主要包括复杂性科学与计算机技术相结合的方法以及使用计算实验方法。复杂性科学与计算机技术结合的方法可以使用仿真方法对社会科学领域的问题进行研究，在虚拟环境中模拟现实世界可能发生的现象，从而对模拟结果进行预测并对模拟中采用的应对方法进行优化。使用计算实验方法则是通过人工智能个体代替现实中的人，把现实社会转化成由智能主体构建的演化系统，从而揭示现实社会中个体的微观行为和大环境中的宏观行为之间的动力学机制。通过社会科学和数据科学的交叉融合，实现计算社会科学、社会网络分析、基于主体的数据挖掘等，从而达到以人和社会为表征的建模、实验与分析评估等目的（郏庭瑾，2007）。这些研究方法在全球问题、危机管理、舆情监控、消费决策、技术创新、土地覆被变化、生态系统服务等领域的建模仿真，在社会安全、社交网络、决策行为、军事工程等领域的数据挖掘、分析与人机交互，在公共管理领域的精准治理和国家治理技术平台，在情报学领域的知识图谱研究，在科学学领域的技术创新等方面均取得了丰硕的成果。数据科学中的数据集成与联结，数据挖掘与分析技术在其中发挥了重要作用。随着海量数据存储、传递、挖掘和整理技术的不断进步，数据科学利用大数据挖掘相对于传统数据分析的优势更加明显，无论是算法还是工具都优于传统数据挖掘，更能应对数据的大体量、数据多样性和复杂性的处理。可处理对象来源除了管理信息系统、Web 信息系统外，还包括感知信息系统等传感设备自动产生的数据，数据体量呈指数级增长，数据类型转变为多种数据类型大量并存的状态，数据结构复杂化程度加深。在此背景下，大数据时代的到来和数据科学的发展，为社会科学研究方法突破研究困境创造了条件，一个以计算机技术、互联网为基础，具有无限可能性的新计算社会科学成为现实，这给社会科学研究带来了革命性的变革和创新，并将深刻改变着社会科学的研究范式（朱智贤和林崇德，1986）。

2. 大数据重绘学术图景

大数据将促使社会科学研究向跨学科、跨领域拓展，在传统领域里构建交流与对话的平台和基础。传统社会科学强调，不会再出现国家和市场之间的信息不对称而导致的计划错误，虽然国家和市场之间的信息是不同的，但是政府通过充分利用大数据了解宏观经济的各项措施，能够进行合理的规划和控制，从而实现资源的优化配置。大数据使经典理论和实证研究得以融合，学术界可以用大数据重新审视和延伸经典理论。虽然目前社会科学流派众多，但它们可以与一些具有示范、启发和解释意义的概念、假设和理论联系起来。与传统的研究数据相比，大数据具有样本量大、时空范围广的特点，能够为科学家提供大量的数据和信息，从历史的角度支持经典理论问题的研究和回顾过程。大数据对社会科学学科的改变体现在丰富学科目标、促进学科融合、提升学科应用三个方面。

3. 大数据丰富社会科学学科目标

挖掘因果机制是科学研究的基本任务，也是科学知识积累和学科建设的核心。传统社会科学，特别是定量分析，涉及因果关系的确定和解释机制。随着大数据的出现，学科的双赢目标即相关分析的出现和因果结论的不断强化，变得越来越重要，社会科学学科的目标也在不断扩大和扩展。人们不仅依赖经验主义，而且通过简单的统计描述发现和展示权利。这使得我们能够完善"经典理论时代"的重要理论，通过对大数据的澄清和发现，我们不应该用抽样数据来证实或证伪传统的理论和假设，而传统的样本数据是无法比较的，完整样本的类型可以防止"例外"的干扰，在某种程度上，这是由个人经验有限造成的，而个人经验对于公共管理、经济和金融等各个行业来说都是一个强有力的工具。大数据的出现将促进第三次学科整合的成长，形成数据组合，并从两个维度促进学科整合，其中一个是大数据将促进社会科学与自然科学的融合。同时，大数据也代表了社会科学新的分析主题，提高了社会科学的跨学科地位，揭示了"社会信息学""应用信息学"等学科在美国流行的原因。大数据的收集将促进社会科学和各学科之间的交流与对话。这种无意的数据收集具有跨学科的潜力。随着信息革命的深入，大数据有被传播到经济、金融、选举、竞争、就业、高校招生、疾病研究、灾害预测等领域的趋势。社会现象质变的临界点来自许多症状的积累。大数据分析技术的推广，可以在刺激调查信息、视觉叙事和应用三个层面上，同步提高新闻生产和创新中信息的广泛传播与处理。

21.4 数据驱动对社会科学的冲击与转型的必然性

大数据驱动下的社会科学转型是事物发展到一定阶段的必然结果。大数据正在影响着科学研究的各方面，社会科学研究也同样难以幸免，在全球化进程不断发展的背景下，在数据驱动下社会科学需要转型以适应全球发展的大趋势。首先，从全球环境的大背景下看，全球化的进程在不断冲击着传统的社会科学研究，从研究思维上推动着社会科学的转型。其次，从社会科学研究过程角度，数据驱动正在或将要重塑社会科学研究的方方面面。最后，在智能科学发展的层面，人工智能的发展推动着智能社会科学的出现并逐步走向成熟，把握智能社会科学的发展是我国在科技革命的潮流下取得国际发展主动权和话语权的重要环节，而智能社会科学的发展离不开社会科学研究的转型。

21.4.1　社会科学研究思维无法有效应对全球化问题

1. 社会科学研究思维的地域性特征无法有效地应对全球化发展进程中出现的问题

社会科学研究自其诞生以来表现出两个明显的特征：其中一个是地域性，即无论是在分析本国政治、经济、社会发展时，还是在借鉴其他国家发展经验时，社会科学研究大都根植于民族国家这个"集装箱"之中，突出研究国家范围的经验资料（李新和杨现民，2019）。但全球化所引发的问题涉及几乎全世界所有的国家和地区，这就使得社会科学研究在分析全球化问题时，如果依旧局限于本国的政治、经济等领域，就会造成管窥蠡测的后果，不仅无法有效对研究数据进行收集以及对研究方案进行设计，同时得出的研究结论的客观性和权威性也大打折扣。因此社会科学必须要转变这种地域性研究思维，转向以单个问题为导向的全球化研究思维，针对一个特定问题进行全球范围内的考察，对比不同国家和地区的区别与联系。

2. 全球化进程使得社会科学向跨学科的综合性思维转变

随着社会科学近年来的发展，学科融合、交叉学科的涌现，不同学科之间的合作已经是相对频繁的现象，但这种学科合作的情况多表现在有相关学科基础的学科之间，如心理学和管理学。学科合作一般也是两个学科共同对一个问题进行研究讨论。然而，随着全球化的进一步发展，这种学科之间的合作将会被进一步推动，更多的学科将参与同一项全球化问题的研究中，这就使得社会科学需要突破传统的学科界限，转向一种跨学科的综合性研究思维。在这种研究思维的指导下，研究者应该从一个更综合、更全面的视角来看待问题，从政治、经济、社会、文化、人际互动等多个方面的因素来考虑问题。

3. 全球化进程要求社会科学用更加辩证的思维来研究政治、经济和社会问题

全球化过程本质上是一个充满矛盾的过程，它是一个合理的悖论：既包含着一体化的趋势，同时又包含分裂化的倾向；既有单一化，又有多样化；既有集中化，又有分散化；既有国际化，又有本土化。这种充满矛盾的过程对社会科学研究提出了更高的要求，在对同一个问题或现象进行分析时，需要从多个角度、多个方面考虑可能的内容，甚至要从两个完全相反的方向对一个问题进行探究。另外，研究者在进行社会科学研究的过程中，首先要接受这种全球化的悖论，然后能动地、具体地用辩证性思维把这种悖论贯彻于对政治、经济和社会问题的研究之中。这种从全球化进程中的悖论所总结出的对社会科学研究所应具有的辩证性思维范式，有助于社会科学研究实现本土化和国际化的统一。

21.4.2　大数据发展为社会科学转型提供新机遇

1. 大数据为社会科学研究提供了丰富的数据土壤

2016 年 11 月美国塞奇出版社对来自全球 39 个国家的 7933 份学术界的问卷进行了分析，并发布了名为《谁在做计算社会科学？大数据研究趋势》的报告。调查结果显示，1/3 的受访者表示其使用过大数据或大数据方法进行学术研究。在这些学者中，约 60%的人在之前 12 个月中使用过大数据。在其他 2/3 尚未接触过大数据的学者中，有一半提到未来打算接触大数据或未来一定会把大数据运用在其科研中；剩下的一半学者不期望接触和运用大数据（Jimerson，2014），这一调查足以证明大数据已经成为社会科学研究领域的热点。这首先是由于社会科学发展本身对大数据的需要，体现在研究对象、研究方法、技术支持几个方面。在研究对象上，当前的社会现象正在经历着被编码数据化的过程，随着计算机及其相关技术的发展，如数据编码、人工智能等技术的发展，无论是客观事物本身、个体的自然状态，甚至是个体之间的社会关系和社会活动都存在被编码的可能，这些信息一旦被编码便可以通过数据转换进行数字化记录，形成计算机可以直接处理的数据信息。在研究方法上，大数据使得社会科学研究的统计分析得到进一步的发展，同时大数据提供的庞大数据库也使得社会科学研究过程中所需的文献资料能够比以往更快捷地得到并且资源数量更多。在技术支持上，大数据的发展推动机器学习、人工智能的产生和进步，社会科学研究中的数据运用和计算方法得到了促进。

2. 大数据拓宽了社会科学研究的领域

大数据为社会科学提供了新的研究视野和研究方法的同时也在加速淡化甚至彻底消除社会科学的学科边界。数据科学正在将传统社会科学能够认识的社会对象与孤立的数据流进行整合和连通，在科学家、决策者、专业工作人员和普罗大众之间建立集中共享的、新的社会和环境图式，以催生一体化、有机的、速度更快、关联更紧密、响应更敏捷的计算科学体系（王彬，2017）。这不仅推动了社会科学单一学科的自我拓展，也促进了新兴学科的产生。在打破传统的学科壁垒之后，在传统领域里难以进一步沟通或协作的学科之间有了更好的交流与对话的平台和基础，如大数据背景下新闻传播学的跨学科发展。其中，跨新闻学、传播学、政治学、管理学等学科的舆情分析与社会治理这一研究领域，已经成为世界关注的研究热点，而正是大数据的应用——舆情信息的抓取、提炼、分析，成为使这一研究领域各学科共通的基础（彭知辉，2019）。

21.4.3　数据社会酝酿智能社会科学学科新发展

智能社会科学是我国在社会科学领域取得发展优势的重要突破口。智能社会科学是在智能革命发展的背景下，以智能相关问题作为研究对象，从社会科学视角出发，力图对未来智能社会产生的一系列社会问题做出理论和实践回应的新型交叉学科。社会科学研究领域中很大的一部分基础理论和概念都是由西方学者自工业化之后提出、发展并形成的，并在几次工业革命与全球化扩张之后传入我国，我国学者在进行本土社会科学研究中多采用这些理论作为基础假设。同时，社会科学中很大一部分，如管理学、经济学、教育学等学科的基础体系也是由西方学者建构的，我国学者也一直沿用西方的这套学科分类方法。如今我国的经济实力显著提高，国际影响力不断增强，同时在部分自然科学研究领域已经走在了世界前列，但在社会科学研究领域却没有开创性的发展或里程碑式的贡献。随着信息革命的发展和智能革命的到来，智能社会也已经在酝酿之中。智能社会的发展能够大幅度提高社会生产力，也可能给社会带来全新的风险，如社会保障、隐私保护等领域的问题。智能社会科学的任务正是从社会科学的角度全面地、综合地看待这些社会问题。作为知识体系和社会科学中智能革命的产物，推动智能社会科学的发展是我国社会科学实现转型，并在国际社会科学领域做出贡献的关键突破口。推动智能社会科学的发展必然需要大数据技术与资源的支持，这就使得社会科学研究与大数据的合作需要往更深层次、更系统化的方向发展，而解决社会科学面临的大数据挑战，克服社会科学发展的阻力就成为当前研究的当务之急。

第22章

数据思维在社会科学转型过程中的优势

随着科技的不断进步，当前中国的社会组织在不断更新，社会变革和社会结构也在不断变化，世界各国的社会形态在不断碰撞。近年来大数据发展迅速和社会环境高度信息化，社会科学的发展面临巨大的挑战。工业时代最初建立的社会科学研究范式存在诸多问题，如学科分离、学科创新、数据质量有限及方法对立等，导致它们在新环境中的发展受限，无法适应新环境（彭知辉，2019）。

社会科学转型面临机遇和挑战，迫切需要利用大数据思维将挑战转化为机遇，因为大数据思维决定了社会科学的兴衰，大数据市场不容忽视，大数据市场亦成为社会科学的核心资产。政府可以通过创建大数据岗位或部门、借鉴"他山之石，可以攻玉"思想、"干中学"等多元方式主动学习并传播大数据知识，积极运用大数据思维挖掘自身以及相关领域大数据，参与大数据交易或者互换资源，使用大数据为自身发展服务，从而抢占大数据时代战略发展制高点，即便不能，也可避免被大数据浪潮淘汰出局。大数据的快速发展让人们的学习、生活环境、工作环境及生产等各个方面都发生了翻天覆地的变化。以前人们的思维方式已经不适用于大数据时代，独属于大数据时代的思维——大数据思维应运而生，并成为时代的主流。隐藏在大量数据中的巨大社会、经济和科学研究价值一直被学术界、工业和政府高度重视，从数据中获得新知识已经成为人们在数字时代思维必备的理念。从大数据显示的冰山一角，发现隐藏在其表面下的价值，我们需要跳出框框思考，拥抱数据思维。

　　本章主要从以下四个部分展开说明。①介绍数据思维，主要包括数据思维的定义、特性及分类；②通过与自然科学发展过程的对比，总结社会科学转型的过程，主要侧重社会科学转型过程中的四个范式及各个范式中的研究方法和思维的转型，并介绍这四种范式之间的区别与联系；③通过社会科学转型中的思维困境突显数据思维在社会科学转型过程中的追求全部数据、看重数据的混乱性及更注重数据之间的相关关系等优势，并结合发展现状提出数据思维在社会科学转型过程中的发展趋势；④通过教育、数据资产、数据科学、"数字文明"政府及社会结构领域与大数据的发展，揭示数据思维在社会科学转型过程中的应用前景。本章的研究框架如图 22-1 所示。

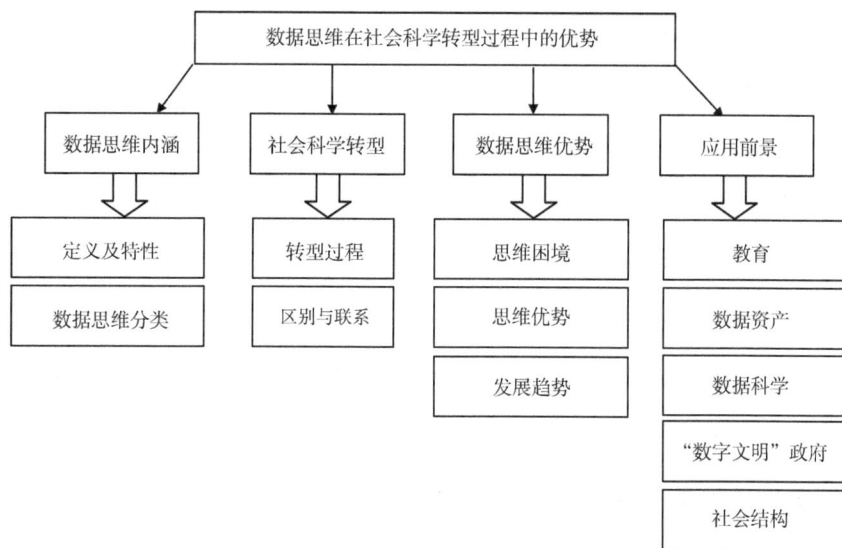

图 22-1　数据思维在社会科学转型过程中的优势研究框架

22.1　数据思维的内涵

思维是人类区别于动物的基本属性，是人类得以认识世界和改造世界的基本方法（摩尔和帕克，2015），是通过观察到的事物来判断推测未知事物的一种思想活动（陈明，2014）。在人们解决问题的过程中，思维更接近于"思考"（九次方大数据研究院，2015），是人脑借助于语言对客观事物的本质及其内在规律的概括与间接反映（罗力群，2021）。从本质上讲，思维是人类特有的一种高级认识活动，是人类认识客观世界的高阶能力，旨在探索与发现事物的本质联系和发展规律（张文宏，2018）。本节主要介绍数据思维的内涵与分类。

22.1.1　数据思维应用中的新特性

数据思维从本质上讲是人类利用数据创造价值的一种思维能力，它以人们获得的数据为基础，再利用已经拥有的数据知识对数据进行分析、比较、综合、抽象和概括，进而形成概念、推理和判断，使之对客观事物的认识从感性上升到理性的一种思维过程（陈茜，2015）。数据思维的具体应用表现为数据的挖掘，这个过程包括准备数据、选择一种数据挖掘技术或算法、解释和评估结果、模型运用四个环节（苏令银，2019）。

如今数据已渗透到社会生活的各个领域，成为一种普遍的社会现象，数据思维贯穿在各大领域中，促进了社会的蓬勃发展。数据思维主要有概括性和间接性、数据的理性认识及数据的批判性思维等特征（王光法，2015）。

1. 数据思维具有概括性和间接性的特点

它一般采用分析、综合、归纳、演绎、比较等逻辑方法，用概念进行推理和判断，数据思维是对数据本质和内部关系知识的概括与反映，数据的表现形式是复杂的，人们必须通过这些随机、分散及复杂的表现形式，逐步抽象出对数据本质特征的理解，这就会逐渐形成数据思维（宋海龙，2014）。在数据思维的形成过程中，对数据的理解经历了一个概括和抽象的过程，使其不被数据现象中的一些直观图像，特别是虚假图像所混淆，减少了数据理解的偏差，提高了思维的准确性，因此，数据思维的形成意味着对数据的更科学、更准确、更客观的理解。

2. 数据思维是关于数据的理性认识

思维的形成，需要经历一个由感性到理性的过程。人们在与客观事物直接接触的过程中，获得感觉材料，形成感性认识。只有进一步对这些感觉材料进行加工整理，基于已有的经验知识和逻辑知识，经比较、分析、综合、抽象、概括等加工，深入到对事物内在的、本质特征的认识，才能上升为理性认识。感性认识提供思维的材料，理性认识则可以提高思维的质量。人们对大数据的认识起步于感性认识，这种认识通常会是粗浅的、表面的，甚至是主观的、错误的。这就需要由个体的感性认知、简单的观念意识，上升到更高的抽象思维的层次。对大数据这一社会现象进行理性、全面、科学的审视与判断，深入认识大数据的本质属性、规律特征，基于大数据的方法理论及思想观念来认识客观事物、分析社会现象，这样就形成了具有科学价值的数据思维。因此，从数据思维的形成过程看，数据思维必然具有理性认识的特质。数据是独立于主观的客观存在，既可以准确反映客观对象的固有属性，也可以反映客观对象本然状态的相关性（景浩，2018）。因此，数据的这一特性也决定数据思维必然是一种理性认识。

3. 数据思维是关于数据的批判性思维

思维是外部新输入的信息与个体大脑内储存的知识经验开展交互而产生的一种认识活动，外部输入的信息需要鉴别、评判，个体所具有的知识经验也有可能存在局限性或错误。这就要求人们具备批判性思维。思维是对事物做出判断得出结论（李新和杨现民，2019）。对这种思维开展理性评估，考察思维是否符合逻辑规律，是否存在缺陷或漏洞，这就是批判性思维。批判性思维是针对思维而开展的一种反思性、创造性思维（李育卓，2016）。当前，对数据的描述中夹杂着一些对数据的错误认知，如过度夸大数据的作用，盲目崇拜数据、误用或滥用数据等。在这种情况下，应该培育具有批判性思维特质的数据思维，使人们能够独立思考，不至于在大数据热潮中迷失。

22.1.2 数据思维的分类

数据思维在我们的生活中应用广泛，且有不同的分类，主要分为计算思维、网络思维、系统思维及大数据思维，其中大数据思维应用最为广泛。

1. 计算思维

计算思维是运用计算的基本概念来解决问题、设计系统和理解人类行为的一种分析思维（周苏和王文，2016）。数学思维（解决问题的方法）、工程思维（设计和评估大型复杂系统）和科学思维（理解可计算性、智力、心理学和人类行为）共同组成了计算思维。计算思维是我们必须要掌握的思维，它为我们的生活、学习、教育及政府管理带来新的发展方向及内容。计算思维把一个复杂的问题分成多个部分，然后同时处理，我们把这个称为并行处理；计算思维还是一种递归思维，它把一个难题分成两部分，然后依次来处理，如果不能解决问题，就再把每个部分分成两个小部分来处理，依次类推，直到解决问题。

2. 网络思维

网络思维是将复杂个体进行结构化剖析的思考方法，是基于多个个体之间的关系对个体的地位和作用及其所在系统的整体行为进行认识的分析方法，在社会领域应用广泛，并具有开放性、协同性、系统性等特点，且在理解、分析、设计和运行维护各类网络系统的实践中发挥着越来越大的作用。在问题的有效分解和计算机网络信息系统的支持下，许多个体思维成果通过比较、联想、投票等操作，以及聚集和涌现的效果，形成了群体智慧，如搜索、微博热搜排名及根据排名得到相关的资源和推荐。

3. 系统思维

系统思维就是把系统作为认识对象，从系统和要素、要素和要素、系统和环境的相互联系、相互作用中综合地考察认识对象的一种思维方法（徐文帅，2018）。把系统论作为基础和前提的系统思维可以极大地简化对事物的认识，并从整体的角度呈现给我们。对于计算机系统来说，系统思维是对计算系统进行逻辑抽象的能力，它也可以被称为整体视觉，计算系统的一般视图；从计算机的角度来看，系统思维强调培养学生从整体和全局的角度了解、掌握计算机的内部结构和外部接口以及利用这些知识解决实际应用问题的能力，系统思维强调从硬件系统开始，全面理解计算系统的结构和性能。系统思维方式的客观依据就是系统乃是物质存在的普遍方式和属性，思维的系统性与客体的系统性一致。

4. 大数据思维

在大数据时代，数据无处不在，许多过去难以量化的信息都会转化为数据存储和处理，当代数据从大数据中，通过技术和观念储备，以前所未有的方式影响着人们的价值体系、知识和生活方式。然而，如果人们想要激发并利用隐藏在数据中的尚未开发的价值，那么在学习、工作、生活等领域实现创新就取决于人们对大数据的思考。大数据时代追求数据的全面性及数据的混乱性等特征，强烈地冲击着小数据时代的随机取样及看重数据的准确性等思想，这就要求适用于大数据时代的新的数据思维方式的出现。因此，大数据思维就在这样的背景下诞生，成为大数据技术应用的前提和基础，为解决大数据带来的数据采集、数据处理和结果可视化等问题提供思路。换言之，大数据思维是驾驭大数据和实现其价值的关键，大数据思维方式离不开大数据的支撑，大数据是大数据思维的源头和赖以生存的基础（张可，2018）。从根本上说，大数据时代思维方式是产生于大数据时代、立足于大数据平台之上的新观念体系。从思维结构出发，大数据的发展和应用从思维主体、思维客体和思维中介这三个方面促使着传统思维方式向大数据思维变革。具体而言，大数据思维主体从传统的以个体为主转向以集体为主，大数据思维客体从传统的局限而表象的数字转向数字背后丰富而深刻的内涵，大数据思维中介从人脑的程序化活动转向以云计算为代表的大数据时代数字技术。

22.2　数据思维在社会科学转型中的作用

22.2.1　社会科学转型中的思维困境

在 18 世纪及 19 世纪，小数据在政府治理、企业发展、教育行业及学术界都取得了巨大的成功，其鲜明的特征是通过抽样分析数据，用部分数据的情况来推断整体的情况。这一成功的方法的问世让自然科学、社会科学及人文科学都向前迈进了一大步，取得跨越式发展。但是随着大数据的快速发展，人类社会曾沿袭多年的思维方式正在发生着变革，小数据时代推崇的随机取样、有限数据的质量问题、推崇数据间的因果关系等，在大数据推动的社会转型过程中均受到了挑战（刘兴堂等，2008）。

1. 随机取样

小数据时代的科学家认为，选择样本的随机性比样本的数量更重要，在小数据时代这是一个有见地的想法。这一观点为我们提供了一条新的信息收集途径，通过收集随机样本，我们可以以较低的成本得出外推的结论。在商业中，随机抽样是用来调节商品质量的，这有助于质量管理和提高产品质量，并使其成本更低。以前，全面的质量管理要求对生产中的每一种产品进行检查，而现在只需从一批货物中抽查样品即可。随机抽样映射使得大数据问题更加真实，同样它把客户调查引入了零售业，它专注于政治参与，并将许多人道主义问题转化为社会科学问题。随机抽样测量取得了巨大的成功，成为现代社会、现代测量领域的中心点。但这只是一条最短的路径，一个无法充分收集和分析的选择，会有许多内在的缺陷。随机取样的成功取决于样本的绝对随机，但是在现实社会中人们很难做到真正的随机。古代有一句至理名言——失之毫厘，差之千里，这句话在数据分析中也同样适用。随机取样的技术、样本的选择、数据分析方法、调查费用和接触范围都会影响数据的收集，如果在筛选样本的过程中发生一点偏差，那么可能会得到完全相反的结果，但是因为社会环境的复杂性，人们不可能考虑到方方面面，因此，用抽样方法进行研究得到的数据之间简单的关系没办法来抗衡这个复杂的现实世界。

2. 分析局部数据的局限性

社会科学的发展还必须要面对几个困境，即数据的缺乏和局部数据的有效性。社会不安全或观察渗透的问题存在于物理学中，在社会科学中更为突出。人们之间的互动、情感信息的碰撞及兴趣的认知效应都会加剧这一问题。对于数据质量控制问题，社会科学数据不能直接根据经验证据构建，而是要根据人类的解释来进行构建。因此，定量研究调查数据和定性研究数据都存在着研究对象的"偏好""记忆""语言""理解"等欺骗问题，导致人们无法从个人层面推断出总体或环境的有效数据（刘晓平等，2008）。

3. 追求数据间的因果关系

因果思维是人的主观认知结构的核心。它是人类在认识和改造世界的过程中，由于历史和文化的沉淀而形成的一种明确的、习惯的思维方式，是中西哲学的基础，是科学研究的坚实后盾（胡晓峰，2006）。人们不能离开原因去寻找结果，更不用说离开结果去寻找原因。在小数据时代，我们面对的是少量的数据。当我们研究现象之间的因果关系时，我们通常首先做出理论假设，然后确定客观关系，然而在大数据时代，面对如此庞大的数据量，人们提出了因果关系向深层次因果关系的超越问题。他们相信因果关系的研究是小数据时代的产物。在大数据时代，面对海量数据，人们无法发现事物之间的因果关系，只能改变思维方式，通过寻找事物之间的相关性，来分析因果关系。这就是为什么在大数据时代，相关性比因果关系更重要。我们不需要知道现象背后的原因，只要我们知道现象之间是否存在相关性。

22.2.2　打开思维，让数据思维驱动社会科学转型过程

传统社会科学研究存在目标弱化、学科学派对立、有限数据质量和统计偏误等的局限性（郝龙和李凤翔，2017）。与小数据相比（表 22-1），大数据体量庞大，速度快，类型多样，包罗万象，分辨率精细，关系属性强，灵活性高，具有可扩展性和可伸缩性（罗俊和李凤翔，2018）。

表 22-1　小数据与大数据比较

特征	小数据	大数据
体积	有限的量	非常大
彻底性	样本	整个群体
分辨率和索引性	粗糙，弱	精致，强
关联性	弱	强

续表

特征	小数据	大数据
速度	慢、定格	快
多样性	窄	宽
灵活性和可扩展性	中等	高

由于大数据推崇对全部数据进行分析研究，这就为社会科学的发展提供了准确的数据和发展平台，提高了社会科学预测的准确性，也推动了社会学科的宏观理论的发展，并为社会科学开拓了新的研究方向，促进新学科与旧学科的发展。总之，大数据推动社会科学向新的阶层发展，实现了社会科学方法论的革命和认识论的跨层发展。数据思维在社会科学转型过程中的优势主要有以下四个方面：由数据用于计算转向计算用于数据、由部分数据转向全体数据、注重数据间相关关系的网状思维、追求大数据的不精确性和混杂性（杨雅厦，2017）。

1. 由数据用于计算转向计算用于数据

传统的信息管理系统以数据结构化为目标，数据的计算和存储必须根据关系模型生成记录，否则无法处理。此外，这种处理只是被动完成的计划操作，无法在记录中找到新的认知数据。随着互联网和 Web 2.0 时代的到来，自动生成数据和主动生成的数据以极高的速度产生了大量复杂的数据，要想从高价值、低密度的数据中寻找新知，传统的数据适应算法已经变得不可行。

2. 由部分数据转向全体数据

大数据的价值通常是通过分析整体数据得到的，小数据时代的抽样分析已经不能满足我们的需求。过去由于信息处理能力有限，缺乏分析所需的工具和方法，因此，样本是随机选择的。但是根据随机抽样的方法，往往只能从预先设计的问题的结果中得出结论,这意味着所有可能的结果都是事先"确定"的，抽样结果应在预先设计的框架内确定，而不是以某种形式追求"随机"，发现意外数据几乎是不可能的，同时某些子类别中进行额外研究的能力正在丧失（刘叶婷和唐斯斯，2014）。

3. 注重数据间相关关系的网状思维

大数据包含各种复杂系统的数据，这些系统表面上是孤立的数据和分散的链接，但合并起来就是一个网络。事物的本质和规律隐藏在各种原始数据之间的关系中。在海量数据中搜索、比较、聚类、分类时，可以在变量选择值之间找到一个隐藏的关系。在统计上，这是一个相关的分析。正是大数据的相关分析使许多行业受益。因此，小数据中的因果关系类似于线性思维，而大数据中的相关关系更类似于网络思维，让我们有更广阔的视野（Kuhn，1970）。

吉姆·格雷提出自然科学的大数据第四研究范式，将对大数据的研究从自然科学研究的第三范式里剥离了出来。他的核心思想就是对大数据的处理不需要由模型假想再到数据验证这种因果关系的思维模式，而直接从大数据里，由计算机集群就可以发现过去科学无法发现的新知识、新规律、新模型（Polanyi，1951）。虽然人们在研究大数据科学过程中可能因欣喜而表达过激，但却预示着颠覆的可能存在和新科学的萌芽。

4. 相比小数据的精确性更追求大数据的不精确性和混杂性

在小数据时代，人们一直在追逐数据的准确性，但是由于种种原因，数据很难准确。随着大数据的发展，人们慢慢认可数据的不准确性，认识到数据混乱性的价值，意识到在大数据时代混乱是数据规模扩大的逻辑前提和必须付出的代价（默顿，2004）。如果对大数据也采用保守的做法那将耗费巨大，这没有必要且也不可能达到，同时还可能错过更重要的信息，大数据的多样性也说明了这点。即使没有精确性，大数据通常也可能给出答案。大数据通常用概率说话，挖掘过程给出的通常是有用的"数据信号"产生价值的过程，当我们拥有巨大的新数据时，准确性就不是那么重要了，我们同样可以把握事情发展的方向。不准确和混杂性是大数据的必要组成部分，它们在价值表达的单一表象中有"不确定性"，它是一个聚焦的图像，这种"无限模糊"将比"有限精度"更精确。因此，收集大量数据比拒绝严格的精确选择更有利。

22.2.3　大数据时代的数据思维发展趋势

大数据思维发展迅猛，大数据正在影响我们生活的方方面面，不断改善我们的生活环境，促进社会科学的快速发展，大数据将会使我们的生活更加美好，本文主要从预测性和复杂性两个方面展开说明大数据思维的发展趋势（库恩，2003）。

1. 预测性：用数据看未来

大数据时代的预测能力不仅是对事物的发展状况的预测，也可以根据人们对数据的处理对人类的行为做出预测，但这仅仅是理论上预测，因为人类自身的行为轨迹本来就是难以琢磨的，有时人的一个突然的想法，就改变了预测的结果。大部分学者认为人的行为是随机的、无规律的，这种存在偶然性的行为轨迹是难以预测的。既然存在行为的发生，那么在某种程度上讲这种行为轨迹便可以预测，需要的不是大数据，而是大数据的组成成分——快数据。

大数据由大量的小数据组成，信息的流动速度是非常快的，在分析数据之前，数据量的堆叠让人感觉无从下手，将其进行分类存储和分析的难度就非常大，这种情况下，快数据的产生就十分自然了。大数据并不受快数据的影响，并且两者相互统一，相互补充，实现相对完整的大数据，和更接近实时的大数据，这样的大数据预测所产生的结果更让人们容易接受（庞小宁，2008）。

大数据为什么新？和传统数据不同的是大数据在不断地补充收集到的信息，需要持续性的、相对完整的数据将事情的整个过程清晰化，从而在过程中找到可以利用的，有参考价值的，符合事物相关联的数据信息。如果采取随机抽样的方法收集到的数据很有可能就是总体数据中的一段或者几段，这些数据难以形成具有连续性的信息，这就只能说明研究对象某一时段处于什么状态，而很难找到规律和关联状态，难以把控全局，导致无法对研究对象进行分析和预测。必须通过稳定持续的数据才能找到数据变化的痕迹。所以传统的数据抽样调查，对于发现数据中的问题就变得异常的困难。大数据能有效预测实际上是基于征兆或者痕迹之上的，如天要下雨时，除了乌云密布，小动物也会有强烈的反应，如蜘蛛结网是晴天，而收网则代表天要下雨，所有的事在发生前都有先兆，这是大数据预测事情发生的基本原理，大数据也是在收集信息的过程中分析规律性的动作，然后做出判断，进行预测。

可以说，现测就是以快数据为基础的一种预测。现测的运用领域也是很广泛的，如在高频交易的金融业、顾客流量极高的旅游业，抑或是对于个人健康的实时监测。

2. 复杂性趋势：跨界思维的初现

大数据本是来自互联网，我们经常提到的"互联网+"就是想让互联网带动其他产业创新，那么形成的"大数据+"，这样的跨界很有可能带来全新的颠覆，产生全新的数据价值，形成新的飞跃。当年苹果公司决定进入手机市场的时候，就将一直有着高销售量的诺基亚挤出了市场，当微信更新至后期新版本的时候加入了通信的新功能，跨入了一个新的领域，现在互联网金融又在崛起，跨界融合颠覆着传统运营的旧思路，让人们领略到跨界的无限可能。新兴产业在不断发展过程中将把互联网、大数据的分析方法与各行各业的需求进行交叉融合，不断地推陈出新，挖掘数据的跨界价值。

大数据跨界合作是一种不断增值的过程。大数据时代的研究方法主要是统计法和大数据统计法等复杂性方法，这也决定我们的思维要向复杂性看齐，开始全方位地看待问题。大数据时代的资源整合是不会将原有价值的数据取代掉，大数据时代的相关关系就是通过数据之间相互渗透，找到共同点，这种复杂性交叉研究对推动科学起到极大的作用，将人类思考事物的能力也逐渐趋于复杂化，使原本是简单的、可以被拆分的单独个体，成为具有相关关系的复杂的系统。这样产生出的新价值就会比原来涵盖得更广泛。

大数据跨界合作推动了智能化的发展。最近正在流行一种刷脸的考勤模式，可以将我们的所有资料，放入一个数据库中。全国网络将整合你的资料，当你出现在一个新的场所时，刷脸之后，你的信息将会被直接录入，这样也避免了个人信息的泄露。

22.3　数据思维在社会科学中的应用前景

大数据思维的应用前景非常广泛，在教育、政府、社会科学、数据资产及社会机构的构建等诸多领域均有大规模应用的可能，大数据与物联网、云计算共同成为社会经济的新增长点与社会进步的新动力。

大数据改变着我们生活的方方面面，给各行各业都带来了发展新常态，本节主要从以下五个方面对大数据时代思维方式变革给个人、国家乃至整个社会带来的积极影响展开论述，如图 22-2 所示。

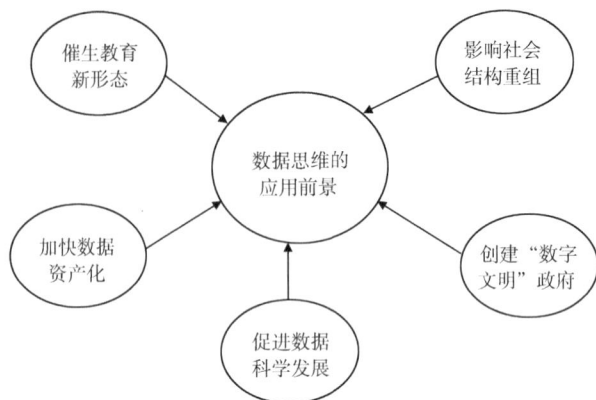

图 22-2　数据思维在社会科学转型中的应用前景

22.3.1　催生教育新形态

大数据的快速发展，催生了数据分析的不断发展，人们开始分析大量的数据，得出事情预测性的结论，用这种方式来看待和解决我们生活、工作及教育中的种种难题。这种想法也被教育家所认可，将大数据思维引入教育行业，教育将不再是传统的教育专家的经验和对事情主观性的认识，而是基于科学的数据事实来部署教育的种种事项，让教育更科学，更符合当代学生的发展（吴海江，2008）。由于大数据思维可以充分利用其服务作为云计算、物联网等的中间服务器，系统地分析各种历史数据、当前科学数据和未来科学数据，在学生的日常生活和职业生活中工作，大数据思维能够充分利用其工具服务器和计算机数据服务器作为中介，展开对学生知识的深入研究，对不同类型的信息进行分类和测量，最终会得到准确的信息。客观信息的精确评估提高了决策的科学性并为数据驱动的信息的精确教学和管理提供了可靠的资源与保障。打破限制决策者假设和主观性的界限与限制，使决策者能够基于对数据的深入理解积极形成更科学、更客观的决策。

教师利用在线课程管理平台等广泛的数据处理平台的数据，可以分析学生作为个体人格的认知思维动态、认知思维倾向、思维态度及其特征。在实际的分析过程中，由于数据量大且增长快，所以单靠个体的思维者根本无法独立消化海量数据，这就要求我们必须寻找合作伙伴来解决问题。大数据思维为数据注入新的灵魂，人们用更科学、更能反映现实的方法来解决问题，最大限度地挖掘数据的作用。正是大家之间的分工，使大数据思维揭开了层层谜团，见到了属于这个时代的太阳。此外，大数据思维的完整性与开放性，启发了教育界的专家，他们运用全面的信息资源，准确地分析问题，用科学的方法来解决现实问题，有了大数据的加持，教学管理者可以预测学生的某些特定行为特征，在可能即将发生问题的瞬间提出预警；让教育局可以及时调整教育政策，让政策更加贴合学生和家长的需要，更有利于实现教育公平；让教师调节教学节奏，优化课件，设计更科学、完善及完美的教学方案（李醒民，2010）。

22.3.2　加快数据资产化

人类在思维方式上发生的变革会反过来影响人类的行为方式。大数据时代下引发的思维方式的变化让我们对大数据有了更深入的认识，让我们更加认识到数据在人们生活中的重要性，它影响着人们更加积极地利用数据为自己服务。如今，随着互联网技术、物联网、云计算等先进技术的发展，数据已经成为新的经济资产和国家的关键战略资源，使我国经济运行机制发生越来越重要的变化，这体现在社会生活方式和国家治理能力方面。没有数据安全就没有国家安全。随后，美国国防部、国土安全部、能源部、卫生和公共服务部、国家航天局、美国国家安全局和其他部门也启动了多个大数据研究项目和行动计划。越来越多的国家开始关注这一重要的重大战略资源，英国、加拿大、德国、法国、新西兰、日本等国先后制定了相关政策和发展大数据计划，大力推动大数据的制定和实施。同时，中国始终站在时代前列，积极推进大数据发展。

近年来，大数据被中国政府正式提升为国家战略，中国大数据时代进入快速发展时期，大数据正在改变国人的学习、生活、工作乃至思维。就企业而言，数据资产成为其生存的关键因素。大数据思维为企业发展提供了新的思维模式。企业利用大数据思维在开发中积累数据资产，这些数据资产使决策者能够发现商业机会，并为此提供理论基础。企业通过数据分析可以制订有针对性的个性化营销方案，及时洞察客户需求，识别销售和市场机会，改变消费者行为。

总而言之，思维方式的变革推动着人们更加清楚地认识到大数据的重要性，数据成为一种无形资产。不管是国家、企业还是个人在大数据时代都需要紧紧抓住这一重要资产才能永葆发展的活力。

22.3.3　促进数据科学发展

数据科学研究可以分为两大类：一类是研究数据本身的价值，也就是用科学的方法研究数据的类型、状态、属性以及变化形式和变化规律的科学，包括统计学、机器学习、数据挖掘、数据库等领域。另一类是用数据的方法来研究自然与人文科学，揭示它们的现象和规律的学科，包括宇宙数据学、生命数据学、行为数据学等。数据科学成为一门多学科交叉的新兴科学，这种学科的发展为大数据时代的人们提供了一种新的、科学的世界观和方法论，并成为大数据时代人们认识世界、改造世界的强有力的武器（吴杨，2020）。

数据科学的发展不仅为我们提供了认识世界的新途径，而且为我们进一步改造世界提供了强大的科学支持。大数据思维已经运用到海洋探测领域，现在许多国家发射海洋监测卫星，收集各种海洋数据，如高数据波，考虑到当前风向强度、风数据、温度、海水盐度等。对海洋的实时数据分析，为揭开海洋的神秘面纱提供了更多帮助，加深了人类对海洋的认识。大数据思维的运用为自然科学、社会科学的发展提供了新的动力。例如，自然科学领域的生物工程、海洋勘探等学科通过运用大数据技术已经形成了以数据科学为主的专业科学。大数据思维应用于社会科学，利用数据研究人类的行为，从而促进社会科学向科学研究的转变。

22.3.4　创建"数字文明"政府

大数据运用于政治、社会、经济的各个领域已经不可阻挡，大数据时代思维方式的变革又会进一步促进大数据在各个领域内的发展。就政府而言，大数据时代要求各国政府开放数据，建立"数字文明"政府，为促进政府工作更加高效、透明服务。思维方式的变革将有利于政府打破旧的思维模式，认识到数据开放对于提高政府决策，提升政府公信力起着重要的作用。"基于数据驱动的决策方法，政府将更加有效率、更加开放、更加负责，引导政府前进的将是'基于实证的事实'，而不是'意识形态'，也不是利益集团在政府决策过程中施加的影响"，这是耶鲁大学的法学教授丹尼尔·埃斯蒂所说的一句话，这句话旨在说明基于数据驱动的决策的前提是数据开放，如果没有数据开放，就无法为政府决策提供真实的数据源（杨震宁和赵红，2020）。

只有开放的数据才能打破政府的"数据孤岛"现象，打破条块分割的数据壁垒，实现数据集成和共享。这样，政府利用大数据思维进行决策就成为可能。中国还积极参与了这场大数据洪流，制定了自己的数据实力战略。国家从战略高度合理规划大数据的发展，积极运用大数据的先进思想、先进技术和丰富资源，不仅有利于提高我国的综合国力、竞争力和国际话语权，还能协助政府在不同市场中有效利用信息，提高服务和监管的针对性和有效性，加快政府服务职能转变，提高政府行政管理水平和监管效率。利用大数据还可以充分发挥社会效益，在市场主体的全面监督下，降低行政控制成本。大数据思维将进一步推动政府数字文明的发展。在大数据时代，开放数据的意义不仅在于考虑公民的信息权，还在于允许大数据时代最重要的生产手段——生活数据自由流动，准确全面地推动中国数据强国战略的实施，推动我国经济发展转型升级。

22.3.5 影响社会结构重组

大数据时代思想的转变将会促进其广泛发展，也会给我们的生产生活产生重大影响。这种思维的变化可能会改变人们随着时间的推移形成的社会聚集和互动模式，打破原有的基于地域的社区组织。人与人之间的联系模式不再像过去那样只是地理上的，而是更广泛地基于互联网，人们的日常生活不断围绕着互联网、物联网互动。这种互动模式已高度融入我们的生产和生活，造成传统社会组织与街区团结的界限越来越模糊，逐渐形成基于价值观、文化、利益等的社区组织，这种类型的社区组织具有与传统社区组织截然不同的特征。这种内部社会结构是去等级化、去中心化和更加开放的，其社会成员将越来越多地使用大数据思维方式重塑自身的行为模式。人们更倾向于使用多元化和更平等的互联网模式，即大数据来参与社会。这就假定拥有信息和数据知识将取代过去拥有资源与资本，谁能在大数据时代掌握数据和知识，谁就是真正的赢家。

第 23 章
大数据在社会科学转型中的技术保障

自 2014 年大数据在政府工作报告中首次被提出以来，大数据持续成为近些年两会期间政协委员的热议话题。"大数据技术"这个热词也经常出现在各个重要场合，多年后的今天，大数据技术已经发生了翻天覆地的变化。2020年 9 月 22 日，习近平在第七十五届联合国大会一般性辩论上的讲话中指出，"中国将设立联合国全球地理信息知识与创新中心和可持续发展大数据国际研究中心，为落实《联合国 2030 年可持续发展议程》提供新助力"①。在过去的三年，世界遭受了新冠疫情的巨大冲击，科技创新和大数据应用将有利于推动国际社会克服困难、在全球范围内落实 2030 年议程。党的十九大以来，随着大数据技术的飞速发展和广泛应用，数字化、智能化深入发展，大数据技术已经广泛应用于我国政务、民生和经济等各个领域，"大数据校园""大数据社区"等竞相涌现，大数据技术在推动我国社会经济发展、促进国家治理体系和治理能力现代化方面发挥着日益重要的作用。2022 年 10 月 16 日，习近平在中国共产党第二十次全国代表大会上的报告中指出，"推进新型工业化，加快建设制造强国、质量强国、航天强国、交通强国、网络强国、数字中国"；"推动制造业高端化、智能化、绿色化发展"；"推动战略性新兴产业融合集群发展，构建新一代信息技术、人工智能、生物技术、新能源、新材

---

① 《习近平在第七十五届联合国大会一般性辩论上的讲话（全文）》，http://www.cppcc.gov.cn/zxww/2020/09/23/ARTI16008192644410115.shtml[2023-03-22].

料、高端装备、绿色环保等一批新的增长引擎";"加快发展数字经济,促进数字经济和实体经济深度融合,打造具有国际竞争力的数字产业集群"①。

同物联网、云计算、人工智能相结合的大数据技术,改变了人们对社会研究的认识和理解,社会科学研究者可以以更精准的语言和更精密的思维对社会科学研究中的问题进行描述、解释和界定,针对这些问题提出更科学的解决办法。大数据为研究者提供了海量的信息资料,利用大数据技术研究者可以深入挖掘和分析人类社会的复杂行为模式。大数据技术影响和变革了社会科学研究方法,新的研究方法应用于过去无法进行研究的问题,大数据技术不仅使社会科学研究者知晓过去无法回答的事情,而且可以把研究者带入一个未知的新领域。本章在第 22 章数据思维在社会科学转型过程中的优势之后,继续探讨大数据在社会科学转型中的技术保障问题。

本章主要介绍大数据技术基本架构及特点、基于大数据技术的社会科学研究方法、大数据技术在社会科学转型中的价值三个方面,具体安排如下:①介绍大数据技术的四层堆栈式技术架构——基础层、管理层、分析层和应用层,以及大数据技术综合性和交叉性强、计算难度大、应用需求驱动三个特点。②从不同角度展示基于大数据技术的社会科学研究方法——社交网络分析、复杂系统建模、社会仿真模型。③探讨大数据技术在社会科学转型中的价值。大数据技术通过扩大信息获取范围和增加信息获取方式,使高效获取信息成为可能;大数据技术对问题的分析逐步从个体上升到整体、从现象透视出本质、从静态分析转向动态分析,实现对复杂问题的剖析;大数据技术发展带来技术工具智能化和社会治理智能化,进一步推进构建智能化社会体系。本章具体研究框架如图 23-1 所示。

---

① 《习近平:高举中国特色社会主义伟大旗帜 为全面建设社会主义现代化国家而团结奋斗——在中国共产党第二十次全国代表大会上的报告》,https://www.gov.cn/xinwen/2022-10/25/content_5721685.htm[2022-10-25].

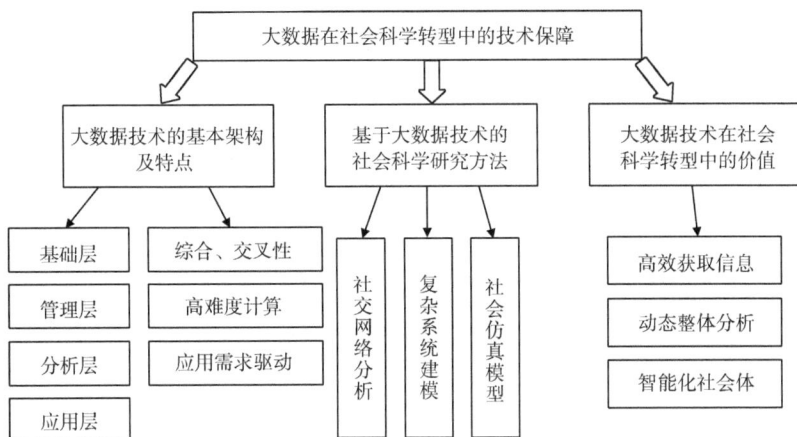

图 23-1　大数据在社会科学转型中的技术保障研究框架

23.1　大数据技术的基本架构及特点

23.1.1　大数据技术的基本架构：四层堆栈式技术架构

现代技术本身具有模块化分层组合的特征，模块内技术构造及技术原理的高度专业化，与模块输入或输出界面的可理解性、可认知性、可匹配性的组合，从技术架构上体现了现代社会专业化分工合作的机理。大数据技术基本架构为四层堆栈式技术架构，自下而上主要包括大数据基础层、大数据管理层、大数据分析层和大数据应用层，如图 23-2 所示。

1. 大数据基础层

大数据基础层就是整个大数据技术架构的最底层，是大数据管理、分析和应用的基本要素。一个高度自动化的、可横向扩展的采集、存储和计算平台是实现大数据应用的基础。这个基础设施需要从以前的存储孤岛发展为具有共享能力的高容量存储池，其容量、性能和吞吐量必须可以线性扩展。云模型不仅具有超大的数据容纳量，而且可以通过对数据的访问解决大型

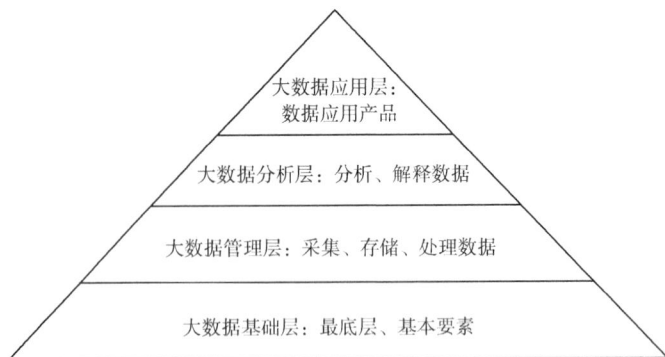

图 23-2　大数据技术的基本架构图

复杂问题，使得大量数据存储和选取、聚集、分析大量数据成为可能。在云模型中，通过合理地抽取和调配数据，大量数据能够被充分利用，也提高了数据分析的效率和准确度。

2. 大数据管理层

大数据管理层指的是大数据技术架构中的管理平台，平台涉及对数据的采集、存储和处理。数据采集是大数据技术的基础性工作。大数据的采集主要有管理信息系统、互联网信息系统、物理信息系统、科学实验系统四种来源，具有不同的数据结构和数据特征。对于复杂的数据源必须将不同的数据分成若干部分，才能得到适合应用或计算的新数据集，为将来的搜索和分析提供统一的数据视图。大数据存储大多是非结构化或半结构化数据。根据数据类型，大数据通过不同的技术方法进行存储和处理，可以分为两类：第一类主要涉及更广泛格式的结构化数据，通常与新数据库相结合，它结合了数据存储、列与列、通用索引等技术。它具有高性能和高可用性，广泛应用于业务分析应用中。第二类主要涉及半结构化和非侵入性数据，更常用于基于Hadoop 的开放系统平台应用场景中，Hadoop 生态系统的技术扩展和封装允许半结构化与非结构化数据的采集和管理。结构化和非结构化数据，取代

MPP 和 Hadoop 并行数据库的结合，分别提供 100 PB 和 100 EB 数据的存储与管理，为今后更广泛的数据库的开发和管理提供指导。大数据处理复杂多样，没有一个单一的计算模型能够解决所有的计算问题和需求。大数据计算模型是基于不同数据类型而获得的不同数据处理过程。由于需求的特殊性和数据量的最大化，不同类型的数据处理在当前的大数据处理中起着重要的作用。它基本上是一个小的计算模型，因此，我们需要设计一个更先进的模型。许多计算机系统和工具已经被开发出来以满足这些需求，基于模型的描述计算是抽象的，它提供了相应的典型计算系统和工具，如表 23-1 所示，它有助于了解计算模型和评估技术的发展，也将促进合适的计算机和系统的更多使用，以更广泛地收集实际应用数据（王锋，2021）。

表 23-1　典型大数据计算模式

典型大数据计算模式	典型系统
大数据查询分析计算	HBase、Hive、Cassandra、Impala、Shark、HANA 等
批处理计算	Hadoop、MapReduce、Spark 等
流式计算	Scribe、Flume、Storm、SparkSteaming 等
迭代计算	HaLoop、Twister、Spark 等
图计算	Pregel、Giraph、Trinity、PowerGraph、GraphX 等
内存计算	Dremel、HANA、Spark 等

资料来源：孟小峰（2019）

3. 大数据分析层

大数据分析层提供基于统计学的数据挖掘和机器学习算法，用于分析和解释数据集（陈云松等，2020）。大数据分析是大数据应用的重要前提。在大数据计算的情况下，需要更先进的机器算法来分析数据。为不同行业提供可靠的数据支持，与传统的 OLAP（online analytical processing，联机分析处理）不同，基于机器学习的大数据分析具有迭代的特点，同时发展了一些分布系统、大数据分析算法，这些算法简单且不需要接口要求，如简化的地图、Spark

和参数服务器。

在大数据分析中，可视化有助于理解和研究复杂的大数据。这使人们能够快速有效地提取所需的数据，简化数据流，更快地控制数据，算法开发技术为数据可视化提供了前提和基础。一般来说，大规模数据可视化是最有效的方法，结合多层图像，提供完整的交互性。可见性主要通过数据发布、图像分割等技术手段来保证，这特别适合于 Azure 大型机器学习平台的开发。同时，以数据流图的形式呈现给用户，并取得了良好的效果。阿里巴巴在中国的数据分析为企业提供了一个全面的交互数据分析平台。一个优秀的大数据分析平台应该具备数据丰富、处理灵活、可扩展性强等特点。

4. 大数据应用层

大数据应用层是对一定数据进行深入分析后，根据梳理出的数据应用需求，建立适用于不同情景的数据应用产品。在当今生活中，大数据技术的广泛使用对于我们的生活是非常重要的，它不仅适用于金融、信贷、互联网等行业，也适用于电信、流量管理等重要技术方面的分析，可以为不同行业和领域创建大系统或制定解决方案提供参考，同时大数据技术也在这个过程中逐步优化。

我们必须创造适当的平台和条件，发展更广泛的数据应用。为了适应行业的具体情况，我们还需要就相关领域的具体问题提供专家意见，创建基本模型。信息专业人员可以有效地设计和开发综合数据处理系统。对于产业价值的开发和创造，要充分利用大数据对产业的深度理解，而这个过程离不开产业大数据的收集和基于长产业周期的大数据分析。

23.1.2　大数据技术的特点

大数据技术作为新兴的信息系统架构和技术，可以对来源丰富、体量巨大、格式多样的数据进行收集、存储以及合理的关联性分析。因此，大数据技术表现出综合性和交叉性强、计算难度大、应用需求驱动三个特性。

1. 大数据技术具有强大的综合性和交叉性

数据采集技术不仅包括计算，还包括存储、记录和应用的广泛研究，它涵盖了多种学科，需要在不同领域进行交互和协调。因此，大数据比"大"更为复杂的是跨部门的应用。例如，基于大数据技术的地方人口研究，不仅可以统计一个地区的人口数量和密度，利用大数据技术对基础信息进行综合和交互处理，进一步发现重合与非重合点，可能还会重新理解这个地区人们的生活与活动习惯，提供更为精细化的地方管理策略。

2. 大数据技术可以对海量数据进行高难度计算

数据规模大，传统计算方法和系统失效，计算性能问题突出：与传统数据相比，大数据在计算机科学领域面临着严峻的挑战。数据量越大，消耗的时间越长，计算难度越大，计算的延迟和大量的数据或计算给大规模数据处理技术的计算效率带来了严重的问题。数据收集得越来越多，有用的数据和无用的数据混合在一起，数据与数据间的关系就会越来越复杂，如果这一问题得不到解决，大数据便不能发挥它的优势，甚至带来更为棘手的负面影响。于是大数据技术通过不断地发展和迭代，实现对数量越来越多、规模越来越复杂数据的高难度计算。例如，在一分钟之内，百度搜索引擎进行了百万次的搜索查询，淘宝电商平台卖出了上万件商品，新浪微博社交平台发送了几十万条微博，这些大量的数据在依托大数据技术进行高难度计算之后，将表现出事件背后的人的各种行为。

3. 大数据技术的开发源于应用需求的驱动

大数据技术开发中的许多问题来自某些行业。一些部门表示大数据处理对场景和行业有很大的需求。为了妥善解决与产业需求相关的技术问题，不同的产业有不同的目标和问题，由于这些不同，所运用的大数据技术和大数据信息系统可能也不一样。要想用大数据技术解决问题、改善服务、促进发展，挖掘深层次产业价值需要工业与计算机深度融合。例如，华为公司为了实现高效管理，首先需要将所获得的信息科学地管理起来，进而依托大数据技术的数字化平台的支撑，把握市场动向，形成精准方案，为华为公司高层的决策提供可靠依据。因此，华为拥有一套基于大数据技术形成的信息管理体系、决策对接体系和专家辅助决策体系，从而保证了华为能够捕捉市场的机会，然后形成一个高效的发展模式（库恩，2003）。

23.2　基于大数据技术的社会科学研究方法

研究工具和研究方法是基于大数据技术进行社会科学研究的关键要素，其中将计算机软件作为研究工具，那么采用什么样的研究方法就尤为重要，这些研究方法在某些方面优于传统的社会科学研究方法，能够为社会科学问题的研究与解决提供新思路。根据使用环境的不同，基于大数据技术的社会科学研究方法分为三个：社交网络分析、复杂系统建模和社会仿真模型（沈铭贤，2012）。

23.2.1　社交网络分析

社交网络分析是指基于信息学、数学、社会学、管理学、心理学等多个学科的融合理论和方法，为理解人类各种社交关系的形成、行为特点及信息传播的规律而提出的一种可以计算的分析方法（祝加宝，2014）。早在 20 世纪 60 年代，社交网络这一名词就已诞生，随着 Web 2.0 时代的到来，用户成为社交网络中数据的创造者，在一个个便捷、高效的沟通和互动平台上，每个用户自主发布各种各样的消息，这些消息包含着丰富多样的数据。例如，时间、地点等，新时代智能家居和各种智能终端为人们带来高质量生活的同时，也产生着大量的数据，如用户使用环境、使用习惯等。于是社交网络数据分析应运而生，人们可以通过对庞大的社交网络数据的分析进一步挖掘价值。

1. 社交网络分析的新表现

基于互联网和人工智能大背景，社交网络分析具有以下三个明显的新表现：数据多样化、数据开放化、数据处理便捷化。

（1）数据多样化：从单一转向多样。社交网络数据的多样化表现在其内容的多样化和价值的多样化。社交网络中的用户发布的每一条消息都包含着丰富的信息，信息内容可能涉及自身情况和情感表达，也可能表现他人状态，数据与数据之间又存在着复杂的联系，使得数据内容越来越多样化。由于社交网络用户处于不同的行业和领域，社交网络数据首先在消息互相流通和传播中发挥价值，其次通过对数据深层次的情感提取与分析，原本隐藏在数据内部的价值将得到开发，数据的价值也将进一步多样化。

（2）数据开放化：从封闭走向开放。社交网络数据趋于更加开放化。社交网络中的消息由用户自主、自定义发布，用户可以随时随地发布、接收和删除消息，用户与用户之间的信息交流更加自由和便捷，联系更加紧密，数据具有更高的开放性。

（3）数据处理便捷化：从烦琐变为快捷。社交网络分析使大量用户信息的分析与处理更为便捷化。随着社交网络用户发布消息的高度自由化，数据高速流动，联系复杂多样，对社交网络数据的分析要求逐渐提高，大批新兴数据分析技术和分析平台的产生使数据处理更为便捷化。

2. 社交网络分析的新作为

先进计算算法支撑下的社交网络分析在生产和生活中的应用表现亮眼。

近年来，科学家提出很多研究社交网络分析的计算算法，方便了社交网络分析结果的可视化，使得社交网络分析应用更为广泛。首先，新时代网络与互联无处不在，各式各样的网络被广泛应用于生产和生活中。社交网络分析可以应用于设计更强大和可持续的网络（鲁本录和石国进，2012），如交通运输网络。其次，社交网络分析可以应用于政府公共服务，社交网络分析拓宽了政府公共服务渠道，更新了政府公共服务模式，提高了政府决策的科学性和政府公共服务的质量，如通过对社交网络网民情感和真实需求数据进行分析，政府可以有效管控舆情，积极采取服务措施，树立良好政府形象（张小劲和孟天广，2017）。最后，社交网络分析可以应用于企业、组织的管理和运营。近年来数据呈指数式增长，云计算已经变成了改变市场的趋势，社交网络分析能够为企业带来巨大的经济价值，如构建基于社交网络分析的景区客流分析模型，打造智慧景区管理模式。

23.2.2　复杂系统建模

复杂系统建模是越来越多的复杂工程系统、社会经济系统、军事作战系统、人工生命系统等研究的基础，有着极其广泛而旺盛的社会、经济、国防和科技需求，堪称仿真科学与技术的前沿新领域（马费成等，2008）。常见的复杂系统建模有神经网络建模、基于主体的建模方法、遗传算法、粒子群优化算法、蚁群优化算法等（吕洁和于建星，1999）。利用复杂系统的模型理论可以实现对社会科学中动态的、不均衡的系统进行分析。非均衡动态系统的例子常常发生在全球最具有挑战的社会科学研究中，如恐怖袭击、贫困、政治不稳定、国内和国际冲突等（罗家德等，2018）。

1. 复杂系统是什么

复杂系统是复杂系统建模的主体，复杂系统指的是个体之间的相互作用比较复杂的系统。复杂系统具有自适应性、不确定性、涌现性和预决性等特点（默顿，2004），因此对复杂系统不能使用普通的、简单的线性模型来表示。

（1）复杂系统具有很强的自适应性。自适应性指的是，系统中的组件通过自适应、自学习、自聚集、自组织（刘亚亚等，2019）等活动，进行了一个再学习的过程，进而调整系统的构成和活动，使它更好地适应内部需求和外部环境的变化。整个系统中，不仅组件自身具有自主性，在内部会互相对彼此产生作用，而且组件还会与环境相互影响，发生复杂的交互，因此整个系统就呈复杂性这一特点，同时驱动着系统进行不断地演化。

（2）复杂系统相较于普通系统有更多的不确定性。不确定性与随机性相关，而复杂系统中的随机因素不仅影响状态，而且影响组织结构和行为方式（张涛等，2020）。复杂系统的自适应特性允许组件自动学习，并记住这些经验，并"固化"成它们未来的行为，这样的未来行为是不确定的。不确定性也可以理解为确定性与随机性的交叉结合，如在一定严格规定下的过程中还是会出现不可控或不能预测的现象。

（3）复杂系统的涌现性表现为各级子系统之间进行一定的交互之后，在整体上演化出一些新的模式。涌现指的就是各个子系统中具有不同性质和功能的组件按照一定的行为规则进行复杂的交互，其结果可能会产生同旧有组件性质和功能不同的部分。涌现也具有一些新的特征：首先，涌现具有层次性，各层之间的涌现是递进联系的，不是孤立的，不同层次的涌现结果是不一样的。其次，涌现需要在具有自适应性的系统中产生，各个子系统在学习、适应和调整之后才会产生涌现。涌现的思想反映了宏观和微观的有机联系，是微观行为展现的宏观效应。涌现性也体现为一种质变。主体之间的相互作用开始后，系统能自组织、自协调、自加强，并随之扩大、发展，最后发生质变，即发生了涌现（张涛等，2020）。

（4）复杂系统还具有预决性。预决性是对已有条件限制和未来趋向的统一，复杂系统的预决性可以影响复杂系统的发展方向。因为组成系统的各个组件即任何有生命的物质都具有一定的预测能力，在不同组件预测的相互作用下，复杂系统将表现出预决性。

2. 复杂系统建模的广泛应用

复杂系统建模的应用范围颇为广泛，适用于多种复杂系统。复杂系统建模已经应用于医学、军事、能源、社会经济、环境生态系统等领域（朱亚鹏，2008），进行复杂问题的研究和复杂系统的建模，聚焦国家战略需求，解决各个领域所面临的迫切性问题。例如，在医学领域，复杂系统建模为疑难、复杂性病症问题的研究提供了新思路。在军事领域，战争系统建模为我国军队装备发展的长远规划和未来作战理论创新搭建了技术演示平台（李玫，2013），为加强国防建设，实现国防和军队现代化奠定了重要基础。

23.2.3 社会仿真模型

社会仿真模型是对真实世界的模拟，它通过抽象出真实世界的运行规则，运用电脑的计算功能模拟社会现象的发展、人类社会行为及其变化过程（Rhodes and Marsh，1992）。相较于传统社会科学研究，社会仿真模型有效补充了传统社会科学研究途径与方法，为社会科学问题的研究提供了一种自上而下、动态演化的思路和方法，是一种新兴、发展迅速的社会科学研究方法。社会仿真模型通过从不同角度出发模拟社会现实，可以解决传统社会科学研究中面临的难题。例如，非线性关系、随机问题、长周期的社会演化问题以及社会科学各学科之间在某些专题上的重大分歧（Li et al.，2019）。社会仿真模型是一种实时性、抽象、实验性的研究方法。

1. 社会仿真模型的特征之一在于它的实时性

社会仿真模型的实时性表现为其研究的不是某一时刻或是某一个时间点的问题，而是分析整个过程发展的问题。它关注的是一个持续发展的动态过程，为社会现象及其变化过程建立一种动态的演化模型，为社会科学研究开辟新路径。

2. 社会仿真模型是一种抽象的方法，具有抽象性

这种抽象的方法，类似于数学模型的抽象，而不是对具体现象的描述。它试图从现实社会生活中抽象出一些人的行为或某些人的行为的"共同点"，然后进行更深层次的分析。此外，它对社会现象的分析分为两个角度：微观角度和宏观角度。从微观主体的行为出发，通过推进时间和过程来寻找过程中的涌现属性。微观主体的行为和宏观表现之间的关系可以在模拟模型中得到解释。

3. 社会仿真模型是一种实验性的研究方法，具有实验性

社会仿真模型不是观测性的方法，而是实验性的方法。但是实验是建立在客观现实的基础之上的，因此实验前仍需要对社会现象进行观测。与其他形式的实验相比，仿真模拟的"实验"一般比较方便，研究者可以在社会科学研究中进行各种"实验"。社会仿真模型建立的人工社会系统是计算机中的程序，我们可以随意调整系统参数和初始条件，反复运行仿真模型，这样研究者就可以避免因实验失误而造成难以承担的损失，就可以像理工科研究者平时做实验一样，在人工社会系统上做各种实验。也正因为如此，人们对社会科学中应用仿真技术往往冠之以"实验""计算"等名称，如经济学实验、社会计算、社会科学实验等（Rudnick et al.，2019）。

23.3 大数据技术在社会科学转型中的价值

大数据技术所带来的生产生活方式的改变，必然深刻影响社会科学转型的方方面面。在现今网络互联的时代，每时每刻都有海量的、多种类的数据产生，这些丰富的数据资源在大数据技术的保障之下，为我们提供了很多传统社会科学研究所没有的新思路，使我们获得很多旧有条件下无法获得的信息和新的处理方法，为社会科学研究提供了巨大的支持，开辟了一条社会科学转型的新途径。

23.3.1 高效信息获取

1. 大数据技术使高效获取信息成为可能

过去人们获取信息的方式比较单一，获取的信息具有较高的准确性；在大数据时代，当我们在获取信息时，很可能会遇到很多的无效信息，如在浏览器或一些社交平台中，会出现各种各样的广告和低质量内容，这就给我们分析和利用信息带来了一定的麻烦。在这种情况下，当今飞速发展的大数据技术就可以发挥作用，通过扩大信息获取的范围和增多信息获取的方式，使我们能够高效地获取、使用信息，及时做出正确的决策。

2. 大数据技术使信息获取的范围扩大

在大数据时代之前，信息的获取受到信息获取工具、信息渠道、无法容纳过大信息量、信息获取成本高的限制，信息获取范围狭窄。现在随着互联网的发展和大数据技术日渐成熟，信息获取工具更加强大，共享时代丰富的信息传播和交流也降低了信息获取的成本，使得信息获取范围大幅度扩大。大数据技术基于数据丰富和领域多样等优势，获得的资料数量远远超过以往通过调查方法所收集到的资料，甚至其中一部分资料在过去是不可能被收集到的。大数据对社会科学研究的加持，大大解决了信息获取范围狭窄、获取资料不足的困境。

3. 大数据技术使信息获取的方式增多

在大数据时代中，由于新数据每天都在大量地涌现，加之原有的信息资料也变得数据化，社会科学研究进入了一个数据密集时代，可以用于研究的数据变得前所未有得丰富。同时，为适应暴增大数据的发展，大数据技术也在不断地提升，社会科学研究者可以利用一系列新的大数据技术，将数量丰富、联系复杂的数据输入计算机中，对其进行深度处理和挖掘，使大数据为社会科学转型带来巨大的价值。

23.3.2　剖析复杂问题

1. 大数据技术在处理大量数据的同时，可以剖析传统社会科学研究无法解决的复杂问题

大数据时代的到来使社会科学研究者第一次有机会和条件，对系统的、完整的、全面的数据进行深度分析，获取过去不可能获得的知识，剖析过去无法研究的复杂问题。数据和复杂问题的分析表现出三个新趋势：从个体上升到整体、从现象透视出本质、从静态分析转向动态分析。

2. 大数据技术对问题的剖析从个体上升到整体

前面我们已经提到，大数据技术的优势有强大的综合性和交叉性、可以对海量数据进行高难度计算等，为社会科学研究提供多种新的研究方法。社会科学的研究者也在与时俱进，不再只是单纯依靠人工付出巨大的人力、财力和时间成本对单一的数据和信息进行分析与处理，而是学习大数据技术，借助计算机来低成本、高效率地对数据做出整体、深层次的分析。现如今，

政府和大型企业、高校等已经在有计划地进行传统资料数据化、新型数据收集工作，建立专业数据库，适应人工智能和大数据时代的发展，既方便了社会、企业和高校的管理，也为市民、员工和教师、学生提供更加便捷的服务。

3. 大数据技术在海量数据中通过现象透视本质

经过大数据技术处理与分析的数据，表现出单个孤立数据表面所看不到的联系，使研究者可以通过数据透视看到本质，挖掘信息背后潜在的价值，分析问题真正的根源所在。在上述优势的作用下，基于大数据技术的社会科学研究方法的渗透面越来越广，已经进入政治学（如选民的大数据分析）、经济学（如电子商务分析）、社会学（如社会网络分析、人口流动）、犯罪学（如城市犯罪预测）、新闻传播学（如在线新闻信息传播）等社会科学领域之中，为众多社会问题的研究开辟出新的途径。这有力地拓宽了社会科学的视野，推动着理论上的探索和方法上的创新。

4. 大数据分析全过程从静态转向动态

各种新数据的价值在社会科学研究中得到了充分的认可和应用。最显著的是电子痕迹、社交媒体、文本和空间位置数据（章强和陈舜，2017）。大数据技术不仅扩大了对数据静态描述的范围，而且新增了强大的数据动态分析能力。海量的文本语料库拓宽了语言、文化和历史研究的视野，丰富且具有时效性的电子痕迹数据、移动定位和通信数据增强了人们对身体和意识行为及偏好的认知能力（陈振明，1999）。此外，大数据缩短了获取数据所需要花费的时间，从更大程度上保留了数据的时效性，进而增强了对社会动态发展的监测能力。大数据技术使得大数据的收集、存储与处理几乎在同时进行，庞大的实时数据流及其积累的长时间序列数据进一步增强了社会科学的动态分析能力。

23.3.3　构建智能化社会体系

大数据技术发展带来技术工具智能化和社会治理智能化，进一步推进构建智能化社会体系。二者相辅相成，智能化社会治理离不开智能化技术工具。

1. 智能化社会体系要素之技术工具智能化

（1）技术工具智能化是构建智能社会体系的重要前提。俗话讲"工欲善其事，必先利其器"，好工具的重要性是不言而喻的。大数据技术的不断突破，推动人类技术工具的智能水平日新月异。如果单单是观察原始的、表面的数据资源，难以发现其巨大的价值，只有对海量、多类型的数据进行收集、清洗、存储、分析处理和挖掘才能进一步发现高价值的内容，这一需求便推动了技术工具的智能化。大数据和一些新数据超出了一般计算机软硬件的处理能力，因此促使了信息技术的革命性突破，其中与数据的生成、处理密切相关的最主要的工具有物联网、非关系型数据库、云计算、人工智能等（安雪飞和张立珊，2015）。

（2）非关系型数据库解决了海量数据存储和管理的问题。首先，由于传统的关系型数据库已经不能满足数量庞大、结构复杂的数据的需要，非关系型数据库可以解决这一问题。其次，数量庞大、结构复杂的数据需要存放在不同类型的存储设备中，而且在数据处理过程中可能会随时调配任意存储设备中的任意数据，这就对存储设备提出了协同合作的要求，这种情况下就需要依托云存储技术。

（3）云计算为数据分析与处理中的庞大计算量提供支持。云计算是大规模分布式计算技术的一种，将庞大的计算任务自动分解成很多个子任务，并通过互联网交由多部服务器所组成的庞大的计算系统，对数据进行分析计算，然后汇总为数据处理结果（沈浩和黄晓兰，2013）。由于大数据数量庞大、结构复杂，并且对其分析要尽可能保证时效，这就可能需要多个过程同时进行，以至于过程中的计算量会变得很大，云计算可以为这一问题提供有效的解决方案。

（4）人工智能促进非结构化数据发挥作用。人工智能是模拟、延伸和扩展人的智能的理论、方法、技术及应用系统的新技术科学，它是在对人类智能活动规律的认识的基础上，研究如何应用计算机的软硬件来模拟人类某些智能行为，其目的是构造具有一定智能的人工系统来完成以往需要人的智力才能胜任的工作。数据收集环节中收集到的数据包括结构化数据、半结构化数据和非结构化数据，其中非结构化数据又主要包括文本、语音、图像、视频等。传统的研究方法无法对非结构化数据进行逆向处理，因为非结构化数据在网络数据中所占的比例非常高，大约超过了 80%，只有借助人工智能技术才能使非结构化数据发挥作用。当前与社会科学研究密切相关的人工智能技术有自然语言处理、图像识别等。

2. 智能化社会体系要素之社会治理智能化

大数据技术从多方面提升了社会治理智能化，社会治理智能化推动了智能化社会体系构建。社会治理智能化，就是在网络化和网络空间基础上，通过大数据、云计算、物联网等信息技术，重构社会生产与社会组织彼此关联的形态，使社会治理层次和水平得到提升，使治理过程更加优化、更加科学、更加智慧（米加宁等，2018）。在信息爆炸的时代，层出不穷的新技术出现在人们的生活中，改变了人们周围的自然环境和社会环境，进而改变了人们的思想和行为，改变了人与人、人与社会之间的互动方式。在时代更迭的浪潮中，大数据技术成为推动社会进步的重要动力，通过提升社会治理的精准性、预见性和高效性，促进社会治理智能化，推动构建智能化的社会体系。

（1）大数据技术提升社会治理的精准性。智能化意味着精准分析、精准治理、精准服务、精准反馈（马力，2016）。在利用大数据技术对数据进行收集、存储、管理和分析之后，各个社会治理主体将海量的、实时的大数据广泛应用于社会治理领域，精准地服务社会中的不同群体，将成为政府和社会组织实施精准治理、智慧治理的重要法宝。

（2）大数据技术提升社会治理的预见性。社会治理的复杂之处在于社会是一个多主体、动态的集合，具有很大的难预见性和不确定性。社会治理首先以我国经济发展、政治制度和社会转型背景为基础，在复杂的信息交流和网络交会中进行，近年来社会治理为适应时代迅速发展而不断表现出新的特点。大数据技术能够通过交叉复现、质量互换、模糊推演等手段有效提升整合各方面数据资源的能力，使社会治理主体基于海量数据以及深度分析形成一定的预测，进而参与社会治理，为有效处理错综复杂的社会问题提供新的可能性（陈振明，1999）。

（3）大数据技术提升社会治理的高效性。受到社会经济、政治结构、技术变革、文化环境等条件的制约，社会治理是一个动态的过程，充满了不确定性和难预见性。大数据技术作为一种新兴的技术，日益成为社会治理革新的强大推动力。大数据技术推动社会朝着更加开放、权力更分散和网状大社会方向发展。大数据技术在教育和医疗领域的广泛应用，不仅使教育、就医等民生服务更便捷高效，而且通过跟踪继续发现人们的需求，不断满足人们日益个性化、多样化的需求，为社会治理提供建议支撑。同时，随着大数据成为提高社会治理能力和治理现代化的重要手段，社会治理主体可以对社会数据进行广泛收集后，同政府数据相结合，依托大数据技术对数据集整体的分析，产生的分析结果以及依托的大数据平台越来越被广泛地应用于工商部门、公共服务部门，大大提高了社会服务和社会治理的效率。

第 24 章
社会科学范式演进中科学共同体的贡献

托马斯·库恩认为科学共同体是一种专业的学术团体，不同时期的共同体的研究成果推动了科学的发展与前进，科学共同体是知识的生产者和确认者，范式则是指共同体成员所共有的东西。科学共同体与社会科学范式之间存在共生关系，两者相互影响，以大数据为导向的社会科学范式会促进科学共同体的变革与发展，而科学共同体反过来也会推动社会科学范式的转型升级。

本章具体的研究框架如图 24-1 所示。

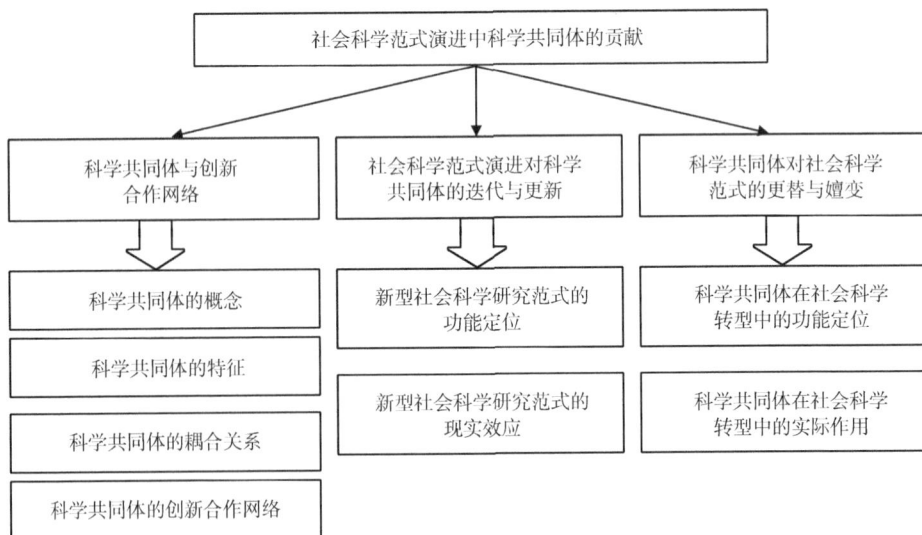

图 24-1　研究框架

本章的具体安排如下：一是通过科学共同体的一般概念，进一步界定和明确社会科学范式演进中的科学共同体的内涵和特征，从而探究科学共同体的耦合关系以及科学共同体的创新合作网络；二是从社会科学研究范式的功能定位出发，进一步分析社会科学范式演进对科学共同体的作用；三是从科学共同体的功能定位出发，进一步分析科学共同体对社会科学范式演进的作用。

24.1　科学共同体与创新合作网络

本章的第一节分为四个部分：首先，通过科学共同体的一般概念来界定社会科学范式演进中科学共同体的内涵；其次，根据托马斯·库恩对科学共同体特征的观点推演出社会科学范式演进中科学共同体独有的特征；再次，分析科学共同体的内部耦合关系和外部耦合关系；最后，对科学共同体的创新合作网络进行深入的探讨。

24.1.1　科学共同体的概念

何谓科学共同体？科学家和哲学家波兰尼最早在《科学的自治》中提出，"今天的科学家不能孤立地实践他的使命，他必须在各种体制的结构中占据一个确定的位置，每个人都属于一个由专业科学家构成的特定集团，这些不同的科学家群体形成了科学共同体"。美国社会学家默顿认为科学共同体是建立和发展科学家之间那种为获得可靠知识而必需的最佳关系。托马斯·库恩认为"科学共同体由一些学有专长的实际工作者组成，他们由所受教育和训练中的共同因素结合在一起，他们自认为也被认为专门探索一些共同的目标，也包括培养自己的接班人"。希尔斯认为，"科学共同体有自己的组织机构，有自己的规则，有自己的权威，这些权威通过自己的成就按照普遍承认与接受的标准而发生作用，并不需要强迫"。

我国的学者也对科学共同体的相关概念进行了研究。吴海江（2008）认为科学不仅是一种心智上的探索未知的活动，也是一种历史的、社会的和文化的过程。科学共同体的形成过程也是科学社会的建立过程，同时也是对科学社会进行规范化和制度化的过程。李醒民（2010）将科学共同体的基本功能归纳得非常全面，分别是促进科学交流、出版刊物、把个人知识和地方知识变成公共知识、科学承认和奖励、守门把关、塑造科学制度和规范、维护正常的竞争和协作、培育科学新人、合理分配各项资源、与社会适应和良性互动、科学普及和科学传播。我国的学者目前对于"科学共同体"较为认可的定义是"科学共同体是指处于某一历史时期的一个科学家群体，他们对于某一研究领域，往往具有共同的观点、理论和研究方法"（龚耘，1996）。

综合这些观点，我们认为科学共同体是指接受相同知识教育、采用相似研究方法、具有相近研究目标的科学研究群体。特别地，社会科学范式演进中的科学共同体是指为了发展社会科学理论遵循统一科学研究范式而形成的紧密联系、相互合作的科学研究组织。

24.1.2　科学共同体的特征

托马斯·库恩强调科学共同体具有共同的教育背景和专业训练、共同的文献资料和书籍、共同的研究目标、共同的术语和概念、共同的学术观点、共同的交流方式（库恩，2003）。基于托马斯·库恩的观点，我们认为社会科学范式演进中的科学共同体具有三个特点，即研究领域交叉化、科研团队协作化、科学研究规模化。

1. 研究领域交叉化

研究领域交叉化主要是指社会科学范式演进促进不同领域和学科的科学共同体之间产生新的交集，即多学科的科学研究学者共同解决现如今更为复杂化的社会科学研究问题。社会科学范式演进中的科学共同体研究领域交叉化的特征主要体现在可计算社会科学体系学科的出现。

大数据和数据科学将局部的还原论下的专业性社会认知和建构升级为广域的社会整体系统认知与建构过程（米加宁等，2018）。数据科学将改变传统社会科学用"小数据"来验证逻辑的路径，实现用"大数据"来发现逻辑的研究路径。大数据时代的社会科学从以学科为导向的问题研究转向以跨学科为导向的事件研究，基于数据科学的可计算社会科学会促进社会科学研究层面形成新的研究范式（章昌平等，2018）。计算社会科学及其分支的计算法学、计算心理学等可计算社会科学体系学科将社会科学与数据科学的融合不再停留在科学研究的表层，而是继续深入科学研究的深层，打破传统学科边界，整合各领域学科知识，构建以解决复杂化程度较高的社会科学问题为目标的跨学科科学共同体，并从中萌发一批新兴的可计算社会科学体系交叉学科。

2. 科研团队协作化

科研团队协作化主要是指社会科学范式演进促进科学共同体之间以及科学共同体与其他的创新主体之间的协作，即加强创新合作网络中的各创新主体的联系、科学共同体内部成员的凝聚力，更好地推动社会科学范式演进。社会科学范式演进中的科学共同体协作化特征主要体现在跨学科研究机构的出现。

跨学科交叉已成为引领新兴学科发展的必然趋势，是提高创新力的关键，更是建设世界一流大学的必要条件之一。国内外多所高校及企业都建立交叉学科的研究机构、研究中心、研究团体。斯坦福大学支持社会科学和计算机科学重叠领域的研究。著名的研究机构包括麻省理工学院媒体实验室的社区生物技术、伦敦大学学院的人机交互实验室、耶鲁大学的社会机器人中心等。哈佛大学的伯克曼·克莱因互联网和社会研究中心等机构均建立了算法和人工智能的社会影响与治理的研究项目。2020年6月,中国社会科学院大学正式成立计算社会科学研究中心。还有如腾讯研究院等企业设立的研究单位也将探索新科技给全球经济和社会治理带来的挑战设定为主要的研究目标。这些交叉融合的跨学科研究平台能够为致力于协同研究的科学共同体提供更加和谐轻松的工作环境,顺应科学研究协作化的大趋势。

3. 科学研究规模化

科学研究规模化主要是指社会科学范式演进促进科学共同体的规模扩大,即社会科学范式演进中的科学共同体人员规模会有所增长。数据驱动的社会科学研究范式需要分析和研究海量数据,小规模的社会科学研究共同体不足以支撑大数据分析的工作量,需要发展大规模跨学科合作的科学共同体,形成稳定的创新合作网络才能解决日益复杂的社会科学研究问题。社会科学范式演进中的科学共同体规模化特征主要体现在大规模协作研究的出现。

大规模协作的核心内涵指的是大范围、大数量的群体协同参与某一项集体活动,并创造出集体的成果(刘禹和陈玲,2013)。我们认为大规模协作研究就是借助计算工具对大量数据进行研究分析的群体性活动模式,具有以下几方面的特点:第一,其内部成员可能分属不同领域,数据驱动的社会科学研究范式解决的是复杂程度极高的社会科学问题,需要多学科跨领域的研究学者共同努力;第二,众多成员的集体协作,与传统社会科学研究相比,其研究成果需要通过大量的研究人员参与其中,最大限度地发挥每个成员的作用,形成能够传递和共享的集体智慧,达到团队创新研究的加成效果;第三,研究的数字化程度较高，其研究数据是基于互联网技术实时收集而来的，研究人员需要熟悉且掌握包括数据获取、数据分析、数据感知三方面在内的知识与技能。

社会科学模式转型中的大规模合作是通过大规模"协作研究"，更加高效地利用每个成员的知识、技能和能力，综合群体的知识、技能和能力，群体的研究成果会远超单独个体的研究成果。

24.1.3　科学共同体各主体间的关系

社会科学范式演进中的科学共同体的各个主体之间存在着相互影响的关系。若科学共同体间的关系发挥正向作用，整个社会科学研究容易形成良性循环，加快整个研究向前发展的速度；若科学共同体间的耦合关系发挥反向作用，整个社会科学研究难以形成良性循环，会减缓甚至停滞整个研究的发展进程。

1. 科学共同体的内部关系

数据驱动的社会科学研究是一个极其复杂的过程，科学共同体内部的竞合关系、角色分工等多种因素都有可能影响到整个合作研究的进程。

（1）竞争与合作。我们所讨论的竞争与合作即社会科学范式演进中科学共同体的竞合关系。创新合作主体常以群体为单位进行活动，维系创新主体之间联系的主要有两种形态，即博弈下的竞争关系和合作关系（吴杨，2020）。对于研究同一社会科学问题的科学共同体内部成员来说既存在着竞争关系，也存在着合作关系，衡量彼此之间竞合关系的平衡点是今后的主要课题之一。

竞争关系指的是科学共同体内部因不足量的科研资源存在一种类似竞赛的对抗现象。合作关系指的是科学共同体内部成员为实现共同的目标存在的一种联合互助的现象。"竞合关系"强调组织网络中竞争与合作两种对立关系同时存在，且"合作与竞争"并非互斥，而是共同发挥作用、相互影响（杨震宁和赵红，2020）。科学共同体内部成员的竞合关系不是一成不变的，而是一种动态变化的过程。一方面，他们会因为相同的目标选择联合，双方或多方共同分配有限的资源进行科学研究；另一方面，他们也可能因为矛盾或分歧等不和谐的因素选择对抗，且资源被竞争优势大的一方独享。在整个社会科学研究的过程中，竞争关系和合作关系是可以相互转换的，竞争可能走向合作，合作可能走向竞争，这是一种动态博弈的过程。

（2）角色分工。社会科学范式演进中的科学共同体成员有不同的学科背景，经历过不同的科研训练，其思维方式、心理需求、沟通能力不尽相同。团队规模的扩大影响成员之间知识、技能、经验的分享以及潜力的发挥（吴杨，2020）。社会科学范式演进中的科学共同体具有规模较大的特点，为保障整个科学研究团队的有序合作，对科学共同体内部进行合理的角色配置是很重要的。结合梅雷迪斯·贝尔宾的团队角色理论以及 Margerrison、Chaeles 和 Dick McCann 三人的研究成果（威索基，2003），我们认为科学共同体中应该存在九种团队角色（图24-2），我们需要根据成员本身的能力和性格特征来分配角色，发挥好每个人的个体优势。

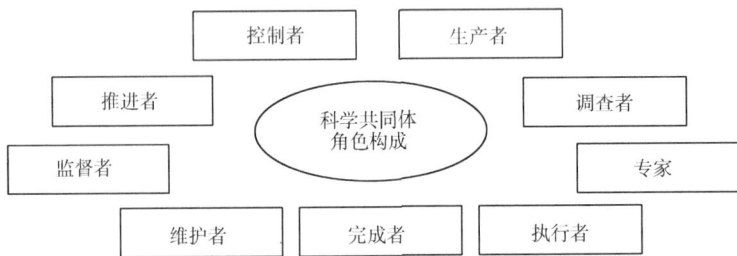

图 24-2　科学共同体角色分工

在九种角色中，控制者负责明确团队的研究目标，分配工作任务和职责；推进者负责将控制者分配的任务具体化，并落实到实际的研究工作中；监督者负责分析负责问题和事件，评估他人的贡献；生产者负责开拓新思路，给团队带来新想法；调查者负责获取外部信息，引进团队外的思想和观点；专家负责解决团队任务中的困难问题，提出决定性意见；维护者负责化解团队矛盾，促进团队合作；完成者负责确保团队工作按计划完成，维护研究工作秩序；执行者负责实际执行分配好的工作和计划。

再结合科学共同体的特点，九种角色可以划分为三个类型：第一种类型是组织领导型，包括控制者、推进者、监督者；第二种类型是创新创造型，包括生产者、调查者、专家；第三种类型是协作执行型，包括维护者、完成者、执行者。科学共同体中的九种角色要充分发挥各自的优势，优化资源的整合机制，实现科学共同体在科学研究中的高效合作。

2. 科学共同体的外部关系

随着社会的进步，科学共同体之间的合作关系将会表现得更为明显（宋艳峰，2013）。大数据技术不断地发展，社会科学研究迎来了新的发展机遇，基于大数据的新型研究范式定会在之后的研究中发挥越来越大的作用。大数据驱动的第四研究范式具有人员多、规模大、领域广、多交叉、复杂化等特性，社会科学领域与其他领域不断扩大联系，相互结合开拓新的研究领域，共同推动社会科学的发展。

（1）跨领域合作。跨领域合作，顾名思义就是指不同领域的人员参与到同一个活动中，充分发挥自身优势，凝结集体智慧，合作达成同一个目标。社会科学范式演进中的科学共同体的跨领域合作指的是不同学科和不同领域的研究学者和相关人员以社会科学原理为理论基础、以高性能计算机为工具共同解决社会复杂问题的研究。从学科角度来看，跨领域合作会涉及社会学、数据学、管理学等多个学科；从时空角度来看，跨领域合作存在跨学校、跨地区、跨国家的科学共同体协作研究的可能性；从社会分工角度来看，跨领域合作需要政府、企业、高校、科研机构多方参与共同助推科学研究的进程。

我们选取学术界最常讨论的产学研合作创新模式作为跨领域合作研究的聚焦点。产学研合作是指在政府主导、竞争压力和内部自身利益需求的驱动下，以企业、高校和科研院所三方为基本主体，以政府机构、中介机构、金融机构、消费者等为辅助群体，按市场经济的相关原则进行有机结合，以实现各自利益需求的一种合作方法（吴杨，2020）。产学研合作是生产、教育、研究三种社会活动共同发挥自身的资源优势：研究主体负责做好理论指导实践的基础工作，生产主体负责将社会科学研究的理论成果转化为实际的生产力，教育主体负责促进知识的再生产，三方相互影响、相互促进，实现科学共同体跨领域合作的正向效应。

（2）跨智能合作。人工智能等前沿技术的广泛应用正在深刻改变着社会关系、社会结构，甚至在某种程度上创造出一个全新的社会类型（王锋，2021）。对于社会科学研究范式演进中的科学共同体来说，其跨领域合作对象可能会超出人类物种的范围。

以往的技术都是通过制造和使用工具来改变自然的客体技术，而人工智能是学习和模拟人类行为的主体技术。随着人工智能技术的发展，已经不能把机器简单地定义为人类的工具，机器模拟人类行为的学习使得机器越来越智能化和自主化，甚至无须人类干预就能独立完成任务。人类与机器的关系不再是简单的使用者与被使用对象的关系，而已经转变为一种相互合作的关系。以数据分析为导向的社会科学研究的发展离不开人工智能技术，处在这一巨大变革之中的科学共同体也需要妥善地处理研究者与机器的合作关系。

在数据驱动的社会科学研究范式下的研究可能呈现人工智能与人脑智能结合的形式。人工智能旨在使机器通过学习人的智能来解决复杂问题（孟小峰，2019）。机器学习可以说是人脑智能与人工智能合作的初级产物，机器学习的原理将展示人机智能合作的许多特征（吴杨，2020）。

何谓机器学习呢？第一位获得克拉克奖的女性经济学家、斯坦福大学的 Susan Athey 给出了机器学习在社会科学语境中的定义，即通过开发适用于特定数据的计算机算法，实现聚类、分类及预测等任务。这也就是说，机器学习的人机融合方式能够实现社会科学研究对于社会的预测。根据数据是否被预先处理，可以把机器学习分为监督学习、强化学习与无监督学习（陈云松等，2020）。监督学习适用于预先处理过的数据，分析数据建立模型，检验模型拟合效果，可以将模型运用于社会科学的预测性研究之中；无监督学习适用于没有预先处理过的数据，可以进行社会科学的探索性研究；强化学习介于监督学习和无监督学习之间，寻求探索性研究和预测性研究的平衡点。

面对传统社会科学的局限性，实现人类与机器之间的跨智能合作，推动社会科学研究范式的转型，是社会科学研究发展的新方向之一。

24.1.4　科学共同体的创新合作网络

科学共同体在协同研究的过程中形成动态变化的创新合作网络。科学共同体成员参与是共同体建构的前提，构建共同体网络体系是基础，共同体成员参与和构建共同体网络体系两者共生，才能构成一个有机的共同体。

1. 科学家的非契约关联

非契约合作看似无序，实际上，它涉及社会共同体的文化、规范、惯例、信用等约束机制，它是一种虽然看不见但又让人敬畏的潜在力量。科学共同体的非契约关联也是一种约定俗成的科学研究惯例，此时的科学共同体多是相对松散的科学研究群体，其创新合作网络是在一定合作基础上自发形成的非契约科学共同体组织形态。这一时期创新合作网络的特点是较为自由松散，没有较为正式的组织及其成形规则条例对科学共同体进行约束，只存在涉及科学共同体的惯例、规范等约束机制来维护整个合作过程的实施。这种非契约关联有一种自循环自强化的效力，科学共同体形成认同感后不断地重复着惯例行为，可以有效地激励科学研究合作的积极性，从而为建立契约关联打好坚实的基础。

2. 科研团队的契约同盟

合作契约应该对与合作有关的目标、责任、进程、考核、奖惩等事项予以明确的约定，并兑现于实际合作过程中（吴杨，2020）。科学共同体的契约关联是一种明确规定研究目标、研究工作分工、研究成果评价等内容的共同协定，此时的科学共同体研究工作权责边界清晰，其创新合作网络是在长期合作基础上形成的正式科学共同体组织形态。这一时期创新合作网络具有研究目标明确、成员关系紧密、资源配置合理等特点。此时科学共同体的协作研究已经具有一定的复杂程度，仅仅依靠非契约关联难以满足现阶段合作行为的需要，更为规范严谨的契约合作形态可以对科学共同体进行严格的管控和约束，通过一定程度的外力促进创新合作网络进入更加成熟且稳定的新阶段。

3. 科学共同体的超契约网络

超契约关联的"超"字表明，超契约关联关注的不仅是科学共同体之间正式的有明确规定的契约合作，而是超越正式契约之外的合作。科学共同体的超契约关联是一种以自身的准则和价值为基本依据，超越世俗规定与权威的内在约束机制，此时的科学共同体认同前一阶段所商定的规则协定，但是认为这些规定并不是绝对不变的，而是可以根据实际需求灵活转变，其判断标准是不受具体的规范所约束，更多考虑的是自身的内在价值准则。这一时期创新合作网络具有统一价值、高度自律、大规模群体等特点。这种超契约关联是科学共同体创新合作网络发展到一定阶段的结果，不依靠外力来约束整个组织群体，而是依靠各成员内部的自身内驱力来维持共同体的联结。

综上所述，科学共同体创新合作网络的形成过程大致可以划分为三个阶段，如图 24-3 所示，三个阶段是一种连续向前发展的过程，一个阶段不会越过某个阶段向前发展，而是逐步向下一个阶段发展，形成更加稳定且和谐的创新合作网络，构建紧密联结的科学共同体。

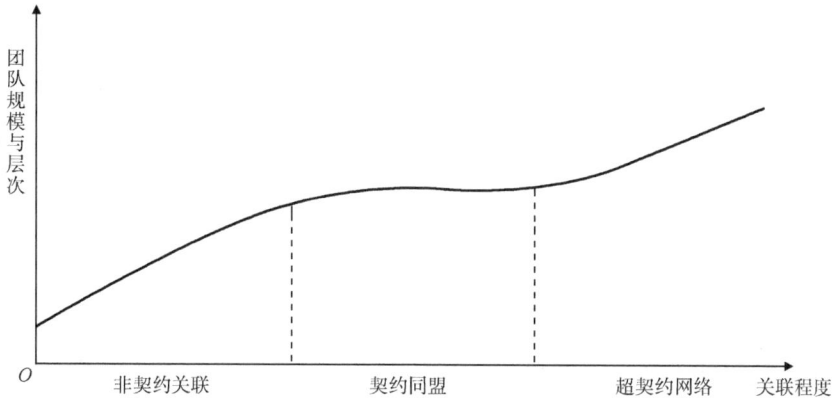

图 24-3　科学共同体的创新合作网络

24.2　社会科学范式演进对科学共同体的迭代与更新

托马斯·库恩在《科学结构的革命》一书中提到"一个科学共同体的成员，他们要有一个范式，就是共有的东西"（库恩，2003）。简而言之，科学研究范式是科学共同体形成的必要前提。转型的社会科学范式将会为科学共同体带来一次研究革命，彻底改变现今科学共同体及其创新合作网络的运行模式。

24.2.1　新型社会科学研究范式的功能定位

作为科学共同体合作的必要条件，新型社会科学研究范式的功能定位主要表现在增加科研团队凝聚力和推动科学共同体革新两个方面。

1. 增加科研团队凝聚力

在社会科学范式演进过程的影响下，研究数据共享的机制有利于增进科学共同体的集体凝聚力，呈现群体规模进一步扩大、学科交叉程度更加深入的趋势。

对于数据驱动的新型社会科学研究范式来说，收集大量高信度和高效度的数据是学术研究的起点，但数据的收集和隐私保护需要大量的人力和物力，因此我们需要建立研究数据共享机制。互利共赢的研究数据共享机制不仅能够保障数据研究的安全问题，还能避免数据垄断的恶性竞争。不过研究数据共享机制的建立和维护需要科学研究相关的各方力量共同参与其中，共同承担数据收集和数据监控的责任与义务。

涉及数据共享的人员及机构包括研究者、科研团队、高校、科研机构、企业、政府单位、中介机构等相关利益者，只要身处在大数据链中就应该自觉注重数据隐私的保护。数据链的上游应该更重视数据收集时的隐私安全，数据链的中游要尽量避免研究分析时的数据泄露，数据链的下游要多关注研究成果在实际应用时的数据保护。相关利益者随时保持数据隐私保护的警惕意识，不断发展用于加强数据保护安全等级的相关技术，从精神层面和物质层面两个方面建设数据共享平台。

在研究数据共享平台建设的过程中，科学共同体及各方社会力量共同合作，探索出一条社会科学研究与互联网技术深度融合的道路，这一过程可以从一定程度上增加科学共同体的团队凝聚力。

2. 推动科学共同体革新

当新范式出现时，旧的科学共同体拒绝新范式，新的科学共同体依据新范式解决难题，使新范式取代旧范式，并得到科学共同体的接受和承认（沈铭贤，2012）。在社会科学范式演进的过程中科学共同体也会相应地随之发生变化。在这场新范式代替旧范式的科学革命中，科学共同体需要更新自身的观念，从而适应以数据分析为核心的新研究方式。

从理论角度考虑，社会科学范式是科学共同体的研究纲领和行动准则，是规划科学研究工作的指导方向。范式是一门学科成为科学的必要条件，同时也是一门学科成熟的标志，也可以说科学共同体范式是科学共同体制定科学研究纲领和行动准则的依据（祝加宝，2014）。在数据驱动的社会科学研究范式的指导下，科学共同体根据范式提供的理论模型和基本框架进行科学研究，共同解决日益复杂的社会问题。因此社会科学研究范式是科学共同体进行科研活动的行动指南。

从心理角度考虑，社会科学范式是科学共同体的理想信念，是支撑科学研究的精神力量。范式对科学共同体的科研活动具有精神上的定向作用，而且对它们的研究目标也有思想上的定向功能（鲁本录和石国进，2012）。具体地说，精神定向作用表现为：社会科学范式为科学共同体开拓了新的研究视角，增强了科学共同体开展突破性研究的信心和希望。思想定向作用表现为：社会科学范式为科学共同体确定了同样的研究目标，增加了科学共同体更多合作的可能性。因此社会科学研究范式是科学共同体进行科研活动的精神支柱。

24.2.2 新型社会科学研究范式的现实效应

根据上述功能定位，我们将社会科学研究范式演进对科学共同体的现实效应具体表述为：定位科学共同体的发展方向、促进科学共同体的知识共享、开拓科学共同体的研究思路。

1. 定位科学共同体的发展方向

新型社会科学研究范式可以为科学共同体进行自身的更新迭代厘清发展

思路和指明发展方向。

在范式的指导下，科学共同体成员依据范式提供的理论模型和基本框架进行科学研究工作，解决各种疑难问题，制定该学科或专业领域的发展方向（祝加宝，2014）。社会科学范式转型对社会科学研究的研究方式、研究问题、研究视角等多方面产生影响，这就对从事复杂社会科学问题的科学共同体提出了新的要求，需要他们转变自己长久习惯的研究方法和研究视角，采用全新的研究方法和视角。以心理学为例，大数据心理学相较于传统心理学具有新的研究对象和研究范式（张小劲和孟天广，2017）。从研究对象来看，传统心理学采用大量的行为实验来探究心理过程和行为；然而，在数据驱动的社会科学研究范式影响下的心理学所研究的是真实社会场景下的无人为干预采集而来的数据。从研究范式来看，传统心理学强调的可重复、可比较和标准化三个特点在行为实验研究中仍存在一定的限制；然而，大数据的算法和技术能够为可重复与比较的标准研究提供可能性空间。

新型社会科学研究范式的发展需要相匹配的科学共同体，社会科学研究范式在转型的同时科学共同体也要发生变化，而变化的方向就是由数据驱动的社会科学研究范式所决定的。

2. 促进科学共同体的知识共享

新型社会科学研究范式可以为科学共同体的知识共享和沟通交流做到"开源节流"，即提高沟通效率和降低交流成本，从而催化不同学科之间相互融合的过程。

首先，数据驱动的社会科学研究范式可以提高科学共同体的沟通效率，同时降低科学共同体的交流成本。与传统社会科学相比，在数据驱动的社会科学研究范式下的科学共同体表现出交流更加频繁的特点，且它们之间的交流更多以数字化的形式进行，时间与空间不再会造成阻碍。因为新型社会科学研究范式的研究主体是数据,互联网技术可以将更多的科研学者联结起来,甚至是跨越地区与国家,这极大地提高了科学共同体之间的沟通效率,降低了科学共同体之间的交流成本,从而促进了科学共同体的知识转移和共享。

其次,数据驱动的社会科学研究范式客观上可以促进不同学科的交融。科学共同体是围绕科学知识的生产和承认而自主成长、自主管理的科学家团体(沈铭贤,2012)。与传统社会科学相比,数据驱动的社会科学研究范式要求研究者或研究群体兼具扎实的社会科学理论知识和数据科学分析技能,这显然不是只运用单一学科领域的知识能够做到的,结合多个学科的知识进行研究是社会科学研究转型的必由之路,也是文、理、工、管等多个学科交流融合的新机遇,可以说是促进科学共同体知识共享的催化剂。

3. 开拓科学共同体的研究思路

新型社会科学研究范式可以为科学共同体的研究工作提供一种全新的解决思路,为社会科学研究孕育新的增长点,实现社会科学研究的繁荣发展。

新型社会科学研究范式的研究难度和复杂性大幅度提高,对科学共同体的理论知识和技术水平的要求进一步增强,此时的社会科学研究需要各种学科背景的科研学者参与进来,发挥自己所在学科的优势,借鉴不同学科的研究方法,取得突破性研究成果。在之前的学术研究活动中,因为不同学科的研究人员所受的培训不太相同,很难做到完全的相互理解。但是新大数据技术的发展可以为不同领域的科研学者构架一座研究成果交流的桥梁,研究数据共享的技术可以极大地提升研究资料传播的覆盖范围,信息可视化技术可以帮助非专业学科的学者更好地理解数据分析的结果,技术的发展让不同领域的学者相互共享研究成果变得更加便捷简单。因此我们说社会科学转型将大数据技术引入社会问题的研究中来,传统社会科学之外的学科理论和技术也被纳入社会科学家思考的范畴之内,社会科学与其他学科领域的观念和思维方式相互碰撞可以打破固有的思维定式，得以激发出与以往完全不同的创新理念。

在社会科学研究范式演进的过程中，各学科的理论知识进行重组与整合，集成为一个新的研究思路，与此同时科学共同体中个体成员以及整个团队的研究视野可以得到进一步的拓宽，其创新能力也能够随之得到大幅度的提升。

24.3   科学共同体对社会科学范式的更替与嬗变

科学共同体与范式是相互依存辩证发展的（祝加宝，2014），也就是说科学共同体和范式两者之间是相互影响的关系，范式演进会促进科学共同体的发展，科学共同体也会加快研究范式转型迈进的步伐。数据驱动的社会科学研究范式为科学共同体的科研交流和科学产出提供便利，反过来科学共同体及其创新合作网络也可以在一定程度上加速社会科学范式的演进和转型。

24.3.1   科学共同体在社会科学转型中的功能定位

作为推动社会科学范式转型的生力军，科学共同体的功能定位主要表现在促进新兴交叉学科的发展和传统学科研究范式转型两个方面。

1. 促进新兴交叉学科的发展

科学共同体是科学创新的摇篮，是科学知识的生产者（沈铭贤，2012）。作为科学知识的生产者，社会科学范式演进中的科学共同体要负责揭示社会科学的规律，促进不同的学科交叉融合，创造新的知识和理论。

科学共同体是科学成熟的一个重要标志。任何一门学科在没有科学共同体的时期都是单独的科学研究人员或研究团队的单打独斗，不能将自己的理论研究传递给其他研究者，无法得到科学共同体的广泛认可，此时还处于科学发展的萌芽时期。渐渐地因为同一个理论观点而聚集在一起的研究者就可以组建成为一个正式的科学共同体,这个过程也是科学发展逐渐成熟的过程。

在大数据技术的影响下,原本没有关联的跨学科科学共同体有了交流融合的机会,在社会科学合作研究中慢慢形成了统一理论和研究方法,逐渐地产生了社会科学与其他学科交叉融合的新兴学科。在社会科学研究的范畴内将数据科学作为辅助工具去分析小数据时代的问题,在社会科学和数据科学共存的研究地带诞生了很多的新兴交叉学科,如计算经济学、计算法学、计算史学、计算新闻学等。此外,数据分析的工具还广泛应用于社交媒体、抗争运动、议会表决、新型政党组建、政府治理及社会营销学等领域,产出了令人瞩目的研究成果(张小劲和孟天广,2017)。

总而言之,随着社会科学范式的演化进程,不同学科研究科学共同体的交流增多,新兴交叉学科的萌芽破土而出,发展成为社会科学理论研究新的增长点。

2. 推动传统科学研究范式转型

科学共同体是科学知识的批准者。作为科学知识的批准者,社会科学范式演进中的科学共同体要负责推动新范式代替旧范式,促进传统学科研究范式的转型。

科学共同体表征为科学家团体的群体集合,科学共同体是范式的主体,科学共同体及其约定则是范式的载体(马费成等,2008)。从这个观点出发,科学共同体是社会科学研究范式的主体,他们中的一部分人发现传统的社会科学研究范式已经不能满足数据时代社会科学研究的需要,因而创造出了与之相适应的数据驱动的社会科学研究范式。

托马斯·库恩认为任何科学的发展都要经过一个相同的历程:前科学—常规科学—危机—革命—新的常规科学—新的危机—新的革命,这个过程循环往复不断进行，推动科学不断进步。因而科学共同体任务不能停留在创造研究范式的第一步，与此同时他们还需要推动传统社会科学研究范式转型，承担社会科学研究范式升级和更替的使命。只有新的社会科学研究范式被科学共同体广泛认可并应用在实际的学术研究活动中，新范式代替旧范式的科学革命才算彻底获得成功。

总而言之，科学共同体创造并将数据驱动的社会科学研究范式运用于社会科学的研究之中，促进社会科学研究范式不断地完善和发展，最终得到整个科学共同体广泛的认同。

24.3.2 科学共同体在社会科学转型中的实际作用

根据上述功能定位，本节将科学共同体对社会科学研究范式演进的实际作用具体表述为：培养跨学科知识背景的人才、坚实范式演进的理论基础、建立范式演进的正向反馈循环。

1. 培养跨学科知识背景的人才

科学共同体承担了一部分培养未来复合型科学人才的职责。青年人才在科学共同体中接受不同学科研究者的言传身教，积累数据科学、社会科学等多学科的知识和技能，在实际的科研活动中快速成长为具有跨学科背景的科研人才。

科学共同体的形成促进了科学知识的增长，科学知识的增长可以解释为一个"传染"的过程（吕洁和于建星，1999）。从事社会科学研究的先驱前辈学习理论和进行学术研究的时间要早于青年研究者，他们对于理论知识和实际研究相结合的认识远比年轻人要深刻，由他们将科学知识传递给年轻人，促进了进入科研领域的新工作者数量的增长。在这个过程中，社会科学研究的人才队伍不断壮大，科学知识也随之增长，为社会科学转型注入新鲜血液。

数据驱动的新社会科学研究范式要想取代传统的旧范式需要得到大多数从业研究人员的认可，也就是要得到科学共同体的广泛承认。新型社会科学研究范式的发展不能全部依靠现有的科学共同体，更需要培养一批有潜力的科学人才，让他们肩负起数据驱动的社会科学研究范式的普及和推广。新一代兼具交叉学科知识和思维的社会科学研究人员不断地成长，是社会科学范式演进和转型的基础。但培养青年科学家是一个漫长的过程，逐步成长的科学新人才是主力军，他们也更容易学习和掌握新型的社会科学研究范式，最终慢慢地发展为大规模使用的社会科学研究范式。

2. 坚实范式演进的理论基础

科学共同体能够为数据驱动的社会科学范式演进打好坚实的理论基础，从而更好地推广社会科学研究范式的转型。

科学共同体作为科学研究领域的学术组织，是科学理论研究知识的直接创造者和生产者。一方面科学共同体的存在可以简化研究学者的科学研究，统一研究者从事知识生产的方式；另一方面科学共同体的存在是为了最大限度地快速递送理论研究成果，形成知识的累积机制。也就是说科学共同体将从事相同科学问题的研究者聚合在一起，由其中的成员负责对研究理论进行评价和传播，从而形成学科知识生产的递进关系和累积机制，促进理论生产和理论发展。

然而，对于新型社会科学研究范式演进中的科学共同体来说，他们在采用数据驱动的社会科学研究范式进行社会科学研究的过程中会发现一些新的社会科学理论，这些新理论的发现反过来也能够证明新型社会科学研究范式的可靠性，从而更好地推动社会科学研究范式的转型。比如，社交网络和数据技术得以将大规模用户的人际关系网络长时间地记录下来，因而可以获得数十甚至上百期网络结构演化的数据，使得过去网络动态学理论建构与理论假设的检验从近乎不可能变为可能（罗家德等，2018）。这一类因新研究范式而重新焕发生机的理论研究恰好可以验证数据驱动的社会科学研究范式的科学性和发展潜力。

3. 建立范式演进的正向反馈循环

科学共同体有能力建立起数据驱动的社会科学范式演进的正向反馈循环，科学共同体的科学奖励机制就是这个正向循环的关键环节。

科学共同体是社会科学研究人员共同理念和信仰的实体，科学共同体的科学奖励机制体现了其对于研究学者理论贡献的肯定和承认。科学的奖励机制是一种给那些以各种方式实现了其规范要求的人颁发奖励的、经过精心设计的系统（默顿，2004）。换言之，科学研究人员可以通过科学奖励机制获得认可和实现自我价值，其科学研究贡献能够得以承认并传递给其他的研究者，从而促进科学知识增长。在数据驱动的社会科学范式演进的过程中，科学共同体的奖励机制可以起到鼓励科学家应用新型社会科学研究范式进行科研的作用。运用传统社会科学研究范式的研究者只能进行现有理论研究体系的验证和补充，因研究技术的局限性难以进行突破性研究；而运用新型研究范式的研究者以数据分析为核心能够打破以往研究的技术枷锁，填补现有社会科学研究的空白。从事社会科学研究的科学家为了让自己的研究成果能够得到科学共同体的承认，就会更多地考虑使用新型社会科学研究范式来进行研究。新技术能够创造更多的前沿学术理论成果，而新范式研究成果的产生会鼓励更多的研究者学习和利用新范式，从而形成推动数据驱动的社会科学范式演进的反馈通路，建立起社会科学研究范式转型的正向反馈循环。

第 25 章
大数据政策条件为社会科学转型保驾护航

现如今，随着人类生产生活和信息技术不断地交汇融合，互联网快速普及，全球数据都在呈现爆发增长和海量集聚，大数据已经渗透到各个行业和业务职能领域，种种迹象表明大数据时代已经到来，大数据的应用对经济发展、社会治理、国家管理和人民生活都有重大的影响与意义，对大数据的科学运用成为国家竞争力的越来越重要的组成部分。其中，完善的大数据政策是当前国家推广应用大数据的重要保障，为了深化大数据的应用和发展，我国政府已经相继出台了一系列政策，但是我国亟待构建更加完善的大数据配套政策。因此，继大数据技术之后，本章将讨论大数据政策条件在社会科学转型中的重要作用。

本章从我国大数据政策的发展现状、我国大数据政策在社会科学转型中的应用、大数据政策网络在社会科学转型中的作用三个方面出发，具体安排如下：①我国大数据政策的发展现状包括大数据政策发展阶段和大数据政策核心任务。首先，我国大数据政策主要经历了三个阶段——从强调大数据基础设施建设到重视大数据相关产业的发展和创新再到对大数据政策体系的构建；其次，大数据政策的区域特征主要有数据开放、创新发展和安全保障。②从政策目标、政策工具、政策网络三个方面介绍了社会科学转型的政策研究基础，并从大数据相关政策、大数据政策工具特征、大数据政策文本特征三个角度对现行大数据政策进行了深入剖析。③在大数据政策网络在社会科学转型中的作用这一部分中，阐述了我国大数据政策网络中的互动模式以及政策网络助推社会科学知识扩散的未来构想。具体研究框架如图 25-1 所示。

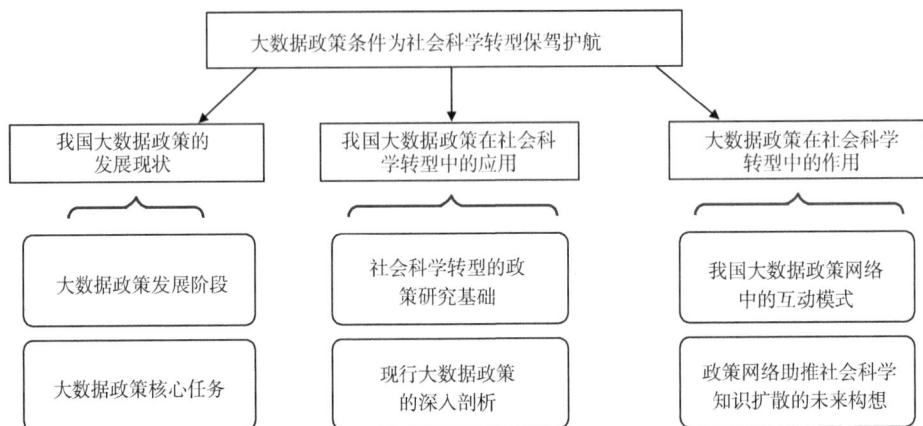

图 25-1 大数据政策条件为社会科学转型保驾护航研究框架

25.1 我国大数据政策的发展现状

25.1.1 大数据政策发展阶段

针对我国自 2000 年以来颁布的大数据政策内容,已有学者对我国大数据政策体系的演化进行了系统分析，如刘亚亚等（2019）认为我国大数据政策的发展主要经历了三个阶段：第一阶段为基础部署阶段，此阶段强调大数据基础设施建设；第二阶段为产业化培养与创新发展阶段，此阶段重视大数据相关产业的发展和创新；第三阶段为体系构建阶段，此阶段则是对大数据政策体系进行构建。具体如图 25-2 所示。

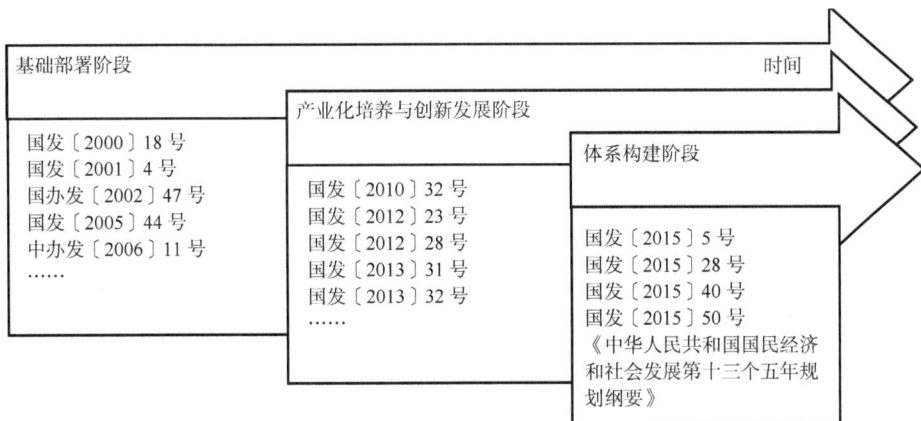

图 25-2　大数据政策发展阶段

1. 基础部署阶段

在 21 世纪的前 10 年中，我国的网络发展处在刚刚起步的阶段，大数据相关政策主要围绕着信息基础设施布局、软件产业和集成电路产业等方面展开。为推动国内信息产业的发展，更快融入世界互联网洪流中，国务院出台了有关软件产业和集成电路建设等方面的政策。在若干政策的支持下，软件产业和集成电路行业迎来了第一次发展高潮，相关企业数量不断增加，规模不断扩大，这为我国信息化建设奠定了良好的基础。但是由于起步时间较晚，该行业在建设环境、技术水平等方面与世界发达国家还存在显著差距。因此，为进一步扶持信息产业的发展，国家又出台了一系列的纲要和政策。

2. 产业化培养与创新发展阶段

要想为社会经济注入长久的发展动力，扶持战略性新兴产业的发展是一项重要工作；战略性新兴产业的发展能够在社会现代化建设中发挥战略性作用。2010 年，促进物联网和"云计算"的建设，发挥物联网和"云计算"的示范效应首次在国家相关文件中被提及。2012 年，《"十二五"国家战略性新兴产业发展规划》提出"到 2020 年，力争使战略性新兴产业成为国民经济和社会发展的重要推动力量，增加值占国内生产总值比重达到15%，部分产业和关键技术跻身国际先进水平，节能环保、新一代信息技术、生物、高端装备制造产业成为国民经济支柱产业"。

3. 体系构建阶段

2014年首次在政府工作报告中被提及的大数据政策标志着由关注基础建设、产业发展到系统建设的转变。2015年印发的《促进大数据发展行动纲要》可以视为第一份指导大数据建设的战略性权威文件，说明大数据建设在国家层面得到的关注，对大数据建设的顶层设计和统筹布局有了新的指导纲要。在2016年出台的"十三五"规划纲要把大数据发展提到国家战略高度。各部门为全面落实大数据建设，出台了一系列发展建议和方案，大数据政策体系得到不断的完善和丰富，这包括《"互联网+"人工智能三年行动实施方案》《"互联网+"现代农业三年行动实施方案》等，并已经初步建立起大数据建设政策体系（刘亚亚等，2019）。

25.1.2　大数据政策核心任务

大数据政策服务于大数据产业的发展需求。2015年国务院印发了《促进大数据发展行动纲要》，这是我国第一份关于大数据发展的权威性文件。该纲要为我国大数据产业发展进行了整体设计和描述，主要围绕着数据开放共享、产业创新发展和安全保障三大主要任务展开（张涛等，2020）。自此，各部委和各地区相关大数据建设的政策文件陆续出台，不断为大数据产业的发展助力。由于不同时期、不同地区大数据产业发展的速度和方向不尽相同，因此通过把该纲要同随后出台的相关大数据政策文本进行比较，可以挖掘出大数据产业发展的重点任务和不同区域建设的重心。近年来，已有学者对我国各地区的大数据政策文本进行了较为全面的比较研究，如张涛等（2020）

基于《促进大数据发展行动纲要》的三大任务对我国 22 个地区发布的大数据政策展开实证研究，明确了大数据政策的区域特征如下。

1. 数据开放

在数据资源开放上，广东省最突出强调对推动公共数据资源的开放，北京、贵州和江苏等地区紧随其后，在出台的政策文本中，对数据资源开放都有明确的涉及。政府掌握了重要的数据资源，政府部门对数据的开放更为大数据产业发展起到很好的领头羊作用，因此这一部分在各地区的政策文本中占到了较大比重。

在基础设施建设上，不同地区结合自身发展特点，制订了不同的发展规划。其中福建地区在这一方面开展了多项工作，包括推动政务信息化，统筹政务和社会两方的数据资源，联合阿里巴巴、中国移动等互联网、通信企业建设国家大数据平台和数据中心。四川、广东等地区对基础设施的建设也有较高的关注，在政策制定时也有一定的倾斜。

在商事服务上，江苏和广东作为东部两大经济强省，一直不遗余力地在营商环境上进行建设。具体措施包括通过政府渠道提高数据收集效率，高效整合政府和社会两方的数据，根据企业发展需求，将行政流程不断优化，为企业提供更加便捷有效的服务，实现了注册登记、市场准入等更有针对性的服务。其他省市在此方面则提及较少。

在安全保障上，广东地区在这一方面处在国内领先水平。该地区不仅提倡数据开放共享，还致力于公共数据安全保护能力的提高，努力实现用好数据，安全用数据。

2. 创新发展

在工业大数据方面，首先是广西和四川一直强调新兴产业在经济转型中发挥的重要作用。从政策文本中可以看出，"互联网+智能制造"不断被提及，打造工业大数据和应用基地建设等方面是他们关注的重点。其次是北京和江苏两省市。其他地区在工业大数据方面提及较少，这也说明了大数据产业在不同地区的产业发展定位不同。

在农业农村大数据方面，福建和浙江两省表现最为出色。它们致力于建设为农业农村发展助力的综合信息服务体系，努力为农民的生产生活提供服务，让他们也能享受到数字化发展带来的红利和便捷，农业农村大数据在促进城乡一体化发展方面起到关键性作用。广西和湖北地区对农业农村大数据也有较高的关注度，广西地区将大数据应用于建设智慧农庄，并且取得了一定的成果，这也很好地说明将大数据深入融合于不同区域将带来蓬勃发展。

在基础研究和核心技术攻关方面，广东作为互联网和信息技术强省，政策文本在这一方面保持了较高的关注水平。广东省重视对重大基础研究内容的布局和引导，包括数据科学理论体系构建，鼓励有实力的企业开展数学基础研究。其他地区在此方面提及较少，这与不同地区的经济发展水平状况有很大的关系，广东省作为经济强省具有攻克核心技术的经济和人才等的综合实力。

3. 安全保障

在安全保障体系方面，整体来看，无论是国家层面还是地区政府对大数据安全都给予了较高的关注度。其中关东、内蒙古、山西和北京等地区对网络安全问题研究与相关技术研究都做了重要指示和引导，出台了一系列政策去落实信息安全保护、数据风险评估等制度建设，为大数据安全使用保驾护航。在信息化时代，数据就是资源，保护数据安全就是保护国家安全，这一点在不同地区的大数据产业建设中都得到了很高程度的重视。

在安全支撑方面，部分地区在此方面提出了明确要求，要求相关企业必须提供安全可靠的大数据产品和服务。其中广东对企业在数据安全使用方面提出了较高的要求。内蒙古在 2017 年也颁布的相关总体发展规划，重点突出了对大数据安全的保护，认为要想实现大数据产业的长远发展就必须把网络安全建设放在前提位置，提升安全技术能力，构建全方位保障体系，把数据安全落到实处。

25.2　我国大数据政策在社会科学转型中的应用

25.2.1　社会科学转型的政策研究基础

1. 政策目标

政策目标是决策者希望通过实施政策所达到的效果与目的。它不仅指引决策者选择合适的政策工具，还为后续的政策评估提供判断基准。

政策目标是评估分析政策最终实施效果的重要因素，同时也是一项政策制定的起点，在该分析框架中，政策将从制定一个政策目标开始出发。基于对政策目标的解释，并结合国家发布的指导性文件提取了科技创新、产业体系、数据开放共享三个具体的目标（表 25-1）。

表 25-1　政策目标维度分析

政策目标分类	分类内涵
科技创新	大数据在经济社会重点领域和公共服务中广泛应用，建成大数据智慧化应用体系基本形成主体多元、领域多样、重点凸显的大数据创新应用格局
产业体系	建成大数据示范试验区、布局大数据园区、数据中心，引进和培育一批数据管理公司，大数据产品和服务达到国内、省内领先水平，大数据产业和应用试验示范基地初具雏形
数据开放共享	建成政府数据中心、信息共享交换平台、基础数据库、重点领域专题数据集、政府数据统一开放平台

国内各省市的大数据政策基本都是基于政策目标制定的，换言之：大数

据政策会直接影响政策目标。第一，要以科技创新为目标，要在以大数据为核心的科技革命中居于竞争领先位置。创新是基础，大数据本身就是一次技术的进步，科技创新是首要也是核心目标。这一目标细化就是指大数据在经济社会重点领域和公共服务中广泛应用，构筑大数据智慧化应用机制，初步发展为多服务主体和多行业及重点凸显的大数据创新应用格局。第二，要以产业体系为目标，新一代大数据技术的运用能为产业升级、经济结构优化和社会发展提供重要支撑。产业体系是促进大数据和实体经济深度融合的体现，也是大数据技术应用转化是否成功的衡量标准之一。第三，要以数据开放共享为目标，大数据本身蕴含着庞大的数据价值，而推进数据开放共享是使大数据价值在社会层面得到最大限度应用的体现。

2. 政策工具

政策工具指的是政府用于实施政策，实现政策目标的技术与手段。既有研究从不同的角度对政策工具进行了分类。本节采用罗斯维尔（Rothwell）和赛格菲尔德（Zegveld）的供给面、需求面及环境面的政策工具分类方法，用以描述政策在产业创新发展中的作用维度，如表 25-2 所示。

表 25-2　政策工具分类

供给面政策工具	环境面政策工具	需求面政策工具
教育培训	目标规划	公共技术采购
科技信息支持	金融支持	消费端补贴
科技基础设施建设	税收优惠	服务外包
科技资金投入	知识产权保护	贸易管制

其中，供给面政策工具通过对产业共性技术的研发、基础设施的建设等生产要素方面的投入推动产业创新发展。具体包括教育培训、科技信息支持、科技基础设施建设、科技资金投入等。环境面政策工具则致力于搭建一个有

利于创新企业成长的良好环境。在这种环境下，政策通过规范企业间的竞争行为，使得新技术的产生能够为创新者带来相应的回报，从而形成鼓励创新的良性循环。具体包括目标规划、金融支持、税收优惠、知识产权保护等。需求面政策工具则主要从产品市场着力，通过降低创新产品进入市场的阻力，减少市场的不确定性，进而反作用于生产者，激发其创新活力。具体包括公共技术采购、消费端补贴、服务外包、贸易管制等。

莱宁斯（Rennings）认为，供给面政策工具与需求面政策工具分别对应着各自所特有的政策目标。其中，供给面政策工具主要作用于生产要素一端，因此其对"技术创新"有更直接的作用。需求面政策工具则主要作用于产品市场一端，其对推动"产品创新"而言作用更加显著。根据经济合作与发展组织的定义，产品创新指的是，对拥有新技术或新效能的产品的商业化和应用化。因此，产品创新实质上指的是应用创新。然而，环境面政策工具则综合作用于技术创新和应用创新两个方面。简而言之，不同类型的政策工具具有不同的功能和作用，它的选择应与政策目标相匹配。

3. 政策网络

政策网络是 20 世纪 70 年代兴起于美国的一种将网络理论引入政策科学而形成的分析途径和研究方法（朱亚鹏，2008）。政策网络理论在政策科学、政治科学、组织科学中都可以找到理论来源（李玫，2013）。其由于强普适性与强关联性，受到国内外政策研究者的普遍关注。英国学者罗茨（Rhodes）和马什（Marsh）依据网络成员的稳定性、限制性、与社会大众和其他网络的关系程度以及所拥有资源的特点等因素，把政策网络的各种类型按照整合程度由高到低列为一个谱系：政策社群、专业网络、府际网络、生产者网络和议题网络。罗茨认为，政策网络的关键在于组织间的结构性关系，而政策网络内部的决策过程实际上就是参与者相互交换各种资源的过程（Rhodes and Marsh，1992）。Li 等（2019）采用策略网络理论，从网络主体、网络结构和网络交互三个方面分析了可再生能源投资组合标准（renewable portfolio standard，RPS）中不同层次和多个参与者之间的利益互动关系。Rudnick 等（2019）通过描述 11 个国家农业发展的政策网络治理和领导模式，提出政策行动者之间的社会资本对于发展网络领导可能更为重要这一发现。DiGregorio（2019）等基于气候变化治理存在的跨层次权利主体权责不均衡问题，结合制度和政策网络两种方法对多层次治理进行研究，反映了联邦和分散的政府体制之间的制度差异。章强和陈舜（2017）等从政策网络理论视角透析我国动力船舶政策的发展历程，突破了科层制对政策过程的唯一控制。这些研究对政策网络方法在政策主体互动关系和政策主体特征分析上的运用，为本文探讨大数据政策执行过程中的主体网络关系构建提供了方法和理论的支撑。

25.2.2　现行大数据政策的深入剖析

1. 大数据相关政策

本节的研究对象是国家层面公开发布有关大数据的政策文件，以"大数据"为标题关键词进行检索，所选取的政策样本来源于公开文本资料，获取这些资料主要有三个途径：一是从国务院及各部委门户网站检索大数据相关政策，二是通过已有文献，析出相关政策，三是通过北大法宝数据库对以上两种途径收集到的政策进行校对和检验。数据收集截止到 2018 年 12 月 31 日。为了更加科学准确地遴选样本数据，本节所选政策需符合以下标准：一是政策标题应含有"大数据""数据"关键词，二是发文单位为国务院及国务院各机构（各部委及各局），三是保留方案、规划、意见、通知等政策类型，四是政策必须具有法律执行效力。本节试图研究 2013 年大数据元年以来，我国国家层面大数据相关政策内容及执行情况，通过筛选，剔除大数据活动邀请函、大数据项目考察表等文本，最终得到 33 份国家层面发布的大数据相关政策样本（表 25-3）。

表 25-3　国家层面大数据相关政策样本

编号	发文时间	发文机构	文件名称
1	2013-01-09	工业和信息化部等	工业和信息化部、发展改革委、国土资源部、电监会、能源局关于数据中心建设布局的指导意见
2	2015-06-24	国务院办公厅	国务院办公厅关于运用大数据加强对市场主体服务和监管的若干意见
3	2015-08-31	国务院	促进大数据发展行动纲要
4	2015-12-29	农业部	农业部关于推进农业农村大数据发展的实施意见
5	2016-01-07	国家发展和改革委员会办公厅	国家发展改革委办公厅关于组织实施促进大数据发展重大工程的通知
6	2016-01-25	工业和信息化部规划司	工业和信息化部规划司关于征集促进大数据发展重大工程项目的通知
7	2016-03-07	环境保护部	生态环境大数据建设总体方案
8	2016-01-25	工业和信息化部规划司	工业和信息化部规划司关于征集促进大数据发展重大工程项目的通知
9	2016-06-01	国家发展和改革委员会	国家发展改革委关于进一步加强大数据发展重大工程项目统筹整合的通知
10	2016-06-21	国务院办公厅	国务院办公厅关于促进和规范健康医疗大数据应用发展的指导意见
11	2016-07-04	国土资源部	国土资源部关于印发促进国土资源大数据应用发展实施意见的通知
12	2017-10-25	国家林业局	国家林业局关于促进中国林业云发展的指导意见
13	2016-08-25	交通运输部办公厅	交通运输部办公厅关于推进交通运输行业数据资源开放共享的实施意见
14	2016-08-26	国家发展和改革委员会办公厅	国家发展改革委办公厅关于请组织申报大数据领域创新能力建设专项的通知
15	2016-09-09	农业部办公厅	农业部办公厅关于申报大数据领域创新能力建设专项和"互联网+"领域创新能力建设专项的通知
16	2016-10-14	农业部办公厅	农业部办公厅关于印发《农业农村大数据试点方案》的通知
17	2016-12-18	工业和信息化部	大数据产业发展规划（2016—2020 年）

编号	发文时间	发文机构	文件名称
18	2017-05-02	水利部	关于推进水利大数据发展的指导意见
19	2017-05-24	国家林业局办公室	国家林业局办公室关于成立国家生态大数据研究院的通知
20	2017-09-06	国家测绘地理信息局办公室	智慧城市时空大数据与云平台建设技术大纲（2017 版）
21	2017-09-08	公安部	关于深入开展"大数据+网上督察"工作的意见
22	2017-11-06	工业和信息化部办公厅	工业和信息化部办公厅关于组织开展 2018 年大数据产业发展试点示范项目申报工作的通知
23	2017-11-07	农业部办公厅	农业部办公厅关于公布农业农村大数据实践案例的通知
24	2017-11-28	国家测绘地理信息局	国家测绘地理信息局关于加快推进智慧城市时空大数据与云平台建设试点工作的通知
25	2017-12-11	气象局	中国气象局关于印发《气象大数据行动计划（2017—2020 年）》的通知
26	2018-01-22	教育部办公厅	教育部办公厅关于印发《教育部机关及直属事业单位教育数据管理办法》的通知
27	2018-03-08	交通运输部办公厅、国家旅游局办公室	交通运输部办公厅、国家旅游局办公室关于加快推进交通旅游服务大数据应用试点工作的通知
28	2018-03-17	国务院办公厅	国务院办公厅关于印发科学数据管理办法的通知
29	2018-05-21	中国银行保险监督管理委员会	中国银行保险监督管理委员会关于印发银行业金融机构数据治理指引的通知
30	2018-07-12	国家卫生健康委员会	关于印发国家健康医疗大数据标准、安全和服务管理办法(试行）的通知
31	2018-09-25	国家发展改革委办公厅等	关于印发《公共资源交易平台系统数据规范（V2.0）》的通知
32	2018-10-27	工业和信息化部办公厅	工业和信息化部办公厅关于公布 2018 年大数据产业发展试点示范项目的通知
33	2018-12-07	交通运输部办公厅	交通运输部办公厅关于公布首批交通运输大数据融合应用试点项目名单的通知

笔者通过精读政策文本，梳理条文内在逻辑和关键语义，将政策中独立的章节、语句、关键词作为内容分析单元，将表 25-3 的政策文本依据表 25-2

的分类标准，采取"政策编号—具体章节—章节细则"的编码形式逐一进行编码。政策工具编码分布表见表 25-4。

表 25-4　政策工具编码分布表

工具类型	工具名称	政策文本关键内容
供给面	基础保障	宽带网络建设、建立电子基础设施、智能化设施建设、全面普及网络、建立制度保障等
	数据系统	数据中心、建立数据平台、建立数据库、跨部门数据交流系统等
	人力支持	人才队伍建设、培养人才、进行培训、师资队伍等
	资金与技术投入	加大资金投入力度、给予技术支持、加大技术投入等
环境面	目标规划	主要目标、顶层设计、远景规划、行动纲要等
	鼓励推广	推动大数据产业发展、鼓励大众创新、推广大数据在气象、农业、卫生、科技等方面的应用等
	规范管制	完善法律法规、建立制度规范、细化数据流通范围、数据保护、监督评价体系等
	金融服务	社会金融环境、融资方式等
需求面	试点示范	设立试点、大数据示范工程、大数据试验区等
	公共采购	购买社会数据资源与服务
	技术与工程	将大数据技术应用于农业建设、开展大数据气象监测工程等
	公共服务	提供公共服务、服务为民、简化公共事务办理流程等

2. 大数据政策工具特征

研究者将收集到的政策样本依据设定的政策工具分析框架进行编码分类之后，得到我国国家层面出台的大数据政策整体情况。学者发现在政策工具使用方面，具有兼顾三大类政策工具的明显优势之外，也存在政策工具细分类目使用失衡和政策工具有待丰富等不足之处。

（1）政策着力点兼顾三大类政策工具，且较为均衡。依据政策编码统计分析表，对我国国家层面大数据政策文本进行具体分析。2013 年以来，我国国家层面出台的大数据政策兼顾了供给面、环境面、需求面三种工具视角，各个类型的政策工具分布较为均衡（图 25-3）。

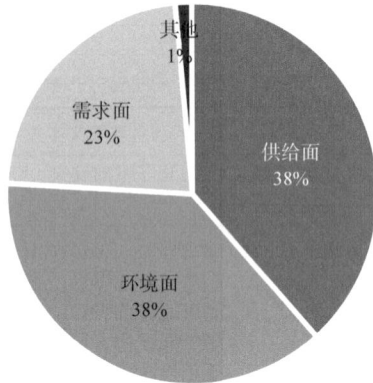

图 25-3　三大类政策工具占比

其中供给面占 38%，环境面占 38%，需求面最少占 23%，这种低需求造成的低拉动效应在一定程度上会对激发社会活力产生消极影响。整体而言，我国政府对大数据发展给予较为均衡的重视程度，从政策支持、政策保障、政策应用三大方面进行统筹与协调。

（2）政策工具细分类目使用失衡，存在明显过度和空白。纵观三大政策工具的细分类目，每种政策工具使用情况不同（图 25-4）。

在供给面政策工具中，基础保障所占比例（31%）最大，说明我国加大力度完成基础设施建设，为大数据发展扫除基础障碍；出台相关保障措施，为大数据发展提供良好的制度环境。然而，真正推动大数据发展的人力支持（13%）和资金与技术投入（13%）却成为短板。可知人才与技术依旧缺乏良好的政策环境，这个局面严重制约了我国大数据的发展。在环境型政策工具的使用中，呈现出明显的"过度和空白"。例如，规范管制（42%）居于首要地位，目标规划（28%）和鼓励推广（27%）次之，而金融服务与财政税收却几乎处于被忽略地位。过度强调规范管制，反而会限制数据的循环往复利用，减削数据价值。众所周知，大数据技术的推广和应用，是需要极大的资

（a）供给面政策工具占比

（b）环境面政策工具占比

（c）需求面政策工具占比

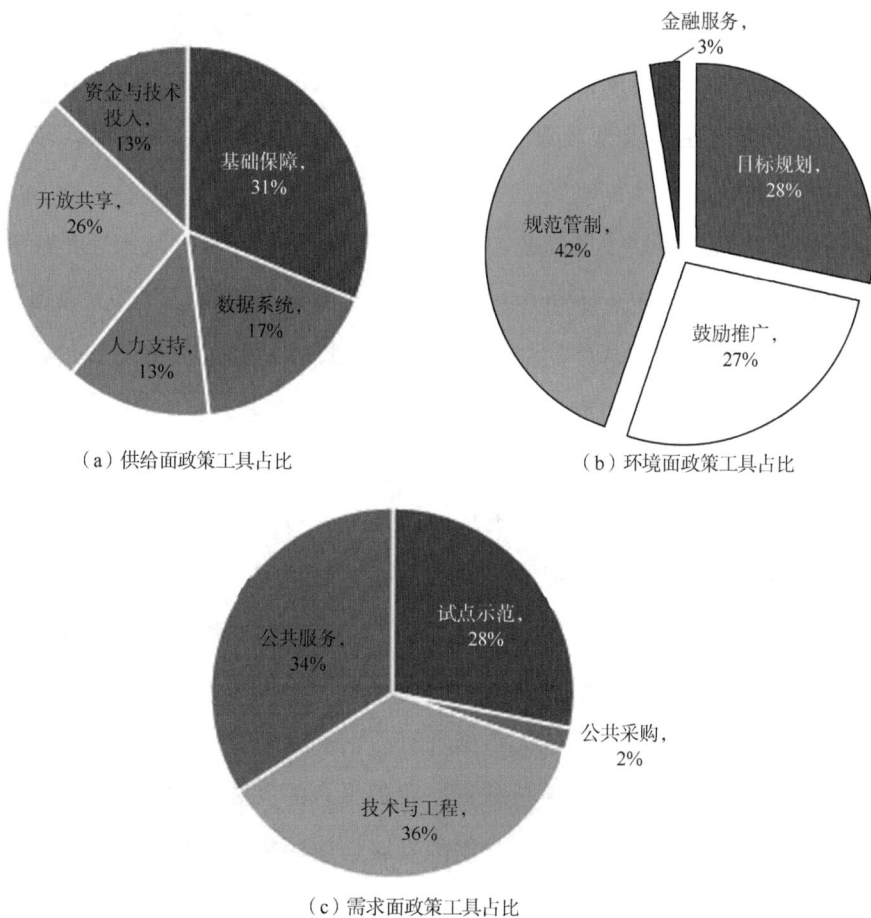

图 25-4　各类目政策工具占比

金投入的，市场主体作为主要的大数据拥有者，若没有金融和财政方面的有利环境，绝大多数市场主体是没有办法开展大数据技术应用的，这将极大地限制大数据产业发展和创新性产品的开发。在需求型政策工具中，技术与工程（36%）、公共服务（34%）和试点示范（28%）齐头并进，可见我国政府正在积极主动地以需求的方式拉动大数据发展，然而作为重要需求力量的公共采购仅占 2%，服务外包更是呈现出 0 的尴尬局面，几乎完全被忽视。在 208 条有效编码中，仅编码 1-4-1、10-3-3 从政策支持视角简单提出政府采购、服务外包和财政税收，但并没有具体说明相关措施；编码 3-4-3 从健全市场发展机制视角提出政府采购、服务外包、社会众包等方式，也没有具体说明相关措施。可见在需求型政策工具方面，政府过度强调自身建设，忽略实力强大的市场力量。

（3）大数据政策缺少风险防控、技术研发等工具类目。政策工具应使用依据政策主体情况设定，不可生搬硬套。因此大数据政策要以"大数据"作为文本主体，其政策工具使用应充分考虑大数据特征和大数据发展过程中面临的现实问题。首先，研究者详尽阅读 33 篇政策样本，有 21 条强调开放共享的编码，14 条强调数据系统的编码，但文本中缺乏平台整合等内容，大量的数据系统可能会导致新的数据孤岛。其次，有 33 条规范管制的编码，但缺少风险防控机制。进行数据保护，强调过程的监管不及从源头和技术上进行防控。最后，与大数据特征紧密结合的技术研发、行业规划、创新设计等工具类型在政策样本中并无明显使用。因此应增设风险防控机制、技术研发、创新设计等工具类目，以适应大数据现有需求和未来发展。

综上所述，从政策工具视角分析，我国出台的大数据政策在工具分布上呈现整体均衡态势，有利于为大数据的发展与应用提供多角度支持。但在具体分类中，存在部分工具（基础保障、规范管制等）过度使用而部分工具（财政税收、金融服务等）遭到忽视的非正常境况。政策工具的使用要紧密结合政策主体特征，虽不会完全均衡，但应做到面面俱到。政策作为强有力的宏观指导，任何一方面的缺乏，都不利于我国未来大数据战略发展和整体布局。

3. 大数据政策文本特征

一直以来，我国大数据政策文本都力求契合大数据产业发展的基本逻辑，尝试通过积极引导来调动行业的活力，并在技术安全、人力资金、基础设施等方面提供必要的支持和帮助。通过对 33 篇国家层面出台的大数据政策梳理，研究者发现我国大数据政策本文涉及领域十分广泛，但拥有显著优势的同时，也存在着许多典型问题。

（1）大数据政策文本内容涉及领域广泛。研究发现我国国家层面出台的大数据政策涉及政务建设、农业发展、气象服务、卫生医疗、生态环境、水利工程、商业、教育、金融、安全等多个领域（表 25-3）。可见我国对大数据给予了充分重视，涉及民生发展的各重要领域都有明显发展意向，表明我国重视科技转型，注重普惠民生建设，这对我国在数字时代国际浪潮中立足有巨大推动作用。

（2）大数据政策缺乏系统联动性。政策缺乏连贯性与联动性，造成政策孤立、政策重叠、政策互斥。除政策 6、8、12、16、18 是政策 3（《促进大数据发展行动纲要》)的重要举措外,其他政策之间均无明显互动与联动关系。可见我国大数据政策缺乏连贯性与联动性，造成政策孤立、政策重叠、政策间的相互矛盾。大数据政策与电子政务、政府信息开放、"互联网＋"等信息化政策，产业扶持、市场监管等市场政策，教育建设、科技创新等发展政策存在交叉。在缺乏有效协同的情况下，会造成"合成谬误"，导致规定重复、政策冲突等不良效果。

（3）大数据政策条款较为笼统。目前部分政策条款概括性强，没有落地实施的细则，也没有阐明责权利的分配，让政策执行者在落实中难以把握尺度与节奏，进而引发回避该条款、责任推诿等现象。编码 3-4-3 从健全市场发展机制视角提出政府采购、服务外包、社会众包等方式；编码 1-4-1、3-4-5、10-3-3 从政策角度笼统提出采购、外包、税收，但均未说明措施。编码 17-5-3 以政策支持的视角提出金融税收和政府采购。同一条目中涉及内容众多，却都未明确细化。可见，我国大数据政策条款概括性强且内容涉及广泛，此类政策让执行者在落实中难以把握尺度与节奏，进而严重影响到政策效果。

（4）文本内容与现实问题存在偏差。大数据政策文本内容涉及广泛，但与大数据发展过程中存在的现实问题，还没有完全契合，在某些方面存在一定程度上的偏差。研究者通读收集到的政策文本，发现社会安全、公共管理、社会公益、经济多样化发展等需求，在什么条件下可以调用和共享数据，这些开放共享的重要内容在现有政策中并没有明确指出。拥有数据的组织在保护个人隐私和商业利益的基础上，承担向社会开放部分数据的责任。现实更需要政策提供一种数据使用的路径，使政府、企业、个人能够以限定的方式去更便捷地使用数据，来促进数据共享和合作模式的建立。

另外在数据的规范管制方面，现实更需要对数据这种公共物品，予以政策和法律上的权属规范。真正数据规范管制的背后是数据安全问题。大数据涉及每一个社会成员，然而目前的政策文本中对数据权益并没有进行明确。在大数据时代，黑客攻击事件频发，数据安全危机四伏，国家、组织和个人的信息安全及金融安全面临更加严峻的形势。全球数据安全再敲警钟，如2018 年 1 月印度 10 亿公民身份数据库 Aadhaar 遭到网络攻击，泄露了公民姓名、电话号码、邮箱地址、指纹、虹膜纪录等极度敏感数据，引发印度全民恐慌；同年 3 月，Facebook 超过 5000 万个用户的私人数据遭到泄露，股市大跌，造成巨大经济损失……在信息化时代的今天，数据泄露成为新的全球性安全挑战。因此，国家、企事业单位、个人都对数据管理政策提出明晰化、可操作化、强化风险防范等要求。

25.3 大数据政策网络在社会科学转型中的作用

25.3.1 我国大数据政策网络中的互动模式

本节的研究主要参考英国学者罗德·罗茨提出的政策网络理论。该理论与传统政策分析、执行研究的阶段方法论、部门方法论等思路不同，它扬弃了阶段论的内在机理,适用于日益复杂的政策环境和多元化的利益主体关系。本节将我国大数据政策从文本到执行看作一个完整的过程,通过大数据政策各相关主体的互动和结构关系来理解与把握我国现行的大数据政策,分析在"数据革命与智能革命"下,国家政策存在的问题,探讨完善对策,通过对层级政府和社会网络的梳理与研究,拓宽了大数据政策研究视野。基于研究方法界定的政策网络行动主体之间关联和大数据政策实施特征,研究者构建政策执行过程网络关系互动图(图 25-5)。

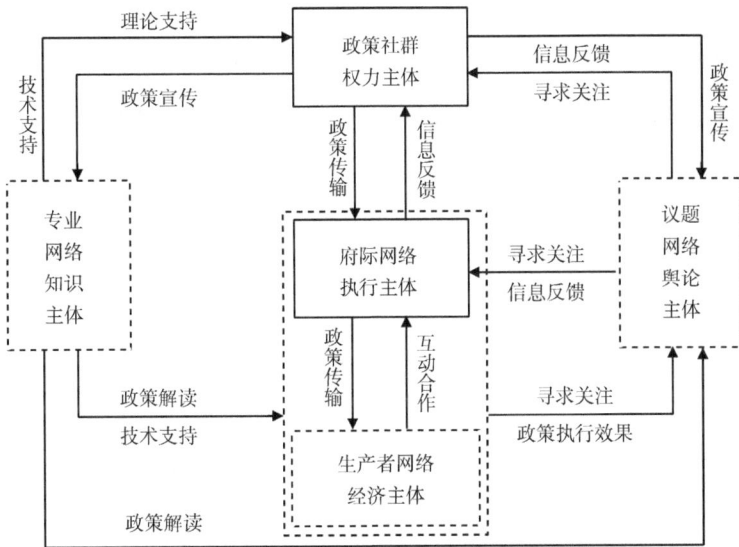

图 25-5 执行过程政策网络关系互动图

实线方框代表稳定型网络结构,虚线方框代表松散型网络结构

通过分析我国大数据政策执行过程中存在的组织间结构性关系,呈现出政策相关者在政策意图、信息传输、实施手段、博弈策略、协调路径等多维关联,进而厘清大数据政策的执行环境。

图 25-5 中垂直方向是政策传输过程。大数据政策的主要制定者政策社群,将出台后的政策传输给府际网络,府际网络再传输给生产者网络,此时府际网

络成为大数据政策执行的核心主体。外环是政策宣传与政策解读。专业网络在
为政策社群提供理论与技术上支持的同时，也向议题网络进行政策解读。内环
是信息反馈与寻求关注过程。此过程中作为舆论主体的议题网络成为重要媒
介，搭建了其与政策社群、府际网络、生产者网络的多重沟通桥梁。整个系统
结构是一个多项互动的复杂循环过程，每个行动者都不是独立存在的，政策执
行会受到政策反馈的制约。关系互动图说明在大数据政策执行系统的管理过程
中，会出现影响政策有效执行的主客观障碍因素，这些障碍将阻碍大数据政策
的有效落实，此时政策执行便存在复杂的利益互动关系。在此研究者将这种主
体之间双向互动的利益关系称为博弈。通过分析发现政策网络主要形成两大博
弈系统。下面具体分析不同因素造成的行动者博弈关系（图 25-6）。

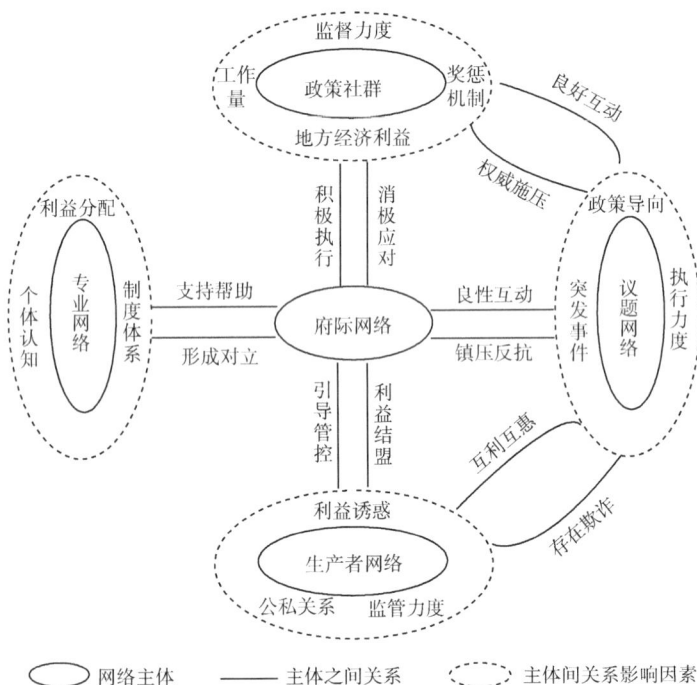

图 25-6　政策网络博弈关系图

1. 府际网络博弈关系圈

（1）府际网络与政策社群。府际网络与政策社群之间是积极执行还是消极应对，取决于奖惩机制、监督力度、工作量、地方经济利益等多重因素。府际网络是政策社群的下属机构，两者之间存在核心的利益关系——地方经济。对于强化地方政府权力、增加地方经济活力的大数据政策，府际网络会积极推动。当为了执行政策而损害到地方利益或政策执行加大地方政府负担时，府际网络往往采用消极态度去执行有关政策。以占总政策 26%的数据开放共享类目为例，政策社群本应大力推动数据开放共享，发挥数据的无限价值。对于府际网络来说，在数据采集的时候并没有做好充分的数据分类、数据脱敏。进行数据的开放共享，无疑会增加很大的工作量。对于那些没有明确规定不可开放的数据是否可以开发，一旦开放，其危险系数过高，府际网络承担责任重大，此时府际网络往往会对政策采取消极执行的态度。

（2）府际网络与生产者网络。府际网络与生产者网络之间是引导管控还是利益结盟，取决于监管力度、公私关系、利益诱惑等因素。在两者的博弈中，府际网络虽然会根据政策密切监控生产者的行为，但也有可能在特定条件下与生产者网络建立同盟，产生庇护行为，以谋求双方的共同利益。以占总政策 42%的规范管制类目为例，府际网络本应严格控制生产者网络的数据获取、数据使用、数据流通过程。一旦生产者网络与府际网络建立起利益关联，府际网络将弱化对其数据环节的监管。此时所有的数据提供者将面临潜在的隐私泄露风险。

（3）府际网络与议题网络。府际网络与议题网络之间是良性互动还是镇压反抗，取决于政策导向、执行力度、突发事件等因素。在两者的博弈中，府际网络有可能积极向网络议题网络展开宣传教育，听取诉求，进行良性互动，但若出现公众上访或抗议活动，也有可能利用国家权力加强对议题网络的管理和控制。然而，当议题网络中消费者的权益受到损失时，他们也会通过信访和媒体力量来维护自己的利益，或通过与府际网络进行对抗来维权。

（4）府际网络与专业网络。府际网络与专家网络之间是支持帮助还是形成对立，取决于利益分配、个体认知、制度体系等因素。在两者的博弈中，府际网络会主动向大数据专家网络寻求支持或帮助以提高政策执行的专业化水平，专家网络也会为府际网络献计献策，提供智库支持。当专家网络与府际网络意见产生分歧时，二者会形成对立。

2. 议题网络博弈关系圈

议题网络凭借自身中立立场和舆论的强大力量，形成第二个博弈圈。

（1）议题网络与政策社群。议题网络与政策社群之间是良好互动还是权威施压，取决于政策导向、政策认知、宣传力度等因素。一方面，政策社群对议题网络有权威的主导作用，政府依据其特有的强制性特征，强制议题网络接受并执行出台的大数据政策，同时利用议题网络在媒体上的优势对大数据政策进行宣传，扩大政策的影响力。另一方面，议题网络通过各种形式来影响政策社群的政策，其中专家学者可以借助自己所拥有的专业知识，分析当前大数据管理机制或政策执行存在的问题，发表一些论文、专著或改革方面的意见。媒体根据所掌握的广大民众数据资源对政策社群进行监督与施压，以实现自己的利益诉求，赢得影响大数据政策朝向利于民众发展的机会。

（2）议题网络与生产者网络。议题网络与生产者网络之间是互利互惠还是存在欺诈，取决于数据类型、商业道德、利益诱惑等多重因素。二者既有联合也有监督对抗，实质上也是一种企业与消费者间存在的权利不对等的关系。两者之间存在着信息不对称，常常出现矛盾，主要表现为生产者网络中某些企业通过后台隐蔽渠道获取广大议题主体个人数据信息，实现其商业利益。生产者一方面寻求议题网络中媒体或行业协会的宣传与支持扩大影响力，一方面又对每一位数据参与者的隐私造成威胁。

25.3.2　政策网络助推社会科学知识扩散的未来构想

基于上述分析，初步得出我国大数据政策执行环境较为复杂，政策执行的效果受到各行为主体之间利益博弈的影响，呈现出不稳定性的多边形特征，抑制政策解决现实问题效力的发挥。在人人都是数据参与者的环境下，政策社群的五大主体之间有待建立完善的权属与合作机制。五大主体之间缺乏规范性的联动机制，造成政策网络整体的不稳定性。例如，"社会和云"是我国大数据发展的实践之一，该工程搭建了基础层、系统层和应用层三大平台，致力于数据化社会治理。然而这样功能显著的工程在实践中也存在如数据对接与平台维护困难、资源整合不畅造成数据孤岛等问题。我们从政策网络视角将以上问题原因归结于主体之间缺乏联动性、技术力不足、民主性脆弱等方面。基于上述对问题原因的分析，笔者提出以下几点完善政策网络助推社会科学知识扩散的未来构想。

1. 强化政策网络联动：建立行为主体之间的合作机制

政策网络涉及五大主体，政策的有效落实依赖于主体之间有序的联动。在政府职能方面，政策社群和府际网络在激励机制、事权配置，组织架构、组织功能、治理模式等层面有待更新行为动机，构建大数据驱动的政府改革。在社会责任方面，作为拥有海量数据资源的生产者网络，依靠大数据，其战略定位、商业决策、组织功能等方面有了更清晰的认知，此时该主体的社会责任应该相应增大，与府际网络之间有待形成完备的合作机制。在监督和参与方面，作为数据提供者和政策受众的议题网络和专家网络，是数据发展以及政策监督和参与的关键力量。例如，贵州"社会和云"案例中，由于项目无统一建设标准，各区各县府际网络主体众多，信息化程度和网格化结构不同，导致资源重复投入；工作思路和本地特征不同，导致数据整合困难，平台普及周期长。数据存在流动性，网络主体众多，导致数据更新出现滞后、重叠、互斥等现象，精确度难以掌控。这与行为主体之间的合作机制尚未建立紧密关联有关。因此，建立主体之间的有效联动才能推进大数据的发展与应用。

2. 提升技术力：防止数据浪费和充分发挥专业网络作用

技术力不足使得海量数据资源得不到有效开发利用，同时专业网络作用难以有效发挥。第一，众所周知，发展大数据技术需要巨大的资金投入和完善的基础设施建设，目前在我国，较为完善的数据处理技术和数据专家还是集中在个别巨型商业组织手中，一些中小单位收集到的数据不能被利用起来，我们要逐步改善这种局面，有效防止数据资源浪费。同时在数据存储、数据处理及数据可视化等方面的相关核心技术有待取得突破性进展。目前，数据应用对数据噪声、数据清洗效果、数据实时性提出更高要求。第二，我们要破解技术力的限制，改变大数据专业人才不足和中西部人才分布偏差大的现状，推动普及专门的大数据教育，充分发挥专业网络的作用。第三，跨越政府部门、企业组织等不同从属系统之间的技术壁垒，提高数据的时效性和准确性。在上述"社会和云"项目实践中，由于不同主体开发时所使用的数据库、语言、框架等不同，导致各个单位的信息平台成为孤岛，对接和维护困难，数据共享效果不佳，我们要吸取这一案例的教训。

3. 增强民主性：提高政策网络包容性

大数据网络主体在政策过程中的参与度低，政策网络包容性明显不足。

例如，在上述 "社会和云"案例中，社会群众基础薄弱，难以解决数据来源和数据使用的问题，导致数据处理后的平台"空心化"，无法有效供企业和民众使用。大数据治理只停留在理论阶段，难以达到数据化社会治理的目的。因此，要健全数据共享机制与权责监管机制、风险防控机制，使政策社群网络可以更直接地掌握议题网络和社会公众的准确信息，了解研究者和创业者需要什么数据以及对需要数据加工到什么格式等相关需求，提高数据的质量，实现政策供给与公众需求平衡。在政策制定过程中，政策社群居于主导位置，在政策执行过程中，府际网络居于中心位置，但要提高多数政策网络行动者参与度，增加其话语权，不能让数据政策成为事后治理。我们要在数据采集之前，就已经思考好它的开放与保护等相关问题，紧扣用户需求，提升政策执行的效果与力度。

4. 强化组织结构：让政策网络满足大数据开放共享的发展要求

除政策社群和府际网络关系较为稳定外，其他网络类型结构都较为松散，主体之间难以形成紧密的、持续的、高频次的互动。主要原因在于生产者网络、议题网络和专业网络参与成员多，同一主体之间成员异质性大，利益互斥，难以形成一致的认识。研究者认为我国大数据政策执行属于半科层网络结构，尤其是在政策社群—府际网络—生产者网络这一阶段，政策传输呈现出典型的垂直科层制模式，部门化特征明显，部门保护和责任追究成了大家不可回避的问题。在我国，数据资源主要掌握在公共部门和大型商业组织中，2016 年 5 月李克强总理在全国推进简政放权会议中指出："目前我国信息数据资源 80%以上掌握在各级政府部门手里，'深藏闺中'是极大浪费。"①面对大数据这一新的经济驱动力，拥有数据就等于夺取了行业制高点。商业组

---

① 《李克强：信息数据 "深藏闺中"是极大浪费》，http://www.gov.cn/xinwen/2016-05/13/content_5073036.htm[2016-05-13].

织、专家学者都非常希望得到更多的原始数据，尤其是中小企业商希望和领先者能平等地分享数据，而不是自己独自承担高昂的数据成本。飞友网络科技公司首席执行官（chief executive officer，CEO）郑洪峰在"中国企业家"的采访中表示，希望政府公平公开地开放数据。从政策网络视角来看，要强化数据主体之间的结构力，使其更好适应开放共享的大数据要求。

第五篇参考文献

埃 T，坦斯利 S，托勒 K．2012．第四范式：数据密集型科学发现[M]．潘教峰，张晓林，译．北京：科学出版社．

巴勒克拉夫 G．1987．当代史学主要趋势[M]．杨豫，译．上海：上海译文出版社．

安雪飞，张立珊．2015．人文社会科学科研成果评价分析[J]．中国高校科技，（Z1）：90-91．

陈明．2015．大数据概论[M]．北京：科学出版社．

陈茜．2015．大数据对因果思维影响——从传统的因果关系向相关关系转变[J]．现代经济信息，（15）：87．

陈素清．2021．新工科背景下大数据专业人才培养研究[J]．中国管理信息化，24（19）：193-194．

陈云松，吴晓刚，胡安宁，等．2020．社会预测：基于机器学习的研究新范式[J]．社会学研究，35（3）：94-117，244．

陈振明．1999．当代西方社会科学发展的整体化趋势：成就、问题与启示[J]．学术月刊，（11）：41-49．

程学旗，靳小龙，杨婧，等．2016．大数据技术进展与发展趋势[J]．科技导报，34（14）：49-59．

邓思思．2016．智慧型政府"一门式"政务服务模式构建研究——以株洲市荷塘区为例[D]．湘潭：湘潭大学．

杜威 J. 2015. 我们如何思维（第二版）[M]. 伍中友，译. 北京：新华出版社.

弗里德曼 J L，西尔斯 D O，卡尔史密斯 J M. 1986. 社会心理学[M]. 高地，高佳，译. 哈尔滨：黑龙江人民出版社.

高奇琦. 2020. 智能社会科学的诞生与发展之路[J]. 上海交通大学学报（哲学社会科学版），28（4）：14-18.

龚耘. 1996. 从思维的视角看库恩的范式[J]. 科学技术与辩证法，13（4）：27-30.

顾燕峰. 2021. 大数据与实证社会科学研究范式的延续与变革[J]. 东南学术，（1）：113-126，247.

郝春宇. 2015. 第四范式对社会科学研究的方法论意义[D].哈尔滨：哈尔滨工业大学.

郝龙，李凤翔. 2017. 社会科学大数据计算——大数据时代计算社会科学的核心议题[J]. 图书馆学研究，（22）：20-29，35.

胡晓峰. 2006. 战争复杂性与信息化战争模拟[J]. 系统仿真学报，18（12）：3572-3580.

黄欣卓. 2019. 数据驱动社会科学研究转型的方向、路径与方法——关于"大数据与社会科学研究转型"主题的笔谈[J]. 公共管理学报，16（2）：159-167.

金 G，基欧汉 R，维巴 S. 2014. 社会科学中的研究设计[M]. 陈硕，译. 上海：格致出版社.

九次方大数据研究院. 2015. 金融界亟需学习应用大数据思维[J]. 国际融资，12：18-23.

景浩. 2018. 大数据时代思维方式的变革[D]. 南京：南京理工大学.

库恩 T. 2003. 科学结构的革命[M]. 金吾伦，胡新和，译. 北京：北京大学出版社.

库恩 T S. 2004. 必要的张力：科学的传统和变革论文选[M]. 范岱年，纪树立，译. 北京：北京大学出版社.

拉兹洛 E. 1985. 用系统论的观点看世界——科学新发展的自然哲学[M]. 闵家胤，译. 北京：中国社会科学出版社.

李大宇，米加宁，徐磊. 2011. 公共政策仿真方法：原理，应用与前景[J]. 公共管理学报，8（4）：8-20，122-123.

李华. 2018. 海上油田复杂情况与事故案例库系统的开发及应用[J]. 石化技术，25（8）：140.

李江涛. 2021. 新型信息获取、传递和筛选的决策机制研究[J]. 品牌与标准化，（4）：116-117，120.

李玫. 2013. 西方政策网络理论研究[M]. 北京：人民出版社.

李文，邓淑娜. 2015-08-24. 大数据带来社科研究新变化[N]. 人民日报，（15）.

李新，杨现民. 2019. 教育数据思维的内涵、构成与培养路径[J]. 现代远程教育研究，31（6）：61-67.

李醒民. 2010-01-23. 科学共同体的功能[N]. 光明日报，（011）.

李艳坤，高铁刚. 2017. 基于思维视角的计算思维综合解读[J]. 现代教育技术，27（1）：68-73.

李育卓. 2016. 大数据时代思维方式的变革及其影响[D]. 北京：北京邮电大学.

林墨. 2018. "林墨"被国际科学计量与信息计量学会会刊专题报道[EB]. http://blog.sciencenet.cn/blog-1792012-1065923.html[2018-05-02].

梁华. 2009. 社会科学的基本问题研究[D]. 太原：山西大学.

凌昀，李伦. 2020. 计算社会科学研究：范式转换与伦理问题[J]. 江汉论坛，（9）：26-31.

刘昌明. 2005. 全球化压力下的社会科学分析单位转换与思维范式创新[J].

文史哲，（3）：137-143.

刘林平，蒋和超，李潇晓. 2016. 规律与因果：大数据对社会科学研究冲击之反思——以社会学为例[J]. 社会科学，（9）：67-80.

刘涛雄，尹德才. 2017. 大数据时代与社会科学研究范式变革[J]. 理论探索，（6）：27-32.

刘小洋. 2021. 社交网络分析[M]. 北京：电子工业出版社.

刘晓平，唐益明，郑利平. 2008. 复杂系统与复杂系统仿真研究综述[J]. 系统仿真学报，20（23）：6303-6315.

刘兴堂，梁炳成，刘力，等. 2008. 复杂系统建模理论、方法与技术[M]. 北京：科学出版社.

刘亚亚，曲婉，冯海红. 2019. 中国大数据政策体系演化研究[J]. 科研管理，40（5）：13-23.

刘叶婷，唐斯斯. 2014. 大数据对政府治理的影响及挑战[J]. 电子政务，（6）：20-29.

刘禹，陈玲. 2013. 基于网络的大规模协作学习研究[J]. 远程教育杂志，31(2)：44-48.

鲁本录，石国进. 2012. 论范式的规范功能[J]. 湖北社会科学，（9）：86-89.

罗家德，刘济帆，杨鲲昊，等. 2018. 论社会学理论导引的大数据研究——大数据、理论与预测模型的三角对话[J]. 社会学研究，33（5）：117-138，244-245.

罗俊，李凤翔. 2018. 计算社会科学视角下的数据观[J]. 吉首大学学报（社会科学版），39（2）：17-25.

罗力群. 2021. 对自然科学和社会科学的比较：研究对象、逻辑推理和理论发展[J]. 社会科学论坛，（5）：161-178.

罗卫东，程奇奇. 2009. 社会仿真研究：中国社会科学跨越式发展的可能路径

[J]. 浙江社会科学，（2）：2-7，125.

吕洁，于建星. 1999. 科学共同体的形成及机制优化[J]. 科学管理研究，17（1）：20，41-42.

马费成，宋恩梅，张勤. 2008. IRM-KM 范式与情报学发展研究[M]. 武汉：武汉大学出版社.

马力. 2016. 大数据环境下人文社会科学评价创新的研究[D]. 武汉：武汉大学.

马宁，于光，闫相斌. 2021. 基于舆情评论数据挖掘的政府回应策略优化方法研究——以新冠疫情援助物资使用舆情事件为例[J]. 电子政务，（9）：23-35.

迈尔–舍恩伯格 V，库克耶 K. 2013. 大数据时代：生活、工作与思维的大变革[M]. 周涛，译. 杭州：浙江人民出版社.

毛文吉. 2011. 社会计算发展研究//中国科学技术协会. 2010-2011 控制科学与工程学科发展报告[C]. 北京：中国科学技术出版社：161-165.

孟小峰. 2019. 人工智能浪潮中的计算社会科学[J]. 人民论坛·学术前沿，（20）：32-39.

米加宁，章昌平，李大宇，等. 2018. 第四研究范式：大数据驱动的社会科学研究转型[J]. 学海，（2）：11-27.

摩尔 B N，帕克 R. 2015. 批判性思维[M]. 10 版. 北京：机械工业出版社.

默顿 R K. 2003. 科学社会学[M]. 鲁旭东，林聚任，译. 北京：商务印书馆.

倪万，唐锡光. 2017. 大数据应用于社会科学研究的价值与悖论[J]. 东南学术，（4）：68-78，247.

庞小宁. 2008. 科学技术哲学概论[M]. 西安：西北工业大学出版社.

配第 W. 1978. 政治算术 [M]. 陈冬野，译. 北京：商务印书馆.

彭知辉. 2019. 论大数据思维的内涵及构成[J]. 情报杂志，38（6）：123，124-130.

秦霜霜，吕伟，余惠琴，等. 2018. 基于案例推理的火灾事故相似度及应对措施研究[J]. 安全与环境工程，25（5）：150-155.

邱枫，米加宁，梁恒. 2013. 基于主体建模仿真的公共政策分析框架[J]. 东北农业大学学报（社会科学版），11（4）：71-78.

沈浩，黄晓兰. 2013. 大数据助力社会科学研究：挑战与创新[J]. 现代传播（中国传媒大学学报），35（8）：13-18.

沈铭贤. 2012-08-06. 科学共同体建设：科技体制改革的重要一环[N]. 中国科学报，（7）.

生慧. 2017. 大数据背景下中医电子病历关键问题研究[D]. 济南：山东中医药大学.

盛昭瀚，张军，杜建国，等. 2009. 社会科学计算实验理论与应用[M]. 上海：上海三联书店.

宋海龙. 2014. 大数据时代思维方式变革的哲学意蕴[J]. 理论导刊，（5）：88-90.

苏令银. 2019. 大数据时代的小数据会消亡吗[J]. 探索与争鸣，（7）：74-84，158.

唐文方. 2015. 大数据与小数据：社会科学研究方法的探讨[J]. 中山大学学报（社会科学版），55（6）：141-146.

腾讯研究院，集智俱乐部. 2019. 计算社会科学：数字时代的社会科学研究[M]. 杭州：浙江出版集团.

王彬. 2017. 论基于大数据的犯罪侦查[J]. 犯罪研究，（2）：2-9.

王锋. 2021. 从人机分离到人机融合：人工智能影响下的人机关系演进[J]. 学海，（2）：84-89.

王光法. 2015. 大数据时代的思维转变和应对[J]. 淮海工学院学报（人文社会科学版），13（12）：97-100.

王遐见. 2020. 新时代完善按社会科学要素贡献分配的激励保障体系[J]. 社会科学家，（1）：21-27.

王渊，黄道丽，杨松儒. 2017. 数据权的权利性质及其归属研究[J]. 科学管理研究，35（5）：37-40，55.

威索基 R K. 2003. 创建有效的项目团队[M]. 曹维武，译. 北京：电子工业出版社.

吴芳. 2013. 社会科学中的定性与定量[J]. 学理论，（8）：25-29.

吴海江. 2008. 文化视野中的科学[M]. 上海：复旦大学出版社.

吴杨. 2020. 融合与激荡：复杂关联中的知识创新[M]. 北京：人民出版社.

吴争程. 2009. 定量方法在我国社会研究中的应用现状探析[J]. 湖北经济学院学报（人文社会科学版），6（1）：12-13.

谢继华. 2018. 大数据视阈下高校网络思想政治教育创新研究[D]. 成都：电子科技大学.

谢俊贵. 2000. 关于社会现象定量研究的简要评析[J]. 湖南师范大学社会科学学报，29（4）：39-45.

谢卫红，樊炳东，董策. 2018. 国内外大数据产业发展比较分析[J]. 现代情报，38（9）：113-121.

徐文帅. 2018. 大数据背景下的品牌生态系统重构及发展对策研究[D]. 哈尔滨：哈尔滨理工大学.

许强. 2015. 浅析定性研究中存在的问题及相关思考[J]. 学理论，（9）：60-62.

薛金凯. 2011. 基于案例推理的海上搜救辅助决策研究[D]. 大连：大连海事大学.

闫长健，孙世虎. 2021. 基于博弈论的海上交通事故案例推理方法及应用[J]. 上海海事大学学报，42（2）：75-80.

杨雅厦. 2017. 应用大数据提升社会治理智能化水平[J]. 智库时代，（1）：44.

杨震宁，赵红. 2020. 中国企业的开放式创新：制度环境、"竞合"关系与创新绩效[J]. 管理世界，36（2）：139-160，224.

袁汪洋. 2004. 社会科学方法论的困境与出路——从社会科学方法与自然科学方法比较的角度[J]. 天府新论，（5）：73-75.

张达敏. 2019. 大数据技术在漳州生态环境保护中的应用实践[J]. 海峡科学，（2）：60-62.

张可. 2018. 物联网及其数据处理[M]. 北京：国防工业出版社.

张梦中，霍 M. 2001. 定性研究方法总论[J]. 中国行政管理，（11）：39-42.

张涛，马海群，易扬. 2020. 文本相似度视角下我国大数据政策比较研究[J]. 图书情报工作，64（12）：26-37.

张文宏. 2018. 大数据时代社会学研究的机遇和挑战[J]. 社会科学辑刊，（4）：89-94.

张小劲，孟天广. 2017. 论计算社会科学的缘起、发展与创新范式[J]. 理论探索，（6）：33-38.

张云. 2016. 社会研究方法中的定性研究和定量研究方法浅析[J]. 潍坊工程职业学院学报，29（3）：88-90.

章强，陈舜. 2017. 政策网络理论视野下中国 LNG 动力船舶扶持政策研究[J]. 北京交通大学学报（社会科学版），16（4）：38-45.

章昌平，米加宁，李大宇. 2018. 数据科学研究在社会科学中的应用前景[J]. 社会科学，（9）：78-88.

赵峰. 2006. 定量分析方法与政治经济学创新研究[J]. 管理世界，（9）：153-154.

郅庭瑾. 2007. 为思维而教[M]. 2 版. 北京：教育科学出版社.

周苏，王文. 2016. 大数据导论[M]. 北京：清华大学出版社.

周勇钢. 2021. "大数据"在城市规划中的运用——以南京南站片区为例[J].

安徽建筑, 28（9）: 190-191.

朱亚鹏. 2008. 政策网络分析: 发展脉络与理论构建[J]. 中山大学学报（社会科学版）, 48（5）: 192-199, 216.

朱湧, 李青山, 李茂华. 2018. 重庆市主城区道路交通特性与交通管控策略研究[J]. 公路交通技术, 34（2）: 97-101.

朱志军, 佘丛国, 闫蕾. 2012. 大数据: 大价值、大机遇、大变革[M]. 北京: 电子工业出版社.

朱智贤, 林崇德. 1986. 思维发展心理学[M]. 北京: 北京师范大学出版社.

祝加宝. 2014. 库恩科学共同体思想探析[D]. 济南: 山东师范大学.

佐伯茂雄. 1985. 现代心理学概述[M]. 郭祖仪, 译. 西安: 陕西师范大学出版社.

Chadefaux T. 2014. Early warning signals for war in the news[J]. Journal of Peace Research, 51（1）: 5-18.

Di Gregorio M, Fatorelli L, Paavola J, et al. 2019. Multi-level governance and power in climate change policy networks[J]. Global Environmental Change, 54: 64-77.

Doran J. 1997. Foreknowledge in artificial societies[M]//Conter R, Hegselmann R, Terna P. Simulating Social Phenomena. Berlin: Springer-Verlag.

Gray J. 2009. On eScience: a transformed scientific method[M]//Hey T, Tansley S, Tolle K. The Fouth Paradigm: Data-Intensive Scientific Discovery. Redmond: Microsoft Research: xvii-xxxi.

Jian W, Hai-Tao S, Cheng W, et al. 2013. Habitat selection and conservation suggestions for the Yangtze giant softshell turtle（Rafetus swinhoei）in the upper red river, China[J]. Chelonian Conservation and Biology, 12（1）: 177-184.

Jimerson J B. 2014. Thinking about data: exploring the development of mental models for "data use" among teachers and school leaders[J]. Studies in Educational Evaluation，42：5-14.

Kumar R，Radhakrishna S，Sinha A. 2011. Of least concern? Range extension by rhesus macaques（Macaca mulatta）threatens long-term survival of bonnet macaques（M. radiata）in peninsular India[J]. International Journal of Primatology，32（4）：945-959.

Kuhn T S. 1970. The Structure of Scientific Revolutions[M]. 2nd ed. Chicago：University of Chicago Press.

Michalski R S，Carbonell J G，Mitchell T M. 1983. Machine Learning[M]. Palo Alto，CA：Tioga Press.

Polanyi M. 1951. The Logic of Liberty：the Reflections and Rejoinders[M]. London：Routedge and Kegan Paul.

Rhodes R A W，Marsh D. 1992. Policy networks in British politics：a critique of existing approaches[M]//Marsh D，Rhodes R A W. Policy Networks in British Government. Oxford：Oxford University Press：1-31.

Rudnick J，Niles M，Lubell M，et al. 2019. A comparative analysis of governance and leadership in agricultural development policy networks[J]. World Development，117（12）：112-126.

Social Science Space. 2016. Who is doing computational social science[EB]. https://core.ac.uk/download/74374743.pdf [2019-11-15].

Zadeh L A. 1965. Fuzzy sets[J]. Information and Control，8（3）：338-353.

索 引

后 记

本书作为国家社会科学基金重大项目"数据科学对社会科学转型的重大影响研究"（项目编号：17ZDA030）的最终成果，在项目研究和本书成稿过程中受到了来自科研管理部门、社会科学研究同仁、调研单位和多位专家的帮助与支持。在本书即将付梓之际，特别要感谢项目开题论证和研究过程中给予重要建议和帮助的边燕杰教授、孟庆国教授、樊博教授、胡健教授、陈国青教授等专家学者。感谢全国哲学社会科学工作办公室、黑龙江省哲学社会科学工作办公室（原黑龙江省哲学社会科学规划办公室）、哈尔滨工业大学科学与工业技术研究院及子课题承担单位科技处等科研管理单位对研究团队的支持。感谢清华大学、北京大学、中国人民大学、浙江大学、复旦大学、上海交通大学、广东省政务服务数据管理局、数字广东网络建设有限公司、深圳市应急管理局、深圳市福田区政务服务中心等调研单位对本书研究提供的帮助。感谢《学海》《社会科学》《理论探讨》及中国社会科学网等期刊和媒体刊登本书成稿过程中的阶段性成果。在此向在本书撰写过程中提供帮助的所有组织和个人一并表示感谢。

在本书的撰写过程中，项目主持人哈尔滨工业大学米加宁教授多次组织团队人员和相关专家对本书的结构、内容、细节进行了深入研讨，纠讹订舛，颇费踌躇，仍不免挂一漏万，恳请学人批评指正。本书的内容大纲由米加宁教授拟定初稿，并经与项目组成员多次讨论定稿。米加宁教授负责全书的组织和统稿工作，并撰写了本书前言与后记。

　　在此要重点感谢项目组全体成员的辛勤付出，正是汇聚了众人的智慧才使得本书得以顺利面世。在本书撰写过程中，哈尔滨商业大学李大宇博士负责第一篇"数据科学基础理论及其在社会科学中的应用"的组织和统稿工作，参与成员有赵妍妍、于楠楠、林亦府、宋丽丽、孙瑞、龚晓、商容轩、张斌等；桂林理工大学章昌平教授负责第二篇"社会科学研究转型的现实环境与突出问题"的组织和统稿工作，参与成员主要有陈洁、路锦菲、陈茫、彭正波、何雅菲、褚清华、朱光喜、张明和、刘润泽、巩宜萱等；哈尔滨工业大学林涛博士负责第三篇"大数据改变社会科学认知方式"的组织和统稿工作，参与成员有谢咏梅、黄欣卓、黄磊、刘冬、韩梓轩、彭康珺等；哈尔滨工程大学康伟教授负责第四篇"大数据与社会科学研究范式变革"的组织和统稿工作，参与成员有韩国元、孙德梅、徐涵蕾、杜蕾、曹太鑫等；北京理工大学吴扬教授负责第五篇"大数据背景下社会科学转型的条件与保障"的组织和统稿工作，主要成员有徐磊、黄璐、乔楠、蔡青、张远哲等。

　　非常感谢科学出版社对本书的大力支持。感谢王京苏编辑担任本书的责任编辑，也非常感谢科学出版社魏祎、李俊盼两位文案编辑对本书出版的大力支持。